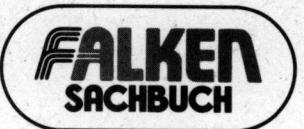

Die 7 Planeten als Herren der 7 Wochentage, aus dem ›Kalender of Shepherdes‹, 1503

Falken-Handbuch

Astrologie

Charakterkunde · Schicksal, Liebe und Beruf
Berechnung und Deutung von Horoskopen
Aszendenttabelle

von B. A. Mertz

CIP-Kurztitelaufnahme der Deutschen Bibliothek

Mertz, Bernd A. :
Astrologie / von B. A. Mertz. –
Niedernhausen/Ts. : Falken-Verlag, 1979.
(Falken-Handbuch) (Falken-Sachbuch)
ISBN 3-8068-4068-7

ISBN 3 8068 4068 7

Titelbild: Paul Struck
© 1979 by Falken-Verlag GmbH,
6272 Niedernhausen/Ts.
Zeichnungen: Christiane Eisler
Satz: LibroSatz, Kriftel
Druck: Druck- und Verlags-Gesellschaft mbH, Darmstadt

817 2635 4453 6271

Inhalt

Zum Geleit 7
Vorwort 8
Einleitung 10

Die Ursprünge der Astrologie 12

Götter und Archetypen 16

Gegner und Befürworter – aus der Geschichte der Astrologie 23

Tierkreis und Horoskop 34
    Der jahreszeitliche Ablauf in unseren Breitengraden 37
    Die Einordnung der Tierkreiszeichen 42

Sonnenstands-Astrologie – die zwölf Grundtypen 45
Die Sonne 46
Die Sonne im Abschnitt Widder 48
Die Sonne im Abschnitt Stier 52
Die Sonne im Abschnitt Zwillinge 56
Die Sonne im Abschnitt Krebs 60
Die Sonne im Abschnitt Löwe 64
Die Sonne im Abschnitt Jungfrau 68
Die Sonne im Abschnitt Waage 72
Die Sonne im Abschnitt Skorpion 76
Die Sonne im Abschnitt Schütze 80
Die Sonne im Abschnitt Steinbock 84
Die Sonne im Abschnitt Wassermann 88
Die Sonne im Abschnitt Fische 92
Zusammenfassung als Kombinationshilfe 96

Die Gestirne 101
Der Mond und die Planeten 101
Die Zeitgesetze der Planeten 107
Der Mond 113
Merkur 118
Venus 122
Mars 126
Jupiter 130
Saturn 134
Uranus 137
Neptun 140
Pluto 142
Der Mondknoten 145

Das innere Horoskop 148
Der Aszendent 152
    Aszendent Widder 153
    Aszendent Stier 159
    Aszendent Zwillinge 165
    Aszendent Krebs 171
    Aszendent Löwe 177
    Aszendent Jungfrau 183

    Aszendent Waage 189
    Aszendent Skorpion 195
    Aszendent Schütze 201
    Aszendent Steinbock 207
    Aszendent Wassermann 213
    Aszendent Fische 219
    Tabelle zum Auffinden des Aszendent 225
    Schlußbemerkungen zum Aszendent 229
    Die Himmelsmitte 232

Die Häuser oder Felder 234
    Die Gestirne in den Häusern 245

Die Berechnung des Horoskops 250
    Die Berechnung der Gestirne 252
    Die Berechnung des Medium Coeli und des Aszendent 268
    Die Berechnung der Häuser 273

Die Kombinationsvoraussetzungen 276
    Die Dispositoren 276
    Die Aspekte 277
    Der Orbis 278
    Die Konjunktion 280
    Zulaufende und weglaufende Aspekte 283
    Die Opposition 284
    Das Trigon 286
    Das Sextil 288
    Das Quadrat 290

    Aspekttabelle 292
    Das Gesamthoroskop 294

Partnerschaft im Horoskop 301

Computer-Horoskop und Tarot 306
    Astrologie und Tarot 307

Lebensrhythmen, Planetenzeitgesetze, Vorausschau 309

Bio-Rhythmen 315

Die chinesische Astrologie 321
    Die Ratte als Regent 326
    Der Büffel als Regent 327
    Der Tiger als Regent 328
    Der Hase als Regent 329
    Der Drache als Regent 330
    Die Schlange als Regent 331
    Das Pferd als Regent 332
    Die Ziege als Regent 333
    Der Affe als Regent 334
    Der Hahn als Regent 335
    Der Hund als Regent 336
    Das Schwein als Regent 337

Literaturverzeichnis 338

Zum Geleit

Für den Laien, aber auch für den Eingeweihten ist das Buch von B. A. Mertz ungewöhnlich, auf faszinierende Weise informativ und brillant geschrieben. Gewaltlos wischt es die Nebelschwaden, die die Astrologie noch immer umkreisen, fort.
Von Kepler über Newton bis C. G. Jung sei ihm Dank. Dank auch, daß er die hochmütige Einfalt mancher Halbwissender ad absurdum führt, insbesondere, da die gängigen Allgemeinhoroskope der Zeitschriften heutzutage Verwirrung, Ablehnung, Neugier plus Ärgernis ausgebrütet haben.
Ich wünsche meinem Freund und Berater Erfolg.

Hildegard Knef

Vorwort

Ich hoffe Sie sind skeptisch!
Ich hoffe, Sie halten nichts von Wahrsagerei, Kismet-Fatalismus und Jahrmarktsastrologie. Ich hoffe, daß Ihnen das Illustrierten-Horoskop ebenso suspekt ist, wie sterndeuterische Schicksalsbefragung.
Gut, dann – aber nur dann, sollten Sie sich ernsthaft mit Horoskopie beschäftigen
Lernen Sie, mit ihrer Hilfe an sich selbst erfahren, was unter Bergen von Aberglauben verschüttet liegt: eine mögliche Wahrheit dessen, was man Astrologie nennt. Ich sage, beschäftigen Sie sich ernsthaft. Seien Sie nicht damit zufrieden, daß Sie »Löwe« »Zwilling« oder »Stier« sind und damit die »Eigenschaften« von Löwe, Zwilling oder Stier haben.
Horoskopie ist mehr und ganz anders.
Lernen Sie ein Horoskop lesen! Lernen Sie, mit einem Horoskop leben. Lassen Sie ♏ oder ♂ oder ♄ mehr sein, als Hieroglyphen auf dem Papier. Finden Sie die Kräfte, die von diesen Zeichen symbolisiert werden, in sich selbst auf. Lernen Sie, auf diese Kräfte zu achten, um von ihnen dann zu lernen, wer Sie sind.
Gnothi seauton . . . am Apollo-Tempel von Delphi stand es: »Erkenne dich selbst«.
Und diese Zeichen werden zu Ihnen sprechen, klarer als Worte, überzeugender als Erklärungen, helfender als Tröstungen.
Aber bleiben Sie skeptisch!

Mißtrauen Sie dem Mief von tausend Jahren, der sich auf den Mantel der »Königin der Wissenschaften« gelegt hat. Mißtrauen Sie ihren Hofmeistern und Marschallen, ihren Adepten wie ihren Verdammern. Suchen Sie den einfachen Weg. Erfahren Sie die »Sterne« in sich.
Aber Sie brauchen eine gute Karte oder einen Führer, der den Weg weiß...
B. A. Mertz ist der einzige, dem ich mich anvertrauen würde. Er ist imstande, den Weg von den Irrwegen zu unterscheiden. Er ist imstande, mit heutigen Augen in den Zeilen der frühen Weltdeutungen zu lesen und das Gültige mit dem heutigen Bewußtsein zu verbinden.
Er ist Psychologe, Künstler, Wissender, Suchender und vor allem: er ist skeptisch...

Ernst Stankovski

Einleitung

Die Astrologie hat in letzter Zeit wieder mehr Freunde gewonnen.
Das mag verwunderlich sein in einer Zeit, da das naturwissenschaftliche Denken, die Betonung des bewußten Verstandes, das vernunftgemäße Reagieren das Geschehen in unserer Massengesellschaft bestimmen.
Oder hat die Astrologie gerade deswegen einen neuen Siegeszug angetreten?
Die Astrologie wendet sich nämlich an den Einzelnen! Sie hebt den Einzelnen aus der Masse heraus, sie bestätigt, daß jeder Mensch doch eine unauswechselbare Persönlichkeit ist. Denn das Horoskop eines Menschen ist völlig individuell, und es unterstreicht seine Individualität.
Durch ein Horoskop lernt man sich besser kennen, lernt aber auch sich und andere zu verstehen, lernt mit dem Leben besser fertigzuwerden.
So mag es kein Wunder sein, daß sich in unserer Gesellschaft immer mehr Menschen auf das älteste Erfahrungsgut der Menschheit besinnen, selbst wenn Naturwissenschaftler sich mit zum Teil unsachlichen Argumenten gegen die Astrologie wenden. Zwar ist Astrologie keine mathematisch beweisbare Wissenschaft, was die Ausdeutung, also die Deutungskunst angeht. Aber das Errechnen und das Erstellen eines Horoskops ist wissenschaftlich und daher nachprüfbar.
Astrologie ist eine Geisteswissenschaft, zumindest dann, wenn etwas, was Wissen schafft, auch Wissenschaft genannt werden darf.
Nur eines ist Astrologie mit Sicherheit nicht: eine Glaubensfrage!
Es mag sein, daß einst Astrologie auch mit Religion vermischt war, aber wenn heute die Frage gestellt wird: »Glauben Sie an Astrologie?« – dann kann die Antwort nur lauten: »Nein! Denn mit Glauben hat die Astrologie nichts zu tun, ich habe mit Astrologie meine Erfahrungen gemacht!«
Denn immer standen Astrologen, die sich mit diesem Erfahrungswissen beschäftigen, der Astrologie zunächst höchst skeptisch gegenüber, wie auch der Autor dieses Buches. Es waren Richter, die die Astrologie verurteilten, Schriftsteller, die gegen Astrologie schrieben, Psychologen und Ärzte, die Astrologie nicht in ihre Behandlungen einbeziehen wollten! Heute denken die meisten anders, nachdem sie sich in dieses Gebiet eingearbeitet hatten. Das Ansehen der Astrologie mag auch dadurch zugenommen haben, daß die ausübenden Astrologen immer seriöser und wissenschaftlich sowie psychologisch gebildeter wurden, obwohl noch

viele Scharlatane das Bild der Astrologie trüben.
Heute wird auf Tagungen von den Astrologen intensiv um den Stoff gerungen, und das Bemühen um Weiterbildung ist enorm groß.
Dieses Buch soll klarstellen, was Astrologie ist, woher sie kommt, was man von ihr erwarten kann. Der Leser kann sehr schnell kontrollieren, wieweit astrologische Aussagen, die hier natürlich nur verallgemeinert dargestellt werden können, auf ihn zutreffen. Alles, was hier ausgesagt wird, will und soll keine individuelle Deutung ersetzen. Dieses Buch ist kein Überzeugungsbuch, es will sachlich informieren.
Es geht um den Ursprung der Sternendeutungskunst, um die psychologischen Grundlagen eines Horoskops, um die Archetypen und um die innere Logik des Horoskops sowie seiner möglichen Aussagen.
Da heute fast jeder auf Anhieb sagen kann, welchem Sternzeichen er zuzurechnen ist, also in welchem Tierkreisabschnitt seine Sonne steht, werden im ersten Teil auch ausführliche Charakterschilderungen der zwölf Haupttypen gebracht.
Weil sich ferner allgemein auch die Bedeutung des Aszendent beim Laien durchgesetzt hat (das ist der im Moment der Geburt aufsteigende Grad des Tierkreises), werden auch die möglichen Aszendentauswirkungen auf den Charakter in Verbindung mit dem Sonnenstand behandelt.
Da wir 12 Tierkreisabschnitte kennen, in denen die Sonne steht, und diese 12 Zeichen auch als Aszendent möglich sind, ergeben sich 144 Variationen, die schon eine individuellere Ausdeutung erlauben. Der Leser kann nachprüfen, wieweit diese Schilderungen zutreffen, denn er kann aus der Aszendenttafel leicht seinen Aszendent herauslesen.

Im zweiten Teil wird dann das Horoskop differenzierter untersucht; es geht um die Gestirne und ihre Bedeutung in den Tierkreiszeichen. Auch wird die innere Einteilung in die Häuser oder Felder vorgestellt, womit eine individuelle Ausdeutung überhaupt erst möglich ist, wobei zusätzlich die Bedeutung der Planeten in den Häusern erläutert wird.
Wer dieses Buch durchgearbeitet hat, kann nicht nur ein Horoskop berechnen und stellen, sondern er ist in das Erfahrungs- und Wissensgebiet der Astrologie eingeführt. Er kann ein Horoskop in seinen Grundwerten erkennen und ausdeuten.
Durch das ganze Buch sind Kombinationsanregungen und Hinweise gegeben, die zum selbständigen Denken anregen, ja anspornen sollen!
Man kann das Wissensgebiet der Astrologie nicht über Nacht lernen, aber man kann es lernen.
Der dritte Teil liefert dann zusätzliche Informationen: Es geht um die Zeitgesetze der Planeten und der damit verbundenen Lebensrhythmen, es folgen Hinweise auf die chinesische und indische Astrologie, und da sich in letzter Zeit immer mehr Menschen für die sogenannten Biorhythmen interessieren, sollen sie im Prinzip erläutert werden, obwohl sie mit Astrologie nichts zu tun haben.

Der gegen die Astrologie skeptisch eingestellte Leser mag dieses Buch aufmerksam lesen, derjenige, der sich zur Astrologie hingezogen fühlt, gehe skeptisch an die Lektüre – so mag jedem ein Gewinn erwachsen.
Es ist nicht leicht, sich das älteste Erfahrungsgut der Menschheit zunutze zu machen, aber es kann – wie durch praktische Erfahrungen zu belegen ist – eine große Lebenshilfe sein!

Die Ursprünge der Astrologie

Die Astrologie begann ganz einfach – nämlich mit der Beobachtung des Himmels.

Nachdem der Mensch entdeckt hatte, daß aller Segen wie alles Unheil vom Himmel kam, wandte er seine Beobachtungsgabe intensiv dem himmlischen Geschehen zu, begann die Zeichen des Himmels zu erforschen. Vom Himmel kam die lebenspendende Wärme, aber auch die tödliche Hitze; vom Himmel kamen Regen, Sintflut und Überschwemmung, kamen Sturm, Kälte und Schnee. Der Mensch vermutete schließlich hinter diesen Naturvorgängen himmlische, göttliche Kräfte und versuchte, beide zu erforschen, die Zeichen des Himmels wie die Kräfte, die er dort erahnte.

Astronomie und Astrologie waren also in den Anfängen eins.

Das erste, was der Mensch aufnahm, war der Wechsel von Helle und Dunkelheit, von Tag und Nacht. Die Helle bedeutete Leben, die Dunkelheit dagegen Ruhe und Tod. Wenn die Sonne im Osten aufgeht, dann wird es hell; wenn sie im Westen versinkt, bricht die Dunkelheit herein.

Die Sonne also brachte das Licht, und so war es kein Wunder, daß dieser Himmelskörper schnell als oberste Gottheit angebetet wurde.

Aber mehr konnte das Bild der Sonne nicht bieten, auch der Taghimmel nicht. So wandte man sich dem nächtlichen Himmel zu, wo die Sterne nur so glitzerten. Am Sternenhimmel fiel ein Gestirn besonders auf: der Mond!

Ein Himmelskörper, der einmal in vollem Glanz zu sehen war, dann aber vollends vom Himmel verschwunden schien. Außerdem zeigte sich dieses Gestirn als Halbmond oder als aufgehende und untergehende Sichel.

Das alles mußte die Fantasie des Menschen anregen. Und die Frage tauchte auf: Was will dieses Gestirn verkünden?

Es müssen Jahrtausende vergangen sein, ehe der Mensch das Wunder entdeckte, daß die Phasen des Mondes abzählbar waren. Von einer Phase zur anderen, also etwa von Vollmond zu Vollmond – oder vom Dunkelmond zum Dunkelmond – vergingen dreimal soviel Nächte wie der Mensch Finger an seinen Händen hatte. Also dreißig!

Und das war nicht das einzige Wunder. Der Mensch erkannte bald darauf, daß diese Mondphasen mit dem Lauf der Sonne im Zusammenhang standen.

Waren nämlich 12 Mondumläufe vergangen, hatte auch die Sonne ihren Umlauf beendet, denn sie ging wieder genau an der Stelle am

Horizont auf, wie vor den 12 mal 30 Mondumläufen! Das Sonnenjahr, unser Jahr, war gefunden!
Am gestirnten Himmel herrschte also Ordnung, herrschte eine Zeitlogik, die der Mensch nun auf sein irdisches Leben übertrug.
Außerdem betrachtete der Mensch damals Himmel und Erde als eine geschlossene Einheit.
Er sah sich in diesen Kosmos ganz eingeordnet, wenn auch von den außerirdischen, den himmlischen Kräften abhängig.
Und als der Mensch die Zeit am Himmel gefunden hatte, vermochte er auch sein Leben auf der Erde in die Zeit oder den Zeitablauf einzuteilen. Er hatte gelernt, das Leben zu messen.
Der Mensch konnte die Jahre zählen, die sein Leben dauerte. Er war mit dem Wissen belastet, daß sein Leben nicht ewig währte, daß der Tod das unausweichliche Ende bedeutete.
Aber er sah das Sterben auch in der Natur, sah, wie die Sonne täglich am Abend starb und in die Unterwelt versank, beobachtete, wie der Mond am Himmel immer kleiner wurde um schließlich ganz zu verschwinden.
Aus diesen Beobachtungen schöpfte er Hoffnung – denn Sonne und Mond kamen wieder, wurden neu geboren. Die Sonne jeden Morgen, der Mond aber stand am dritten Tag – nachdem er untergegangen, verschwunden war – wieder am Himmel. Er stand am dritten Tag wieder auf. Das war das größte Wunder!
Der Tod der Natur war also ein Übergang.
Und so verdichtete sich mit diesen Erkenntnissen die Himmelsbeobachtung immer mehr zur Astrologie, zur Sternenlogik. Von daher ist zu verstehen, daß die spätere wissenschaftliche Erforschung des Himmels, die Astronomie, nur als Tochter der Astrologie angesehen wurde, obwohl doch beide eigentlich Geschwister waren.
Der Mensch aber – nun intensiv mit dem Himmel Zwiesprache aufnehmend – erkannte noch mehr am nächtlich glitzernden Firmament.
Er sah, daß der Mond im Osten starb, da, wo alle anderen Gestirne aufgehen. Das heißt, die letzte sterbende Mondsichel ist im Osten am Morgen zuletzt sichtbar. Und man sah auch, daß die erste sichtbare Mondsichel immer am nächtlichen Abendhimmel im Westen zu sehen war, da wo alle anderen Gestirne untergehen.
So wurde der Mond zum Symbol des Gebärens, des Wachsens und des Sterbens.
Und mit dem Gebären wurde der Mond natürlich das Symbol der Frau, der Mutter, zumal sein Umlauf in etwa dem weiblichen Rhythmus entsprach.
Noch heute teilen wir das Sonnenjahr in 12 Monats-, also Mondumläufe, und wir kennen keine bessere Zeitrechnung.
Doch diese 12 Zeitabschnitte des Sonnenjahres sollten ja meßbar und sichtbar sein!
Also teilte der Mensch den Sonnenlauf am Himmel in 12 Teile. Die Sonnenbahn – dem Tierkreis entsprechend – wurde in zwölf Abschnitte geteilt.
Aber da der Himmel einst in allererster Art ein Bilderbuch und kein Rechenbuch war, teilte man diese Sonnenbahn in Bildabschnitte ein. So kam die Menschheit zu den heute noch gültigen Tierkreisabschnitten, doch darüber später mehr.
Alles, was am Himmel geschah, mußte nun auch auf der Erde seine Entsprechung finden. Das irdische Leben wurde mit dem himmlischen Ablauf verglichen, man sammelte Erfahrungen, die man auf den Himmel übertrug, und umgekehrt.
Zuerst waren diese Erfahrungen ganz allgemeiner Art, wurden auf den Witterungsablauf, dann auf Völker bezogen, und wenn bei einer Sonnen- oder Mondfinsternis ein König starb, wurde dies als Zeichen des Himmels unvergeßlich und auf andere Ereignisse dieser Art übertragen.

So wurde himmlisches Geschehen auf die Erde projiziert und umgekehrt, und mit der himmlischen Zeitmessung maß man das Leben auf der Erde.

Mit der Zeit jedoch hatte man auch das meßbare Schicksal gefunden, denn Zeit ist Schicksal; was jemand in seiner Zeit erlebt, ist sein persönliches Schicksal! Alles Lebendige ist schließlich erst durch die Zeit meßbar. Zum Messen und Bestimmen des Unlebendigen braucht man nur drei Dimensionen: Höhe, Breite, Länge. Aber zum Messen des Lebendigen bedarf es der vierten Dimension: der Zeit! Mit der Zeit verändert sich alles Lebendige. Nichts ist wiederholbar. Und wie jemand seine Zeit nutzt, verrät sein Schicksal, genauer sein Charakter, der sein Schicksal ist! Damit hatte man die Grundvoraussetzungen für die Astrologie gefunden.

Doch der Himmel gab ja noch mehr Zeichen als nur durch Mond und Sonne. Der ganze Himmel war ja stets in Bewegung. Da gingen Sternengruppen auf und unter, andere – die an den Polen etwa – drehten sich um ihre eigene Achse, und auf der Bahn der Sonne wandelten außerdem noch fünf andere Gestirne. Und da sie wandelten, nannte man sie Planeten, gleich Wandelsterne.

Doch diese fünf Planeten wandelten nach komplizierteren Zeitgesetzen, die nicht so leicht wie die der Sonne und des Mondes zu ergründen waren. Um diese zu entdecken, teilte man den Himmel in weitere Bilder auf.

Sterngruppen ergaben Bilder, und diese Bilder wurden aus Sagen – stellvertretend für Götterabläufe und -schicksale – gefunden, doch es waren symbolische Namen, viele davon Tiernamen. Warum?

Das Tier galt seit altersher als Träger göttlicher Kräfte. Das Tier nämlich war dem Menschen überlegen wie die Götter. Ein Tier konnte fliegen, ein anderes schwimmen, eins war stärker als der Mensch, ein anderes schneller. Das Tier war für das ursprüngliche damalige Leben besser ausgestattet, es war lebensfähiger!

Tier- und Götternamen wurden also an den Himmel projiziert, aber verbunden mit menschlichen Erlebnissen, die man in Sagen glorifiziert hatte.

Dadurch wurden aber auch die Vorgänge am Himmel vermenschlicht, der Mensch schuf sich so seine Götter nach seinem Ebenbild, also mit – überhöhten – menschlichen Zügen.

Dies alles wurde für unseren Kulturkreis zunächst im Mittelmeerraum deutlich, wo der nächtliche Himmel am besten – weil am klarsten – zu beobachten war. So stammen die frühesten astrologischen Aufzeichnungen auch aus dem Zweistromland zwischen Euphrat und Tigris. In den Ruinen von Ninive wurden in der Bibliothek des Königs Assurbanipal (668-626 v. Chr.) etwa 25 000 Keilschrifttexte gefunden, die das älteste bisher bekannte Schriftgut zur Astrologie enthalten. Darunter sind auch Texte der Sumerer, so daß man vermuten kann, daß die Ursprünge der Astrologie viel weiter zurückliegen: etwa im dritten Jahrtausend vor der Zeitwende.

Das läßt sich jedoch nicht mit letzter Exaktheit beweisen, aber bis ins 7. Jahrhundert v. Chr. kann man die ersten astrologischen Beobachtungen und Erkenntnisse zurückverfolgen.

Die Astrologie unseres Kulturraums stammt also aus dem Orient. Und von daher kommen einzelne Namen unseres Tierkreises, die man Sternbildern entlehnte. Erst Jahrtausende später sollte man erkennen, daß man damit der Astrologie einen Bärendienst erwiesen hatte, auf den die Gegner der Astrologie sich heute noch berufen, was später behandelt werden soll.

Einige Namen stammen also aus dem Orient,

doch die meisten Namen der Planeten und der Sternbilder sowie die Tierkreisnamen sind griechisch-römischen Ursprungs.

Für viele mag es noch heute verwunderlich sein, daß die Griechen die orientalischen, fatalistischen Erkenntnisse übernahmen und weiter verarbeiteten. Doch gerade die Griechen waren es, die auch erkannten, daß es am Himmel keinen Zufall, kein Ungefähr, weder Irrwege noch Eitelkeit gibt, sondern nur Ordnung, Wahrheit, Vernunft und Dauer. So ähnlich klingt es noch bei Cicero, ganz auf den pythagoreischen Lehrsatz ausgerichtet.

Da die Griechen jedoch alles viel menschlicher, individueller als die Orientalen ansahen, wurden die Himmelsvorgänge auch menschlicher gedeutet. Man verglich nun nicht mehr nur den allgemeinen Schicksalsablauf oder den der Völker mit dem Himmelsgeschehen, sondern auch den seiner Familie, seiner Freunde, seines eigenen Lebens!

Kannte nicht jeder so einen wieselflinken Boten, der um seinen Herrn herumtanzte, wie Merkur am Himmel? Oder wer wußte nicht um den Krieger, der dem Mächtigsten die Stirn bot, wie der rotglühende Mars der Sonne! Und kannte nicht jeder so einen jovialen Menschen, der immer gütig lächelte, wie es der milde, schöne Stern des Jupiter mit seinem gleichmäßigen Gang versprach? Und wem war der Alte unbekannt, der langsam seines Weges ging, fern von allem und doch einflußreich, so wie der fernste Planet am Himmel, Saturn? Wer kannte etwa nicht das kleine helle Licht des Glücks, das einem nächtlich verheißen ward, wie Venus es am Himmel ankündigte?

Nicht ohne Grund findet man noch heute in vielen Kirchen astrologische Symbole! So auf Statuen und Gemälden abgebildet die Jungfrau – also Venus – auf der Mondsichel stehend, der Mondsichel, die in ihrer Nähe, aber ohne Berührung geboren wird, also die jungfräuliche Geburt symbolisierend. Und in der Mondsichel findet man vielerorts noch das Kopfbild des Heilands.

Der Himmel also gab die Symbole zurück, die der Mensch hinaufprojiziert hatte, denn es herrschte eine große Zwiesprache zwischen Himmel und Mensch. Die Urerfahrungen der Menschheit, die sich in einer Bildsprache niederschlugen, wurden in Form von Sagen und Mythen an den Himmel projiziert, und von dort dann als Wahrheit, als Verkündigung des Himmels entgegengenommen.

So sind alle Götter- und Heldensagen Sternsagen, womit wir zu den Archetypen, also den Urbildern menschlicher Erfahrung kommen, die für unseren Kulturkreis ihre größte Entsprechung in der griechischen Mythologie fanden.

Wenden wir uns also den Archetypen in der Astrologie zu.

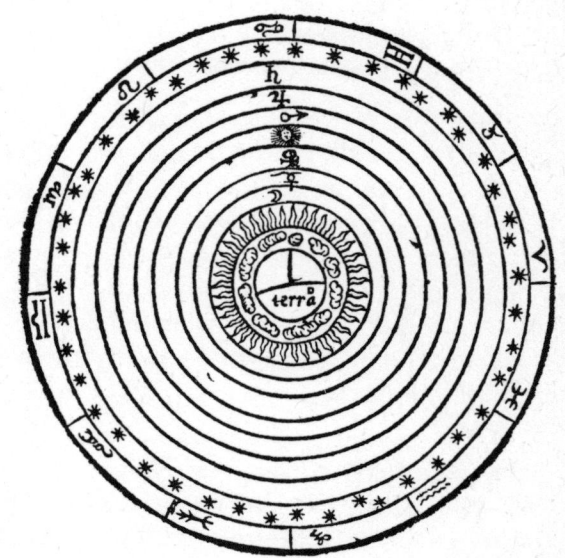

System des Ptolemäus, aus ›Andreeae Argoli Ephemerides‹, 1677

Götter und Archetypen

Die Hauptsymbole der Astrologie sind neben den Tierkreiszeichen die Gestirne. Zu ihnen zählen wir die Lichter Sonne und Mond sowie die Planeten Merkur, Venus, Mars, Jupiter, Saturn, Uranus, Neptun und Pluto. Diese Planeten haben alle ihre Namen aus der Mythologie, römische Namen zwar, aber ihre Grundbedeutung geht auf die griechische Mythologie zurück.

Daß sich die römischen Namen durchsetzten, lag daran, daß zur Zeit des römischen Imperiums und auch danach Latein eine Art internationaler Weltsprache darstellte.

Es wird den Astrologen immer wieder der Vorwurf gemacht, sie würden im Grunde einem Namensfetischismus anhängen und die Eigenschaften und Wirkungen, die man den zehn Gestirnen zuschreibt, einfach auf die astrologische Deutung übertragen. Hier muß geklärt werden, daß man ja früher nie die Planeten mit den Göttern gleichsetzte; nie etwa wurde angenommen, daß der Planet Saturn identisch mit dem Gott Saturn sei.

Der Planet galt immer nur als Symbol dieses Gottes, oder einfacher als dessen Stern. So müßte es – wenn wir im astrologischen Sinn von Saturn reden – richtiger heißen »Stern des Saturn«.

Nehmen wir also diese Namen als Symbolnamen für Urbilder, oder – wie die heutige Psychologie es ausdrückt – als Symbolnamen für die in uns wohnenden Archetypen. Archetypen stellen Urbilder der sich stets wiederholenden Erfahrungen der Menscheit dar. Für immer wieder gemachte Erfahrungen aber braucht der Mensch, um sie weitergeben zu können, Prägungen in Wort und Bild.

Im Wort können wir das heute noch gut verfolgen: Menschheitserfahrungen – auch falsche – drücken sich deutlich in Fabeln und Sprichwörtern aus, ja selbst in alten Bauernregeln. Je älter die Erfahrungen, umso bildhafter ist ihr Ausdruck. Auch die Astrologie ist nichts anderes als eine Anschauungserfahrung, entstanden durch die Betrachtung des Himmels im Vergleich mit Vorgängen auf der Erde. Schließlich sah der Mensch seine ureigensten Erfahrungen, die er auf der Erde gemacht hatte, durch Bilder, die er nachts deutlich am Himmel erkennen konnte, bestätigt. Deshalb spiegeln die Götter so menschliche, nachzuvollziehende, verständliche Eigenschaften wider!

Und der Mensch brauchte Hilfe! Er war ja fast unfähig, den Kampf gegen die Witterungseinflüsse und die Tiere zu bestehen. Diese Hilfe gaben die Götter, indem sie den Menschen die Vernunft gebrauchen lehrten. Dadurch, daß der Mensch mit seinem Innern Zwiesprache über den Himmel führte, also Zwiesprache mit den Gottkräften in ihm und über ihm, klärte sich manches – der Mensch lernte denken, begreifen und überlegen. Dieses Überlegen war die Voraussetzung für das Überleben!

Aber durch die Betonung des Überlegens, der Vernunft, verkümmerten allmählich im Menschen die animalischen Instinkte und Eigenschaften, oft so sehr, daß viele das Unterbewußte abstreiten oder als unwichtig hinstellen. Den Zugang zur Grundveranlagung kann man jedoch wiederfinden – durch die Astrologie! Denn während der moderne Mensch dazu neigt, die negativen Seiten in sich zu verdrängen, spricht es für die Astrologie – die aus der Projizierung der Erfahrungen in uns an den Himmel über uns entstand –, daß die Götter einst nicht nur gute Eigenschaften aufwiesen, sondern auch viele dämonische, ja grausame Charakterseiten besaßen, so wie sie eben jeder Mensch in sich akzeptieren muß.

Eltern erzählen ihren Kindern Märchen, um ihnen etwas klarzumachen, Weise sprechen in Bildern, Priester in symbolischen Gleichnissen.

Und hier trifft die Astrologie, die aus der »Anschauung« und aus der »Schauung in uns« gewachsen ist, den Kern der Menschheitserfahrungen.

Aber noch einmal: zuerst waren die Erfahrungen und die Erlebnisse da, dann die überhöhten Gleichnisse der Göttersagen! Und die Götternamen bekamen ihre symbolische Bedeutung erst, als sich die Eigenschaften der Götter verfestigt hatten.

So spiegelt die Astrologie mit Hilfe von Göttersymbolen die individuelle Seele wider.

Wir wollen nun bei den einzelnen Planeten diese archetypischen Urbilder untersuchen.

Am deutlichsten im täglichen Leben ist ja für jeden die Wirkung der *Sonne*. Ihr Einfluß ist im Guten wie im Schlechten spürbar, denn die Sonne bringt nicht nur Segen. In manchen Gebieten unserer Erde wird ihre Glut und die damit verbundene Trockenheit verflucht.

Diese Naturerfahrung wurde von den Menschen nicht nur sehr früh erkannt, sondern in die Sagenwelt der Götter eingeflochten. So steht die Sonne für das Herz, die Lebenskraft, den Lebenskern!

In der griechischen Mythologie wurde in *Apollon,* dem Sohn des Helios, die Sonnenkraft symbolisiert. Apollon ist der Sturm-, Feuer- und Lichtgott, Sohn der Sonne und damit des Lebens!

Und so wurde Apollon auch zum Träger der Heilkraft des Lichts. Mit seinen Strahlenpfeilen tötet er die dunklen Wesen der Unterwelt, aber auch die Menschen, die sich gegen ihn auflehnen. Apollon wird zum Träger seelischer Erleuchtung und damit zum Schöpfer an sich.

Doch wie in der Natur die Sonne, so hat auch der Sonnengott selbst seine Schattenseite. Diese wird im griechischen Mythos durch den geheimnisvollen *Dionysos,* den Gott der berauschenden, aus der Tiefe geborenen Vitalität symbolisiert. Dionysos ist der Gott der Nachtseite; er verkörpert also die animalische Urkraft im Gegensatz zur menschlichen Geisteskraft, und so wird er auch von wilden *Satyrn* begleitet.

Man sieht in der Mythologie, der Grundlage des psychologisch-astrologischen Wissens, daß weder die positive Seite überbewertet, noch die negative Seite verschwiegen wurde. Wie groß war schon vor Jahrtausenden das Wissen um den Menschen, um seinen Charakter, seine Möglichkeiten und Grenzen!

Wir finden in den Sagen der Sonnengötter auch die allzu ausgeprägte Selbstgefälligkeit, die sich zur Kritikempfindlichkeit steigert, um in der Überschätzung der eigenen Person zu gipfeln. Wer dazu noch die Unwahrheit vorzieht, der flieht aus dem Licht und versteckt sich – auch vor sich selbst – und gibt sich im Dunkeln seinen Trieben und Räuschen hin.

Apollon und Dionysos sind eine Gottheit, die die zwei Wesen widerspiegeln, die sich in jedem von uns wiederfinden. Es liegt an jedem einzelnen, wie er seine Sonnenkräfte ausbaut, in welche Richtung er sie lenkt.

Dazu verhilft die Kenntnis des Sonnenstandes im Horoskop mit seinen Aspekten zu den anderen Planeten. Wenden wir uns nun dem zweiten Licht neben der Sonne, dem Mond, zu.

Der *Mond* erreichte im Altertum durch seine vielfältigen Anblicke, die er dem Menschen bot, fast noch mehr Bedeutung als die Sonne.

So wurde er für zahlreiche Völker und für lange Zeiträume das göttliche Hauptsymbol. Noch heute findet man die Mondsichel auf Nationalflaggen. Wir sagen *der* Mond, und doch ist der Mond ein weibliches Symbol; wir sagen *die* Sonne, obwohl die Sonne ausgesprochen männlich zu werten ist.

So waren die Mondgöttinnen alle weiblich: *Selene*, die Göttin der Frauen, galt als das weibliche, empfangende Prinzip. Auch *Artemis*, die Jungfräuliche, ist eine Mondgöttin, durch die zunehmende Mondsichel verkörpert. Sie lebt in der Einsamkeit der Natur. Ihre Heimat sind die grünen Wälder mit den frischen Quellen, und dort jagt Artemis die wilden Tiere. Psychologisch gesagt: Sie jagt dem Tierischen nach, denn sie ist die Hüterin jungfräulicher Reinheit.

Die Entsprechung zum Vollmond ist die Göttin *Hera*. Sie ist die Göttin der Mütterlichkeit, diese Gattin des Zeus, sie schützt das Heim und die Häuslichkeit.

Auch *Demeter* ist eine Mondgöttin, das Symbol der sorgenden Mutter, die Angst hat, ihr Kind eines Tages an den Mann zu verlieren.

Dem abnehmenden Mond entspricht die Göttin *Persephone*. Sie symbolisiert die sterbende Mondsichel und stellt damit eine Unterweltgöttin dar, die in der Sage von Hades geraubt wurde.

Zum Dunkelmond gehört *Hekate*, die finstere Mondgöttin. Sie verkörpert das Grauen vor den gespenstischen Bildern, die aus dem Unterbewußtsein aufsteigen und die Seele ängstigen. Sie ist eine Zauberin, denn Zauber ist es, wenn das Unterbewußtsein sich bemerkbar macht und den Kern eines Menschen verwandelt. Zumindest wirkt es wie ein Zauber, wenn so eine echte menschliche Wandlung geschehen ist, die der Verstand nicht erklären kann.

So spiegelt der Mond im Horoskop die Kämpfe und Wandlungen der Seele wider, die durch Mondgöttinnen personifiziert werden.

Kommen wir nun zu *Hermes* oder *Merkur*. Hermes, der griechische Götterbote, den die Römer als Merkur kannten, ist der Sonne am Himmel stets am nächsten, mal vor, mal hinter ihr.

Kein Wunder, daß dies als Botengang gedeutet wurde. Apollon und Hermes sind durch viele Göttersagen verbunden. Eine Aufgabe des Hermes war es, den Willen der Götter an die Menschen weiterzuleiten, andererseits den Göttern von den Menschen, von ihren Wünschen und Sorgen zu berichten.

Hermes/Merkur ist also der Vermittler zwischen Himmel und Erde! Das verlangt einige Voraussetzungen: Verstandeskraft und Diplomatie, List und Schlauheit, ja Lüge.

Hermes kann sogar bis zur Unterwelt gelangen und die Seelen von dort herausführen!

Dies alles erfordert Wachheit und Beobachtungsgabe, schnelles Denken und Schalten. Hermes wird nicht geblendet, keine Finsternis schläfert ihn ein, keine Sinnesreize verzaubern ihn. Daher kennt dieser Götterbote weder Müdigkeit noch Angst.

So gilt Hermes/Merkur im Olymp als Vertreter und Hüter des Menschlichen. Er kann die Götter beurteilen, da er ihre Welt kennt, aber er berichtet den Göttern auch von den starken und schwachen Seiten der Menschen. Er ist ihr Vertreter und ihr Botschafter! Eine Aufgabe, die so schwierig ist, daß man sie nicht ohne Grund dem Sohn des Zeus/Jupiter anvertraute.

Man sagt – und Sagen bestätigen es – daß Hermes den Menschen das Recht lehrte, aber zugleich auch den Betrug. So ist dieser Gott oft so doppeldeutig und doppelsinnig, daß aus Wahrheit Lüge, oder Lüge aus Wahrheit wird. Er ist der Gott der Wege, der eben auch die krummen Wege kennt!

Sein Stern ist als Abend- oder als Morgenstern sichtbar, wie der Stern der Venus, dem wir uns jetzt zuwenden.

Venus war unter den Planetensternen derjenige, der wie kein anderer die Menschen faszinierte! Er ist Abend- und Morgenstern, daher berichtet uns auch der Mythos von Aphrodite/Venus in doppelter Gestalt. *Aphrodite* ist der Name der griechischen Göttin, in Rom nannte man sie *Venus*. Die doppelte Erscheinung wird von den Göttern *Phosphoros* und *Hesporos* symbolisiert.

Phosphoros ist der Morgenstern, der der Sonne vorausgeht, das Symbol für zärtliches Liebesspiel, das die tiefere Begegnung herbeiführt. Man sagt, daß der Morgenstern die Neuvermählten ins Brautgemach geleite. Hesporos dagegen ist der Abendstern, der die stille Liebe ohne Rausch, also die schon vergeistigte Liebe in der echten Begegnung verkörpert.

Aphrodite galt als liebste Tochter des Zeus, der ihr die Herzen der Menschen übergab. Wenn aber das Herz eines Menschen von Aphrodite/Venus erfaßt ist, dann ist es liebestoll. Aphrodite, so weiß es die mythologische Überlieferung, ist so unwiderstehlich, daß selbst der kriegerische Mars sich ihr zu Füßen legen muß!

Aber auch Aphrodite hat nicht nur zwei Erscheinungsformen, sondern auch zwei Seiten, die jeder Mensch in sich spüren kann. Von daher ist die Sage zu verstehen, daß sich die göttliche Venus mit dem schmutzig-rußigen Schmied *Vulcan/Hephaistos* verbindet, wobei das »Schmutzige« nicht äußerlich gemeint ist.

Aber die Sagenwelt wird noch deutlicher! Einmal bekommt Aphrodite den Beinamen *Anadyomene*, das heißt die Schaumgeborene, die die reine, himmlische Liebe verkörpert, im Gegensatz zu Aphrodite / *Pandemos*, die die Sinneslust symbolisiert.

Es liegt also viel Widersprüchliches in Aphrodite/Venus, besonders in der Beziehung der Geschlechter, da Aphrodite/Venus und Ares/Mars in natürlicher Spannung zueinanderstehen. Beide müssen gleichen Anteil an einer Bindung haben, sonst wird aus Liebe reiner Geschlechtstrieb und aus Eros Sexus – wo ist das besser herauszulesen als im Horoskop!

Und damit wenden wir uns dem Kriegsgott Ares/Mars zu.

Ares/Mars faszinierte als Planet am Himmel die Menschen mit seinem roten Licht, das er besonders dann ausstrahlte, wenn er sich in Erdnähe befand und der Sonne in Opposition gegenüberstand. Ares sagt der Sonne den Kampf an, denn

Kampf steht auf dem Schild dieses Gottes! Aber Ares/Mars ist nicht nur der Schlachtengott, sondern als Überwinder des Winters auch der Frühlingsgott, der Gott des Ackers. Seine Symbole sind Lanze und Pflug – also kämpferische und aufbauende Symbole! Damit sind beide Seiten dieser mythischen Gottheit angesprochen.

Wer aber den Winter bezwingen will, muß mit starkem Draufgängertum ausgestattet sein und sich für unbesiegbar halten! Das kann zu blindwütigem Kampf ausarten!

So sind marsische Probleme – auch in der Astrologie – nur durch Disziplin zu lösen, durch Kampfeinsatz für größere Ziele, für höhere Werte und Ideale. Sein Herrschen über das Triebleben allein bringt Ares/Mars nicht weiter. Wie gut wird hier menschliche Erfahrung in Sagen widergespiegelt: Die Wunde, die ihm, dem Kriegsgott, die Göttin Athene schlug, kann nur durch die Fürbitte des Zeus geheilt werden! Aus der Gefangenschaft zweier Riesen kann ihn nur die List des Merkur befreien! Und die Erfüllung bringt ihm allein Aphrodite/Venus!

Ares/Mars stellt also die Urkraft dar, die allein noch nichts bewirkt. Gewiß, ohne Urkraft wäre alles nicht; wer jedoch nur Urkraft einsetzt, geht damit auch auf tragische Weise unter, weil er sich zu stark fühlt und damit schon verloren ist. Wer zu wenig Urkraft besitzt, dessen Existenz ist gefährdet, wenn er nicht rechtzeitig – und das ist aus dem Horoskop gut ersichtlich – Hilfe von anderen Planetengöttern, also Seelenkräften, mobilisiert.

Wenden wir uns nun *Zeus/Jupiter* zu, der in der Mythologie darüber wacht, daß der Krieg, also die Marskräfte, nicht zum wütenden Morden ausartet, sondern will, daß die Ritterlichkeit gewahrt bleibt. Daher kann seine Tochter Athene nicht von Ares bezwungen werden.

Die Sage berichtet: Zeus' Vater *Chronos/Saturn* fraß – aus Angst, überwältigt zu werden – alle seine Kinder auf, bis er überlistet wurde und statt seines Sohnes Zeus/Jupiter einen Stein verschlang. Zeus/Jupiter wird von einer Nymphe aufgezogen und von einer Ziege ernährt. Er zwingt seinen Vater, die verschlungenen Geschwister wieder auszuspeien, aber er läßt – das ist das neue! – seinen Vater Chronos/Saturn am Leben! Er übt nicht mehr Rache, indem er Gleiches mit Gleichem vergilt.

Zeus/Jupiter ist zwar der richtende Gott, der mit Donner und Blitz straft, wenn es nötig erscheint, aber auch der Gott der Fruchtbarkeit. Er überwacht die Religion, er symbolisiert das Strebende, das Sinnvolle im menschlichen Charakter.

Aber er kann auch grausam strafen, vor allem, wenn er sich ausgenützt fühlt oder wenn er in seinem Stolz gekränkt wird.

Denn auch der Gütige hat seine Schwächen: etwa den Hang zu Liebschaften! Er braucht die Bestätigung, und um sie zu erhalten, verwandelt er sich bei Verführungen und Liebesbegegnungen oft hinterlistig sogar in Tiere – geht also auf die animalische Ebene zurück, um seiner Lust zu folgen.

Zeus genießt sein Dasein im Olymp in vollen Zügen, mit Übermut, doch er hat für die Schwächen der anderen eben auch Verständnis, und er bringt das Lächeln in den Olymp.

Vor allem – wie gesagt – vergilt er nicht Gleiches mit Gleichem, sondern läßt seinen Vater Chronos/Saturn am Leben.

Womit wir uns dem sogenannten Übeltäter der klassischen Astrologie, Chronos/Saturn, zuwenden wollen.

Chronos/Saturn symbolisiert nicht nur das Böse oder das Unheil im astrologischen Weltbild.

Nicht von ungefähr kommt es nämlich, daß er sogar einst als Herr des Goldenen Zeitalters gepriesen wurde.
Aber Chronos/Saturn mußte, der Sage nach, um überhaupt an die Macht zu kommen, seinen Vater Ouranos/Uranus überwältigen und töten. Nach diesem Sieg wird Chronos von Angst gepackt, daß ihm ein gleiches Schicksal widerfahren könnte. So frißt er seine Kinder auf. Aber er verschlingt sie nur, er tötet sie nicht, er hält sie in bewahrender Gefangenschaft, so wie mancher Mensch seine guten Gedanken, die ja auch Kinder sind, aus Angst und Schwäche zurückhält.
Auch hier: Welch eine bildhafte Psychologie hat uns das Altertum überliefert!
Chronos/Saturn wurde zum Gott der Zeit, damit zum Hüter oder Prüfer des Schicksals, das sich in jedem einzelnen, in jeder Generation, in jedem Volk erfüllt.
Aber Chronos erinnert auch an Mühe. Und so gilt dieser olympische Gott der alten Mythologie auch als Beschützer der kleinen Leute, die sich schinden müssen, und die vom großen Leben nur träumen können.
Ebenso findet der bereits Geschlagene hier seinen Halt. Das Pflichtgefühl wird betont, die Größe der Besiegten, die weiterkämpfen, weiterleben müssen. Das alles verlangt Selbstbeherrschung, Selbstüberwindung, erlegt Prüfungen auf.
Niedergeschlagen zu werden ist keine Schande, aber liegenzubleiben! Das lehrt uns Chronos/Saturn. Das Saturnische in uns wird nicht leicht zu verstehen und noch schwerer zu ertragen sein, denn Chronos/Saturn hütet die geheimen Schätze und Kräfte, mit denen umzugehen man erst lernen muß.
Aber auch Chronos/Saturn hat sein Vater- und Mutter-Schicksal.

Ouranos/Uranus, sein Vater, gilt als Ahnherr des Göttergeschlechts und ist vaterlos geboren, erschaffen durch *Gaia,* die Göttin der Erde, mit der er unförmige, bizarre Wesen, Titanen, Kyklopen sowie hundertarmige Riesen und andere Ungeheuer erzeugte, die dann in die Finsternis der Erde verbannt wurden.
Diese Ungeheuer waren es, die in Chronos/Saturn Haß erzeugten, weshalb er seinen Vater Ouranos entmannte. Ouranos/Uranus war also urplötzlich vaterlos da, und mit ihm begann das Geschlecht der von den Menschen erdachten Götter. Er schafft so, wie er entstanden ist: nämlich urplötzlich! Er schöpft aus dem Nichts, das ist sein Symbol!
Vor ihm war nichts. Wirklich nichts? War da nicht das weite Meer, das fruchtbare Urwasser? War da nicht das Himmelsmeer, in dem man dann durch Berechnung – nicht durch Anschauung – Poseidon fand?

Poseidon/Neptun bezeichnen wir als den Herrn des Meeres, des Wassers, also des schöpferischen Elements. Aus dem Wasser kommt das Leben, aus dem unendlichen Quell schöpft man, wie auch der Lebensborn aus dem Wasser kommt.
Oder: Ouranos ist aus dem Chaos geboren, doch wer war der Herrscher des Chaos? Poseidon/Neptun, der Bruder des Zeus, der als Beherrscher der Meerestiefen galt? Und das Meer ist mit dem Chaos verwandt, weil es, voller Ungestüm, keine Grenzen kennt!
Aber es ist das schöpferische Chaos. Hier in der Poseidonwelt ist das »Alles oder Nichts« zu Hause, liegen die unendlichen Möglichkeiten des Erahnens, des Einfühlens, ist das Übersinnliche, damit das Jenseitige, ja Okkulte.
Doch in der griechischen Mythologie stellt das Reich des Poseidon auch den Bereich des Okea-

nos – Flusses dar, also des die Welt umschließenden Urstroms. Dieser Urstrom Okeanos ist der Vater von 6000 Kindern, den Okeaniden, also der Ur-Vater, der Nachkommen schafft und damit die Welt umschließt.

Dieser Urstrom wird allein von den Ufern des *Hades/Pluto* umsäumt, also von der Unterwelt, dem tiefsten Urgrund, der untersten Schicht des Lebens, die so tief liegt, daß es von dort nur noch ein Aufwärts geben kann.
So wird der Gott Hades/Pluto in der Astrologie oft als Reicher interpretiert, weil er über die Bodenschätze herrscht. Das ist psychologisch so zu übersetzen, daß damit die tiefsten animalischen Möglichkeiten des Unterbewußtseins angesprochen sind – wo alles nur noch Masse ist, wo der Prozeß zum Individuum erst beginnt. Daher gilt dieser Gott mit Recht als Symbol der Masse, und wer die Masse beherrscht, der beherrscht auch die Macht.

Soviel zu den Archetypen, deren Grundlagen in den Sagen der Mythologie wurzeln. In der Zeit, da sich die Griechen mit der Sterndeutung befaßten, wurde die Astrologie auch als die Psychologie des Altertums angesehen und ausgebaut.
Damals schon kamen auch die ersten Einwände gegen die Astrologie auf, und bis heute tobt der Kampf zwischen den Gegnern und den Befürwortern der Astrologie.
Und viele Argumente »Für« und »Wider« sind seit 2000 Jahren die gleichen geblieben!

Mars, Planetenbuch, 1553

Gegner und Befürworter – aus der Geschichte der Astrologie

Aus dem Orient kam die Astrologie nach Griechenland. Schon um 150 vor der Zeitwende erschien das erste Grundwerk der griechischen Astrologie, doch der Inhalt beruhte bereits auf älteren, auch griechischen Aufzeichnungen.

Zwei Namen trug dieses Buch als Verfasser. Namen, die aus der ägyptischen Geschichte stammten.

Den Namen eines Königs, *Nechepso,* und den Namen eines Priesters, *Petosiris.*

Doch schnell meldeten sich die ersten kritischen Stimmen. Als Vertreter der neuen Akademie in Rom polemisierte der Philosoph *Karneades* gegen die Sternkunde. Dem Sinn nach schrieb er: »Wie sollte es bei der ungeheuren Schnelligkeit, mit der sich der Himmel in 24 Stunden um die Erde dreht, und bei der Unzulänglichkeit der Wasseruhr je gelingen können, den am Himmel aufgehenden Punkt der Ekliptik (das heißt des Tierkreises) genau festzustellen, vollends, wenn man, wie es eigentlich geschehen müßte, von dem unsicheren Zeitpunkt der Empfängnis – nicht erst der Geburt – ausging. Und wie selten war auch nur der Augenblick der Geburt genau ermittelt und zuverlässig überliefert. Und wie kommt es, daß von drei zur gleichen Sekunde am gleichen Ort geborenen Lebewesen das eine ein stolzer König, das andere ein armer Bettler, das dritte gar ein Lastesel wird, daß andererseits Menschen von sehr verschiedener Geburtsstunde in der gleichen Schlacht oder beim gleichen Schiffbruch ein gemeinsames Schicksal ereilt? Und wenn die gleiche Konstellation erst nach vielen Jahrtausenden wiederkehrt, wie kann der Astrologe die Erfahrungsgrundlagen für seine Schlüsse gewinnen und nachprüfen?«

Eine Kritik, die Respekt verdient und auch heute noch fast wörtlich geübt wird.

Immer wieder wird die Frage nach dem Empfängnishoroskop gestellt. Als ob sich die Astrologen nicht mit dieser Frage beschäftigt hätten! Das erste Empfängnishoroskop liegt aus der Zeit vor der Zeitrechnung vor.

Aber die Praxis beweist, daß es der Geburtsmoment ist, wenn es um ein Horoskop geht! Viele Astrologen können das bestätigen, die etwa das Horoskop von Siebenmonatskindern stellten oder von Kindern, die erst nach 9 ½ Monaten geboren wurden, und deren Sonne somit in ein anderes Sternbild fällt, als ursprünglich angenommen.

Bei einem Empfängnishoroskop nämlich ist die Minute der Empfängnis nicht festzustellen, bestenfalls die Ejakulation, aber es können dann noch Stunden vergehen, ehe eine Empfängnis zustande kommt. Und was das Argument mit den »astrologischen Zwillingen« betrifft, so behaupten seriöse, moderne Astrologen längst nicht mehr, daß alle am gleichen Ort Geborenen gleich seien oder das gleiche Schicksal hätten. Denn die Astrologen wissen, daß aus einem Horoskop längst nicht alles herauszulesen ist.

So kann man einem Horoskop nicht entnehmen, ob der Geborene männlich oder weiblich ist, man kann aus dem Radix nicht lesen, welcher Rasse der Geborene angehört, und man kann kaum etwas über die Umwelt wissen, nichts über das Niveau des Horoskopeigners! Wer also ein exaktes Horoskop stellen will, darf dies nicht per Blindhoroskop tun, sondern muß den Horoskopeigner zumindest kennen, oder, bei einem neugeborenen Kind, die Eltern.

Wer Wert auf ein gutes Horoskop legt, der sollte sich auch vor dem Auftrag dem Astrologen vorstellen. Ein Arzt, der eine Blinddiagnose abgibt, wird mit Recht abgelehnt; das sollte man bei Astrologen genauso handhaben. Blindhoroskope sind nur in Ausnahmefällen möglich, dann sollten jedoch eine Handschriftprobe und Bilder zur Hilfe herangezogen werden.

Wenn heute Versuche unternommen werden, Astrologen zu testen, und man mit ihnen eine Wette eingeht, indem man ihnen Daten von Menschen vorlegt, deren Herkunft und Lebenslauf völlig verschieden sind, dann beweisen die Anbieter einer solchen Wette nur, wie wenig sie von der Horoskopie verstehen.

Ein Horoskop ist ein Weg, an den Menschen heranzukommen; andere deuten Schriften und Träume oder versuchen, sich durch eine Charakterstudie oder eine psychologische Untersuchung an den Kern des Menschen heranzutasten.

Über die Astrologie aber kommt man am schnellsten und am sichersten an den Fragenden; das ist ihr Vorteil.

Daß im Krieg oder bei einem Schiffsuntergang viele sterben, die zu verschiedenen Zeitpunkten an verschiedenen Orten geboren sind, spricht auch nicht gegen die Astrologie. Denn die Astrologen wissen, daß der Tod im Horoskop nicht drinsteht, und daß es ferner eine Schicksalsgesellschaft gibt, oder ein Kollektivschicksal.

Rom übernahm die Astrologie wie so vieles andere vom griechisch-ägyptischen Hellenismus.

Die Astrologie war nun in aller Munde, so sehr, daß die Überlieferung berichtet, Astrologen hätten die Geburt Alexanders des Großen solange hinausgezögert, bis die Aspekte stimmten.

Dies ist nicht nachprüfbar, wie viele Wunderdinge, die man sich heute von Astrologen hinter vorgehaltener Hand erzählt.

Entscheidend aber half das öffentliche Bekenntnis, das Kaiser Augustus (63 v. Chr. bis 14 n. Chr.) für die Astrologie ablegte.

Das mag unbewußt dazu beigetragen haben, daß der Stern von Bethlehem, von dem man heute annimmt, hier habe es sich um eine Konjunktion der Planeten Saturn, Jupiter und Mars im Abschnitt Fische gehandelt, vom Volk so zündend aufgenommen wurde. Augustus ließ sein Horoskop veröffentlichen und den Steinbock, das Zeichen, unter dem er geboren war, auf Silbermünzen prägen.

Man sagt ferner, daß der damals nicht unbekannte Astrologe Publius Nigidus Figulus bei der Geburt des Kaisers bereits dessen Weltherrschaft prophezeit habe.

Das Bekenntnis von Augustus wirkte sich für die Astrologie günstig aus. Die Publicity entsprach der von heute, wenn sich ein Prominenter öffentlich zur Astrologie bekennt; auch hierin haben sich die Zeiten nicht geändert.

Nun erschienen viele astronomische und astrologische Bücher, die Stunde wurde fast wichtiger als das Tagesdatum, denn auf vielen Briefen, auch auf denen des Kaisers, wurde die Stunde des Schreibens neben dem Datum angegeben.

Der Nachfolger des Augustus, Kaiser Tiberius, war selbst praktizierender Astrologe. Er hatte es als Jüngling durchgesetzt, sich auf der Insel Rhodos dem Studium der Astrologie zu widmen, und Zeitgenossen beschrieben ihn als hervorragenden Astrologen. Daneben aber sank die Astrologie immer mehr in Bezirke des Banalen ab. Talismane astrologischer Prägung gab es im römischen Reich in Massen, so wie heute, möchte man sagen, und die Straßenastrologen machten sich überall breit. Aus dem Bemühen um echte Deutungskunst war eine scharlatanhafte Wahrsagerei geworden.

Das römische Schrifttum ist voll von Berichten aus dieser Kaiserzeit. Besonders *Juvenal* verurteilte mit seinen spitzfindigen Satiren den Glauben an die Sterne; er meinte ». . . daß manche feine Dame erst in die Ephemeride (das ist eine Gestirnstandstafel) schaue, ehe sie sicher war, eine günstige Stunde für einen Besuch oder eine andere Betätigung gefunden zu haben. . .«

Auch heute hört man solche Vorwürfe, und in der Tat: Viele, die sich mit Astrologie beschäftigen, geraten oft allzu leicht in eine große Abhängigkeit von den Sternkonstellationen.

Noch schärfer ging *Cicero* mit den Chaldäern – so wurden die Astrologen in Anspielung auf die astrologische Herkunft aus Babylonien genannt – ins Gericht. Er nagelte sie anhand ihrer Aussagen fest: »Wie oft haben sie einem Pompejus, einem Crassus, einem Caesar geweissagt, daß keiner von ihnen anders als im Greisenalter, als in seinem Haus, als in der Fülle des Ruhmes sterben werde.«

Und er spottet über die Astrologen, die für andere wohl, nur für sich selbst keinen Rat wüßten. Ein Vorwurf, der auch heute noch zu gern erhoben wird, wenn es etwa heißt: Warum sind die Astrologen nicht die reichsten Leute, sondern in der Mehrzahl arme Schlucker – sie müßten doch wenigstens ihre Glückszahlen kennen! Daß dies nichts mit Astrologie zu tun hat, entgeht diesen Kritikern meist.

»Aberglaube«, schreibt Cicero, »hat fast jedermanns Geist erfaßt und der menschlichen Einfalt zum Sieg verholfen.«

Auch heute hört man das Wort vom Aberglauben oft, wenn von Astrologie die Rede ist, und man vergißt, daß Aberglaube für uns meist nur der Glaube der anderen ist, daß für viele Religionen Andersgläubige oft nur Abergläubige sind.

Immerhin war im zweiten Jahrhundert n. Chr. die astrologische Wissenschaft voll entwickelt. Claudius Ptolemäus hatte in seinem mehrbändigen »Tetrabiblos« die astrologische Kunde der vorangegangenen Jahrhunderte zusammengefaßt. Sein Buch gilt mit Recht vielleicht auch heute noch als das größte Lehrbuch der Astrologie, zumindest hatte kein Lehrbuch vorher und nachher soviel Echo und Einfluß.

Ptolemäus war aber nicht nur Astrologe, sondern auch Astronom, und er äußerte einmal:

»Der Wert der Astrologie ist ein doppelter: Einmal kann das Vorwissen uns mit unserem Schicksal versöhnen, und zweitens: Wenn man die Gefahren kennt, für die man prädisponiert ist, ist man umso besser gerüstet, sie zu vermeiden.« Eine Ansicht, die Astrologen heute noch vertreten, und derentwegen sich viele Menschen von ihnen beraten lassen.

Mit dem Höhepunkt der Astrologie wurde der Widerstand gegen diese Deutungskunst jedoch immer stärker; das Pendel schlug zurück.

Die Christen wandten sich im römischen Reich

gegen die Sternwahrsagerei, sprachen von Dämonen, die sowohl Orakel, Wahrsagerei und Astrologie entfesselten. Der christliche Glaube sollte ja dem Menschen die Weltangst nehmen, und der Hang zur Astrologie entsprach ihrer Meinung nach nur einer großen inneren Unsicherheit oder Angst.

Auch heute sagen Kritiker, daß sich an Astrologen nur Kranke, Schwache, Geschlagene oder Verängstigte wenden.

Ein Fehlschluß: Gerade starke Persönlichkeiten suchen Astrologen auf!

Aber man kann sagen, die Christen lehnten die Astrologie weniger aus wissenschaftlichen, als aus moralischen Gründen ab. Sie setzen sich daher mit der Astrologie nie ernstlich auseinander, und da die Astrologie ja kein Feind des Christentums oder einer anderen Religion war, sollten sich hier eines Tages auch positive Folgerungen ergeben.

Immer mehr ging es auch um die Erscheinungsformen der Sterndeutungskunst, bis schließlich Augustinus eine Art Dogma aufstellte. »Die Gestirne haben wohl Einfluß auf die Welt unter dem Monde (womit die sublunare Welt gemeint war), aber die Sterne vermögen nichts gegen die Allmacht Gottes und den freien Willen des Menschen«, so hieß es dem Sinn nach.

Nur sagt man auch von Augustinus, daß er als junger Mann selbst die Astrologie konsultiert habe. Er sei jedoch durch die Tatsache von der Astrologie geheilt worden, daß ein bestimmter reicher Landbesitzer zur gleichen Stunde geboren worden war, wie ein elender Sklave auf seinem Gut. Man sieht, die gleichen Argumente seit Karneades!

Seinen Hauptangriff auf die Astrologie unternahm Augustinus in seinem letzten Werk, Der Gottesstaat. Hier schrieb er: »Diejenigen, die glauben, daß die Sterne unsere Handlungen oder unsere Leidenschaften, die guten oder die schlechten, ohne Gottes Zustimmung lenken, sollen zum Schweigen gebracht und nicht angehört werden . . . denn was tut diese Anschauung anderes als die Göttlichkeit leugnen.«

Wenn Augustinus auch zugeben mußte, daß manche Voraussagen sich als richtig erwiesen haben, so schob er dies dann bösen Geistern zu und nicht der Kunst, Horoskope stellen zu können . . . »denn eine solche gibt es nicht!«

Das war nun praktisch kirchliches Gesetz. Die Astrologen wurden von der Kirche beiseite geschoben, wie so oft in ihrer Geschichte auch von anderen Institutionen.

Aber die Astrologie war nicht auszurotten! Bestenfalls konnte man sie verbannen, aber Verbote haben sie nicht ausgelöscht, sondern nur diejenigen, die sich mit ihr beschäftigten, in den Untergrund getrieben, und das bekam weder der Astrologie noch den Astrologen! Doch das Erbe wurde weitergegeben, am auffälligsten da, wo einst die Geburtsstätte der Astrologie lag, im orientalischen Raum.

Der Islam lehnte die Astrologie ab. Mohammed hatte ein Verbot ausgesprochen, Sterndeuterei war strengstens untersagt. Der Grund für dieses Verbot ist nicht so leicht zu verstehen, denn die Araber pflegten ja vor Mohammeds Zeit stark einen Gestirnkult, sie verehrten Sonne, Mond und den Abend- und Morgenstern Venus.

Aber vielleicht mußte der Prophet, wenn er seine neue Lehre durchsetzen wollte, mit alten, vertrauten Symbolen aufräumen; von nun an sollte nur noch Allahs Wille geschehen und nicht der der Sterne. Auch das mag erstaunen, denn damals strahlte die Astrologie eine Schicksalsgläubigkeit aus, die sich mit dem Fatalismus des sich in das Schicksal ergebenden Islam deckte.

Heute streiten die Astrologen diese fatalisierende Wirkung entschieden ab. Sie meinen, daß sich jemand gerade durch gewisse Vorkenntnisse seiner Grenzen und Möglichkeiten einen weitaus größeren Freiraum schaffen kann als einer, der nichts über sich weiß.

Trotz grundsätzlicher Verbote beschäftigten sich die Araber von neuem mit der Astrologie. Hier half auch eine ausgeprägte rechnerische Begabung, und so war es nicht überraschend, daß die arabische astrologische Literatur bald ebenso umfangreich war wie die hellenistische. Und durch die Araber kam dann auch das Erbe des Ptolemäus über die Alpen. Doch zunächst war Bagdad das neue Zentrum, und wieder waren hier Astrologie und Astronomie eng verbunden.

Ein Observatorium wurde gebaut, und Astrologen wie *Abu Maschar* schrieben Lehrbücher, die noch später – nach der Erfindung der Buchdruckerkunst – gedruckt wurden. So erlebte die Astrologie im 8. Jahrhundert n. Chr. einen weiteren, sensationellen Aufschwung. Namen wie Theophilus von Edessa oder A-Kindi und Aveyroes waren damals so berühmt wie Michael Scotut, der Hofastrologe des Staufenkaisers Friedrich II.

Und auch in Rom und in Italien blühte die vergessene Himmelskunst wieder auf. Papst Silvester II. galt als einer der angesehensten Astrologen, und selbst im nördlichen Raum, wo der Himmel ja nie die nächtliche Faszination ausübt wie rund um das Mittelmeer, faßte diese Kunst Fuß.

Wolfram von Eschenbach sprach davon, daß bereits Adam bei seiner Erschaffung mit astrologischen Kenntnissen ausgestattet war, und Meister Ekkehard predigte von den Planetenqualitäten als von bekannten und nicht bezweifelbaren Tatsachen.

Natürlich gab es auch gegenteilige Meinungen, besonders bei der klerikalen Intelligenz, doch das schadete dem allgemeinen Ansehen nicht. Jetzt wurden auch aus einem Horoskop nicht mehr so überwiegend die Schicksale herausgelesen, sondern die Charakterkunde gewann an Bedeutung. Die Charakterastrologie kam auf, die medizinische Astrologie, die auf die Witterung bezogene landwirtschaftliche Astrologie, und die Alchemie wurde hier mit einbezogen. Das alles hinterließ Spuren, die noch heute in Bauwerken des Mittelalters zu sehen sind, zumal mancher Baubeginn astrologisch errechnet wurde.

Schließlich griff die Astrologie auch nach England über und wurde in Oxford gelehrt.

Der erste urkundlich festgestellte Kanzler dieser Universität, Robert Grosseteste, hielt die Astronomie-Astrologie für die höchste Wissenschaft, und er war der Ansicht, daß es kaum eine Tätigkeit geben dürfte, die den Rat des Astrologen entbehren könnte.

Und eines war wichtig: Die Astrologie war im Mittelalter nicht etwa nur unter den Männern der Geisteswissenschaften populär, sondern sie war im Alltagsleben fest verankert.

Der Schweizer Historiker Jacob Burckhardt hat berichtet, daß das Stellen eines Horoskops bei Geburten in der Schweiz allgemein üblich war, und, so fügte er hinzu: ». . . manchmal ist es geschehen, daß Menschen ein halbes Leben lang geplagt wurden, durch das vergebliche Warten auf Ereignisse, die nie eintrafen.« Aber auch Fürsten befragten die Weisen des Himmels. Reisen wie Schlachten wurden berechnet und der Zeitpunkt aus den Sternen bestimmt.

Zwei Namen machten dann wirklich Geschichte: Agrippa von Nettesheim und Paracelsus. Über 500 Seiten umfaßte die Schrift des Paracelsus zur Astrologie, die vor allem eine Philosophie der Astrologie enthielt. Bis heute scheint die Arbeit leider nie richtig durchgearbeitet worden zu sein; man kann da noch viele wichtige Erkenntnisse vermuten.

Paracelsus gebrauchte die Astrologie auch für die Krankenbehandlung, für die Auswahl der Medizin. Er schrieb, daß die Pestilenz eine Krankheit aus dem Gestirn sei, und »dieselbig Infektion dringt auf uns, gleich wie die Sonn mit ihrem Schein.«

Das nachfolgende Zeitalter, die Renaissance, sollte die Astrologie zunächst beeinflussen und schließlich verändern.

In dieser Zeit lebte ja eine Reihe von ungewöhnlich bedeutenden Persönlichkeiten, die ihre Spuren in der Geschichte hinterlassen hat.

Da wäre Luther! Über diesen Mönch gehen die Meinungen auseinander; einige Autoren meinen, er hätte zumindest zunächst die Astrologen aufgesucht, andere schreiben, Luther sei immer gegen die Astrologie gewesen.

Immerhin hielt Melanchthon über dieses Gebiet Vorlesungen an der Universität Wittenberg, und zwar in zustimmendem Sinn, und es scheint auch sicher zu sein, daß Luther ein Buch des Johann Lichtenberger unterstützte. Dieses Buch enthielt Prophezeiungen wie folgende: »Die Schrift wird der Brunnen des lebendigen Wassers werden, nicht kaiserliches, nicht päpstliches Recht. Es wird eine große Zwietracht entstehen zwischen Kaiser und Papst. Es wird ein heiliger Mann kommen, durch den wird Gott Wunder tun und befehlen, daß man das Evangelium predige!« Möglich, daß Luther dies auf sich bezog und daher den Text dieses im Rückblick etwas rätselhaften Astrologen billigte.

Entscheidend wurde dann die Astrologie durch *Johann Müller*, auch Regiomontanus genannt, fortentwickelt. Er erfand mit 25 Jahren den Dezimalbruch. Er hat sich um die Astrologie durch sein System der Häuser- bzw. Feldereinteilung des Horoskops verdient gemacht.

Diese Häuser oder Felder beruhen auf arabischen Vorbildern, wobei Al Battani genannt werden muß.

Aber die Zeit arbeitete auch gegen die Astrologie. In Italien verfaßte der bekannte Humanist Pico della Mirandola einen scharfen Angriff, wobei er bereits sehr sorgsam zwischen Astronomie und Astrologie unterschied. Pico schrieb unter anderem: »Mit welcher Dreistigkeit gesellt sie sich dem Kreise der Wissenschaften zu! Sie ist die Verderberin der Philosophie, beschmutzt die Medizin und legt die Axt an den Stamm der Religion. Dem Menschen raubt sie die Ruhe und erfüllt ihn mit ängstlichen Bildern. Den Freien macht sie zum Sklaven. Sie lähmt seine Tatkraft und wirft ihn auf das Meer des Unglücks hinaus!«

Worte, die auch heute zu hören sind. Nur hatte Pico sich mit Astrologie länger befaßt; er wußte um mögliche böse Folgen der Vorhersagen. Seinem Schwager hatte man ein gutes Jahr ohne Unglück prophezeit, aber er starb; das gleiche soll Picos Neffen und seiner Schwägerin widerfahren sein. Doch Pico machte denselben Fehler wie die heutigen Gegner: Schlechte Astrologen werden mit der gesamten Astrologie gleichgesetzt, im Gegensatz zur Medizin, zur Juristerei etwa – da wird nicht mit schlechten Ärzten, Anwälten oder Richtern die ganze Heilkunde und Rechtspflege verworfen.

Etwa um diese Zeit studierte der junge *Kopernikus* an der Universität von Krakau. Er sollte später das gesamte Weltbild verändern. Kopernikus griff nämlich den Gedanken wieder auf, daß sich die kugelähnliche Erde um ein Zentralfeuer (die Sonne) bewege.

Bisher hatte man die Erde als Mittelpunkt der Welt angesehen, um den sich alles dreht.

Zwar hatte schon Aristarch von Samos um 280 vor der Zeitwende darauf hingewiesen, daß sich wohl die Erde um die Sonne bewege, daß also die Wissenschaft von einem heliozentrischen System ausgehen müsse. Diese Erkenntnis konnte sich jedoch damals nicht durchsetzen. Immerhin, Aristarch wurde von Cicero und Plutarch zitiert, und diese Notizen gaben Kopernikus den Anstoß für seine Untersuchungen und Forschungen.

Das Weltbild hatte sich verändert! Das sollte seine Wirkung auf die großen Astronomen wie Tycho de Brahe, wie Kepler oder Galilei und Kopernikus selbst nicht verfehlen. Aber alle diese Astronomen stellten auch noch Horoskope, sie meinten nämlich, daß die Entdeckung des Kopernikus die Astrologie nicht ad absurdum führe, wie heute angenommen wird, sondern daß diese Entdeckung gar die Grundlagen der Astrologie ins Unermeßliche steigern würde.

Dadurch, daß die Erde um die Sonne kreise, ordne sich nur die Erde besser in die kosmische Ordnung ein, so hieß es zunächst. Doch das Ende der Astrologie schien gekommen zu sein. *Galileo Galilei* trug viel dazu bei, denn er stellte die These auf, daß nur das Meßbare wissenschaftlich wertvoll sei, denn erst das Messen liefere die Möglichkeit, einzelne Wahrnehmungen miteinander zu vergleichen und in Ordnung zu bringen.

Damit schied die Astrologie aus dem Kreis dieser nun so scharf eingeengten Wissenschaften aus, obwohl es heute noch viele Astrologen und Gesellschaften gibt, die den meßbaren, naturwissenschaftlichen Anschluß suchen. Wohl vergeblich.

Denn naturwissenschaftlich wird die Astrologie sicher nicht zu beweisen sein, da kein Horoskop bis zur vierten Stelle hinter dem Komma einem anderen gleicht, so wenig wie ein Mensch völlig einem anderen entspricht.

Galilei hatte die Naturwissenschaften begründet und auch die heute noch gültigen Voraussetzungen für diese Wissenschaften genannt.

Nach ihm legte *Isaac Newton,* der etwas von Astrologie verstanden haben soll, den Begriff des Naturgesetzes fest, hier nur im Ansatz zitiert: »Die prinzipielle methodische Absicht jeder naturwissenschaftlichen Forschungsarbeit ist nämlich das Aufsuchen solcher Beziehungen zwischen den sich den Sinnen darbietenden Erscheinungen, welche den Anspruch auf allgemeine, von den subjektiven Umständen des Beobachters unabhängige Geltung erheben können. Solche sind Naturgesetze.

Naturgesetze sind mithin nicht übermächtige Wesen hinter und über den Erscheinungen, die von ihnen ›beherrscht‹ werden, sondern eine allgemeingültige oder doch Allgemeingültigkeit fordernde ›Ordnung‹ ihrer Beziehungen.«

Eine neue Welt hatte begonnen, und am Übergang zu dieser Welt steht der bedeutsamste Name, was die Astrologie betrifft: *Johannes Kepler.* Auf ihn berufen sich nach wie vor Gegner wie Befürworter.

Kepler lehnte die Astrologie nie ab, sondern lediglich gewisse Regeln und viele schandbare Praktiken. Immer wieder sprach er auch Warnungen an die Gegner der Astrologie aus und reagierte auf unsachliche Angriffe wie die von Röslin oder Pico della Mirandola.

Kepler setzte dabei aber neue Maßstäbe, die heute gültig sind, und die moderne Astrologie kann an diesem großen Mann nicht vorbeigehen; seine Werke sind eine Fundgrube für jeden Astrologen. Empörend ist jedoch die Tatsache, daß er immer wieder unvollständig zitiert wird. Einmal wird genüßlich behauptet, Kepler hätte Wallenstein vorausgesagt, er würde mit 70 Jahren sterben. Dabei wird unterschlagen, daß Kepler das Horoskop von Wallenstein später korrigiert hat, uhrzeitmäßig, und dann mit seiner Ausdeutung an dem Zeitpunkt abbrach, als Wallenstein ermordet wurde. Sicher aber hat Kepler nicht unbedingt den Tod von Wallenstein gesehen, sondern nur, daß dann viel Unheil über das Land komme, was ja auch die Folge von Wallensteins Tod war.

Zum anderen wird Kepler immer wieder mit dem Satz zitiert: »Zwar ist die Astrologie ein närrisches und verworrenes Ding voller Torheit.« Nur ist dieses Zitat unvollständig, es heißt korrekt: »Zwar ist die Astrologie in ihrem bisherigen Zeitgewand ein närrisches und verworrenes Ding und voller Torheit. Aber doch zupft uns diese Torheit bei den Ohren und führt uns auf den Kreuzweg, der zur Rechten nach der Philosophie zugehet. Soll also niemand für unglaubhaft halten, daß aus der astrologischen Narrheit und Gottlosigkeit nicht auch ein nützliches Wissen und Heiligtum gefunden werden könne.«

Und 1625 schrieb Kepler an Wallenstein: »Die Philosophie und also auch die wahre Astrologie ist ein Zeugnis von Gottes Werken und also ein heilig und gar nicht leichtfertiges Ding, das will ich meinesteils nicht verunehren.«

So sehr also Kepler gegen Auswüchse in der astrologischen Praxis war, für die Astrologie hat seitdem kaum ein Astronom so klar und deutlich Stellung bezogen.

Doch ist nicht zu leugnen, daß der Zeitpunkt gekommen war, da die Astrologie an Ansehen verlor! Die Naturwissenschaftler setzten sich immer stärker durch, der Intellekt trat den Siegeszug an, der Verstand, die sogenannte Vernunft der nachzuprüfenden Mathematik trat in den Vordergrund, da hatte dann die Astrologie nichts mehr zu suchen.

Mit den Galileischen Begriffen der Wissenschaft erfuhr das gesamte Weltbild eine grundlegende Änderung, die – schließlich übertrieben – wie jedes Prinzip ins Extrem führen mußte, so hier etwa bis zum betonten Materialismus des 18. und 19. Jahrhunderts.

Aber es mußte auch zu einer rein rationell ausgerichteten Lebensauffassung führen, die uns dann das 20. Jahrhundert bescherte. Die intellektuelle Theorie stand im Vordergrund, uralte lebendige Menschheitserfahrungen galten nichts mehr.

Erst die Psychologie versucht, hier wieder einen Ausgleich zu schaffen, obwohl auch sie sich häufig zu intellektuell gibt; aber diese Entwicklung dürfte fast an dem Punkt angekommen sein, da sich wieder alles umkehrt.

Denn Astronomie und Astrologie gingen getrennte Wege, und besonders die Astronomen sahen auf die Astrologen herab.

Die Astronomen sind mit die erbittertsten Gegner der Astrologie. Sie argumentieren: Der wesentlichste Punkt der Astrologie, daß nämlich die Erde der Mittelpunkt des Weltalls sei, ist entfallen. Die Erde kreist als Planet um die Sonne, und so war alles falsch, was bisher galt. Und viele Astrologen versuchen, sich dem anzupassen und siedeln ihre Ausgangsbasis im heliozentrischen System an.

Eines hatte man vergessen: Astrologie war immer Bildersprache, entstand aus der Anschauung der himmlischen Bilder, die eine Schauung auf der Erde ermöglichten.

Und diese himmlischen Bilder waren ja geblieben! Immer noch geht für die Menschen dieses Planeten Erde die Sonne im Osten auf und im Westen unter, und immer noch gibt es Vollmond und Dunkelmond, und der Himmel scheint sich um die Erde zu drehen. Von den Ausgangspunkten der *Anschauung* hat sich bis heute nichts geändert.

Zwar durfte sich nun offiziell nur noch die Astronomie als die alleinige exakte Wissenschaft von den Himmelsvorgängen bezeichnen, aber das hatte mit den Grundlagen der Astrologie ja nichts zu tun.

Doch was totgesagt wird, lebt oft länger. Der Keim des Wiederkommens der Astrologie wurde bereits in der Zeit Galileis gelegt. Sein Zeitgenosse, der Südfranzose *Jean Baptiste Morin*, ursprünglich Arzt und Gegner der Astrologie, wurde zum großen Reformer der Sterndeutungskunst. Morin war nicht nur Arzt, sondern auch Astrologe Ludwig XIII. und Richelieus; er war dabei, als Anna von Österreich Ludwig XIV. gebar.

Morin schrieb das große Werk »Astrologia Gallica«, in dem er alle astrologischen Erfahrungen des letzten Jahrhunderts ordnend erfaßte. Aus tausenden von Einzelregeln schuf er ein zusammenhängendes Lehrbuch, stellte so Zusammenhänge her und entwickelte ein planmäßiges Verfahren zur Analyse des Horoskops.

Denn eine Methode im Lehrsinn hatte bisher bei der Deutung gefehlt. Der Astrologe war allein auf seinen Instinkt und seine Intuition angewiesen. Jetzt waren die astrologischen Regeln in eine fast mathematische Ordnung gebracht.

Nur im naturwissenschaftlichen Sinn meßbar war die Astrologie auch jetzt nicht – aber sind Traumdeutungen in dem Sinn meßbar, oder psychologische Analysen?

Zur Zeit Newtons wurde der Astrologe Lilly sehr populär, nachdem er erst zur Astrologie bekehrt werden mußte. Leider wurde es ab jetzt fast Methode, daß Astrologen sich untereinander befehdeten. Eine Schule verachtete die andere, eine spezielle Deutungs- und Berechnungsart versuchte die andere auszustechen. Von einer gemeinsamen Forschungsarbeit konnte keine Rede mehr sein. So sank das Ansehen, und als letzter Großer wird daher eigentlich immer wieder Johann Wolfgang von Goethe zitiert:

»Wie an dem Tag, der dich der Welt verliehen,
Die Sonne stand zum Gruße der Planeten,
Bist alsobald und fort und fort gediehen
Nach dem Gesetz, wonach du angetreten.
So mußt du sein, dir kannst du nicht entfliehen,
So sagten schon Sybillen, so Propheten;
Und keine Zeit und keine Macht zerstückelt
Geprägte Form, die lebend sich entwickelt.«

Aber was nutzten solche Worte, wenn die Wissenschaften die Astrologie ausschlossen!

Von den Universitäten verschwunden lebte sie ohne öffentliche Anerkennung, ein wenig im Untergrund, immer etwas von den Spitzen des Geisteslebens belächelt.

Die Astronomie machte indessen riesige Fortschritte. Sie drang in den Weltraum vor, erkundete an unserem Sonnensystem vorbei das Weltall und trieb die Weltraumforschung voran. Wie nebenbei wurden dann auch noch einige Planeten entdeckt, das waren Uranus, Neptun und in den 30er Jahren dieses Jahrhunderts Pluto.

Und bei jedem neu entdeckten Planeten hieß es: Ein neuer Schlag gegen die Astrologie, wieder ein Beweis für den Unsinn dieser Lehre, da jetzt nicht einmal mehr die geheiligte Siebenheit existiert. Der Einfluß der Gestirne war bei Sonne und Mond ja nicht abzuleugnen, aber was sollte der ferne Neptun für einen Einfluß haben? Keinen.

Und wieder wurde nicht begriffen, daß es nicht um den Einfluß geht, sondern um die Zeitgesetze und die Symbolik. Gut, aber welche Symbolik könnte denn in einer Erfahrungswissenschaft der Pluto haben, der kaum ein halbes Jahrhundert alt ist und doch bei jeder Horoskopdeutung von den Astrologen eingesetzt wird. Hat das noch etwas mit Erfahrung zu tun?

Angriffe über Angriffe! Dann wurde ein Transpluto in das astrologische System eingebaut, die

Isis, und manche Schulen arbeiten mit Planeten, die es nicht gibt, die von der Astronomie nie bestätigt wurden. Um die Begriffsverwirrung hier besonders zu steigern, benutzten diese Schulen dann sogar für verschiedene Planeten dieselben Namen, nur einmal römisch, einmal griechisch. Die Verwirrung schien den Höhepunkt erreicht zu haben.

Hinzu kam ein weiteres entscheidendes Argument der Gegner: die sogenannte Präzision. Wir haben erfahren, daß die alten Astrologen, um ihren Tierkreis – also die Sonnenbahn – in zwölf Teile einzuteilen, diese zwölf Teile je mit einem bildnishaften Namen benannt hatten. Diese Namen waren von in der Nähe stehenden Sternbildern entliehen. Diese Sternbilder deckten sich jedoch nie völlig mit den Tierkreisabschnitten, aber halbwegs.

Nun das Argument: Der Ausgangspunkt dieser Benennung war der Frühlingspunkt, das heißt, der Punkt, an dem die Sonne in der Tag- und Nachtgleiche steht, da also Tag und Nacht gleich lang sind. Dieser Punkt war und ist der Nullpunkt Widder des Tierkreises.

Dieser Punkt lag aber auch in der Gegend, wo das Sternbild Widder anfing. Bedingt durch eine kreiselähnliche Bewegung der Erdachse und durch die Anziehungskraft des Mondes verschiebt sich der Kreis der Sternbilder, oder das Band der Sternbilder, in 70 Jahren um rund ein Grad. Damit muß sich auch der Frühlingspunkt in Beziehung zu den Sternbildern ganz langsam verschieben, und zwar rückwärts, also von Null Grad Widder auf 29 Grad Fische und so weiter.

Es braucht rund 25 800 Jahre, bis diese Kreisbewegung vollendet ist, das heißt, nach 25 800 Jahren befindet sich der Nullpunkt des Sternbildes Widder wieder an derselben Stelle.

So verschieben sich die Sternbilder, und wo vor gut 2000 Jahren das Sternbild Widder stand, beginnt jetzt das Sternbild Wassermann. Folglich decken sich die Namen des Tierkreises nicht einmal annähernd mit den Sternbildern, die einst in der Nähe dieser Abschnitte standen.

Das spielt auch für die Sonnenbahn keine Rolle. Aber hier haken nun die Kritiker ein, von der irrigen Annahme ausgehend, *Sternbilder und Tierkreiszeichen* wären dasselbe.

Das ist nicht der Fall. Der Tierkreis ist ein Meßkreis, den man – erfände man ihn heute – sicher mit Zahlen bezeichnen würde. Die Sternbilder sind Fixsterngruppen, die man mit Namen benannte. Und einige dieser Namen gebrauchte man, um die zwölf Teile des Tierkreises zu benennen. Das muß auseinandergehalten werden! Ein banales Beispiel aus dem Leben: Nachdem sich in einem Gasthof immer Musikanten trafen, nannte der Wirt dieses Haus schließlich »Herberge zu den Musikanten«. Inzwischen sind die Musikanten weitergezogen, aber der Name blieb.

Deswegen liegt der Gasthof noch immer an derselben Stelle und nimmt nach wie vor Gäste auf. Dieses Beispiel mag zeigen, daß man sich wohl nicht verstehen will! Zunächst leuchtet ja auch alles ein, was die Kritiker beanstanden, denn kaum ein Laie und nicht einmal jeder Astrologe vermag die Begriffe Sternbild und Tierkreiszeichen auseinanderzuhalten.

Vor welchem Sternbildhintergrund heute auch die Sonne zu Beginn des Frühlings, also zur Frühlings-Tag- und Nachtgleiche steht – zu dieser Zeit ist die Natur im Aufbruch, für den man in unseren Breiten das Wort vom »widderhaften Aufbruch« fand. Die Natur entwickelt um die Frühlingszeit eine »Widderkraft« – bedingt durch die Stellung der Sonne – wie vor zwei- oder drei- oder x-tausend Jahren!

Die Argumente gegen die Astrologie sind stets dieselben, und Gegenargumente scheinen keinen Kritiker zu überzeugen. Hier kann man fast von etwas sprechen, das die Kritiker den Astrologen vorwerfen: von einem Glaubenskrieg. Das geht so weit, daß manche bekannten Astrologen es ablehnen, mit ihren Gegnern zu streiten, wenn diese nicht zumindest ein Horoskop ausrechnen und erstellen können. Das ist die eine Seite. Die andere Seite ist, daß die Astrologen sich selbst in Verruf bringen, den Gegnern die besten Argumente frei Haus zu liefern, weil sie oft schnell und oberflächlich arbeiten, weil sie sich zu Aussagen versteigen, die nicht aus dem Horoskop herauszulesen sind, weil sie Blindhoroskope stellen und das Horoskop als ein Wahrsagemedium wie Kaffeesatz mißbrauchen.

Doch Pfuscher gibt es überall, und wenn sie irgendwo vermehrt auftreten, dann sagt dies immer noch nichts gegen die Sache an sich. Astrologen kommen und gehen, ungeschult und ungeprüft, sie werden kaum ausgebildet, sie kennen keine anerkannten Diplome; das erlaubt manchem, der es mit allem nicht so genau nimmt, sich Astrologe zu nennen.

Ein Argument mag diesen kurzen Überblick über die Geschichte der Gegner und Befürworter abschließen. Die Kritiker der Astrologie Franz Boll und Carl Betzold, die aber viel von der Astrologie verstehen, haben ein vorbildliches Buch über die Ursprünge der Astrologie verfaßt: »Sternglaube und Sterndeutung«. Darin schreiben sie zum Abschluß ihrer Untersuchungen:

»Es ist nicht schwer zu sagen, was den modernen Menschen an der Astrologie seltsam und vielfach auch töricht berühren mag.

Es ist jenes allzu naive Vertrauen auf den Namen und auf die in ihm sich verbergende religiöse Tradition; es ist die unzulässige Vermengung des phantasievollen Spiels der Sternsage und Sterndichtung mit dem Versuch einer streng erweisbaren Welterkenntnis; und es ist weiter die Grundlage einer Astronomie und Kosmophysik, die seit drei Jahrhunderten überwunden sind. Aber das Große und geschichtlich Bedeutsame an der Astrologie darf darüber nicht vergessen werden. Sie trägt mit ungeheurer Kraft den Sternglauben des Ostens durch alle Jahrhunderte; sie macht einen bewundernswert kühnen Versuch, die Welt als eine einzige Einheit zu deuten; und sie fügt auch den Menschen in diese große Gemeinsamkeit ein, die alles Lebendige gesetzlich bindet. Die Astrologie ist tot, insofern sie mit untauglichen Mitteln Wissenschaft sein wollte; aber was dem ins Leere greifenden Wahn einst Urgrund und Sinn gab, lebt fort und wird immer wiederkehren in dem unzerstörbaren Verlangen der Menschennatur nach einem einheitlichen Weltbild und nach dem Frieden der Seele im Universum!«

Das mag man unterschreiben oder nicht! Sicher ist, daß in der täglichen Praxis die Astrologie einen individuellen Blick in die Seele eines Menschen erlaubt, daß Grundveranlagungen zu erkennen sind, und sicher ist auch, daß daher nur der einzelne selbst sich sein eigenes Urteil bilden kann. Vielleicht macht dies sogar die Größe der Astrologie aus. Von außen, also ohne beteiligt zu sein, ist hier nichts zu entscheiden – nichts zu bejahen, aber auch nichts zu verurteilen.

Daher wollen wir uns jetzt der praktischen Astrologie zuwenden, der Grundlage aller astrologischen Arbeit, dem Horoskop!

Tierkreis und Horoskop

Wer sich mit Astrologie beschäftigen will, der muß wissen, was Begriffe wie Tierkreis, Gestirne, Planeten, Aszendent, Himmelsmitte, Häuser und Horoskop bedeuten.
Alle astronomischen Daten, und davon geht die Astrologie aus, werden auf einem Horoskopformular festgehalten. Das Wort Horoskop kommt aus dem Griechischen, es wurde abgeleitet von den Worten »hora« gleich Stunde und »skeptomai« gleich schauen. Es heißt also, fast wörtlich übersetzt, Stundenschauer. Mit diesem Begriff verband man allerdings einst nur den Stern, der zu einem bestimmten Zeitpunkt, zu dem man ein Horoskop stellen wollte, am Osthorizont aufging.
Nun war dieser Stern meist kein Stern, sondern der Grad des Tierkreises, der sogenannte Aszendent, der dort errechnet wurde.
Natürlich konnte es sein, daß auf diesem aufgehenden Grad des Tierkreises auch ein Stern stand; das hatte natürlich besondere Bedeutung, denn dieser Stern symbolisierte dann den Geburtsherrscher, doch davon später.

Meist stellte man ein Horoskop zur Geburtszeit. Alle Horoskope basieren im Grunde auf Geburtszeiten, denn von dem Zeitpunkt einer Horoskopstellung an wird eine Entwicklung astrologisch gemessen und beurteilt, sei es eine Geburt, ein Moment, ein Ereignis. Das Geburtshoroskop wird auch Wurzelhoroskop, Nativität, Radix oder einfach »das Thema« genannt.
Die Abbildung zeigt, wie ein Horoskop-Formular aussieht.

Man sieht auf dem Horoskop-Formular einen Kreis mit Zeichen gemalt. Diese Zeichen stellen die Abschnitte des Tierkreises dar.

Was ist der Tierkreis?
Der Tierkreis ist der Weg, den die Sonne in einem Jahr durchwandert. Das heißt, nach rund 365 Tagen steht die Sonne genau wieder an dem Himmelspunkt, von dem sie ihre Jahreswanderung begann. Diesen Weg nennt man fachlich die Ekliptik, das ist derjenige größte Kreis am Himmelsgewölbe, in dem sich die Sonne jährlich von West nach Ost zu bewegen scheint. Scheint, denn in Wahrheit bewegt sich ja der Planet Erde mit seinem Satelliten, dem Mond, um den Fixstern Sonne. Aber der Beobachter des Himmels hat auf der Erde den Eindruck, als würden sich die Sonne, der Mond und die anderen Planeten um die Erde bewegen, als würde der ganze Himmel um die Erde kreisen. Das ist

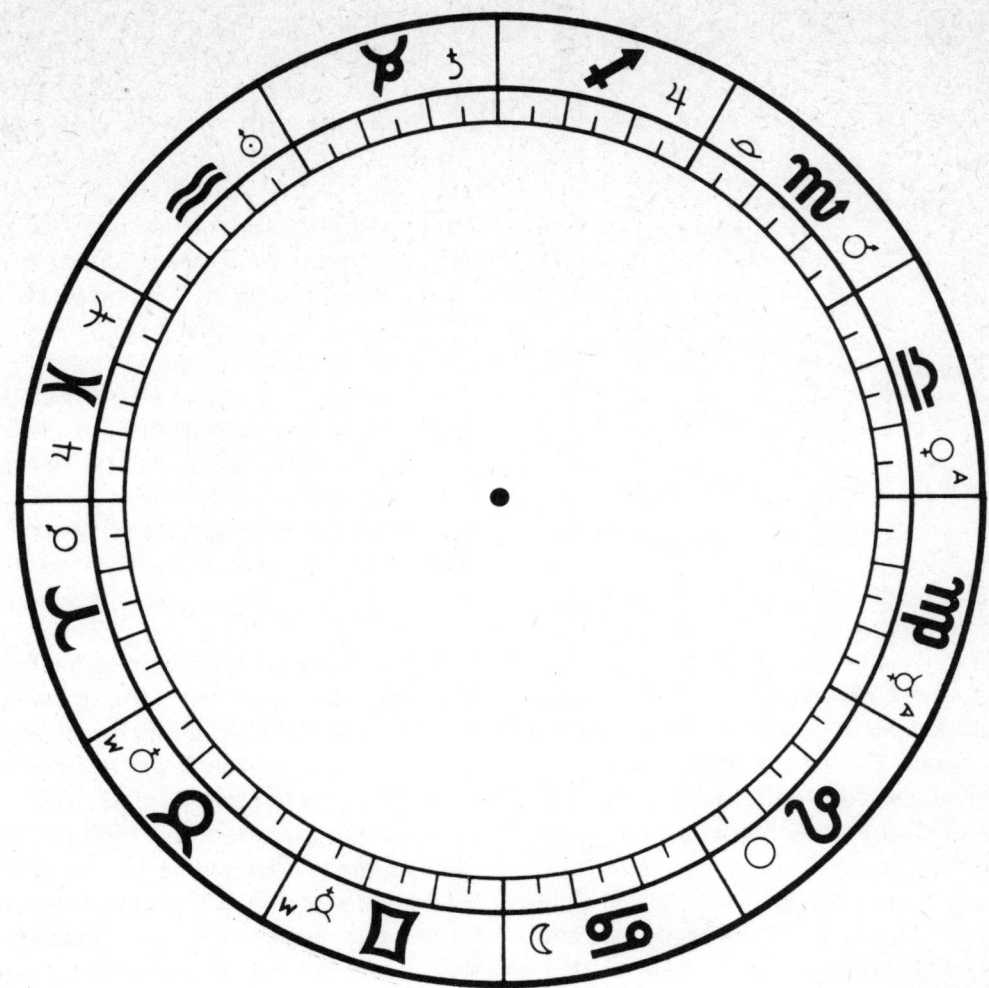

Horoskop-Formular

astronomisch falsch, aber von der Anschauung her richtig, und von der Anschauung her hat sich ja die Astrologie entwickelt. Und der Erdbewohner mag noch so viele astronomische Erläuterungen vorgesetzt bekommen, für ihn geht die Sonne morgens immer noch im Osten auf und abends im Westen unter.

Der Name Ekliptik kommt von Eklipse, was Ausfall oder Verschwinden bedeutet und für die Sonnen- oder Mondfinsternisse gebraucht wurde. Die Griechen nannten daher den Weg, den Sonne, Mond und Wandelsterne – die Planeten – am Himmel scheinbar entlangziehen, die Ekliptik, weil auf dieser Bahn die Eklipsen, die Sonnen- und Mondfinsternisse, vor sich gehen. Diese Ekliptik liegt nun schief zum Äquator, wie die Abbildung zeigt, und zwar um zirka 23 ½ Grad.

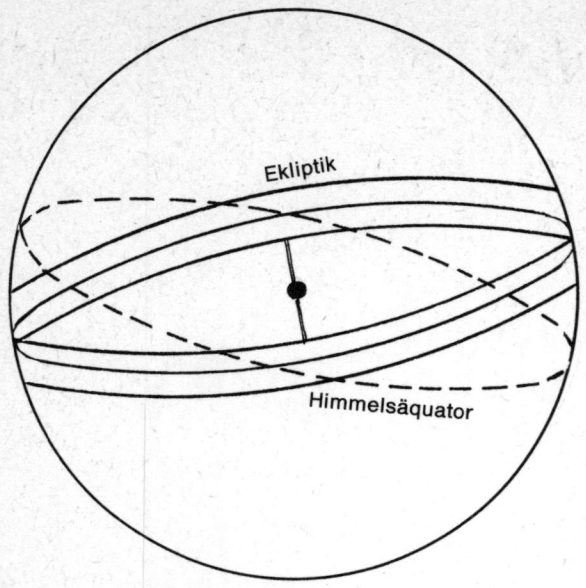

Schiefe der Ekliptik

Man sieht, daß die Ekliptik den Äquator in zwei einander gegenüberliegenden Punkten durchschneidet; diese Punkte heißen Äquinoktial- oder Nachtgleichpunkte; wenn die Sonne an einem dieser beiden Punkte steht, sind Tag und Nacht gleich lang.

So haben wir den Frühlings- und den Herbstpunkt. Wenn die Sonne am Frühlingspunkt steht, beginnt das astrologische Jahr.

Von diesem Punkt aus teilte man die Sonnenbahn, und damit die Bahn des Mondes und der Planeten, in zwölf Teile, weil 12 Mondumläufe einem Sonnenumlauf entsprechen.

Der Sonnenlauf dauert rund 365 Tage, so teilte man die zwölf Abschnitte, die der Mond auslöste, in je 30 Grad oder Tage ein.

Um nun den Sonnenlauf bequem messen und beschreibend weitergeben, also halbwegs präzise bestimmen zu können, bezeichnete man die zwölf Abschnitte mit Namen. Diese Namen entlieh man sich von benannten Sternbildern. So schuf man sich einen übersichtlichen Meßkreis für den Jahres-Sonnenumlauf. Dieser Meßkreis wurde kaum mehr Ekliptik genannt, sondern Tierkreis, da ja die meisten der Namen Tiernamen waren.

Für das Wort Tierkreis kennt man auch das Wort Zodiakus, nach dem griechischen Wort Zodion, das soviel wie kleines Tier bedeutet.

Die jährliche Sonnenbahn wollte man also messen, und so teilte man sie in 12 Abschnitte zu je 30 Grad. Die Abschnitte benannte man nach Fixsterngruppen oder Sternbildern, die man auch mit Namen versehen hatte. Da nun aber nicht nur die Sonne, sondern auch der Mond und die anderen Planeten auf dieser Bahn wandeln, können alle diese Gestirne auf dem Tierkreis in ihrer jeweiligen Stellung und Bewegung festgehalten werden.

Nur muß man unterscheiden: die Sonne ist in Wahrheit ein Fixstern. Wir bezeichnen die Sonne als Licht. Der Mond ist in Wahrheit ein Trabant des Planeten Erde, der mit ihr um die Sonne kreist, aber astrologisch wird er als *Licht* bezeichnet. Die Planeten sind Wandelsterne, die, wie die Erde, auch um die Sonne kreisen.

So kennen wir in der Astrologie die Lichter Sonne und Mond sowie die Planeten. Früher hatte man der Einfachheit halber auch Sonne und Mond als Planeten bezeichnet, was jedoch falsch ist. Wenn wir von Sonne oder Mond im Zusammenhang mit den Planeten sprechen, verwenden wir besser den Begriff Gestirne.

Auf dem Tierkreis wird also die Stellung der Gestirne astronomisch völlig richtig festgehalten. Dieser Tierkreis ist auf jedem Horoskop-Formular eingezeichnet.

Das Horoskop ist demnach also nichts anderes als eine sehr vereinfachte Himmelskarte, in der die Stellung der Gestirne sowie der aufstei-

gende Grad, der Aszendent und die Himmelsmitte des Tierkreises festgehalten werden.
Entgegen unserer Atlanten ist beim Horoskop Süden oben. Der Grund liegt darin, daß sich das Horoskop nach dem Stand der Sonne ausrichtet, und im Süden hat die Sonne stets ihren höchsten Punkt erreicht. Wenn nun oben Süden ist, dann ist Norden unten, Osten links am Kreis und Westen rechts.
Verwirrend mag noch sein, daß ein Horoskop gegen den Uhrzeigersinn gelesen wird, also links herum. Das jedoch entspricht dem scheinbaren Lauf der Sonne um die Erde.
Also: Süden ist im Horoskop oben, damit Osten links, die Zeichen der Horoskopabschnitte werden links herum, entgegen dem Uhrzeigersinn gelesen.
Damit können wir uns der astrologischen Grundlage, nämlich dem Jahresablauf der Sonne auf unsere Breitengrade bezogen, zuwenden.

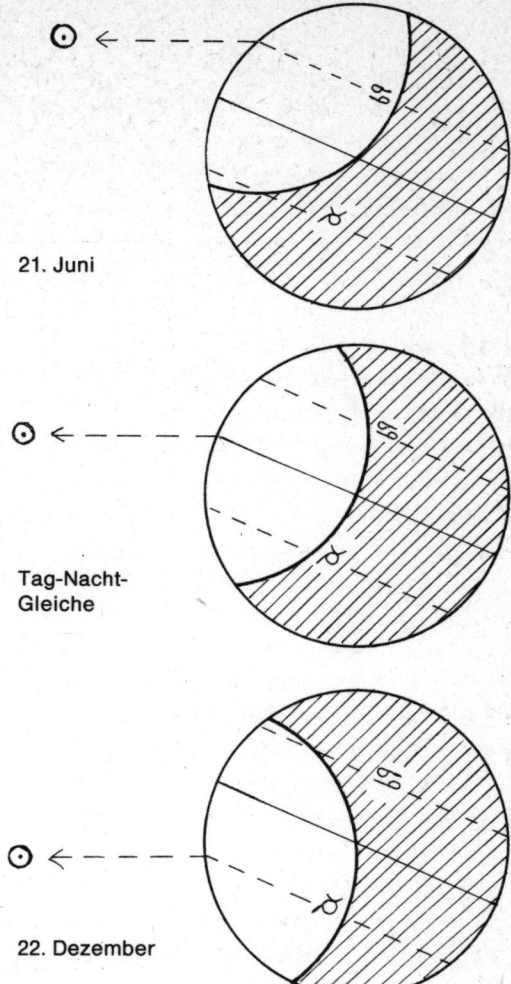

Sonnenstand zwischen Sommer und Winter

Der jahreszeitliche Ablauf in unseren Breitengraden

Wie jedermann jährlich erlebt, wechselt bei uns ständig das Wetter. Die Jahreszeiten sind sehr unterschiedlich. Das hängt mit der schon erwähnten Schiefe der Ekliptik zusammen im Verhältnis zum Äquator.
Aber außer den verschiedenen Jahreszeiten ist die Schiefe der Sonnenbahn oder des Tierkreises auch für die verschiedenen Längenverhältnisse zwischen Tag und Nacht verantwortlich.
Im Frühjahr und im Herbst trifft, wie die Abbildung zeigt, der senkrechte Sonnenstrahl den Äquator.
Im Sommer, auf unsere Breitengrade beschränkt, fällt der Sonnenstrahl auf den Wendekreis des Krebses. Der Name kommt daher, daß die Sonne bei Erreichen dieses Kreises wieder zurückgeht; das heißt, ab jetzt werden die Tage wieder kürzer. Im Winter erreicht der Sonnenweg den Wendekreis des Steinbocks, ab jetzt – daher der Symbolname Steinbock – setzt die Sonne wieder zu ihrem Gipfelmarsch an.

Fällt zur Sommersonnenwende der senkrechte Sonnenstrahl auf den Wendekreis des Krebses, dann sieht man, daß von der nördlichen Halbkugel viel, von der südlichen Halbkugel wenig bestrahlt wird. Im Winter, wenn die Sonne senkrecht auf den Wendekreis des Steinbocks fällt, ist es umgekehrt. Wer Sonnenaufgang und Untergang einmal ein Jahr hindurch beobachtet, wird feststellen, daß die Sonne im Sommer weiter nordöstlich aufgeht und weiter nordwestlich untergeht als im Winter. In der Praxis bedeutet dies: Im Sommer wird mehr Landfläche von der Sonne beschienen als im Winter.

So haben sich folgende Einteilungen ergeben: Frühling – Sommer – Herbst – Winter.

Um diesen Sonnengang für unsere Breiten deutlich zu machen, verfolgen wir ihn genauer.

Nun muß zuvor betont werden, daß sich alle Jahreszeiten und damit auch die Monate auf der Erde höchst unterschiedlich zeigen; wenn wir also auf der nördlichen Halbkugel Frühling haben, ist es auf der südlichen Halbkugel Herbst. Haben wir Sommer, ist dort Winter, und umgekehrt. Bei uns wird nun, was den Sonnenweg angeht, die Aufbruchszeit Frühling mit den Abschnitten Widder – Stier – Zwillinge bezeichnet. So bedeutet also Widder auf der südlichen Halbkugel etwas anderes als bei uns. Das ist erst heute kompliziert, da wir auch in der Astrologie weltweit denken, und sich eigentlich unsere Astrologie, die im Mittelmeerraum ihren Ursprung hatte, überall durchgesetzt hat.

Früher bezeichnete man in anderen Erdzonen die einzelnen Abschnitte auch nach anderen Bildern. So entspricht heute noch in China dem Widder etwa das Bild der Ratte. In der jahreszeitlichen Schau beschränken wir uns hier aber auf unsere Zone, die nördliche Halbkugel.

Die Jahreszeit beginnt mit dem Frühling, also wenn die Sonne den Frühlingspunkt erreicht hat.

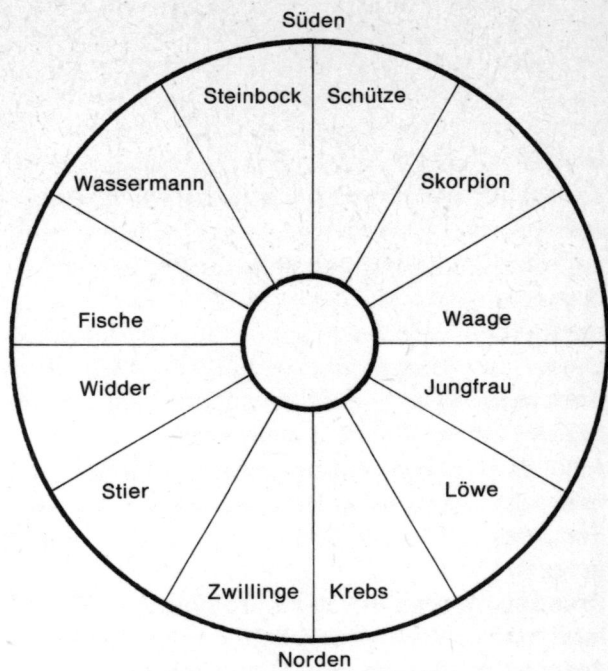

Ekliptik – Einteilung im Horoskop

Dieser Frühlingspunkt heißt im astrologischen Sinn Null Grad Widder. Die Sonne erreicht diesen Punkt am 20. März eines jeden Jahres.

In den Schaltjahren, also wenn ein 29. Februar eingeschoben ist, kommt die Sonne zum Punkt Null Grad Widder erst am 21. März. Doch das ist in den Ephemeriden, den Gestirnstandbüchern nachlesbar und betrifft die Jahreszeiten nicht.

Widderzeit: 20. März bis 20. April
Zu Beginn sind Tag und Nacht gleich, doch nun werden die Tage länger! Der Sonnenaufgang verlagert sich immer mehr nach Nordosten, der Sonnenuntergang immer mehr nach Nordwesten.
Die Sonne scheint jedoch nicht nur länger, sondern sie hat von Tag zu Tag spürbar mehr Stärke. Damit erwacht die Natur!
Mit unvorstellbarer Kraft dringen durch den harten, vom Frost erstarrten Boden die zarten Triebe der Pflanzen. Winde bringen zusätzliche Wärme, alles ist im Aufbruch, der Schwung des Frühlings erregt Mensch, Tier und Pflanze. Man spürt: Der Start muß gelingen.
Männliche, feurige Angriffskraft beherrscht die Natur.

Stierzeit: 20. April bis 21. Mai
Die dynamische Aufbruchstimmung ebbt ab. Der Schwung des Anfangs soll nun stabilisiert werden, Festigung wird in der Natur gesucht. Was hervorgebrochen ist, dehnt sich in die Breite und Weite aus. Alles sammelt nach dem anstrengenden Aufbruch wieder Kraft! Die Sonne wärmt gleichmäßig, so springen Blüten auf und verwandeln die Natur in ein prächtiges Farbenmeer. Alles scheint geschmückt, ein Höhepunkt ist erreicht! Der Frühling blüht.
Weibliche Kräfte, erdverbunden, halten das Erreichte fest, schlagen Wurzeln.

Zwillingezeit: 21. Mai bis 21. Juni
Die Sonne bewegt sich auf ihren höchsten Stand zu. Je nördlicher, umso länger sind die Tage. Der Sommer ist greifbar nah, Frühlingsgewitter bewegen die Lüfte, alles ist frei und unbegrenzt. Der Kontakt ist leicht. Die Natur entwickelt sich, Pflanzen und Tiere wie Menschen sind sich nah, sie befruchten sich, das Leben ist pulsierend und vielseitig. Man lebt auf und genießt!
Männliche Aufgeschlossenheit sucht die Angleichung zur kommenden Jahreszeit.

Krebszeit: 21. Juni bis 23. Juli
Auf Null Grad Krebs, dem Wendekreis des Krebses, hat die Sonne ihren höchsten Stand erreicht, ab jetzt wandelt sie wieder zurück. Der Sommer hat begonnen, die Wärme der Sonne kommt immer mehr zur Wirkung. Dadurch wagt es die Natur, sich ganz und wie zu keiner anderen Jahreszeit zu öffnen! Blüten werden zu Früchten, reifen der Ernte entgegen. Die Natur schöpft aus dem vollen, die letzten Wasser der geschmolzenen Schneemassen erreichen die Auen und Niederungen und befruchten die Erde erneut. Es ist Sommer!
Weibliche Fruchtbarkeit bewegt die Natur, man schöpft aus vollen Brunnen.

♌

Löwezeit: 23. Juli bis 23. August

Das Feuer der Sonne wirkt nun am stärksten, es ist fast zuviel des Guten. Aber die Früchte reifen, während die Hundstage angebrochen sind. Der Sommer ruht fest in sich, obwohl die Tage schon merklich kürzer werden; die Nächte sind noch voller Glut. Bleierne Schwüle und Gewitter wechseln sich ab, Donner und Blitz scheinen die Kraft des Feuers zu betonen. Hitze lähmt die Menschen. Der Boden trocknet aus, wird brüchig, die Pflanzen verdorren, Abkühlung wird herbeigesehnt, die Lebewesen sind voller Durst.

Männliche geballte Glut beherrscht die Natur.

♎

Waagezeit: 23. September bis 23. Oktober

Wieder ist Tag- und Nachtgleiche, aber jetzt die des Herbstes. Die Natur hat erneut einen Ausgleich gefunden, doch von Aufbruch ist wenig zu spüren. Die Nächte werden länger, mahnen an eine dunkle Zeit, wenn der Tag sich auch meist noch herrlich zeigt.

Was welk ist, fällt ab; Vögel sammeln sich zur großen Reise in den Süden, und der Mensch treibt die Herden von den Bergen in die schützenden Ställe. Andere Tiere bereiten sich auf den Winterschlaf vor, legen Vorräte an! Der Anfang des Herbstes verlangt Gemeinsamkeit, man rückt zusammen, arbeitet planvoll.

Männliche Überlegungen bewegen Handeln und Tun.

♍

Jungfrauzeit: 23. August bis 23. September

Der Sonnenstand neigt sich immer deutlicher, damit geht der Sommer seinem Ende entgegen. Herbstwinde kommen auf, mahnen, die Ernte einzubringen! So leeren sich die Felder. Früchte – wenn nicht geerntet – fallen herab. Scheunen füllen sich und Vorratskeller, die Lebewesen sind voll beschäftigt, man hat zu tun, man sorgt vor. Der Himmel scheint alles unterstützen zu wollen, denn er zeigt sich meist blau, das Klima ist mild, kaum stört Regen diese Arbeitszeit.

Weibliche, erdgebundene Vernunft erntet und sorgt vor.

♏

Skorpionzeit: 23. Oktober bis 23. November

Nun regiert der Herbst. Die Natur ist verhüllt, Nebel liegt über der Landschaft, der Himmel ist verhangen, Grau herrscht vor. Die Nachtseite überschattet den Tag. Stürme überziehen das Land, nehmen alles Tote mit sich. So fällt das letzte bunte Laub, verwandelt sich in Kompost und Dung. Die Natur wird zerstört, um die Voraussetzung für ihre Erneuerung zu schaffen. So weiß jeder um die eigene Vergänglichkeit. Angst kommt auf, die Nachtseiten des Lebens werden deutlich, die Verzweiflung ist nah.

Weibliche, feste Kraft stemmt sich gegen den Untergang und mobilisiert innere Säfte.

Schützezeit:
23. November bis 21. Dezember

Der stürmische Herbsteinbruch wird sanfter, der Herbst neigt sich dem Ende zu. Die Natur paßt sich der kommenden Jahreszeit, dem Winter, an. Was überlebte, scheint auch für die kalte, dunkle Zeit gerüstet. Die Kraft kommt aus dem Innern. Es liegt erwartungsvolle Stille über der Erde; der Himmel dagegen ist nachts klar wie nie und eröffnet eindrucksvolle Ausblicke, die nach innen wirken. Die Bäume sind kahl, die Felder leer, man weiß etwas von der Kleinheit des einzelnen Lebewesens. So strebt man nach Erkenntnis, ideale Ziele werden gesetzt, Aufgaben werden anvisiert, neue Überlegungen wachsen aus der Ruhe.

Männliche, konzentrierte, innerlich vergeistigte Glut ist für den Winter gerüstet.

Steinbockzeit:
21. Dezember bis 21. Januar

Nun hat die Sonne auf der nördlichen Halbkugel auf Null Grad Steinbock ihren tiefsten Punkt erreicht. Die Nächte sind bedeutend länger als die Tage, und auch an den Tagen ist wenig Licht vorhanden. Doch die Dunkelheit ist überwunden, man spürt dies; die Erde wird durch Schnee geschützt, die Natur ist auf den angebrochenen Winter ausgerichtet. In der eisigen Luft behalten nur die zu Nadelspitzen konzentrierten Blätter der Bäume ihr Grün, so wird für uns der Nadelbaum zum Symbol des Überlebens.

Weibliche Erdverbundenheit bewahrt und bewegt von innen heraus das Leben.

Wassermannzeit:
21. Januar bis 19. Februar

Nichts hat den Winter aufhalten können, der nun mit fester Kraft herrscht. Was lebt, hat sich verkrochen. Die Kälte regiert, doch da das Licht wieder heller wird, schöpft man auch neue Hoffnung. Bald muß der klirrende Frost überwunden sein! In der Natur regen sich vorlaut die ersten Pflanzen. Krokusse brechen auf, und manches Tier erwacht zu früh aus dem Winterschlaf.

Der Drang nach Bewegung wird spürbar, der Wille nach Erneuerung, doch kommt es noch immer auf die Ausdauer an.

Männliche Ideen schmieden Pläne, Unruhe ist nur durch Festigkeit zu zügeln.

Fischezeit: 19. Februar bis 20. März

Die Kälte weicht, und erstes Frühlingssehnen ist zu spüren, so mobilisieren sich ruhende Kräfte. Man fastet, um sich zu reinigen, aber die Sehnsucht erwacht, sich wieder ganz der Natur und sich selbst hingeben zu können! Der Schnee beginnt zu tauen, gefrorene Flüsse und Seen bersten, Schmelzwasser befruchtet die Erde. So kann man, da der Aufbruch nahe ist, auch Bilanz eines Jahres ziehen. Die Quellen sind klar, alles kommt wieder in Fluß.

Weibliche Hingabe erfüllt die Urquellen.

Die Einordnung der Tierkreiszeichen

Die Einteilung der Tierkreiszeichen in die Jahreszeiten entspricht dem jährlichen Sonnenlauf. Man wird sehen, daß sich durch diese Erscheinungen in der Natur die Charakteristik der Tierkreisabschnitte entwickelt hat, die man jedoch auch noch anders einteilte.

Die Jahreszeiten – immer im gleichen Rhythmus – brechen herein, zeigen sich fest und gleichen sich den kommenden Jahreszeiten an. Gleichzeitig hat man seit altersher die Tierkreisabschnitte in bewegende, feste und angleichende oder sich anpassende Abschnitte eingeteilt.

	bewegende Abschnitte	feste Abschnitte	angleichende Abschnitte
Frühling:	Widder	Stier	Zwillinge
Sommer:	Krebs	Löwe	Jungfrau
Herbst:	Waage	Skorpion	Schütze
Winter:	Steinbock	Wassermann	Fische

Diese Einteilung ist wichtig, weil sie bereits Auskunft über Charakterausprägungen gibt. Sie gilt auch für jeden Tierkreisabschnitt, bezogen auf die Dekaden:

Dekade eins von Null bis zehn Grad gleich bewegend.
Dekade zwei von zehn bis 20 Grad gleich fest,
Dekade drei von 20 bis 30 Grad gleich angleichend.

Eine weitere Einteilung ist die in männliche und weibliche Abschnitte. Diese Benennung ist etwas unglücklich, weil sie zu vordergründig erscheint und oft auch zu vorschnellen Urteilen führt.

Jeder Mensch hat ja etwas Weibliches und etwas Männliches in sich; man kann auch von den zwei Polen in sich sprechen.

Die Chinesen nannten das Yin und Yang, wobei Yang als das aktiv-Männliche gilt, Yin als das passiv-Weibliche.

Auch das ist schon zu vordergründig. Man kann vielleicht besser sagen: Wie sich Tag und Nacht ablösen, also eine aktive Tages- und eine passive Nachtseite, so drückt sich dies auch in dem Wechsel von einem Tierkreisabschnitt zum anderen aus. Man versuchte schon Ausdrücke wie positiv und negativ und Begriffe wie extrovertiert gleich männlich oder introvertiert gleich weiblich. Allein sind sie alle verwirrend. Man fasse also alle diese Gegensätze zusammen und verstehe dann unter dieser Gesamtheit einmal das Männliche und einmal das Weibliche.

So teilen wir nun die Abschnitte oder Zeichen ein:

Männliche Zeichen:		*Weibliche Zeichen:*	
Widder	– bewegend	Stier	– fest
Zwillinge	– angleichend	Krebs	– bewegend
Löwe	– fest	Jungfrau	– angleichend
Waage	– bewegend	Skorpion	– fest
Schütze	– angleichend	Steinbock	– bewegend
Wassermann	– fest	Fische	– angleichend

Man erkennt an der Übersicht, wie immer mehr zwischen den Zeichen differenziert wird. Jetzt muß noch die Einteilung nach den Temperamenten erfolgen; der Volksmund weiß davon, da er oft vom Feuerkopf spricht, vom Luftikus, vom stillen Wasser oder vom Erdverbundenen.

Wir nehmen die Einteilung der Temperamente in die Zeichen Feuer, Erde, Luft und Wasser vor.

Man merke noch:
die Feuer- und Luftzeichen sind männlich,
die Erde- und Wasserzeichen weiblich.
Faßt man nun alle Einteilungen zusammen, so wird man feststellen, daß durch diese dreifache Einteilung kein Tierkreisabschnitt dem anderen gleicht, schon gar nicht, wenn man nun noch die Einteilung in die Jahreszeiten dazunimmt.
Noch einmal sei darauf hingewiesen, daß die Astrologie von der Anschauung ausgeht; alle Symbolnamen und -benennungen sollten nicht zu vordergründig, sondern bildhaft aufgenommen werden.

Gesamtübersicht

Widder	Frühling	Feuer	bewegend	männlich
Stier	Frühling	Erde	fest	weiblich
Zwillinge	Frühling	Luft	angleichend	männlich
Krebs	Sommer	Wasser	bewegend	weiblich
Löwe	Sommer	Feuer	fest	männlich
Jungfrau	Sommer	Erde	angleichend	weiblich
Waage	Herbst	Luft	bewegend	männlich
Skorpion	Herbst	Wasser	fest	weiblich
Schütze	Herbst	Feuer	angleichend	männlich
Steinbock	Winter	Erde	bewegend	weiblich
Wassermann	Winter	Luft	fest	männlich
Fische	Winter	Wasser	angleichend	weiblich

Die Feuerzeichen sind:
Widder	– männlich	– bewegend
Löwe	– männlich	– fest
Schütze	– männlich	– angleichend

Die Erdzeichen sind:
Stier	– weiblich	– fest
Jungfrau	– weiblich	– angleichend
Steinbock	– weiblich	– bewegend

Die Luftzeichen sind:
Zwillinge	– männlich	– angleichend
Waage	– männlich	– bewegend
Wassermann	– männlich	– fest

Die Wasserzeichen sind:
Krebs	– weiblich	– bewegend
Skorpion	– weiblich	– fest
Fische	– weiblich	– angleichend

Aderlaßmann mit Tierkreis, aus Regiomontans ›Temoral‹, 1534

Nun wollen wir hier noch die Zeichensymbole mit einer jeweiligen Charakteristik geben, womit wir zu einer gewissen Endbeurteilung kommen.

Widder: ♈	Bewegende, männliche, feuerelementare Frühlingskraft
Stier: ♉	feste, weibliche, erdelementare Frühlingskraft
Zwillinge: ♊	angleichende, männliche, luftelementare Frühlingskraft
Krebs: ♋	bewegende, weibliche, wasserelementare Sommerkraft
Löwe: ♌	feste, männliche, feuerelementare Sommerkraft
Jungfrau: ♍	angleichende, weibliche, erdelementare Sommerkraft
Waage: ♎	bewegende, männliche, luftelementare Herbstkraft
Skorpion: ♏	feste, weibliche, wasserelementare Herbstkraft
Schütze: ♐	angleichende, männliche, feuerelementare Herbstkraft
Steinbock: ♑	bewegende, weibliche, erdelementare Winterkraft
Wassermann: ♒	feste, männliche, luftelementare Winterkraft
Fische: ♓	angleichende, weibliche, wasserelementare Winterkraft

Wer diese Übersicht studiert hat, wird feststellen, daß in jeder Jahreszeit ein Element fehlt. Dem Frühling feht das Wasserelement, dem Sommer das Luftelement, dem Herbst das Erdelement, dem Winter das Feuerelement. Im Frühling, nach der Winterschmelze, bedarf es keines Wassers mehr. Im Sommer bedarf es in der Jahreszeit der Reife keiner Luftbewegung mehr, im Herbst benötigt die Natur keine Erdkräfte, und im Winter ist das kosmische Feuer erloschen, es fehlt an Wärme.

Jetzt sind wir gerüstet, uns den einzelnen Tierkreisabschnitten zuzuwenden.

Nun hört man so oft, daß jemand sagt: Der ist eine Jungfrau, oder ich bin ein Wassermann, die ist eine Waage, der ein Skorpion. Das ist so nicht richtig, denn präziser – und eine gewisse Präzision muß man sich bei der Astrologie angewöhnen – müßte es heißen: Der hat die Sonne im Abschnitt Jungfrau stehen, oder meine Sonne steht im Abschnitt Wassermann. Wenn nämlich die Sonne etwa auf 29 Grad Steinbock steht, während alle anderen Gestirne in anderen Abschnitten stehen, dann ist die betreffende Person sicher kein Steinbocktyp und es wäre falsch und verwirrend, sie als Steinbock zu bezeichnen. Das klingt ein wenig nach Wortklauberei, macht aber vielleicht deutlich, daß wir es in der Astrologie mit vielen Faktoren und nicht nur mit der Sonne zu tun haben.

Aber die Sonne ist der entscheidende Faktor, das Gestirn mit der stärksten Prägung, dem wir uns nun zuwenden wollen.

Sonnenstands-Astrologie – die zwölf Grundtypen

Das Wort Sonnenstands-Astrologie hat in der astrologischen Fachbranche einen schlechten Ruf! Man wehrt sich damit gegen die Horoskope in den Boulevardblättern und Illustrierten, in denen Voraussagen oder Verhaltensweisen nur nach dem Sonnenstand abgegeben werden, was sicher leichtfertig ist. Es ist bereits deutlich geworden, aus wievielen Faktoren sich ein Horoskop zusammensetzt, so daß man allein nach dem Stand der Sonne nicht gehen kann, schon gar nicht, wenn es sich um Voraussagen handelt.

Etwas anders ist die Situation bei den allgemeinen Charakteristiken. Die Beurteilung allein nach der Sonne kann natürlich ein Individual-Horoskop nicht ersetzen, aber der Stand der Sonne sagt doch über die Grundanlage viel aus! Die Sonne wandert in einem Jahr durch die zwölf Abschnitte des Tierkreises. Und wie wir bei den Naturvorgängen gelesen haben, hat die Sonne jeweils eine verschiedene Wirkung. Sie verändert sich. Das gilt selbstverständlich auch für die anderen Gestirne.

Wir kennen also zwölf Grundtypen. Natürlich treffen die folgenden Beschreibungen der auffallenden Merkmale und Verhaltensweisen nicht hundertprozentig zu. Das ist verständlich und auch gut so, denn sonst würden wir nur zwölf verschiedene Menschentypen kennen, und die menschliche Individualität bliebe völlig auf der Strecke.

Man wird auch bemerken, daß die Kraft der Sonne beim Wandel durch die Abschnittszeichen in einigen Abschnitten besonders deutlich zum Ausdruck kommt, was auch für die anderen Gestirne gilt. Die alte Literatur kennt dafür Ausdrücke wie: »Die Sonne herrscht im Zeichen Löwe.« Und im Gegensatz dazu: »Die Sonne steht im Abschnitt Wassermann vernichtet.«

Man spricht also vom Herrscher, wenn das Gestirn in seinem Zeichen steht. Am besten scheint der Ausdruck zu treffen: »In diesem Zeichen oder Abschnitt findet die Sonne ihre verwandte Kraft.«

Damit die einzelnen Tierkreiszeichen noch deutlicher verstanden werden können, betrachten wir die Gestirne auch vom Grundsätzlichen her.

Weltbild nach Cusanischer Vorstellung, ca. 1520

Die Sonne

Die Sonne am Himmel oder die Sonne astronomisch

Die Sonne ist der uns am nächsten stehende Fixstern. Sie ist eine Kugel, um die die Erde eine Ellipse beschreibt, so daß der Abstand zwischen Sonne und Erde nicht immer gleich groß ist. Die Masse der Sonne ist etwa 339 000 mal so groß wie die Erdmasse, und mehr als 700 mal so groß wie alle Planeten zusammen. Ihr Durchmesser beträgt 1 390 000 Kilometer.

Vom Standpunkt des Beobachters auf der Erde aus zieht die Sonne scheinbar gleichmäßig ihre Bahn. Sie geht im Osten auf und im Westen unter. Doch korrekt beobachtet ist das nicht. Denn nach der Frühjahrs-Tag-und-Nacht-Gleiche rückt die Sonne vom Äquator weg zum Norden hin, ihre Hauptbahn liegt jetzt über unserem Horizont.

Am 21. Juni hat die Sonne ihren höchsten Jahrespunkt erreicht. So haben wir den längsten Tag und die kürzeste Nacht; die Bahn, die die Sonne an diesem Tag beschreibt, nennt man den Wendekreis des Krebses.

Dann wendet sich der Weg der Sonne wieder mehr dem Äquator zu, und nach der Herbst-Tag-und-Nachtgleiche bewegt sich die Bahn länger unter unserem Horizont; für uns werden die Tage kürzer, bis der Tag am 22. Dezember am kürzesten ist.

Dann wechselt die Sonne wieder, nachdem sie am 22. Dezember auf dem Wendekreis des Steinbocks gewandelt ist, und sie wendet sich nach Norden zu.

Jeder kann – bei klarem Himmel – die Sonne täglich sehen. Ihre Strahlkraft und Wärme wird aber je nach Jahreszeit unterschiedlich empfunden.

So ist auch die Wirkung auf die Natur jeweils anders, was etwa durch die Farben deutlich wird: Frühling – Blüten; Sommer – Grün der Pflanzen, Gelb des Korns; Herbst – Buntheit des Laubs; Winter – kahle Zweige.

Die Sonne archetypisch

Die Mythen berichten von Apollon, der ein Sturm-, Feuer- und Lichtgott ist, der Gottessohn der Sonne und damit des Lebens. Apollon ist der Träger der Heilkraft, er bringt die Erleuchtung, mit seinen Strahlen tötet er die dunklen Wesen der Unterwelt.

In Dionysos verkörpert sich die dunkle Seite dieses Lichtgottes, die Nachtseite unseres Lebenskerns.

Die Sonne astrologisch

Die Sonne wird als männlich angesehen, als warm und trocken. Sie symbolisiert das ureigene Ich, den Lebenskern, die Lebenskraft, speziell das Herz, dazu den Lebenswillen, das Selbstbewußtsein und die Ausstrahlungskraft.

Wer eine gute Sonne hat, so sagt es der Volksmund, der kommt gut an, der braucht nicht viele Worte zu machen. Sein Auftreten macht immer großen Eindruck. Es strahlt etwas aus, wenn ein sonniger Mensch einen Raum betritt.

Die Sonne symbolisiert auch die Grundvitalität, damit auch die Krankheitsanfälligkeiten, die in einem Menschen liegen. Ferner die eigene Autorität, oft auch das Verhältnis zwischen Vater und Sohn oder Tochter. Auch der Höhepunkt des Lebens wird durch die Sonne symbolisiert sowie der Grunderfolg, der vom einzelnen angestrebt wird.

Ihre verwandte Kraft findet die Sonne im Tierkreiszeichen Löwe. Man sagt auch, sie beherrscht dieses Zeichen und damit alle Planeten, die in diesem Zeichen stehen.

Stichwort: Lebenskern.

Doch nun zu der Sonne in den einzelnen Abschnitten; die vorgestellten Stichwörter können sich für die spätere Kombination als sehr nützlich erweisen, darum präge man sie sich gut ein.

Die Sonne im Abschnitt Widder

Erstes Frühlingszeichen – bewegend, männlich – Element Feuer. Stichwort: Ungestümer Lebenskern.

Die Grundveranlagung ist aktiv und kämpferisch. Diese Charaktere handeln und kämpfen mit Leidenschaft. Sie weichen vor keiner Herausforderung zurück, sie stellen sich, wo sie können. Widerstände werden als willkommene Prüfungen angesehen, mit Elan angegangen und überwunden. So imponieren diese Charaktere, ihr Mut springt über, sie zünden und übernehmen in kritischen Situationen die Führung. Oft stellen sie sich ohne jede Rückendeckung oder Rückversicherung fast blindwütig den Gegnern, Feinden und allen schwierigen Problemen. Sie stürmen nach vorn ohne Rücksicht auf die eigene Angriffsfläche, die sie bieten.

Dieser mutvolle Elan ist so umwerfend, der eigene innere Schwung so groß, daß diese Charaktere es eigentlich immer zu etwas bringen. Sie verlieren zwar viel vom Erreichten, doch sie fangen immer wieder an. Und sollte selbst der dritte Anlauf noch keinen Erfolg zeitigen, dann wird nur erneut Luft geholt und zum nächsten, noch stürmischeren Spurt angesetzt, um den eigenen Willen durchzusetzen und etwas darzustellen.

Darum geht es: Darstellung und Durchsetzung des eigenen Willens! Der Wille muß siegen, auch wenn die Toleranz dabei zu kurz kommt. Der Lebenskern ist so voller Feuer, die Energie so überschäumend, daß man, wie der Volksmund sagt, ohne Rücksicht auf Verluste handelt. Das ist in der Jugend besonders markant, aber auch im hohen Alter noch bemerkbar.

Diese Charaktere bevorzugen gerade Wege, sie sind auch in sich gradlinig, also leicht zu erkennen. Umwege werden als sinnlos angesehen, Ungeduld ist ein ständiger Begleiter, denn höchste Gipfel locken, da darf keine Zeit verloren gehen.

Allerdings werden diese höchsten Gipfel nie voll bezwungen, weil man mit den kürzesten auch die steilsten Wege einschlägt und leicht ins Schleudern gerät, der Absturz ist ein ständiger Begleiter. So wird viel Energie verpufft; mit den eigenen Kräften gehen diese Charaktere zu großzügig um, aber die Kraft ist leicht aufladbar, solange noch ein Funke in ihnen glimmt.

Kein Wunder also, daß diese Menschen zumindest einmal im Leben auf einen recht imponierenden Erfolg zurückblicken können – einmal ragen sie sicherlich aus der Masse heraus.

Wer die Sonne im Abschnitt Widder stehen hat, der handelt aktiv, voll Übermut und Tollkühnheit und setzt seine Kräfte geballt bis zur völligen Erschöpfung ein, wenn er sich engagiert fühlt – und wann ist er das nicht!

Weiche Gefühle oder vernunftmäßige Bedenken werden hart unterdrückt, so startet man meist zu früh, doch voller Begeisterungsvermögen, um häufig über das Ziel hinauszuschießen.

Das gibt – zumindest zunächst – viel Selbstvertrauen! Das kann auch nicht leicht erschüttert werden. Und die damit verbundene Furchtlosigkeit, die Bedingungslosigkeit, das Selbstvertrauen stecken an.

Zweifel werden abgetötet, das subjektive Ziel in den Vordergrund gerückt, Einseitigkeit erweist sich als Vorteil, da jedes Ding bei diesen Charakteren nicht zwei, sondern nur eine Seite hat. Das alles schlägt andere in Bann, die bemüht sind, ihren Atem hierbei nicht zu verlieren. So ducken sich viele vor dieser Urkraft, die oft recht brutal daherkommt. Hindernisse! Wo? Ach, da – also weg damit! Vorsorge! Wozu? Mir geht es immer gut, mir gelingt alles, ich bin der Eroberer. Ja, das Wort »Ich« ist das Hauptwort schlechthin.

Das andere heißt »Tun!« Ich tue, damit erledigt sich alles wie von selbst. Ich tue, das beherrscht das Denken und Handeln! Das »Ich« ist überall der Mittelpunkt, und wehe, eine Tischrunde erkennt dies nicht an! Man will immer das Wort ergreifen, und wenn man auch manches dreimal erzählt – das ist besser als zuzuhören.

Aber man kann diesen Charakteren jede Aufgabe übertragen, sie lösen sie, zum Staunen der Nachbarn. Das ist ja das Fantastische: Da, wo keine Zweifel aufkommen, stellen sich auch keine Zweifel ein! Und was die Ideale betrifft, so werden sie immer angenommen, wenn auch stets im egozentrischen Sinn umfunktioniert.

Natürlich kommt es – wie bei allen anderen Grundtypen – auf das Niveau des Einzelnen an, und das macht sich bemerkbar, wenn wirklich ernsthafte Schwierigkeiten auftauchen. Dann nämlich stellt sich die Frage nach der Ritterlichkeit. Ein Schlag unter die Gürtellinie ist bei schlechtem Niveau möglich, aber nicht die Regel. Zumindest wird ritterlich behandelt, wer sich ergibt.

Solange sich jedoch Widerstand zeigt, kennt man kein Erbarmen; zu ungehemmt ist der Wunsch, der erste zu sein. Ist man das, sitzt man in der Hackordnung an oberster Stelle, dann zeigt man sich überraschend großzügig.

Diese Urkraft wird im Leben gebraucht. Sie stellt das Festgefahrene in Frage, sie setzt sich über Konventionen und erstarrte Traditionen hinweg, sie handelt, wenn das Zögern Raum gewinnt.

Wer eine Fahrt quer durch den Urwald unternehmen will, der engagiere so einen Menschen. Der schlägt den Weg frei, bemerkt allerdings nicht, wie hinter ihm alles zuwächst und so der Rückweg abgeschnitten wird.

Wer die Sonne im Widder hat, der sieht nicht zurück, nur vorwärts mit offenen Sinnen und scharfer Beobachtungsgabe, der hat eine Witterung für Feinde, denn er spürt schnell, wenn einer anders denkt. Und anders denken heißt für ihn falsch denken. Will jemand versuchen, diesen Charakter umzustimmen, dann wird er Schiffbruch erleiden und verlassen sein!

Natürlich gibt es auch die stilleren Menschen, die in diesem Zeitraum geboren sind, aber auch sie verlieren ihr Ziel nicht aus den Augen, sie geben nicht auf, sie setzen sich durch. Vielleicht ist diese Charakteranlage die unkomplizierteste des Tierkreises, aber auch die einseitigste.

Beruf

Der Beruf wird nicht nach rationalen Überlegungen gewählt, sondern nach dem Wunsch, ein Ideal zu erreichen oder etwas zu gelten. Die eigene Person muß mitglänzen können, muß im Vordergrund stehen.

So gelingt der Start auch fast immer; die ersten Stufen der Erfolgsleiter werden übersprungen, zumindest zwei auf einmal genommen, wenn nicht drei. Man fällt durch bedingungslosen Einsatz auf, imponiert durch entschlossenes Handeln und durch fixe Auffassungskraft.

Briefe schreiben? Wozu – ein kurzer Befehl klärt alles. Jeden ruft man an, und immer etwas im Vorgesetztenton. Mit unteren Chargen wird nicht verhandelt, die haben zu parieren, sonst schnauzt man sie an oder beschwert sich über sie. Wozu hat man denn Ellenbogen? Um sich damit durchzuboxen, egal ob Frau, ob Mann. Wozu hat man einen Kopf? Um die Stirn zu bieten! Wozu Energie? Um sie einzusetzen und voranzukommen!

Und man kommt voran, schafft sich zwar dabei Feinde, aber das interessiert ja nicht, denn gibt

es jemanden, der stärker ist? Nein. Na also!
Was die Berufswahl betrifft, so sollte kein Beruf gewählt werden, der Geduld und Überlegung voraussetzt, der untergeordnet angelegt ist und in dem man nicht hervorstechen kann. Hockt man in einem hinteren Büro, dann erstickt man; die Welt muß offen vor einem liegen, so daß man immer am Ball bleiben kann, der selbst ins Tor plaziert wird.

Ein Chef also, der einsatzbereite Mitarbeiter sucht, stelle diese Charaktere ein, aber er sei auch auf der Hut, daß sie ihm nicht den Chefsessel streitig machen.

Bewegung muß da sein, Abwechslung, nur keine Eintönigkeit; so werden immer wieder neue Aufgaben gesucht. Diese Charaktere sind einzusetzen, wo es hoch hergeht, wo sich Termine jagen; wo andere müde werden, da sind sie Herr der Lage.

Man biete ihnen also aufregende Aufstiegschancen, und sie werden beträchtliche Leistungen erbringen. Aber man gebe ihnen keine Arbeit, die sich erst in Jahren oder Jahrzehnten auszahlt, denn das verhindert die spontane Karriere, auf die es ankommt. Die positive Selbstmeinung derjenigen, die die Sonne im Abschnitt Widder haben, ist andererseits nicht zu erschüttern; so kann man sie auch mit schwierigen Verhandlungspartnern konfrontieren. Diesen Charakteren sei jedoch empfohlen, gründlich alle Verträge zu lesen, rechtzeitig Versicherungen abzuschließen und die Prämien zu zahlen.

Der Grundcharakter wird nun noch sehr vom Aszendent mitbestimmt, so daß auch hier die besonneneren Feuerköpfe anzutreffen sind, aber irgendwann im Beruf schlägt der Ehrgeiz immer durch, sanft oder heftig; dieser Ehrgeiz, der weniger einer Sache dient, wie stets vorgegeben wird, sondern der eigenen Durchsetzung, sollte von jedem – Arbeitgeber wie Arbeitnehmer – genutzt werden! Wer diese Charaktere unter diesem Gesichtspunkt einsetzt, der hat gewonnen und nie umsonst investiert!

Liebe und Bindungen

Was die Liebe betrifft, so herrscht hier die Leidenschaft vor; daß der Partner erobert werden muß, das gilt für den Mann wie die Frau!

Und temperamentvoll geht es zu, ein Frühling voller Sommerhitze, in der festen Bindung herrscht dann feuriger Despotismus! Ich will dein Herr sein, oder die Frau hat die Hosen an. Einer muß sich immer anpassen, das ist der andere – damit wäre das Problem erledigt, Diskussionen darüber gibt es nicht.

Die Liebe auf Dauer hält sich nur dann, wenn der Partner sich nie ganz erobern läßt; das Interesse muß stets wach gehalten werden.

Mann und Frau mit der Sonne im Abschnitt Widder lieben die feurige, erotische Leidenschaft, Schwächen darf es weder in der Liebe noch bei den Folgen geben. Das betrifft auch die Kinder, die alles, nur keine Schwächlinge sein dürfen, wenn man sie sich auch nicht ganz so stark wie die Eltern wünscht.

Der Umgang mit anderen wird auf etwas kumpelhaft-emanzipatorische Weise gepflegt. Man ist gemütlich, wenn man mitbestimmen kann: Der Mann führt das Wort am Stammtisch, die Frau gibt sich etwas besserwisserisch in der Gesellschaft. Nie hört man »ich würde denken«, dafür fast immer »das ist nun einmal so!«

Hausfrau zu sein reicht nicht. Man spornt den Mann an und entfacht seine Energie. So sind die Bindungen oft Möglichkeiten, sich selbst noch gravierender in Szene zu setzen.

Man kann sich auch vom Schwung dieser Charaktere mitreißen lassen und auf ihrer Erfolgswelle mitschwimmen.

Gefahren

Die Gefahren sind in erster Linie Ungeduld, Mangel an Toleranz, Unbeherrschtheit, Eigensinn und Rechthaberei. Ferner wird die eigene Kraft und auch die eigene Ausstrahlung überschätzt; man meint auch mehr zu können, als man in Wahrheit kann.

Der Sieg ist immer zu früh errungen, so gerät man leicht in Streit, glaubt den Prozeß stets nach der ersten Instanz gewonnen. Überhaupt hüte man sich vor zu vielen Prozessen, auch davor, Neider, Schmarotzer oder gar Feinde auf den Plan zu rufen. Zumal man die Feinde meist nicht erkennt, denn die kommen mehr aus dem Hinterhalt.

Der Weg zum Zurückweichen sollte immer offengehalten werden, denn zuviele Brücken, die man gebaut hatte, stürzen ein.

Ein ehrenwerter Rückzug ist Voraussetzung für eine gute Lebensgestaltung, das ist hier überhaupt das Problem. Man hat sich so festgebissen, daß es viel Kraft erfordert, auch mal nachzugeben. Und so sollten diese Charaktere auch früh genug lernen, sich zu entschuldigen und Entschuldigung nicht als Schande verstehen.

Eine weitere Gefahr: Die Wunden, die man sich schlagen ließ, sind nicht zu unterschätzen, sie summieren sich, und wenn alle bluten, verblutet man.

Niederlagen müssen ertragen werden, auch wenn es für diese Charaktere keine Niederlagen gibt. Es fehlt oft an echter Einsicht, damit auch an erfahrener Lebensklugheit.

Gefahr: zu starke Ich-Betonung, nicht nachgeben können!

Vorurteil und Fazit

In der Sicht anderer gehen diese Charaktere mit dem Kopf durch die Wand, sie sind rücksichtslos und völlig egozentrisch, ja egoistisch. Sie scheinen nur sich zu kennen und setzen sich über die Wünsche anderer kaltblütig hinweg.

Das ist falsch gesehen: Diese Charaktere setzen sich wie keine anderen für Ideale ein, aber sie wollen das anerkannt wissen. Sie sind auch zum Opfergang bereit, wenn dieser nur feierlich genug umschmückt wird.

Sie trotzen den Gefahren und bringen damit Bewegung! Ihr Elan ist nicht nur enorm, sondern ansteckend; sie weichen vor keiner Gefahr zurück und reißen damit Vorurteile ein! Der Kampf als Vater aller Siege wird hier angenommen, wobei die Ritterlichkeit hochgehalten wird.

Sie befruchten, wo andere meinen, es hätte sowieso keinen Sinn, sie wärmen da, wo beißende Kälte herrscht; ohne ihren Einsatz und Kampfeswillen gäbe es keine Entwicklung.

Die Rücksichtslosigkeit, die sie entwickeln, richtet sich auch gegen den eigenen Lebenskern, auch gehen sie meist mit gutem, manchmal allerdings mit schlechtem Beispiel voran!

Der Abschnitt Widder wird von Mars beherrscht; steht also die Sonne in diesem Abschnitt, hat sie einen marsischen Charakter. Sie ist voller ungestümer Kraft.

Die Sonne im Abschnitt Stier

Zweites Frühlingszeichen – fest, weiblich – Element Erde. Stichwort: Beharrlicher Lebenskern.

Auffallend ist, mit welcher Folgerichtigkeit die Menschen, deren Sonne im Abschnitt Stier steht, ihre Ziele verfolgen. Auffällig auch, wie sie alles, was sie sich erarbeitet haben, festhalten, verwerten und als unveräußerliches Eigentum bewahren. Dafür allein hat sich Mühe und Einsatz gelohnt, dafür wurde vor keiner noch so schweren Arbeit zurückgeschreckt. Und dafür wurde viel Geduld aufgewendet, eine innere Kraft bewußt eingesetzt und zielstrebig auf die Chance gewartet.
Hier hilft ein praktischer Blick, der alle sich bietenden Möglichkeiten schnell erfaßt und auf die Tauglichkeit abklopft.
Doch das Leben wird nicht nur als Arbeit aufgefaßt. Wenn man es geschafft hat, ob am Feierabend des Tages oder des Alters, dann genießt man! Der Sinn für die Genüsse ist stark ausgeprägt. Das Essen muß schmecken, der Tropfen muß gut sein, die künstlerischen Darbietungen sollen Herz und Seele wärmen, und die Liebe soll den Körper und das Gemüt erfreuen. Alles muß so gut sein, daß einem die Geldausgabe dafür hinterher nicht leid tut.
Aber alles muß auch seinen Stil haben. Form erleichtert sowieso das schwere Leben, und so versucht man mit charmanter Höflichkeit, die etwas holprig wirkt, die anderen zu überzeugen, zu gewinnen, für sich einzunehmen. Auf ein gutes Echo, auf eine gute Nachrede wird Wert gelegt.
Offen allerdings ist man bei alledem noch lange nicht, man tut nur so! Man bleibt nämlich sehr skeptisch, und das auch sich selbst gegenüber.

Diese Charaktere bauen überall Sicherungen ein, denn sie streben nach Sicherheit. Sie mißtrauen ängstlich jeder Änderung, und wenn sie dann etwa ihre persönliche Sicherheit gefährdet sehen, dann brennt die Sicherung durch, dann gehen sie auf die Barrikaden.
Sie lassen sich kaum reizen, zumindest zeigen sie es nicht; alles scheint an ihrem recht dicken Fell abzuprallen, und ihr stabiles Nervenkostüm hilft ihnen dabei. Auch haben sie einen gutmütigen, fast bäurischen Humor, der manches geradebiegt, aber wehe, wenn der innere Kern angetastet wird, wenn einem etwas über die Hutschnur geht, wenn echte Gefährdungen sich am Horizont zeigen – dann spricht der Volksmund vom »rotsehenden Stier«!
Das stimmt nur nicht; zwar sehen sie rot, aber sie lassen nicht wie der Stier vom wehrlosen Opfer ab. Wer diesen Charakteren einmal etwas Böses angetan hat, der wird vernichtet! Ihr Zorn ist beträchtlich. Wer die Sonne im Abschnitt Stier stehen hat, der kann, wenn er sich verschaukelt fühlt, nachtragend sein bis zum Exzeß.
Dann rückt die Versöhnung immer ferner, das Verzeihen ist mühsam, vergessen wird nie! Denn zu lange hat man alles in sich hineingefressen und heruntergeschluckt; so staute es sich auf, und wenn es explodiert, dann mit potenzierter Ladung – dann gibt es kein Bremsen mehr!

Doch zum Glück sind Charaktere dieses Zeichens selten in lange Händel verwickelt, denn ihre Geduld ist groß. So leicht lassen sich diese Menschen auch nicht von anderen ablenken, sie verfolgen ihr Ziel, und das erreichen sie auch. Wie Hänsel im Märchen sichert man sich durch allerlei Wegsteine ab, ja, opfert seine Brotkrümel, um immer zurückzufinden. Und die Frauen dieses Zeichens spinnen den Faden der Ariadne, der aus dem Labyrinth herausführt, das heißt, ihre Liebe löst alle Probleme und findet stets zurück.

In der gesamten Grundhaltung hält man sich stets einen Ausweg parat. Und muß einmal ein gefährlicher Fluß überquert werden, dann wird nicht nur ein Floß gebaut, sondern auch die Strömung, der Wind und die seichteste Stelle studiert und ausgelotet. Und für die Rückfahrt wird ein Ersatzfloß gebaut und verankert.

So kommt man langsam aber ständig weiter, und die Krafteinsparung lohnt sich auch, denn viele Vorwärtsstürmer werden überholt. Während jene nach Luft schnappen, gehen diese Menschen gutmütig lächelnd vorbei.

Zu hohe Spitzen werden im Durchschnitt nicht anvisiert, und die Leiter nach oben wird erst inspiziert, ehe man sie betritt; im Notfall werden die Sprossen repariert.

Daher ist unter diesen Charakteren auch kaum eine besessene Spielernatur zu finden. Man liebt das Spiel der Gesellschaft, die Unterhaltung, den derben Witz, den Skat, aber wenn man um Geld spielt, dann nur um einen Zehntelpfennig, und man hört bei spätestens 100 Pfennig minus auf. Wer mal auf den Putz hauen will, der läßt vorher sein Bargeld zu Hause und nimmt nur einen genau berechneten Betrag mit; dieser Verlust ist einkalkuliert, und in einem Geheimfach steckt noch immer das Geld für das Taxi zur Heimfahrt.

Man will gesellschaftlich repräsentieren, aber sich nicht engagieren, und wenn von Neuerungen gesprochen wird, dann werden nicht zu verwirklichende Pläne als Träume von Fantasten abgetan. Reformer beißen sich an diesen Charakteren die Zähne aus. »Stur«, urteilen die einen, »gesinnungstreu« die anderen. Doch bei ihnen muß ein Wort gelten, und so könnte man ihren Handschlag als bare Münze nehmen, aber diese Menschen haben die Verträge immer gleich mitgebracht!

So herrschen Disziplin, Sauberkeit und Selbstbeherrschung neben sinnenfrohem Genuß.

Sie klagen nicht, sie sind bereit, Mühe auf sich zu nehmen, erwarten dies aber auch von ihren Partnern! Für Nichtstuer gibt es nicht einen Pfennig, und Geldausgaben für Dinge, die nicht durchdacht und erprobt sind, kommen nicht in Frage. So ist diesen Charakteren mit Theorie kaum beizukommen, sie verlassen sich allein auf die erprobte, bewährte Praxis.

So praktisch orientiert aber die in diesem Zeitraum Geborenen sind, so stecken sie doch voller Lebensfreude und haben Sinn für das Künstlerische. Dadurch flößen sie Vertrauen ein, sie geben Beständigkeit, pflegen Freundschaften, die nur nie zu eng sein dürfen, und sie entwickeln einen guten, lobenswerten Gemeinschaftssinn.

Beruf

Bevorzugt wird eine Berufswahl, die praktische Nützlichkeit und Vorteile bringt. Man will am rechten Platz eingesetzt werden, den man dann auch hartnäckig und beharrlich ausfüllt.

So bleibt man seinem Chef auch in der Krise treu, man verläßt nicht wie die Ratten ein leckes Schiff, man repariert es, bis es wieder flott ist, dann jedoch will man seinen Lohn.

Der Lohn ist es überhaupt! Weniger sind es Spitzenstellungen, die locken. So ist man fleißig, wenn es sich lohnt; lohnt es sich nicht, ist die Zigaretten- oder Durstpause sehr lang.

Man übernimmt bei guter, gerechter Bezahlung auch Arbeiten, die andere nicht ausführen, und wenn es sich um künstlerische Dinge handelt, dann stelle man zeitig genug die Aufgabe und

gebe früh genug die Termine an! Ein Maler wird dann immer seine Bilder zur Ausstellung fertig haben, nur über Nacht schafft er selten!
Also unterlasse man jede Hetze, jede Antreibung, und wer Opernmusik zur Anregung braucht, der spielt sie eben – das sollte der Chef verstehen. Verlangt wird also gutes Entgelt und pünktliche Bezahlung. Ihnen den versprochenen Verdienst vorzuenthalten, ist riskant, diese Charaktere pauken ihr Recht durch, und sie gehen bis zum höchsten Gericht, solange ein Rechtsberater meint, es lohnt sich.
Diese Menschen sorgen von sich aus für eine gute Arbeitsatmosphäre; passieren Fehler, werden sie lachend ausgebügelt.
Aber man gebe diesen Menschen auch Arbeiten, bei denen die Termine stimmen. Keine Terminverschiebungen bitte! Keine Vorverlegungen, das wirft alles um, auch den Sinn ihrer Arbeit.
Sie schaffen Vertrauen, erwarten aber auch Vertrauen. Und wo es um praktisches Vertrauen ohne viele Worte geht, da sind sie richtig am Platz. Sie liefern gute, bewährte Arbeit, aber man sollte sie nicht für Experimente benutzen oder gar dazu, neue Erfindungen oder neue Haushaltsgeräte an den Mann oder an die Frau zu bringen. Vertreter für Neuheiten sind sie nicht. Überzeugend können sie nur wirken, wenn sie selbst von ihrer Aufgabe überzeugt sind.
Viel Sinn besteht für künstlerische Berufe, ob es sich um Gesang, um Malerei oder Bildhauerei handelt, um Gravierungen oder Grafiken. Aber auch alle anderen künstlerischen Berufe sind hier ansprechbar, man hat Sinn für Formstil.
Halbfertiges liefern sie nie ab, so sind sie ein gutes Vorbild für Teamarbeit, sie überfordern niemanden und fassen selbst mit an, auch wenn sie Chef sind. Die Ziele sind – ist man aus den Jugendträumen aufgewacht, was manchmal leider lange dauert – für das Leistungsvermögen kaum zu hoch gesteckt, aber auch nicht zu niedrig. Und diese Ziele werden ausgefüllt und erreicht; allein der Genuß, wenn er zur Sucht wird, könnte hier echte Hindernisse aufbauen.
Man meistert also das Berufsleben mit Humor, Zähigkeit und schafft sich dann sein kleines Paradies. Etwas Bauernschläue steckt in allem!

Liebe und Bindungen

Diese Charaktere lieben die Liebe! Die Liebe mit Genuß! Lange Briefe, feine Geschenke gibt es nicht, man umarmt den Partner und genießt. Man ist zärtlich, weil man jemanden an sich drücken will, denn dem kurzen Leben will man alle Sinnenfreude abringen. So ist man leicht verführbar und vermag zu verführen. Erotik und Sexualität wird kaum unterschieden, raffinierte Erotik darf nicht zur Masche werden, auch muß nicht immer Leidenschaft im Spiel sein. Zwar gibt sich die Liebe leidenschaftlich, aber es ist mehr ein sexueller Ausbruch, eine riesige Freude, keine geistige Leidenschaft.
Man sucht also keine Traumpartner, keine Prinzen oder Feen, sondern jemanden, der stets greifbar und anfaßbar ist. Paßt man zusammen, hat man sich gegenseitig erprobt, dann wird eine Verbindung geschlossen, die hält, solange alles so bleibt, wie bei der Heirat. Dann werden auch Schwächen in Kauf genommen, denn man hat ja selbst welche.
Man liebt das Gepflegtsein, aber nicht die seidene Wäsche. Handfeste Baumwolle tut es, wenn sie sauber ist. Aber unrasierte Männer, Frauen mit Lockenwicklern, das ist liebestötend, das zerstört die Harmonie! Und wenn man liebt, liebt man eifersüchtig. Beim Seitensprung erwischt hat der Ertappte keine Chance! Dann ist

es aus, da nutzt auch kein Versöhnungstermin. Doch sonst wird die Ehe gepflegt, der Nachwuchs gut erzogen, das Familienleben als kleineres Übel, für das es keinen Ersatz gibt, akzeptiert.

Gefahren

Diese Charaktere erleben Gefahren als Angriffe auf ihre Existenz und reagieren darauf fast allergisch. Dabei produzieren sie selbst Gefahren, wenn nämlich ihre Beharrlichkeit in Halsstarrigkeit ausartet, wenn Hartnäckigkeit Sturheit wird und sich mit ihnen im Starrsinn nicht reden läßt. Der Eigensinn ist es also, der ihnen schadet, gerade weil man diesen Eigensinn oberflächlich nicht erkennen kann, denn sie können sich ja durch höfliche Freundlichkeit gut tarnen. Sie spielen anderen Verständnis vor und haben doch nur Verständnis für sich selbst. Sie sind gesunde Egoisten, aber sie schaden niemandem. Doch werden Chancen vertan, weil sie im Grund mißtrauisch sind. Sie kennen sich zu gut, um die Umwelt gut zu finden.

Weil sie oft zu lange überlegen – denn schnell sind sie nicht – gehen viele Möglichkeiten an ihnen vorbei.

Vor allem aber besteht wirkliche Gefahr, wenn man seinen aufgestauten Zorn dann losläßt und nicht bremsen kann. Wenn man die Kontrolle über sich verliert, wenn man rot sieht und lospoltert! Bei der fünften unverschuldeten Beule am eigenen Wagen kann man selbst zum Verkehrsrowdy werden!

Gefahr besteht auch, wenn Ironie im Spiel ist, denn dafür hat man keinen Sinn; wenn man sich intellektuell unterlegen fühlt, dann schlägt man körperlich zu, dann gibt es kein Halten mehr, dann läuft man Amok!

Gefahr: zu egoistisches Handeln, wenig einfühlsam.

Vorurteil und Fazit

In der Sicht anderer sind diese Charaktere brutal, besitzergreifend, wenn es um den eigenen Vorteil geht. Wo sie sich mal hingesetzt haben, da sitzen sie und stehen nicht mehr auf. Daneben gehen sie jedem Genuß nach, wollen fressen, saufen, lieben, sind die Genußmenschen. Sie spielen die Gutmütigen, aber wenn sie gereizt werden, rennen sie mit Bullenkraft jeden anderen um.

Das ist falsch gesehen: Diese Charaktere kämpfen um das Dasein, sie wollen sich einen Platz an der Sonne erobern und diesen Platz dann auch halten. Und sie wollen das Leben voll ausschöpfen, und dazu gehört auch das Vergnügen!

Sie halten das Erworbene fest, sie wollen das Leben praktisch meistern, und sie lassen sich viel gefallen, zuviel! Dann nämlich erst gehen sie los und sehen rot. Sonst sind sie vorsichtig, freundlich, weil sie um den Sturm wissen, der alles einreißen kann. Sie wollen jedoch seßhaft bleiben.

Das Leben wird von ihnen nicht auf Kosten anderer gemeistert, sondern Mühe und Arbeit werden als Kapital eingebracht. Sie sind erdverbunden und verschmähen keine Frucht dieser Erde, darum beneidet sie mancher.

Der Abschnitt Stier wird von Venus als Morgenstern beherrscht. Steht also die Sonne in diesem Abschnitt, hat sie einen venushaften Charakter. Sie ist voll praktischem Liebreiz.

Die Sonne im Abschnitt Zwillinge

Drittes Frühlingszeichen – angleichend, männlich – Element Luft. Stichwort: Beschwingter Lebenskern

Aktive Geistigkeit beflügelt diese Charaktere. Sie wollen Kontakt schaffen, sind voller Kommunikationsbereitschaft, aufgeschlossen, ja angespannt neugierig und immer für alles zu interessieren. Sie sind so beweglich, so flink, so aufnahmebereit, daß ihr größter Nachteil die Oberflächlichkeit scheint.
Scheint, muß man sagen, denn sie verarbeiten zwar alles schnell, aber sie können es auch lange behalten, weil sie ihr Köpfchen stets trainieren; so sind sie flink mit der Zunge und immer schlagfertig.

Natürlich wird nicht alles Aufgenommene verarbeitet oder gar vertieft, aber es wird gespeichert – so haben sie alle Erinnerungen schnell parat. Wo eine neue Lichtreklame lockt, wird sie studiert, wird irgendwo ein Lokal eröffnet, sind sie die ersten Gäste, wird eine sensationelle Premiere angekündigt, nehmen sie die besten Plätze ein. Wo überhaupt Sensationen gewittert werden, spüren sie es und verbreiten diese Sensation in Stadt und Land. Wenn auch nicht jeder, der in diesem Zeitraum geboren wurde, Journalist sein kann, etwas Journalistisches haben alle an sich. Sie lesen viel, sie orientieren sich, sind immer bereit, Eindrücke aufzunehmen.
Ihr Denken ist so schnell wie ihre Auffassungsgabe, das Sprechen fällt ihnen leicht, weniger leicht das Zuhören. Sie merken sich die Hauptworte, das andere vergessen sie, und wenn sie später zitieren, zitieren sie oft falsch, aber mit solcher Überzeugung, daß es wirkt. Und erwischt man sie bei den falschen Zitaten, dann lachen sie, denn so wichtig nehmen sie sich nicht! Diese Charaktere kennen keine Langeweile. Sie haben auch selten Zeit, zum Omnibus rennt man immer, auf den Bahnhöfen hetzt man, aber die Züge werden erreicht, wenn auch mit hängender Zunge.
Ihre Entdeckungsfreude ist groß, und wenn es nichts zu entdecken gibt, dann erfinden sie was. Sie sind voll spritzigem Witz, daher beschwingt und sehr beliebt, sie finden schnell Anschluß an ihre Nachbarn und kommen an alle Prominenten ran. Sie dringen durch die Vorzimmer, um ihren wichtigen Mann zu sprechen, der sich dann belustigt eine Pause erlaubt, um ihrem Redeschwall zu lauschen. Anschließend glauben sie, den Mann überzeugt zu haben; umso größer ist später die Enttäuschung, daß der sich nur unterhalten ließ.
Und mitreden können sie! Schnell sind die Worte formuliert, schneller, als die Gedanken geordnet sind! Irrtümer gehören zum Leben, also lachen sie darüber; das macht sie so sympathisch. So schaffen sie Verbindungen, einigen, führen die richtigen Leute zusammen. Fleißig sind sie auch, keine Aktion startet ohne sie, und bei der Arbeit erzählen sie eine Anekdote nach der anderen und beflügeln so die Arbeitsstimmung. Daß diese Anekdoten alle nur halbwahr sind, interessiert doch nicht, denn auf den Sinn kommt es an! Sie sind die wahren Vermittler, die gebraucht werden, doch wo sie auftauchen, ist es mit der Ruhe vorbei. Da es keinen Stillstand gibt, bleiben sie auch lange fit und jung! Die Zeit scheint an diesen Charakteren spurlos vorüberzugehen. Das mag auch daran liegen, daß echte Probleme etwas leichtfertig beiseitegeschoben werden. So kommt keine Sammlung zustande; früh zeigt sich eine liebenswerte Zerstreutheit, die jedoch später zur Manie ausarten kann.

Auch ist pingelige Ordnung nicht ihre Stärke! Da geht es manchmal schon ein bißchen »böhmisch« zu! Kurz vor dem Weggehen suchen sie, geht's zur Tanzstunde, noch ihre Ballettschuhe, ihren Lippenstift, und dann müssen sie an der Haustür umkehren, weil sie nicht sicher sind, ob sie auch den Fernseher ausgeschaltet haben.
Phänomenal ist ihr Nachahmungstrieb! Da sind sie Meister; zunächst machen sie das ganz unbewußt, dann, haben sie Erfolg, setzen sie diese Begabung gezielt und auf Wirkung bedacht ein! Sie erkennen präzis äußerlich typische Merkmale anderer; die werden dann mit riesigem Erfolg parodiert. Diese Parodie bleibt zwar im Oberflächlichen stecken, aber sie wirkt.
Ein Kasper steckt in allen! So bringen sie Lustigkeit in das Leben, wollen Freude bereiten, wollen, daß die Gemeinschaft zusammenfindet und erträglich bleibt!
Auch sind sie sehr schnell, das ist ihre Stärke. Unbelastet gehen sie an den Lebensstart und haben immer die Nase eine Länge voraus. Erfolg will man haben, aber nicht im Siegerstil, sondern um dabei zu sein! Das Dabeisein ist alles! Ja nicht als altmodisch gelten – lieber ändert man seine Grundmeinung ein paarmal im Leben, das sind dann eben die Entwicklungsschübe! Und war man an so einem Schub maßgeblich beteiligt und zeigte er verhängnisvolle Folgen, dann zieht man sich mit dem Argument zurück: nun ja, jeder muß lernen! Natürlich ist gerade bei den Menschen, deren Sonne im Zeichen oder Abschnitt Zwillinge steht, das Niveau besonders entscheidend.
Einige von ihnen sorgen nur für den Hausklatsch, andere vermitteln literarische Urkenntnisse! Einige kommen über eine Hostessenaufgabe nicht hinaus, andere schaffen echte, dauernde Verbindungen. Aber jeder kann sich nützlich erweisen! Wenn eine Reisegruppe aus dem Ausland am Flughafen ankommt und ihr Gepäck sucht, dann weist ein Zwilling, der nicht dazugehört, ihr den Weg.
Da sie es mit dem einzelnen Wort nicht so genau nehmen – denn auf den Zusammenhang kommt es ja an – kann aus Angeberei Aufschneiderei oder manchmal auch Lügenhaftigkeit entstehen. Das ist selten bös gemeint, doch wenn die Wirksamkeit der Wortverdrehungen erkannt wird, wird dies auch gezielter eingesetzt. So fleißig sie sind, nicht jede Arbeit wird zu Ende gebracht, aber nur, weil schon wieder eine neue Aufgabe lockt.
Sie reisen gern, lieben die Natur, am meisten die Landschaften, wo alles zu finden ist, also Berge, Seen, Wälder, Wasserfälle und der Blick aufs weite offene Meer. Nur Meer, nur Wälder, nur Berge – das wäre langweilig.
Ihre innere Unrast ist ihr Problem, doch da sie immer eigentlich liebenswert sind, schmuggeln sie sich geschickt durchs Leben.

Beruf

Ihre Berufsbranche ist alles, was irgendwie mit Kommunikation, mit Vermittlung und mit Agenturen zu tun hat. Auch wenn es gilt, Nachrichten aufzuspüren, Nachrichten zu formulieren, dann sind diese Charaktere gefragt! Ferner erkennen sie Talente, entdecken Begabungen und wissen, wo sich was tut.
Etwas an den Mann zu bringen ist ein weiteres Begabungsfeld, und dabei kommt es mehr auf die Branche, weniger auf das eigene Engagement an.
Da sie fleißig sind, auch munter und stets frisch, wenn es nur abwechslungsreich zugeht, sind sie sehr vielseitig einzusetzen. Nur bewegt muß es ablaufen, und Spaß muß es auch machen.
Wenn es diese Charaktere gepackt hat, wenn sie

sich für eine Begabung stark machen, dann bleiben sie am Ball, dann entwickeln sie plötzlich eine unerwartete Stärke und Kraft, um ihre Entdeckung wirklich durchzusetzen. Dann sind sie besessen, weil sie eine lohnende Aufgabe gefunden haben, die mehr für andere gilt als für sich selbst. So boxen sie Leute durch!
Dabei scheuen sie keine Ironie, um andere aus dem Weg zu räumen. Sie sind erfinderisch in der Wahl ihrer Mittel, bieten immer wieder neue Patentlösungen an, bis ein Patent dann zündet!
Setzt man diese Charaktere in der Öffentlichkeit ein, dann verkaufen sie alles, was nicht niet- und nagelfest ist, und auch das noch! Während andere noch überlegen, ob sie zaghaft an eine Tür klopfen sollten, spazieren sie bereits durch das dritte Vorzimmer!
Wo es also turbulent zugeht, wo immer neue Situationen auftauchen, da sind diese Menschen am Platz! An der richtigen Stelle eingesetzt sind sie unentbehrlich. Man lasse sie Zebrastreifen zählen, oder die Fußgänger, die darüber gehen, nur muß die Straße belebt sein!
Wenn eine fließende Arbeitszeit geboten wird, dann sind sie noch besser einzusetzen, denn so arg pünktlich sind sie nicht, aber ihre Arbeit verrichten sie!
Wichtig ist ihre ausgeprägte Beobachtungsgabe. Auch ihre wortgewandte Diplomatie ist eine besondere Fähigkeit, die nicht ungenutzt bleiben sollte. Wenn Steine den Berg hinaufzurollen sind, dann hole man so einen Menschen, er wird einen Weg finden, und die Lösung funktioniert zumindest zunächst; wenn dann der Rückschlag kommt, ist man längst bei einer anderen Lebensberatungsstelle. Diese Charaktere sind kaufmännisch sehr begabt, sie verhandeln geschickt, nicht einmal sehr hart, und sie sind auch relativ früh zufriedenzustellen. Nur sollten die Abrechnungen nicht auf den Pfennig genau ausgerechnet werden müssen, denn eine gewisse Großzügigkeit gehört doch zum Leben! Sie können auf Pfennige verzichten, wie sie andererseits diese Pfennige auch wieder einstecken, ohne ein schlechtes Gewissen zu haben.
Ihre Vielseitigkeit ist ihre Gabe, wenn nur die Aufgabe nicht monoton ist, und sie lernen bis ins hohe Alter.
Muß jemand im Betrieb eine orientalische Sprache lernen, dann bieten sich diese Charaktere förmlich an.

Liebe und Bindungen

Zwillinge sind schnell fasziniert, aber auch geblendet! Sie springen an, wie man so sagt, und man springt auf sie an.
Bindungen zu schaffen ist kein Problem, die echte Liebe zu entdecken schon ein größeres! Denn ob es die echte Liebe ist, weiß man ja vor lauter Neugier nie! So vielseitig sie sind, so vielseitig lösen sie auch ein Echo aus, und immer wollen sie ergründen, was hinter diesem oder jenem Menschen steckt. So wird jeder Partner interessant, wenn er nur vordergründig etwas zu bieten hat, wenn er wirkt.
Liebeserklärungen fallen nicht schwer; in Worten kann kaum jemand seine Liebe so ausdrücken, aber bald stellt sich da auch eine gewisse Routine ein! Man heiratet auch im Notfall schnell, denn an der Hochzeit ist die Hochzeitsreise das Wichtigste, und die Überraschung, die diese feste Bindung bei Freunden auslöst.
Neugierig bleiben Frau und Mann immer, so sind sie stets auf der Suche. Aber auch in der Ehe dürfen die Abenteuer kein Ende nehmen! Der Partner steht unter dauernder Beobachtung, und wehe, wenn eine Ehe langweilig wird! Dann heiratet man lieber noch einmal und noch ein-

mal, bis man merkt, daß der Unterschied gar nicht so groß ist! Doch auch hier: Wenn es mal gezündet hat, wenn das Doppelwesen Zwilling eins wurde, wird es zum verläßlichsten Partner! Daß dies selten ist, versteht sich. Die Kinder werden liberal erzogen und gut vorbereitet in die nächsten Lebensabschnitte geführt.

Gefahren

Die Hauptgefahr dieser Charaktere liegt in ihrer Beweglichkeit. Konzentration ist nicht ihre Stärke, Zerstreutheit ihr Fehler. In der Freude an pointierten Aussprüchen nehmen sie es mit der Wahrheit nicht so ganz genau, so stolpern sie oft über alles Kleingedruckte.

Eine weitere Gefahr liegt in dem geschäftigen Trubel, den sie aufziehen, der ihnen oft über den Kopf wächst. Dann werden sie nervös, unruhig und fahren einfach davon!

Auch wird der Wert des Geldes nicht so ernst genommen. Was ist schon Papiergeld? Ja, wenn es sich um echte Goldmünzen handeln würde, aber dieses bedruckte, benutzte Papier sollte man schon wegen der Bazillen schnell weitergeben.

Selten allerdings, und daraus ergeben sich Gefahren, sind echte, tiefe Bindungen. Die Freundschaften sind Nützlichkeitsverbindungen, die bei den Partnern dann in der Not nicht mehr zählen. So sind die, die immer Verbindungen schaffen, am Ende allein, und genau das halten sie am allerwenigsten aus.

Auch erkennen sie, da es ja zuviele Verbindungen gibt, im Lebensablauf den Wert einer wahren Bindung oft zu spät; so lauert hier die Einsamkeit, was paradox erscheinen mag! Hier sollte man also, wie auf allen Gebieten, Konzentration anstreben.

Gefahr: mangelnde Konzentration, häufig Vorurteile. Und sie wissen auch nicht, daß alles mal ein Ende hat.

Vorurteil und Fazit

In der Sicht anderer sind diese Charaktere unzuverlässig. Sie zeigen sich angeblich immer von zwei Seiten, sind nicht greifbar, gar betrügerisch. Ein typischer Zwilling, heißt es schnell, auf den ist eben kein Verlaß; auch kommt das Wort vom gespaltenen Wesen auf, das nicht zu packen ist. Sie schlängeln sich durchs Leben, sind kaufmännisch geschäftig, reden dauernd und sind immer nur auf ihren Vorteil bedacht.

Das ist falsch gesehen: Diese Charaktere setzen sich für die Gemeinsamkeit ein, sie wissen, allein ist man verloren. Sie wollen Bindungen schaffen und sich binden.

Da sie sprechbegabt sind, können sie auch zusammenführen. Die Sprache ist ihr Bindeglied, wer die gleiche Sprache spricht, gehört zusammen. Sie nageln sich nicht selber fest, sie erkennen überall einen Wert, ihre Beweglichkeit ist erfrischend. Immer wieder werden ihre zwei Seelen in der Brust aufgerufen, und so, wie sie vom Innern her um die Zwiespältigkeit wissen, haben sie die Sehnsucht zur Einheit in sich; das wollen sie vermitteln.

Sie lernen aus ihren Erfahrungen und wollen diese weitergeben, das ist ihre Stärke. Sie sind geistig beweglich und damit auch ideell ansprechbar!

Der Abschnitt Zwillinge wird von Merkur als Morgenstern beherrscht; steht also die Sonne in diesem Abschnitt, hat sie einen merkurhaften Charakter, sie ist geistig und wechselhaft.

Die Sonne im Abschnitt Krebs

Erstes Sommerzeichen – bewegend, weiblich – Element Wasser. Stichwort: Einfühlender Lebenskern

Bewegend und beharrend zugleich, das sind die Hauptstichworte für diese Charaktere. Es ist das ewige Problem der in diesem Zeitraum Geborenen. Sie wissen um die Notwendigkeit der Weiterentwicklung, wollen aber das Bewährte, das Traditionelle erhalten! Daher auch der tiefe Sinn des Wortes: Zwei Schritte vor, einen zurück.
Diese Charaktere wissen um zweierlei: um das Schöpferische und um das Problem des Maßhaltens. Damit ist nicht gesagt, daß sie maßhalten können, dazu sind sie zu emotionell veranlagt; aber um die Notwendigkeit wissen sie, und so stolpern sie immer wieder in diese Schlingen. Ihr Wesenskern ist tief nach innen gerichtet. Erst wenn sich im Innern alles gesetzt hat, dann kommen sie damit raus. Sie glauben diese Schutzmaßnahmen nötig zu haben, es hat daher auch keinen Zweck, sie immer anzustoßen, zu bedrängen, anzutreiben. Wenn es soweit ist, marschieren sie schon, und schneller als geahnt. Aber sie marschieren nie so weit, daß sie ihr Heim aus den Augen verlieren, denn dort ist die Quelle ihrer Kraft. Und steigen sie in ein Flugzeug, dann nur, wenn sie das Ticket für die Heimreise in der Tasche haben!
Zu Hause, das ist ein Zauberwort. Da sind sie nicht wiederzuerkennen, hier entfalten sie sich, hier schließen sie Freundschaften, die sie dann draußen kaum zeigen. Denn in der Öffentlichkeit ist immer eine gewisse Distanz gegeben. Eine Distanz, die sich auch bewährt, denn ihr öffentliches Auftreten ist meist auch von Schüchternheit, manchmal gar von Unbeholfenheit geprägt.
Sie geben sich erst ganz offen, wenn sie des anderen völlig sicher sind. In der Beziehung sind sie sogar zu anspruchsvoll, stellen zu große Forderungen, wodurch sie in den Verdacht kommen, einen inneren, stillen Hochmut zu pflegen. Aber es ist nur abwartende Unsicherheit. In Wahrheit sind diese Charaktere nämlich zu leicht verwundbar. Sie möchten sich ganz hingeben, aber eine Urangst hindert sie daran; so schützen sie sich oft zu sehr, weil sie um ihre tiefe Verletzbarkeit wissen.
Sie ahnen Revolutionen und wollen gleich am Anfang eingreifen; sie werden deswegen verlacht, weil die anderen die Gefahr nicht erkennen. Aber sie wissen, daß geschlagene Wunden kaum heilen, verlorene Positionen nur durch Radikalität zurückzuerobern sind.
Es wird Abstand gewahrt, Freundschaften müssen nicht auf einem »Du« beruhen. Wenn andere Brüderschaft trinken, bleiben sie beim »Sie«, um die Freundschaft, für die sie in fast mütterlicher Weise bereit sind Opfer zu bringen, noch stärker zu betonen. Widersprüchlich sind sie also in mehrerer Beziehung: Fortschrittlich und doch konservativ, nahe Bindungen suchen, doch auf Distanz achten – so gehen sie an die Welt- wie an die Alltagsprobleme heran. Alles Modische macht sie skeptisch bis zur Abneigung, sie mißtrauen schnellem Beifall, leiden aber tief unter höflich formulierter Ablehnung.
So reagieren sie für andere oft launisch und kompliziert, gelten als unlogisch und wissen doch um die Logik der Seele.
Sie sind sehr empfänglich. Alles nehmen sie unbewußt auf, das reißt sie hin und her. Der Volksmund spricht hier vom Verstehen oder Wissen ohne Worte. Ja, darin sind sie Meister, aber was sie sich zutrauen, das Einfühlen, trauen sie leider den anderen nicht zu! Das ist ihr Problem!

Sie sind im Grunde sehr versöhnlich, sie verzeihen schnell, nur dürfen die eigenen Kreise nicht gestört werden. Nichts darf die eigene Ehre verletzen, geschieht dies, wird das zwar äußerlich mit einem Pokergesicht ertragen, aber es wird nie vergessen, im Grunde auch nie verziehen.

Hinzu kommt, daß diese Charaktere fast alle mit einem kriminellen Gedächtnis ausgestattet sind. Sie merken sich zwar keine Geschichtsdaten oder -zahlen, aber sie wissen um die inneren Zusammenhänge, die zu einer Entwicklung führten, und da merken sie sich sogar scheinbar nebensächliche Kleinigkeiten. Grundströmungen, Grundreaktionen bleiben unvergessen; das löst bei anderen immer Entsetzen und Überraschung aus, wenn jahrzehntealte Fakten auf den Tisch gelegt werden!

Diese Charaktere leben nämlich nie ohne Vergangenheit. Die Vergangenheit fesselt sie ungemein, im Großen wie im Kleinen. Aus der Vergangenheitsentwicklung ziehen sie ihre – für sie – logischen Schlüsse, bewußt oder unbewußt. Und daher haben sie ein Ahnungsvermögen für kommende Entwicklungen, da sind sie manchem Zeitgenossen um Meilen voraus. Aber wenn sie auf die kommenden Tendenzen hinweisen, stoßen sie auf Ablehnung, und wenn es so eintrifft, wie sie prophezeit haben, heimsen andere den Lorbeer ein. Doch das läßt sich ertragen, das betrifft ja nur die äußere, nicht die eigene innere Welt!

Sie ziehen sich schnell zurück, sie schließen sich gern ab durch Musik, die oft von kitschiger Sentimentalität getragen ist. Beim banalsten Schlager können ihnen Tränen kommen, wenn eine Sehnsucht oder ein Heimatgefühl angesprochen ist; das Emotionelle einer sanften Melodie läßt sie den kitschigsten Text schön finden, den sie gesprochen auslachen würden.

Da sind also Tränen möglich, aber nicht geschätzt werden Gefühlsausbrüche bei schlechten Nachrichten! Andere meinen oft, diese Menschen seien aus hartem Holz geschnitzt. Das Gegenteil ist der Fall – sie schützen sich nur! Wer weiß, wie weich sie sind, der findet auch die richtige Methode, diese Charaktere auszunutzen, denn für ein Lob verzichten sie mindestens zur Hälfte auf den realen Lohn!

Sie denken in großen Zeiträumen, reagieren aber oft kleinkariert auf Alltagsprobleme. Es sind die Kleinigkeiten, die sie umwerfen.

Sie urteilen hart über offensichtliche Schwächen anderer, sehen diese aber ihre Schwächen ein, dann lassen sie sich von diesen Menschen um den Finger wickeln, weil sie einfach innere Wärme lieben.

Beruf

Der Berufsweg verläuft so schwankend, wie diese Charaktere sind. Ihr bester Platz ist da, wo Einfühlungsvermögen verlangt wird. Sie reagieren helfend, sie können fürsorglich sein und sich in andere Schicksale hineinleben. Ihr Grundgefühl ist gerecht, so kann man ihnen auch heikle Missionen anvertrauen. Sie sind Schauspieler und Schiedsrichter: Schauspieler, weil sie sich eigentlich immer, um sich nicht bloßzulegen, verstellen, und Schiedsrichter, weil sie einfühlend der Wahrheit auf die Spur kommen! Außerdem können sie aus ihren inneren Spannungen heraus schöpferisch tätig sein, so daß sie auch vielseitig einzusetzen sind.

Aber nicht dort, wo Trubel herrscht! Etwas abseits, wo sie einen eigenen Raum haben, wo sie Musik spielen können, wo sie es sich auch einmal bei einem Genußmittel wie Kaffee gemütlich machen können. Dieser Ort wird nach einer Weile im Betrieb so etwas wie ein kleiner Mittelpunkt, wo man sich aussprechen kann.

Bei der Arbeit vertragen sie keinen Druck, Zeittermine sollten lang gehalten sein; sie unterbieten diese zwar gerne, wenn aber der Zeitdruck zu groß wird, wird die Arbeitssphäre zu nervös, das Schöpferische erstickt.

Man gebe ihnen hin und wieder auch schwere Aufgaben, die andere nicht lösen, das spornt sie an, und man lasse ihnen einen echten inneren Freiraum. Dauernde Kritik empfinden sie als Nörgelei, das beeinträchtigt ihre Arbeitsfreude, die an sich groß ist.

Sie haben ein Fernwehgefühl, aber zu oft sollte der Chef sie nicht auf Reisen schicken, weil sie in der Ferne ihre tiefe, innere Geduld verlieren. Sie kommen so gern nach Hause!

Sie sind zäh, besonders, wenn es gilt, etwas Langwieriges anzupacken. Doch alles, was nach Routine riecht, ist gefährlich. Stehen sie am Fließband, dann halten sie es an, weil ihnen nun klar ist, wie die Arbeit zu vermenschlichen wäre!

Nicht geeignet ist ein Beruf, der Türen öffnen soll, wo Verkaufsprobleme realisiert werden müssen. Diese Charaktere können nicht einmal für sich gut verhandeln, sie nehmen praktisch jedes Angebot an, wenn die Arbeit sie nur befriedigt. Nur durch ihr Durchhaltevermögen, ihre Zähigkeit und Zuverlässigkeit bringen sie es dann doch noch zu etwas.

Gute Berufe wären Lebensberater und Arzt, Rechtsanwalt und Pfarrer, sowie alle Arbeiten, bei denen man auch mal nicht eingeplante Pausen einlegen, bei denen man faulenzen kann. Das ist wichtig, denn Überstunden machen sie zum Ausgleich ja freiwillig, solange sie sich nicht verärgert zurückziehen. Man meint, Vermögen würden sie nie erwerben; kann sein, aber mit dem Vermögen anderer gehen sie vorbildlich um. Das verwalten sie gut und vermehren es.

Der Arbeitgeber sollte über Anfangsfehler dieser Charaktere, die immer passieren werden, hinwegsehen, denn sie behalten das Ganze im Auge, und man kann sich auf ihre Zähigkeit verlassen. Sie geben nicht auf, so schnell nicht. Das überrascht immer wieder.

Liebe und Bindungen

Dauernde Verbindungen gehen allein über das Gefühl. Zwar sind diese Charaktere leicht verführbar, aber ohne starkes Gefühl nicht längere Zeit zu binden. Sie sind für Schönheit empfänglich, sexuell ansprechbar; wenn jedoch nicht mehr hinzukommt, bleiben das alles Affären.

Das Haus, und damit die Familie, ist der sichere Hort auch jeder echten Bindung. Zusammensein ist alles; der eine mal hier, der andere mal da, das wäre der Tod einer Ehe, weil der Krebscharakter sich dann anders bindet.

Ob Mann oder Frau, der Hang zum Haustyrann ist ihnen mitgegeben. So bescheiden sie öffentlich auftreten können, zu Hause sieht das anders aus. Das Heim wird ganz nach ihrem Geschmack eingerichtet, da setzen sie sich durch, und auch den Tagesablauf bestimmen sie.

Dafür sind sie jedoch im Grunde sehr treu, nicht immer gegen Seitensprünge gewappnet, aber sie liebäugeln mehr damit, als sie auszuführen; und wenn, sind sie damit ihrem Partner noch lange nicht untreu geworden, diese Bindung geht viel tiefer.

Auch Freunden gegenüber sind diese Charaktere auffallend treu, sie wissen um den Wert einer Freundschaft, und sie pflegen und bewahren auch Geheimnisse.

Überhaupt hat alles Interne nicht nach außen zu dringen; verletzt der Partner dieses Gebot, wird die Partnerschaft schnell aufgekündigt. Kinder werden mit väterlich strenger Mütterlichkeit erzogen, sie müssen parieren, da alles zu ihrem Besten geschieht.

Gefahren

Die Gefahren ergeben sich aus der Überempfindlichkeit. Diese Charaktere sind schnell tief verletzt, oft unerträglich empfindsam und empfindlich. Das kommt von einer Überbewertung ihrer Person, denn so bescheiden sie sich geben, so stolz sind sie innerlich auf sich, das erschwert den Umgang mit ihnen kolossal. Erkennt man sie nicht an, ziehen sie sich meist so beleidigt zurück, daß es jeder spürt; nur eine gewisse Klugheit hindert sie daran, alle Brücken hinter sich abzubrechen, aber drei von fünf Brücken fallen. Darunter leiden diese Charaktere selber am meisten.

Andererseits können sie sich, wenn sie Vertrauen gefaßt haben, dem anderen völlig öffnen, oft zu sehr. Enttäuscht erleben sie nun, daß der andere dieses Wissen benutzt, um für sich Vorteile herauszuholen.

So sind sie keine leichten Mitmenschen, denn das Überschätzen von Alltagssorgen kann sie schnell aus der Bahn werfen.

Und noch eine wesentliche Gefahr: Sie zeigen sich über lange Strecken sehr verständnisvoll, dann schalten sie verletzt mit ziemlicher Härte um und brüskieren andere, nur weil sie ein Wort falsch verstanden haben. Der kühle Kopf fehlt ihnen; sie werden von Emotionen beherrscht.
Gefahr: Überempfindlichkeit bis zur Selbstzerfleischung. Dann das Leiden still auf sich zu nehmen, Unrecht herunterzuschlucken, um auf den Moment des Ausgleichs im Lebensglück zu warten.

Vorurteil und Fazit

In der Sicht anderer sind diese Charaktere zu weich, zu empfindlich, nicht kernig genug, ganz mütterlich betulich, launenhaft, und vor allem viel zu konservativ! Ein typischer Krebs, heißt es schnell, wenn einer die beleidigte Leberwurst spielt, und gehässig folgert man: Gleich kommen dem die Tränen, so leid tut er sich!
Das ist falsch gesehen: Diese Charaktere haben einfach ein instinktiv richtiges Gespür, das sie so empfindsam macht. Diese Empfindsamkeit ist ihre Stärke, die macht sie schöpferisch für andere! Ihr Instinkt, ihre nächtliche Traumsprache horcht nach innen; so müssen sie in einer Welt, die das Äußere betont, etwas als Außenseiter erscheinen.
Und sie machen sich Sorgen, übertriebene zwar, aber nicht nur für sich! Sie helfen, sind immer oder meist in der Not zur Stelle, scheuen dann keine Opfer!
Sie können zuhören, wie kaum ein anderer, und sie verstehen es, den Redenden durch ein, zwei Fragen auf das richtige Gleis zu führen. Und da sie die kleine Gemeinschaft so hoch halten, sind sie der Keim für größere Familien. Zu groß wird dieser Kreis zwar nie, aber der Kreis, der steht, hält allen Belastungen stand.
Der Abschnitt Krebs wird vom Mond beherrscht; steht also die Sonne in diesem Abschnitt, hat sie einen mondhaften Charakter, sie ist launenhaft und einfühlsam.

Die Sonne im Abschnitt Löwe

Zweites Sommerzeichen – fest, männlich – Element Feuer. Stichwort: Großzügiger Lebenskern.

Diese Charaktere strotzen vor Selbstbewußtsein, sie scheinen immer etwas erhöht, wie auf einem Thron zu sitzen, auch wenn dieser Sitz nur ein Schusterschemel ist. Stets fühlen sie sich als Mittelpunkt, auch wenn sie es nicht sind. Immer haben sie das Gefühl, man schaut auf sie, und sie sehen etwas auf andere herab, aber das in ganz gutmütiger Art und Weise.
Wer sich dabei schüchtern gibt, nur deswegen, weil eben Schüchternheit auch eine Betonung der eigenen Person darstellt; wer sich nicht wichtig nimmt, braucht nicht schüchtern zu sein, braucht auf das Wie der Wirkung keinen Wert zu legen. Diese Charaktere legen aber Wert auf ihr Ansehen! Wenn sie einsam durch die Straßen gehen, meinen sie noch immer, alle starrten sie an, denn sie sind gewöhnt, Aufmerksamkeit zu erregen.
Wer die Sonne im Abschnitt Löwe stehen hat, der ist stolz auf sich, und und er strahlt Kraft und Ruhe aus, selbst wenn er unsicher ist.
Diese Charaktere beanspruchen eine Art Führungsrolle. Sie verlangen, daß andere schweigen, wenn sie zu sprechen geruhen, wenn sie ihr lautes Organ erschallen lassen. Ihre Aktionen erregen Aufsehen, auch wenn sie es nicht verdienen; so wird ihre Siegessicherheit immer mehr ausgebaut, so hypnotisieren sie förmlich die Umwelt.
Anerkennung macht sie großzügig. Niemandem kann man im Grunde mehr schmeicheln als ihnen, wer ihnen um den Bart geht, der hat ausgesorgt! Schmeichler haben hier leider eine große Chance. Natürlich sind auch bei diesen Charakteren die Niveauunterschiede zu beachten; die einen haben nur den Drang, angesehen, anerkannt zu sein, die anderen wollen diese Anerkennung durch eigene Taten begründet wissen. Großzügig sind diese Charaktere immer – selbst auf die Gefahr hin, dabei zu verlieren! Sie lassen sich nichts Kleinkariertes nachsagen, und laden sie Freunde ein, werden diese entsprechend bewirtet. Ein guter Tropfen steht auf dem Tisch, und zum Essen – den Verhältnissen entsprechend – das Beste. Allein die ganz guten Jahrgänge, die nippen sie allein; ein königlicher Tropfen steht schließlich nicht jedem zu.
Irgendwo auf der Welt allerdings muß jemand sein, der zu einem emporblickt; gibt es so eine Bezugsperson nicht, dann droht die Welt einzustürzen. Man fühlt sich dann in die falsche Landschaft hineingeboren, Verbitterung macht sich breit, man lebt nur noch mit der Natur, und die Sonne allein ist dann der entsprechende Partner!
Lobenswert ist die Gestaltungskraft, über die diese Charaktere verfügen, ihre Entschlossenheit, in ihrem Rahmen wirklich wie Könige zu leben. Imponierend ihre Begeisterungsfähigkeit, das gute Organisationstalent, die Kraftfülle. Sie glauben an sich, auch an ihre Gesundheit! Sie bleiben auch gesund, und diese Überzeugung siegt zunächst. Sie können prassen oder asketisch leben, sie bleiben fit.

Die innere Freiheit erkaufen sie sich durch Großzügigkeit, und wenn sie sich nur im Entferntesten angegriffen fühlen, dann erheben sie ein Gebrüll, das jeden Gegner verstummen läßt. Sie graben dem anderen förmlich das Wasser ab. Sie ragen also über den Durchschnitt hinaus, und wenn es keinen Thron gibt, dann setzen sie sich eben auf die Schultern ihrer Mitbürger!

So wirkt manches anmaßend, und es ist doch nur eine Selbstverständlichkeit! Man schwebt über den Niedrigkeiten des Alltags, Kleinigkeiten werfen einen nicht um, die übersieht man.
Dafür ist man stets bereit, Verantwortung zu tragen, die man am besten bewältigt, wenn man Arbeiten delegiert. Darin sind sie Meister! Sie führen mit einer gekonnten Faulheit, die verblüffend ist. Macht man sie darauf aufmerksam, lachen sie sich nur ins Fäustchen und fordern zur Nachahmung auf. Doch so leicht ist das nicht – dazu gehört etwas, das diesen Naturen gegeben ist, nämlich Kraft und Ausdauer.
Und sie sind wahre Schutzherren. Unter ihren Armen finden viele Platz, sie nehmen gern andere unter ihre Fittiche, nur dürfen diese sie nicht allzu sehr mit ihren Problemen belasten.
Empfindlich sind diese Charaktere nur, wenn man sie in ihrem Tagesablauf stört, wenn man ihre Lebensgewohnheiten beengen will, wenn sie sich einmal – ausnahmsweise – unterordnen sollen. Da streiken sie, berufen sich auf ihren Freiheitsraum; hier neigen sie zur Überschätzung, denn sie kennen ihre eigenen Grenzen nicht.
Groß ist dagegen ihre Autorität. Sie besitzen ein fast magnetisches Anziehungsvermögen! Und alle, die sich anziehen lassen, unterwerfen sich ihrer Herrschaft, die sich oft so gemütlich gibt. Ihr Auftreten ist immer etwas prunkvoll, sie sind nicht zu übersehen und nicht zu überhören.
Und sie reden mit großen Gesten und starken Betonungen. Nur sollte man nicht mit ihnen diskutieren, denn ihre Meinung ist fast unveränderbar. Diese Charaktere haben immer recht. Sie fordern zwar zu Gegenargumenten auf, aber nur aus der Freude, diese dann ganz schnell zu widerlegen. Und müssen sie einmal wirklich ein Urteil revidieren, dann tun sie so, als wäre dies schon immer ihre Meinung gewesen.

Das Leben wird mit klarem Mut gemeistert. Verstecken gibt es nicht, man stellt sich. Die Kraft, die man hat, auf die kann man bauen, ja, man gibt davon auch noch etwas ab.
Das Leben soll ferner voll ausgeschöpft werden! Dazu gehört auch der Genuß, das Gelage, die große Form der Verschwendung von Sinnen und Werten. Auch ihre häufige Faulheit hat etwas von einer gewissen Größe, über die andere nur staunen können!
Ausgeprägt ist die Ehre und die Würde, beides darf nicht verletzt werden; enge Zusammenarbeit mit ihnen ist manchmal schwierig, weil sie keine Kritik an ihrem Beitrag vertragen. Doch sie haben ja Humor, lachen gern und laut, werden im Leben als Autorität bewundert und respektvoll behandelt.

Beruf
Fast immer wird eine führende Position angestrebt. Sie wird dann auch gut ausgefüllt, das liegt am Organisationstalent sowie an der Gabe, Arbeit zu verteilen. Kaum jemand kann Leute besser beschäftigen, auf Trab halten, als einer, dessen Sonne im Abschnitt Löwe steht.
Man übertrage also diesen Charakteren Verantwortung, belaste sie nicht mit Aufräumungsarbeiten. Einmal engagieren sie sich dafür sowieso Hilfskräfte, was nur den Etat belastet, zum anderen wären diese Menschen dann unter Wert eingesetzt. Sie brauchen großzügige Möglichkeiten, nur keine mühselige Arbeit. Büroklammern zu zählen ist nicht ihre Sache. Und wenn – bitte, wo ist der Adjutant?
Zu Untergebenen sind diese Charaktere gerecht und entgegenkommend, sie behandeln sie, wenn sie sich fügen, jovial; aber wehe, wenn Widerspruch laut wird, denn dann wird diesen Leuten klargemacht, was für Schnecken sie sind.

Der Ehrgeiz ist ausgeprägt, weniger vom Ehrgeiz her, als vom Ziel! Haben sie aber das Ziel erreicht, dann wollen sie auch, daß die Leistung anerkannt wird, und so rühmen sie sich oft mit Arbeiten, Ideen und dem Einsatz anderer. Nichts ist schlimmer, als diese Charaktere in den Schatten zu stellen oder öffentlich zu blamieren, dann sind sie unausstehlich, und in einem kleinen Arbeitszimmer fühlen sie sich wie in einem Käfig. Bescheiden sind sie nicht, aber auch nicht zu anspruchsvoll, sie wollen einfach den ihnen gebührenden Platz.

Da sie auch immer einen guten, repräsentativen Eindruck machen, sind sie leicht einzusetzen. Als Empfangschef etwa, oder als Direktor einer Spielbank! Diese Charaktere erreichen ihre volle Wirkung erst im Frack, es kann auch eine Uniform sein oder eine ausgefallene Freizeitkleidung, aber es muß etwas sein, was die Außergewöhnlichkeit unterstreicht.

So haben sie natürlich auch viele stille Neider und Konkurrenten, die immer böser werden, weil man sie kaum zur Kenntnis nimmt. Und sie haben Feinde, weil sie der Ansicht sind, Leistung müsse leistungsgerecht bezahlt werden – natürlich in Abstufungen, und sie vorne weg!

Beachtlich ist ihr großer Überblick. Wehe, wenn der Chef seinen Sommerurlaub verlängert, er wird sich wundern; denn kommt er zurück, ist alles umorganisiert, die Firma ist umgekrempelt und funktioniert, nur das Kommando hat nun ein anderer. Vorsicht also vor zu großen Vollmachten, denn sie werden bis zur letzten Möglichkeit genutzt!

Diese Charaktere sind entscheidungsfroh, denn sie sind ihrer Anweisungen stets sicher, ja, mehr noch: Ihre Entscheidungen wird keiner bereuen! Bei hartem körperlichen Einsatz sind sie nicht die Besten, bei Terminen auch nicht die Pünktlichsten, sie lassen lieber andere auf sich warten. Lächerlich, von einer Uhr abhängig zu sein – sie wissen schon, wann ihre Zeit gekommen ist. Sie brauchen einen guten Rahmen und gewisse Führungsaufgaben, mit diesem Trick kann sie jeder Personalchef bestens einsetzen.

Liebe und Bindungen

Die Liebe zündet schnell. Genauer: Sie muß beim anderen schnell zünden. Denn daß man geliebt wird, ist ja klar! Und alles wird geliebt, was im Moment begehrt wird. Im Werben ist man feurig, nur zu lange darf der Partner nicht zögern, man hat ja an Verehrern keinen Mangel. Auch darf der Eigenstolz nicht verletzt werden, also schnelles Ja oder Nein, dann ist die Partie gelaufen.

Alles, was den Sinnen Spaß macht, wird genossen. Der Partner soll glänzen, damit man selbst glänzt, so wird er also auf Händen getragen und auch beschenkt und herausgeputzt. Ein Asket oder ein Vegetarier sollte er allerdings nicht sein.

In der Ehe wird der Führungsanspruch nicht diskutiert; es kann herrschen, wer will, nur nach außen repräsentiert unser »Löwe«. Kleinliche Treueprinzipien haben in der Ehe nichts verloren, man lebt noch ein bißchen wie in der Wildnis. Zeigt sich eine lockende Beute, holt man sich, kommt aber dann brav mit dem abgezogenen Fell als Präsent zurück! Denn Ehen dürfen zwar gebrochen werden, doch nicht zusammenbrechen! Nein, das muß Bestand haben, und wenn sich der Bruch, der vom Partner ausgeht, nicht vermeiden läßt, dann gibt es entweder ein tolles Abschiedsgeschenk oder einen tödlichen Biß, nur eines nicht, daß man blamiert wird!

Die Kinder werden von beiden Eltern väterlich erzogen, man erwartet von ihnen den gebührenden Respekt, dann können sie haben, was sie wollen.

Gefahren

Die Hauptgefahr liegt in der Selbstüberschätzung, die sich fast penetrant steigern kann. Sie liegt ferner in der Verletzung des Eigenstolzes. Trifft dies ein, dann wird man unversöhnlich und betrachtet den anderen als Feind. Und die Feinde vermehren sich schnell! Feinde werden sowieso schwer erkannt, wenn, dann zu spät; so wissen diese Charaktere kaum, woher Widerstände kommen.

In diesem Zusammenhang muß man auch die Eitelkeit nennen, die fast groteske Züge annehmen kann.

Schmeichler haben es leicht, auch Schmarotzer, doch zuviele davon fressen einen auf, und sie verraten ihren König schnell, wenn dieser sein Reich verliert.

Eine weitere Gefahr ist die Vergnügungs- und Genußsucht. Das Leben muß mindestens dreimal gelebt werden, so gibt man sich gern den schönen Seiten hin und kann faul und träge werden.

Manchmal wirken diese Charaktere, besonders, wenn sie innerlich unsicher sind, herrisch, fast rechthaberisch und erschrecken durch ihre absoluten Meinungen. Oft ist es nicht einmal die Meinung selbst, sondern der absolute Tonfall, der abschreckt.

Sie erscheinen, als vertrügen sie keinen Widerspruch – das ist sicher falsch, aber die Wirkung ist dadurch fatal; man findet sie überheblich und selbstherrlich und hat den Wunsch, es ihnen einmal zu zeigen. So schlägt mancher Blitz urplötzlich bei ihnen ein und trifft sie meist unvorbereitet. Gefahr: zu große Eigenliebe.

Vorurteil und Fazit

In der Sicht anderer sind diese Charaktere Angeber, Protzer und Großmäuler. Sie haben eben unverdientes Glück, wenn sie etwas erreichen, denn sie sind faul und vergnügungssüchtig. Sie packen nie mit an, geben sich herrisch und meinen, die Welt gehöre ihnen; ein Denkzettel hin und wieder täte jedem von ihnen gut.

Das ist falsch gesehen: Diese Charaktere sind nun einmal voller Lebenslust! Sie betonen die guten Seiten des Lebens, sie wollen es einfach nicht vertun, sondern voll auskosten. Sie haben auch einen sicheren Überblick, können zwischen wichtigen und nebensächlichen Dingen unterscheiden und richten daraufhin ihre Lebensgestaltung ein. Das macht ihre Größe eigentlich aus!

Sie leben und lassen andere leben. Groß in ihrer Art, mögen sie sich nicht nach Würmern bücken! Die Zeit ausnutzen, das ist ihre Devise, und sie gönnen jedem seinen Spaß!

Sie haben Stolz, weil der Mensch an sich etwas erreicht hat, natürlich unter ihrer Führung! Und sie zeigen sich mutig, wenn es um eine Sache geht, die sie betrifft. Sie kneifen nicht! Sie haben eine starke Gestaltungskraft, und durch ihr Vertrauen in die eigenen Fähigkeiten spornen sie andere an. Sie geben Kraft und Selbstvertrauen. Der Abschnitt Löwe wird von der Sonne beherrscht; steht also die Sonne in diesem Abschnitt, so scheint sie überpotenziert, sie ist voller Kraft, aber auch blendend und oft versengend.

Die Sonne im Abschnitt Jungfrau

Drittes Sommerzeichen – angleichend, weiblich – Element Erde. Stichwort: Vernünftiger Lebenskern.

Ordnung, Vernunft und Arbeit nennt man ihr Lebensprinzip. Diese Charaktere machen die Erde bewohnbar, sie sind es, die nicht nur von der Zivilisation reden, sondern sie auch praktisch aufbauen. Sie schaffen nicht mehr nur für sich, sondern für das Ganze, sie übernehmen mühevolle Aufgaben und sehen es als ihre Pflicht an, diese gut zu erfüllen. Auf sie kann man sich verlassen. Sie sind nicht immer sehr beliebt, weil sie mehr leisten als andere. Dabei sind sie meist noch bescheiden, und machen nicht allzu viel auf sich aufmerksam. Aber ihre innere Kraft gibt ihnen Ruhe und Geborgenheit. Auf dieser Welt interessiert sie allein das Irdische, und wenn das Glück für die Erde mal im Weltraum liegen sollte, erobern sie den auch. Aber sie schaffen dann auf den anderen Planeten Verhältnisse wie hier, denn nur diese sind lebens- und liebenswert.

Sie folgen einer gesunden Realität, und das konsequent. An Experimente wagen sie sich erst dann, wenn es überhaupt nicht mehr weitergeht, aber auch nur nach Plan und mit kühlem Kopf, die Erwartungen bewußt herunterschraubend.
Wenn die Ernte ihrer Arbeit eingebracht ist, wenden sie sich sofort einer neuen Arbeit zu; sie können ohne Pflichten nicht leben, das ist ihr Korsett in einer unsicheren Zeit. Denn eines ist stark ausgeprägt: ihre Lebensangst. Die treibt sie zum Fleiß an, die muß damit überwunden werden.
Doch das allein reicht nicht, also sichert man sich ab. Eine Versicherung nach der anderen wird abgeschlossen, und die Prämien werden pünktlich bezahlt. Ein guter Versicherungsmakler hat hier leichtes Spiel, sein Einkommen zu erhöhen. Sonst arbeiten diese Charaktere still für sich, sind stolz darauf und ertragen manchen Spott. Spießbürger werden sie oft geschimpft, dabei verhalten sie sich nur konsequent, weil sie wissen, daß ohne persönlichen Einsatz nichts auf dieser Erde geht.
Und was heißt schon Spott! Der muß schon von Leuten kommen, die erst mal soviel leisten wie sie, und diese Leute spotten nicht mehr; wer erledigt denn all die Dreckarbeit? Na bitte!
So ist man zwar demütig und bescheiden, doch selbstbewußt; man kennt sich, weiß, daß man kein Gipfelstürmer ist, aber gebraucht wird, denn der Retter in der Not ist einer, dessen Sonne im Abschnitt Jungfrau steht. Wer in diesem Zeitraum geboren wurde, dem gilt Arbeit nicht als notwendiges Übel, sondern als ein Teil der Lebensbewältigung. Also Pflicht und Akzeptierung der Realität, damit kommt man mit sich ins reine.
Von daher ist auch die scharfe Kritik motiviert, die sie an der Umwelt üben. Denn sie sind überkritisch! Und die Kritik wird logisch und systematisch geübt, ohne jedes weise Verstehen. Das Einleben in andere ist kaum möglich, von der Vernunft her vielleicht, aber sogenannte psychologische Hintergründe werden nur als Ausreden betrachtet. Nein, was mit Vernunft nicht zu verstehen ist, das ist Schaumschlägerei, die lehnt man ab.
Die schönen Seiten des Lebens werden mit Maß genossen. Eine Feier ist aber eine Feier, also etwas Besonderes. Wenn man sich eine Karte für eine Galaveranstaltung gekauft hat, dann wird dieser Tag ausgekostet. Dann wirft man sich in Schale, dann näht sich die Frau ein

Abendkleid nach dem Modejournal, man sitzt bei Champagner inmitten der Welt, wo der Glanz zu Hause ist. Man ist für eine Nacht dabei, das reicht für ein ganzes Jahr.
Üppig geht es also nur manchmal zu, und meist, um es den anderen mal zu zeigen. Auch das ist vorgeplant, wie die Hobbys, die möglichst noch einen materiellen Sinn haben sollten. Wird etwa das Briefmarkensammeln gewählt, betreibt man es konsequent, vorbildlich fast. Man macht alles hundertprozentig.
Aber man trifft bei diesen Charakteren auch auf eine sachliche Intelligenz. Guter Rat wird gern gegeben, denn diese Charaktere wissen, wie der Hase läuft. Sie haben eine gute, nüchterne Beobachtungsgabe; sie fragen fast wie ein Detektiv, wenn einer Sache auf den Grund gegangen werden muß. Sie kennen die Gesetzestexte, füllen alle Fragebögen richtig aus, und Kleingedrucktes lesen sie wie die Zeitung. Bei einem Autounfall haben sie die Kamera schneller als der andere zur Hand, und die Sprache der Behörden verstehen sie auch besser. So ist diesen Menschen nicht so leicht beizukommen – manche scheinen mit einem eingebauten Rechenschieber geboren zu sein, denn sie bringen es zu etwas, sie schaffen ohne Schulden an, oder sie machen Schulden aus Berechnung, und daß sie Qualität kaufen, versteht sich von selbst!
Sie können allerdings leicht nervös werden. Dann kribbelt es in ihrem Magen, vor allem, wenn ihr Ehrgeiz nicht befriedigt wird, man das aber nicht zeigen darf! An den Nerven erkennt man ihre Strapazen, da muß achtgegeben werden. Das stete Dasein im Leben, die totale Abhängigkeit von der Realität geht oft an die Gesamtkonstitution. Das Nervensystem reagiert überempfindlich, denn irgendwo muß ja das Überempfindliche seinen Platz haben.
Auch hier wieder ist die Niveaugrenze entscheidend. Es gibt unter diesem Sonnenstand Charaktere, die kleinliche Nörgler sind, und Menschen, die wirklich etwas schaffen.
Und sie sind treu, treu zu sich ebenso wie zu anderen. Sie sind auch nicht lieblos, wie oft gesagt wird; nur wirkt ihre Liebe immer etwas spröde, weil sie Angst haben, sich etwas zu vergeben. Das Gefühl wird geordnet, in ein Kästchen gepackt und bei Bedarf herausgenommen. Gegen Kritik sind sie empfindlich, wenn diese nicht zu belegen ist, und meist ist die Kritik auch unberechtigt. Aber ihre Einsatzbereitschaft ist vorbildlich. Die Umwelt will diese Menschen gern in der Nähe haben, weil ohne sie das Leben nicht so praktisch zu meistern ist. Man fühlt sich mit ihnen geborgen, und wenn man sie anerkennt, kann man ihre Opferbereitschaft mehr als einmal ausnutzen.

Beruf

Diese Charaktere erfüllen überall, auf jedem Posten, ihre Pflicht; niemand ist so vielseitig und vielfältig einzusetzen wie sie. Es muß allerdings ein gesicherter Arbeitsplatz sein, der ihre Lebensangst bändigt. Übergibt man jemandem, der die Sonne im Abschnitt Jungfrau stehen hat, die Überwachung des Eiffelturms oder einer Stadtkanalisation, dann kann man sicher sein, daß er bald jede einzelne Sprosse des Turms oder das gesamte Kanalisationsnetz kennt.
Großartig führen sie die Buchhaltung eines Betriebes, erledigen die schriftliche Kleinarbeit und analysieren alle Geschäftsvorgänge; nebenbei erledigen sie die liegengelassene Urlaubsarbeit der Kollegen.
Sie sind Spürhunde, wenn es gilt, Schwachpunkte im Betrieb aufzufinden. Die unrentablen Stellen einer Fabrik sind vor ihnen nicht sicher, sie lassen sich nicht täuschen, erkennen sofort,

wer von den Mitarbeitern mitzieht und wer nicht. Sie sind unbestechlich – allein die Leistung entscheidet –, aber sie drücken ein Auge zu, wenn jemand sich auf sie beruft; das schmeichelt ihnen, da werden sie gemütvoller. Ihre Sparmaßnahmen wirken, und so sind sie nicht immer beliebt! Aber sie sind ja ein gutes Vorbild, weil sie selbst mit anpacken; auch der Direktor kann dann Möbel mitverladen, wenn es sein muß. Das macht Eindruck, so behält man den Betrieb unter Kontrolle; der expansiert zwar nicht zuviel, geht aber auch so schnell nicht pleite.

Sie können im kleinen Kämmerchen jahrelang an einer Erfindung basteln, denn sie haben Geduld und Zeit; je kleiner etwa ein Uhrwerk, umso genauer arbeiten sie daran. Und auf sie ist Verlaß. Wenn ihr Chef auf Weltreise ist, findet er den Betrieb bei der Rückkunft genauso vor, wie er ihn verlassen hatte.

Sie sparen, auch an Steuern, was sie können, ohne die Steuer bewußt zu hintergehen; nein, ein Risiko gehen sie nicht ein.

Aus jedem holen sie die höchstmögliche Leistung heraus. Ein von ihnen reparierter Motor läuft besser als ein neuer. Aber sie verlangen gleich gute Arbeit von anderen. Darum ist das Vertrauen nicht so stark ausgeprägt, da kontrollieren sie lieber. Doch sie sind immer ansprechbar für die Arbeitssorgen anderer; ins Privatleben mischen sie sich kaum. Sie rümpfen allerdings die Nase, wenn dieses Leben nicht nach ihrem Geschmack abläuft. Extratouren schätzen sie weder bei sich, noch bei anderen.

In der Arbeitszeit geht es nüchtern zu, aber als Chef gibt man sich sehr kollegial, und als Kollege tritt man dem Chef wie ein Vertrauter gegenüber. Sie verlangen keine Überbezahlung, aber eine ordnungsgemäße Entlohnung. Ein leistungsgerechtes Honorar gehört zur Ordnung dieser Welt.

Wo also Zuverlässigkeit und Treue gefragt sind, da sind diese Charaktere richtig, wo angepackt werden muß, wird man früher oder später auf sie zurückgreifen, und das wissen sie.

Liebe und Bindungen

Was ist denn Liebe? fragen diese Charaktere. Zueinander passen, zueinander gehören und zusammenbleiben! Um die Liebe werden also nicht viele Worte gemacht. Man findet sich, vertraut sich, mag sich und gründet eine Familie.

Die Hochzeit ist, wenn die Möglichkeiten es erlauben, glanzvoll; daran erkennt man, wie froh diese Menschen sind, doch jemanden gefunden zu haben. Ja, wenn die innere Angst nicht wäre! Und diese Angst ist es, die sie bei Bindungen so zurückhaltend erscheinen läßt. Liebe ist eine Märchenwelt – Zuneigung und das Sichfinden in der Bindung, dem vertraut man, das hält und muß gegenseitig sein. Natürlich kostet man auch die Genüsse der Liebe aus, aber sie reißen einen nicht vom Stuhl, denn der Lebenskampf ist schwer; dazu braucht man Kräfte, und zwei sind mehr als einer.

Das klingt etwas nüchtern, ist es auch, aber doch nicht ganz: Denn wenn dem Partner etwas passiert, dann zeigt sich die echte starke Bindung, dann ist man völlig füreinander da und spürt, wie wertvoll einem der andere ist.

Frauen wissen ihren Charme gut und geschickt einzusetzen, irgendwie scheint ihre Liebe käuflich, oder beherrschen sie sich nur so gut? Sie sind anziehend, strahlen Kraft aus, aber wenn sie sich geben, wollen sie wissen, für wen und wofür. Die Kinder werden behütet und ordentlich auf den Lebenskampf vorbereitet, den sie meist auch gut bestehen. Das danken sie dann noch im Alter ihren Eltern.

Gefahren

Ihre Gefahr liegt in ihrem Arbeitsstolz, in ihrer übertriebenen Pflichtauffassung und in ihrer scharfen Kritik. All das schafft schwer Freunde. Diese Charaktere müssen sich zur weisen Toleranz wirklich erziehen, Frauen gelingt das meist besser.

Ihre Kritik – besonders schlimm, wenn mit Charme vorgetragen – verletzt, ohne daß böse Worte fallen. Diese Kritik ist immer parat, bei Rechnungen etwa, oder bei Thesen, die aufgestellt und sofort widerlegt werden können; das kann sogar Freunde vertreiben.

Dabei wollen sie sich in einer Gemeinschaft bewegen, denn nur da fühlen sie sich sicher und leistungsstark. Auch ist eine gewisse Geheimnistuerei oder Kleinkrämerei hinderlich für das Leben, aber sie können mit dem Alter gewinnen.

Außer dem schwachen Nervenkostüm tritt als verhängnisvolle Eigenschaft manchmal der Neid hervor. Sie verstehen nicht, wie andere ohne den eigenen Arbeitseinsatz soviel erreichen. Sie wissen nicht, daß alles seinen Ausgleich findet, deshalb werden sie neidisch. Wenn sie wüßten, daß es eine große Gerechtigkeit gibt, würden sie besser schlafen, so aber haben sie oft Alpträume. Sie überbewerten die Gewinne der anderen und untertreiben beim eigenen Verdienst, das macht auf die Dauer unehrlich und verschiebt in diesem Fall die sonst so geschätzte Realitätsbezogenheit. Davor sollten sie sich hüten.
Gefahr: Neid und Nörgelei.

Vorurteil und Fazit

In der Sicht anderer sind diese Charaktere nörgelnde, strebsame Kriecher, Besserwisser und Streber, pflichtbetonte Untertanen, Kleinkrämer und Ordnungsfanatiker.

Das ist falsch gesehen: Diese Charaktere bringen die Erfüllung der Aufgaben in unsere Welt, sie zeigen uns, wie man miteinander leben kann, ohne daß es auf Kosten anderer geschieht. Sie haben die Präzision entdeckt, sind zuverlässig, und das verbietet ihnen, sich einfach treiben zu lassen. Ihre Opfer an das Schöne im Leben sind die Konsequenz ihrer Grundeinstellung.

Aber auf jemanden muß Verlaß sein, und dieser ihr Wert kann nicht genug unterstrichen werden! Wenn es für Dinge des Lebens im Alltag inzwischen einen Garantieanspruch gibt, so haben ihn diese Charaktere geschaffen! Dabei muß man nüchtern, und, wenn man so will, auch rein bleiben.

Sie können sich bescheiden abschließen und Forschungsaufgaben erfüllen, sie bringen die Selbstopfer, denn sie überschätzen nichts, auch nicht ihren eigenen Wert; darin liegt ihre Größe! Der Abschnitt Jungfrau wird von Merkur als Abendstern beherrscht; steht also die Sonne in diesem Abschnitt, hat sie einen merkurhaften Charakter, sie ist realitäts- und vernunftbezogen.

Die Sonne im Abschnitt Waage

Erstes Herbstzeichen – bewegend, männlich – Element Luft.
Stichwort: Verbindender Lebenskern.

Hier sind, wie der Volksmund sagt, die Diplomaten zu finden, die Charaktere, die mit Takt und Höflichkeit ausgestattet sind, weil sie die echten Bindungen, die ins Persönliche gehen, schaffen wollen. Diese Menschen verstehen mit Charme und Geist zu plaudern, sie verzaubern ein wenig, treten elegant auf und sind sehr suggestiv, bewahren aber eine eigentümliche Distanz, so als gelte es die Balance zu halten! Sie selbst müssen nämlich stets einen Mittelweg finden, weil sie leicht von einem Extrem zum anderen neigen, das Gleichgewicht aber ist ihre Aufgabe! So wird die schmuckvolle Haltung betont, der Esprit, der keinen verletzt, der Verstand, der über die Gefühle weiß, oder das Gefühl, das über die vernunftmäßige Haltung weiß. Für viele von ihnen hat das Leben nur in einer starken Bindung, die persönliches Engagement beinhaltet, einen Sinn. So ist man zwar voller Gefühl, darf aber keine Leidenschaft aufkommen lassen, denn Leidenschaften sind egozentrisch und könnten den anderen erdrücken.

Die Bindung hält nur, wenn hier jeder seinen Gleichwert findet. Und wenn die Lust der Sinne überhandzunehmen droht, dann wird an die Erziehung erinnert, die im menschlichen Verhalten ihre Krönung finden sollte. Nicht wieder zurück ins Animalische fallen, diese Entwicklungsstufe gilt doch bitte als überwunden!
Der Umgang mit denjenigen, die die Sonne im Abschnitt Waage haben, ist also oberflächlich gesehen leicht, weil er sich in kultivierten Formen abspielt, weil Harmonie hier erlernbar wurde, weil ausgeprägter Kunstsinn eine kulturelle Basis schuf. So üben diese Charaktere meist selbst eine Kunst aus, sie fördern oder sie nehmen daran teil. Sie schmücken sich gern mit kunstvollen Frisuren oder Juwelen, und selbst in uniformierten Gruppen fallen sie durch ihre eine Spur gepflegtere Kleidung auf. Ein Hauch Individualität zeichnet sie aus, aber nie so stark, daß man davon abgeschreckt werden könnte. Wenn andere in eine Vulgärsprache zurückfallen, bemühen sie sich, entschuldigend zu lächeln, versuchen aber bei der nächsten Gelegenheit, das Gespräch auf ein höheres Niveau zu heben.
Sie wissen um die Stärke der Kultur, die aus dem Geist geboren ist, um die Formulierungskunst als einen Ausdruck des Geistes. Geist verschönt das Leben, das eigentlich gesichert erscheint, Geist verschönt auch die Natur, siehe Parkanlagen und Gärten. Und die Freude an der Natur ist hier auch zu Hause, allerdings ein Urwald muß es nicht sein! Diese Charaktere sind es, die die Flüsse lenkten und ihre Ufer zu Spazierwegen umgestalteten, die Kunstbauten der Natur anpaßten, aber auch die Natur umgestalteten, weil sie sich dann besser ins Gesamtbild einfügt. Ästhetik wird großgeschrieben, unkultivierte Übertreibungen aller Art werden abgelehnt.
Auf Formen wird mehr Wert gelegt als auf den inneren Kern. Tritt einer gepflegt auf, hat er gewonnen; Heiratsschwindler haben es hier verhältnismäßig leicht. Daraus wachsen dann die Enttäuschungen, weil das Äußere so überschätzt wird.
Das führt auch zu einer gewissen Flüchtigkeit, denn so gern geht man den Dingen nicht auf den Grund, da könnte es doch schmuddelig oder sumpfig sein. Also wird geschliffene Höflichkeit auf Distanz mit gespielter Wärme zur zweiten

Natur; von daher kommt dann hier die Gefahr der Einsamkeit, wenn nämlich dem Partner der wahre Kern vorenthalten wird.

Diese Charaktere sind sonst sehr aufgeschlossen, vielseitig interessiert, äußerst gesellig und sehr unterhaltsam; Diskussionen leiten sie mit Können und Diplomatie. Im privaten Umgang entwickeln sie eine Kühle, die anziehend wirkt, geheimnisvoll erscheint, weil man dahinter lodernde Glut erwartet, aber kommt man an den Kern, hat die Kühle der Haltung die Glut meist völlig erstickt.

Vorhanden ist auch eine große Freude am Spiel, am kunstvollen Genuß, gerade auch auf erotischem Gebiet. Sexuelles mit Geist, das kann ihre Stärke sein, wenn auch die ursprüngliche Leidenschaft da begraben wird, aber die Freude am Können ersetzt hier auch manches, ja, überbietet es!

Bricht jedoch einmal das Gefühl und die Lust voll durch, dann sind diese Charaktere leicht aus der Balance zu bringen, dann muß man sorgsam mit ihnen umgehen, weil sie nun sehr gefährdet sind!

Da sie das wissen, erhöhen sie die Liebe, wenden sich lieber größeren Idealen, etwa der allgemeinen Hilfsbereitschaft oder der Friedensliebe zu. Hier baut man sich gern Illusionen auf, spricht vom Gefühl, das gelernt hat, von Emotionen, die beherrscht werden, und errichtet so mühsam wieder eine menschliche Balance, die oft nicht halten kann, wenn der Urschrei ausbricht. Das ist ihre Tragödie, sie sehen die Welt, wie sie sein könnte, nicht wie sie ist. So hängen sie auch privat manchen Illusionen nach – nur für sich. Sie entwickeln dann eine hübsche Verstellbarkeit, hinter der sie ihre Enttäuschungen verbergen.

Nicht zu unterschätzen ist ihr Geselligkeitstrieb! Die großen Feste sind es, die sie begeistern; die Freude am Schönen bricht hier durch, da will man dabeisein.

Ihre allgemeine Anziehungskraft ist sehr groß. Das liegt an ihrer kultivierten Ausstrahlung, die natürlich auch niveaubedingt ist.

Und noch eines ist nicht unwichtig. Da sie um die menschlichen Schwächen wissen und auch um die Notwendigkeit, sie zu überwinden, können sie gut erziehen, auch sich selbst. Wie kaum ein anderer sehen sie selbst ihre Fehler ein, und sie haben die Kraft, sich auch zu entschuldigen; so sind sie gute Vorbilder. Wenn ihnen jemand die Hand zur Versöhnung reicht, hat er schon gewonnen.

Sie lieben den feinen Witz, ja die Ironie, die für sie eine Kulturstufe darstellt. Ihr Motto: Wir können aus unseren Anlagen machen, was wir wollen, also tun wir es doch! Und auch da gehen sie mit bestem Beispiel voran.

Beruf

Ihr Beruf scheint zu sein, Ausgleich zu schaffen! Aber im größeren Sinn. Sie sind die Diplomaten, die Verhandler, nicht die Vertreter. Sie repräsentieren und schaffen Bindungen, die von Dauer sind, so kümmern sie sich weniger um die Kommunikation als solche, sondern eher um die tieferen Bindungen, die etwa durch gemeinsame Kunsterlebnisse zum Ausdruck kommen.

Ihr Geschmack ist exzellent – Niveaugrenze immer beachten! – so daß sie auch auf diesem Gebiet beruflich gut tätig sein können. Alles, was zur Verschönerung des Lebens beiträgt, das ist ihr Metier, hier können sie Aktivität zeigen und sich bestens bewähren.

Kultur ist also ein wichtiges Stichwort, angefangen bei der gepflegten Friseuse bis hin zum aufmerksamen Leiter eines großen Kur- oder Kulturbetriebes. Ferner sollte jeder Chef ihr

Harmoniebedürfnis einsetzen; sie schaffen meistens eine gute Atmosphäre, wirken in einem Team ausgleichend und sanft anspornend zugleich; innen biegen sie die Unstimmigkeiten ab, außen repräsentieren sie ausnehmend gut.

Und sie gestalten, von der Musik bis zur Architektur, sie können die Natur verschönen, sind also als Gärtner genauso begehrt wie als Landschaftsarchitekten! Erfolg anderer stört sie nicht, wenn dieser Erfolg in ihren Augen sinnvoll erscheint. Sie sind nur sehr kritisch, wenn etwas blendet, wenn Bluff überhandnimmt, wenn man Talmi für Gold verkauft. Das wäre unter ihrer Würde, das widerspräche ihrem Kunst- und Kultursinn.

Sie vertragen allerdings schlecht, wenn man sie etwas undankbar beiseite schiebt, wenn man ihr Licht unter den Scheffel stellt. Also sollte kein Chef einen dieser Charaktere losschicken und Verbindungen schaffen lassen, ihn dann aber beim Vertragsabschluß nicht mitnehmen, das wäre schlechter Stil, da wird revoltiert, und die Verhandlungen könnten nun gerade noch scheitern.

Sie sind nämlich nicht so selbstsicher, wie die anderen meinen. Kaum jemand weiß wie sie um die Kehrseite der Medaille, und daß alles schnell aus der Balance kommen kann. So darf man sie nie nur einseitig belasten – sie gleichen aus, aber das muß auch anerkannt werden.

Zu beachten wären auch ihr Verständigungswille und ihre Sprachbegabung, die mehr auf der Musikalität einer Sprache beruht. Sie nehmen den Tonfall auf, und sie bemühen sich, eine Sprache korrekt zu lernen, auch die Grammatik, obwohl sie dafür weniger Sinn haben.

Wenn es ferner gilt, Gegensätze zu überbrücken, andere Sitten zu verstehen, dann stehen diese Charaktere an der richtigen Stelle; das gilt besonders für Kunstentwicklungen; sie können das Neue interpretieren und mit dem Alten verbinden.

Nur sollte der Chef eine gewisse Zerstreutheit einkalkulieren, denn über Kleinigkeiten schaut ein großer Geist doch hinweg. Auch ist die Konzentration nicht ihre Stärke, dazu sind sie zu aufnahmefähig. Aber sie machen alle Fehler wieder gut, denn ihnen geht es um die Harmonie des Zusammenlebens; da stecken sie zurück!

Liebe und Bindungen

Liebe wird sehr geschätzt, allerdings die verbindende Liebe, die den wahren Ausgleich zwischen dem Männlichen und dem Weiblichen bringt, das kann auch für gleichgeschlechtliche Liebe gelten. Eine stete Wachheit in puncto Verbindungen ist hier zu spüren, auch auf geistiger Ebene, es geht immer um das Niveau. Wenn geflirtet wird, dann aus der Freude an der Eroberung; es muß nicht zum Ziel führen, man verständigt sich eben näher als sonst, das ist alles! Auch müssen bei Liebesbegegnungen die Spielregeln beachtet werden: Es geht um eine Kulturstufe, es führt jede Spielerei, soll sie erfolgreich sein, zur eleganten Erotik. Dazu gehört, daß man miteinander sprechen kann, daß die Kunstinteressen gleich sind, daß dieselbe Musik geliebt wird, daß man also auf der gleichen Ebene liegt. Das benötigen diese Charaktere, denn sie sind ebenso ansprechbar wie ablenkbar. Sie sind ja stets neugierig, man fällt leichter aus dem Gleichgewicht als andere, also muß die Bindung einen festen Halt darstellen. Die Liebessehnsucht ist groß, die aber immer zum anderen führt, die das echte Du anstrebt, die Ergänzung; und diese Suche hält noch während der Ehe an, so ist der Partner nie ganz sicher. Völlig offen gibt man sich kaum, um sich nicht zu verlieren, das ist ein Problem.

Die Kinder werden mit Geschmack und Kultur erzogen und haben so oft einen gewissen Vorsprung gegenüber Gleichaltrigen.

Gefahren

Die Hauptgefahr liegt auf der Hand, nämlich, daß diese Charaktere aus der Balance kippen! Damit verlieren sie sich, sind dann die Gefallenen, die ihren so komplizierten Halt verloren haben, denn der Wunsch nach Ausgleich kommt ja aus der Unsicherheit.

Zweite Gefahr: Wenn man diese Charaktere dazu bringt, ihr Gesicht zu verlieren, dann sind sie hilflos, büßen jede innere Sicherheit ein, fühlen sich ausgeliefert und sind es leider meist auch.

Die dritte Gefahr ist ihr hoher Kulturanspruch. Sie sind in jeder Beziehung anspruchsvoll, vor allem, was den anderen betrifft. Sie wollen verwöhnt werden, ohne sich selbst ganz zu öffnen, sie wollen umschwärmt werden und bleiben selbst auf Distanz. Sie suchen sich ihre Partner, ob als Ergänzung, als Freund oder als Geschäftskompagnon, so anspruchsvoll aus, daß die anderen diese Erwartungen kaum erfüllen können. Sie schauen zwar gerne zu jemandem hoch, es macht ihnen nichts aus, tiefer zu sitzen, aber die Erwartungen sind oft überspannt, ja unrealistisch!

Aus Furcht vor den eigenen Fehlern sucht man fehlerlose Ergänzungen, die es nicht gibt.

Sie wünschen sich Halt, aber vor lauter Bedenken finden sie ihn nicht, und der Mangel an innerer Sicherheit führt dazu, daß sie sich zu offensichtlich schmücken, teuer kleiden, modisch herausputzen, was viel Geld und Mühe kostet.

Gefahr: kein Vertrauen zum eigenen Kern.

Vorurteil und Fazit

In der Sicht anderer sind diese Charaktere weich, schwankend, zu äußerlich, unaufrichtig diplomatisch, auf den eigenen Vorteil bedacht, haben nur Sinn für Spiel und Tanz, sind kokett, verführerisch, Ehebrecher – dazu voller Snobismus.

Das ist falsch gesehen: Diese Charaktere wollen echte Bindungen schaffen, die dauerhaft sind. Sie wissen im Tiefsten um den eigenen schwachen Kern und wollen diese Schwachheit ausgleichen. Sie setzen sich für Kultur und einen gehobenen Lebensstandard ein, sie fördern die Kunst, sie sind Mäzene, wenn es darauf ankommt, und sie schlagen Brücken über Welten. Sie sind um das Menschliche bestrebt. Sie fürchten sich vor der Gefahr, ins Animalische zurückzufallen, und dagegen stemmen sie sich.

Ihre Größe ist es, daß sie sich selbst zurücksetzen und dem Partner unterordnen können, wenn sie ihm vertrauen. Und ihr Sinn für Schmuck ist deshalb so ausgeprägt, weil sie die Natur, und damit sich selbst, noch nicht für vollendet halten!

Der Blick in den Spiegel ist ihnen eine Last, aber sie tun ihn immer wieder, um aus dem Gesicht herauszuholen, was herauszuholen ist, denn sie wollen die Umwelt erfreuen.

Der Abschnitt Waage wird von der Venus als Abendstern beherrscht; steht also die Sonne in diesem Abschnitt, hat sie einen venushaften Charakter, sie erscheint verführerisch und verschönt mit ihrem Licht.

Die Sonne im Abschnitt Skorpion

Zweites Herbstzeichen – fest, weiblich – Element Wasser.
Stichwort: Leidenschaftlicher Lebenskern.

Diese sehr individuell ausgeprägten Charaktere wissen um das Leid in dieser Welt! Dagegen lehnen sie sich mit ganzer Kraft und Leidenschaftlichkeit auf. Sie haben eine faszinierende Anziehungskraft, aber sie flößen meist auch eine unterschwellige Angst ein, so daß die anderen ihnen auch immer die Stacheln zeigen, was die innere Kraft dieser Charaktere nur noch mehr herausfordert.
Es umgibt sie etwas Geheimnisvolles, etwas, das für andere schwer zu deuten ist. Sie wirken auch meist unausgeglichen, stets erregt, stets auf dem Sprung, und ihre Lebenssehnsucht ist so ausgeprägt, weil Todesahnungen sie begleiten.
Leidenschaft ist ihnen kein Fremdwort, Unbedingtheit auch nicht! Das alles macht das Leben mit ihnen so anziehend, aber auch so aufregend, anstrengend und damit schwer!
Sie fordern und bekommen, und ihre Partner stehen immer unter Streß. Sie sind kämpferisch, aber weniger im äußeren Sinn; sie wollen den anderen von Grund auf packen, ihn vom Innern her umkrempeln, so gehen diese Charaktere – wie der Volksmund sagt – anderen an die Nieren.
Eines tun sie mit Verve: Sie betonen ihre Eigenart, sie wollen sich nicht einordnen, jeder Vergleich wäre schon eine Beleidigung!
Das alles erschwert natürlich den allgemeinen Umgang mit ihnen, sie sind immer in Angriffsstimmung, weil sie sich stets angegriffen fühlen. Immer streitbar, weichen sie keiner Auseinandersetzung aus; wenn sie aber ihre Wunden lecken, grübeln sie in sich hinein. Denn zwei Gegenpole sind in ihnen: das Wissen, im Grunde auf der Erde nur zu kriechen, und der Wunsch, sich in die Lüfte zu erheben.
Sie hausen im Sumpf und erstreben die höhere Geistigkeit. Der Geist soll sie beflügeln, aber das Unterbewußtsein macht ihnen deutlich, wieviel Animalisches vorher noch zu verarbeiten ist. Dies kann – natürlich vom Niveau abhängig – große schöpferische Qualitäten wachrufen. Dann beflügeln sie sich und andere. Wenn sie eine wirkliche Aufgabe gefunden haben, verzehren sie sich wie kaum ein anderer, stellen ihre Person ganz hinter die Sache, froh, mal nicht mit sich beschäftigt zu sein. So können sie mit ganzer Kraft für andere arbeiten, sie können sich aufopfern, nur muß sich so ein leidenschaftlicher Einsatz lohnen.
Diese Charaktere sind immer in Bewegung, immer im Aufbruch, aber auch immer seelisch belastet. Nun gibt es hier auch die sturen, äußerst dickfelligen Typen, aber das ist oft mangelndes Niveau, um mit den inneren Stürmen fertig zu werden. Im Grunde sind sie alle innerlich aufgerissen, und das läßt sich kaum verbergen.
Es sind die Menschen, die um das Ende wissen und sich dagegen auflehnen. So sind sie ungeduldig, denn die Zeit auf der Erde ist knapp; wenn jemand in ihrer Gegenwart das Leben von der heiteren Seite nimmt, erntet er im günstigsten Fall Ironie. Ihre Ausdrucksweise ist prägnant, sie sind mutig, sie drücken sich nicht, sie sind also schwierige Mitmenschen. Sie sind auch scharfzüngig, verletzen schnell durch böse Formulierungen. Sie sind selten neutral, nehmen immer Stellung ein, beziehen stets ausgefallene Positionen.
Doch sie faszinieren. Das wissen sie. Sie haben eine magnetische Kraft, die zugleich anzieht

und abstößt. Man kann nur eines: sie ablehnen oder sich für sie begeistern – das selbstverständlich immer im individuellen Fall. Ihre Anziehung beruht auch darauf, daß andere sich so viel von ihnen versprechen. Wer selbst nicht von Leidenschaften besessen ist, der sucht hier seine Ergänzung und muß erfahren, daß er gar nicht verstanden wird, denn ein Mensch, der nicht aufgewühlt ist, was ist das schon!

Diese Charaktere sind also begehrt und haben es so schwer, Anschluß zu finden. Meist sind sie irgendwann einsam, und das prägt sie. Umso trotziger zeigen sie sich, umso mehr revoltieren sie! Der Kampf ist es, der Menschen gleicher Qualität zusammenführt, man muß sich kämpfend begegnen, um sich zu lieben, das ist ihre Devise; und das Leben gibt ihnen recht, ohne daß die anderen das begreifen.

Aber diese Charaktere wollen es wissen, da sind sie zäh, bohrend und gründlich, da erforschen sie den Wert eines Menschen bis zum Exzeß.

Und wenn es um Grundsatzfragen geht, engagieren sie sich, weniger um materieller Vorteile willen, als um die Erfahrung eines Hintergrundes. Um diese Erfahrungen zu machen, die über die Lebensgrenzen hinausreichen, setzen sie in ihrer Gründlichkeit alle Mittel ein, wenn es sein muß, auch die Täuschung, denn sie wollen alle Wege eingeschlagen haben.

Und sie können hervorragend täuschen, so geben ihre Gegner und Feinde sich Blößen, darauf haben sie gewartet. Feinden gegenüber reagieren sie mit Grausamkeit, dann ist alles denkbar: Gehässigkeit, Sarkasmus, Heimtücke. Sie setzen dabei alles aufs Spiel, ein »Entweder – oder« steht im Raum. Ihre Energie ist bewundernswert, langandauernd und sich stets steigernd. Sie ziehen sich oft an den eigenen Haaren aus dem Sumpf, und so sind ihre Erfolge, wenn sie sie erringen, beachtlich.

Auch setzen sie sich mit einer beispielhaften Rücksichtslosigkeit ein, sie riskieren alles, weil letztlich alles ja doch verloren ist.

Wer so am Abgrund lebt, wie diese Charaktere, und gleichzeitig hoch oben auf dem Drahtseil balanciert, der kann nur alles wagen oder alles verlieren!

Immer sprechen sie davon, endlich Ruhe zu finden, doch vor der Ruhe haben sie eine unsagbare Angst! Ruhe ist für sie ein todesähnlicher Zustand, und sie wollen doch leben, intensiv leben.

Weil man schwer in sie hineinsehen kann, werden sie oft verkannt; sie wirken auch stets in sich widersprüchlich. Doch sie können wirklich über die Grenzen des Möglichen hinausführen, sie schaffen die schwer erkämpften Wunder dieser Erde.

Beruf

Diese Charaktere benötigen eine engagierte Aufgabe, bloß keine Beschäftigung irgendwelcher Art! Sie müssen sich einsetzen können. Auch müßte die Arbeit einen persönlich orientierten Sinn haben – mitdenken, mitbestimmen müßte die Regel sein. Der Vorgesetzte sollte auf ihre Vorschläge eingehen, auch wenn sie ihm zu subjektiv oder zu merkwürdig erscheinen, denn diese Vorschläge sind meist durchdacht und durchführbar, obwohl sie Wirbel verursachen.

Diese Charaktere ermöglichen nämlich oft das Unmögliche, und wenn es um eine komplizierte Leistung geht, investieren sie eine potenzierte Energie. Ungeeignet sind sie als Richter oder an der Prozeßfront. Da sind sie eigensinnig, legen das Gesetz nur in ihrem Sinne aus, da sind sie der Meinung, erst der Streit führt zur völligen Klärung und damit zur Gerechtigkeit.

Sie sind auch für Gerechtigkeit, aber erst nach

dem Kampf; sie stellen also alles in Frage, alles auf die Probe. Wenn sie auf Dummheit oder Arroganz stoßen, reagieren sie allergisch und achten nicht auf mögliche Folgen. Das heißt, sie können nicht mit allen Mitarbeitern auskommen. Ein Pilot etwa, der in diesem Zeitraum geboren und vorzüglich ist, wird hart starten oder landen, wenn der Co-Pilot sich ihm nicht anpaßt! Sie setzen sich durch – auf Kosten vieler Schwierigkeiten, die sie anderen bereiten. Das macht sie für Team-Arbeit nicht gerade geeignet. Dafür sind sie die typischen Einzelgänger, die Mut und Kraft einsetzen, wo andere nicht weiterkommen. Sie sind zu jeder Operation bereit, auch im wörtlichen Sinn – die Chirurgie liegt ihnen, und das auch wieder im übertragenen Sinn: Sie können fragen, bohren, forschen. Man sollte sie auf einen Posten setzen, der die ganze Person fordert! Arbeit, die mit halber Kraft erledigt werden kann, bleibt liegen, Arbeit, die doppelten Einsatz fordert, wird bewältigt. Wenn es einen Knoten gibt, der gelöst werden soll, ohne daß man ihn einfach zerhaut, dann bringen es diese Charaktere fertig.

Auch sei ihr Mut erwähnt. Wenn ein Haus brennt, in dem sich noch hilflose Menschen befinden, dann werden sie sie herausholen. Wenn es gilt, eine lebenswichtige Medizin über einen vereisten Bergpaß zu transportieren, sie schaffen es. Sie geben nicht auf, sie machen höchstens mal eine Pause, um ihre strapazierte Batterie aufzuladen.

Daher sind sie da hervorragend, wo ihr kämpferischer Einsatz gefragt ist, wo es um die Erforschung unbekannter Regionen geht. Und da sie starken Eindruck machen, sollte man sie als SOS-Hilfe aussenden, wenn Verhandlungen festgefahren sind – dann allerdings brauchen sie die ganze Vollmacht, denn Verantwortung wollen sie tragen.

Weniger gut wäre ihr Einsatz da, wo es um Einfühlungsvermögen geht, dort sollte man sie mit Gewalt fernhalten; sie haben zwar eine tiefe Zuneigung für Psychologie, aber nur für sich, Psychologie bei anderen ist ihnen kaum möglich!

Liebe und Bindungen

Wenn jemand die leidenschaftliche Liebe kennt, dann diese Charaktere; wenn jemand sie kennenlernen will, dann suche er sich einen »Skorpion!« Aber Vorsicht, man ist schnell von dem Feuer verbrannt, das nicht jeder aushält. Einmal geschlossene Bindungen gelten allerdings für die Ewigkeit, auch wenn andere Leidenschaften locken, die nicht immer ausgelassen werden, aber die Hauptbindung ist fast etwas Heiliges! Wenn sie auseinandergeht, dann hilft nur eine Trennung, dann hält kein Kitt mehr, alles ist so grenzenlos konsequent.

Und wenn andere nur Streit hören oder sehen, daß die Tassen fliegen: Das macht nichts, das sagt nichts über gut oder schlecht in einer Ehe aus. Ein Streit trennt nicht, wo Schicksalhaftes sich gefunden hat, wo notfalls gehungert und gelitten wurde. Denn wenn der Partner gefunden ist, dann reißt man mit ihm Bäume aus!
Der Partner allerdings muß sich völlig verlieren können, so wie sie es auch tun. Ein ruhiges sexuelles Leben ist nicht zu erwarten, da werden schon recht gewaltige Ansprüche gestellt, da will man die Möglichkeiten des anderen und die Sache an sich gründlich erforschen. Alles wird ausgelebt, jeder Genuß, denn normale Grenzen kennt man nicht, schon gar nicht in der engen Partnerschaft.

Die Kinder werden mit Leidenschaft und Mut erzogen, sie sollen das Leben auskosten, egal ob es dadurch ein kurzes Leben wird, nur erfüllt muß es sein.

Gefahren

Die Gefahren sind nicht zu zählen. Diese Charaktere sind fast bei jedem Schritt, den sie tun, gefährdet! Da ist vor allem das immer so überpotenzierte subjektive Engagement. Da ist die Streitsucht, der Kampfesmut, die Unnachgiebigkeit, das Nichteingehenkönnen auf andere. Alles das ruft Konflikte am laufenden Band hervor. Dazu kommt ein aufbrausender Jähzorn, die Oppositionslust, die oft ja nur den Bestand abklopfen, gar nicht in Frage stellen will. Und natürlich die Überschätzung des eigenen Wertes, die auf geschlossene Ablehnung stößt.

Fast noch schlimmer ist es, wenn diese Charaktere in der Sache recht haben. Dann gibt es überhaupt kein Nachgeben, dann gehen sie auf die Barrikaden, dann werden sie zum Michael Kohlhaas!

Auch ist es ihre Unbeherrschtheit, die Gefahren heraufbeschwört. Ist ein Autofahrer auf einer Strecke von 1000 Kilometern dreimal von anderen Autofahrern geschnitten worden, dann zeigen diese Charaktere erst mal, was rücksichtsloses Fahren heißt!

Weitere Gefahrenpunkte: die Grenzenlosigkeit auf jedem Gebiet. So kann man großzügig materiell alles aufs Spiel setzen, man kann sich aber auch dem Rausch, ja, Giften ergeben! Selbstbeschränkung kennt man kaum, man müßte sie lernen. Wer sie nicht lernt, lebt am Abgrund. Auch hier das Niveau beachten!
Gefahr: ihr Subjektivismus und die innere aufgerissene Leidenschaft!

Vorurteil und Fazit

In der Sicht anderer sind diese Charaktere rücksichtslos und egozentrisch, mit ihnen ist nicht zu reden, es sind revolutionäre Typen, die keine Anpassung akzeptieren, die sich als Außenseiter sehen und eine besondere Glorie geschaffen haben.

Das ist falsch gesehen: Diese Charaktere wissen um das Ende, um die Kürze des Lebens. So wollen sie erreichen, wovor andere zurückschrecken, sie wollen Taten vollbracht und Unergründliches erforscht haben. Sie wollen sich leidenschaftlich engagieren, sich im guten wie im schlechten Sinn ausleben, weil das Ausleben erst die wahre Bewährung ermöglicht. Und sie sind für andere da, wenn sie gerufen werden! Allerdings, rufen muß man sie, denn Stolz haben sie, aber dann können sie sich aufopfern wie kein anderer.

Sie leben, man kann das nicht oft genug betonen, weil der Tod ihr ständiger Begleiter ist! So setzen sie sich auch dafür ein, daß der Tod später zugreift, sie opfern sich für Experimente, sie machen die gewagtesten Versuche, um Menschenleben zu retten. Sie sind maßlos sicher, aber weil sie um das eigentliche Maß wissen, erkennen sie nur eigene Maßstäbe an.

Der Abschnitt Skorpion wird von Mars und wohl auch von Pluto beherrscht; steht also die Sonne in diesem Abschnitt, dann hat sie marsischen und plutohaften Charakter, sie ist selbstzerstörend und leidenschaftlich kämpferisch.

Die Sonne im Abschnitt Schütze

Drittes Herbstzeichen – angleichend, männlich – Element Feuer.
Stichwort: Sinnvoller Lebenskern.

Diese Charaktere treten selbstbewußt, aber sehr verbindlich und jovial auf! Sie sind auch menschenfreundlich. Jeder kann mit ihnen gut auskommen, sie haben eine natürliche Autorität an sich, die nicht aufgesetzt wirkt und daher von jedem akzeptiert wird. Sie schaffen schnell eine gute Basis auf Bekanntschaftsebene, Freundschaft allerdings ist hier schwerer zu schließen. Für diese Charaktere gibt es wenig Freunde, da haben sie ihre Erfahrungen. Wenn es gilt, dem Leben einen Sinn zu geben, dann packen diese Menschen an. Sie wollen fast alle etwas erreichen, was Spuren hinterläßt und überlebt! Das ist ein weitgestecktes Ziel, aber es wird voller gebremster Glut angegangen. Man geht sparsam mit den Kräften um, die man gut konserviert hat, aber man setzt sie Schritt für Schritt ein.
Ihr Einsatz wirkt verhalten, aber er ist durchdacht und folgerichtig, nur ist das innere Temperament gebremst, weil der Weg lang ist. So verbrennen sie bei aller wärmenden Glut nicht, sondern sie strahlen Wärme aus und leuchten von innen heraus. Und das kommt an, so sind sie wahre Führungscharaktere, wenn es das Niveau erlaubt! Denn hier hat ein Blender keine Chance, hier geht es um die Mission, nicht mehr um die eigene kleine Person. Und dieser Führungswille ist stark ausgeprägt, gerade weil man seine Befehle als Bitten weitergibt.
Diese Charaktere haben noch eine Eigenschaft, die sie sehr beliebt macht: Sie können zuhören! Allerdings nicht lange, auspalavern kann man sich nicht bei ihnen, man muß gut vorbereitet und überlegt klipp und klar sagen, was man auf dem Herzen hat, das wird angehört. Trotz des Zuhörens sind diese Charaktere kaum umzustimmen. Haben sie einen Entschluß gefaßt, dann wird er durchgeführt. Da sie ja immer auch neue Wege suchen, verarbeiten sie das Gehörte für später. Auch suchen sie immer nach der Möglichkeit, dem anderen entgegenzukommen, wenn das Entgegenkommen auch nur scheinbar ist.
Das Menschliche wird stark, ja schöpferisch betont. Diese Charaktere bauen alles auf dem Menschen auf – so ist auch ihr Erziehungswille ausgeprägt –, aber sie gehen stets, wenigstens glauben sie das, mit gutem Beispiel voran! Wenn sie ihre Beherrschung verlieren, fangen sie sich schnell, schämen sich ihres Ausbruchs und haben genügend Humor, um das alles abzufangen. Humor kann man das eigentlich nicht nennen, es ist der niveauvolle Witz, den sie beherrschen!
Das eigene Selbstvertrauen ist nicht so leicht zu erschüttern; sie rennen selten mit dem Kopf durch die Wand, holen sich also keine überflüssigen Beulen, so behalten sie auch fast immer die Übersicht.
Was stört, ist eine gewisse Selbstgefälligkeit, aber die erweckt kaum Anstoß, weil man sich über sich selbst lustigmachen kann, und weil diese Eigen-Gefälligkeit meist sogar begründet ist. Nur ihren inneren Stolz darf man nicht verletzen, da fühlen sie sich in ihrer Ehre getroffen und reagieren böse. Dann kommt ein gewisser Hochmut auf, und man spürt, daß sie sich selbst Freiheiten erlauben, die sie anderen nicht gestatten. Dafür können sie umso besser Ratschläge geben, und die sind sogar gut und nützlich.
Sie lieben den Kreis, in dem diskutiert wird; allerdings möchten sie die Diskussion leiten

oder zumindest doppelt soviele Argumente vorbringen wie andere. Oder sie lösen die Diskussion auf und erzählen eine Erfahrungs-Schnurre nach der anderen. Das tun sie mit viel Charme und Können und vermögen so stundenlang zu unterhalten und eine Runde Menschen aufeinander einzustimmen!
Sie können mit allen Schichten sprechen, sie finden den richtigen Ton für jedermann, ob Arbeiter oder Minister. Dabei können sie sich ganz naiv stellen und harmlose Fragen äußern, aber wehe, der andere reagiert nicht! Plumpe Anbiederungsversuche werden schnell abgeschmettert, und es wird sehr rasch auf Distanz gegangen.
Ihr Ehrgeizziel verlieren sie nie aus den Augen, und ehrgeizig sind sie! Sie wollen schon hoch hinaus, vielleicht nur als Prophet eines Größeren. So vertreten sie ihre Idole und Abgötter, etwa Pop-Berühmtheiten und sonnen sich in ihrem Glanz. Und sie kommen nach oben, ihr Streben lohnt sich; dann werden sie noch jovialer, ihr Ton wird väterlicher, und mancher findet hier seinen Ersatzvater. Und wie ein Vater segnen sie, verteilen sie ihre Gunst, wollen dann aber auch wie ein Vater respektiert werden. Denn Respekt regelt das Auskommen miteinander.
Und wird der Respekt nicht eingehalten, und sie haben zwei- oder dreimal lachend gemahnt ohne Erfolg, dann schlägt die Faust auf den Tisch, daß es kracht.
Diese Charaktere wollen gefördert werden, aber wenn sie es geschafft haben, fördern sie auch! Sie haben ihre Lieblingskinder im weitesten Sinn, für die setzen sie sich ein. Sie sind dann auch die Mäzene für eine Mission! Sie fangen Gläubige ein und führen sie, sie sind der Kern, um den sich alles zu scharen hat. Fehler verzeihen sie leicht, weil ja Fehler menschlich sind, aber sie dürfen sich nicht immer wiederholen, das wäre ja ein Zeichen, daß einer nichts gelernt hat, nichts lernen will. Dann schiebt man ihn beiseite, läßt ihn – wie in der Schule – sitzen und schreitet mit seinem Kreis weiter, einem höheren Ziel zugewandt.

Eine Missionsaufgabe ist ihr Glück, auch Ideale und Religionen finden hier ihre Anhänger. Und wenn sie eine Missionsaufgabe gefunden haben, dann nehmen sie oft in Geste und Wort die Ausdrucksweisen ihrer Meister an, man spricht dann von der Gottvater-Geste des »Schützen«!
Aber dabei werden sie nie leidenschaftlich asketisch. Sie genießen, sie schwelgen, sie trinken und essen ohne Rücksicht auf die Linie oder gar auf ihre Gesundheit. Doch sie kennen die Grenzen, also fangen sie sich immer wieder, spätestens dann, wenn sie ein Vorbild geben wollen, denn Vorbild wollen sie sein. Darüber hinaus haben sie einen Drang, die Welt kennenzulernen und zu erobern. Sie tun es mit sportlichem Schwung.

Beruf

Zu ihrem Arbeitsplatz sollen Pflichten in größerem Rahmen gehören. Nach Bewährung sollte der Chef Führungspositionen bereithalten, und er wird gut damit fahren. Diese Charaktere können überzeugen, sie sind gute Vorbilder, in der Regel tolerant und weitsichtig. Organisationsvermögen, das nötig ist, damit der Apparat läuft, ist vorhanden. Sie fördern nicht nur ihre Lieblinge, sondern sind im allgemeinen objektiv. Mißbrauch von Macht ist kaum zu erwarten, es geht ihnen schon in erster Linie um die Aufgabe, wenn auch das Führungszimmer in etwas fürstlichem Stil eingerichtet wird.
Besonders gut wirkt sich ein Führungsbereich aus, der ideelle Ziele anvisiert, etwa Trainer bei Sportvereinen oder Lehrer für Sonderausbil-

dungen. Auch sind diese Charaktere begabt, Reisen in die Ferne zu organisieren, sie sind weltmännisch und offen. Da sie gut abwägen können, sind die Risiken klein.

Eine andere Grundrichtung ist die, der Gerechtigkeit zu dienen. Das kann als Richter wie als Anwalt sein, die Bemühung um Objektivität ist immer recht groß! Ihr Urteil wird respektiert und meist angenommen, so daß sie auch im Betrieb Schiedsfunktionen übernehmen können. Alle hier genannten Berufstendenzen sind nur sinnbildlich zu verstehen.

Bewegung ist ein gutes Lebenselixier, ob auf dem Rücken der Pferde oder im Jet, je höher umso besser, je weiter umso lieber. Eine Fernsehnsucht haben wohl alle in sich, ein wenig geistige Eroberung lockt sie stets.

Sie sind also gute Außenvertreter, aber egal, wo man diese Menschen einsetzt, man gebe ihnen das Gefühl der selbständigen Arbeit! Der Vorgesetzte sollte sich nur selten melden, je weniger er in Erscheinung tritt, umso besser läuft der Laden.

Sie können gut ausbilden, sind gute Lehrherren und Lehrer – Vorbilder von der Art, wie man sie für das ganze Leben verehrt; auf manchen Klassentreffen werden sie gefeiert.

Sie erkennen die Grenzen der ihnen anvertrauten Schüler und überfordern sie nicht, sie reißen stattdessen die Lahmsten zu unerwarteten Leistungen mit. Sie blödeln sogar mit in den Pausen, wenn auch eine etwas kühle Distanz dabei stets gewahrt bleibt.

Überstunden außerhalb der Arbeitszeit fallen ihnen nicht schwer. Idealistische und missionarische Aufgaben kann man ihnen gut anvertrauen. In diese Richtung sollte auch der Berufswunsch gehen. Aber alles muß Hand und Fuß haben. Einem entflogenen Luftballon nachzujagen ist nicht ihre Sache, das ist würdelos.

Sie füllen Gotteshäuser, sie können gut reden und predigen, aber sie wandeln auch eine Wüste in einen fruchtbaren Landstrich, wenn dadurch der Hunger gemildert werden kann. Sie betreten also Neuland, aber mit Maß und Überlegung, und sie meinen nicht, das Alte müsse erst verschwinden, um für das Neue Platz zu schaffen. Sie bringen den Glauben an die gute, gegebene und gewachsene Entwicklung wieder zurück. So fördern sie mehr als andere das Wachstum.

Liebe und Bindungen

Ihre Liebe ist feurig, aber verhalten! Ihr Temperament zündet, aber es sprudelt nicht über, weder bei Frauen noch bei Männern. Wenn die Männer lieben, dann als Herren und Beschützer; wenn die Frauen lieben, dann mit Kraft und Kultur. So kann sich eine gute Partnerschaft einstellen, die mehr auf geistiger Bindung beruht.

Denn beide haben vor der Bindung recht lange gesucht, aber immer strebend sich bemüht, möchte man hinzufügen; binden sie sich endlich, sind sie ziemlich sicher.

Spätere Gefährdungen werden in der Regel sehr fair miteinander besprochen, mit Ernst abgewogen, und wenn eine Trennung nötig ist, wird sie vollzogen; die meisten bleiben trotzdem noch Freunde.

Hier ist Partnerschaft nicht nur als Ergänzung, sondern als Forderung zu verstehen. Man will sich am Partner weiterentwickeln, will mit ihm ringen, ein Ziel zu erreichen – vier Augen sehen mehr als zwei, auch das ist ein Grund für diese Gemeinsamkeit. So halten viele Bindungen noch, wenn die Liebe – wie der Volksmund sagt – gestorben ist, und sie halten oft länger als andere, heftigere Gefühlsbindungen. Nur eins darf der Partner nicht: die Eitelkeit kränken, die Würde ankratzen, auch wenn sie nur Schau ist.

Die Kinder werden mit gutem Beispiel etwas theoretisch erzogen, aber ihre Startchancen sind ausgeprägt; wenn sie dem Vorbild der Eltern nacheifern, haben sie eine schöne Kindheit.

Gefahren

Die größte Gefahr für diese Charaktere ist ihre Eitelkeit, ihr Stolz auf sich selbst. Da sind sie gelegentlich wirklich verblendet, und sie machen viel kaputt, was unverständlich ist. Sie sehen sich selbst manchmal zu sehr als Halbgott, als Richter, der alles abklärt, und das macht sie dann sogar dumm. Und Dummheit stärkt wiederum die Eitelkeit, so daß diese Charaktere leicht in einen Teufelskreis geraten.

Dann ist da weiter ihre Kritikempfindlichkeit. Schlechte Kritiken vertragen sie nicht, die treffen sie hart; sie sind zu sehr gewohnt, Vorbild zu sein, als daß sie Ermahnungen anderer auch nur anhören könnten! Ihre gepriesene Jovialität geht baden, mancher Thron fällt zusammen, dann zeigen sie sich fast pubertär. Oft müssen sie von vorn anfangen, soviel Porzellan haben sie zerschlagen!

Ganz andere Gefahren kommen vom Schlemmen. Sie trinken und essen oft zuviel, sie nehmen sich da ganz andere Maßstäbe heraus als der Durchschnitt. Ein Gelage muß sein, der sonst so angestrengte Körper muß sein Fest haben. Wenn Leber, Galle und Niere, Magen oder Drüsen böse reagieren, verstehen sie die Welt nicht mehr – und meist leben sie weiter übermäßig.

Die Großmannssucht und die Prahlerei sind weitere Gefahren. Auch versprechen sie zuviel, was sie nicht halten können.

Gefahr: Selbstüberschätzung und Hochmut.

Vorurteil und Fazit

In der Sicht anderer sind diese Charaktere von sich eingenommen, hochmütig und eitel. Sie sind die typischen Pauker, die alles besser wissen, sie richten und urteilen und geben sich als Halbgötter. Eingebildet sind sie auch noch, dabei werden sie nur unverdientermaßen gefördert!

Das ist falsch gesehen: Diese Charaktere streben einer Mission nach, sie suchen einen Sinn im Leben, sie wollen das Menschliche erheben! Der Geist soll dominieren, das Animalische endgültig überwunden sein.

Das Leben ist friedlicher sportlicher Wettkampf nach vorgeschriebenen, ausgehandelten Regeln. Die Schiedsrichter in diesem Wettkampf sind sie, weil sie gerne die undankbare Aufgabe übernehmen.

Sie streben höchsten Zielen nach in der Literatur, in der Medizin, in der Philosophie, bei allen Geistes- und Naturwissenschaften. Ihre tiefe Glaubensbereitschaft macht sie zu guten Jüngern und Verkündern, und ihr Stolz schirmt sie gegen Anfechtungen aller Art ab! Sie sind die Lehrer, aber sie wissen auch um die Schwächen der anderen, nur wird denen nicht immer nachgegeben. Und wenn geschlemmt wird, dann führen diese Charaktere auch ein Fastengebot ein! Ausgleich muß sein, sonst entwickelt sich nichts.

Der Abschnitt Schütze wird von Jupiter beherrscht; steht also die Sonne in diesem Abschnitt, hat sie einen jupiterhaften Charakter, sie ist idealistisch.

 4

Die Sonne im Abschnitt Steinbock

Erstes Winterzeichen – bewegend, weiblich – Element Erde.
Stichwort: Eigensinniger Lebenskern.

Diese Charaktere bewegt der Ehrgeiz, etwas auf dieser Welt zu erreichen, ja, die Gipfel zu besetzen! Sie sind dabei oder dadurch sehr eigensinnig; einmal stützen sie sich ganz auf die Realitäten, dann wiederum schlagen sie sehr ungewöhnliche Wege, scheinbare Umwege ein, die sich aber später als richtig erweisen, um als erster ans Ziel zu gelangen. Ihre Zähigkeit ist erstaunlich, auch ihre Regenerationskraft, die aus einer gewissen Kargheit resultiert. Manchem traut man nach seinem Erscheinungsbild diese Leistungskraft gar nicht zu, aber sie alle halten durch, ob Frau, ob Mann. Hinzu kommt, daß sie sich ungemein konzentrieren können, sie versinken fast in ihre Aufgabe und sind sehr besonnen, wenn es um etwas Besonderes geht. Ist erst der Startschuß erfolgt, dann ist der Marsch nach oben, nach vorn fast wie vorgezeichnet: kein Explodieren am Start, kein langsames Angehenlassen, kein Zwischenspurt, sondern ein konsequenter Gleichschritt. Kräfte werden nicht vergeudet, aber auch nicht gespart, und so ist das Ziel immer sichtbar vor Augen. Aus dem Wunsch heraus, nach dem ersten Schicksalsschlag nie wieder hilflos ausgeliefert zu sein, haben sie eine Grundsätzlichkeit an sich, die andere oft erstarren läßt. Sie stellen sich auf alle Widrigkeiten des Lebens ein und erreichen einen Gipfel nach dem anderen. Da allerdings ängstigt sie dann die Einsamkeit, denn Schritt konnte kaum einer mit ihnen halten. Aber die Einsamkeit zwingt sie nicht zur Umkehr, im Gegenteil! Wenn die Luft schon dünn ist, dann brauchen sie eben mehr Luft, also noch weiteren Freiraum!

Kaum ein anderer Charakter überwindet Hindernisse so im Gleichmaß, so stetig; hier wird keiner Hürde ausgewichen – sie wird beiseite geräumt.

Aber nicht nur der Drang, nach oben zu kommen, ist beachtlich, auch das »Wie« des Weges. Angespannter Fleiß wird eingesetzt, man ist ständig bereit, zu lernen, man erträgt gelassen Kritik, verwertet alles und zieht aus allem Folgerungen.

Das Werkzeug wird nüchtern gepflegt und stets erneuert. Diese Charaktere wissen nämlich um den Wert der Beständigkeit, die notwendig ist, um nicht nur auf den Gipfel zu kommen, sondern diesen Gipfel auch ein Leben lang zu besetzen. Vor nichts haben sie mehr Angst als vor dem Absturz, und diese Angst mobilisiert immer neue Kräfte in ihnen. Da aber dieser Einsatz stets Kraft kostet, muß sie woanders eingespart werden.

Also ist man bescheiden, sparsam, und wahrt seine Gefühle, verausgabt sich also nicht im privaten Bereich – mit einer Ausnahme: wenn es die Familie betrifft. Denn Mütter, die ihre Sonne im Abschnitt Steinbock stehen haben, sind stark auf ihre Kinder ausgerichtet; sie sollen die Gipfel erklettern. So wird nur an das Wohl der Kinder gedacht und dafür gelebt. Sonst schont man jedoch seine Gefühle, seine Kraft, seine Nerven. Nur seinen Magen kann man manchmal überstrapazieren, also ißt man gut und fett! Wenn allerdings der Arzt eine Diät verordnet, hält man sie ein.

Lange Diskussionen und Geschwätz bringen nichts ein, und die Zeit ist zu kostbar. Lieber macht man Überstunden, oder man wendet sich zusätzlich einer Sonntagsarbeit zu.

Diese Charaktere sind recht nüchtern und doch

zum Großen hin orientiert. Sie verlassen nie die realen Möglichkeiten, schöpfen sie aber voll aus. Sie sind recht trocken; man findet hier wenig Selbstironie, eher scharfen Witz und freche Antwortreaktionen. Sie verzetteln sich nicht, engagieren sich wenig. Freunde sind also kaum auszumachen, von Gesellschaften ganz zu schweigen.

Aber treu sind sie, anhänglich und auch dankbar, wenn sich die materielle Dankbarkeit auch in Grenzen hält. Da ist man eher etwas geizig – zu schwer hat man für die realen Werte gearbeitet, um sie nun so wegzuschenken.

Ihr Lebenssystem scheint einfach und leicht zu durchschauen, aber sie sind vielseitiger als man denkt, denn in ihnen steckt auch etwas Philosophisches, mehr zum Pessimismus hinneigend, was wiederum ihren Überlebenswillen betont.

Oft scheinen sie Prinzipienreiter zu sein, aber dazu kennen sie zu wenig Prinzipien, die sie allerdings hochhalten. Ihre Grundgesinnung ist auch nicht umzuwerfen, denn ändern, das kommt nicht in Frage, immerhin haben ja Kindheitseindrücke den Charakter stark geprägt.

Einen Vorteil haben sie allen voraus: Sie wissen um den langen Weg, den man braucht, um es zu etwas Dauerhaftem zu bringen! Darauf sind sie also schon von klein auf eingestellt. Also verrechnen sie sich nicht und kennen kaum Verzweiflung, weil Rückschläge einkalkuliert sind. Wenn jemand besser startet, dann verwundert es sie zwar, aber es stört sie nicht. Sie wissen um ihre beständige Kraft und vertrauen ihr.

Ihre Heiterkeit ist etwas mit Galgenhumor durchsetzt. Ausgelassen lustig sind sie zwei- oder dreimal in ihrem Leben; das Lachen ist bei ihnen nicht zu Hause, aber auch nicht das Weinen. Tränen werden unterdrückt, die darf es nicht geben, die wären ja ein Zeichen von Schwäche – das gilt für Frau wie Mann.

Mißtrauisch werden sie, wenn jemand sie neckt, wenn sie auf den Arm genommen werden; das haben sie nicht gern, sie können dem keinen Sinn abgewinnen und verziehen sich deshalb recht schnell aus so einem Kreis.

Auch von versteckten Angriffen halten sie nichts – sie sind für Offenheit.

Im Innern können sie weich sein, sogar sehr gefühlvoll, aber das Gefühl darf den Aufstieg nicht stören. So ertragen sie eigentlich harte Zeiten besser als gute, und in Notzeiten machen sie auch mehr von sich reden!

Kunst wird als Atempause genossen, weil sie auch die inneren Kräfte stärkt. Daher soll Kunst verständlich und nicht übertrieben sein.

Diese Charaktere sind die Marathonläufer des Lebens, denn für sie ist der Marathon eine Kurzstrecke.

Beruf

Diese Charaktere scheuen keine Arbeit! Sie sind also überall einzusetzen und fangen ohne sich zu zieren auch ganz unten, also mit Gelegenheitsarbeit an.

Stellt man sie an einen Platz, ist der dann gut besetzt. Es kann dem Chef passieren, daß er diese Arbeitskräfte fast vergißt, weil er nichts mehr von ihnen hört. Aber wenn eines Tages der Betrieb wackelt, dann sind sie zur Stelle; dann zeigen sie, daß sie sich eine umfassende Kenntnis ihres Arbeitsumfelds erworben haben, dann packen sie zu, und in der Pleite steht allein ihre Abteilung so gut da, daß von hier die Erneuerung einsetzen kann.

So sind sie prädestiniert als gute Teamleiter, als verläßliche Mitarbeiter im Betriebsrat; sie folgen keinen radikalen Parolen, aber sie verlieren auch nie das Ganze aus den Augen und kümmern sich um jeden.

Verbesserungsmöglichkeiten führen sie ohne Aufhebens ein; läßt sich Arbeit rationalisieren, wird rationalisiert, und alles läuft dabei wie am Schnürchen, die Umstellung hat keinen Lärm verursacht.

Sie setzen ausrangierte Postkutschen wieder in Bewegung, sie stellen die Weichen, wenn die Konjunkturlandschaft unübersichtlich geworden ist.

Auch für Dreckarbeit geben sie sich her, aber den Dreck trampeln sie sich stufenartig zurecht, und auf dieser Treppe steigen sie dann nach oben. Wenn so ein »Steinbock« dann auftaucht, nimmt man ihn auf, man braucht ihn ja auch.

Was sie stürzen könnte, ist die mangelnde Gesundheit, denn sie strapazieren sich auch extrem; doch sie sind zäh und brauchen nicht einmal eine Kur, die lehnen sie ja auch als Mumpitz ab.

Glückskinder oder solche, die sich dafür halten, kommen allerdings mit diesen Charakteren schwer zurecht. Sie finden nämlich keinen Anklang. Wer die Sonne im Abschnitt Steinbock stehen hat, der kann auch scharf beobachten, der findet automatisch das Wertvolle aus dem Massenangebot heraus. Faulheit, Prahlerei, Phrasen fallen hier ab, werden als lächerlich empfunden.

Aber in der Leistungsbeurteilung sind diese Menschen gerecht. Wenn jemand etwas kann, dann wird er ins Team aufgenommen, wenn jemand verdientes Glück hat, dann wird sich mitgefreut, denn neidisch sind sie im Grunde nicht. Wütend werden sie nur, wenn jemand ihnen unverdient vorgezogen wird. Dann kann es im Direktionszimmer laut hergehen, dann muß der Personalchef nachgeben!

Auch das Vermögen ist bei ihnen im Grunde gut aufgehoben; brauchen sie einen Vermögensverwalter, muß der gut rechnen können. Sie fallen nur einmal rein, aber das gründlich, dann haben sie ihre Lektion gelernt.

Lernen können sie bis ins hohe Alter, sie sind wißbegierig, solange sie meinen, daß man das braucht. Bei ihrem Einsatz sollte man stets ihren Eigensinn beachten, oder man gebe ihnen diffizile Aufgaben. Wo alles glatt geht, sind sie fehl am Platze, denn sie können mehr.

Liebe und Bindungen

In der Liebe gibt es im Grunde nur nüchterne Bindungen. Das kann der Wunsch nach Kindern sein oder ein gemeinsames Ziel, eine gemeinsame Existenz. Die Erfahrung einer sexuellen Leidenschaft ist zwar möglich, aber nicht ausschlaggebend für die stete, feste Bindung. Sichselbstverlieren ist eigentlich ein Fremdwort, und wenn es mal passiert, kommen diese Charaktere sehr schnell auf den Teppich der Tatsachen zurück.

Dabei herrscht eine starke Gefühlskraft vor, oft einengend, aber es tut gut, diesem ausgeprägten Gefühl begegnet zu sein. Es verträgt jedoch keine Enttäuschungen, und darf nicht den Lebensweg stören! Dann wird wenn es sein muß das innere Erleben zurückgestellt oder so zurückgedrängt, daß sich der Partner fragen muß, ob es sich hier noch um den gleichen Menschen handelt.

Ist eine Mutter oder ein Vater sehr auf Kinder fixiert, existiert der Partner in der Ehe nur noch am Rande. Ist der Mann oder die Frau voller Berufsehrgeiz, dann muß die ganze Familie das mittragen und selbst Monate auf ein Familienleben verzichten.

Bindungen werden fürs Leben eingegangen, halten aber nicht immer so lang, denn zuviel wird im Beruf anvisiert.

Die Kinder werden nüchtern erzogen, auf Ehrgeiz gedrillt. Sie sind leicht altklug, geben Alltagsweisheiten von sich, die sie kaum verdaut haben, doch sie sind die ersten in der Klasse.

Gefahren

Die Hauptgefahrenpunkte sind der Egoismus, die Egozentrik und der Ehrgeiz. Dazu kommt ihre beachtliche Sturheit bis hin zum Starrsinn. So leicht geben sie nicht nach, schon gar nicht, wenn sie recht haben. Aber auch im Unrecht ist ihr Starrsinn phänomenal. Mancher beißt sich da seine Zähne aus. Allerdings kann der Starrsinn so gesteigert werden, daß man die Realitäten völlig aus den Augen verliert, man meint zwar, real zu handeln, ist aber bereits ins Abseits geraten.

Dann folgt meist ein sehr böses Erwachen, weil oft eine Existenzgefährdung eintritt.
Auch sind sie prädestiniert für seelische Krankheiten. Da kann bei einem sehr ruhigen Menschen Hysterie ausbrechen oder sich langandauernde Müdigkeit einschleichen. Ihre Seelenlage ist für ihre Gesundheit mitentscheidend.

Das Alleinsein ist ein Problem für sie. Zunächst scheint es ihnen nichts anzuhaben, aber die Einsamkeit macht sie krank, und wenn sie sich noch so verbissen allein und tüchtig hinstellen, es nagt in ihnen drin, bis es sie zerfrißt.

Je härter sie auf ihre Umwelt reagieren, umso stiller wird es um sie – es ist ihre Tragik, daß sie das nicht sehen, wo sie doch sonst so nüchtern sind; aber da verläßt sie das kluge Denken.
Auch begreifen sie schwer, daß es im Leben Momente gibt, wo Vernunft allein nicht hilft.
Gefahr: zu starker, egozentrischer Ehrgeiz.

Vorurteil und Fazit

Aus der Sicht anderer sind diese Charaktere von einer starren Egozentrik getrieben, sie sind immer ernst und verbissen darauf versessen, die Gipfel zu erreichen. Sie sind die Streber des Lebens, die es allen anderen zeigen wollen, dabei humorlos und spröde. So kennen sie auch keine Lebensfreude und fassen das Dasein nur als Bewältigungsproblem auf, wehe, wenn solche Menschen Prüfer von anderen werden!
Das ist falsch gesehen: Diese Charaktere haben ein Lebensziel, das ihnen Sinn und Halt gibt. Sie wollen das Leben nutzen und es ausfüllen, sie wollen auch, daß man von ihnen spricht, aber das soll leistungsbezogen sein.
Das Leben zu meistern im ewigen Eis oder in der dunkelsten Nacht, das ist ihre Aufgabe! Nicht aufzugeben, sondern durchzuhalten, das ist ihre Devise. Und sie geben Mut, weil sie jedem zeigen, wie weit man es bringen kann. Der Aufstieg kann über Generationen gehen, aber er funktioniert. Sie zeigen, wie man aus dem Schatten heraustritt, ohne anzugeben oder zu blenden, ohne zu Tricks oder Bestechung zu greifen.
Sie sind anstregend in ihrem Anspruch, aber sie leben ihren Arbeitseinsatz vor. Sie finden immer eine Aufgabe, wenn andere bereits ihre Rente beziehen.
Der Abschnitt Steinbock wird von Saturn beherrscht; steht also die Sonne in diesem Abschnitt, hat sie einen saturnischen Charakter, sie ist prüfend und schattenhaft.

Die Sonne im Abschnitt Wassermann

Zweites Winterzeichen – fest, männlich – Element Luft. Stichwort: Geistiger Lebenskern.

Diese Charaktere wollen die Welt auf den Kopf stellen! Sie wollen sie reformieren, vermenschlichen, aber auch sie sich gefügig machen. Sie wollen eine Erneuerung, ohne daß die Zeit dafür reif ist. Man ändert, um zu ändern, man reformiert, weil es Mode ist, man will das Neue, ohne ins Alte eingedrungen zu sein! Und so bleibt von vielen Reformplänen nichts als Illusion, und mancher fühlt sich von ihnen verschaukelt. Diese Charaktere treten mal als Heilsbringer, mal als Gaukler auf. Ihre Reformierung hat oft etwas jahrmarktähnliches. Es geht alles turbulent, umstürzend zu, doch der feste Grund fehlt. Mag er fehlen, meinen sie, aber das Neue ist doch die Zukunft, und der muß die Bahn freigekämpft werden! So werden technische Entwicklungen überschätzt; es kann passieren, daß in einer so geprägten Zeit das Auto mehr Pflege bekommt als der Mensch, daß die Maschine als zuverlässigster Mitarbeiter angesehen wird. Der Wille, etwas umzukehren, um einen Sprung nach vorn zu machen, ist stark, aber wenn dieser Wille alles beherrscht, dann ist das Blendertum nicht weit.

So stehen diese Charaktere immer auf der Kippe, zumal sie sich selbst etwas vorgaukeln; besessen von der Idee zum Umstürzlerischen treiben sie in diesem Namen auch Schabernack, der leider nur zu oft ernstgenommen wird.

Das ist in der Praxis nicht leicht zu beurteilen, weil die Täuschung meist perfekt ist. Diese Menschen sind geistig sehr regsam und interessiert, sie sind aufgeschlossen und eigentlich auch nie langweilig. Sie können aktiv sein, haben wirklich gute, verblüffende Einfälle, doch das Koboldhafte blitzt ihnen immer aus einem Augenwinkel.

So verfechten sie mit Verve neueste Erkenntnisse der Wissenschaft, ja sie erheben die Wissenschaften fast auf die Höhe eines Ersatzgottes, versehen alle Erfindungen mit modischen Attributen, um sie besser an den Mann zu bringen, und meinen immer, das neue Zeitalter stünde vor der Tür. Aber die besten und notwendigsten Reformen können sie verderben, weil sie die Erwartungen zu hoch schrauben und fast immer zuviel versprechen.

Dabei sind diese Charaktere noch sehr liebenswert, sie treten stets etwas ironisch auf und verdecken so ihre eigene Unsicherheit. Sie träumen von einem menschlichen Leben.

Geht aber dieser Traum in der Praxis nicht in Erfüllung, was ja meist der Fall ist, dann schalten sie um, nutzen ihre Faszination aus und werden wirklich zu narrenhaften Gauklern, die verführen. Und das gelingt ihnen, denn sie stecken immer voller Ideen.

Das Etikett des Idealismus steht groß auf ihrer Visitenkarte, nur leben sie selbst diesen Idealismus nicht vor. Sie träumen von einflußreichen Positionen, aber werden ihnen diese angeboten, ist die Belastung zu groß, und ihre bequeme Wohnung liegt auch zu weit entfernt.

Sie wissen, daß man vieles ändern müßte, aber sie meinen, mit einem theoretischen Anstoß wäre es getan. Da sie frei und ungebunden sein wollen, drücken sie dies meist durch saloppe, etwas ausgefallene Kleidung aus, die aber im Grunde auf innere Bequemlichkeit schließen läßt; mitunter leben sie dann nur noch in Pantoffeln.

Auf dem Sprung sind sie immer, aber beim Anlauf wissen sie nicht, ob es ein Weit- oder ein Hochsprung wird. Und so verblüffen sie nicht nur andere, sondern auch sich.

Ist also der Bluff ihr wahres Elixier? Sicher nicht, denn die Erneuerung ist ja wichtig, und zwar die menschliche Erneuerung, die ohne Kampf, die sanfte Revolution. Ja, die predigen sie und wundern sich dann, wenn es eine blutige wird.

Und doch sind die großartigsten, umwerfendsten Erfindungen, die aus der Intuition heraus entstehen, ihre Sache. Denn neben allem Koboldhaften können sie genial sein, da darf man sie nicht unterschätzen.

Sie leben mit der Technik für die Technik, lieben schnelle, elegante Autos, nur anstregende Expeditionen unternehmen sie nicht. Wenn es gilt, einen Apparat zu erfinden, der das Beschmutzen der Hände erspart, dann tun sie das oder regen zumindest diese Erfindung an. Sie suchen stets, doch nie systematisch, und dann fällt es ihnen plötzlich wie Schuppen von den Augen.

Sie reagieren geistig rege aber unlogisch, sprunghaft und blendend. Sie richten sich ungern nach den Fahrplänen, kommen aber gut weiter, weil sie sich hervorragend verständigen können. Mit ihrer Kritik sind sie nicht zimperlich: Kritik stellt alles in Frage, deswegen ist sie gut. Durch dies alles wirken sie zwiespältig, unberechenbar; man spürt, daß sie an das, was sie verkünden, nicht fest glauben, vielleicht, weil sie die Menschen kennen und der Meinung sind, sie nicht überfordern zu dürfen.

Sie sind Seiltänzer, aber mit Netz; keine Zirkusnummer scheint ihnen zu schwer, wenn der Rettungswagen bereitsteht. Die Abenteuer geschehen mehr in Worten als in Taten. Das kommt von ihrem Abwechslungsbedürfnis, und daher ist auch der häufige Wechsel von Ansichten verständlich.

Doch sie lassen jeden nach seinem Motto leben, sind also vorbildlich tolerant. Sie zwängen niemanden in eine Uniform, stellen sich auch jeder Diskussion, aber man bekommt sie nicht in den Griff, sie sind zu ablenkbar.

Nachtragend sind diese Charaktere nicht, so lange ihre betonte Eitelkeit nicht gekränkt wird. Zwar lachen sie scheinbar über sich, aber das gehört ein wenig zu ihrer Gaukelei.

Gerade bei diesem Zeichen ist die Niveaugrenze ungemein wichtig. Man trifft Genies, aber auch die Viertelgenies, die sich am aufdringlichsten geben. Der Anspruch, den sie setzen, kann imponierend sein; fehlt es jedoch an der eigenen Ausfüllung, wird Blendwerk daraus. Sie scheinen die kompliziertesten aller Charaktere zu sein, denn mit der Sonne im Abschnitt Wassermann stellt man Ansprüche, die nicht so leicht zu erfüllen sind; das ist ihr Problem.

Beruf

Diese Charaktere haben viele berufliche Möglichkeiten, sie können gut auftreten, gut sprechen, sind geschickt und fingerfertig. Sie können wissenschaftliche Arbeiten verrichten und Zauberkunststücke vorführen. Sie haben fast alle etwas von einem Magier an sich.

Die Technik zieht sie an, sie sind erfinderisch, mit den Maschinen auf du und du, und wo etwas Neues einzuführen ist, eine neue Registratur oder Apparatur, da setze man sie ein. Wo neue Systeme die Arbeit erleichtern sollen, da sind sie am richtigen Platz. In der Medizin streben sie nach der psychologischen Richtung, und so sind sie überall da gut zu brauchen, wo man zu Beginn noch nicht weiß, wohin der Hase läuft; sie eignen sich für Experimente. Wenn es gilt, Neues aufzuspüren, werden sie wach und interessiert. So bieten sie sich als Versuchskaninchen an, um später die Experimente selbst zu leiten. Aber Vorsicht – sie mißbrauchen auch Versuchstiere, weil es ihnen nie schnell genug geht.

Sie haben eine besondere Gabe, Talente aufzuspüren; sie verlangen keine Zeugnisse und Prüfungen, sondern verlassen sich auf ihre Intuition und fahren gut dabei. Man kann fast sicher sein, daß ein von ihnen entdecktes Talent seinen Weg gehen wird. Ihre Aktivität ist beachtlich, aber sehr unterschiedlich – einmal braust es wie Sturm, dann scheint sich kein Lüftchen zu rühren. Sie sind also wechselhaft und launisch, was sich auch im Beruf auswirkt.

So können sie sehr faul sein, wenn sie die Arbeit uninteressant finden; dann sollten sie den Arbeitsplatz wechseln, sonst stören sie den ganzen Betrieb. Stete Konzentration ist also nicht ihre Stärke. Sie warten auf den Einfall, der irgendwann auch kommt, doch es können für den Lebensunterhalt zu wenig Einfälle sein, und dann scheitern sie.

Sie müssen sich also zur Disziplin zwingen, um wirklich etwas zu leisten. Immer auf eine Kontrollmaschine zu schauen erscheint ihnen unmenschlich – was wäre, würde statt des roten Lichts ein blaues aufleuchten? Und schon ist im Geist eine neue Maschine erfunden. So können diese Charaktere von einem Wachtraum in den anderen fallen, und sie werden unsanft durch einen großen Knall aufgeschreckt, denn die Maschine, die sie betreuen sollten, ist in die Luft geflogen.

Aber mit plötzlichen Widrigkeiten werden sie fertig und alles, was überraschend kommt, meistern sie. So vermögen sie als Pilot bei dichtestem Nebel sicher zu landen und zu starten. Ist aber heiterer Sonnenschein und Windstille, das Fliegen also kein Problem, gerät die Maschine bald ins Trudeln, weil der »Wassermann«-Pilot aus Langeweile Kapriolen fliegt.

Kurz, überall wo Einfälle, Originalität gewünscht wird, sind sie am richtigen Platz. Springer in einem Betrieb zu sein, meistern sie spielend, und als Fremdenführer eignen sie sich auch, denn kaum einer findet sich auf fremden Stadtplänen so schnell zurecht wie sie. Ihre Intuition kommt ihnen auch hier zustatten.

Liebe und Bindungen

Die Bindungen entstammen ungewöhnlichen Bekanntschaften, das Fremde fasziniert, etwas Exotisches reizt immer. Der Partner muß originell sein, man will mit ihm auffallen, und er darf keine Langeweile aufkommen lassen. Bei allem ist dann darauf zu achten, daß dieser glänzende Partner nicht etwa zu sehr die Aufmerksamkeit auf sich lenkt – hier gibt es also gewisse Schwierigkeiten.

Diese Charaktere lieben das Besondere so sehr, daß sie die Liebe meist nicht sehen. Sie sind auch zu ablenkbar und finden daher die Liebe meist spät. Und der Partner sollte extrem anpassungsfähig sein. Hat man eine Reise zum Nordpol gebucht, und der Partner wartet in Pelze gehüllt am Flugplatz, muß er ohne mit der Wimper zu zucken in eine Maschine einsteigen, die zum Äquator fliegt.

Aber diese spontanen Einfälle machen diesen Charakter auch so liebenswert. So ist seine Anziehungskraft eigentlich immer recht stark, und eine Bindung hält im Grunde dann doch länger als die Freunde vermuteten, weil das Exzentrische allein ja auch nicht das Leben ausmacht.

Eine Ehe geht gut, wenn Kinder da sind oder wenn ein Partner so belastet ist, daß man Hilfe geben muß, denn dann ist eine echte menschliche Aufgabe zu erfüllen, und eine humanitäre Einstellung nötig – das festigt.

Die Kinder werden mit neuen Methoden erzogen. Sie wachsen fortschrittlich auf, haben es im Alltagsleben nicht immer leicht, aber die Eltern sind stolz auf sie – das gibt ihnen Selbstvertrauen.

Gefahren
Ihre Hauptgefahr ist die exzentrische Originalitätssucht und der Glaube, daß allein im Neuen alles Gute liegt. Wer jedoch die Umwelt verändern will, darf nicht auf Ruinen beginnen, wer über das Bestehende lacht, steht bald als Außenseiter da. Wer gern Schabernack mit anderen treibt, darf sich nicht wundern, wenn die anderen irgendwann keinen Humor mehr für solche Kobolde haben.

Sie gelten bald als Spinner, wenn sie nur sprunghaft reagieren. Ihre unkonventionelle Art reißt zwar Mauern und Grenzen ein, aber sie werden nie seßhaft. Sie können sich zu wenig in andere hineinversetzen, ihr Konzentrationsmangel tut dann ein übriges, so daß man ihnen im praktischen Leben manchen Fehler nachweisen kann.

Eine andere Gefahr: Diese Charaktere begreifen in der Regel zu spät, daß besondere Persönlichkeiten auch besondere Eigenschaften haben müssen – Eigenschaften, die Bestand haben. Um mehr zu sein, muß man also mehr bieten als der Durchschnitt; das aber gelingt in der Regel ja nur wenigen, und die sind unter allen Sternzeichen zu finden!

Eine gewisse Leichtfertigkeit im Umgang mit Urkunden, aber auch mit Freundschaftsbeziehungen erschwert das tägliche Leben; hier können langwierige Konflikte ihre Ursache haben. Wer andere nicht ernst nimmt, muß damit rechnen, selbst nicht sehr ernst genommen zu werden.

Gefahr: Originalitätssucht und Konzentrationsmangel, sprunghaftes Reagieren.

Vorurteil und Fazit
Aus der Sicht anderer sind diese Charaktere Scharlatane, Wichtigtuer, Modegockel, Reformsüchtige! Sie sind unkonzentriert, flüchtig und von einem snobistischen Größenwahn. Die Welt muß erst erst nach ihren Vorstellungen geschaffen werden – Technik ist alles, die muß das Leben erleichtern und den Fortschritt bringen. Außerdem retten sie sich von einer Meinung in die andere.

Das ist falsch gesehen: Diese Charaktere wollen das Leben vermenschlichen, deswegen muß die Technik eingespannt werden. Sie finden es unwürdig, welche niedrigen Arbeiten mancher Mensch verrichten muß, anstatt sich zu bilden, zu lesen und Kunsteindrücke zu sammeln.

Das Fortschrittliche, das sich nur durch Veränderungen entwickelt, muß vorangetrieben werden! Wenn Stillstand Rückschritt ist, dann rücken diese Charaktere das wieder ins richtige Lot.

Sie sind humanitär veranlagt, sehr hilfsbereit, wenn man sie nur fordert! Sie schaffen das Originelle, das aus dem Alltag herausragt, das aber auch Silberstreifen am Horizont ankündigt.

Sie nehmen nicht alles so tierisch ernst, sie zaubern allgemein, und manchmal auch die Sorgen fort! Sie wollen den Weltraum mit der Erde verbinden, und sie sehen Chancen, wo andere nur Dunkelheit erblicken.

Der Abschnitt Wassermann wird von Uranus beherrscht; steht also die Sonne in diesem Abschnitt, hat sie uranischen Charakter, sie erscheint sprunghaft, aber individuell.

Die Sonne im Abschnitt Fische

Drittes Winterzeichen – angleichend, weiblich – Element Wasser.
Stichwort: Hingebender Lebenskern.

Hier geht es um das weichste aller zwölf Charakterzeichen: Dieser Grundtyp bewegt sich fast am Rande der Vernunft, für ihn ist die Realität immer fließend. Diese Charaktere sind bereit, sich zu verlieren oder sich hinzugeben; wie gerne würden sie sich dem Schicksal ausliefern, wenn sie sicher sein könnten, einem gnädigen Schicksal zu begegnen! Sie träumen vom Schlaraffenland, aber mit mehr Liebe als Fleisch, mit mehr Hingabe als Butterbergen, mit mehr Musik als reifen Früchten.
So gerne sie die realen Dinge der Erde genießen – wichtiger sind die inneren Werte. Ach, wenn sie doch einfach durchatmen und erleben könnten, aber dieser Stoßseufzer wird ja nie erhört! Also gibt man sich anderen Versprechungen und Verheißungen hin – einige von ihnen verlieren sich in Zärtlichkeit, andere in sexuelle Abwechslungen, und dabei sind sie stets auf der Suche, auch wenn sie nicht allein sind. Kein Wunder, daß sie immer die anderen beneiden, die anscheinend den richtigen Partner längst gefunden haben. Sie träumen nachts, doch fast noch mehr am Tag. Ihre Wachträume sind so bunt, so voller Illusionen, daß sie sich durch diese Träume aus der realen Welt reißen lassen. Sie verwechseln oft Traum mit Wirklichkeit, und wenn diese Charaktere mal die Vernunft betonen, dann sind sie im tiefsten Unglück steckengeblieben.
Sie geben sich dem Rausch hin. Mal ist es der Alkohol, mal nur Kaffee, mal das Nikotin, mal sind es stärkere Gifte, aber eine Droge muß es sein, wenn nicht hingebendes Liebesspiel sie ablenkt. Sie müssen abgelenkt werden von dieser Welt, die so grau und düster ist, und wenn es die Ablenkung nicht gibt, dann locken die Ufer des Okkulten. Zunächst ist es die Kultur anderer Erdteile – von da wird die mystische Versenkung übernommen, das Yoga gepflegt, bis sie dem dritten Vorleben nachhängen.
So sind diese Charaktere gefährdet, weil sie ewig etwas Kindliches behalten, ob es nun Trotz ist oder eine sogenannte erwachsene Pubertät. Sie sind im Grunde stets naiv, und wenn sie sich gescheit und gebildet geben, dann ist das aufgesetzt und hat auch etwas von einem Wunschtraum an sich. Der Lebenskampf kann vielen zu einer Qual werden. Aber auch hier ist es selten, daß jemand, dessen Sonne im Abschnitt Fische steht, nicht Hilfe dadurch findet, daß ein lebenstüchtiger Aszendent – wie etwa Aszendent Jungfrau – oder aber markante Gestirnstände in anderen Tierkreiszeichen dies ausgleichen. Hilfe ist etwa, wenn viele Planeten im Zeichen Widder stehen, so Mars, oder Merkur und Venus.
Die Künste ziehen sie an, und sie ziehen die Künste an. Dort streben sie hin, dort sind sie ungewöhnlich talentiert, musisch empfänglich, sängerisch und schauspielerisch begabt, denn in die Rolle, in eine andere Figur fühlen sie sich nahtlos ein, weil sie eben nicht »Ich« sein müssen. Erstaunlich viele Künstler findet man unter diesem Zeichen.
Weil sie um ihre eigene Hilflosigkeit wissen, wissen sie um ihre Schutzbedürftigkeit und auch, daß Gott nur dem hilft, der sich selber hilft. Daher ist hier das Religionsgefühl oft ausgesprochen stark und markant ausgeprägt.
Sie strengen sich stets an, strapazieren ihre nicht sehr starken Kräfte – das hat etwas Rührendes an sich. Sie haben einen immensen Drang, es anderen dennoch zu beweisen! Sie

werden ehrgeizig, weil ein Nahestehender sie als Versager hingestellt hat. Sie fassen folgenschwere Entschlüsse, weil Freunde äußerten, sie schafften es nie! So sind sie also herauszufordern, und das sollte man tun, sie sind zwar erst empört, später danken sie es! Denn dankbar sind sie, dankbar für Freundschaften, für kleine Gesten, für einen Telefonanruf, für ein Kärtchen, für Treue.

Was imponiert, ist ihre große Fantasie. Sie sind stark in der selbstverständlichen Hilfe ohne Worte; sie können daher Mut geben und ein unbestimmtes Vertrauen wecken. Man muß nur ihren Kern herausfordern und ihnen klar machen, wie wertvoll sie sind, daß man auf die Begegnung mit ihnen nie verzichten möchte.

Und sie ahnen vieles voraus. Ihre Empfindsamkeit ist ungewöhnlich groß; sie können da ein bißchen Magie ausüben: Wenn sie angerufen werden wollen, konzentrieren sie sich so auf den anderen, daß der an sie denkt und dann den Telefonhörer abnimmt.

Sie lachen gern, weinen noch mehr, ob mit oder ohne Tränen; das Klavier der Empfindungen beherrschen sie bravourös. Das liegt an ihrer Weichheit. Dabei treten sie im Leben manchmal hart und eigentümlich herb auf, aber das ist reine Tarnung. Darin sind sie Meister. Ihre Verwie ihre Darstellungskunst ist bewundernswert. Nur wenn sie manchmal Herkules spielen, meinen sie, sie seien ein wahrer Riese, und dann überfordern sie sich gründlich.

Sie sind voller Barmherzigkeit, sie warten nur auf eine Geste, nur daß man sie ruft. Sie können nach einem Streit als erste die Hand zur Versöhnung reichen, wenn sie nur sicher sind, daß diese Hand nicht ausgeschlagen wird. Weil sie ihr Leben lang auf Gesten warten, sind die eigentlich stets verführbar und ablenkbar. Auch auf Wunder hoffen sie, auf das Wunder einer Traumbegegnung etwa. Kommt dann aber statt eines Prinzen nur ein Ritter daher, dann stellen sie fest: Das Leben meint es besonders schlecht mit mir.

Man findet unter ihnen Käuze, die unken und pessimistisch sind, weil die Umwelt so verständnislos und ungerecht ist. So sind sie oft davon durchdrungen, dieses Dasein wenigstens für andere lebenswert zu gestalten.

Sie können gut und konzentriert zuhören, reden aber lieber! Wenn sie hören, hören sie nach innen. Sie lieben die Schönheit und haben etwas Verlockendes in ihren Augen, das bei Frauen nixenhaft genannt werden kann. Sind sie befreundet, dann empfangen sie den Freund bei klassischer Schallplattenmusik in Pantoffeln.

Das ist eine Auszeichnung, aber der Freund versteht das nicht.

Man kann sie auch nicht verstehen, man kann sie nicht begreifen – man kann sie nur lieben, und das wiederum vergessen sie einem nie.

Beruf

Die Berufswahl sollte hier gut überlegt werden. Obwohl natürlich alle Berufe von Menschen ausgefüllt werden können, die die Sonne im Abschnitt Fische haben, ist die Frage, ob es immer der Beruf ist, der glücklich macht? Und darauf kommt es hier besonders an. Es sollte also kein Beruf sein, in dem der Mensch ständig unter Streß steht, wo immer ein gewisser Zwang ausgeübt wird, kein Beruf auch, wo die nüchterne Umgebung jedes Gefühl abtötet. Alle Aufgaben dagegen mit nur entfernt künstlerischen Ambitionen, alle Posten, die wenigstens die Möglichkeit des Abschaltens geben, sind geeignet. Und man sollte diese Charaktere nicht ans Fließband stellen, nicht in einem unübersichtlichen Massenkollektiv arbeiten lassen; da gehen sie unter und verlieren sich.

Sie benötigen eine gewisse Sicherheit. Ein Beruf, der steten Kampf erfordert, lähmt die Initiative. Aber es gibt Möglichkeiten genug, denn diese Charaktere sind feinfühlig, sie sprechen gut, andere sind musikalisch oder verfügen über einen künstlerischen Geschmack, andere entwerfen gute Tapetenmuster oder Grafiken, manche haben einen grünen Daumen für Blumen und Pflanzen und etliche können helfen und heilen.

Auch sind sie zu Opfern bereit, übernehmen Sonntags- und Feiertagsdienst, sind nachts meist wacher als am Tag, so daß sie auch immer eine wichtige Lücke im Arbeitsmarkt für sich finden. Gibt man diesen Charakteren eine Maske, so verdoppeln sie ihre Leistung. Das kann eine Dienstuniform sein oder ein Kostüm, es kann ein Verstecken in einer Telefonzentrale sein oder ein Posten als Empfangschefin in einem Hotel. Wenn man sich nur nicht direkt selbst als Person stellen muß! Kostümiert man sie und entzieht sie so dem Alltag, dann stehen sie ihren Mann.

Im Beruf aber sollten sie nicht träumen. Sie geben soviel auf ihren Instinkt, aber diesem Instinkt ist nicht zu trauen – es ist ein Wunschinstinkt, der zu persönlich gefärbt ist. Wenn jemand mit der Sonne im Abschnitt Fische erklärt: »Mein Instinkt sagt mir«, dann sollte ihm der Chef schnellstens einen anderen Arbeitsplatz zuweisen. Natürlich sind diese Charaktere dann erst mal sehr verletzt, aber das muß man durchstehen.

Ihr Unterbewußtsein ist da empfindsamer, das redet mehr zu ihnen, als man im Durchschnitt erfährt. So können sie auch auf diesem Gebiet gut ihre Aufgaben erfüllen, nur meistens sind sie da selbst zu sehr belastet.

Wo Einfühlungsgabe erforderlich ist, da sind sie am richtigen Platz, wo etwas nach Gefühl zusammengefügt werden soll, da gehören sie hin. Wo es ums Dekorieren geht, etwa Schaufenster oder bei Ausstellungen, da sind sie bestens einzusetzen.

Und wenn die Stelle nur sicher ist, werden sie es mit ganzer Treue danken. Sicherheit also und Rollenspiel, das brauchen sie.

Liebe und Bindungen

Diese Charaktere können Künstler der Liebe sein. Und sie wollen immer lieben, sie lieben gern und wenn es geht, ohne Pause! Aber das geht nicht, denn man liebt auch im höheren Sinn, man übernimmt mit der Liebe auch Missionsaufgaben, und das verträgt der Partner nicht so gut. Das Liebebedürfnis ist kaum zu begrenzen, auch voller Lust, aber mehr kommt es ihnen auf Geborgenheit, auf Zärtlichkeit und Gemeinsamkeit an. Sie wollen sich anvertrauen, wo es nur möglich ist! Die Männer mit der Sonne im Abschnitt Fische zeigen sich allerdings gern etwas casanovahaft und suchen von einer Frau zur anderen. Die Frauen unter diesem Zeichen wirken immer etwas nixenhaft, und so sehr sie feste Bindungen suchen, haben sie auch unheimliche Freude an der Verführung. Mann und Frau bekommen durch gelungene Eroberungen ihr Selbstgefühl gestärkt; das ist mitentscheidend für ihre Gesamtprägung.

Das Spiel der Liebe verstehen sie alle, das der Bindung dadurch sehr viel schwieriger. Denn wenn sie sich verbinden, saugen sie sich so am Partner fest, daß er um seine Selbsterhaltung besorgt ist und lieber davonläuft. Und in der Liebe können diese Charaktere auch leicht ihre Würde verlieren. Das verzeihen sie sich und dem Partner später nie; es ist oft wie eine Sucht.

Ihre Kinder werden mit viel Zärtlichkeit und Kunstsinn erzogen, sind aber oft zu empfindlich für die Begegnung mit Gleichaltrigen.

Gefahren

Die Gefahren sind immer gegenwärtig und treten meist auf, wenn positive Reaktionen zu verzeichnen waren. So werden diese Charaktere immer wieder in ihrem Vertrauen erschüttert.

Es ist ihre Hingabe, die zu Verlusten führt, ihre Verführbarkeit, die sie in menschliche Fallen stolpern läßt, ihre Barmherzigkeit, durch die sie ausgenutzt werden. Aber es ist auch ihre Realitätsferne!

Sehr gefährlich ist jedoch ihr Rollenspiel. Selten treten sie ihrer Umgebung natürlich entgegen, immer haben sie ein Schutzkleid angezogen oder sie verstecken sich hinter tollen Maskeraden. Das führt oft zur Täuschung anderer und letztlich zur Enttäuschung.

Ferner wäre zu warnen vor einer Verstrickung durch die eigene Fantasie. Das geht soweit, daß sie glauben, einen Entschluß ausgeführt zu haben, noch ehe er beschlossen wurde. Ihre Vorstellungswelt ist so realitätsfern, daß manche – etwas kraß ausgedrückt – immer aus dem Mustopf kommen.

Gefährlich sind die ewigen Selbstentschuldigungen! Für alles finden sie eine Entschuldigung, und diese Entschuldigungen sind dann so logisch, daß mancher darauf hereinfällt. Wer arbeitet, glaubt sein Glück erst als Rentner zu finden, wer pensioniert ist, sehnt sich nach der goldenen Zeit der Pflicht zurück.

Vorsicht vor der Flucht in den Rausch, in das Sich-Betäuben.

Gefahr: zu große Hingabefähigkeit, innere Weichheit.

Vorurteil und Fazit

Aus der Sicht anderer sind diese Charaktere lebensfremd, die ewigen Faulenzer und Verführer, die Menschen ohne Kern, die Gläubigen und Spinner, die auf ihrer Schwachheit herumreiten und sich so Vorteile versprechen. Frauen werden als verführerische Hexen angesehen, Männer als billige Schürzenjäger. Und sie sind der Kern jeder Sekte, diese Okkultisten!

Das ist falsch gesehen: Diese Charaktere sind gefühlvoll und hingabefähig. Sie sind aufopfernd und sehnsuchtsvoll hoffend. Sie wollen Träume zur Wirklichkeit werden lassen – erst wenn sie einsehen, daß dies nicht geht, träumen sie allein weiter –, zur Freude aller, denn so kommen wirklich künstlerische Werke zustande, so finden sich Gläubige, so wird bis zum Ende an die Liebe geglaubt. Die Hoffnung trägt sie immer wieder, der Hang zur Zärtlichkeit läßt andere menschliche Schwächen verstehen und abfangen.

Sie sind sogar bereit, Schuld auf sich zu nehmen, sie sind da, wenn andere aufgegeben haben, und sie haben einfach einen starken Glauben an das Gute im Menschen. Ihr Rollenspiel zeigt, wie bunt die Welt sein könnte, ihr Schönheitssinn macht sich auch in der Arbeit bemerkbar. So verschönern sie das Leben und zeigen die Grenzen der erlebbaren Freude auf.

Der Abschnitt Fische wird von Neptun und Jupiter beherrscht; steht also die Sonne in diesem Abschnitt, hat sie neptunischen und jupiterhaften Charakter, sie ist verschwommen hingebend, aber auch missionarisch.

Zusammenfassung als Kombinationshilfe

Die Sonne im Abschnitt Widder ☉ i. ♈

Widder: erstes Frühlingszeichen – bewegend – männlich. Element: Feuer. Stichwort: Ungestümer Lebenskern.
Die Sonne in Widder zeugt für aktives Handeln, für Kämpfertum und Idealismus. Mit der Sonne im Abschnitt Widder wird vor keiner Gefahr zurückgewichen, ist die Opferbereitschaft groß, werden Widerstände direkt angegangen und überwunden. Dazu bedarf es einer ausgeprägten Rücksichtslosigkeit.
Der Elan ist umwerfend, der eigene Wille allein entscheidet, Umwege werden verachtet, höchste Gipfel anvisiert. Die Folgen sind: Überanstrengung, Kräfteerschöpfung, Verpuffung von Energie, wenn auch meist eine schnelle Regeneration zu bemerken ist.
Mut wird manchmal zur Tollkühnheit, das schnelle Starten zum inneren Zwang, das über das Ziel Hinausschießen zur Regel. Zweifel kommen kaum auf, Furchtlosigkeit ist Voraussetzung, Ritterlichkeit oberstes Gebot beim Siegen.

Die Sonne im Abschnitt Stier ☉ i. ♉

Stier: zweites Frühlingszeichen – fest – weiblich. Element: Erde. Stichwort: beharrlicher Lebenskern.
Die Sonne in Stier zeugt für ein beharrliches Handeln und Vorgehen, für Festhalten des Erworbenen, für Geduld und steten kraftvollen Einsatz, aber auch für Genuß als Lebenslohn. Mit der Sonne im Abschnitt Stier werden die praktischen Möglichkeiten erkannt, wird mit Höflichkeit und Freundlichkeit die Umwelt angegangen, ist Vorsicht stets am Platze, wird die eigene Sicherheit angestrebt, an den anderen wird weniger gedacht.
Doch das Leben wird gemeistert, und nicht auf Kosten der Umwelt. Gemütlichkeit ist nach Feierabend Trumpf, Fehler anderer werden aufgefangen, erst Feindschaften entfachen einen fast blinden Zorn, der sich zur Amokwut steigern kann.
Reformen werden nur in kleinsten Schritten akzeptiert, und sie müssen sich schnell bewähren.

Die Sonne im Abschnitt Zwillinge ☉ i. ♊

Zwillinge: drittes Frühlingszeichen – angleichend – männlich. Element: Luft. Stichwort: beschwingter Lebenskern.
Die Sonne in Zwillinge zeugt für geistiges Handeln, für Aufgeschlossenheit und Kontaktfreudigkeit. Mit der Sonne im Abschnitt Zwillinge werden schnelle, manchmal oberflächliche Entschlüsse gefaßt, ist eine journalistische Aufnahmefähigkeit vorhanden, ist die Auffassungsgabe groß, die Neugier grenzenlos, die Sprachgewandtheit beachtlich. Langeweile ist ein Fremdwort, Entdeckungsfreude angeboren, die Zeit vergeht wie im Flug, die Worte sind schneller als die Gedanken!
Mit Fleiß wird Stillstand abgelehnt, Humor wird hoch geschätzt, Witzigkeit ist vorhanden. Literatur ist ein Lebensbedürfnis, Reisen erwecken stets Sehnsüchte. Die Welt wird als Bühne angesehen, auf der man mitagieren oder über diese Welt berichten will.

Die Sonne im Abschnitt Krebs ☉ i. ♋

Erstes Sommerzeichen – bewegend – weiblich. Element: Wasser. Stichwort: einfühlender Lebenskern.

Die Sonne in Krebs zeugt für traditionsbehaftetes und doch fortschrittliches Handeln, für Schöpferkraft und Hingabe! Mit der Sonne im Abschnitt Krebs wird empfindliches Wesen charakterisiert, wird Häuslichkeitsdrang groß geschrieben, werden Freundschaften gepflegt, wird ein starkes Empfindungsvermögen symbolisiert. Auch ist eine tiefe Empfänglichkeit anzutreffen, aber auch schutzlose Offenheit.

Das Emotionelle wird stark betont, die Seele als Urkraft anerkannt und geachtet. Träume sind Wegweiser, dabei wird die Distanz zu anderen innerlich als Notwehr sehr groß gehalten. Hilfsbereitschaft und Ahnungsvermögen gleichen reale Schwächen aus. Das Leben wird mehr ahnungsvoll gemeistert, Fleiß und Konzentration werden auf das Wesentliche angesetzt, Unwichtiges wird beiseite geschoben, man schätzt Ruhe!

Die Sonne im Abschnitt Löwe ☉ i. ♌

Löwe: zweites Sommerzeichen – fest – männlich. Element: Feuer. Stichwort: Großzügiger Lebenskern.

Die Sonne in Löwe zeugt für ein stark selbstbewußtes Handeln, für Mittelpunktsgefühl und Stolz! Mit der Sonne im Abschnitt Löwe wird das Gefühl gestärkt, etwas darzustellen. Man tritt mit selbstverständlicher Autorität auf, die Umwelt wird hypnotisiert, Siegesgewißheit strahlt aus! Die Gestaltungskraft ist groß, Zusammenhänge werden gut erkannt, das Organisationstalent ist imponierend! Das kraftvolle Befehlen ein Genuß, das Vertrauen in die eigene Kraft unbegrenzt. So sind Faulheit und Genußtrieb anzutreffen. Doch der Mut ist groß, der Hang zur Eitelkeit auch, der Wunsch, mindestens ein Dutzend Leben zu führen, eine Fata Morgana! Über den Niederungen des Alltags schwebt man, oft zu hoch, doch auch in der Gosse ist man König, wenn auch nur König des Animalischen.

Die Sonne im Abschnitt Jungfrau ☉ i. ♍

Drittes Sommerzeichen – angleichend – weiblich. Element: Erde. Stichwort: vernünftiger Lebenskern.

Die Sonne in Jungfrau zeugt für ein verantwortungsvolles Handeln, für Ordnung, Fleiß sowie Sauberkeit. Mit der Sonne im Abschnitt Jungfrau werden innere Kräfte symbolisiert, die sich auf Leistungen beziehen. Tatkräftig werden Krisen gemeistert, die Pflicht wird als Lebenselexier anerkannt! Gegen Lebensängste werden Versicherungen abgeschlossen, Arbeit wird als Zeitvertreib angesehen, wenn sie einen reell ernährt. Kritik ist das Salz in der Lebenssuppe, vor allem bei der Bewertung anderer Leistungen! Dabei wird Scharfsinn geschult, was das Einfühlen in andere zu erübrigen scheint.

Ernsthafte Bildungsliteratur wird psychologischen Aufsätzen vorgezogen, man ist stets für Hilfsbereitschaft zu haben. Die Realität ist das Leben, sie zu meistern oberstes Gebot.

Die Sonne im Abschnitt Waage ☉ i. ♎

Erstes Herbstzeichen – bewegend – männlich.
Element: Luft.
Stichwort: verbindender Lebenskern.
Die Sonne in Waage zeugt für ein geistvolles, charmantes Handeln, für Ausgeglichenheit und Verbundenheitsgefühl. Mit der Sonne im Abschnitt Waage wird eine dauernde Lebensbalance angestrebt, werden die Gefahren der Einseitigkeit erkannt, wird Ausgeglichenheit zum Idol erhoben. Die Angst vor der Überkraft, der Egozentrik, wird groß geschrieben. Geist wird mit Gefühl erfüllt, Gefühl mit Geist. Zuneigung in Hülle und Fülle, aber keine Leidenschaften. Dem echten Lebenskampf weicht man mit Diplomatie aus, das Animalische in einem wird in sinnenfrohe Empfindung umkultiviert. Harmonie im Umgang mit anderen wird als stilvoll empfunden, menschliche Bewertung hoch geschätzt. Kunst verschönert das Alltagsleben, auch Mode und Eleganz – die Sonne soll auch nachts scheinen, je dämmriger die Umgebung, um so reicher die Ausschmückung.

Die Sonne im Abschnitt Skorpion ☉ i. ♏

Zweites Herbstzeichen – fest – weiblich.
Element: Wasser.
Stichwort: leidenschaftlicher Lebenskern.
Die Sonne in Skorpion zeugt für ein leidenschaftliches Handeln voller Individualität! Mit der Sonne im Abschnitt Skorpion wird die Vergänglichkeit durch eigene Schuld anerkannt, hier ist ein großes Aufbäumen anzutreffen, ein engagierter Lebenskampf! Ungewohnte Kraft fasziniert und reißt mit. Geheimnisvolle Ausstrahlung führt auch in Abgründe und unbekannte Schluchten. Die Lebenssucht wird stark ausgelebt, Freunde und Bekannte werden strapaziert, Kämpfe immer angenommen, die Seele wird bohrenden Fragen ausgesetzt, ein gewisser Schleier umhüllt diese Menschen, wie auch die Natur von Nebeln zugedeckt ist.
Schöpferische Aufgaben reizen, die Grenzen der Welt werden nicht anerkannt sondern überschritten, mit dem Todesengel schließt man manchen Pakt, meint aber diesen immer brechen zu können.

Die Sonne im Abschnitt Schütze ☉ i. ♐

Drittes Herbstzeichen – angleichend – männlich.
Element: Feuer.
Stichwort: Sinnvoller Lebenskern.
Die Sonne in Schütze zeugt für ein sinnreiches, geistvolles, missionshaftes Handeln. Ideale Vorstellungen, Forscherdrang, tiefe Glaubensbereitschaft werden hier symbolisiert. Mit der Sonne im Abschnitt Schütze werden große Ziele mit Verstand und Maß anvisiert. Die Grenzen der Vernunft werden dem Glauben, den inneren Entwicklungen gegenübergestellt. Das Menschliche wird stark betont, das Lernende hoch eingeschätzt, der Sinn der Welt gesucht! Das Selbstbewußtsein schaut auf große Entwicklungen zurück. Das Erheben über Unterbemittelte ist an der Tagesordnung, doch die Hand nach unten wird immer gereicht. Die Stufen der Leiter, auf denen man steht, sind größer als gewöhnlich, die Gefahren näher als sonst, aber auch die Bereitschaft, nur so zu leben, um einem inneren geistigen Trieb zu folgen.

Die Sonne im Abschnitt Steinbock ☉ i. ♑

Erstes Winterzeichen – bewegend – weiblich.
Element: Erde.
Stichwort: Eigensinniger Lebenskern.
Die Sonne in Steinbock zeugt von ehrgeizigem, zielbewußtem Handeln, für reale Zähigkeit und für das Streben nach höheren Zielen. Mit der Sonne im Abschnitt Steinbock werden die höchsten Gipfel geduldig angegangen und gemeistert! Je tiefer der Startpunkt liegt, um so höher will man hinauf, um so mehr Strapazen werden ertragen. Hindernisse werden nicht mit Schwung übersprungen, sondern mit Beharrlichkeit beiseite geräumt, die gegebenen Möglichkeiten werden genutzt, nie über- oder unterschätzt. Der Kern dieser Menschen wird mit der Zeit immer härter, das Urteil krasser, ehrliche Leistung entscheidet, die Gefühle werden ausgespart, auch wenn man dies später bereut. Fleiß ist selbstverständlich nicht der Rede wert, Kritik wird ertragen, aber auch verwertet, dann muß es ja klappen!

Die Sonne im Abschnitt Wassermann ☉ i. ♒

Zweites Winterzeichen – fest – männlich.
Element: Luft.
Stichwort: Geistiger Lebenskern.
Die Sonne in Wassermann zeugt für ein reformbewußtes, gaukelndes Handeln voll Übermut und Sprunghaftigkeit. Mit der Sonne im Abschnitt Wassermann werden neue Wege eingeschlagen, Urwälder gerodet, die dann wieder zuwachsen. Der Wunsch nach geistiger Erneuerung wird zündend auf andere übertragen. Sinn für Gaukelei im großen Stil, das Versprechen hält kaum die erweckten Erwartungen.
Der Spaß an der Freud wird groß geschrieben, ebenso ideale Menschlichkeit, die aber nur selten erkämpft wird. Ideen werden am laufenden Band geboren, neue Erkenntnisse der Wissenschaft und der Technik stets in den Himmel gehoben. Der Wunschidealismus schlägt tolle Blüten, die Show ist das halbe Leben, der Effekt die Perle an sich! Doch die Intuition ist ausgeprägt, Einfälle sprühen, die Reaktionsmöglichkeit ist ungewöhnlich, die Aufgeschlossenheit sehr sensibel.

Die Sonne im Abschnitt Fische ☉ i. ♓

Drittes Winterzeichen – angleichend – weiblich.
Element: Wasser.
Stichwort: Hingebender Lebenskern.
Die Sonne in Fische zeugt für ein gefühlvolles, aufopferndes Handeln voll schicksalhafter Sehnsucht. Mit der Sonne im Abschnitt Fische werden Sehnsüchte für Realitäten gehalten, werden Träume als innere Wahrheit angenommen. Rätsel des Lebens beschäftigen einen, ohne daß man diese Rätsel ernsthaft lösen will! Kunstvolles Hingeben und Sichhingeben an Kunst wird als ideale Erfüllung angesehen. Zärtliche Hoffnungen tauchen immer wieder auf, eigene Sentiments werden oft in Musikerlebnissen umgesetzt. Weniger lebens- als liebessüchtig werden hier die privaten Stunden ausgefüllt, Schuld wird auf sich genommen, in der Hoffnung, dadurch Erfüllung zu finden. Der Instinkt ist dann die große Rettung, das animalische Gespür, wo die Grenzen sind! Eine innere Weisheit läßt dann doch noch das Leben lebenswert erscheinen.

Sphärenbild im Aufriß, aus Konrad von Megenbergs ›Buch der Natur‹, um 1482

Es sei hier noch einmal in aller Eindringlichkeit darauf hingewiesen, daß der Stand der Sonne in den einzelnen Abschnitten des Tierkreises noch nichts Endgültiges aussagt.

Alle Eigenschaften oder Charakteraufrisse, wie sie eben gegeben wurden, sind in der Regel nicht anzutreffen, sondern oft nur teilweise vertreten.

Aber: Jahr für Jahr zieht die Sonne so ihre Bahn durch den Tierkreis und prägt die Natur in den einzelnen Zonen. Diese Prägung gilt auch für die Lebewesen in den Zonen und daher auch für die Menschen. Zwölf Typen gibt es, und man sollte auch nur von Typen sprechen, denn so rein existieren sie ja nicht. Gäbe es sie, dann wären sie entweder grandios in ihrer Erscheinung oder bizarr überzogene Karikaturen.

Der Sonnenstand in den Abschnitten gibt deutlich einen Einblick in die Arbeit der Astrologie und es wird klar, wie sehr die astrologische Symbolik in sich logisch ist.

Leider hört für die meisten jedoch mit der Sonnenstandsastrologie die Astrologie bereits auf; vielleicht wird noch auf den Aszendent Rücksicht genommen. Hier gibt es zwölf Aszendentmöglichkeiten für jeden Sonnenstandsabschnitt, also schon 144 Grundkonstellationen, die der Leser beim Abschnitt über das innere Horoskop findet.

Doch neben dem Aszendent sind die anderen neun Gestirne noch sehr wichtig. Zu den Gestirnen gehören neben dem Licht Sonne das Licht Mond, sowie die Planeten Merkur, Venus, Mars, Jupiter, Saturn, Uranus, Neptun und Pluto.

Manche Astrologen verwenden bereits den sogenannten Transpluto, auch Isis genannt, aber es gibt noch zu wenig praktische Erfahrung, um diesen Planeten hier zu behandeln.

Die Gestirne

Der Mond und die Planeten

Mancher mag sich fragen, warum in diesem Buch die Gestirne so ausführlich behandelt werden, obwohl doch der Laie kaum feststellen kann, wo die Planeten zu jener Zeit standen oder zu dieser Zeit stehen.

Nun, einmal soll der Leser so weitgehend wie möglich über die Astrologie informiert werden, und sie ist ohne Mond und Planeten nicht denkbar. Zum anderen will sich vielleicht später jemand intensiver mit seinem oder mit anderen Horoskopen beschäftigen und dann muß er etwas über die Planeten wissen.

Die Ephemeride – das ist ein Gestirnstandsbuch – gibt Auskunft über den jeweiligen Stand von Sonne, Mond und Planeten; diese Ephemeriden sind durch jede Buchhandlung zu beziehen und auch in Volksbüchereien einzusehen. Außerdem gibt es astrologische Fachverlage, die gegen einen geringen Betrag jedem einen Auszug über den eigenen Gestirnstand zusenden. Diese Gestirnstände werden dann, wie wir noch sehen werden, in das Horoskopformular übertragen.

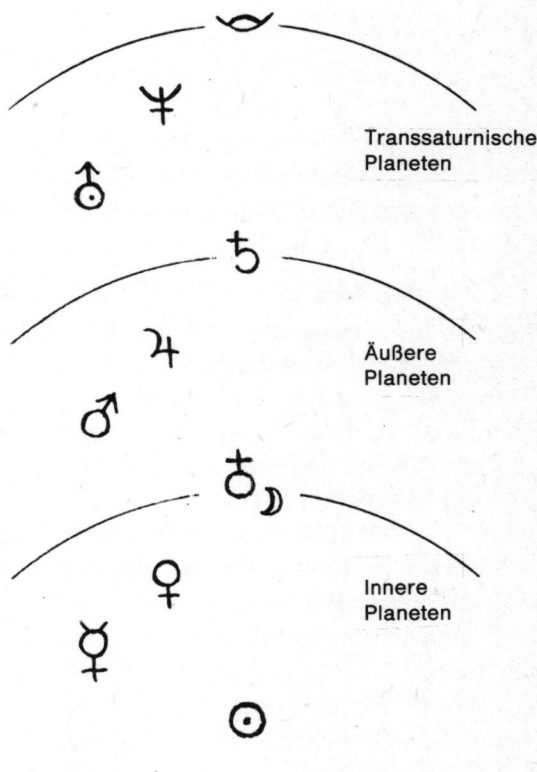

Einteilung der Planeten

Hier die Gestirne und ihre Zeichen:

Sonne ☉

Mond ☾

Merkur ☿

Venus ♀

Mars ♂

Jupiter ♃

Saturn ♄

Uranus ♅

Neptun ♆

Pluto ♇

Bei diesen Gestirnen unterscheidet man neben den Lichtern Sonne und Mond
die inneren Planeten: Merkur und Venus,
die äußeren Planeten: Mars, Jupiter, Saturn,
die transsaturnischen Planeten: Uranus, Neptun, Pluto.

Man sieht, daß sich in der Abbildung alle Gestirne um die Sonne herum bewegen, wie es also der Wirklichkeit entspricht. Zwar stimmen die Abstände zwischen den Gestirnen (die Erde gehört dazu) nicht, aber es geht hier nur um eine schematische Darstellung, wieso wir zu dieser Einteilung kommen.

Die Sonne ist der Mittelpunkt. Nah um die Sonne kreist Merkur, nicht weit entfernt der Planet Venus. Diese beiden Planeten kreisen mit dem Trabanten Mond zwischen Sonne und Erde, daher nennt man diese Planeten *die inneren Planeten.*
Diese inneren Planeten mit dem Licht Mond, die sich am schnellsten bewegen, ermöglichen für das individuelle Horoskop in der Deutung die wichtigsten Aussagen, denn ihr Stand verändert sich schnell.

Um Erde und Sonne – also außen herum – bewegen sich Mars, Jupiter und Saturn, die man auch *die äußeren Planeten* nennt. Je weiter der Abstand, umso größer der Kreis und umso länger der Weg auf der Tierkreisbahn oder der Ekliptik. Mars, der etwa doppelt so lange für seinen Weg braucht wie die Sonne, ist noch gut individuell zu werten. Er bringt dann die Verbindung zu Jupiter und Saturn. Diese beiden Planeten haben oft Stellungen, die für alle Menschen gelten, die in einem Zeitraum von einigen Wochen beziehungsweise Monaten geboren wurden. Hier ist also die spätere individuelle Deutung schon schwieriger.

Außerhalb der Saturnbahn kreisen die sogenannten *transsaturnischen Planeten,* das sind Uranus, Neptun und Pluto. Diese Planeten wurden erst in der Neuzeit entdeckt, denn sie sind mit bloßem Augen kaum sichtbar. Man braucht Instrumente, um sie zu erkennen – nur Uranus ist unter bestimmten Voraussetzungen mit dem Auge zu sehen.

Die Bedeutung dieser Planeten ist so gut wie gar nicht mehr individuell zu deuten, es sei denn, sie nehmen in einem Horoskop markante Stellungen ein.

Nun ist noch eins wichtig: Die Planeten können scheinbar – von der Erde aus gesehen – rückläufig sein, oder sie stehen scheinbar still.

Das ist jedoch nur eine Frage der Betrachtung. In Wahrheit bewegen sich die Planeten immer auf ihrer Bahn vorwärts. Da jedoch Astrologie aus dem Anblick geboren wurde, also die Anschauung zur Grundlage hat, ist die scheinbare Rückläufigkeit für die astrologischen Kombinationen wichtig.

Von der Sonne aus gesehen wäre ein Planet nie rückläufig oder, wie der Fachausdruck lautet, retrograd. Rückläufig heißt aber für uns, daß der Lauf eines Planeten scheinbar gegen die Folge

		Höhe des Zuschlages in %

reitung: ....

reitung: ....

es SV siehe Rückseite!

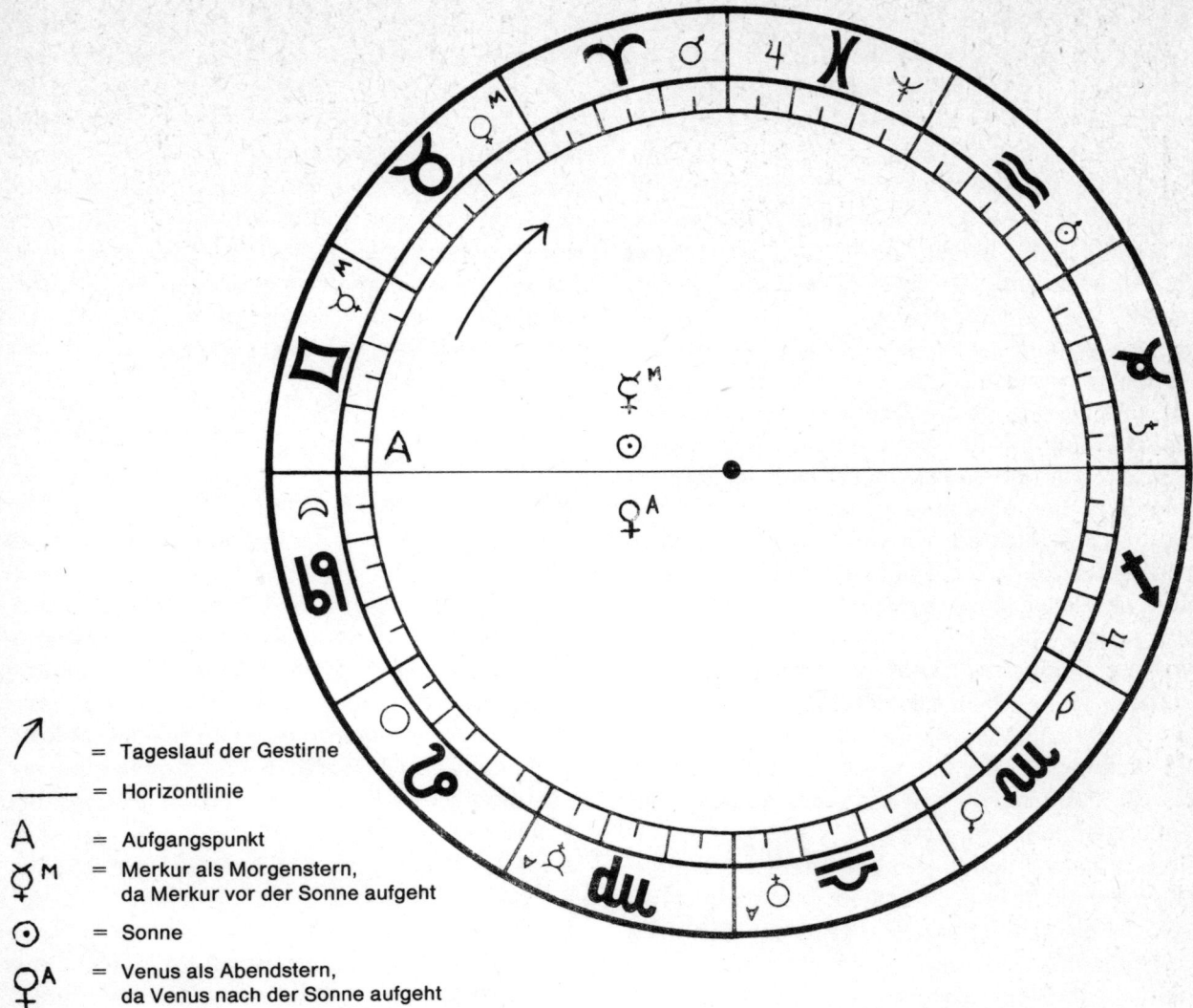

der Zeichen oder Abschnitte wandelt. Also nicht in der Richtung Widder – Stier, sondern in der Richtung Widder – Fische. Rückläufig heißt auch, daß sich der Planet im Uhrzeigersinn bewegt, während sonst allgemein die Bewegungen entgegen dem Uhrzeigersinn verlaufen. Bei den äußeren Planeten ist dies der Fall, wenn sie ungefähr eine Opposition zur Sonne einnehmen, also von der Sonne – im Kreis gemessen – rund 180 Grad wegstehen. Bei den inneren Planeten ist dies der Fall zur Zeit ihrer Konjunktion mit der Sonne, also – auf dem Kreis gemessen – wenn ihr Abstand zur Sonne minimal ist.

Das mag manchem Anfänger etwas kompliziert erscheinen, weil astronomisch die Rückläufigkeit nicht auftritt, aber das hat eben seinen

Grund, weil wir die Gestirne von der Erde aus betrachten. Sonne und Mond sind übrigens nie rückläufig. Die Rückläufigkeit ist in den Gestirnstandsbüchern, den Ephemeriden, immer mit einem »R« gekennzeichnet. Und wenn die Planeten sich scheinbar wieder nach vorn bewegen, wenn sie also zwischen Rückläufigkeit und Vorwärtsläufigkeit wechseln, findet man in der Ephemeride ein »D«, was soviel wie »direkt« heißt.

Wenn sich nun ein Planet rückläufig – also entgegen seiner Bahn – zu bewegen scheint, dann ist das wichtig für die Deutung, die ja auf der Anschauung beruht. Auch wenn sich im Leben etwas zurückzuentwickeln scheint, ist das für eine Zeit bemerkenswert, denn im Leben bewegt sich ja alles nur vorwärts. Eine scheinbare Rückentwicklung – die ja gleichzeitig auch eine Zukunftsentwicklung darstellt – ist also umso bemerkenswerter.

Wenn ein Planet stillzustehen scheint, dann verstärkt dies natürlich seine stationäre Wirkung. Die Rückläufigkeit wie der Stillstand oder der Wechsel zum »Direkten« (»D«) rechten Lauf ist bei der Grundaussage wie bei der Aussage der Zukunftstendenzen wichtig.

Zwei innere Planeten haben noch besondere Erscheinungsformen, nämlich Venus und Merkur. Da beide Planeten immer in der Nähe der Sonne stehen, können sie nur als Abend- oder als Morgenstern sichtbar werden. Venus als Abendstern ist allgemein bekannt. Wenige wissen, daß auch Merkur als Morgen- oder Abendstern sichtbar werden kann. Am mitternächtlichen Himmel ist er nie zu sehen, nur kurz nach Sonnenuntergang oder kurz vor Sonnenaufgang.

So glaubte man einst, es handle sich um zwei verschiedene Sterne, bis man erkannte, daß es stets derselbe Stern ist.

Für die Astrologie ist die Unterscheidung in Abend- und Morgenstern wichtig – darauf wird bei den einzelnen Planeten noch eingegangen. Man kann einem Horoskop deutlich entnehmen, ob Venus oder Merkur Morgen- beziehungsweise Abendstern sind. Sie sind Morgenstern, wenn sie vor der Sonne am Horizont auf- oder untergehen. Da im Horoskop Osten links liegt, müssen diese Planeten als Morgenstern im Uhrzeigersinn vor der Sonne stehen. Als Abendstern stehen sie im Uhrzeigersinn hinter der Sonne.

Wie wirken die Gestirne?

Immer wieder wird die Frage gestellt, wie die Planeten wirken.

Daß die Sonne einen Einfluß auf das Leben hat, ist für jedermann deutlich, sie wärmt, sie beeinflußt den Ablauf der Natur. Der Mond wirkt mit seiner Schwerkraft auf die Erde, was bei Ebbe und Flut zu bemerken ist. Auch wirkt eine Neumond- und noch mehr eine Vollmondstellung auf einzelne Menschen stark; manche können bei einem solchen Mondstand kaum oder gar nicht schlafen. Mond und Sonne haben also zweifellos eine Wirksamkeit auf das Erdenleben.

So nahm man natürlich an, daß dies bei anderen Planeten auch der Fall sein müsse, obwohl hier keine meßbaren Ergebnisse vorlagen. Von elektronischen oder magnetischen Strömungen sprachen besonders die Astrologen, die unbedingt die Naturwissenschaftler überzeugen wollten, daß Astrologie auch naturwissenschaftlich beweisbar wäre.

Aber wie schon erwähnt, kommt es darauf gar nicht an! Astrologie ist eine Erfahrungswissenschaft, die sich auf Anschauung gründet und – wenn – symbolische Aussagen macht.

Wieso aber, erfolgt nun der Einwand, kann man sich nach dem Stand der Planeten richten?
Die Antwort: Es sind ihre Zeitgesetze, da ja – wie erwähnt – Zeit gleich Schicksal ist!
Oder, wie die alten Chinesen schon weise sagten: »Niemand steigt zweimal in denselben Fluß.«
Denn beim zweitenmal hat sich durch den Zeitablauf sowohl der Fluß wie der Einsteigende verändert, beide sind anders geworden.
Die Zeit wurde am Himmel gefunden, das Jahr, der Monat, und mit dem Monat die Woche, denn durch die vier verschiedenen Mondphasen teilte man den Mondumlauf in vier Teile. Da ist einmal der Zeitraum vom Dunkel- beziehungsweise Neumond bis zum zunehmenden Halbmond, dann der Zeitraum vom zunehmenden Halbmond bis zum abnehmenden Halbmond, und schließlich der Zeitraum vom abnehmenden Halbmond zum Dunkelmond.
Teilt man diese vier Phasen durch den Gesamtmondumlauf, so kommt man auf rund sieben Tage, und da man einst nur sieben Gestirne kannte, ging die Rechnung gut auf, und man teilte die Tage jeweils einem Planeten zu.

Der Sonntag war der Sonne zugeteilt,
der Montag dem Mond,
der Dienstag dem Mars,
der Mittwoch dem Merkur,
der Donnerstag dem Jupiter,
der Freitag der Venus,
der Samstag dem Saturn.

Aber man machte noch eine andere wichtige Entdeckung, daß sich nämlich die Zeitgesetze aller Planeten so gut ineinanderfügen wie das Räderwerk einer Weltuhr. Das gilt übrigens auch für die neuen Planeten einschließlich der Vesta.

Es ist einleuchtend, daß wir die Sonne als deutlichsten Uhrzeiger dieser Weltuhr oder kosmischen Uhr betrachten.
Bedingt durch die tägliche Drehung der Erde um ihre eigene Achse zeigt sie uns den Tag wie die Nacht an, und durch ihren scheinbaren Jahreswandel auf der Ekliptik auch das Jahr.
Der nächstdeutliche Uhrzeiger ist der Mond. Hier ist es insofern etwas komplizierter, weil wir im Grunde von zwei Mondumläufen sprechen müssen. Da gibt es einmal den Umlauf, der von einer Lichtphase zur anderen gemessen wird, also etwa von Vollmond zu Vollmond, oder von Dunkelmond zu Dunkelmond.
Wir wissen, daß der Mond dann als Vollmond angesehen wird, wenn er das volle Licht von der Sonne empfängt, wenn er also der Sonne genau gegenübersteht, das heißt in Opposition.
Der Umlauf von Vollmond zu Vollmond oder von einer anderen Lichtphase zur gleichen beträgt 29 Tage 12 Stunden 44 Minuten 2,8 Sekunden – rund 30 Tage also.
In diesen 30 Tagen aber ist auch die Sonne um 30 Grad vorgeschritten, so daß der Mond von Vollmond zu Vollmond in 30 Tagen 390 Grad durchwandert hat, das heißt auf Tierkreisabschnitte übersetzt 12 + 1 = 13.
War Vollmond, als der Mond etwa auf Null Grad Krebs stand, während da die Sonne bei Null Grad Steinbock war, ist erst wieder Vollmond, wenn der Mond auf Null Grad Löwe steht, während nun die Sonne bereits auf Null Grad Wassermann vorgerückt ist. Diesen Umlauf nennt man den synodischen Umlauf.
Nun gibt es aber noch den Umlauf von einem Tierkreisgrad zum gleichen, also den Umlauf um 360 Grad, wenn der Kreisumlauf auf der Ekliptik vollendet ist. Diesen Umlauf maß man früher etwa von einem Fixstern zum anderen und nannte ihn den siderischen Umlauf, weil er auf

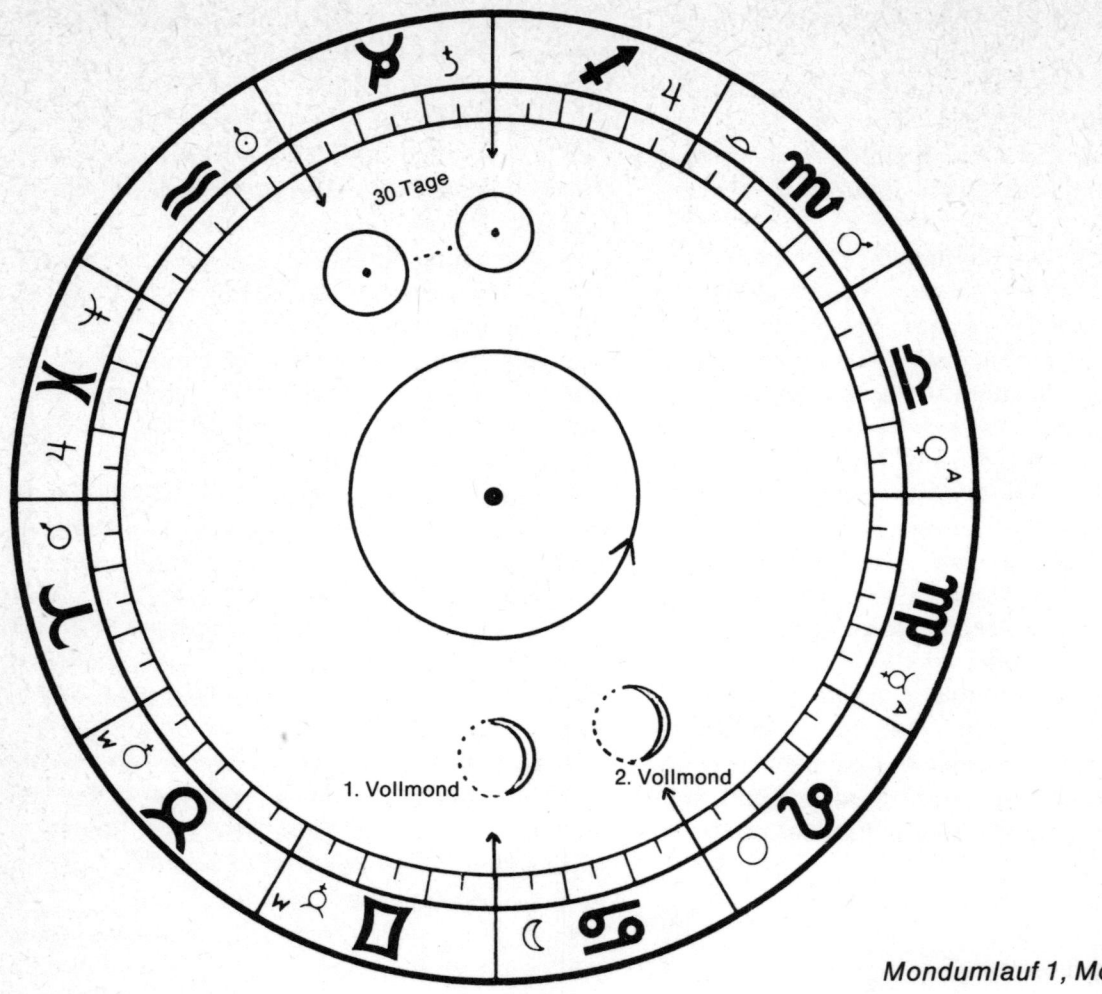

Mondumlauf 1, Mondumlauf 2

die Sternstellung bezogen oder berechnet wird. Dieser Umlauf ist um 30 Grad kürzer als der von Vollmond zu Vollmond. Er beträgt also zeitlich gemessen beim Mond 27 Tage 7 Stunden 43 Minuten sowie 11,5 Sekunden, also rund 27 ⅓ Tage oder rund 28 Tage, weswegen man auch den Mondumlauf in vier Teile zu sieben Tagen einteilte, also in vier Wochen.

Diese Unterscheidung präge man sich recht gut ein, denn sie wird uns in der Astrologie noch öfter begegnen. Es gibt also den siderischen Umlauf – das Wort kommt aus dem Lateinischen von »sideral« und ist auf die Sterne bezogen – und es gibt den synodischen Umlauf, der auf eine Konjunktion, auf eine Opposition, also auf einen Aspekt bezogen ist.

Beim Mondumlauf ist der synodische Umlauf um ein Zwölftel länger als der siderische Umlauf.

Der Mond legt also in einem Jahr 13 siderische und 12 synodische Umläufe zurück.

Die Zeitgesetze der Planeten

Mond und Sonne haben ihre Zeitgesetze, fügen sich da auch die anderen Planeten ein? Ja! Am auffälligsten war das Zeitgesetz zwischen Mond, dem schnellsten Gestirn, und Saturn, dem langsamsten Gestirn. Denn dem synodischen Mondumlauf von 29 ½ Tagen entsprach ziemlich genau der Jahresumlauf des Saturn von 29 ½ Jahren.

Das Maß »Tag gleich Jahr« war somit für die Astrologie gefunden, was später besonders für die Zukunftsberechnung von entscheidender Bedeutung sein sollte, zumal man noch mehr Jahr/Tag-Entsprechungen entdeckte.

Saturn benötigt rund 29 ½ Jahre für einen Umlauf, das heißt, nach 29 ½ Jahren befindet er sich wieder am Ausgangspunkt seiner Wandelbahn durch die Ekliptik, durch den Tierkreis, was einer Menschengeneration entspricht. Daher nannte man auch in der Astrologie Saturn oft den Schicksalsstundenanzeiger und den Mond den Sekundenzeiger. Dieses Verhältnis zwischen Mond und Saturn ist also, wie die Zeitgesetze aussagen, bei der Horoskopausdeutung besonders zu beachten.

Es mag sein, daß von daher für Saturn die veraltete Interpretation als großer Übeltäter stammt. Es sei hier aber gleich betont, daß solche Begriffe nur in der Banalastrologie ihre Verwendung finden, in der psychologischen, modernen Astrologie gibt es – wie bei den alten Sterndeutern auch – kein Gut oder Böse in Bezug auf Gestirne.

Aber Saturn ist noch mit einem anderen Planeten durch ein auffallendes Zeitgesetz verbunden, das allerdings nicht ganz so deutlich am Himmel ablesbar ist, und zwar mit Jupiter. Jupiter benötigt für einen Umlauf auf der Ekliptik rund zwölf Jahre; so entspricht ein Jahresdurchgang der Sonne einem Jupitermonat.

Man trifft hier also das Verhältnis von Sonne und Mond wieder an, das dem von Jupiter und Sonne entspricht, weswegen man auch Jupiter als höhere Sonne bezeichnete und Jupiter/Zeus zum höchsten Gott erhob.

Aber wie entsprechen sich nun Jupiter mit seinem 12jährigen Umlauf und Saturn mit seinem 29 ½jährigen Umlauf? Nun, rund alle 20 Jahre treffen diese Planeten zu einer Konjunktion zusammen. Das war immer bedeutsam, wenn diese beiden fernsten, mit bloßem Augen noch sichtbaren Planeten zusammentrafen, zumal diese Konjunktion in rund einem Jahr dann oft dreimal geschah, bedingt durch die Rückläufigkeiten.

Die Konjunktion von Jupiter und Saturn, also das Zusammentreffen dieser beiden Planeten von der Erde aus gesehen, nannte man stets die Große Konjunktion, die oft auch in die Geschichte eingegangen ist.

Nun aber das Seltsame: Diese »großen« Konjunktionen finden immer im selben Element statt, dazu in einer Entfernung von ca. 120 Grad: also etwa im Element Feuer, das hieße in den Zeichen Widder, Löwe, Schütze,

oder im Element Erde, also in Stier, Jungfrau, Steinbock,

oder im Element Luft, also in Zwillinge, Waage, Wassermann,

oder im Element Wasser, also in Krebs, Skorpion, Fische.

Hier ein Beispiel: am 28. November 1901: Saturn/Jupiter-Konjunktion auf 14 Grad Steinbock, am 10. September 1921 Saturn/Jupiter-Konjunktion auf 26 Grad 40 Jungfrau, am 7. August 1940 Saturn/Jupiter-Konjunktion auf 14 Grad 27 Stier, und am 19. Februar 1961 Saturn/Jupiter-Konjunktion auf 25 Grad 12 Steinbock.

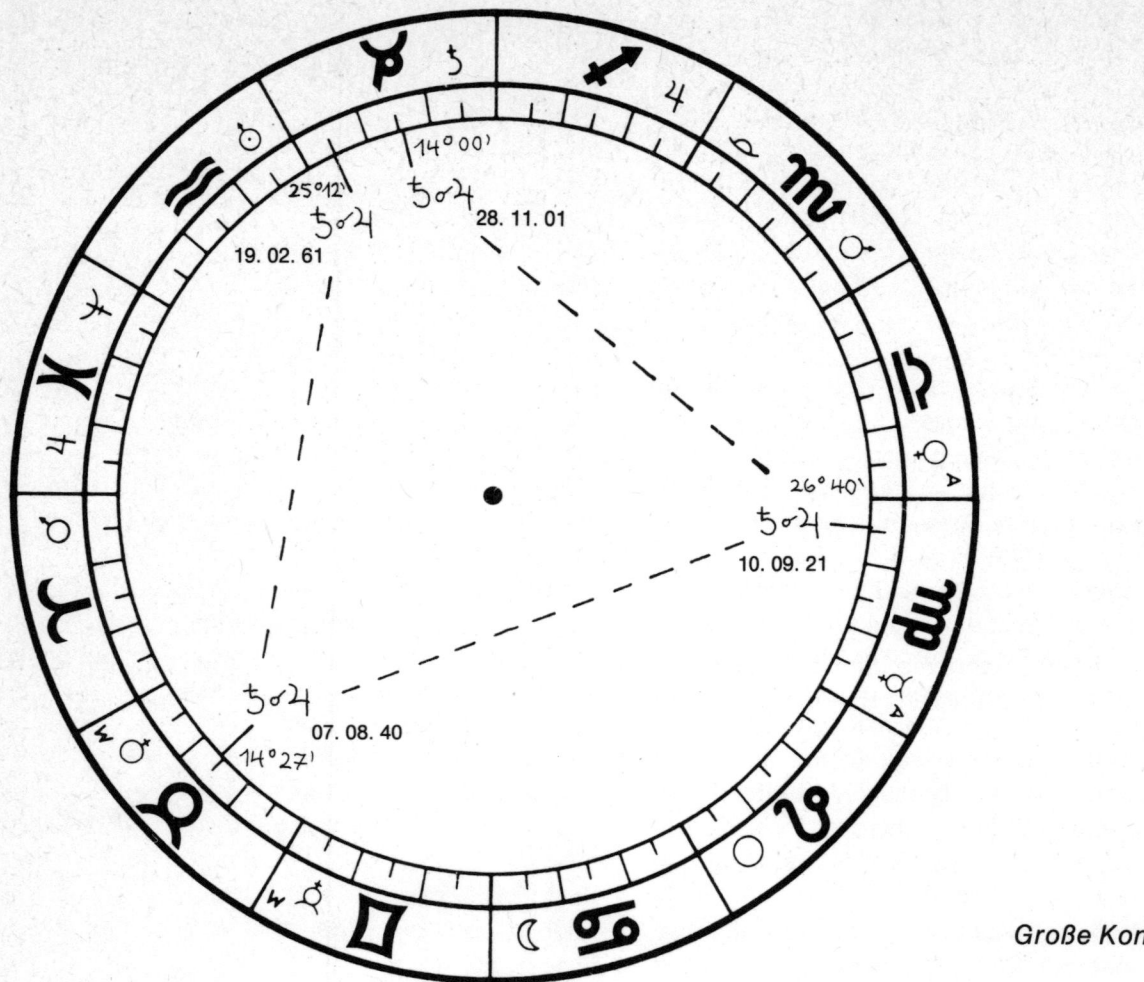

Große Konjunktion

Das heißt, in rund 60 Jahren bilden diese beiden großen Planeten ein fast gleichseitiges Dreieck, ein Trigon, wie die Abbildung zeigt, wenn man diese Konjunktionen jeweils als Spitzen dieses Dreiecks ansieht. Anders gesagt: Alle 60 Jahre ereignet sich an einem der drei Himmelsorte dieses Dreiecks, um ein bestimmtes Maß verrückt, eine große Konjunktion. Diese große Konjunktion wandert nun durch den gesamten Tierkreis.

Nehmen wir als Ausgangspunkt etwa Anfang Widder, dann vergehen rund 200 Jahre, ehe diese Konjunktion, die durch Widder, Löwe, Schütze gewandelt ist, in das Zeichen Stier tritt. Weitere 200 Jahre vergehen, ehe diese Konjunktionsspitze durch Stier, Jungfrau, Steinbock gewandelt ist, um nun 200 Jahre durch Zwillinge, Waage, Wassermann und weitere 200 Jahre durch Krebs, Skorpion und Fische zu wandeln. Das sind 800 Jahre für vier Tierkreiszeichen.

Dann wandert diese Konjunktion ins zweite Quartal des Tierkreises, also in Löwe; das bedeutet 200 Jahre in Löwe, Schütze, Widder, usw. Es vergehen also rund 3 x 800 = 2400 Jahre, ehe diese Ausgangsspitze wieder Anfang Widder steht.

2400 Jahre – und wir messen unseren Tag mit 24 Stunden! Das ist keine Zahlenspielerei, sondern ein Gesetz, das uns der Himmel verkündet. Man sieht ferner – dies sei im Vorgriff gesagt – daß ein Trigon, das ist ein Abstand von 120 Grad, ein Aspekt ist, der deutlich vom Himmel verkündet wird, wie ja überhaupt alles, was die Astrologie aussagt, nicht künstlich konstruiert wurde, sondern durch Himmelsgesetze begründet ist.

Doch zurück zu den Zeitgesetzen: Von dem Ineinanderfassen der Zeiten bei Jupiter und Sonne wurde schon gesprochen, noch nicht von der Beziehung – zeitlich gesehen – zwischen Jupiter und Mars. Denn wie Jupiter/Saturn uns das Trigon an den Himmel zeichnen, so Mars/Jupiter das Sextil.

Rund zwei Jahre benötigt Mars für seinen Tierkreisumlauf, das ist doppelt so lang wie die Sonne, und ein Sechstel so lange wie Jupiter. Hier gibt es also zwischen Mars und Jupiter das Verhältnis von zwölf zu zwei Jahren, also 6:1.

Teilt man den Tierkreis von 360 Grad durch 6, so ergeben sich 60 Grad oder ein Sextil!

Wenn Mars seinen Ekliptikumlauf beendet hat, ist in der Tat Jupiter um rund 60 Grad vorgeschritten. Nun gelten in der Astrologie – auch das sei hier schon angedeutet – die Aspekte von 120 Grad = Trigon und von 60 Grad = Sextil als besonders günstig, vielleicht, weil Jupiter an beiden Aspekten beteiligt ist, der Planet, der zwischen dem Kampfplaneten Mars und dem Schicksalsplaneten Saturn wandelt – aber das ist nur ein Grund, auf die anderen kommen wir beim Kapitel Aspekte zu sprechen.

Mars benötigt zweimal soviel Zeit wie die Sonne für seinen Umlauf, das bedeutet, daß Mars meist in der Hälfte seines Umlaufs (nie direkt, weil ja auch die Sonne weiter ihre Bahn zieht) in Opposition zur Sonne kommt. Dann jedoch ist Mars erdnah und leuchtet auffallend rot, und er scheint der Sonne Paroli bieten zu wollen.

Die Marsbahn ist elliptisch und so ist das Lauftempo des Mars sehr unterschiedlich. Steht er bei der Sonne, versucht er fast das Tempo der Sonne zu halten, natürlich fällt er auf die Dauer zurück. Wenn er sich der Opposition der Sonne nähert, sieht es aus, als würde er verharrend auf die Sonne warten, um mit ihr den Kampf aufzunehmen.

Da aber auch der Mond als Vollmond in seiner Oppositionsstellung zur Sonne im schönsten Glanz erstrahlt, war die Wichtigkeit der Oppositionsstellung klar gegeben oder an den Himmel geschrieben, wodurch der Aspekt von 180 Grad stark an Bedeutung gewann. Alles also vom Himmel ablesbar.

Auch Venus hat ihre Zeitgesetze. Venus ist – wie festgestellt – einmal Morgen-, einmal Abendstern. Jede dieser Perioden dauert zirka 240 bis 250 Tage, also rund 8 Monate. So wurde die Zahl 8 zu einer berühmten Venuszahl.

Teilt man den Kreis von 360 durch 8, erhält man die Summe von 45 Grad, was einem Halbquadrat entspricht, dem einzigen Aspekt übrigens, der zwischen Sonne und Venus außer der Konjunktion und dem Halbsextil möglich ist.

Rund 8 Mondumläufe (240 : 8 = 30) sieht man Venus als Morgen- oder Abendstern, und diese 8 wird durch eine andere Merkwürdigkeit am Himmel betont. Denn wenn Venus an einem Grad des Tierkreises zum erstenmal als Morgenstern auftaucht, dann tut sie es rund 8 Jahre später wieder an genau derselben Stelle.

Und der Mond kennt dieses Gesetz auch, denn

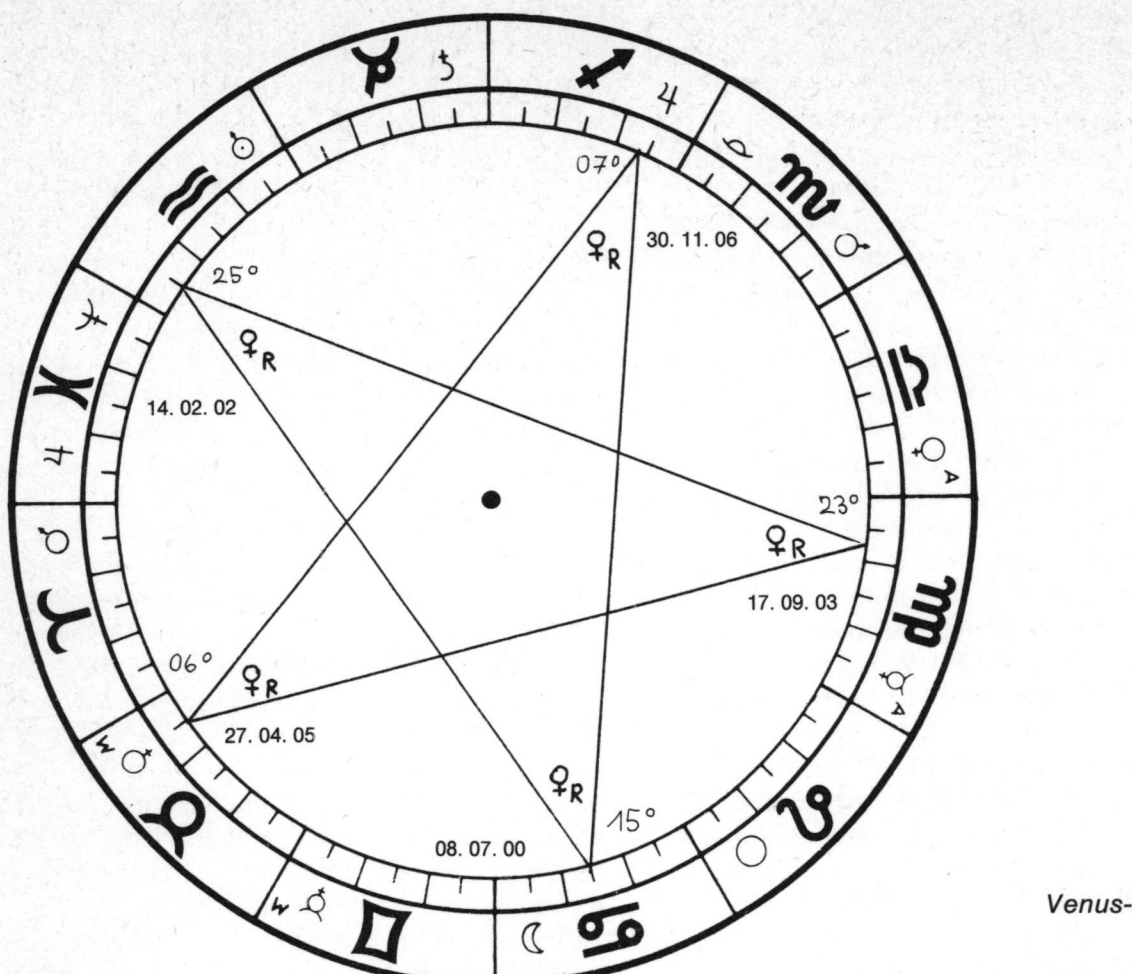

Venus-Fünfstern

wenn er als Neumond zum erstenmal aus der Dunkelheit an einer Stelle des Tierkreises auftaucht, dann tut er es genau 8 Jahre später an der gleichen Stelle wieder!

Die Ephemeriden, die Gestirnstandbücher, beweisen es:
Neumond 5. März 1924   12 Grad Fische
Neumond 6. März 1932   15 Grad Fische
Neumond 9. März 1940   17 Grad Fische
Neumond 10. März 1948   19 Grad Fische usw.

So haben also Venus und Mond auch eine deutliche Zeitbeziehung miteinander.
Und der gesamte synodische Umlauf der Venus beträgt 584 Tage. Multipliziert man diese Zahl mit der Zahl 5, so erhält man die Zahl 2920. Multipliziert man jedoch die Tageszahl des Jahres, also 365, mit der Venuszahl 8, dann erhält man auch die Tageszahl von 2920.
Wir haben also das Verhältnis von 8:5, das dem Goldenen Schnitt entspricht und auch zum harmonischen Umlauf der Venus gut paßt.

Aber ist vielleicht, so mag mancher fragen, die Wahl der Zahl 5 willkürlich? Nein! Denn Venus schreibt uns diese Zahl 5 an den Himmel. Die erste Sichtbarkeit der Venus als Morgenstern erfolgt nämlich immer nur in 5 Tierkreisabschnitten.

Der Venus-Fünfstern erscheint zum Beispiel, wie die Abbildung zeigt, in der Reihe Krebs – Wassermann – Jungfrau – Stier – Schütze und so fort, wobei noch betont sei, daß der Frühaufgang der Venus als Morgenstern immer nach einer Konjunktion mit der Sonne erfolgt, also wenn Venus von der Erde aus rückläufig erscheint.

Die 5 ist also auch eine Venuszahl wie die 8, und teilt man die Zahl der Kreisgrade 360 durch 5, dann bekommt man die Zahl 72 heraus, die Zahl des Quintilaspekts. Das Quintil, ein 72-Grad-Aspekt, ist also ein Venusaspekt.

Und noch eines ist interessant: In 8 Jahren vollführt die Venus 13 Sonnenumläufe, und auch das Verhältnis 13:8 entspricht dem Goldenen Schnitt; und wie die Venus durch die Zahl 13 mit der Sonne verbunden ist, so ja auch der Mond, was wiederum auf die Verbindung Mond/Venus hinweist. Man sieht also, wie ein Rad der Zeitgesetze in das andere greift.

Fehlt noch das Zeitgesetz des Merkur: Seine Umlaufzahl beträgt 88 Tage siderisch und 116 Tage synodisch. Also einmal rund ein Viertel-, dann rund ein Dritteljahr.

Wir haben hier das Verhältnis von 4:3, also das Verhältnis von Quadrat (360:4 = 90 Grad) zu Trigon (360:3 = 120 Grad).

Man kann also sagen: Der Vermittler Merkur steht zu beiden oder zwischen beiden Aspekten. Aber das ist noch nicht alles, wenn es einst auch so schien, als hätte Merkur keine anderen Zeitbeziehungen zu den anderen Planeten. Man entdeckte ja Uranus, der fast ebensoviel Jahre für seinen Umlauf braucht wie Merkur Tage.

Nicht ohne Grund wurde daher auch Uranus als höhere Stufe des Merkur angesehen.

Uranus benötigt rund 84 Jahre für einen Umlauf; teilt man diese Zahl durch die 12 Tierkreis-Mondabschnitte, dann erhält man die Zahl 7.

Das ist die Zahl der alten Planeten, die man bis zur Entdeckung des Uranus zählte, und 12 mal 7 gleich 84 war auch die Zahl, die man einst der möglichen Lebensdauer eines Menschenlebens zuschrieb.

Nach Uranus entdeckte man Neptun, den man logischerweise als höhere Stufe der Venus ansah. Sollten die Zeitgesetze das bestätigen? Ja! Der Neptunumlauf beträgt etwa 60 200 Tage. Teilt man diese Zahl durch die mittlere Sichtbarkeit der Venus als Morgen- oder Abendstern, also durch 245, dann ergibt dies die Summe von 245 Tagen, was wiederum der mittleren Sichtbarkeit entspricht.

Demnach müßten auch Mars und Pluto eine Zeitbeziehung haben, weil der als nächstes entdeckte Planet Pluto als höhere Stufe des Mars angesehen werden mußte. Die Umlaufzeit des Pluto beträgt 248 Jahre. Teilt man diese Zahl durch die Zahl der Tierkreisabschnitte, also durch 12, so ergibt dies rund 20 Jahre, oder 20 Sonnenjahre entsprechen einem Plutomonat. So haben wir 240 Plutojahre, genau wie wir 24 Marsmonate haben; oder der zeitliche Umlauf des Pluto ist an Jahren 120 mal so lang wie der des Mars. Immer wieder die Zahl 12 und die Zahl 24, die Monats- und Stundenzahlen unserer Zeitrechnung.

Diese Zeitgesetze sind hier nur im Auszug wiedergegeben, es gibt noch mehr, die ineinandergreifen, aber dies möge genügen, um zu zeigen, welche Beziehung die Planeten zueinander haben. Man sollte doch etwas über diese Himmelsgesetze Bescheid wissen, auf denen im Grunde die wahre Astrologie beruht.

Noch ein Wort zum Quadrat. Wie man den Mondumlauf in vier Wochen teilte, so teilte man den Kreis in vier Abschnitte, das heißt in jeweils 90 Grad, die Zahl des Quadrataspekts. Und auch den Saturnumlauf (ca. 29 ½ Jahre) teilte man – entsprechend seiner Zeitbindung an den Mond – durch vier in vier Umlaufteile, und die Erfahrung lehrt, daß ungefähr alle sieben Jahre ein besonderer Entwicklungsschub im Leben eines Menschen erfolgt.

Nun kommt möglicherweise der Einwand aller Skeptiker, daß hier zum Teil doch mit recht abgerundeten Zahlen gearbeitet wurde. Das ist vordergründig richtig.

Aber einmal liegt der Sinn der Zeitgesetze nicht in der präzisen Zahl hinter dem Komma, sondern in ihrer symbolischen Bedeutung, und dann sind diese Zahlen auch in einem größeren Zusammenhang zu sehen.

Dafür nur ein Beispiel: Das Siriusjahr beträgt, das wußten die Ägypter, 365 Tage und ¼ Tag.

Das heißt, der Frühaufgang des Sirius, der sehr wichtig war, weil er die lebensnotwendige Nilflut ankündigte, wiederholt sich genau nach 365 Tagen und 6 Stunden, was ja recht präzise einem Sonnenjahr entspricht, und weswegen wir ja heute alle vier Jahre einen Schalttag zum Jahr zurechnen. Die Ägypter taten das nicht.

So verschob sich der Siriusaufgang alle vier Jahre um einen Tag, alle 400 Jahre um 100 Tage; das war auf die Dauer für die Flutbestimmung sehr lästig, also mußte ein Grund hinter dieser Maßnahme stehen.

Der Grund war: nach 1461 Jahren zu je 365 Tagen war alles wieder im Lot. Da deckte sich der Siriusaufgang wieder genau mit dem großen Kalender. Denn 1461 Jahre zu 365 Tagen ergeben 533 265 Tage, und 533 265 Tage sind 1460 Jahre zu 365 ¼ Tagen. Also sind 1460 Sirius-Jahre gleich 1461 Jahre der normalen Zeitrechnung.

Ein etwas kompliziertes Beispiel vielleicht, das aber zeigt, wie die Zeitgesetze in sich stimmen und daher überzeugend sind, und mit vollem Recht die Menschen er- und angeregt haben.

Auf diesen Zeitgesetzen und der Sichtbeobachtung der Planeten im Verhältnis zu den Beobachtungen auf der Erde beruht die Erfahrung der Astrologie, womit wir uns nun dem Mond und den andern Planeten zuwenden.

Wir werden dabei sehen, daß bei der Sonne in den einzelnen Tierkreisabschnitten am Schluß der Beschreibungen je ein Planet einen Tierkreisabschnitt beherrscht. Der Ausdruck »beherrscht« ist der Tradition entnommen, und er scheint nicht sehr glücklich gewählt. Man setzte nämlich der Herrschaft die Vernichtung gegenüber. Das heißt, da wo der Planet herrschte, war in Oppositionsstellung – also im Kreis um 180 Grad weiter – derselbe Planet in der Vernichtung.

So war die Sonne in Löwe als Herrscher angesehen, im Abschnitt Wassermann galt sie als vernichtet. In der Deutungspraxis wirkte sich das dann so aus, daß man, was den Sonnenstand betraf, die Menschen, die im Abschnitt Löwe geboren wurden, als sehr vital ansah; diejenigen, die geboren wurden, als die Sonne im Abschnitt Wassermann stand, galten als labil und nicht so vitalitätskräftig.

Das widerspricht jeder Erfahrung, zumal es passieren kann, daß so gesehen die Mehrzahl der Planeten vernichtet stehen könnte, was also viel Unglück – und daran muß man denken – für die Geborenen ganzer Monate bedeuten würde.

Das ist alte Überlieferung, die sich aus Fehlentwicklungen ableitet.

Besser ist es also, zu sagen, daß jeder Planet im Tierkreis einen Abschnitt hat, wo er »seine verwandte Kraft« findet.

Der Mond

Der Mond astronomisch
Der Mond bewegt sich um die Erde in einer elliptischen Bahn und damit in einem verschieden großen Abstand zur Erde. Seine mittlere Entfernung zu ihr beträgt 384 400 Kilometer, sein Durchmesser 3476 Kilometer. Die Knotenlinie bewegt sich von Ost nach West. Was ist die Knotenlinie?
Der Mond bewegt sich – vereinfacht ausgedrückt – wellenförmig um die scheinbare Sonnenbahn. Knoten sind die beiden Punkte, wo die Bahnen der Planeten die Ekliptik durchschneiden. So unterscheidet man zwischen den aufsteigenden Knoten und den absteigenden Knoten. In der ersten Hälfte seiner Bewegung – also von Neumond/Dunkelmond zu Vollmond – heißt der Mond zunehmend, in der zweiten Hälfte – also von Vollmond zu Neumond/Dunkelmond – heißt der Mond abnehmend.

Für die Mythen war entscheidend, daß die letzte, sterbende Mondsichel am Himmel stets im Osten am frühen Morgen zu sehen ist, also kurz vor Sonnenaufgang und genau an der Stelle, wo dann im Osten alle Gestirne aufgehen. Das Volkslied vom Morgenrot, das frühen Tod bedeutet, weiß noch heute davon.
Und die erste Neumondsichel wird nach Sonnenuntergang im Westen am Abendhimmel gesehen; der Mond steht also am dritten Tag nach seinem Untergang an dem Punkt im Westen auf, wo sonst alle anderen Gestirne untergehen.
Da bei den Mondsicheln meist Venus als Abend- oder Morgenstern zu finden ist, so prägte sich vor allem das Bild vom Abendstern mit der neugeborenen Mondsichel ein, was bis zur Legende von der unberührten Empfängnis führte. In vielen katholischen Kirchen findet man noch heute die Jungfrau Maria auf einer Mondsichel stehend.

Der Mond archetypisch
So vielfältig, wie sich der Mond am Himmel zeigt, so vielfältig sind seine Mondgottheiten.
Das ist einmal *Artemis*, die jungfräuliche Göttin, dann *Hera*, die Göttin der Mütterlichkeit, aber auch *Demeter*, die sorgende Mutter symbolisierend. Dem abnehmenden Mond entspricht *Persephone*, dem Dunkelmond *Hekate*, die dämonische Mondgöttin.
Man muß bei der psychologischen Aussage die Stellung des Mondes nicht nur nach seinem Tierkreisgrad beurteilen, sondern auch nach der Lichtphase, die er gerade zum Zeitpunkt der Horoskoperstellung innehatte.
Es ist ein wesentlicher Unterschied, ob der Mond zu- oder abnehmend, Voll- oder Dunkelmond ist.

Der Mond astrologisch
Der Mond symbolisiert im Horoskop die dunkle Seite des Menschen, das seelisch Unbewußte, das Grundgefühl, aber auch die Fruchtbarkeit, das Gebärende, die schöpferische Kraft. In der Nachtseite kommt auch die kollektive Grunderfahrung zum Ausdruck, also das Seelische der Urerfahrungen.
Ferner symbolisiert der Mond das Heim, die Familie, die Mutter, und auch das Echo des Horoskopeigners. Der Volksmund sagt: Wer einen guten Mond hat, der kommt gut an, sei er Politiker oder Künstler! Heute würde man bei einem guten Mond sagen: Das Image ist hervorragend!
Der Mond zeigt auch das Verändernde an, die Launen, das Aufnehmen und das Verwerten von

Luna, 1528

Erfahrungen. Seine verwandte Kraft findet der Mond im Tierkreisabschnitt Krebs. Man sagt auch, der Mond beherrscht dieses Zeichen und damit alle Planeten, die in diesem Zeichen stehen.
Stichwort: Schöpferkraft.
Betrachten wir nun den Mond in den einzelnen Abschnitten, denn nach der Sonne sind der Mond und der Aszendent die wichtigsten Aussagepunkte im Horoskop.

Damit hätten wir die beiden Lichter in der Astrologie als Anregung ausführlich genug beschrieben. Man übe sich in der Kombination, indem man diese Stichworte miteinander zusammenbringt.
Nun, wird man fragen, wie weiß ich, wo mein Mond stand? Das festzustellen ist nicht so schwer, denn viele, besonders auch alte Kalender verzeichnen ja, wann Vollmond, wann Neumond, wann zunehmendes und abnehmendes Halbquadrat war.
Bei Neumond stand der Mond in Konjunktion mit der Sonne; wenn man nun bedenkt, daß der Mond sich am Tag im Durchschnitt etwa 10 Grad 20 Bogenminuten fortbewegt, kann man sich seine Stellung auf dem Tierkreisabschnitt ausrechnen, zumal sich als Kontrolle der Mond bei Vollmond immer in Opposition zur Sonne befindet. Sollte man zwischen zwei Abschnitten zweifeln, merkt man beim Lesen sofort, wo der eigene Mond steht!

Mond im Abschnitt Widder ☽ i. ♈

Hier steht der Mond für inneres Aufgerissensein, für stete Bewegung, für den unbewußten Wunsch nach Anerkennung. Meist sind diese Charaktere ungeduldig; eine kämpferische Unruhe schafft Stimmungen und Launen, die durch viele äußere Bewegungsabläufe sublimiert werden. Oft findet man unvernünftige Reaktionen, wenn es nicht schnell genug weitergeht. Aber man findet hier ebenfalls ein unbewußtes Idealstreben und daher auch Versöhnungsbereitschaft nach Streit, meist auf Diskussionsebene und nach kämpferischer Auseinandersetzung.

Der Mond hat im Abschnitt Widder eine marsische Note.
Kämpferisches Grundgefühl und Unterbewußtsein.

Mond im Abschnitt Stier ☽ i. ♉

Hier steht der Mond für die innere Sehnsucht nach Geborgenheit und Sicherheit. Die Seele will aus der Ruhe schöpfen, das Grundgefühl kann sich nur in Sicherheit entfalten. Sinn für Kunstgenuß, aber auch für den Lebensgenuß. Die Natur wird geliebt und stellt ein großes Kräftereservoir dar. Die Verbundenheit mit der Natur gibt Kraft und Harmonie. Die Seele will sich ausweiten, das Grundgefühl das Leben genießen. Das Jetzt steht obenan, die stabile Gegenwart wird angestrebt, das bringt gute Stimmung.

Der Mond hat im Abschnitt Stier eine venushafte Note.
Künstlerisches Grundgefühl und Unterbewußtsein.

Mond im Abschnitt Zwillinge ☽ i. ♊

Hier steht der Mond für ein fantasievolles Gefühl und Unterbewußtsein, für eine starke seelische Kontaktfreudigkeit, für ein Öffnen zum anderen ohne Hemmungen. Allerdings zeigt man sich vom Grundgefühl oft schwatzhaft, sucht ein Echo nach dem anderen, will das Innerste immer vor anderen ausbreiten, hält seine Anliegen für wichtig, ja für veröffentlichenswert. So haben Schauspieler, die gerne Interviews geben, oft den Mond im Abschnitt Zwillinge (dies nur als anregendes Beispiel). Man ist abhängig von anderen, sucht selbst immer zu früh zu reagieren, aber das innere Kommunikationsbedürfnis ist lebenswichtig.
Der Mond hat im Abschnitt Zwillinge eine merkurische Note.
Beredtes, wandelbares Grundgefühl und Unterbewußtsein.

Mond im Abschnitt Krebs ☽ i. ♋

Hier steht der Mond für ein starkes Grundgefühl, für eine Betonung des Lebenslaufs durch das Unterbewußtsein. Die Seele ist sehr an die Tradition, die Heimat, das Bewährte gebunden. Die Sehnsucht nach mütterlicher Betreuung, nach mütterlichem Handeln ist stark. Kinderliebe ist ausgeprägt, man will sich mit viel Gefühl an den Partner binden – man könnte vom Heimchen am Herd sprechen. Die Schutzbedürftigkeit ist groß, man gibt sich zu offen, zu wehrlos der Welt hin. Doch das Gefühl für schöpferische Aufgaben ist ungewöhnlich groß. In der Öffentlichkeit ist man schüchtern.
Der Mond steht im Abschnitt Krebs in seinem eigenen Zeichen.
So ist das Grundgefühl zu beladen, das Unterbewußtsein zu überpotenziert, aber schöpferisch.

Mond im Abschnitt Löwe ☽ i. ♌

Hier steht der Mond für betontes, zur Schau getragenes Gefühlsleben. Man will etwas darstellen. Das innere Selbstbewußtsein ist sehr ausgeprägt, Herrschen ist eine tiefe Selbstverständlichkeit. Innere Zweifel an der eigenen Person kommen kaum auf. Auch unbewußter Stolz kann hier vorhanden sein! Die Täuschungsgefahr über die eigene innere Belastbarkeit ist groß. Durch ein gutes Darstellungsvermögen der eigenen Person braucht man kaum jemanden, mit dem man sich wirklich ehrlich ausspricht, so erspart man sich Freunde.

Im Abschnitt Löwe hat der Mond eine sonnenhafte Note.
Strahlendes, selbstherrliches Grundgefühl und Unterbewußtsein.

Mond im Abschnitt Jungfrau ☽ i. ♍

Hier steht der Mond für die seelische Sehnsucht nach Ordnung, das Grundgefühl weiß um die notwendige Pflichterfüllung. Man schaut auf eine gute, innere Einteilung, eine Gefühlsreaktion nach der anderen wird ordentlich erledigt und abgehakt. So hat man eine Gefühlsschublade für die Kinder, eine für die Frau, eine für die Geliebte. Eins darf darf das andere nicht verwirren. Keine innere Hetze! Von der Vernunft her wird versucht, alles in Ordnung zu halten; man kann von einem vernünftigen Grundgefühl sprechen. Meditation ist hier kaum zu suchen oder zu finden.

Im Abschnitt Jungfrau hat der Mond eine merkurische Note.
Verstandesmäßiges Grundgefühl und Unterbewußtsein.

Mond im Abschnitt Waage ☽ i. ♎

Hier steht der Mond für einen vom Grundgefühl her bestehenden Takt, für ein diplomatisches Seelenleben; das Unterbewußtsein ist schwankend, aber um Ausgleich bemüht. Man gibt sich auch gefühlsoffen, doch ein wenig auf Distanz bedacht; da Gefühl und Seelenleben sehr eng verbunden sind, ist jede Bindung doppelt geknüpft. Man will dem anderen vom Gefühl her zu seinem Recht verhelfen, damit auch er ausgeglichen sei. Das ist ein Grund der unerklärlichen Anziehungskraft, die hier oft zu finden ist. Die Sehnsucht ist auf innere Heiterkeit und Kunsterlebnisse ausgerichtet.

Im Abschnitt Waage hat der Mond eine venushafte Note.
Gefühlsbetontes Grundgefühl und Unterbewußtsein.

Mond im Abschnitt Skorpion ☽ i. ♏

Hier steht der Mond für ein leidenschaftliches Grundgefühl, für ein aufgebrochenes, kämpferisches Unterbewußtsein, das sich schnell und gut orientieren kann. Ein Blick, und man weiß über den anderen Bescheid, ohne es gut begründen zu können. Seelische Anteilnahme ist sehr subjektiv, was durch starke Vorurteile unterstrichen wird. Oft findet man unerklärlichen Fanatismus, der zur Selbstzerstörung von innen heraus führen kann. Der Tod lebt immer im Unbewußten und im Gefühl mit.

Im Abschnitt Skorpion hat der Mond eine marsische und plutonische Note.
Kämpferisches, sich von der Masse abhebendes Grundgefühl und Unterbewußtsein.

Mond im Abschnitt Schütze) i. ♐
Hier steht der Mond für ein inneres Streben, für ein ehrgeiziges Grundgefühl und ein fast missionarisches Unterbewußtsein. Die Tiefe im Menschen ist meist idealistisch ausgeprägt, man will an das Menschliche und damit an das Gute glauben. Vor den Lastern und den Niederungen fürchtet man sich; so kann man sich von heftigen Träumen verfolgt fühlen. Das Unterbewußtsein will tatkräftiges Handeln, will eine Aufgabe erfüllen, die irgendwie immer etwas – wenn auch entfernt – Erzieherisches hat. Man braucht fürs Wohlergehen eine Gefolgschaft.
Im Abschnitt Schütze hat der Mond eine jupiterhafte Note.
Jovial ausgerichtetes Grundgefühl und Unterbewußtsein.

Mond im Abschnitt Steinbock) i. ♑
Hier steht der Mond für ein zum Erfolg strebendes Grundgefühl, für ein Unterbewußtsein, das sich verwirklichen möchte! Sehnsucht nach Erklimmen von Höhen, nach Ruhm, allgemeiner Anerkennung und Volkslob, Wünsche, die kaum erfüllt werden. Innere Kraft ist hier zu sehen, jedoch auch Anfälligkeiten für seelische Krankheiten. Pflichtbewußtes Handeln, Robustheit als Tarnung, Überstrapazierung der eigenen Seelenkräfte. Starke Bindung an Heimat und Elternhaus; das Unterbewußtsein muß erst er-, dann aufgearbeitet werden. Hysterische Reaktionen sind möglich, aber letztlich hilft eine starke, sich ausbreitende innere Kraft.
Im Abschnitt Steinbock hat der Mond eine saturnische Note.
Schicksalhaft belastetes Grundgefühl und Unterbewußtsein.

Mond im Abschnitt Wassermann) i. ♒
Hier steht der Mond für ein bewegtes, aufgeschlossenes Grundgefühl, für ein sprunghaft reagierendes Unterbewußtsein. Immer wieder tritt der Wunsch auf, man müßte doch was ganz anderes tun, was Neues, das alle weiterbringt! Von daher starke Unruhe, Unbeständigkeit. Der Drang zum Menschlichen ist ein bißchen zu betont, zu aufgesetzt. Über Nacht werden neue Wege gesehen, man reagiert wechselhaft, aber doch auch weitsichtig. Mit Rezepten für das Seelenleben anderer ist man immer schnell zur Stelle, mit seinem eigenen Gefühlsleben hat man dafür stets Schwierigkeiten, und damit kokettiert man noch!

Im Abschnitt Wassermann hat der Mond eine uranische Note.
Sprunghaft schillerndes, kapriziöses Grundgefühl und Unterbewußtsein.

Mond im Abschnitt Fische) i. ♓
Hier steht der Mond für ein sich hingebendes Grundgefühl, für ein sehr aufnahmefähiges Unterbewußtsein, das alles zu bestimmen scheint. Vieles zerfließt in einem. Man spürt in sich starke Sehnsüchte, will an vieles, wenn nicht an alles glauben. Aufgewühltsein durch künstlerische Eindrücke, starke Empfindungen, Feingefühl, gewisse Ahnungen. Die Musen haben viel Einfluß. Auch das Okkulte stellt eine große Sehnsucht dar. Sentiments, auch kitschige Weichheit, Rauschgefühle. Man will aus seiner Haut heraus.

Im Abschnitt Fische hat der Mond eine neptunische Note.
Verschwimmendes Grundgefühl und Unterbewußtsein.

Merkur

Merkur astronomisch
Merkur ist nach dem Licht Mond der schnellste Planet, der der Sonne am nächsten steht. Man sieht Merkur von der Erde aus recht selten, weil er oft im Lichtglanz der Sonne versinkt.
Merkur umläuft die Sonne in einem mittleren Abstand von 58 Millionen Kilometer, sein Durchmesser beträgt 4840 Kilometer, seine Umlaufzeit 87 Tage, 23 Stunden, 15 Minuten und 46 Sekunden.
Sein körperlicher Inhalt entspricht nicht einmal einem Zwanzigstel der Erde.
Merkur ist Morgen- und Abendstern, seine Himmelsbahn weicht – nächst der von Pluto – am meisten von der Kreisbahn ab.
Er entfernt sich von der Sonne höchstens um 28 Grad, kann also mit der Sonne nur einen Konjunktionsaspekt haben.

Merkur archetypisch
Hermes/Merkur war dem Sonnengott *Helios/Apollon* in den Mythen stets am nächsten. Er hatte die Aufgabe, den Menschen den Willen der Götter mitzuteilen und die Wünsche der Menschen den Göttern zu überbringen. Dazu bedarf es Schläue und Verstand, einer guten Seelenführung sowie Wachheit und Beobachtungsgabe. Hermes/Merkur gilt als der menschlichste aller Götter, hat aber auch als Gott die menschlichsten Schwächen aufzuweisen.

Merkur astrologisch
Merkur symbolisiert die kontaktreiche Verständigung: die Gabe der Vermittlung, den Alltagsverstand, das Sprechen, das Aufspüren von Neuigkeiten und die Verbindung zu Geschäften.

Merkur und seine Kinder, 1503

Merkur ist der Bote, der Agent mit Reaktionsgabe, geistiger Wachheit sowie schnellem Denken und Sprechen. Wer einen guten Merkur hat, sagt der Volksmund, findet zur rechten Zeit das richtige Wort.
Ein schlecht gestellter oder ein aus der Bahn geworfener Merkur dagegen symbolisiert die Neigung zur Kritik, zur Voreiligkeit und auch zum Betrug. Er steht dann auch für die Nervosität im Horoskop, für Neid und die Sucht, Geschäften nachzujagen.
Stichwort: Verstandeskraft.
Nun ist ja Merkur Morgen- und Abendstern; steht er also im Uhrzeigersinn vor der Sonne, ist er Morgenstern, steht er hinter der Sonne, ist er Abendstern. Sein Wesen, seine Bedeutung als Morgen- beziehungsweise Abendstern wurden in der Astrologie bisher viel zu wenig beachtet.

Merkur als Morgenstern
ist im astrologischen Sinn der Führer durch die Tagwelt, er symbolisiert die Tagesaktualität, spürt Kommunikationsmöglichkeiten auf, verweist auf gute Gelegenheiten, verstandesmäßige Möglichkeiten für das praktische Leben, fördert alle geistigen Aktivitäten.
Seine verwandte Kraft findet Merkur als Morgenstern im Tierkreisabschnitt Zwillinge. Man sagt auch, Merkur beherrscht dieses Zeichen und damit alle Planeten, die in diesem Zeichen stehen.
Aktuelle Verstandeskraft.

Merkur als Abendstern
ist im astrologischen Sinn der Führer durch die dunklen Bezirke, er trifft auch die Vorsorge vor den auftretenden Schattenseiten des Lebens. Er weiß um die Überwindungsmöglichkeiten der beängstigenden Dunkelheit; so symbolisiert er den Nutzeffekt, die Vorbereitung, das Ernten des bisher Erreichten, das Behalten der erarbeiteten Erfolge. Seine verwandte Kraft findet Merkur als Abendstern im Tierkreisabschnitt Jungfrau. Man sagt auch, Merkur beherrscht dieses Zeichen und damit alle Planeten, die in diesem Zeichen stehen.
Vorausdenkende Verstandeskraft.

Merkur im Abschnitt Widder ☿ i. ♈
Hier steht Merkur für schnelles Denkvermögen, für rasche Auffassungskraft, für spitze und auch recht scharfe Formulierungen sowie für eine Neigung zu Ironie. Pointen und auch Beleidigungen sind schnell zur Hand, Kritiklust ist kaum zu unterdrücken. Die Beobachtungsgabe ist scharf, ebenso der Blick für die Schwächen anderer. Ungeduldiger Lerneifer und Nervosität, wenn die Lektionen nicht schnell begriffen werden. So erwirbt man sich nur sehr schwer fundiertes Wissen, das oft ganz fehlen mag. Man gibt sich klüger als man ist.
Merkur hat im Abschnitt Widder eine marsische Note.
Spitzfindiges Denken.

Merkur im Abschnitt Stier ☿ i. ♉
Hier zeugt Merkur für konsequentes Denkvermögen, für Überlegungen in Ruhe, für bedächtiges Handeln. Man wählt eine fast blumige, naturverbundene Ausdrucksweise und hat Geduld beim Handeln. Künstlerisches Denken. Verhandlungen werden bedächtig aber präzis geführt, ein gewisses Sicherheitsdenken herrscht vor, auch ein gutes Pokern in schwierigen Positionen. Man kann von einem Gärtnerverstand sprechen. Ruhige Aufnahme von Kunsteindrücken, Sinn für Geschäfte, die späten, aber sicheren Gewinn bringen.
Merkur hat im Abschnitt Stier eine venushafte Note.
Liebenswürdiges Denken.

Merkur im Abschnitt Zwillinge ☿ i. ♊
Hier steht Merkur für gutes, ja ausgezeichnetes Reaktionsvermögen, eine starke journalistische Begabung. Da ist Merkur als Morgenstern in seinem Reich, entwickelt beste Qualitäten, so Sinn für geistige Literatur, für die Geburt stets neuer Ideen, aber auch für gute Agenturleistungen. Die Redekunst ist angeboren, Tagesaktualitäten werden schnell erfaßt und verwertet. Aber auch Gefahr der Schwatzhaftigkeit, des Sichwichtignehmens in Diskussionen. Gageinfälle, die ernstes Denken erschlagen.
Merkur steht hier als Morgenstern in seinem eigenen Zeichen, er ist also potenziert; Verstandesreaktionen besonders ausgeprägt.
Schnelles Beobachtungsdenken.

Merkur im Abschnitt Krebs ☿ i. ♋
Hier steht Merkur für ein gefühlsbetontes, aber auch schöpferisches Denken. Interesse für Seelenkunde ist augenfällig, Sinn für die Tiefe des Unterbewußtseins. Auch kann ein ausgeprägtes Ahnungsvermögen vorhanden sein, ein gutes Gedächtnis, das oft als kriminell verschrien wird. Doch launische Reaktionen, inkonsequente Handlungen verwirren die Umwelt. Man will oft Geheimnisse ergründen, die weit zurückliegen können. Sinn für Altertümer, für Urbeziehungen. Aber auch Empfindlichkeit bei Kritik.
Merkur hat im Abschnitt Krebs eine mondhafte Note.
Launisches Denken.

Merkur im Abschnitt Löwe ☿ i. ♌
Hier steht Merkur für ein selbstbewußtes Denken und Handeln voller Stolz, für eine aktive Selbstbetonung. Ausschmückende, ja prahlerische Ausdrucksweise, aber auch Denken in großen Dimensionen und Perspektiven. Imponierende Pläne werden geboren, Erfindungen skizziert, kaum ausgearbeitet. Gutes Organisationsvermögen, Entwerfen von Schlachtplänen, auch für die kleinsten Vorhaben. Aber alles Handeln und Denken dreht sich sehr um die eigene Person. Das eigene Licht wird nicht unter den Scheffel gestellt.
Merkur hat im Abschnitt Löwe eine sonnenhafte Note.
Imponierendes Denken

Merkur im Abschnitt Waage ☿ i. ♎
Hier steht Merkur für ein elegantes Denkvermögen, das sehr auf Ausgleich bedacht ist, für die Denkkunst der Diplomatie, für eine geschliffene, fast künstlerische Sprache, für Kunstverständnis und Kunstbegabung. Man ist äußerst nachschöpferisch, kann gut denkend mitempfinden, organisiert glanzvolle Auftritte und Veranstaltungen, schafft eine liebliche Atmosphäre, einen angenehmen Umgang. Man liebt das Spielerische bis zur verhängnisvollen Spielneigung hin, was bei Besessenheit sogar zu betrügerischen Spekulationen führen kann und so gefährliche Auswirkungen nach sich zieht.
Merkur hat im Abschnitt Waage eine venushafte Note.
Gefühlsbedingtes Denken.

Merkur im Abschnitt Jungfrau ☿ i. ♍
Hier steht Merkur für vorsorgendes, pflichterfülltes Denken, das sich auf dunkle Zeiten vorbereitet. Daher wird geerntet, was geleistet wurde. Eintreiben von Forderungen. Der Nutzeffekt ist stets mit einkalkuliert. Hier ist Merkur als Abendstern in seinem Bereich, da entwickelt er beste Qualitäten, so Forschergeist, Neugierde für Wissenschaften, die beweisbar sind. Die Mathematik ist kein Fremdwort, Überlebenschancen werden gut durchgerechnet. Genaues Verfolgen von Denkanstößen, aber auch Nörgelei und ätzende Kritik, die aus Neiddenken erwächst.
Merkur steht hier als Abendstern in seinem eigenen Zeichen, er ist also sehr potenziert; Verstandesreaktionen besonders ausgeprägt.
Vorausschauendes Denken.

Merkur im Abschnitt Skorpion ☿ i. ♏
Hier steht Merkur für ein leidenschaftliches, betont individuelles Denken. Auf die Meinung anderer wird dabei wenig Rücksicht genommen. Der Verstand ist bohrend, suchend, jagt den Grunderkenntnissen nach. Die eigene Meinung wird in Diskussionen leidenschaftlich vorgetragen und durchgesetzt. Man hegt bei erlittenem Unrecht Rachegedanken, verbohrt sich in wütendes Grübeln. Aber man kommt so auch zu überraschenden Ergebnissen. Das Denken setzt sich sehr mit Daseinsfragen und dem Tod auseinander und will auch an die Grenzen des Vorstellbaren stoßen.

Merkur hat im Abschnitt Skorpion eine marsische und plutohafte Note.
Leidenschaftliches Denken.

Merkur im Abschnitt Schütze ☿ i. ♐
Hier steht Merkur für ein zielbewußtes, missionarisches Denken, das eine Glaubensrichtung annehmen kann. Auch ist ein philosophischer Einschlag möglich, man sucht die geistige Herausforderung, will überzeugen und lehren. Über die Tragweite eines gesprochenen Wortes ist man sich im klaren, setzt das Wort daher sehr überlegt ein. Man will auch die geistige Auseinandersetzung, die möglichst mit blendenden Formulierungen geführt wird. Merkur kann hier auch für religiöses Interesse stehen, vor allem in Bezug auf die theoretischen Grundgedanken; man denkt im missionarischen Stil.

Merkur hat im Abschnitt Schütze eine jupiterhafte Note.
Joviales Denken.

Merkur im Abschnitt Wassermann ☿ i. ♒
Hier steht Merkur für originelles, überraschendes Denken, das dem Neuen gegenüber sehr aufgeschlossen ist. Bewegtes Handeln, Reformen beherrschen die Tätigkeiten, dazu Denken in technischen Variationen. Der Zeit will man von der Auffassung her voraus sein! Schlagfertigkeit, überraschende Pointen. Kabarettreifes Reagieren, verblüffender, gezielter Witz, der allerdings sehr kopflastig ist. Das Neue wird jedoch überschätzt und damit überbewertet. Man denkt gern in Zukunftsromanen, doch was man selbst lange propagiert hat, wird schnell zum alten Eisen geworfen.
Merkur hat im Abschnitt Wassermann eine uranische Note.
Sprunghaftes Denken.

Merkur im Abschnitt Steinbock ☿ i. ♑
Merkur steht in diesem Abschnitt für ehrgeiziges Erfolgsdenken, das auf realen Voraussetzungen beruht. Das Wort wird bewußt für die Erreichung großer Ziele eingesetzt, das Denken ist auf weite Pläne gerichtet, das Handeln wird von Erfolgschancen bestimmt. Man denkt langsam, fast etwas umständlich, aber letztlich sehr überlegt. Eine zähe Verhandlungskunst, Ausdauer bei Diskussionen erschöpfen den Partner, bringen Erfolg. Das ernste Wort überwiegt, Witz wird böser Sarkasmus. Lernen aus gemachten Fehlern und Erfahrungen.

Merkur hat im Abschnitt Steinbock eine saturnische Note.
Abwägendes Denken.

Merkur im Abschnitt Fische ☿ i. ♓
Hier steht Merkur für hingebungsvolles Denken; auch grenzüberschreitende Gedanken, die ins Okkulte führen, können hier zu Hause sein. Überspannte Sehnsüchte beeinflussen das Handeln, eine hingebende Glaubensbereitschaft ist vorhanden. Dabei musische Empfindungen, Liebe für Lyrik, doch das Konzentrieren fällt schwer, man benötigt schöpferische Pausen. Viel Fantasie prägt das praktische Tun im Alltag. Immer wieder werden Versuche unternommen, sich dem Ganzen einzufügen, Hang zu innerer Geborgenheit. Für das weite Denken glaubt man oft, Drogen nötig zu haben. Rauschhafte Gedanken.
Merkur hat im Abschnitt Fische eine neptunische Note.
Hingebungsvolles, zerfließendes Denken.

Venus

Venus astronomisch
Venus ist der der Erde am nächsten kommende Planet. Venus entfernt sich von der Sonne um höchstens 48 Grad und ist daher wie Merkur nur als Abend- oder Morgenstern am Himmel sichtbar, allerdings so schön leuchtend wie kein anderer Stern. Ihr Licht ist weiß, herrlich glänzend, oft so hell, daß man im Orient dabei Zeitungsschlagzeilen lesen kann. Ihren Umlauf um die Sonne vollendet Venus in 224 Tagen 16 Stunden 49 Minuten und 8 Sekunden. Ihre Bahn ist unter allen Planeten der Kreisbahn am ähnlichsten. Der mittlere Sonnenabstand beträgt 108 Millionen Kilometer, der Durchmesser 12 230 Kilometer; damit ist sie beinahe so groß wie die Erde.

Venus archetypisch
Die doppelte Erscheinung der Venus als Morgen- und Abendstern wird in den Mythen immer wieder betont. Sie ist im Morgenstern als *Phosphoros* und im Abendstern als *Hesporos* deutlich gezeichnet. *Aphrodite/Venus* gilt als unwiderstehlich, so daß selbst Ares/Mars sich ihr unterwirft. Als Tochter des Zeus/Jupiter ist sie die Schaumgeborene, die himmlische Liebe verkörpernd, aber auch die Göttin, die über die animalische Sinneslust regiert.

Venus astrologisch
Venus symbolisiert das Empfinden, den Kunstsinn, die Liebe, die Weiblichkeit, die Harmonie. Im Horoskop zeugt sie ebenso für das Kulturbedürfnis, den Takt, die Umgangsformen. Venus gilt als kleines Glück, doch hier sollte man vorsichtig sein. Venus verführt, lockt in Abgründe. Aber wer eine gute Venus hat – wie der Volksmund sagt – der wird auch sein Glück finden, weil er meist eine gute, harmonische Ausstrahlung sein eigen nennt, weil er sich anpassen und hingeben kann, weil er beglücken will, und solches Tun wirkt ja stets zurück. Und dann: Liebe ist wohl auch das unmittelbarste Glück, das Menschen erleben können. Aber Venus zeigt nicht nur die Liebe, auch die Sinnenlust mit all ihren leidenschaftlichen Schattenseiten.
Stichwort: Gefühls- und Empfindungs- wie Liebeskraft.

Aber auch bei Venus möge man zusätzlich unterscheiden, ob dieser Planet Morgen- oder Abendstern ist.

Venus als Morgenstern
ist im astrologischen Sinn das Symbol für die weibliche Schaffenskraft, sie steht aber auch für die Schönheiten des Alltagslebens, das sichere Heim, den erholsamen Feierabend mit seinen Ausschmückungen, für die Natureindrücke, die realitätsbezogenen Empfindungen, die anpassende Liebe. Ihre verwandte Kraft findet Venus als Morgenstern im Tierkreisabschnitt Stier. Man sagt auch, Venus beherrscht dieses Zeichen und damit alle Planeten, die in diesem Zeichen stehen.
Stichwort: Realitätsbezogenes Empfinden.

Venus als Abendstern
ist im astrologischen Sinn das Symbol für die weibliche verbindende Hingabe; hier verkörpert Venus das sich Fallenlassen in eine Gemeinsamkeit, den gehobenen Kunstsinn, die weibliche Klugheit, den weiblichen Geist, aber auch das Schmuck- und Stilbedürfnis bis hin zur Gefahr des Talmi, die verführerische Aus-

schmückung; sie ist das geheimnisvolle, dunkle Weib, die Zauberin der Liebe.
Ihre verwandte Kraft findet Venus als Abendstern im Tierkreisabschnitt Waage. Man sagt auch, Venus beherrscht dieses Zeichen und damit alle Planeten, die in diesem Zeichen stehen. Stichwort: Verbindendes Empfinden.

Venus im Abschnitt Widder ♀ i. ♈

Hier steht Venus für ein leidenschaftliches Gefühl, für ungestüme Zuneigung, für temperamentvolles Empfinden, für stürmische Liebe und auch für ungehemmte Sinnenfreude, oft selbstzerstörend in der Hingabe. Schnelle Verführungsbereitschaft, starkes Werben und Drängen, große geschlechtliche Anziehungskraft, aber auch kämpferisches Kunstgefühl. Venus ist hier unter Umständen das Symbol für unharmonische Weiblichkeit, oft taktlos im Umgang mit anderen, zu fordernd, ohne diplomatische Begabung. Aber Verschwendung des Gefühls im ersten Anlauf.

Venus hat im Abschnitt Widder eine marsische Note.
Kämpferisches Empfinden.

Venus im Abschnitt Stier ♀ i. ♉

Hier steht Venus für ein handfestes Empfinden. Für zupackende Sinnlichkeit, aber auch für Treue in der Liebe, für ein sich Aufgeben in der Lust, wenn die Sicherheit dazu vorhanden ist. Die Kontrolle über sich wird nie ganz aufgegeben, auch Liebe blüht erst voll auf, wenn sie in sich geborgen ruht. Sinn für die künstlerische Materie, die den Alltag verschönt, was besonders häufig in Beziehungen zu Malern und Bildhauern deutlich werden kann. Pflegende Geselligkeit; Naturfreude, das Aufladen der Kräfte in der Natur.

Venus steht hier als Morgenstern in ihrem eigenen Zeichen, ist also sehr potenziert.
Zupackendes, aktives Empfinden.

Venus im Abschnitt Zwillinge ♀ i. ♊

Hier steht Venus für ein kontaktfreudiges und kontaktschaffendes Empfinden. Aufgeschlossene Gefühlskraft, Bewegung in der Abwechslung der Emotionen, oft Fähigkeit zu schnellen, kurzlebigen Bindungen. Im Reden von Gefühlsdingen betonter als in der Hingabe. Bereit für die Abwechslung auch bei künstlerischen oder literarischen Erlebnissen. Große Bewegungs- und Tanzfreude, gutes Sprach- und Schreibempfinden. Aufgeschlossene Weiblichkeit. Gutes Einfühlungsvermögen innerhalb von Kommunikationsbegegnungen. Man schmückt gern offene Feste aus.

Venus hat im Abschnitt Zwillinge eine merkurhafte Note.
Beredtes Empfinden.

Venus im Abschnitt Krebs ♀ i. ♋

Hier steht Venus für ein gefühlsbetontes, weibliches Empfinden. Für ein starkes inneres Liebesbedürfnis, für hingebende Weiblichkeit, zwar sehr scheu, aber sehnsuchtsvoll. Großer Familien- und Heimsinn. Ist die Scheu – meist im eigenen Heim – überwunden, öffnen sich Schleusen, die überfließen, was die Emotionen betrifft. Sinn für künstlerische, klassische Erlebnisse, Hang zur Nostalgie, aber auch Sinn für Sentiment und Kitsch. Auch starkes Engagement für Schönheit ferner Kulturländer und alter Baudenkmäler.

Venus hat im Abschnitt Krebs eine mondhafte Note.
Launisches Empfinden.

Venus im Abschnitt Löwe ♀ i. ♌
Hier steht Venus für ein selbstbewußtes, stolzes Empfinden. Für ein Gefühl der Weiblichkeit voller Feuer und Leidenschaft. Das Gefühl ist der Mittelpunkt aller Empfindungen. Sinnenfreude zu jeder Zeit, auch starke weibliche oder geschlechtliche Anziehungskraft, natürlich auch bei Männern. Begeisterung für alle Schönheiten dieser Welt. Eindrucksvolles Erscheinungsbild, das auf das andere Geschlecht sehr anziehend wirkt. Groß im Genuß, selbstherrlich im Kunsturteil. Was den Gefühlsbereich angeht, kennt man keine Hemmungen, hält sich in der Hingabe für unschlagbar.
Venus hat im Abschnitt Löwe eine sonnenhafte Note.
Heißes Empfinden.

Venus im Abschnitt Jungfrau ♀ i. ♍
Hier steht Venus für ein tragendes, mitlebendes Pflichtempfinden und Gefühl. Behütung der Familie wird als Aufgabe empfunden. Anstand und Sitte werden einerseits hoch angesetzt aber andererseits auch um Vorteile wegen in Frage gestellt. Moral ist zu sehr betont, was das Wirken nach außen betrifft. Etwas nüchterne, ja berechnende Hingabe weiblicher Art ist möglich. Jede Mode, jede Kunstbetrachtung wird auf klassische Formen geprüft, der Alltag reicht weit in den Feierabend hinein. Enttäuschungen werden in Arbeitswut abreagiert.
Venus hat im Abschnitt Jungfrau eine merkurische Note.
Überlegtes Empfinden.

Venus im Abschnitt Waage ♀ i. ♎
Hier steht Venus für hingebendes, gefühlvolles Empfinden. Das Du-Gefühl erscheint stets gefährdet, drängt jedoch stark zum Partner, so daß eine zu starke Fixierung Übersteigerungen und Enttäuschungen bringen könnte. Balance wird im Empfinden immer gesucht, sowohl im eigenen wie im gemeinschaftlichen Bereich. Auch die Literatur, das Kunsterlebnis wird sehr gefühlvoll erlebt und in sich verarbeitet.
Die Haltung im Leben ist sehr kunstvoll, nach außen ausschmückend; die Sehnsucht, sich zu verlieren ist groß, wird aber selten voll ausgelebt.
Venus steht hier als Abendstern im eigenen Zeichen, ist also sehr potenziert und verstärkt.
Gemeinschaftliches Empfinden.

Venus im Abschnitt Skorpion ♀ i. ♏
Hier steht Venus für ein leidenschaftliches, individuell engagiertes Empfinden. Das Gefühl geht bis an die Grenze der Selbstopferung. Starke erotische Ausstrahlung. Aktive Hingabe, Liebe bis zur Selbstaufopferung. Aufgehen in der Erotik, Betonung der Sinneslust. Selbstbeherrschung ist hier kaum möglich. Erfüllung aller Triebwünsche, dabei magnetische Anziehung. Große Eifersuchts- und Leidenschaftsmöglichkeit. Fordernd im Gefühlsrausch, aber auch Steigerung zum emotionalen Haß. Gefühlsabenteuer bleiben nicht aus.
Venus hat im Abschnitt Skorpion eine marsische und plutonische Note.
Leidenschaftliches Empfinden.

Venus im Abschnitt Schütze ♀ i. ♐
Hier steht Venus für ein missionarisches Empfinden. Engagement auf emotionaler Ebene für Glaubensdinge, Gefühlsleben wird hoch eingeschätzt und eingesetzt. Immer wieder möchte man die Sterne vom Himmel holen. In Liebesdingen großzügig; Kleinigkeiten lehnt man ab, Vorbild will man sein, die Liebe zu echter Menschlichkeit erheben. Oft Übersteigerung des ethischen Gefühls. Das innere Feuer brennt stark,

oft mehr für sich als für den Partner. Häufig daher exaltiertes Gefühl, emotionaler Führungsanspruch. Joviales Werben und Grundverhalten dem Partner gegenüber.
Venus hat im Abschnitt Schütze eine jupiterhafte Note.
Joviales, großzügiges Empfinden.

Venus im Abschnitt Steinbock ♀ i. ♑
Hier steht Venus für ein zähes, geduldiges Empfinden, wenn das Gefühl engagiert ist. Das Emotionale ist auf Beständigkeit, damit auf Treue ausgerichtet. Der Alltag wird zäh verschönt. Charmanter Ehrgeiz, oder Ehrgeiz, der sich charmant verstellt. Besorgt um gutes Ansehen. Ein ausgesprochenes Zusammengehörigkeitsgefühl mit dem Partner trägt Beziehungen sehr lange und auch prinzipiell. Gefühlskontakt auch zu älteren Leuten. Erfahrung in der Liebe wird hoch eingeschätzt und geschult. Starke Gefühlsbindungen an die Kinder, wie an alles eigene; was man mal besitzt, will man nicht hergeben. Starke Anhänglichkeit.
Venus hat im Abschnitt Steinbock eine saturnische Note.
Prüfendes, zähes Empfinden.

Venus im Abschnitt Wassermann ♀ i. ♒
Hier steht Venus für ein aufgeschlossenes Empfinden. Ein Gefühl, daß stets im Aufbruch lebt! Neue emotionale Eindrücke werden aufgesogen. Stete wache Gefühlsbereitschaft, aber ebenso falsche Vorspiegelungen, Gefühlstäuschungen. Man treibt auch Schabernack mit dem Empfinden. Jedoch Sinn für jeden neuen Weg; man unterstützt gefühlsmäßig alles, was neue Zielrichtungen anvisiert und ist da dann sehr produktiv. Faszinierende, oft schillernde Ausstrahlung; so stürzt man sich in manches neue und vielleicht überflüssige Abenteuer. Pflege von freundschaftlichen Beziehungen auch gleichgeschlechtlicher Art.
Venus hat im Abschnitt Wassermann eine uranische Note.
Schillerndes Empfinden.

Venus im Abschnitt Fische ♀ i. ♓
Hier steht Venus für ein sich völlig hingebendes und auflösendes Empfinden. Tiefe Gefühlserlebnisse, sogar rauschhaft, aber diese Erlebnisse werden oft übersinnlich erlebt oder ausgeweitet. Hochgefühl so auch bei Wachträumen.
Starkes Sozialempfinden, das übertrieben werden kann, da es mehr emotional orientiert ist. Alles kann zu Übersteigerungen führen. Auch oft zu große Gefühlserwartungen und Hoffnungen. Daher tiefer Empfindungsabfall bei Nichterfüllung der Träume! Emotionale Glaubensbekenntnisse. Starke Sehnsucht nach Zärtlichkeit, nach weltvergessenden Umarmungen.
Venus hat im Abschnitt Fische eine neptunische Note.
Verschwimmendes Empfinden.

Damit sind die beiden inneren Planeten Merkur und Venus, die sich dazu beide am Himmel als einzige aller Gestirne in zwiefacher Weise zeigen, erläutert. Für das individuelle Horoskop sind diese beiden Planeten neben den Lichtern Sonne und Mond mit am wichtigsten zu bewerten. Das haben auch die Hersteller von Computerhoroskopen erkannt, die die Hauptcharakteristik nur nach diesen vier Gestirnen berechnen. Es sind auch die vier Gestirne, die sich am schnellsten am Himmel fortbewegen, daher am unterschiedlichsten in Horoskopen auftreten.
Doch wenden wir uns nun den äußeren Planeten zu, von denen Mars für das individuelle Horoskop noch am wichtigsten erscheint.

Mars

Mars astronomisch
Mars ist der Nachbarplanet der Erde, dessen Bahn die Erde umschließt. Seine Bahn ist sehr exzentrisch, und er fällt durch sein rotes Licht auf, wenn er sich der Erde nähert. Der Mars ist klein, sein Durchmesser beträgt 6800 Kilometer. Er umläuft die Sonne in einer mittleren Entfernung von 228 Millionen Kilometer. Seine Umlaufzeit beträgt 686 Tage 22 Stunden 10 Minuten und 31 Sekunden. Die Zeit von einer Opposition des Mars bis zur anderen beträgt 780 Tage.

Mars archetypisch
Ares/Mars ist der Schlachtengott der Mythen, aber auch der Gott des Frühlings. Seine Symbole waren daher Lanze und Pflug, allein die Lanze blieb stärker in Erinnerung.
Blind vor Draufgängertum wagt er jeden Kampf. Wenn er unterliegt, ist er hilflos ausgeliefert; dann braucht er die Hilfe anderer Götter, und sei es die List von Merkur.
Kämpfen kann Ares/Mars wie kein zweiter, aber den Sinn für den Kampf muß er von anderen empfangen, von Zeus/Jupiter oder von Aphrodite/Venus. Das sind die zwei Pole des Ares/Mars. Er muß von seiner Kampfeswut erlöst werden, was nur Aphrodite/Venus vermag.

Mars astrologisch
In der Astrologie symbolisiert Mars die Triebkraft, den Kampfesmut, aber auch die Tatkraft schlechthin, die Energie. Mars will die Tradition überwinden, und das mit ganzer Einsatzbereitschaft, ja mit tollkühnem Mut. Sein Freiheitswille ist genauso unbedingt!

So siegt Mars auf der ganzen Linie, und wer einen guten Mars hat – wie der Volksmund sagt – siegt, weil er siegessicher ist.
Mars zeugt auch für die jugendliche Kraft des Horoskopeigners, für den Geschlechtstrieb und für die sehr subjektive Seite eines jeden Menschen. Denn Mars ist voller Einseitigkeit; alle Zweifel werden im Sturm weggewischt. Kämen nämlich Zweifel auf, dann wäre Mars schon besiegt, denn Mars darf nie unsicher sein.
Seine verwandte Kraft findet Mars im Abschnitt Widder und wohl auch zum Teil im Abschnitt Skorpion. Man sagt auch, Mars beherrscht den Abschnitt Widder und damit alle Planeten, die in diesem Abschnitt stehen.
Stichwort: Tatkraft.
Im Abschnitt Skorpion herrscht Mars mit Pluto, der auch als überhöhter Mars gilt und die Massen- und Machtkraft symbolisiert; so beherrscht Mars wohl gemeinsam mit Pluto den Abschnitt Skorpion und damit alle Planeten, die in diesem Abschnitt stehen.
Der Kampf zwischen der Masse (Pluto) und der Individualität (Mars) wird im Abschnitt Skorpion deutlich, wo es um die Todesgrenzen und um die Darstellung der Individualität geht, also um die Grenzfragen des Menschen!

Mars, Planetenbuch, 1553

Mars im Abschnitt Widder ♂ i. ♈
Hier steht Mars für einen unbedingten Freiheitswillen und entwickelt seine ungestüme Kraft. Ein sehr ausgeprägter Kampfeswille ist hier zu Hause, oder auch Rechthaberei, trotzige Reaktionen; alles wird sehr auf die eigene Person bezogen. Starke Triebkraft bei Frau und Mann, dann oft auch verpuffend. Das Temperament schäumt über, verletzt sehr leicht andere; Besinnung, so scheint es, ist oft erst im hohen Alter möglich! Auch Streitlust ist immer mit im Spiel. Schnell sieht man rot, kocht über. Gefährliche Überanspannung.
Mars steht im Abschnitt Widder in seinem eigenen Zeichen, er ist hoch potenziert und überausgeprägt.
Ungebremste Tatkraft.

Mars im Abschnitt Stier ♂ i. ♉
Hier steht Mars für geballte, aber doch auch konzentrierte, also gebremste Energie! Diese ist dauerhaft und wird mit Charme angewandt. Gefühls- und Kraftimpulse gehen Hand in Hand. Die Sinnenfreude will genossen, aber doch schon gepflegt werden! Außerdem wird eine dauerhafte Existenz erkämpft, die Natur gerodet. Der Wille ist materiell ausgerichtet. Geschicktes Auftreten, manchmal recht humorvoll aber doch ungestüm. Schwächen für den anderen können verhängnisvoll werden, weil eine Art Beschützersituation eintreten kann.

Mars hat im Abschnitt Stier eine venushafte Note.
Empfindsame, vom Gefühl her geprägte Tatkraft.

Mars im Abschnitt Zwillinge ♂ i. ♊
Hier steht Mars für eine kontaktfrohe Tatkraft, die Kommunikation wird zum inneren Willensbedürfnis! Vielseitige Interessen und Tatkraft. Rasche Entscheidungen werden getroffen; manches wird mit spitzen Formulierungen durchgesetzt; genaue Beobachtung, Spottbegabung, satirische Neigung. Scharfes Denkvermögen, was den Kontakt zum nächsten erschweren kann, obwohl er sehr angestrebt wird. Man überfällt den anderen förmlich, ja will sich ihm aufdrängen. Geschicktes Ausnützen der Schwächen anderer, oft aber oberflächliche Siege; Ablenkung, Mangel an Konzentration. Mars hat im Abschnitt Zwillinge eine merkurische Note.
Bewegliche Tatkraft.

Mars im Abschnitt Krebs ♂ i. ♋
Hier steht Mars für eine starke, oft unbewußte schöpferische Energie und Tatkraft, häufig für unkontrollierte Aktivität, die sehr wechselnd, emotional und seelisch bedingt ist. Aber wenn etwas bewegt wird, wird dies stets tiefer bewegt, die Wurzeln des Antriebs liegen in der Tradition, der Heimatverbundenheit und in den gemachten Erfahrungen. Auch ist ein starker Beschützertrieb bemerkbar. Eine einfühlsame Energie, die den anderen öffnet. Starke Elternbeziehung, aber auch leichte Verführbarkeit, besonders, wenn einem eine Heimat geboten wird. Launisch im Einsatz, mal überfleißig, mal läßt man sich gehen.
Im Abschnitt Krebs hat Mars eine mondhafte Note.
Emotionelle Tatkraft.

Mars im Abschnitt Löwe ♂ i. ♌

Hier steht Mars für eine selbstbewußte, oft selbstherrliche Tatkraft. Feurige Energie, wenn auch manchmal sich schnell verbrauchend. Führungswille, Herrschaftsanspruch. Stolz wird alles, was man schaffte, zur Schau gestellt. Oft auch Rechthaberei, Uneinsichtigkeit. Und ein ungeheures Selbstvertrauen, was die eigene Energie angeht! Alles verläuft ein wenig zu strapaziös. Aber willige Übernahme von Verantwortung, Pioniergeist, Eroberungslust, wenn dabei nur auch der Geltungstrieb befriedigt wird. Stürmisches Liebeswerben, Wunsch nach Berühmtheit.

Im Abschnitt Löwe hat Mars eine sonnenhafte Note.

Selbstbewußte Tatkraft.

Mars im Abschnitt Jungfrau ♂ i. ♍

Hier steht Mars für eine pflichterfüllte Arbeitsenergie, für den logischen Aufbau einer Aufgabe. Auch für den Willen, etwas aus dem Nichts zu schaffen oder einen verfahrenen Karren wieder flott zu kriegen. Die Arbeitszeit wird genau eingehalten. Der Wille ist sehr überlegt, alles wird durchdacht, ein gewisser Mangel an Spontaneität fällt auf. Aber hohe Denkkraft, Geschichtsbewußtsein, etwa auch Hang zur Philosophie, Wissensdurst. Liebe und Triebbefriedigung können, wenn die Arbeit vorgeht, hintangestellt werden. Sinn für Mathematik und Naturwissenschaften, Forschungsaufgaben.

Im Abschnitt Jungfrau hat Mars eine merkurische Note.

Überlegte Tatkraft.

Mars im Abschnitt Waage ♂ i. ♎

Hier steht Mars, was Verbindungen angeht, für eine Gemeinwirtschaftsenergie, für Energietatkraft zum Partner hin. Starke Du-Beziehung im Willen! Ungern allein. Freude am diplomatischen Geschick, an Verhandlungen, der starke Wunsch nach Bindung soll sein Echo finden. Aber auch echte Liebessehnsucht, Sinnenfreude, Spaß an der Erotik. Doch alles im kultivierten Rahmen, was natürlich vom Gesamtniveau abhängt. Wenn die Willensenergie, die Tatkraft aus dem Gleichgewicht kommen, droht alles einzustürzen. Dann braucht die Energie geistige Unterstützung! Lösung heikler Aufgaben wird mit Nachdruck angestrebt.

Im Abschnitt Waage hat Mars eine venushafte Note.

Kultivierte Tatkraft.

Mars im Abschnitt Skorpion ♂ i. ♏

Hier steht Mars für eine leidenschaftliche Energie, für einen individuell ausgeprägten, aber explosiv geladenen Trieb. Man will an die Grenzen des Möglichen stoßen; das geht so weit, daß das Problem des Selbstmordes, des eigenen Opfers öfter in Erwägung gezogen wird. Auch Opferung für ein Selbstexperiment, etwa bei Medikamenten. Unerhörter, aber immer höchst persönlicher Einsatz. Starkes Liebes- und Lebensbedürfnis, immer dabei das Ende auch ahnend und fühlend. Daher oft über die Stränge schlagend. Auflehnen gegen alle Schwierigkeiten, bei Scheitern Rachegelüste.

Im Abschnitt Skorpion steht Mars in seinem eigenen Zeichen, ist also potenziert, und hat eine plutonische Note.

Individuelle, radikale Tatkraft.

Mars im Abschnitt Schütze ♂ i. ♐
Hier steht Mars für eine ideelle Energie. Für den Missionseinsatz, ein starkes Führungs- und Lehrbedürfnis. Streben nach höheren Erkenntnissen, ohne auf den Genuß auf Erden verzichten zu müssen. Ehrgeizentwicklung in jedem möglichen Rahmen. Immer etwas ruhelos, aber auch oft einer Sache wegen engagiert. Starker Gerechtigkeitstrieb, aber auch Schauen auf Recht und Ordnung. Die Verhältnisse müssen in einen Rahmen passen, Spielregeln immer eingehalten werden. Streben nach idealen Mitkämpfern, Abkehr von kleinlichen Streitereien, starke Überzeugungsenergie. Gute Außenwirkung.

Im Abschnitt Schütze hat Mars eine jupiterhafte Note.
Ideelle, joviale Tatkraft.

Mars im Abschnitt Steinbock ♂ i. ♑
Hier steht Mars für einen zähen Durchsetzungswillen, für einen energiegeladenen Antrieb, für den Wunsch, die Gipfel zu erstürmen. Und das auf dem Boden der angeborenen, also gegebenen Kräfte. Innere Bereitschaft, sich fast zu Tode zu arbeiten. Immenser Fleiß, wenn die Sache lohnend erscheint. Letzlich will man etwas aus sich gemacht haben, über anderen thronen. Erster zu werden gilt nicht für Etappen, aber für das Endziel. Der Wille wird sehr unter Kontrolle gehalten, rationell eingesetzt. Überragende Ausdauer und von daher auch steter Ellbogengebrauch.
Im Abschnitt Steinbock hat Mars eine saturnische Note.
Abwägende, zielgerichtete Tatkraft.

Mars im Abschnitt Wassermann ♂ i. ♒
Hier steht Mars für einen stark auf die Zukunft ausgerichteten Trieb. Die Tatkraft setzt sich für Reformen ein, der Wille für soziale Belange! In einer kleinen Gemeinschaft arbeitet man energisch im Team. Einsatz der Technik, sprunghafte Wege werden eingeschlagen, wenn es in den ausgefahrenen Gleisen nicht mehr weitergeht. Dann fast revolutionäres Denken. Lieber umstürzen als im alten Trott weitermachen, daher auch oft der Wille, nur zu blenden, die Welt zu erschrecken. Streben über die Grenzen des Globus hinaus, weit in den Weltraum (auch innerlich) vordringen wollen.
Im Abschnitt Wassermann hat Mars eine uranische Note.
Sprunghafte, neuerungssüchtige Tatkraft.

Mars im Abschnitt Fische ♂ i. ♓
Hier steht Mars für eine stark emotionell geprägte Energie. Glaubenstatkraft, Hingebungsdrang, der Wille, Grenzen zu überschreiten, das Leben danach bewußt zu akzeptieren. Hang zu kraftvoller Musik, die Rauschgefühle weckt. Geheimnissehnsucht, der Drang, Okkultes zu erfahren! Aber auch Tatkraft in der Hilfe für andere, die zerbrechlich sind, besonders, wenn das Gefühl angesprochen wird. Liebessehnsucht im Trieb, die den sinnlichen Rahmen sprengen mag. Oft bei Verletzung des seelischen Bereichs sehr unbeherrscht! Tatkraft, die wie Ebbe und Flut kommt, mal äußerst stark, dann sich völlig in Faulheit gehenlassend.
Im Abschnitt Fische hat Mars eine neptunische Note.
Instinktive Tatkraft.

Wenden wir uns nun dem Planeten Jupiter zu.

Jupiter

Jupiter astronomisch

Jupiter ist der größte und auch der massigste Planet unseres Sonnensystems. Sein Durchmesser ist elfmal so groß wie die Erde, 143 200 Kilometer, aber er hat nur die 317fache Erdmasse. 1300 Erdkugeln hätten in ihm Platz. Seinen siderischen Umlauf vollendet dieser Planet in 11 Jahren 314 Tagen 20 Stunden 2 Minuten und 7 Sekunden. Sein schönes gelbliches Licht strahlt wie ein Stern erster Größe.

Jupiter ist – nach Venus – der hellste Planet. Da er zwölfmal langsamer als die Sonne seine Bahn zieht, wird auch ein Sonnenjahr als ein Jupitermonat angesehen, beziehungsweise Jupiter als höhere Sonne bezeichnet.

Vom Erdbeobachtungspunkt wirkt sein Umlauf majestätisch; sein Licht strahlt Wärme aus, so daß sich in der Deutung viele Hoffnungen an diesen Planeten knüpften.

Jupiter archetypisch

In den Mythen sorgt *Zeus/Jupiter* für die Ritterlichkeit und für den Sinn eines Kampfes. Er beschenkt alle, die helfen, die gehorchen; er straft die Verbrecher, die Menschen oder deren Hilfe mißbrauchen.

Doch auch die mythische Gottheit Zeus/Jupiter hat ihre dunklen Seiten. Bei vielen seiner Liebesabenteuer ist Eitelkeit im Spiel, Hochmut und selbstherrlicher Genuß sowie grenzenloser Übermut.

Diese Gottheit ist also nicht nur Vorbild, sie besteht auch auf Bevorzugung und Sonderrechten.

Jupiter astrologisch

Jupiter symbolisiert die Entfaltungs- und Missionskraft. Die große Führung, den Glauben an die Gerechtigkeit wie an das alltägliche Recht. Tragende Lebensgesetze werden hier zum Sinnbild, auch das Erfüllen von Aufgaben und Pflichten! Daneben verkörpert Jupiter das Ehrgefühl, die Würde, die selbstverständliche Autorität, damit auch – da alles seine Schattenseiten hat – die Scheinautorität, den Hochmut, den aufgeblähten Stolz, den eingebildeten Snobismus. So sagt der Volksmund auch: Was dem Jupiter geziemet, ist dem Ochsen noch lange nicht erlaubt. Wer jedoch einen guten Jupiter hat, der wird sich vom Alltag abheben, der wird das Glück nicht im Spiel, sondern in der Bewältigung seiner Aufgaben suchen. Er wird gefördert werden und später selbst fördern. Auch ist bei ihm das Recht in gute Hände gelegt, Gesetz und Moral werden menschlich verwaltet, Spießbürgerei kommt kaum auf. Sogenannte Linksadvokaten sind verfemt; man setzt sich für missionarische Aufgaben ein.

Seine verwandte Kraft findet Jupiter im Abschnitt Schütze. Man sagt auch, daß Jupiter den Abschnitt Schütze beherrscht und damit alle Planeten, die in diesem Abschnitt stehen.

Stichwort: Missionskraft.

Bevor wir nun die Stellung von Jupiter in den einzelnen Abschnitten untersuchen wollen, sei darauf hingewiesen, daß Jupiter zirka ein Jahr lang in jedem Abschnitt verweilt, oder daß er ein Jahr benötigt, um diesen Tierkreisabschnitt zu durchwandern. Das heißt, ein Jahrgang – der natürlich nicht etwa am 1. Januar beginnt – hat Jupiter im selben Zeichen. Das muß bei der Individualdeutung beachtet werden.

Auch kann es passieren, daß sich Jupiter bei einer rückläufigen Jupiterbewegung (etwa im November 1977) nur um 2 Grad, so von 6 Grad

Krebs bis 4 Grad Krebs, bewegte. Das bedeutet, daß alle in diesem Monat auf der Erde geborenen Bürger Jupiter auf derselben Tierkreisstellung im Horoskop haben – das sind Millionen.

Jupiter im Abschnitt Widder ♃ i. ♈

Hier steht Jupiter für eine bewußte, kämpferische Entfaltungskraft. Missionsgeist, Eroberungs- und Überzeugungslust, Kampf um Ideale, Einsatz für Glaubensüberzeugungen. Ideen, von denen man überzeugt ist, können anderen aufdiktiert werden. Oft ist die Entfaltungsenergie zu heftig im Ansatz, Ritterlichkeit weicht, wenn der Sieg gefährdet ist. Erregung über kleine Widerstände, zu persönlich empfundene Moral! Übereifer, der das gesteckte Ziel übersieht, oder man schießt darüber hinaus. Ideenfanatismus; Hang zur Glücksspielerei.

Jupiter hat im Abschnitt Widder eine marsische Note.

Stürmische Missionskraft.

Jupiter im Abschnitt Stier ♃ i. ♉

Hier steht Jupiter für eine allgemeine Sicherungsentfaltung, für den steten Aufbau, für die Grundlage von Kulturgütern. Alle sollen ihr Heim finden, ihr Brot haben. Großmut und Großzügigkeit in moralischen Grenzen. Hilfsbereitschaft auf Gegenseitigkeit, auch Propagieren des gemeinsamen Zusammenlebens bis hin in die kulturelle Feierabendgestaltung. Umweltprobleme der Natur können eine große Rolle spielen, ebenso die Schaffung von Kulturlandschaften. Aber auch Genußsucht, Ausschweifung (immer ist die Niveaugrenze zu beachten), Sehnsucht nach dem Schlaraffenland.

Jupiter hat im Abschnitt Stier eine venushafte Note.

Emotionale Missionskraft.

Jupiter im Abschnitt Zwillinge ♃ i. ♊

Hier steht Jupiter für eine Kommunikationsmission. Das miteinander Sprechen und Verkehren wird zur Aufgabe, so auch Förderung des Journalismus, der Literatur. Allgemeines Entgegenkommen, man mischt sich unter das Volk, schätzt den nahen Kontakt, den Gedankenaustausch. Diskussionen werden als sinnvoll angesehen. Auch große Reiselust, Freude an gemeinsamer Aussprache. Als Chef zeigt man sich aufgeschlossen, jovial; das Wort wird bewußt auch zur Heilung eingesetzt, es ist die menschliche Bindung. So hat das Wort auch manche Zauberkraft, schafft Freundschaften aber ebenso Feindschaften. Zueinanderstreben.

Jupiter hat im Abschnitt Zwillinge eine merkurische Note.

Gemeinschaftliche Missionskraft.

Jupiter im Abschnitt Krebs ♃ i. ♋

Hier steht Jupiter für eine schöpferische Entfaltungskraft, für Befruchtung, für emotionelle Einsätze. Gutes Echo beim Volk spornt an, man kommt an und kann schöpferisch wirken. Hilfsbereitschaft von starker mütterlicher Prägung. Popularität nach echten Leistungen. Auch Hilfe für Unterdrückte oder für Zukurzgekommene.

Das eigene Heim wird zum Symbol der inneren Freiheit, der Hort für Ideen. Ferner zeugt Jupiter hier auch für die Schutzbereitschaft, eine beseelte Heimatliebe, für die tiefe Wertschätzung des Traditionellen, der gemachten Erfahrungen. Die Welt ist eine Familie.

Im Abschnitt Krebs hat Jupiter eine mondhafte Note.

Schöpferische Missionskraft.

Jupiter im Abschnitt Löwe ♃ i. ♌
Hier steht Jupiter für eine glanzvolle, oft etwas selbstherrliche Entfaltung! Große Ausstrahlungsmöglichkeiten. Autoritäre Führung mit ausgeprägtem Organisationstalent. Mit dem großen Glück scheint man auf Du und Du zu stehen. Doch dann auch Eigenverblendung, übermütiger Hochmut; man läßt es am eigenen Einsatz fehlen. Man delegiert gut und legt sich unter Umständen (Niveaugrenze) auf die faule Haut. So überstrahlt eine Blendung die wahre Leistung. Ein schwach gestellter Jupiter kann sogar Größenwahn anzeigen und damit Selbsttäuschung sowie Verführbarkeit zum Luxus. Aber immer große Wirkung.
Im Abschnitt Löwe hat Jupiter eine sonnenhafte Note.
Strahlende Missionskraft.

Jupiter im Abschnitt Jungfrau ♃ i. ♍
Hier steht Jupiter für engagierten Einsatz zur Alltagsbewältigung. Das Werk wird der Sache wegen ausgeführt. Die Pflichten sind Träger des Lebens, der Chef geht da mit gutem Beispiel voran. Ernsthafte Arbeiten werden in Angriff genommen; Forschertalent, schöpferisches Schaffen in der Stille, philosophische Neigungen. Das Arbeiten erfolgt bei großen Aufgaben ohne Aufhebens, wird eigentlich auch nach Feierabend nie unterbrochen. Aber ebenfalls Gefahr des Spießbürgerdenkens, des Pharisäertums; man verliert über den Pflichten des Alltags oft das Ziel aus den Augen. Als Chef kann man sich für unentbehrlich halten.
Im Abschnitt Jungfrau hat Jupiter eine merkurische Note.
Nüchterne Missionskraft.

Jupiter im Abschnitt Waage ♃ i. ♎
Hier zeugt Jupiter für für die große soziale Entfaltung. Förderung aller Gemeinschaftsaufgaben, Bindungen und Verbindungen. Das Du-Partner-Erlebnis wird zum gestaltenden Lebensinhalt. Man lebt im anderen, das Echo ist groß und wird wirkungsvoll eingesetzt. Auch den Kavalier, die große Dame findet man hier, alles, was sich aus einem Kulturbedürfnis entwickelt hat, so auch die Kunstförderung oder die praktische Kunstausführung. Offenes Verhandlungsgeschick, die große Diplomatie wird angestrebt, das Völkerverbindende eingesetzt, doch auch Gestaltung der Lebensfreude in Gemeinsamkeit.
Im Abschnitt Waage hat Jupiter eine venushafte Note.
Verbindende Missionskraft.

Jupiter im Abschnitt Skorpion ♃ i. ♏
Hier steht Jupiter für eine individuell betonte aber kämpferische, leidenschaftliche Missions- und Entfaltungskraft. Man ist aufgeladen, will etwas zeigen, will etwas schaffen, was außergewöhnlich ist! Dinge von Format werden anvisiert, die Eigenpersönlichkeit wird betont, überbetont, Spuren will man nach diesem kurzen Erdendasein hinterlassen. Kampf um das Recht bis aufs Messer; man ist verbissen, verliert dann das Ganze und die eigene Größe aus den Augen. Aber wenn man engagiert ist, dann wird alles für diese Idee eingesetzt. Man kann für die Überzeugung dann auch in den Tod gehen.

Im Abschnitt Skorpion hat Jupiter eine marsische und eine plutonische Note.
Leidenschaftliche Missionskraft.

Jupiter im Abschnitt Schütze ♃ i. ♐
Hier steht Jupiter für beste, ureigene Schöpferkraft, für die Entfaltung der Ideale, der grundsätzlichen Ziele. Das Menschliche wird erzieherisch in den Vordergrund gestellt. Für Gerechtigkeit wird mit Elan gestritten, ohne daß das Ganze aus den Augen verloren wird. Man sieht sich als Lebenserzieher; die Ausbildung ist die wesentlichste Aufgabe. Auch wichtig ist die Wissenschaft, wobei die Religionen einen hohen Rang einnehmen, ferner die Erforschung der Welt. Die Entfaltung geht in alle Richtungen. Das Materielle wird nicht so wichtig genommen; so entstehen Verluste, die durch ideelle Auffassung nicht als tragisch hingenommen werden, wenn man sich nicht betrogen fühlt.
Im Abschnitt Schütze steht Jupiter in seinem eigenen Zeichen, er ist also potenziert und ausgeprägt.
Gläubige Missionskraft.

Jupiter im Abschnitt Steinbock ♃ i. ♑
Hier steht Jupiter für Entfaltung in der eigenen Karriere; Gipfel werden mit großem Elan und mit Überzeugung anvisiert! Der Ehrgeiz verläßt den egozentrischen Rahmen, der Sinn eines Arbeitslebens wird hier erfüllt. Die Erde soll zum Paradies umgestaltet werden. So wird auch Verantwortung für die Führung von Ländern und Gütern übernommen, steter Aufbau als echter, innerer Zielpunkt aufgefaßt. Praktische Politik, die doch im großen Rahmen denkt, wird hier symbolisiert. Je schwieriger sich eine Arbeit zeigt, um so intensiver wird sie angegangen. Erkennen des Möglichen und des Erreichbaren.
Im Abschnitt Steinbock hat Jupiter eine saturnische Note.
Prüfende Missionskraft.

Jupiter im Abschnitt Wassermann ♃ i. ♒
Hier steht Jupiter für eine sich ausweitende Reformmission. Das Neue wird angestrebt, alle technischen Möglichkeiten voll in den Dienst des Menschen gestellt und ausgenützt. Das Neue ist das Ideal, das Alte wird nicht mehr gebraucht. Der Mensch wird im sozialen Rahmen gesehen, die allgemeine Hilfsbereitschaft sehr wichtig genommen! Ideelle Freundschaften sind hier zu finden, auch die Teamarbeit. Revolutionäre Ideen auf geistig-menschlicher Basis, also mit Augenmaß. Große Verständigungsbereitschaft bis hin zur Versöhnungsgeste. Bejahung des abgewogenen Risikos.
Im Abschnitt Wassermann hat Jupiter eine uranische Note.
Sprunghafte Missionskraft.

Jupiter im Abschnitt Fische ♃ i. ♓
Hier steht Jupiter für eine große Glaubens- und Sehnsuchtsentfaltung, als Symbol der Aufopferungsbereitschaft, des Engagements für sinnvolle Einsätze. Überhaupt ist die Hingabe eine Art Mission, so werden Beschränkungen in Kauf genommen. Großes Kunstgefühl, das vor allem die Grundstimmungen erfaßt. Auch das Entfalten im Weiterleben ist hier symbolisiert, der Glaube an die himmlischen Bereiche. Daneben große Meditationskraft, manchmal gar hellseherische Fähigkeiten. Aber auch die Gefahr, das Glück im großen Rausch zu suchen, der einen davonträgt.
Im Abschnitt Fische hat Jupiter eine neptunische Note.
Verschwimmende, hingebende Missionskraft.

Und nun wenden wir uns dem fernsten der sichtbaren Planeten, dem Saturn zu.

Saturn

Saturn astronomisch
Saturn ist der zweitgrößte Planet unseres Sonnensystems. Sein Durchmesser beträgt rund 120 700 Kilometer, am Äquator – entgegen dem Durchmesser am Pol – nur 107 500 Kilometer. Sein Volumen könnte die Erde 740 mal aufnehmen. Saturn umläuft die Sonne in einem mittleren Abstand von 1427 Millionen Kilometer. Sein Umlauf beträgt 29 Jahre 166 Tage 23 Stunden 16 Minuten und 30 Sekunden. Er ändert seine Stellung im Tierkreis also sehr langsam, bleibt etwa 2 ½ Jahre in einem Tierkreiszeichen.
Mit bloßem Auge ist er nur schwach sichtbar, sein Licht wirkt bleiern.
Man nannte Saturn auch, nach dem griechischen Namen Chronos, den Schicksalsplaneten der Zeit. Er ist der bedächtige Wandler am nächtlichen Himmel, scheint seine ferne Kraft immer wieder in sich konzentrieren zu wollen.

Saturn archetypisch
In den Mythen gilt *Chronos/Saturn* als der Gott, der seine Kinder aus Angst verschlingt, weil er meint, seine Kinder würden ihn, um an die Macht zu kommen, genauso umbringen, wie er seinen Vater überwältigt hat. So treibt die Angst Saturn zu seinen Taten, und die Angst kann nur besiegt, überwunden werden, wenn alles geprüft wird. Aber Saturn tötet seine Kinder nicht, was eine große Entwicklung bedeutet. Er wird auch als Herr des Goldenen Zeitalters bezeichnet.

Saturn astrologisch
Saturn symbolisiert die Erfahrung, die Tradition, die Prüfung des Neuen, den Zeitablauf; alles, was Zeit erfordert, so auch die Geduld. Man nennt ihn schlechthin den Schicksalsplaneten. Saturn konzentriert alles, auch bis zum bitteren Ende, wenn nur noch ein Krümel übrigbleibt. Jugend schulen durch Widerstand, auch das ist Saturn, ferner Erworbenes erhalten, bis es reif ist zur Ablösung, das Vergangene immer als Erfahrungsschatz ansehen. Die ernste Aufgabe wird hier symbolisiert, das Weiterkommen auch unter Tränen.
Der Volksmund sagt: Wer einen guten Saturn hat, setzt sich langsam aber sicher durch. Da ist was Wahres dran, und Saturn ist alles andere als ein Übeltäter, wie er gern bezeichnet wird.
Seine verwandte Kraft findet Saturn im Abschnitt Steinbock. Man sagt auch, daß Saturn den Abschnitt Steinbock beherrscht und damit alle Planeten, die in diesem Zeichen stehen.
Stichwort: Konzentrationskraft.
Zu Saturn wäre in puncto Deutung noch zu sagen: Er steht 2 ½ Jahre in einem Zeichen, er verbindet also mehr diese Jahrgänge, als daß er individuell zu deuten wäre. Daran mag es liegen, daß manche Jahrgänge sich untereinander besonders gut verstehen, beziehungsweise ein gleiches Schicksal (Krieg) erleben. Die Aussage muß also im Gesamtzusammenhang auch mit Zeitgeschehnissen beziehungsweise Abläufen gesehen werden, selbst auf die Gefahr einer gewissen Eintönigkeit hin.

Saturn im Abschnitt Widder ♄ i. ♈
Hier steht Saturn für beharrlichen aber stürmischen Einsatz ungestümer Kräfte. Das Ungezügelte ist jedoch halbwegs unter Kontrolle; so wird der Ehrgeiz gelenkt und gezielter eingesetzt. Hochgesteckte Ziele werden mit Beharrlichkeit verfolgt. Aber es besteht auch Gefahr von starrer Unduldsamkeit, von Niedertracht; egoistische Ziele.
Saturn hat im Abschnitt Widder eine marsische Note.
Ungestüme Konzentrationskraft.

Saturn im Abschnitt Stier ♄ i. ♉
Saturn steht hier für eine beharrliche Sicherung des Erreichten, für stete Aufbauarbeit; die Unsicherheit des Lebens wird als besonders drückend empfunden. Ernst bis in den Feierabend, Sparsamkeit der Gefühle, Blick auf die Erreichung materieller Werte. Aber man baut sich seine Welt, und wenn es ein Palast aus Lehm ist. Verzicht auf Genuß.

Saturn hat im Abschnitt Stier eine venushafte Note. Gefühlvolle Konzentrationskraft.

Saturn im Abschnitt Zwillinge ♄ i. ♊
Hier steht Saturn für Kommunikationskonzentration. Das Wort wird auf die Goldwaage gelegt. Überlegtes, langsames aber betontes Sprechen und Handeln. Oberflächlichkeit weicht ernsten Pflichten. Ausdauer im Schreiben, Journalismus wird zur Literatur. Hang zu gründlichen Analysen, auch zur Psychoanalyse. Der Witz wird auf seinen tiefen Sinn untersucht.

Saturn hat im Abschnitt Zwillinge eine merkurische Note.
Vermittelnde Konzentrationskraft.

Saturn im Abschnitt Krebs ♄ i. ♋
Hier steht Saturn für eine ernsthafte, schöpferische Kraft, aus der kurzen Lebenszeit wird viel herausgeholt. Pflichtbewußte Mütterlichkeit setzt hier Vorbilder, alle Emotionen werden auf ihren Bestand geprüft. Große Geduld ist eine weitere Kraftreserve. Lasten der Verantwortung werden auf sich genommen, wenn auch schwer getragen, daher auch gesundheitliche Nachteile, Überanstrengung. Das Gefühlsleben verliert an Leichtigkeit.
Im Krebs hat Saturn eine mondhafte Note.
Emotionale Konzentrationskraft.

Saturn im Abschnitt Löwe ♄ i. ♌
Hier steht Saturn für eine gezielte Verantwortungsübernahme, für eine strenge Autorität, für ein festgefügtes Herrschaftssystem bis hin in die kleinsten Bereiche. Selbsteinschränkung bringt innerliche Schwierigkeiten, das Großzügige ist Ausnahme. So auch innerer Hochmut, falscher Stolz. Verzicht wird als Vorbild hingestellt. Bewußte Flucht in die Einsamkeit, stolzes Wartenkönnen, bis man gerufen wird.
Hier hat Saturn eine sonnenhafte Note.
Lebensbestimmende Konzentrationskraft.

Saturn im Abschnitt Jungfrau ♄ i. ♍
Hier steht Saturn für beharrliche Arbeit, für konzentrierte Pflichterfüllung. Härte gegenüber Untergebenen, Aufforderung dem eigenen Vorbild zu folgen. Man schont sich nicht. Forschungsbereitschaft bis zum Selbstopfer, allgemeine Vorsorge wird als Lebensaufgabe angesehen. Scharfe Kritikfreude, ständige Prüfung. Verbohren in wissenschaftliche Arbeiten.
Im Abschnitt Jungfrau hat Saturn eine merkurische Note.
Denkende Konzentrationskraft.

Saturn im Abschnitt Waage ♄ i. ♎
Hier steht Saturn für eine beharrliche Partnerschaftsbindung. Hochhalten von Gemeinsamkeiten, alten Bindungen, die sich einmal bewährt haben. Jeder Partner wird ernstgenommen. Zurücktreten vor einem anderen, daher so etwas wie ein Adjutantenmerkmal. Der zweite Mann ist hier zu sehen, der im und aus dem Hintergrund wirkt. Vertrauen ist Ehrensache.
Im Abschnitt Waage hat Saturn eine venushafte Note.
Verbindende Konzentrationskraft.

Saturn im Abschnitt Skorpion ♄ i. ♏
Hier steht Saturn für eine sehr individuelle Hartnäckigkeit. Lebensernst bei starker Unterstreichung der persönlichen Schicksalsverwirklichung. Oft Überschätzung des persönlichen Schicksals. Auf den eigenen Schicksalsablauf wird allgemein zuviel Betonung gelegt. Das Leben kann auch zu ernsthaft geprüft werden, andererseits sind philosophische Gedanken möglich. Der Tod kann als letzte Eigenverwirklichung angesehen werden.
Im Abschnitt Skorpion hat Saturn eine marsisch, plutohafte Note.
Individuelle Konzentrationskraft.

Saturn im Abschnitt Schütze ♄ i. ♐
Hier steht Saturn für Ernsthaftigkeit in Glaubens- und Lehrfragen. Beharren auf dem für richtig erkannten politischen Weg. Missionarische Aufgaben werden fast mit Starrsinn verfolgt! Vorbild im asketischen Leben. Auch der gerechte Richter, der Jurist, der sich um einen kleinen Taschendieb kümmert, wenn der des Mordes angeklagt wird, ist hier zu finden. Doch ernsthaftes Verurteilen von Moralsündern, von Leuten, die die bestehenden Gesetze in Frage stellen. Oft unversöhnlich.
Im Abschnitt Schütze hat Saturn eine jupiterhafte Note.
Missionarische Konzentrationskraft.

Saturn im Abschnitt Steinbock ♄ i. ♑
Hier steht Saturn für die Kraft, das gesteckte Ziel konzentriert anzugehen, zu erreichen und zu bezwingen. Hier werden für die Nachwelt Spuren hinterlassen! Diese Jahrgänge setzen Maßstäbe. Die Welt wird langsam aber stetig verändert, und alles auf den bestehenden Realitäten, deren Grundlage nie verlassen wird. Selbstbeherrschung scheint angeboren, auch das konzentrierte Handeln. Schmarotzer, Nassauer werden ausgeschieden; Fanatismus gegen Andersdenkende, fast arrogante Selbstsicherheit.
Im Abschnitt Steinbock steht Saturn in seinem eigenen Zeichen, so ist er potenziert und sehr ausgeprägt.
Geballte Konzentrationskraft.

Saturn im Abschnitt Wassermann ♄ i. ♒
Hier steht Saturn für die Ernsthaftigkeit gestellter Reformen. Tiefer Sinn für weltverändernde Ideen, Durchsetzung von technischen Neuerungen mit Zähigkeit. Ernste soziale Verpflichtungen, sichere Freundschaften! Was abstirbt, wird abgeschlagen, Schlagworte und Argumente werden auf Bestand und Dauerhaftigkeit geprüft. Eintreten für echte Humanität.
Im Abschnitt Wassermann hat Saturn eine uranische Note.
Intuitive Konzentrationskraft.

Saturn im Abschnitt Fische ♄ i. ♓
Hier steht Saturn für echte, ernsthafte Gefühlsvertiefung, Halt in Glaubensdingen, Konzentration der sich auflösenden Kräfte. Aber auch ein Hinweis auf Einsamkeitssehnsucht oder Leid. Doch Kraft, aus der Abgeschiedenheit neu zu

schöpfen. Ernsthafte Beschäftigung mit okkulten Dingen, tiefer Wunsch, hinter die Kulissen zu schauen, das Leben nach dem Tode zu erkunden. Gabe, tiefen Trost für Schwache zu geben. Künstlerische Empfindungen voller Tiefgang.
Im Abschnitt Fische hat Saturn eine neptunische Note.
Verschwommene, hingebende Konzentrationskraft.

Der aufmerksame Leser wird bemerkt haben, daß die Erläuterungen zu den Planeten immer allgemeiner wurden; das hängt mit ihrem langsamen Lauf zusammen. Bei Saturn muß beachtet werden, daß hier die Extreme sehr ausgeprägt sind, Saturn kann zur Spitze führen, aber auch den tiefsten Fall markieren: Die Erfahrung bestätigt, daß Saturn immer mit schicksalsentscheidend ist wie kein anderer Planet. Saturn ist nicht nur als Hüter der Schwelle, sondern auch als Weichensteller anzusehen. Wer also Jahre hindurch an seiner Gesundheit gesündigt hat, dem hilft dann auch kein noch so guter Saturnaspekt mehr; ein einmal geholter Leberschaden ist nicht rückgängig zu machen.
Wenden wir uns nun den neuen Planeten, den Transsaturniern zu, die die Reihe der traditionellen Planeten fortsetzen.

Uranus

Uranus astronomisch
Uranus ist der erste Planet, den man in der Neuzeit entdeckte, der also die geheiligte Siebenheit der alten Gestirnsreihe durchbrach, womit die Astrologie wieder einmal in Frage gestellt werden sollte. Dieser Planet wurde am 13. März 1781 entdeckt. Seine Umlaufzeit beträgt 84 Jahre 7 Tage 9 Stunden und 22 Minuten.

Uranus hat die Lichtstärke eines Sterns 6. Größe und ist nur unter ganz bestimmten Voraussetzungen, während seiner Opposition zur Sonne, mit bloßem Auge am Himmel erkennbar.
Sein mittlerer Durchmesser beträgt 49 000 Kilometer. Rund sieben Jahre bleibt Uranus in jedem Tierkreisabschnitt, damit ist sein Umlauf siebenmal so lang wie der des Jupiter.

Uranus archetypisch
Ouranos/Uranus war der Vater des Saturn, entstanden durch Gaia, die Göttin der Erde, mit der er zahlreiche Ungeheuer zeugte. Aus Haß auf diese Ungeheuer entmannte Chronos/Saturn seinen Vater und befreite die Uranidenschar; damit beginnen diese Geschöpfe in der Welt in Erscheinung zu treten.
Ouranos/Uranos kommt also scheinbar aus dem Nichts, und er schafft aus dem Nichts.

Uranus astrologisch
Uranus wird als die höhere Stufe des Merkur angesehen. Dieser Planet symbolisiert in erster Linie die Intuition, den scheinbar unvorbereiteten Einfall, die spontane Erkenntnis von Zusammenhängen. Er symbolisiert damit aber auch das Zerstören des Alten, das Hinwegsetzen über Erfahrung und Tradition. So steht Uranus auch für die Originalität, für Reformen, für weiterentwickelte Technik, und letztlich auch für Revolutionsvorgänge. Der Volksmund sagt: Wer einen guten Uranus hat, der kommt immer wieder auf die Beine.
Seine verwandte Kraft findet Uranus im Abschnitt Wassermann. Man sagt auch, daß Uranus den Abschnitt Wassermann beherrscht, und damit alle Planeten, die in diesem Zeichen stehen.
Stichwort: Erneuerungskraft.

Uranus im Abschnitt Widder ♅ i. ♈
Hier steht Uranus für die stürmische Verwirklichung neuer Ideen, für das ungestüme Erneuerungsbedürfnis, für den kämpferischen, revolutionären Einsatz, auch für Überstürzung, für das Wegwerfen alter Glaubensgrundsätze, für das Verherrlichen der Technik.
Uranus hat im Abschnitt Widder eine marsische Note.
Kämpferische Intuition.

Uranus im Abschnitt Stier ♅ i. ♉
Im Abschnitt Stier steht Uranus für plötzlichen Gewinn beim Einsatz neuer Methoden, auch Spielgewinn. Die Lebenssicherung wird auf neue Fundamente gestellt, alte Maßstäbe werden außer Kraft gesetzt. Neuartige Gestaltung der Umwelt, Spekulationen an der Börse, mit Papieren.
Uranus hat im Abschnitt Stier eine venushafte Note.
Gefühlsbetonte, empfindsame Intuition.

Uranus im Abschnitt Zwillinge ♅ i. ♊
Im Abschnitt Zwillinge steht Uranus für sensationelle Aufmachung von Nachrichten! Propagierung neuer Parteien, Reformen, neue Medienpolitik. Den Leuten geht plötzlich ein Licht auf! Schöpfung neuer Schlagworte. Originelle, oft jedoch konzentrationslose Gedanken.
Uranus hat im Abschnitt Zwillinge eine merkurische Note.
Beredte Intuition.

Uranus im Abschnitt Krebs ♅ i. ♋
Im Abschnitt Krebs steht Uranus für eine emotionale, schöpferische Intuition, die schnell, ja launisch wechseln kann. Das Neue wird geboren. Neue Kunstrichtungen, Abbruch der Generationen untereinander. Alte Gedanken werden neu entdeckt und verkündet.
Uranus hat im Abschnitt Krebs eine mondhafte Note.
Wechselnde Intuition.

Uranus im Abschnitt Löwe ♅ i. ♌
Im Abschnitt Löwe steht Uranus für das urplötzliche Aufkommen von neuen Idealen und neuen Führungspersonen. Manches Herrschaftssteuer wird über Nacht herumgeworfen, neue Ideen werden mit Kraft durchgesetzt, aufsehenerregende Pioniertaten.
Uranus hat im Abschnitt Löwe eine sonnenhafte Note.
Überzeugende Intuition.

Uranus im Abschnitt Jungfrau ♅ i. ♍
Im Abschnitt Jungfrau steht Uranus für eine gute Forschungsintuition, für den Einsatz neuer Arbeitsmethoden, für neue Pflichtbegriffe. Aber auch Entdeckung neuer Literaturen. Bahnbrechende Entdeckungen kommen jetzt ans Tageslicht, nachdem sie schon lange gemacht waren.

Uranus hat im Abschnitt Jungfrau eine merkurische Note.
Denkende Intuition.

Uranus im Abschnitt Waage ⚨ i. ♎
Im Abschnitt Waage steht Uranus für eine gute Intuitionsgemeinschaft, für neue Bindungen, für wechselnde Partnerschaften. Neue diplomatische Bemühungen und Wege. Auch ungewöhnliches Kunstinteresse ist hier angezeigt, plötzliche Begegnungen, die das Leben verändern.

Uranus hat im Abschnitt Waage eine venushafte Note.
Verbindende Intuition.

Uranus im Abschnitt Skorpion ⚨ i. ♏
Im Abschnitt Skorpion steht Uranus für eine urplötzliche, individuelle Erkenntnisdämmerung. Leidenschaftlich werden neue Grenzen gesucht. Spontane Einsätze für individuelle Ideale, Mut zu schnellen Entschlüssen. Aufbruch neuer Lebenskräfte, auch in der Medizin.
Uranus hat im Abschnitt Skorpion eine plutonische und marsische Note.
Individuelle, kämpferische Intuition.

Uranus im Abschnitt Schütze ⚨ i. ♐
Im Abschnitt Schütze steht Uranus für das Umwerfen von alten Gesetzen, für den Einsatz von neuen Thesen in Glaubens- wie Lehrfragen. Erziehung wird umgestülpt. Neue Verkehrswege werden erschlossen, die Welt wird kleiner. Umsturz auf geistiger Basis.

Uranus hat im Abschnitt Schütze eine jupiterhafte Note.
Ideelle Intuition.

Uranus im Abschnitt Steinbock ⚨ i. ♑
Im Abschnitt Steinbock steht Uranus für urplötzliche Aktivitäten, um noch mehr zu erreichen! Gipfelstürmer gehen neue Wege, neue Wege auch bei anderen Zielen, so bei Wettbewerben und Prüfungen. Technik wird in den Alltag hereingenommen. Neue Energien werden entdeckt.
Uranus hat im Abschnitt Steinbock eine saturnische Note.
Langwirkende Intuition.

Uranus im Abschnitt Wassermann ⚨ i. ♒
Im Abschnitt Wassermann steht Uranus für Umsturz in kraftvoller Weise, für völlig neue soziale Lösungen, fast Reformsucht. Ein neues Menschengeschlecht kann aufbrechen, Humanisierung wird aufs Panier geschrieben. Alles Neue ist groß und blendend.
Uranus steht im Abschnitt Wassermann in seinem eigenen Zeichen, so ist er stark potenziert.
Geniale Intuition.

Uranus im Abschnitt Fische ⚨ i. ♓
Im Abschnitt Fische steht Uranus für das Auftauchen neuer Religionsrichtungen. Für allgemeine Hilfsbereitschaft, die aus Glaubensgemeinschaften geboren wird. Auch das Auftauchen von neuen Sekten ist hier angezeigt. Religionsentwicklung, die über Nacht zündet. Urplötzliches Ahnungsvermögen. Neigung zum Okkulten von der Intuition her.
Uranus hat im Abschnitt Fische eine neptunische Note.
Verschwommene Intuition.

Neptun

Neptun astronomisch
Neptun wurde eigentlich durch einen Zufall am Himmel entdeckt. Auf Anregung von Leverrier studierte der Berliner Astronom Galle den Himmel auf der Suche nach einem neuen Planeten, der durch Beobachtung anderer Planetenbahnen eigentlich bereits entdeckt war, aber nicht gesichtet werden konnte.
Uranus wich nämlich des öfteren von seiner Bahn ab, was nur durch einen noch unbekannten Planeten verursacht sein konnte, so die These. Und diese These wurde bestätigt. Die ablenkende Kraft ging von Neptun aus, der schließlich von Galle gesichtet wurde.
Neptun bewegt sich um den Fixstern Sonne mit einer nur wenig abweichenden Kreisbewegung, so daß er auch von daher als überhöhte Venus angesehen werden konnte.
Sein Umlauf beträgt 164 Jahre 285 Tage und 15 Stunden. Sein Äquatorialdurchmesser beträgt 47 000 Kilometer, er ist etwa so groß wie Uranus, aber massenreicher als dieser. Im Fernglas erkennt man Neptun bei zirka 300facher Vergrößerung als kleines Scheibchen.

Neptun archetypisch
Poseidon/Neptun war der Herr des Meeres, des Elements mit der eigentlichen Schöpferkraft. In der Mythologie ist Neptun schwer einzuordnen, da ja erst mit Uranus die eigentliche Götterreihe begann. Ist Neptun das Urmeer, das Chaos, aus dem alles erst geboren wird? Denn das Wasser ist seit Urzeiten der Lebensborn schlechthin, und in der Welt des Poseidon/Neptun gibt es noch alle – oft nur zu erahnenden – Möglichkeiten.

Neptun astrologisch
Neptun wird als die höhere Stufe der Venus angesehen, was sich zu bestätigen scheint. Neptun symbolisiert den animalischen Urinstinkt, die schöpferische, unausgereifte Fantasie, das Erahnen. Auch das Wissen um die dunkelsten Seiten des Lebens, damit die Eingebung, das Mystische, den Hang zur Magie, zum Außenseitertum. Aber auch Täuschung wird hier symbolisiert, vor allem die Selbsttäuschung, die Selbstbespiegelung.
Der Volksmund sagt: Wer einen guten Neptun hat, der hat auch einen guten Riecher.
Seine verwandte Kraft findet Neptun im Zeichen Fische. Man sagt auch, Neptun beherrscht das Zeichen Fische, und damit alle Planeten, die in diesem Zeichen stehen.
Stichwort: Inspirationskraft.
Neptun ist nun wirklich nur noch als Generationsplanet zu betrachten, da er sich 14 Jahre in einem Zeichen befindet. Also ist er nur individuell zu bewerten, wenn er an markanten Stellen im Horoskop steht. Also etwa am Aszendent, an der Himmelsmitte, bei Sonne und Mond.

Neptun im Abschnitt Widder Ψ i. ♈
Hier steht Neptun für die ungezügelte Kraft, sich für Träume aber auch Täuschungen einzusetzen. Der eigene Wille kann verblendet sein. Auch ungestüme Instinkterfahrungen, die als Weisheit aufgenommen werden. Übersteigerung des Gemüts, innere Aufgeladenheit.
Neptun hat im Abschnitt Widder eine marsische Note.
Überhitzte Inspiration. (Jahrgänge 1859-1873)

Neptun im Abschnitt Stier Ψ i. ♉
Hier steht Neptun für einen animalischen Instinkt, für gefühlsbeladene Inspiration, künstlerische Empfindungen aus dem Urgrund, aber

auch Gefühltäuschungen und Täuschungen bei der Alltagssicherung. Gefühlsirrtümer; ein etwas animalisches Liebesleben.
Neptun hat im Abschnitt Stier eine venushafte Note.
Verführerische Inspiration. (Jahrgänge 1873-1887)

Neptun im Abschnitt Zwillinge Ψ i. ♊
Hier steht Neptun für eine instinktgetragene Kommunikationsinspiration, instinktive Verständigung, aber auch nebelhafte Ideen, sich selbst beschwatzend, unklare Vorstellungen aller Art, auch auf literarischem Gebiet. Aufspüren von Zeitströmungen.
Neptun hat im Abschnitt Zwillinge eine merkurische Note.
Aufgeschlossene Inspiration. (Jahrgänge 1887-1901)

Neptun im Abschnitt Krebs Ψ i. ♋
Hier steht Neptun für eine instinktbedingte, schöpferische Inspiration, für eine stark angeregte Schöpferkraft. Eine instinktive, animalische Mütterlichkeit wirkt sich oft störend, weil übertrieben aus. Aufopferung für Phantome, sentimentale Kitschvorstellungen.
Neptun hat im Abschnitt Krebs eine mondhafte Note.
Schöpferische Inspiration. (Jahrgänge 1901-1915)

Neptun im Abschnitt Löwe Ψ i. ♌
Hier steht Neptun für einen inspirativen Einfallsreichtum. Einfühlung und recht sicheres Umgehen mit dem Instinkt. Aufspüren von Urzusammenhängen. Aber auch eine Generation, die sich überschätzt, Selbsttäuschung im großen Stil, Wünsche ohne Realitätsbezüge.
Neptun hat hier eine sonnenhafte Note.
Blendend-verblendende Inspiration. (Jahrgänge 1915-1928)

Neptun im Abschnitt Jungfrau Ψ i. ♍
Hier steht Neptun für die Verkennung realer Grundzusammenhänge. Unsicherheit in der praktischen Umsetzung der Dinge, die sich aus der Inspiration entwickelt haben. Neues, animalisches Denken bringt diffizile Aufgaben. Alltag kann mal in den Himmel, mal in die Hölle verlegt werden.
Neptun hat im Abschnitt Jungfrau eine merkurische Note.
Schwer verwertbare Inspiration. (Jahrgänge 1928-1942)

Neptun im Abschnitt Waage Ψ i. ♎
Hier steht Neptun für eine verbindende Inspiration, für einen Gemeinschaftsinstinkt, aber auch Ablenkung durch verblendete Täuschungen; Äußerlichkeiten werden verkannt, überbewertet, äußere Anziehung überschätzt. Schnell aus der Balance kommen, sich auch danach sehnend, mal umzukippen.
Neptun hat im Abschnitt Waage eine venushafte Note.
Schillernde Inspiration. (Jahrgänge 1942-1956)

Neptun im Abschnitt Skorpion Ψ i. ♏
Hier steht Neptun für eine heftige, engagierte Inspiration, ein recht individueller Instinkt zeigt sich hier, aber auch Täuschungen statt echter Leidenschaften, Dekadenzgefahr, Inzuchtverblendung, Hinneigung zum Rauschhaften. Aufspüren von Schwächen anderer im großen Rahmen.
Neptun hat im Abschnitt Skorpion eine plutonische und marsische Note.
Engagierte Inspiration. (Jahrgänge 1956-1970)

Neptun im Abschnitt Schütze ♆ i. ♐
Hier steht Neptun für ein starkes instinktives Ahnungsvermögen. Inspiration für philosophische Gedanken. Gute Erkenntnisse bei der Fortführung des Menschlichen! Inspiration auch für animalische Strömungen, die ein Ufer suchen, Täuschung über Gefolgschaften.
Neptun hat im Abschnitt Schütze eine jupiterhafte Note.
Idealistische Inspiration. (Jahrgänge 1970-1984)

Neptun im Abschnitt Steinbock ♆ i. ♑
Hier steht Neptun für inspirierten Ehrgeiz, für instinktive Erkennung des Erfolgsweges, für das animalische Ausnützen von Realitätsgegebenheiten. Freisetzung fanatischer Kräfte um einer Zielsetzung willen. Sonderliches Strebertum, Schmarotzertum, Einsatztäuschungen.
Neptun hat im Abschnitt Steinbock eine saturnische Note.
Beklemmende Inspiration. (Jahrgänge 1984-1998)

Neptun im Abschnitt Wassermann ♆ i. ♒
Hier steht Neptun für eine magische Inspiration, instinktives Erfassen von neuen Chancen, aber auch Täuschung anderer, gefährliches Spiel mit Gauklerei. Blindwütiges Besprechen aller Dinge, die man in Frage stellen will; Urgrund erkennen wollen, ohne ihn studiert zu haben.
Im Abschnitt Wassermann hat Neptun eine uranische Note.
Gauklerhafte Inspiration. (Jahrgänge 1997-2012)

Neptun im Abschnitt Fische ♆ i. ♓
Hier steht Neptun für instinktive Hinwendung zu animalischen Sehnsüchten. Inspiration aus nebelhaften Erlebnissen, Träumen, Vorstellungen. Große innere Unsicherheiten, auch okkulte Verführungen; Freundschaften beruhen auf seltsamer Zuneigung. Im Abschnitt Fische steht Neptun in seinem eigenen Zeichen; seine Kraft ist also bestimmend potenziert.
Verschwommene Inspiration.

Neptun zeigt also vor allem Generationsprobleme an, denen Jahrgänge ausgesetzt waren, sind oder sein werden. Diese Verführungen und Täuschungen, aber auch Gaben lösen oft große Konflikte zwischen den Generationen aus.

Pluto

Pluto astronomisch

Der Planet Pluto wurde erst am 21. Januar 1933 um 22 Uhr entdeckt, und zwar in Arizona. Pluto ist der äußerste der großen Planeten. Seine Umlaufzeit beträgt 247 Jahre und 7 Monate. So entsprechen rund 20 Sonnenjahre einem Plutomonat, oder Pluto hält sich rund 20 Jahre in einem Zeichen auf. Seine Helligkeit entspricht der eines Sterns der 15. Größe. Pluto ist kleiner als die Erde.
Er ist sogar der kleinste Planet unseres Sonnensystems. In älteren astrologischen Büchern findet man Angaben, daß Pluto einen ungefähren Durchmesser von 6500 Kilometer hat. Nach neuesten Forschungen ist aber Pluto viel weniger groß, sein Durchmesser beträgt nur 2400 Kilometer.
Pluto hat einen Mond, der ihn umkreist. Dieser Mond wurde nach dem Fährmann der griechischen Sage Charon benannt, der die Schatten der Toten über den Fluß der Unterwelt setzte.

Pluto archetypisch

Das Reich des Poseidon/Neptun wird vom Urstrom umflossen, der der Vater von 6000 Kindern, den Okeaniden ist.
Dieser Urstrom nun wird allein von den Ufern des *Hades/Pluto* umsäumt, also von der Unterwelt. Psychologisch heißt das: Alles kommt ja auch aus dem Urgrund, oder erst aus dem, was noch Masse ist, kann sich in einem langen Prozeß das Individuelle herausschälen. So gilt Hades/Pluto auch als Symbol der Masse und Macht.

Pluto astrologisch

Pluto wird als höhere Stufe des Mars angesehen, also als die höhere Oktave einer Urkraft. Er ist von allen Planeten am wenigsten in die individuelle Deutung einzubeziehen – 20 Jahre Verweildauer in einem Zeichen des Tierkreises spricht für sich.
Pluto soll die Masse ausdrücken, im Horoskop also das Eingebettetsein oder das Herausheben aus der Masse. Auch Massenmittel, Massenvernichtungskraft etwa wird hier gesehen.
Seine verwandte Kraft findet Pluto neben Mars im Abschnitt Skorpion. Man sagt auch, daß Pluto mit Mars den Abschnitt Skorpion beherrscht, und damit alle Planeten, die in diesem Zeichen stehen. Stichwort: Machtkraft.
Pluto hat nun seit seiner Entdeckung rund 90 Grad des Tierkreises durchwandelt; also meinen viele Astrologen, daß hier nicht von einem Erfahrungswissen gesprochen werden kann. Das ist sicher richtig. Aber man kann insofern ersatzweise Erfahrung finden, indem man diese Planeten in ältere Horoskope – etwa vergangener Zeiten – einsetzt. Und aus den historischen Horoskopen sind gewisse Erfahrungswerte zu beziehen.

Jede Generation braucht, was den Plutodurchlauf betrifft, höchstens vier Tierkreisabschnitte zu verfolgen, was eine gewisse Konzentration ermöglicht. Es gibt aber auch Astrologen, die die Meinung vertreten, die Welt werde immer vielfältiger, komplizierter, technischer, so daß immer mehr Zeiger einer Weltuhr benötigt werden, und zur richtigen Zeit werde dann auch ein weiterer Zeiger entdeckt. Das bedeutet wiederum, daß es Unsinn wäre, den Planeten Pluto bei historischen Horoskopen in die Deutung einzubeziehen, denn da Astrologie aus der Anschauung geboren sei, könne ein Planet auch erst vom Anschauungsmoment her interpretiert werden.

Diese Meinungen mag jeder selbst durchdenken, annehmen oder ablehnen, sie sollen hier anregend wirken.
Fest steht, daß Pluto nur sehr vorsichtig gedeutet werden sollte, bestätigte Erfahrung liegt kaum vor.

Pluto im Abschnitt Widder ⌒ i. ♈
Hier steht Pluto wahrscheinlich für Massenaufbruch kämpferischer Art, für Massenrevolutionen. Heftige Machtauseinandersetzungen.
Individuell vielleicht für Machthunger, Herrschaftsanspruch, Benutzung von Gewaltmitteln.
Pluto hat im Abschnitt Widder eine marsische Note.
Ungestüme Machtkraft.

Pluto im Abschnitt Stier ⌒ i. ♉
Hier steht Pluto wahrscheinlich für materielles Machtdenken, für Sicherung von Machtverhältnissen, für den Einsatz von Kapitalmacht als Kampfmittel.
Individuell vielleicht für Streben nach Geldmacht, Besitzerkaufung, krasse Habgier, Großbetrug.

Pluto hat im Abschnitt Stier eine venushafte Note.
Empfindsame Machtkraft.

Pluto im Abschnitt Zwillinge ↻ i. ♊
Hier steht Pluto wahrscheinlich für Massenkommunikation, Massengeist und Massenrummel, Massenpropaganda, Meinungsdruck und Massenparolen.
Individuell vielleicht für Schlagwortgebrauch, propagandistische Begabung, Zerstörung der Werte durch Worte.
Pluto hat im Abschnitt Zwillinge eine merkurische Note.
Sprachgewandte Machtkraft.

Pluto im Abschnitt Krebs ↻ i. ♋
Hier steht Pluto wahrscheinlich für Großbelastung einer Generation, die unter Massenaufbruch leidet, Generationskonflikte ungeheuren Ausmaßes.
Individuell vielleicht für reaktionäre Grundeinstellung, die sich immer selbst verrät. Verurteilung Andersdenkender.
Pluto hat im Abschnitt Krebs eine mondhafte Note.
Emotionale Machtkraft.

Pluto im Abschnitt Löwe ↻ i. ♌
Hier steht Pluto wahrscheinlich für machtvolles Gewaltstreben, für die Herrschaft über Massen, Personenkult, Tyrannei, Autoritätsbetonung.
Individuell vielleicht für panische Herrschsucht, Einflußgehabe, Wichtigtuerei in der Öffentlichkeit.
Pluto hat im Abschnitt Löwe eine sonnenhafte Note.
Autoritäre Machtkraft.

Pluto im Abschnitt Jungfrau ↻ i. ♍
Hier steht Pluto wahrscheinlich für Arbeitsmacht und Massenkraft im gezielten Einsatz. Machttrieb auf dem Forschungssektor, Bau von Massengeräten.
Individuell vielleicht für Überschätzung der eigenen Verstandeskräfte, Beugung unter eine Massenmeinung.
Pluto hat im Abschnitt Jungfrau eine merkurische Note.
Denkende Machtkraft.

Pluto im Abschnitt Waage ↻ i. ♎
Hier steht Pluto wahrscheinlich für eine Gemeinschaftsmacht; die Massenverbindung, die Großfamilie, das Steuern von Partnerschaftsbeziehungen von oben.
Individuell vielleicht für Streben nach machtvoller Berühmtheit, starker Intrigentrieb.
Pluto hat im Abschnitt Waage eine venushafte Note.
Verbindende Machtkraft.

Pluto im Abschnitt Skorpion ↻ i. ♏
Hier steht Pluto wahrscheinlich für einen leidenschaftlichen Massenfanatismus, für nationale Egozentrik, für engagierte Masseneinsetzung, wenn es ums Ganze geht.
Individuell vielleicht für leidenschaftliche Abhebung von der Masse, für Eigen- und Großdünkel.
Pluto hat im Abschnitt Skorpion eine marsische Note, da er aber hier in seinem Zeichen steht, ist er überpotenziert.
Individuelle Machtkraft.

Pluto im Abschnitt Schütze ↻ i. ♐
Hier steht Pluto wahrscheinlich für Glaubens- und Lehrmacht, für unparlamentarisches Recht, weil der Segen verordnet wird. Prinzipienkämpferei.

Individuell vielleicht für die Meinung, der Zweck heilige die Mittel. Glücksverordnung für den Untergebenen.
Pluto hat im Abschnitt Schütze eine jupiterhafte Note.
Joviale, hochmütige Machtkraft.

Pluto im Abschnitt Steinbock ⚳ i. ♑
Hier steht Pluto wahrscheinlich für ungebändigten Machtehrgeiz, für Leistungswahn, für Nationalstolz, für Massenanspornung, Massenveränderungen.
Individuell vielleicht für unbändigen Ehrgeiz, für Despotismus, für Neidwahn und Verfolgungsglauben.
Pluto hat im Abschnitt Steinbock eine saturnische Note.
Prüfende, gehemmte Machtkraft.

Pluto im Abschnitt Wassermann ⚳ i. ♒
Hier steht Pluto wahrscheinlich für Massenreformwahn, für soziales Machtstreben, für Einsatz von Massentechnik, für Massenbetrug und Täuschungen.
Individuell vielleicht für Einsatz aller Mittel, um weiterzukommen, für revolutionäres Verhalten.
Pluto hat im Abschnitt Wassermann eine uranische Note.
Intuitive Machtkraft.

Pluto im Abschnitt Fische ⚳ i. ♓
Hier steht Pluto wahrscheinlich für Glaubensdogma, für die Herrschaft von okkulten Sekten, für Hingebungs- und Aufopferungswahn, für das Wahnstreben in andere Welten.
Individuell vielleicht für Sektenwahn, Machtokkultismus, Machtseligkeit und -gläubigkeit.
Pluto hat im Abschnitt Fische eine neptunische Note.
Hingebende Machtkraft.

Der Mondknoten

Der Mondknoten astronomisch

Der Mondknoten wird in vielen Horoskopen berechnet und gedeutet, obwohl er im Grunde nichts anderes als ein errechneter Punkt ist. Er hat mit der ursprünglichen Anschauungsastrologie nichts mehr zu tun. Die Mondknoten sind Schnittpunkte des Mondes mit der Sonnenbahn. Schnittpunkte kann übrigens jeder Planet aufweisen, und so verwenden auch viele Astrologen nicht nur den Mondknoten, sondern für verschiedene Deutungen auch Marsknoten, Venusknoten usw. Da macht sich ein gewisses Spezialistentum bemerkbar, wobei umstritten ist, ob das der Astrologie nützt.

Der Mondknoten ist nun der Punkt, an dem der Mond die Sonnenbahn – die Ekliptik – überschneidet; geschieht dies in Richtung Norden, spricht man vom aufsteigenden Mondknoten, geschieht es in Richtung Süden, spricht man vom absteigenden Mondknoten. Beide Punkte liegen einander genau gegenüber. Die Knoten, aneinandergereiht, ergeben eine Linie, die von Ost nach West führt, wodurch die Mondknoten immer rückläufig sind.
Man kennt für diese Punkte auch die Begriffe Drachenkopf und Drachenschwanz, wobei Drachenkopf dem aufsteigenden, Drachenschwanz dem absteigenden Mondknoten entspricht. Denn wenn sich Sonne und Mond auf dieser Linie – also der Mondknotenlinie – in Konjunktion oder Opposition befinden, haben wir eine Mond- oder eine Sonnenfinsternis, und in früheren Zeiten hieß es dann oft, »ein Drache habe die Sonne oder den Mond verschlungen.« – Der Mondknoten archetypisch entfällt.

Der Mondknoten astrologisch

Man spricht in der Astrologie von Verbindungsfunktionen oder Verknüpfungsanzeigen, die der Mondknoten symbolisiert.

Dem aufsteigenden Mondknoten spricht man in etwa jupiterhaften Charakter, dem absteigenden in etwa saturnischen Charakter zu, was aber noch aus der Zeit stammt, da Jupiter als gutes Symbol und Saturn als böses Symbol angesehen wurden.

Heute spricht man beim aufsteigenden Mondknoten von positiven, beim absteigenden von negativen Verbindungen. Das betrifft aber weniger die Partner oder Freundschaftsbindungen, sondern es gilt für allgemeinere Verbindungen, auch fördernder oder hindernder Art. So sind hier etwa Arbeitsteams angesprochen, Protektionsverbindungen usw. Die Achse der Mondknoten, da sich aufsteigender und absteigender Mondknoten stets gegenüberliegen, wird auch die Wunschachse genannt, womit also die erfüllbaren wie die unerfüllten Wünsche gemeint seien.

Vielen Astrologen erscheint manches um den Mondknoten zu gekünstelt, zu theoretisch, manche dagegen schwören auf die pragmatischen Erfolge; so muß wohl jeder selbst seine Erfahrungen machen. Allein in der medizinischen Astrologie scheint der Mondknoten eine gewisse Bedeutung zu erlangen, weil sein Stand in den Zeichen Beschwerden und Veranlagungen anzeigen soll; aber die medizinische Astrologie ist ein noch zu spezialisiertes Gebiet, das hier nicht erläutert werden kann.

Als Deutungsanregung seien die folgenden Erläuterungen punkto Mondknoten und ihrem Stand in den Tierkreisabschnitten zu verstehen.

Mondknoten im Abschnitt Widder ☊ i. ♈
soll stehen für eifriges Verbindungsstreben in positiver Hinsicht (also aufsteigend), und für das Ausnutzen von Verbindungen in negativer Hinsicht (also absteigend).

Mondknoten im Abschnitt Stier ☊ i. ♉
soll stehen in positiver Hinsicht für Dauerverbindungen und in negativer Hinsicht für Mißtrauen gegen Bindungen.

Mondknoten im Abschnitt Zwillinge ☊ i. ♊
soll stehen in positiver Hinsicht für vielseitige Verbindungen und in negativer Hinsicht für wechselhafte, untreue Bindungen.

Mondknoten im Abschnitt Krebs ☊ i. ♋
soll stehen in positiver Hinsicht für seelische Bindungen und in negativer Hinsicht für Empfindlichkeiten bei Bindungen.

Mondknoten im Abschnitt Löwe ☊ i. ♌
soll stehen in positiver Hinsicht für die Organisation von Bindungen und in negativer Hinsicht für Spekulation mit Verbindungen.

Mondknoten im Abschnitt Jungfrau ☊ i. ♍
soll stehen in positiver Hinsicht für Pflege von Teamarbeitsbindungen und in negativer Hinsicht für die Ausnutzung von Verbindungen.

Mondknoten im Abschnitt Waage ☊ i. ♎
soll stehen in positiver Hinsicht für die Sehnsucht nach Gemeinschaftsverbindungen und in negativer Hinsicht für Geheimverbindungen.

Mondknoten im Abschnitt Skorpion ☊ i. ♏
soll stehen in positiver Hinsicht für individuelle Bindungen und in negativer Hinsicht für die Beherrschung von Bindungen.

Mondknoten im Abschnitt Schütze ☊ i. ♐
soll stehen in positiver Hinsicht für Geistesverbindungen und in negativer Hinsicht für Sektenverbindungen.

Mondknoten im Abschnitt Steinbock ☊ i. ♑
soll stehen in positiver Hinsicht für Zielverbindungen und in negativer Hinsicht für Eigennutzverbindungen.

Mondknoten im Abschnitt Wassermann ☊ i. ♒
soll stehen in positiver Hinsicht für Reformverbindungen und in negativer Hinsicht für Umsturzverbindungen.

Mondknoten im Abschnitt Fische ☊ i. ♓
soll stehen in positiver Hinsicht für Glaubensbindungen und in negativer Hinsicht für okkulte Bindungen.

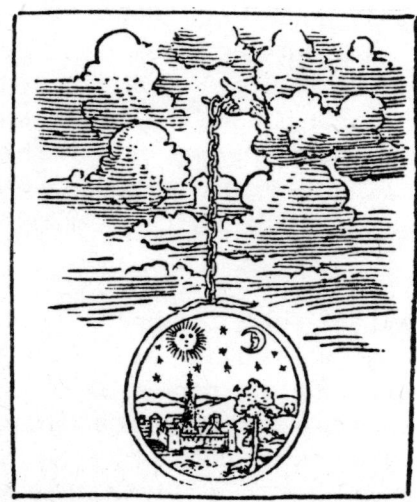

Soweit wären jetzt also die Planeten in den Zeichen vorgestellt, wobei betont werden muß, daß dies für alle Menschen gilt, die am gleichen Tag geboren sind, wenn man vom Schnelläufer Mond absieht.
Also jeden Tag stehen die Gestirne, was ihre Stellung im Tierkreis betrifft, für alle auf dem gesamten Erdball Geborenen gleich.
Mit den Gestirnsbeschreibungen allein ist also eine individuelle Horoskopdeutung einfach nicht möglich!

Das kann nicht deutlich genug immer wieder betont werden, zumal ja außer Mond, Sonne, Merkur und Venus, teilweise auch Mars, alle anderen Planeten im Grunde ihre Stellung im Tierkreis über mehrere Tage hinweg einnehmen, was die Gradzahl betrifft. Man muß also genauer differenzieren, und das gelang auch, als man dazu überging, die Gestirnstellungen von einem jeweiligen Beobachtungspunkt aus zu berechnen. So kam man zum inneren Horoskop. Das heißt: Als man die Längen- und Breitengrade der Erdeinteilung berücksichtigte, fand man die jeweilige Himmelsmitte, den jeweils aufsteigenden Grad am Osthorizont, die jeweilige Himmelstiefe, den jeweils absteigenden Grad im Westen, und man fand die umstrittene Häuser- und Feldereinteilung.

Davon, wie auch von der Aspektbetrachtung, also den Anblicken der Planeten und den sich daraus ergebenden Kombinations- und Deutungsmöglichkeiten, handelt der zweite Teil.

Prognostikenbild, Gottes Allmacht verherrlichend, 1508

Das innere Horoskop

Neben der scheinbaren Wanderung der Gestirne durch die Ekliptik, die Sonnenbahn, den Tierkreis (alle drei Begriffe sagen das Gleiche) kennen wir nun noch eine Bewegung: die der Erde um ihre eigene Achse.

Innerhalb eines Tages – also abgerundet 24 Stunden – dreht sich die Erde einmal um ihre Achse, wodurch wir Tag und Nacht, Morgen und Mittag, Abend und Mitternacht erleben.
Diese Eigenbewegung der Erde drückt sich astrologisch im inneren Horoskop aus.
Man stelle sich beide Bewegungen der Erde, einmal um die Sonne, dann um die eigene Achse, vor wie bei einem Karussell, das sich dreht, wobei sich aber der Sitz während der langen Fahrt nochmals um sich selbst dreht.
Die Bewegung um die Sonne bringt uns die jeweilige Jahreszeit, das Datum also, die Bewegung um die eigene Achse die Tages-, die Uhrzeit.
Jeder weiß, daß auf der Erde verschiedene Uhrzeiten herrschen. Die Uhrzeit wird nach den Längengraden gemessen. Von Pol zu Pol ist unser Erdglobus in Längengrade eingeteilt; Orte, die auf dem gleichen Längengrad liegen, haben stets die gleiche Uhrzeit – also auch die gleiche Mittagszeit, und das ist die Zeit, da die Sonne vom Längenkreis aus gesehen am höchsten steht.
Der Null-Längengrad geht durch die Sternwarte von Greenwich, wonach die Zeit dieses Längengrades als Greenwichzeit bezeichnet wird.
Wir kennen insgesamt 360 Längengrade, die in zwei Gruppen eingeteilt sind. Einmal in Längengrade östlich von Greenwich, das sind 180, dann in Längengrade westlich von Greenwich, das sind auch 180. Da sich die Erde in rund 24 Stunden einmal um sich selber dreht, wandert ein Punkt innerhalb von vier Minuten von einem Längengrad zum anderen. Ist also auf einem Längengrad genau 12 Uhr Mittag, dann ist vier Minuten später auf dem folgenden Längengrad Mittag. So verschiebt sich der Mittag in 60 Minuten oder einer Stunde um 15 Längengrade.
15 Längengrade in einer Stunde mal 24 bedeutet gleich 360 Längengrade in 24 Stunden, womit die Drehung der Erde um ihre Achse vollendet ist.

Alle Punkte auf einem Längengrad haben also dieselbe Uhrzeit, damit zur selben Zeit Mittag. Den Längengrad, auf dem genau Mittag ist, nennt man auch die Mittagslinie oder lateinisch den Meridian.
Im Horoskop verläuft der Meridian vom höch-

sten Punkt, der dem Mittagspunkt entspricht, der sogenannten Himmelsmitte oder dem Medium Coeli, abgekürzt MC, zum tiefsten Punkt oder dem Imum Coeli, abgekürzt IC. MC und IC sind also die Punkte, an denen die Gestirne ihren höchsten, beziehungsweise ihren tiefsten Stand erreichen.

Man sagt auch, im MC kulminiert ein Gestirn. Kulminieren kommt vom Wort Kulmination und bedeutet Erreichung des Höhe- oder Gipfelpunktes einer Laufbahn. Und so gibt es für uns eine obere und eine untere Kulmination, wobei die obere Kulmination in der Himmelsmitte, die untere in der Himmelstiefe stattfindet, Himmelstiefe = IC. Damit haben wir wichtige Punkte in unserem inneren Horoskop gefunden, denn es kann nicht unwesentlich sein, ob ein Gestirn an der Himmelsmitte steht oder an der Himmelstiefe. Man denke nur daran, welche Wirkung die Sonne hat, wenn sie zur Mittagszeit im Süden steht, oder wenn sie um Mitternacht für uns nicht sichtbar am tiefsten Punkt steht.

Himmelsmitte und Himmelstiefe liegen sich immer genau um 180 Grad gegenüber; verbindet man diese beiden Punkte, dann teilen sie den Kreis – den Tierkreis – in zwei Teile, in einen linken und einen rechten Halbkreis.

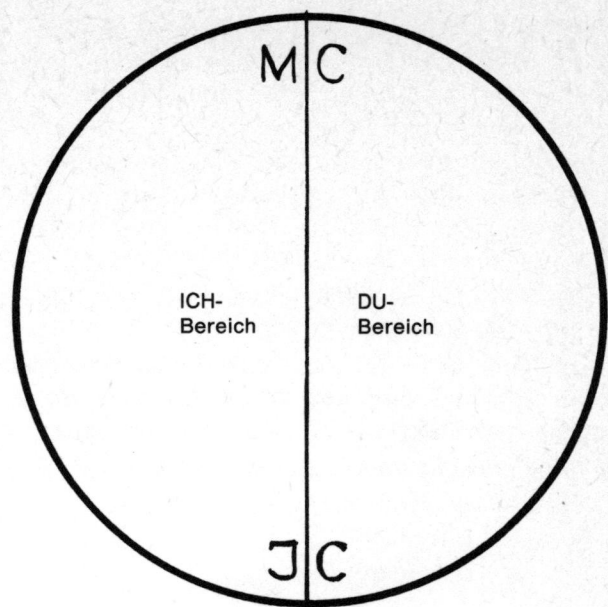

Teilung Himmelsmitte/Himmelstiefe

Es ist schon gesagt worden, daß wir diese Punkte des Horoskops als Aszendent (aufsteigender Grad) und Deszendent (absteigender Grad) bezeichnen.

Wie mißt man diese Grade? Nun, außer den Längengraden hat man den Erdglobus auch in Breitengrade aufgeteilt.

Die Begriffe Ich-Bereich und Du-Bereich bedürfen einer Erklärung. Die Erde dreht sich in 24 Stunden um ihre eigene Achse, so daß jeder Längengrad einmal den Mittagspunkt erreicht. Die Erdachse beschreibt dabei eine Bewegung von 360 Grad, das bedeutet, daß sich auch die Ost- und Westpunkte verändern, daß im Osten immer ein anderer Grad des Tierkreises aufsteigt und im Westen jeweils ein anderer Grad untergeht.

Während die Längengrade von Pol zu Pol verlaufen, also vom Nordpol zum Südpol, oder von Nord nach Süd, verlaufen die Breitengrade von Ost nach West und von West nach Ost zurück.

Der im Osten aufsteigende Grad wurde nicht nur Aszendent genannt, sondern er hatte noch den Beinamen der Stern der Stunde, woraus die Bezeichnung Horoskop ja eigentlich entstand.

Dieser Stern oder Grad des Tierkreises war einst das Wichtigste im Horoskop und ist heute –

nach der Sonne – der zweitwichtigste Punkt, weil man diesen Grad mit der Ich-Person des Geborenen gleichsetzt. Das heißt, der Ostpunkt, der Aszendent, ist der Ich-Punkt.

Dem Ich-Punkt muß der Du-Punkt gegenüberliegen, womit man den Deszendent auch als Du-Punkt bezeichnet. Folglich kann man die linke, die Osthälfte eines Horoskops Ich-Bereich, die Westhälfte Du-Bereich nennen, wie die Abbildung veranschaulicht.

Man kann natürlich auch eine Linie zwischen dem Ostpunkt, dem Aszendent, und dem Westpunkt, dem Deszendent, ziehen. Auch diese Linie teilt das Horoskop in zwei Teile.

Diese Teilungslinie bezeichnet man als Horizontlinie, weil alle Gestirne, die oberhalb dieser Linie stehen, sich über dem Horizont befinden, während alle Gestirne unterhalb dieser Linie unter dem Horizont liegen.

Der untere Teil zeigt also die Hälfte des Tierkreises, die unter dem Horizont liegt – das entspricht dem Innen-Bereich – während die obere Hälfte den Teil des Tierkreises zeigt, der über dem Horizont ist – der Außenbereich.

Wir haben vier wichtige Punkte im Horoskop:
Die Himmelsmitte, Medium Coeli, abgekürzt MC
die Himmelstiefe, Imum Coeli, abgekürzt IC
den Ostpunkt, Aszendent, abgekürzt AS
den Westpunkt, Deszendent, abgekürzt DS

Der wichtigste Punkt, den die Astrologie kennt, ist – nach der Sonne – wie gesagt der Aszendent.

Teilung von Ost nach West

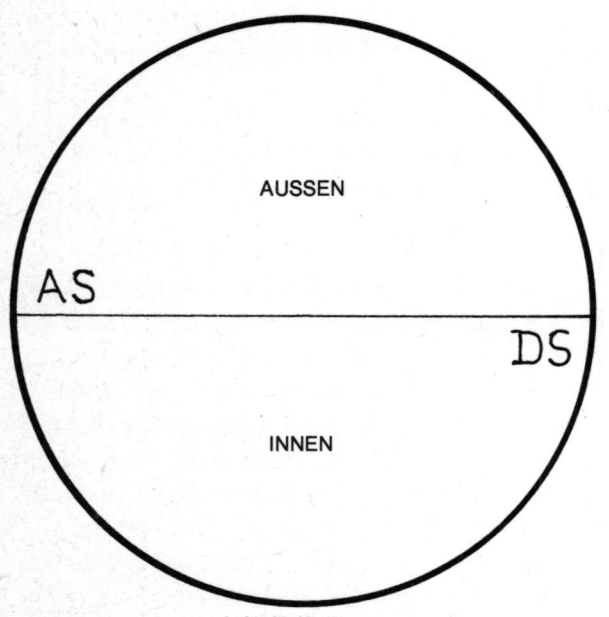

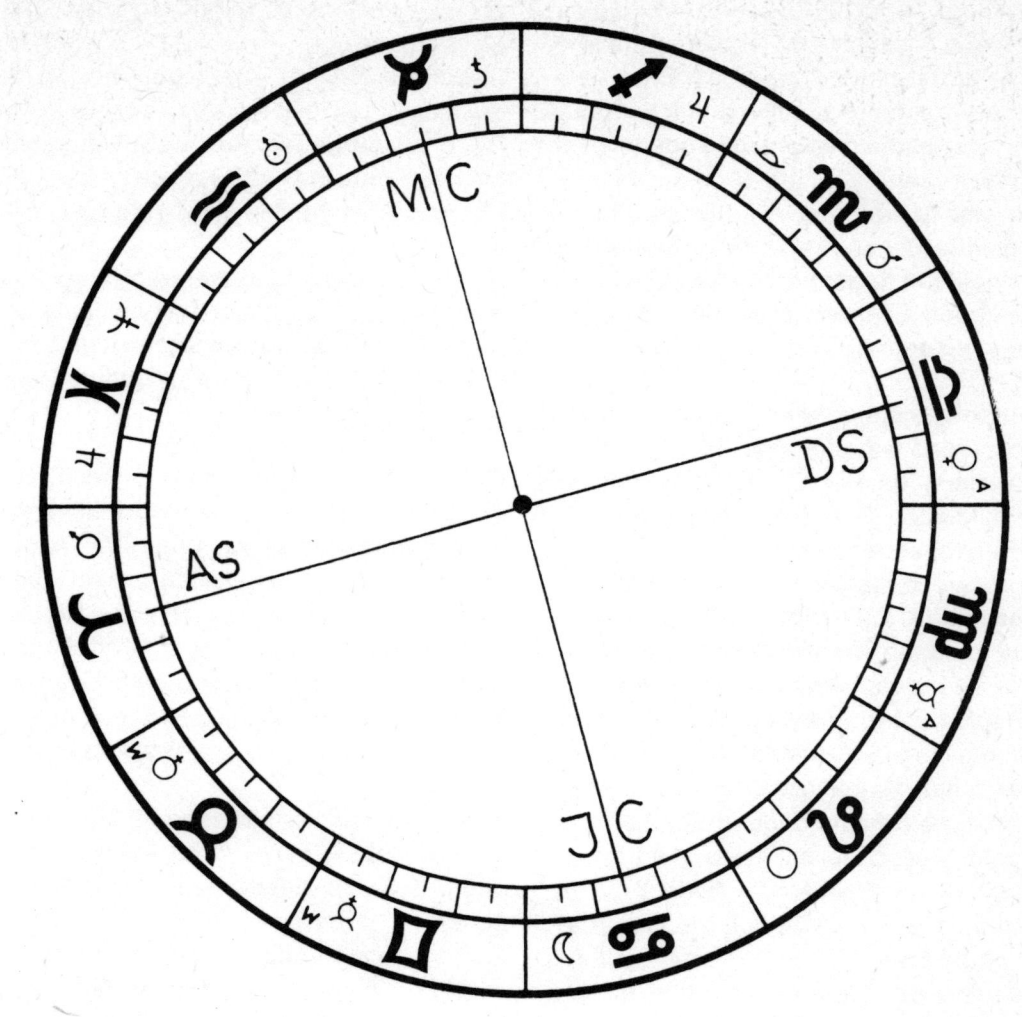

Horoskopformular mit den Punkten MC, IC, AS und DS

Der Aszendent

Aszendent kommt vom Wort *ascendere* gleich aufsteigen. Während sich die Himmelsmitte alle vier Minuten um ziemlich genau 1 Grad verschiebt, kann man diese oder ähnliche pauschale Zeitrechnungen nicht auf den aufsteigenden Grad übertragen.

Das liegt an der Schiefe der Ekliptik; so gibt es unterschiedliche Zeiten bei der Aufsteigung, nämlich schnell aufsteigende Zeichen und langsam aufsteigende Zeichen. Hier wird man sehen, wie dies mit dem Sonnenstand zusammenhängt.

Denn die schnell aufsteigenden Zeichen sind die Tierkreisabschnitte von Steinbock bis Zwillinge, also die Zeichen, da die Sonne vom tiefsten Punkt zum höchsten Punkt wandert – auf die nördliche Halbkugel bezogen.

Die langsam aufsteigenden Zeichen sind die Tierkreisabschnitte von Krebs bis Schütze, also die Zeichen, in denen sich die Sonne vom höchsten Punkt wieder dem tiefsten Punkt zuwendet. In der Praxis des astrologischen Alltags bedeutet dies, daß die langsam aufsteigenden Zeichen auf der nördlichen Halbkugel öfter anzutreffen sind als die schnell aufsteigenden Zeichen. Es gibt also mehr Menschen mit Aszendent Löwe oder Jungfrau als mit Fische oder Widder.

Der aufsteigende Grad wird auch als *Geburtsherrscher* betrachtet, da er ja einem Stern gleichgesetzt wurde. Dieser Geburtsherrscher soll die Persönlichkeit prägen, jedoch die Persönlichkeit, die sich der Umwelt zeigt, die in die Umwelt hineingeboren ist; das muß nichts mit der inneren Persönlichkeit zu tun haben, die stärker von der Sonne geprägt wird.

Von alters her heißt es, und Erfahrungen haben es jedem bestätigt, daß der Mensch eine Rolle spielt, eine Maske trägt, wenn er sich in der Umwelt bewegt.

Das Wort *persona* kommt von dem Wort Maske; die trug der griechische Schauspieler, um seine Rolle zu verdeutlichen. Das Tönen durch die Maske wurde mit »personare« bezeichnet, wovon das Wort Person abgeleitet ist.

Nur darf man nicht in den Fehler verfallen, vom Äußern auf einen Aszendent zu schließen, denn nicht jeder Stiernacken entspricht dem Aszendent Stier, und nicht jede sportliche Gestalt dem Aszendent Schütze.

Der Geburtsherrscher ist das Gestirn, das den Aszendent beherrscht, also das Gestirn, dessen verwandtes Tierkreiszeichen am Ostpunkt aufsteigt, genauer das Zeichen, dem der aufsteigende Grad angehört. Steht der aufsteigende Grad beispielsweise bei 5 Grad Stier, ist der Geburtsherrscher Venus, bei 5 Grad Zwillinge wäre es Merkur, bei 5 Grad Krebs der Mond.

Es gibt nun für einige Astrologen eine Ausnahme:

Wenn nahe am aufsteigenden Grad – mit einem Höchstabstand von 5 Grad – ein Gestirn selbst steht, dann ist dieses Gestirn der Geburtsherrscher.

Ist der aufsteigende Grad 10 Grad Löwe und steht dort bei 12 Grad Löwe der Saturn, dann ist Saturn in Löwe der Geburtsherrscher.

Doch kommen wir nun zu den einzelnen Aszendentbeschreibungen. Da die Sonne in zwölf Tierkreiszeichen stehen kann, gibt es zwölf mal zwölf gleich 144 Sonne/Aszendent-Möglichkeiten.

Aszendent Widder / Sonne Widder
Geburtsherrscher Mars

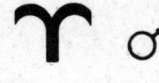

Persönlichkeit: angreifend
Lebenskern: ungestüm

Diese Charaktere entwickeln einen starken Mut, mit dem sie die Umwelt angehen. Voller Elan wird das Leben angepackt, wenn auch die anderen alle verschreckt zurückweichen. Energiegeladen suchen diese Menschen voller Kampfesmut den Streit; die Treppen stürmen sie am liebsten drei Stufen auf einmal hinauf. Ihre Ich-Persönlichkeit ist stark entwickelt, sie sind egozentrisch, aber nicht im materiellen Sinn egoistisch. Fanatismus macht sich bemerkbar, und dann sind sie voller Eigensinn.

Man versuche erst gar nicht, sie zu belehren oder umzustimmen – man kann nur warten, bis sie in die selbstgestellten Fallen laufen. Denn sie blicken weder zurück noch zur Seite, sondern nur nach vorn. Sie sind die Spurter, die nur ihre Rennbahn sehen; sollte jemand sie links oder rechts überholen wollen, so setzen sie zu einem Endspurt an, der sich gewaschen hat.

Bis zur Erschöpfung können sie Strapazen auf sich nehmen; sie geben vor, den Idealismus gepachtet zu haben, und Rücksicht kennen sie überhaupt nicht! Ruhe wird als halber Tod empfunden. Sie wollen andere mitreißen, aber wenn jemand zögert, wird er als Feigling verschrieen; schnell sind sie auch mit Beleidungen bei der Hand. Ihr Wirken ist oft verblüffend, nur hält es nie sehr lange an. Sie fühlen sich als Pioniere und wundern sich, wenn jemand ihrer Fahne nicht folgen mag. Sie sind wohl von allen 144 Aszendent-Sonne-Typisierungen die einseitigsten, aber auch die auffallendsten.

Aszendent Widder / Sonne Stier
Geburtsherrscher Mars

Persönlichkeit: angreifend
Lebenskern: beharrlich

Die Charaktere zeigen sich ihrer Umwelt auch mit Elan, aber in sich haben sie doch immer ein festes Ziel vor Augen; sie können sich beherrschen, sich, wenn es darauf ankommt, am Riemen reißen. Und sie haben auch einen etwas zwiespältigen Charme! Sie brausen auf, legen sich mit allen an, aber plötzlich entwickeln sie einen Humor, ein Gefühlsverständnis, das den Partner verwirrt. So ist ihre Wirkung etwas unausgeglichen; man liebt sie, ist aber wegen ihres äußeren Auftretens immer etwas verwundert. Sie wollen nicht nur mitreißen, sondern andere beherrschen; der Partner wird als Besitz betrachtet, soll ihnen unbedingt sicher sein, und damit stellen sie ihn stets auf die Probe. Die anderen können gutmachen, was sie in der Umwelt eingebrockt haben. Die eigene Suppe auszulöffeln ist nicht ihre Stärke.

Im Energieeinsatz sind sie doch recht sparsam; sie brauchen auch die Pausen, das süße Leben, um ihren Akku aufzuladen. Geld wird mal großzügig ausgegeben, aber mehr, um damit zu imponieren. Sonst können diese Charaktere recht geizig, ja knauserig sein. Sie selbst genießen gern, verbergen das jedoch ein wenig vor der Umwelt, wo sie sich asketischer geben, als sie sind. Aber immer wieder schimmert ein lieblicher Charme ihres Kerns durch, so daß sie sich im Leben eigentlich recht gut durchwursteln. Und wenn die Sicherung bei ihnen durchbrennt, wissen sie, daß schnellstens auf Notversorgung umgeschaltet werden muß.

Aszendent Widder / Sonne Zwillinge
Geburtsherrscher Mars

Persönlichkeit: angreifend
Lebenskern: beschwingt
Diese Charaktere gehen die Umwelt stürmisch an, aber aus einem inneren Kommunikationsbedürfnis, sie wollen die Welt erobern, indem sie sich mitten in sie hineinstellen. Alle wichtigen Schaltstellen wollen sie kennenlernen und beherrschen, um stets auf der richtigen Tastatur spielen zu können. So wirken diese Charaktere oft überspannt, vor allem in jungen Jahren, wenn die Reife noch fehlt, und sie bleiben lange jung, also lange unreif. Widerstände wollen sie schnell beseitigen; dabei greifen sie zu mancher List, auch zu einem kleinen Trug, wenn es nur nützt. Der Zweck heiligt in guter Absicht die Mittel, und hinterher findet man tröstende oder entschuldigende Worte.

Überhaupt können sie ihr Anliegen an die Umwelt bestens in Worte fassen. Sie finden auch schnell Kontakt, der aber nur anhält, solange sich die anderen als nützlich oder wenigstens interessant erweisen. Ihr Eigensinn kann recht naiv und gutmütig sein; sie verlassen sich auf ihren Redeschwall, merken allerdings kaum, wenn keiner mehr zuhört!

Aber sie verbinden mit Elan die Welt; wenn es gilt, Knoten mit Worten zu lösen, finden sie den richtigen Vorschlag. Was sie eigentlich wollen, ist so leicht nicht auszumachen – sie wollen aber mit Sicherheit nicht abseits stehen. Von großen Idealen reden sie, ohne sie im Grunde zu haben, können jedoch andere auf gute Ideen bringen, die sie dann als ihre eigenen anpreisen, um ihre Position in der Umwelt weiter auszubauen.

Aszendent Widder / Sonne Krebs
Geburtsherrscher Mars

Persönlichkeit: angreifend
Lebenskern: einfühlend
Diese Charaktere wirken sehr zwiespältig, weil sie sich eigentlich verbergen. So stürmisch, wie sie sich oft der Umwelt zeigen, sind sie im Grund gar nicht. Zwar wollen auch sie viel in Bewegung bringen, aber auf die Probe gestellt halten sie Maß. So enttäuschen sie die Partner, weil sie sich von ideellen Plänen abwenden, die sie erst nach draußen propagierten. Sie glauben an das Neue; man meint, sie hätten den i-Punkt erfunden, aber wenn das Neue nur auf Kosten des Alten erreicht werden kann, zucken sie zurück. So halten sie oft nicht, was man von ihnen erwartet. Das Selbstbewußtsein ist zwar groß, wird aber immer wieder von Zweifeln angenagt; sie ändern auch ihre Meinung über Nacht. Besessen von einer Idee können sie diese am nächsten Tag in einem ganz anderen Licht sehen, nur weil sie vielleicht schlecht geschlafen haben oder sich von einem Traum gewarnt fühlen. Sie bremsen also ihre Eigenbewegung, wirken dadurch widersprüchlich, ja unzuverlässig. Das sind sie nicht; man darf nur ihren ersten Elan noch nicht als endgültige Meinungsäußerung, als Kernziel ansehen.

Bedenklicher ist eine gewisse Herrschsucht. Sie verlangen nämlich, daß ihre Widersprüchlichkeit voll anerkannt wird. In der Umwelt und im Heim sind sie oft tyrannisch; ihre Launenhaftigkeit ist zwar amüsant, aber anstrengend. Doch sie schaffen auch Dinge von Bestand, für die sie dann zu manchem Opfer bereit sind.

Aszendent Widder / Sonne Löwe
Geburtsherrscher Mars

Persönlichkeit: angreifend
Lebenskern: großzügig
Diese Charaktere stehen dauernd unter Dampf, sind voller Energie und Selbstbewußtsein. Sie sind die Eroberer mit Autorität, die Forscher mit Selbstexperimenten. Sie strahlen Kraft, Macht und Kampfgeist aus, denken schnell und weitreichend. Sie imponieren, haben aber selten Freunde, nur Untergebene, die sich unter ihren Schutz begeben haben. Sie brauchen die anbetende Umwelt, weil sie ohne Glanz nicht leben wollen; sie sind anspruchsvoll, aber imponierend! Sie setzen sich immer wieder durch und festigen dann ihre erreichte Position.

Da sie nur den eigenen Kern als wesentlich betrachten, isolieren sich diese Charaktere schnell, was ihnen zunächst scheinbar nichts ausmacht. Wenn aber ihre Position langsam angenagt wird, sind sie wehrlos. Geduld und Zähigkeit sind nicht ihre Stärke; sie meinen, nach dem ersten Krafteinsatz entwickle sich alles von selbst. Der soziale Aufstieg scheint dies auch zunächst zu bestätigen.

Wenn die Chancen, die diese Charaktere haben, alle genützt würden, sähe unsere Welt anders aus. Nur die wenigsten setzen sich durch; das sind dann aber meist Große, die Bewegung in die Welt gebracht und mit Autorität gefestigt haben. Ist die Anbetung nur mangelhaft, sind sie beleidigt, kehren sich ab mit den Worten: Ihr werdet schon sehen, wie weit ihr es ohne mich bringt! Aber Gläubige finden sie eigentlich immer, und so müssen sie sich kaum am Riemen reißen.

Aszendent Widder / Sonne Jungfrau
Geburtsherrscher Mars

Persönlichkeit: angreifend
Lebenskern: vernünftig
Diese Charaktere gehen die Umwelt mit Energie und einem gewissen Idealismus an, lassen aber schnell die Vernunft walten. Ihr Ansturm ist gebremst. Zwar packt sie oft der Trieb, etwas über Nacht in Szene setzen zu wollen, aber am Morgen herrscht dann das klare Denken; so bringen sie schnell in Ordnung, was sie mal etwas durcheinandergewirbelt haben. Sie sind zwar sehr reizbar, auch nervös, die Beherrschung ist mühsam, aber der Intellekt schafft es schon! Auch ist alles Handeln nicht ganz unmaterialistisch – reiner Idealismus wird als dumm angesehen.

Nur wenn es um die Vorsorge geht, um Absicherungen, wenn der Erfolg gefährdet erscheint, wenn man sich betrogen fühlt, dann wird eine ungeheure aber überlegte Kampfeslust entwickelt. Das kann bis zur intellektuellen Vernichtung des anderen führen; da kommt eine gewisse Nüchternheit durch, ein Verstand, der sehr kalt und unbarmherzig handelt. Aber all dies geschieht unter dem Deckmantel von Idealen, so daß die Umwelt einfach nicht weiß, woran sie ist.

Diese Charaktere üben schnell scharfe Kritik, Kritik, die oft einleuchtend scheint, die aber nicht immer von Menschlichkeit getragen ist. Das Eigeninteresse steht zu sehr im Vordergrund. Sie schauen hinter die Kulissen, aber doch nur durch die eigene Brille. Diese Charaktere setzen sich langsam durch, und weil sie an den Lebensabend denken, behalten sie auch, was sie sich – wie sie meist sagen – schwer errungen haben.

Aszendent Widder / Sonne Waage
Geburtsherrscher Mars

Persönlichkeit: angreifend
Lebenskern: verbindend

Diese Charaktere wollen imponieren, gefallen, und geben sich vom Kern her Mühe, sich auf den Menschen, der sie interessiert, einzustellen. Aber ihr aufgesetztes Temperament geht immer wieder durch. Der Wunsch nach Harmonie ist sehr stark ausgeprägt, aber sie wollen diese Harmonie mit Macht erreichen; ungeduldig wie sie oft sind, wirken sie dann selbst sehr unharmonisch – das ist ihr Zwiespalt. Ihre Sehnsüchte machen sie sich selbst kaputt. Dabei haben sie starke, gewinnende Anlagen. Sie meinen aber, keine Weichheit zeigen zu dürfen und legen sich daher einen äußeren, kämpferischen Panzer an und stoßen die vor den Kopf, mit denen sie sich verbinden wollen. Bei einer als notwendig erkannten Zusammenarbeit gibt es oft Streit aus Furcht, man könnte zu weich, zu nachgiebig erscheinen. Im Wesen können sie dabei sehr lieb sein, wenn man sie gewähren ließe, und da sie um die Gegenpole wissen, sind sie schöpferisch meist sehr begabt. Je stürmischer sie sich zeigen, um so mehr sollte man sie aus dem Verkehr ziehen, oder sie selbst sollten es tun und sich in eine Klause begeben, wo sie ihre Anspannung fallenlassen können. Dann schaffen sie etwas, fertigen Kunstwerke oder anderes.

Ihr Gefühlsleben ist überemotionalisiert, so daß Pausen hier immer gut und schöpferisch sind. Die Umwelt sollte mit ihnen Geduld haben. Diese Charaktere wissen um die eigene Gefährdung, es fehlt ihnen aber an Mut, dies öffentlich zu bekennen. Bei errungener Reife können sie beste Vorbilder abgeben.

Aszendent Widder / Sonne Skorpion
Geburtsherrscher Mars

Persönlichkeit: angreifend
Lebenskern: leidenschaftlich

Diese Charaktere begegnen der Umwelt mit Leidenschaft und verbrennen innerlich daran. Sie sind äußerst intensiv im gesamten Lebensgefühl, und ihre individuelle, charakteristische Prägung läßt sie irgendwie immer auffallen. Aber das genießen sie! Sie haben eine starke Anziehungskraft, und wie sie gewinnen, so stoßen sie ab. Sie werden geliebt oder gehaßt, aber man kann an ihnen nicht vorbeigehen. Der Lebenskampf ist schwer, und sie machen sich ihn noch schwerer. Sie wollen Leistung erbringen, ihre Arbeitsintensität ist groß, aber Ruhe gönnen sie sich nicht; auch nach der Arbeit wird intensiv gelebt. Ihre Vitalität scheint unangreifbar, besonders in der Jugend – im Alter merken sie dann oft, wie sie über ihre Kräfte gelebt haben. Man kann von Schindluder sprechen, das sie mit sich getrieben haben, aber sie verachten diejenigen, die nicht den gleichen Einsatz an den Tag legen.

Wenn es darauf ankommt, dann stürzen sie sich noch im hohen Alter kopfüber in Belastungen. Sie wollen immer recht haben, andere erziehen, und mancher Prozeß wird als Kampf angesehen, nicht als Auseinandersetzung mit der Gerechtigkeit. Sie sind sehr subjektiv veranlagt, verlangen, daß man auf sie eingeht. Der Partner wird nicht gewonnen, er wird begehrt; will man ihn haben, kämpft man um ihn, werben kann man kaum. Aber diese Charaktere können nicht nur andere sondern auch sich selbst überwinden; da liegt ihre Größe, so daß sich eigentlich dann jeder noch so mörderische Einsatz gelohnt hat.

Aszendent Widder / Sonne Schütze
Geburtsherrscher Mars

Persönlichkeit: angreifend
Lebenskern: sinnvoll

Diese Charaktere stellen sich der Umwelt voller ideeller Kraft! Sie sind stets emanzipiert, streben hohe Ziele an und müssen die meist schmerzliche Erfahrung machen, daß alles seine Zeit braucht. Sie lernen schnell, lieben ihre Lehrmeister, sind sportlich und literarisch interessiert, sie wollen die ersten sein, ohne jedoch zu rücksichtslos ihre Ellbogen zu gebrauchen. Doch umstimmen kann man sie nicht, wenn sie sich einmal eine Meinung gebildet haben!

Das soll man aber nicht verwechseln mit Vorurteilen, die diese Charaktere oft hegen; sie lehnen schnell Andersgeartete ab, die sich weicher, empfindsamer zeigen. Wenn sie jedoch diese Vorurteile überwunden haben, dann kann man auf diese Charaktere bauen!

Sie sind ein Fels in der Brandung, gerade weil ihre Lebenserfahrungen nicht von Pappe waren! Sie wachsen über sich hinaus und geben ihre Erfahrungen besessen wieder – müssen jedoch die schmerzliche Erfahrung machen, daß man ihre Ratschläge nicht annimmt. Das trifft sie hart; dann können sie sich in sich zurückziehen und überraschen die Umwelt nach Jahren mit einer neuen Erkenntnis und Einstellung, die sie voll Eifer predigen! Sie wollen die Welt verändern, wollen erziehen, um anderen schmerzliche Umwege zu ersparen. Sie sind meist fair und zu ehrlichem Wettkampf bereit, und sie können, wenn auch sehr schwer, verlieren, allerdings um auch hier vorbildlich zu sein.

Aszendent Widder / Sonne Steinbock
Geburtsherrscher Mars

Persönlichkeit: angreifend:
Lebenskern: eigensinnig

Diese Charaktere verhalten sich zur Außenwelt etwas unnatürlich, sind stets gespannt, immer auf der Hut, ob etwas ihrem Ehrgeiz im Weg stehen könnte. So greifen sie oft früher an, als es ihrem Kern entspricht; sie können abwägen, aber ihr Temperament reißt sie fort! Wenn die anderen diese ständige Abwehrposition erkannt haben, dabei den besessenen ehrgeizigen Kern spüren, wappnen sie sich; die Folgen kann man oft mit dem Schlagwort von der verbrannten Erde bezeichnen.

Aber diese Charaktere sind zäh, so daß sie auch diese Prüfung bestehen, denn sie haben die Kraft der Geduld. Das allerdings spürt man am Auftreten kaum, sondern meint, der hält nicht lange durch. Aber das Gegenteil ist der Fall. Sie erneuern ihre Kraft durch Konzentration und durch innere Festigkeit, wenn das auch zu einer extremen Kargheit führt. Ein tiefes Eingehen auf wichtige Lebensfragen ist zu erkennen, nur werden Erkenntnisse einfach zu unausgegoren in der Umwelt geäußert.

Diese Charaktere müssen lernen, daß sie sich mit ihrem Umweltstemperament selbst im Weg stehen. Setzen sie dieses Temperament bewußt gezielt ein, sind sie fast immer unschlagbar, aber das gelingt ihnen im Leben nur zwei- oder dreimal. Dann allerdings schaffen sie es, den Gipfel zu erstürmen! Leistung ist ihr Prinzip – auf die benötigte Kraft zu warten, müssen sie lernen; aber sie haben die Reserven, alle Prüfungen zu wiederholen, bis sie sie bestehen.

Aszendent Widder / Sonne Wassermann
Geburtsherrscher Mars

Persönlichkeit: angreifend
Lebenskern: geistig

Diese Charaktere können eine ungewöhnliche Tatkraft an den Tag legen, wenn sie von ihrer Aufgabe überzeugt sind. Sie sind für das Neue, für die Menschlichkeit, für soziale Ideale, für die Technik, die sie nur zu ungestüm gebrauchen. Sie sind wie Rennfahrer, die sich darauf verlassen, daß das Benzin für die ganze Rennstrecke reicht, obwohl der Vernunft nach zwei Nachfüllungen nötig sind. Sie legen sich mit fast jedem an, der vernünftig vorgehen will. Die Intuition ist es, die das Leben bestimmt, Vernunft kann nachziehen, darf aber nicht den Weg bereiten, denn für den braucht man Einfälle! So sind sie oft sprunghaft, setzen mal hier, dann von der entgegengesetzten Seite an und wirken unberechenbar. Aber sie haben Erfolge, die Bewunderung einbringen, wenn sie auch meist nicht von Bestand sind, doch das interessiert diese Charaktere nicht. Sie sind alle im Kern etwas gaukelhaft, nehmen sich selbst aber auch nicht zu ernst. Nur beleidigen darf man sie nicht, dann reagieren sie scharf.

Sie bringen immer Bewegung in die Umwelt, sind selbst unruhig, oft übernervös, voll irgendwelcher Wachträume; so sehen sie die Welt immer in einem Glanz, der erst kommt! Ihre innere Unruhe ist ihr Lebenselixier – sie haben fast einen Horror vor Pausen und Stille, obwohl sie meinen, man brauche die Ruhe. Aber sie sagen viel, was sie nicht meinen! Sie beleben die Umwelt, geben Anstöße, strengen an, aber Langeweile kommt mit ihnen niemals auf.

Aszendent Widder / Sonne Fische
Geburtsherrscher Mars

Persönlichkeit: angreifend
Lebenskern: hingebend

Diese Charaktere zeigen sich der Umwelt immer völlig anders als sie sind. Hier ist die Täuschung fast perfekt: Sie geben sich stark und feurig, und in ihnen ist alles am Zerfließen, am Hingeben! So wirken sie oft anmaßend, was jedoch Maske ist; sie sehnen sich nach den Anderen, wünschen sich Gemeinschaft, schließen sich oft einer Sekte an, aber sie haben nicht die Kraft, äußerlich nachzugeben. Sie sind triebgeladen, von Sehnsucht nach Zärtlichkeit besessen, die sie sich holen, wenn nicht beim Menschen, dann bei allgemeinen Hilfsaktionen oder bei geduldigen Haustieren. Sie überschätzen meist die eigene Begabung, vor allem die eigene Kraft, lösen in der Umwelt Erwartungen aus, die sie nicht erfüllen können, und das quält sie! Sie sind stets voller Übertriebenheit, schwanken von einem Extrem ins andere, sehen immer wieder Anfänge, aber auch immer wieder das Ende. In der Gegenwart zu leben fällt ihnen schwer; sie retten sich in Erinnerungen, alte Fotos, alte Briefe, oder sie stürzen sich in einen Rausch. Die Umwelt wird feindlich empfunden, also angegangen, aber wehe, sie schlägt zurück – dann klappen sie zusammen! Die Kraft ist dahin.

Wenn sie diese Angriffe überstehen, haben sie allerdings Kräfte gefunden, etwas zu gestalten. Sie verbrennen manchmal in dem Feuer, das sie angezündet haben, meinen jedoch, Selbstaufopferung würde Anerkennung finden. Sie kommen im Leben schwer zurecht, weisen aber auf Zusammenhänge, die lange Gültigkeit haben. Ihr Kern ist liebenswerter als ihr Auftreten.

Aszendent Stier / Sonne Widder
Geburtsherrscher Venus

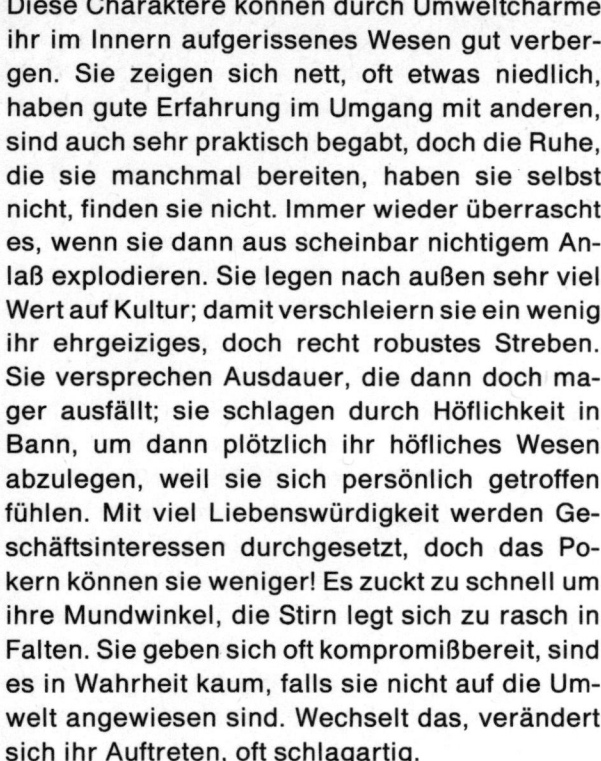

Persönlichkeit: gemütlich
Lebenskern: ungestüm

Diese Charaktere können durch Umweltcharme ihr im Innern aufgerissenes Wesen gut verbergen. Sie zeigen sich nett, oft etwas niedlich, haben gute Erfahrung im Umgang mit anderen, sind auch sehr praktisch begabt, doch die Ruhe, die sie manchmal bereiten, haben sie selbst nicht, finden sie nicht. Immer wieder überrascht es, wenn sie dann aus scheinbar nichtigem Anlaß explodieren. Sie legen nach außen sehr viel Wert auf Kultur; damit verschleiern sie ein wenig ihr ehrgeiziges, doch recht robustes Streben. Sie versprechen Ausdauer, die dann doch mager ausfällt; sie schlagen durch Höflichkeit in Bann, um dann plötzlich ihr höfliches Wesen abzulegen, weil sie sich persönlich getroffen fühlen. Mit viel Liebenswürdigkeit werden Geschäftsinteressen durchgesetzt, doch das Pokern können sie weniger! Es zuckt zu schnell um ihre Mundwinkel, die Stirn legt sich zu rasch in Falten. Sie geben sich oft kompromißbereit, sind es in Wahrheit kaum, falls sie nicht auf die Umwelt angewiesen sind. Wechselt das, verändert sich ihr Auftreten, oft schlagartig.

Bricht es impulsiv aus ihnen heraus, und ebbt dieser Ausbruch ab, darf man nicht denken, sie hätten sich beruhigt! Sie wollen anerkannt werden. Das künstlerische Talent dürfte recht stark sein. Selbstbeherrschung, die immer wieder von Zornesausbrüchen durchbrochen wird, läßt sie oft schwierig erscheinen; dabei gibt sich kaum jemand soviel Mühe, sich in der Gewalt zu haben, wie diese Charaktere.

Aszendent Stier / Sonne Stier
Geburtsherrscher Venus

Persönlichkeit: gemütlich
Lebenskern: beharrlich

Diese Charaktere zeigen sich der Umwelt, wie sie eigentlich sind: in sich gesichert, kaum von Zweifeln an der Gutheit ihres Charakters geplagt. Ausdauer und Geduld haben sie, viel Liebreiz und Anmut schimmert durch; das Leben gilt als Versicherungsanstalt, in der man einen festen Platz beansprucht! Ihre Halsstarrigkeit kann sprichwörtlich werden, aber böse wird man diesen Charakteren kaum – sie packen an, im Leben wie in der Liebe. Sie lieben alles, was einen Sinn hat und was Spaß macht; sie lieben die Musen, die Bildhauerei, sie singen gern, das Malen liegt ihnen, wenn sie auch mehr aus dem Leben schaffen. In sich gehen, sehr in die Tiefe forschen tun sie nicht. Und es geht ihnen auch nicht alles so schnell von der Hand, aber sie schaffen, was sie anpacken. Sie übernehmen sich kaum; davor bewahrt sie ihre praxisbezogene Vernunft. Auch brauchen sie, obwohl sie meist viel Kraft haben, ihre Pausen und den Kururlaub. Ihre Arbeit ist systematisch, von daher vorbildlich, doch man will dann alles gesichert haben, unklare Verträge werden nicht unterschrieben. Sie bringen also die Umwelt nicht in Unordnung, aber sie bewegen auch kaum etwas, sie sind die ruhigen Stützpunkte, wo man genießt, seine Sinne erfreuen kann, so daß die Welt stets in Ordnung scheint. Sie verzeihen auch; nur wenn sie dauernd strapaziert werden, richten sie ihre geballte, aufgestaute Kraft gegen den Gegner, und das kommt einem Amoklauf gleich! Doch ihr gesunder Egoismus kennt auch den Kompromiß, das ist ihre Stärke.

Aszendent Stier / Sonne Zwillinge
Geburtsherrscher Venus

Persönlichkeit: gemütlich
Lebenskern: beschwingt

Diese Charaktere können mit Charme schnell Kontakt schaffen, die Kommunikation hat etwas Gefühlvolles, so finden sie die richtige Ansprache für den anderen. Sie reichen dem Partner schnell die Hand, hüllen ihn, beredt, wie sie sind, in einen Wortschwall. Hört man zu, dann kann das zu einer dauerhaften Bindung führen! Sie zeigen sich selten unsicher, so daß sie sogar über ihre Fehler, über manches Versagen plaudern, solange sie Verständnis zu finden glauben. So sehr der Kern sich jedem Neuen zuwendet, die Umwelt bekommt das kaum zu spüren; sie können sich geschickt einhüllen. Zwar schweigen sie kaum, aber sie tragen eben alles mit Anmut vor.

Sie wollen auch in einer gesicherten Umwelt leben, suchen aber nicht die Einsamkeit im Walde auf – das ist nicht ihr Metier. Sie sprechen zwar von Naturliebe, aber hocken dann doch in verrauchten überfüllten Zimmern. Ihre gespielte Bescheidenheit wirkt entwaffnend, aber zu lange darf man sie nicht allein in eine Ecke setzen. Sie sind gute Zuhörer, wenn sie wissen, daß ihre Antwort ernstgenommen wird. Sie versprechen auch lange Anhänglichkeit, gewinnen dadurch viele Freunde, aber so treu sind sie nicht; dazu speichern sich zuviele Eindrücke in ihnen. Sie schaffen sich ein gemütliches Heim, feiern aber offene Feste, zu denen fast jeder Zutritt hat, der kultiviert auftritt. Auch lockt sie ein gewisses mondänes Leben; abseits stehen wollen sie nicht. Doch sie finden in jedem Bereich ihren Kontakt.

Aszendent Stier / Sonne Krebs
Geburtsherrscher Venus

Persönlichkeit: gemütlich
Lebenskern: einfühlend

Diese Charaktere entwickeln ihren Umweltcharme sehr gekonnt, er ist ihr Schutz im Leben. Sie geben sich in sich gesichert, fest und treu, um ja keine Blöße zu zeigen. Vieles in ihnen ist aufgebrochen, aber im schöpferischen Sinn, das eigentlich nur gut gedeiht, wenn Ruhe und Sicherheit vorhanden sind. Ihre Entwicklung braucht Zeit; gibt man sie ihnen, wird manches von Bestand geboren. Wenn sie sich enttäuscht oder gar betrogen fühlen, wächst in ihnen ein Mißtrauen, das kaum mehr abzutragen ist. Sie sehnen sich nach Entgegenkommen, aber wer ihnen mal lachend einen Hundertmarkschein aus der Tasche gezogen hat, ist abgemeldet. Das sagen sie zwar nicht, doch im entscheidenden Moment legen sie eine überraschende Ablehnung an den Tag, auch wenn alles platzt!

Sie sind schwierig, weil sie kaum Kritik ertragen – die innere Verletzbarkeit ist zu groß. Das wäre ja kein Problem, doch die Umwelt ahnt das nicht, denn man hat zusammen gescherzt, getrunken, geliebt, sich kumpelhaft verhalten; wenn aber der empfindliche Kern angekratzt ist, ist das alles vergessen. Das macht den Umgang mit ihnen nicht leicht, besonders in der Jugend und dann wieder im Alter. Eine unbewußte Angst treibt sie immer mehr in die äußere Sicherung. So kann sich bei ihnen chronische Verbitterung auswachsen, und der angeborene Charme scheint nur noch eine Maske. Dann ziehen sie lieber in einen Wohnwagen, als sich im Hochhaus auf der Treppe den Nachbarn stellen zu müssen.

Aszendent Stier / Sonne Löwe
Geburtsherrscher Venus

Persönlichkeit: gemütlich
Lebenskern: großzügig
Diese Charaktere zeigen sich ihrer Umwelt voller Liebenswürdigkeit und setzen ihren Autoritätsanspruch auf zarte, aber beständige Weise durch. So stellen sich schnell Berufs- und Gesellschaftserfolge ein, gewissermaßen mit sanfter Gewalt. Der innere Herrschaftsanspruch wird immer wieder abgesichert, man hält ständigen Kontakt zu wichtig erscheinenden Personen. Wenn es aber darauf ankommt, kann sie der Charme verlassen; dann merkt man den Drang, sich in den Mittelpunkt zu stellen, besonders bei Künstlern ausgeprägt.

Man hat auch sonst im Leben eine gute Verstellungs-, ja Tarnmöglichkeit; die charmante Bereitschaft, sich der Umwelt zu stellen, hilft, über eigene Schwächen, über eigene Faulheit ein wenig hinwegzutäuschen.
Fast zu schnell gewinnt man Sympathien; die anderen merken gar nicht, daß sie letztlich geführt werden sollen. Man kann gut andere für sich arbeiten lassen, um dann den Lohn, vor allem Ruhm und Auszeichnung, für sich einzustecken. Aus diesem Holz sind etwa die Ehrenbürger geschnitzt, oder die Ehrenmitglieder von Vereinen! Sie reden viel von Gemeinsamkeit, aber man darf sie nicht beim Wort nehmen; ein sehr gesunder Egoismus ist vorhanden. Sie wissen auch fast alles besser, pauken das aber mit freundlicher Höflichkeit durch, so daß man gern mit ihnen Umgang pflegt. Sie sind Mittelpunkt, beliebt, aber innerlich recht hart, darüber darf man sich nicht hinwegtäuschen!

Aszendent Stier / Sonne Jungfrau
Geburtsherrscher Venus

Persönlichkeit: gemütlich
Lebenskern: vernünftig
Diese Charaktere wirken sehr real ausgerichtet. Sie wissen um die Alltagsprobleme und packen sie an. In der Umwelt fallen sie angenehm auf, weil sie gut reden können und manches in jeder Beziehung blumenreich umrahmen. Sie wollen den Lebensabend dreimal gesichert sehen, und sie finden immer wieder neue praktische Möglichkeiten, um sich durchzusetzen! Sie wickeln andere mit einer bildreichen Sprache ein, überzeugen sie und täuschen darüber hinweg, daß sie sehr realitätsbezogen sind. Auch ist ihre Kritik sehr ausgeprägt, besonders dann, wenn es sich um Träume, um Fantasien, um sogenannte völlig neue Reformen handelt. Schnell erkennen sie die Schwachpunkte dieser Pläne und zerfetzen sie erbarmungslos, aber immer so, daß man ihnen nicht böse sein kann.

Ihre Anziehungskraft auf das andere Geschlecht ist groß, wenn auch der Flirt mehr über das Reden läuft. Stumme Bindungen sind kaum denkbar, schweigsam können sie nur sein, wenn sie keinerlei Interesse haben. Weil sie in sich unsicher sind und sich so wenig kennen, zerreden sie alles zu schnell und lassen es ein wenig überhastet angehen. Geduld ist nicht ihre Stärke, obwohl sie es behaupten. So wechseln auch die Freundschaften; Dauerbindungen kommen erst nach Leiderfahrungen zustande, oder wenn Enttäuschungen mit neuen Freunden sie in die Arme der alten zurücktreiben! Manchmal scheinen sie alles gar zu gern durch ein Vergrößerungsglas beobachten zu wollen.

Aszendent Stier / Sonne Waage
Geburtsherrscher Venus

Persönlichkeit: gemütlich
Lebenskern: verbindend
Diese Charaktere wirken sehr liebenswert. Sie schaffen sich schnell Freunde, sind immer auf der Suche nach Gemeinsamkeiten und Verbindungen. Sie haben echten Charme und ein ausgeprägtes diplomatisches Geschick. Sie wissen um den Kompromiß und können ihn als das ideale Ziel hinstellen. sie sind also sehr nach dem anderen ausgerichtet, so daß das Innenleben manchmal etwas zu kurz kommt oder gar unterentwickelt ist. Sie wollen so auf den anderen eingehen, daß sie sich selbst vernachlässigen; dann lassen sie auch die Lebenssicherung fallen.

Aber zum Glück sehen sie die Umwelt nicht gerade als Schlaraffenland – also passen sie schon auf, daß sie nicht im Asyl landen. Das wäre sowieso ein Graus, da sie das gepflegte Leben lieben. Sie wollen die Eleganz, und nicht nur die äußere. Auch sind sie etwas gefallsüchtig, wirken dabei ungemein verführerisch, und über allem liegt ein recht humorvoller Charme. Auf ihrer Meinung bestehen sie nicht allzu lange. Nur ab und zu brauchen sie einen Sieg über den anderen; davon zehren sie lange.

Der Wirklichkeitssinn ist nicht allzu stark ausgebildet. Sollen sie ihr Leben allein meistern, kann es schwierig werden, aber Partner sind eigentlich immer zu finden! Geistig sehr aufgeschlossen, können sie künstlerische Verbindungen schaffen und in Gesellschaften gut auftreten. Ihr Charme kann umwerfend sein; so versprechen sie oft mehr, als sie halten können, aber wer möchte sie meiden?

Aszendent Stier / Sonne Skorpion
Geburtsherrscher Venus

Persönlichkeit: gemütlich
Lebenskern: leidenschaftlich
Diese Charaktere erscheinen von einer gefühlsstarken Leidenschaft geprägt. Sie beginnen Begegnungen ganz harmlos wie nebenbei, dann aber stürzen sie sich auf den anderen, nehmen ihn mit allem Liebreiz in Besitz und saugen ihn auf. Ihre erste Freundlichkeit verbirgt die tiefe Aggressivität, die in ihnen wohnt. Sie wollen erobern, und die Fallen, in denen sich der andere verfängt, sind sehr geschickt ausgelegt! Zum anderen hingeneigt können sie leidenschaftlich und mit aller Tiefe lieben. So gefallen sie zwar zunächst der Umwelt, die aber immer wieder dann zurückschreckt, wenn sie merkt: Der frißt mich ja mit Haut und Haaren.

Ihre Lebensüberzeugung ist sehr subjektiv aber in sich stimmend. Sie könnten sich in der Leidenschaft verlieren, wenn nicht immer noch im Geheimen eine kleine Hintertür, gut getarnt, ihnen einen Fluchtweg in die Realität zurück erlaubte.

Doch sind diese Charaktere gefährdet, wenn sie vor Liebe blind werden. Dann gibt es für sie kein Halten mehr, und wenn der Partner sie betrügt, sind sie so im Kern verletzt, daß sie das nie vergessen und immer auf Rache sinnen. Ihr Gefühl ist zu offen, ihre Leidenschaft zu zündend. Doch im Grunde sind sie Einzelgänger, was die Umwelt so gut wie nie bemerkt; ihr Egoismus ist recht ausgeprägt und noch geschickter getarnt! Sie packen den anderen so direkt an, daß er sich erst geschmeichelt fühlt und gar nicht merkt, wie er schon im Käfig sitzt. Aber es kann ja auch ein goldener Käfig sein!

Aszendent Stier / Sonne Schütze
Geburtsherrscher Venus

Persönlichkeit: gemütlich
Lebenskern: sinnvoll

Diese Charaktere lieben alles im Leben, wenn es nur einen Sinn hat. Sie lassen auch nichts aus, kein Vergnügen, keinen Genuß, sind überall dabei – aber im entscheidenden Moment ziehen sie sich zurück, da schaffen sie etwas, erarbeiten wirkliche Werke, die Bestand haben können. Schließlich kehren sie mit ihren Werken aus der Abgeschiedenheit zurück, und das Spiel beginnt von neuem. Die Umwelt unterschätzt diese Charaktere leicht; Snobs glauben hier ihr Echo zu finden, aber in der Regel fallen sie damit eines Tages herein. Diese Charaktere sind nämlich gerne fleißig; auf den Erfolg können sie lange warten, nur sollte der Lohn noch erlebbar sein! Sie sind neugierig auf die Umwelt wie auf die Ferne. Und da, in der Ferne, oder wenn eine Mission an sie herangetragen wird, kann es sie packen: Emotionell von einer Aufgabe angezogen, engagieren sie sich, können sie ihre Hilfsbereitschaft bis zur Besessenheit ausweiten, helfen Unterdrückten, kümmern sich um Unschuldige, die in Gefangenschaft gehalten werden.

Wenn sie nicht die Gelegenheit des Engagements haben, reden sie davon; das kann geschwätzig wirken. Dann sind die großen Worte leer und fade, aber Wirkung erzeugen sie immer. Hier kommt es also sehr auf das Niveau an! Sie haben gern Gäste, denen sie Vorträge halten, Reisebilder zeigen, und je mehr sich jemand für sie interessiert, umso großzügiger wird er bewirtet. Großzügig sind sie im Grunde übrigens fast immer.

Aszendent Stier / Sonne Steinbock
Geburtsherrscher Venus

Persönlichkeit: gemütlich
Lebenskern: eigensinnig

Diese Charaktere legen einen sehr ernsthaften Charme an den Tag. Sie lächeln selten, und wenn, dann wie einstudiert, aber von ihrem inneren Eifer geht eine magische Anziehungskraft aus, vielleicht, weil dieser innere Ernst der Umwelt immer nur in vorsichtigen Etappen unterbreitet wird. Sie wissen vom Kern her, was sie wollen, wissen aber auch, daß man dies der Umwelt nicht so deutlich sagen kann, also gehen sie behutsam ans Werk. Doch was sie sich in den Kopf gesetzt haben, erreichen sie immer, solange es auf der Erde angesiedelt ist! In den Himmel, in das Weltall stürmen sie nicht, aber auf einem Gipfel haben sich diese Charaktere schon häuslich eingerichtet. Und diese Lebensstellung ist gesichert, die Umwelt kann da nicht mehr viel verändern!

Alles wird nämlich sehr bedächtig erwogen, alles langsam erkundet, wenn es aber auf den Test ankommt, sind diese Charaktere da. Ihre Prüfungen schaffen sie immer, weil sie trotz innerer Krisen sicher wirken. Sie haben die Ausstrahlung, die andere unsicher macht. Sie sind letztlich die Prüfer der anderen, oder die Steuerfahnder! Sie können auch mit aller Ruhe Forderungen eintreiben, sie können Akten lesen, Schwächen anderer aufdecken, ohne daß man das so schnell mitbekommt. Sie haben sich in der Gewalt; das erwarten sie auch von den anderen, wie sie überhaupt die anderen an ihrem eigenen Anspruch messen. Auf sie ist Verlaß; sie versprechen kaum mehr, als sie halten können, im Grunde noch weniger. Für Betrüger also eine harte Nuß!

Aszendent Stier / Sonne Wassermann
Geburtsherrscher Venus

Persönlichkeit: gemütlich
Lebenskern: geistig

Diese Charaktere treten oft als liebliche Kobolde im Leben auf; sie sind die Clowns, mit mehr oder weniger Tiefgang. Sie wirken immer verführerisch, anziehend, sehr exzentrisch, haben einen seltsamen exotischen Charme, geben sich als Außenseiter und locken so manchen braven Bürger aufs Glatteis. Das Leben scheint ihnen Spaß zu machen; sie sorgen schon dafür, daß es nicht langweilig wird, daß es immer Neues zu entdecken gibt! Über Hindernisse lachen sie, gehen aber im Ernstfall lieber um diese herum, als sie abzutragen! Ihre Gefühlsäußerungen sind so ernst nicht zu nehmen, weil sie sich schnell verändern können!

Wichtiger ist ihnen das Menschliche. Da können sie sich engagieren; für soziale Fragen haben sie eine gute emotionale Einstellung. Sehen sie Elend, möchten sie es abschaffen, weil sie Angst haben, sie könnten selbst in diesem Elend – natürlich unverdient – enden! Ihre Scherze sind oft so ausfallend, daß sie weh tun, obwohl es nie so gemeint war. Da sie sich mit allem Stolz etwas als Außenseiter fühlen, lösen sie ihren Partner oft aus seinen Familienbindungen, und wenn sie ihn dann verlassen, hat er das Nachsehen. Das trägt ihnen den Ruf innerer Unzuverlässigkeit ein, aber sie sind auch für sich unzuverlässig, obwohl sie immer einen gewissen, auch imponierenden Lebensstandard anstreben. Sie suchen Abenteuer und können sich dann kopfüber hineinstürzen. Die Umwelt verzeiht ihnen manche Exzentrik, nimmt sie allerdings oft auch nicht ganz ernst.

Aszendent Stier / Sonne Fische
Geburtsherrscher Venus

Persönlichkeit: gemütlich
Lebenskern: hingebend

Diese Charaktere können sich ganz dem Gefühl hingeben, sind immer Gefühlsschwankungen ausgeliefert. Aber der Umwelt wollen sie gefallen, sie strahlen ein inneres Geheimnis aus. Sie werben mit Gefühl für Glaubensgemeinschaften oder für okkulte Sekten, wirken sehr anziehend auf eine weiche, eher demutsvolle als fordernde Art. Sie schauspielern auch gut und verwirren die Mitmenschen. Im Grunde sind sie so von Instinkt und Gefühl abhängig, daß sie immer wie auf einem Floß im stürmischen Meer ausgesetzt wirken. Meist finden sie jemand, der sie absichert, der ihnen hilft, das schwierige, nichtige Leben zu überstehen. Und wenn es hart auf hart kommt, reagieren sie überraschend egoistisch, aus der Ansicht heraus, daß keiner so gefährdet ist wie sie selber!

Ihre Gesundheit ist oft angegriffen, weil sie zu unregelmäßig leben; den Arzt suchen sie erst in letzter Minute auf oder bei jeder Gelegenheit.

Das ist typisch für sie: Ganz den eigenen Emotionen ausgeliefert, schwanken sie hin und her; nur eine wohlwollende Umwelt kann sie retten. Ist diese auf Härte ausgerichtet, sind sie manchmal völlig hilflos. Versagt dann ihre Anziehungskraft, verfallen sie dem geistigen wie dem materiellen Rausch. Dabei könnten sie durch ihre Empfindsamkeit anderen so viel vermitteln, wenn sie sich nur zu einer Disziplin durchringen könnten. Die es können, haben eine starke Ausstrahlungskraft!

Aszendent Zwillinge / Sonne Widder
Geburtsherrscher Merkur

Persönlichkeit: vielseitig
Lebenskern: ungestüm

Diese Charaktere springen ihre Umwelt an, mit einem feurigen Redeschwall, mit einem ungestümen Kommunikationsbedürfnis. Sie reagieren schnell, oft zu hart. Sie wollen neue Wege erschließen, sind ungeduldig und so oft übernervös. Sie fallen auf, weil sie immer auf Draht, immer sprungbereit sind. Sie bemühen sich um Bildung, und damit verstärken sie ihren Lebenskampf – denn Kampf bleibt alles, wenn er auch mit denen ausgetragen wird, die die gleiche Sprache sprechen. Das Handeln ist schnell, die Reaktionen sind übereilt. Warten kann eine der schwersten Strafen sein.

Aber ihre Umwelt wird beflügelt, zumindest aufgescheucht. Wo diese Charaktere auftauchen, ist immer etwas los, da geht es rund, wenn auch Beulen zurückbleiben – die verdeckt man mit guten Worten. Sie sind in sich recht sicher, was das Auftreten betrifft; sie haben keine Angst. So können sie Beleidigungen aussprechen, aber nicht gut vertragen. Greift man sie an, reagieren sie mit heftigem Wortschwall und einer oft witzig-bösen Schlagfertigkeit. Ihre Auffassungskraft ist enorm und schnell, alles Aufregende zieht sie an; wehe, sie dürfen da nicht dabeisein! Sie verbreiten Nachrichten, die kaum objektiv sind – sie sehen die Welt vorwiegend mit ihren eigenen Augen. Allein sein können sie nicht, und wenn es sein muß, legen sie sich so mit wildfremden Menschen an, daß sie Feinde werden; so haben sie wenigstens eine Bezugsperson in ihrem Leben.

Aszendent Zwillinge / Sonne Stier
Geburtsherrscher Merkur

Persönlichkeit: vielseitig
Lebenskern: beharrlich

Diese Charaktere erscheinen der Umwelt nicht so regsam, wie sie sind. Alles wirkt ein bißchen gebremst. Sie sind sehr wach, was das Geistige betrifft, aber das können sie der Umwelt eigentlich nur mitteilen, wenn sie sich da wohlfühlen. Sie wollen auch niemanden verletzen, denn es könnte ihre Lebenssicherung gefährden; so stehen sie sich bei der Kommunikation immer ein bißchen im Weg. Sie gehen dabei zunächst recht beschwingt an die Mitmenschen heran, haben aber schnell Furcht, zuviel geredet, zuviel versprochen zu haben. Wenn es jedoch um praktische Dinge geht, dann sind sie recht aufgeschlossen und reagieren auch schnell. Aber danach ziehen sie sich in ihre Burg zurück.

Diese Charaktere sind fleißig, willig; nur Grundsätzliches, das mehr auf Theorie beruht, spricht sie weniger an. Ihre Intelligenz wird zur Lebensmeisterung eingesetzt; da spüren sie billige Angebote auf, können handwerklich geschickt sein, um die teuren Handwerkerrechnungen zu sparen, und fahren hin, wo das Benzin nur um ein Drittel Pfennig preiswerter ist, wenn der Weg nicht zu weit ist. Sie sind gute Arbeiter, wenn sie einen sicheren Lohn erwarten dürfen, aber solche Chancen entdecken sie immer. Man kann auch ihre Geschicklichkeit gut gebrauchen, und wenn es darauf ankommt, können sie Hartnäckigkeit an den Tag legen. Urlaub machen sie gerne, denn Leben ohne Genuß – nein bitte, nicht mit mir! Mit dieser Einstellung finden sie überall Anschluß.

Aszendent Zwillinge / Sonne Zwillinge
Geburtsherrscher Merkur

Persönlichkeit: vielseitig
Lebenskern: beschwingt
Diese Charaktere sind lebhaft, übernervös, aufgeweckt, adrett und sie wollen immer mitreden; oft überschätzen sie ihre eigene Intelligenz. Ihre Beobachtungsgabe schließt schnell Bildungslücken. Sie machen sich bald unentbehrlich, weil sie immer wissen, wo und was wann geschieht. Auch haben sie einen intellektuellen Humor, der gutes Echo findet. Die Umwelt wird journalistisch erkundet. Wege zum Kontakt finden sie immer, und wenn es gilt, Geheimnisse aufzuspüren, weisen sie anderen den Weg. Schnell glaubt man, in ihnen einen Freund gefunden zu haben, aber schnell ist man wieder allein.
Diese Charaktere bleiben ihr Leben lang unruhig, fühlen sich immer wieder von anderen Zielen angezogen. Daher sind ihre Bindungen immer etwas oberflächlich; sie kratzen an und sehen, ob sich Gold oder Eisen darunter befindet, doch meistens finden sie nur Blech. Aber auch das können sie mit dem Verkauf einer Nachricht vergolden.
Da die Welt überall aufregend ist, nehmen sie Termine zu drei Tagungen an, und weiß der Teufel, wie sie es machen: Im richtigen Moment sind sie auf der richtigen Tagung! Auch ist ihre Anpassungsfähigkeit groß, so daß sie immer Bekannte finden, die ihnen neue Wege weisen. Ihre Augen scheinen dauernd in Bewegung zu sein, aber nicht aus innerer Unruhe, sondern weil sie nichts aus dem Blick lassen wollen. Nur reden sie zuviel, was andere krank machen kann, aber sie sprechen dann die Kranken gesund.

Aszendent Zwillinge / Sonne Krebs
Geburtsherrscher Merkur

Persönlichkeit: vielseitig
Lebenskern: einfühlend
Diese Charaktere verbergen durch ihre Lebhaftigkeit, wie isoliert sie sich manchmal fühlen. Alle Umweltäußerungen wirken ein wenig gekünstelt. Sie wollen oft vom Kern her schweigen, fühlen sich aber bemüßigt, dann doch zu reden, und dabei verhaspeln sie sich, weil das Unbewußte sich gegen eine aufgesetzte Lebendigkeit wehrt. Sie empfinden ihre tiefsten Gedanken unaussprechbar.

Sind sie in Gesellschaft, wo sie sich im Grunde nicht wohlfühlen, werden sie unsicher. Sicherer werden sie, wenn man sie braucht. Sie helfen gern, und auch im Leid finden sie die richtigen Trostworte. Sie werden allergisch, wenn man ihnen in der Öffentlichkeit deutlich widerspricht; dann können sie sarkastisch reagieren.

Ihre Fantasie ist groß, ja überschäumend, doch finden sie kaum die Ruhe, um diese Gedanken dann zu realisieren. Manches wirkt unausgegoren, ja krankhaft; dabei könnten sie – haben sie nur die nötige Ruhe – wirklich mehr als reden, sie könnten Literatur schaffen! Nur läßt ihnen die Umwelt meist keine Zeit dazu, sich schöpferische Pausen zu leisten; auch fühlen sie sich immer überfordert. Sie können nämlich nicht nein sagen, sie versprechen zuviel und brechen dann unter dieser Last zusammen. Man sollte diese Charaktere vor sich selbst schützen, denn sie sind es wert! Und man gebe ihnen einen Ort der Ruhe, damit sie von ihrer Unruhe entlastet werden.

Aszendent Zwillinge / Sonne Löwe
Geburtsherrscher Merkur

Persönlichkeit: vielseitig
Lebenskern: großzügig
Diese Charaktere können durch eine besonders ausstrahlende Kommunikation ihre Umwelt bezaubern. Sie fühlen sich zwar immer eine Idee besser als die anderen, aber das kaschieren sie durch scheinbare Leutseligkeit. Das sind die Chefs, die vorgeben, für jeden ein Ohr und hinterher ein Wort zu haben, die aber im Grunde ihre Redekunst nur benutzen, um ihre Autorität zu festigen. Natürlich, sie wollen eine Gemeinsamkeit mit allen, aber in Pyramidenform, und oben sitzen sie! Ihre Taten erreden sie sich meist; sie sind geschickte Verhandler, delegieren großartig die schwierigen Aufgaben, greifen selten ein, dann allerdings mit einem Donnerhall. Ihre Beherrschung ist gut, weil sie Nadelstiche nicht überschätzen. Aber ein Mückenschwarm macht sie nervös und krank. Das heißt, gegen Massenanfeindungen reagieren sie allergisch.
Wenn es irgendwo glanzvoll zugeht, dann müssen sie dabeisein; Galafeste sind ihr Tummelplatz und wenn andere müde werden, sind sie in ihrem Element. Bindungen werden gefestigt, wenn der andere auf sie hört, aber im Grunde kommt der andere ja gar nicht zu Wort. Und man hört ihnen ja gern zu!
Organisationsmöglichkeiten haben sie viele, da sind sie erfinderisch; auch spüren sie schnell, wo es etwas zu gewinnen gibt. Sie können eine trostlose Umwelt durch brillante Worte verzaubern, und wo sie auftreten, macht sich ein gewisser Glanz breit! Überzeugungen setzen sie mit Energie durch, man kommt an ihnen schwer vorbei.

Aszendent Zwillinge / Sonne Jungfrau
Geburtsherrscher Merkur

Persönlichkeit: vielseitig
Lebenskern: vernünftig
Diese Charaktere wirken aufgeschlossen, aber voller Ernst. Sie benutzen die Kommunikationskraft, um zu forschen, Sinn in den Alltag zu bringen. Was sie einmal als richtig erkannt haben, geben sie nicht mehr auf. Zwar können sie ihre Pläne mit geschickten Worten durchsetzen, aber im Ernstfall tun sie dies mit Fleiß, ja mit Akribie.

Sie drücken sich nicht, sie organisieren, sie packen an, und wenn andere zu neidisch auf sie schauen, machen sie einen Witz über sich selbst und bauen so Vorurteile ab. Ihr Eifer ist bewundernswert, aber sie wollen auch anerkannt werden. Ihr Prestigestreben ist groß. Ihr Ziel erreichen sie, sie knobeln und basteln, und haben sie etwas voreilig versprochen, drücken sie sich nicht, sondern versuchen alles, um ihr Versprechen einzulösen. Ihr Humor ist mehr stiller Natur; wenn sie vorlaut erscheinen, dann nur um andere nicht sehen zu lassen, wie weit sie ihre Ziele schon erreicht haben.

Diese Charaktere können sich allerdings übernehmen. Ihr immer Dabeisein, ihr Wunsch, das Erlebte zu verarbeiten, läßt sie in schweren Zeitdruck kommen, dann schnappen sie nach Luft. Auch trauen sie so leicht keinem anderen, ihre ihnen eigene Kritiklust schafft mehr Mißtrauen als Vertrauen; darunter leiden sie selbst am meisten. Diese Charaktere werden immer irgendwo gebraucht, weil sie tiefen Ernst in eine äußere Leichtigkeit wandeln können. Ihre Verbindungen sind haltbar, wenn der andere sich an die Absprachen hält!

Aszendent Zwillinge / Sonne Waage
Geburtsherrscher Merkur

Persönlichkeit: vielseitig
Lebenskern: verbindend
Diese Charaktere legen einen merkwürdigen Liebreiz an den Tag. Sie verkaufen sich großartig, sprechen und flirten zugleich: Während ihr Mund redet, locken die Augen; das ist oft in sich widersprüchlich, aber sehr anziehend. So haben sie meist einen großen Lebenserfolg, sie wirken gut und bekommen zumindest mehrere Chancen im Leben. Ob sie sie ausnützen, ist allerdings eine andere Frage, denn manches wird ihnen zu leicht gemacht.

Sie sind geistig sehr rege, sie ziehen Menschen wie Motten ans Licht, und wenn sie sozial unabhängig sein können, schaffen sie kulturelle Mittelpunkte! Ihre Verlockung auf andere ist natürlich nicht ungefährlich, zumal sie sehr eitel sind und sich selbst gern in den Arm nehmen möchten. Ihre Lebenserfahrungen geben sie mit viel Charme als letzte Weisheit dieser Erde wieder, und das klingt dann auch noch glaubhaft. Sie sind gewiß Glückskinder. Aber außer den eigenen Erfahrungen wiederholen sie auch die anderer so geschickt, daß sie bald einen Ruf als gute Ratgeber haben. Man kann ihnen nicht böse sein, zumal sie wirklich Grundsteine legen können, auf denen sich die Zivilisation entwickelt. Und ihr Gefühl liegt offen da; sie schreiben die entzückendsten Liebesbriefe, die sie dann einem Verlag zur Veröffentlichung übergeben. Ihr Kulturgefühl ist sehr ausgeprägt; da haben sie ein gutes Gespür, und bei aller Einschätzung des Verstandes wissen sie auch, daß das Empfinden, das Lieben das Wesentlichste im Leben darstellt.

Aszendent Zwillinge / Sonne Skorpion
Geburtsherrscher Merkur

Persönlichkeit: vielseitig
Lebenskern: leidenschaftlich
Diese Charaktere sprechen ihre Umwelt leidenschaftlich an, sind von ihrer Aufgabe besessen, die sie den anderen vermitteln wollen! Sie setzen sich so ein, daß man oft vor einer Nervenüberspannung warnen möchte. Echter Arbeitseinsatz ist zu spüren. Diese Charaktere engagieren sich auch für schwere Aufgaben, sie scheuen keine Mühe, und so wirken sie sehr überzeugend, wenn sie sich stellen. Ihre Reaktionen sind oft scharf, auch wollen sie immer mehrere ansprechen. Sie wollen unabhängig sein, engagieren sich individuell, aber wissen doch auch um die Massendurchsetzung.

Im Grunde sind sie Außenseiter, die sich danach sehnen, in die Gemeinschaft aufgenommen zu werden. Dafür zahlen sie mit Mühe und kraftvollem Einsatz bis hin zur Erschöpfung. Im Verhandeln sind sie voller Ernst, nur sollten sie sich nicht zu oft zu Wort melden, weil sie die Diskussionen anheizen. Sie können schwer nachgeben, sich schwer zurückhalten, und weil sie es immer ernst meinen, ist der Humor, wenn er überhaupt durchleuchtet, sehr böse. Damit richten sie viel dauerhaften Schaden in der Umwelt an, machen sich Feinde, die sie aber auch leidenschaftlich anklagen; ihre Briefe, die sie unters Volk bringen, sind kleine Revolutionsaufrufe. Und wenn es gar nicht weitergeht, dann wird ein neues Ziel in einem fernen Land gesucht! Denn weitergehen muß es, bevor nicht alle Grenzen auf ihre Haltbarkeit abgeklopft sind. So sind sie bis zum Ende ruhelos.

Aszendent Zwillinge / Sonne Schütze
Geburtsherrscher Merkur

Persönlichkeit: vielseitig
Lebenskern: sinnvoll

Diese Charaktere sind die Prediger für die Gemeinschaft. Sie sehen das Ganze der Welt, und sie wollen dafür auch Verantwortung tragen. Ihr Wort an den Nächsten ist daher ernst zu nehmen, ihre Aussagen haben fast religiösen Charakter. Sie wollen die Umwelt umschulen, damit ein Sinn hineinkommt; so wirken sie oft zu anspruchsvoll. Sie können sich gut auf die anderen einstellen, akzeptieren sie zunächst scheinbar, dann geht es an die Überzeugungsarbeit. Nichts darf leer bleiben, was gefüllt werden könnte – was gesagt werden muß, muß gesagt werden!
Sie haben einen Vorzug: Sie können aus ihren Erfahrungen und Fehlern lernen, meinen aber, dies müßten alle können. Zunächst neigen sie zur Überbewertung, aber wenn sich ihre Zielvorstellungen nicht erfüllt haben, verdammen sie und urteilen hart. Doch ihre Richtersprüche sind gut formuliert und durchdacht, oft kleine Meisterwerke der Wortschöpfungen. Auch da liegt eine besondere Begabung vor, die zum Dichter führen kann.
Sie behaupten sich gut in der Umwelt, wenn auch manchmal mit einem scheinbaren Hochmut; aber sie gehen mit diesem Hochmut eigentlich jovial um – sie verärgern keinen, um schnell mal Recht zu haben. So können sie ein gutes Vorbild abgeben, wissen aber auch um die Wichtigkeit einer Belohnung, rühmen und zahlen großmütig. Sie genießen beredt das Leben, weil auch das zum Leben gehört, genauso, wie sie sich in Askese begeben können – doch nie zu lange, denn sie wollen sich mitteilen.

Aszendent Zwillinge / Sonne Steinbock
Geburtsherrscher Merkur

Persönlichkeit: vielseitig
Lebenskern: eigensinnig

Diese Charaktere handeln und reden mit einem Ziel im Visier. So gehen sie sparsam mit ihren Kräften um, denn sie wissen um den langen Weg im Leben. Und wenn sie mal vorpreschen und dann zurückgepfiffen werden, dann nehmen sie es hin, solange sie dadurch nicht von ihrem Ziel abgehalten werden. Sie erobern mit einer beachtlichen Beharrlichkeit sehr schnell hohe Positionen oder, was noch wahrscheinlicher ist, bauen wichtige Positionen zu bedeutenden Stellungen aus. Haben sie irgendwo einen Posten, dann umgeben sie ihn mit einer Wichtigkeit, die allgemein imponiert. Man fragt sich: Wie kam die Welt vorher ohne dieses Amt aus? Und wo sie fest im Sattel sitzen, da lassen sie sich auch nicht mehr vertreiben; ihre Stellung halten sie wortreich und mit konzentriert abgefaßten Schriftstücken.
Wenn auch manches Handeln zunächst unnütz, ja sinnlos erscheint, sie glauben an die Wichtigkeit ihrer Taten und setzen sie stets ins rechte Licht. Auch sind sie gute Täuscher, lassen sich nicht anmerken, welches Ziel sie ansteuern. Sie sprechen wenig darüber und überraschen damit manchen Mitarbeiter. Wo sie plötzlich Fuß gefaßt haben, hat der Mitbewerber das Nachsehen. Mit Worten lenken sie ihre Gegner ab, die sich, wenn sie endlich aufwachen, verwundert die Augen reiben.
So erreichen sie meist Positionen, die sie nur schweren Herzens an Jüngere weitergeben, zumal sie sich gut konservieren können. Ausdauer haben sie übrigens mehr, als es scheinen mag!

Aszendent Zwillinge / Sonne Wassermann
Geburtsherrscher Merkur

Persönlichkeit: vielseitig
Lebenskern: geistvoll

Diese Charaktere versprechen meist aus innerer Überzeugung viel mehr als sie halten können. Das sind die schnell Engagierten, die für alles Neue sind, die die Reklametrommel rühren können wie keine anderen, die sogenannten Zauberer des Lebens, die Schuhcreme als Zahnpasta und umgekehrt verkaufen, die dabei aber ehrlichen Herzens immer das Gute wollen. Sie wollen das Gemeinschaftliche im Teamgeist lösen, ohne dabei an erster Stelle zu stehen, aber die Verkünder wollen sie sein!

Sie bemühen sich immer, aber nie auf einem Weg allein. Zu gern schlagen sie gleich mehrere ein und lassen dann über Nacht neun von zehn Wegen liegen, weil sie den richtigen durch Intuition gefunden haben. Die Intuition macht sie beredt, da haben sie einen Quell, aus dem ihre Ansprachen nur so fließen – und ihre Reden sind alle Ansprachen. Etwas kasperhaft ist ihr Auftritt; besonders als Mime können sie sehr gut Maske machen und andere bluffen. Für Überraschungen sind sie allemal gut, nur Logik darf man von ihnen nicht erwarten.

Die Technik zieht sie an; für neue Maschinen liefern sie die Beschriftung und die Bedienungsanweisungen. Alles scheint perfekt, doch wenn ein Schräubchen locker ist und sich nichts rührt, verurteilen sie die ganze Erfindung und propagieren eine neue! Die geistigen Interessen sind gut ausgebildet, alte Literatur wird nicht so gern gelesen, wenn, dann nur unter völlig neuen Aspekten. Und sie verfassen Slogans, die schnell ankommen!

Aszendent Zwillinge / Sonne Fische
Geburtsherrscher Merkur

Persönlichkeit: vielseitig
Lebenskern: hingebend

Diese Charaktere verbergen ihr inneres Schwanken durch Redekünste, die gefühlsbeladen sind. Sie imponieren durch ihren Instinkt. Die Inspiration ist gut ausgebildet, und so gelingen ihnen bei Wortschöpfungen neue, einprägsame Sprachbilder; sie haben eine gute Literaturbegabung. Alles ist etwas romanhaft, auch das eigene Leben wird so empfunden.

Sie fühlen sich bei Freunden wohl, die sich unbürgerlich geben, denn sie lassen sich gern gehen. Ihr Beruf strengt sie sehr an; da geht es oft hin und her, und wenn alles sehr geordnet ist, fühlen sie sich noch unwohler! Sie sparen nicht, nicht mit ihren Gesten, nicht mit ihrem Gefühl, ihrer Hingebungskraft, noch mit materiellen Dingen; so verlieren sie öfter alles und warten auf das große Wunder. Da sie an das Wunder glauben, kommt es dann manchmal tatsächlich!

In den anderen können sie sich gut eindenken; das erleichtert ihnen den Umgang mit der Umwelt, obwohl der auch sehr von Stimmungen abhängig ist. Denn sie sind kaum zurückhaltend! Sie können sich für Sekten engagieren, als Verkünder auf der Straße stehen, und sie tun das so, als erwarteten sie, verhöhnt zu werden! Sie verkaufen sich als die Stellvertreter der Heiligen, glauben am Ende gar, selbst Heilige zu sein! Bei engagiertem Glauben wirken sie überzeugend, gewinnen Ansehen, das jedoch immer ein bißchen belächelt wird. Aber sanfter Spott macht ihnen nichts aus, im Gegenteil, das hilft ihren Ideen, sich zu verbreiten!

Aszendent Krebs / Sonne Widder
Geburtsherrscher Mond

Persönlichkeit: empfindsam
Lebenskern: ungestüm

Diese Charaktere zeigen sich der Umwelt sehr wechselhaft, sie suchen nach vielen Wegen, ihr inneres Anliegen an den Mann zu bringen. Denn so empfindsam sie sich nach außen auch geben, ihr innerer Mut ist beachtlich. So wirken sie für die anderen immer launisch und egoistisch zugleich. Ihre Egozentrik ist in der Tat beachtlich, verborgen hinter einer scheinbaren Einfühlung in die Umwelt. Aber diese Einfühlung wird dann auch ausgenutzt – die anderen meinen, mißbraucht. So vorsichtig sie sich zu bewegen scheinen, so zielstrebig handeln sie, sie sind heimliche Tyrannen. Sie wirken immer etwas labil, aber der Kern ist hart. Sie wissen, was sie wollen, aber es ist ihr Schicksal, daß sie das in der Außenwelt so wenig durchsetzen können.

Unter diesem Zwiespalt leiden sie alle ein wenig. Geht was schief, dann reden sie davon, daß man sie in Ruhe lassen soll – aber wehe, die anderen täten es, das würden diese Charaktere nie verzeihen. Sie sind auch sehr empfindlich und meinen, was man ihnen antut, müßten sie dreimal zurückzahlen. So sehen die Mitmenschen entsetzt, wie sich bei ihnen wegen einer Nichtigkeit ein Jähzornsausbruch entwickeln kann. Sie können schlecht verlieren, fühlen sich dann immer in ihrer tiefsten Ehre gekränkt; sie identifizieren sich zu sehr mit der Sache, um die es geht. Und die Sache ist immer ernst, und sei es nur ein Spiel; aber Spiele sind ja auch nur Wege zum Ziel. Letztlich setzen sie sich aber durch, eventuell als beleidigte Leberwurst.

Aszendent Krebs / Sonne Stier
Geburtsherrscher Mond

Persönlichkeit: empfindsam
Lebenskern: beharrlich

Diese Charaktere finden sich in der Umwelt ganz gut zurecht, wenn sie ihre Empfindlichkeit mit einer Lebenssicherung abgeschirmt haben. Sie sind sehr aufnahmefähig und haben sich über den Alltag hinaus einen Sinn bewahrt, daher sind sie auch für Strömungen aller Art empfänglich. Sie ziehen sich gern etwas ins eigene Heim zurück, schließen sich da aber nicht ab. Sie wollen gut leben, aber es muß ihnen nicht besser gehen als anderen. Das Gefühl ist sehr empfangsfähig, was auch gezeigt wird; so ist das andere Geschlecht meist sehr angesprochen. Und sie brauchen den anderen, sie lieben gern, und sie gründen auch gern eine Familie! Nur ihre Ruhe, Ordnung und Sicherheit wollen sie haben; wenn jemand etwas in Unordnung bringt, dann hat er zu verschwinden. Das Leben ist zu kurz, um es auch noch unordentlich zu erleben.

Sie sind tolerant, wenn man sie in Frieden läßt, jeder kann machen, was er will, wenn er sich nicht als Störenfried erweist. Ihre Anlaufzeit ist erst recht lang; haben sie aber einmal zu etwas ja gesagt, dann gilt dies. So wird verteidigt, was einem gehört, und die Wohnung wird durch mehrere Einbruchssicherungen geschützt, ehe man in den Urlaub fährt. Man genießt die Natur, holt da neue Kräfte und erholt sich enorm im Schlaf – wenn man schlafen kann! Das hängt leider meist sehr von dem seelischen Zustand ab. Wenn es sich machen läßt, geht man harten Auseinandersetzungen mit der Umwelt aus dem Weg.

Aszendent Krebs / Sonne Zwillinge
Geburtsherrscher Mond

Persönlichkeit: empfindsam
Lebenskern: beschwingt

Diese Charaktere zeigen sich der Umwelt sehr wechselhaft und sehr vielseitig. Wenn sie sich sicher fühlen, bringen sie Wirbel und sind munter, ziehen sich aber ganz schnell zurück, wenn man ihnen auf die Zehen tritt. Sie sind sehr empfindsam, hören überall die Flöhe husten, aber sie wittern auch echte Gefahr; das ist ihre Stärke. Ihren Gefühlen können sie recht gut Ausdruck geben, so sind sie auch schöpferisch und reden neutraler über sich als andere, wenn sie Vertrauen gefaßt haben. Sie können andere oft blendend verstehen und zum Ausdruck bringen, was diese fühlen. Darin sind sie Meister und werden deshalb auch gern als Übersetzer im übertragenen Sinn engagiert. Sie ändern schnell ihre Meinung, wenn sie überzeugt werden, aber am Grundsätzlichen halten sie doch fest. Locken andere Berufsstellungen, wechseln sie ihren Arbeitsplatz; alles ist bei ihnen ein wenig zu sehr in Bewegung. Sie stehen nachts plötzlich auf, erledigen etwas Wichtiges und verschlafen dafür den fest verabredeten Termin am nächsten Tag. Sie gelten als unzuverlässiger als sie sind, denn im entscheidenden Moment sind sie immer zur Stelle. Sie sind so vielseitig, daß manche von ihnen viele Berufe ausüben, und sie wissen nicht einmal, welcher davon der wichtigste ist. Sie reisen gern, sprechen und schreiben darüber, und so bekommen sie ein gutes Bild von dieser Welt, die für sie erreichbar ist!

Konzentrieren allerdings fällt ihnen schwer, auch Termine sind für sie eine Plage.

Aszendent Krebs / Sonne Krebs
Geburtsherrscher Mond

Persönlichkeit: empfindsam
Lebenskern: einfühlend

Diese Charaktere tasten sich recht vorsichtig an die Umwelt heran, wirken fast unsicher, zumindest schüchtern. Aber in sich sind sie ganz schön festgefügt, nur wagen sie dies nicht so zu zeigen, denn die Lebensangst ist hier recht ausgeprägt. Sie wollen geschützt sein, beschützen aber auch, und letzteres gibt ihnen viel Kraft. Sonst verdecken sie ihre Launen mit einer gewissen Arroganz, da sie zu leicht verletzbar sind. Ihre Empfindlichkeit kann anderen auf die Nerven gehen, die sie dann oft bewußt demütigen, um sie zu quälen.

Leider hängt vieles von ihren Stimmungen ab. Sie sind offen für alle Vorgänge; erahnen die meisten und stellen sich früh genug auf Gefahren ein. Sie weichen zunächst immer einmal zurück, damit der andere sich entblößt. Beim Schach lieben sie die schwarzen Figuren, weil die weißen den ersten Zug haben. So gehen sie auch mit ihrer Umwelt um.

Eines allerdings vertragen sie nicht: daß man sie bedrängt! Da reagieren sie derart störrisch, daß mit ihnen nicht zu reden ist. Sie sind zu angespannt, was an die Gesundheit geht; sie brauchen viele Pausen und viel Ruhe. Die Umwelt kann ihnen schwer zu schaffen machen, aber im entscheidenden Moment beweisen sie unerwarteten Mut, vor allem, wenn es um die Verteidigung gewachsener Traditionen geht. Verantwortung übernehmen sie gern, aber mehr nach innen als nach außen; sie wären in Verbänden gute Kassenwarte und fühlen sich im Heim am sichersten und wohlsten.

Aszendent Krebs / Sonne Löwe
Geburtsherrscher Mond

Persönlichkeit: empfindsam
Lebenskern: großzügig
Diese Charaktere gehen mit ihrer Person in punkto Umwelt sehr empfindsam um. Sie wollen diese Umwelt fast unmerklich beherrschen. Sie wissen um die Abhängigkeit von den anderen, obwohl sie im Grunde überzeugt sind, sie könnten als Robinson Crusoe allein auf einer Insel leben, ist ihnen auch klar, daß sie Freitag vorsichtig behandeln müssen. Wie schnell geht Autorität verloren! So sind sie als Chef verbindlich, als Aufsteiger gebremst. Die Gegner werden von Anfang an ernstgenommen, ja, man will sie mit Freundschaftsbanden umgarnen oder fesseln. Ihre Fantasie ist groß, sie können auch geschickt führen. Sie lieben den Glanz, aber mehr im Geheimen; so ist ihre Wohnung recht bescheiden, und kaum einer weiß, daß da draußen irgendwo versteckt ein Häuschen steht, das ihnen gehört. Sie haben überhaupt ihre kleinen Geheimnisse, die mehr Lebensreserven sind. Ihre Initiativen sind groß, nur kippen sie schnell um, wenn die ersten Schritte nicht gleich ein positives Echo wecken. Doch dann fangen sie, klüger geworden, eben noch einmal von vorn an. Der Schwung, der sie vom Kern bewegt, wirkt bereits abgeebbt, wenn er der Umwelt begegnet, aber das ist nur Schein. Sie sind die Fahrer superschneller Sportwagen, behutsam, wenn andere sie beobachten, aber holen nachts auf der Autobahn das letzte aus ihrem Renner heraus. So werden sie auch oft über Nacht bekannt, weil sie dies systematisch doch unauffällig vorbereitet haben. Auf Führungsposten beweisen sie Geduld und Einfühlsamkeit.

Aszendent Krebs / Sonne Jungfrau
Geburtsherrscher Mond

Persönlichkeit: empfindsam
Lebenskern: vernünftig
Diese Charaktere haben ein gutes Einfühlungsvermögen für die zu leistenden Tagespflichten. Nur stellen sie oft fest, daß sie allein die wahren Arbeiter sind. Das wollen sie nicht – sie sind fleißig, aber dann sollen es die anderen bitte auch sein. Ihre Arbeit ist immer gut vorbereitet, der Einsatz aber ausgesprochen wechselhaft. An manchen Tagen scheint ihnen gar nichts von der Hand zu gehen, dann wieder übertreffen sie alle anderen. Bei der Erledigung ihrer Pflichten wirken sie sehr zäh, und wenn man sie nachts aus dem Bett holt, kommen sie ohne Murren. Sie können sich der Umwelt gut verständlich machen, weil sie die Argumente der anderen bereits kennen, denn sie beobachten insgeheim – man kann von einem kriminellen Gedächtnis sprechen. Sie wollen mit allen zusammenarbeiten, die guten Willens sind, doch finden sie genau diese Leute sehr schwer. Sie reagieren als Chef viel zu empfindsam auf Kritik, so werden sie in sich nie ganz sicher. Sie planen lange Umwege ein, um einen Mitarbeiter wegzuloben, denn eine harte Aussprache ist nicht ihre Stärke! Man muß ihnen ein bißchen um den Bart gehen, will man was erreichen. Spüren sie dies, verletzt es ihren Stolz – also gehe man lieber auf Distanz und lasse sich rufen! Die Enttäuschungen ertragen sie schwer, fühlen sich auch nie ganz frei; so schlägt ihnen vieles auf den Magen, die Nerven drehen durch, und sie schieben alles auf die Arbeit, die sie leider nicht so gut einteilen können, weil sie zu sehr von den Stimmungen abhängig sind.

Aszendent Krebs / Sonne Waage
Geburtsherrscher Mond

Persönlichkeit: empfindsam
Lebenskern: verbindend
Diese Charaktere sind empfänglich für jede Bindung und Gemeinschaft, prüfen die Umwelt fortwährend auf diese Möglichkeit, horchen sich förmlich in die Nachbarschaft hinein, um Anschluß zu finden. Das macht sie jedoch auch ein wenig unsicher, und da sie Bindungen aus Angst vor Enttäuschungen auch nicht zu fest wachsen lassen, retten sie sich oft in eine Oberflächlichkeit. Aber im Grunde sind sie sehr aufgeschlossen. In Gesellschaften wollen sie glänzen, bemühen sich um besondere Darbietungen künstlerischer Art. Sie haben ein tiefes Empfinden für Literatur und eine ausgesprochene psychologische Begabung, die aber schnell umkippen kann, so daß sie selbst den Psychologen brauchen. In den Armen des anderen leben sie auf! Sie wollen umarmt sein, brauchen ihre Streicheleinheiten; allein verkümmern sie. Man muß sie immer ansprechen, und wenn der Partner fort ist, sollte er täglich schreiben oder telefonieren. Ihre Gemütsvorstellungen wechseln schnell – das macht das Zusammenleben mit ihnen so schwierig – aber im Grunde sind sie treu und dankbar. Manchen erteilten Rat befolgen sie nicht, aus Mißtrauen, es könnte eine Falle sein. Auf ihren unbestreitbaren Schwächen darf man nicht herumreiten, sonst verkriechen sie sich völlig. Und das wäre schade, denn sie lieben den anderen, wachsen an ihm und schöpfen Eigenes aus seinem Wesen, was wiederum die Welt liebenswerter machen kann. Diese Charaktere sollten auch frühzeitig an die Grundgestaltung des Alters denken, da werden sie gebraucht.

Aszendent Krebs / Sonne Skorpion
Geburtsherrscher Mond

Persönlichkeit: empfindsam
Lebenskern: leidenschaftlich
Diese Charaktere sind emotional sehr aufgeladen; sie zeigen sich zwar der Umwelt sehr behutsam, aber wenn es nicht weitergeht, schlägt ihre Leidenschaft durch. Sie haben dauernd das Gefühl, ihre Eigenart betonen zu müssen. So reagieren sie etwa heftig auf veröffentlichte Meinungen, weil sie sich nicht geistig vergewaltigen lassen wollen. Sie wollen alles um sich herum erforschen, und wenn sie an Grenzen stoßen, überqueren sie diese. Ferne Länder locken sie, und sie lesen viel über Grenzgebiete. Gefühlsmäßig sind sie überpotenziert. Wenn es bei ihnen zündet, gibt es kein Halten mehr; das kann bei Enttäuschungen zu heftigsten Reaktionen führen. Dann ist weder der Partner sicher, noch sie selbst. Sie leiden wie kein anderer bei Enttäuschungen, aber sie kosten auch die Liebeslust aus. Alles, bei dem sie vom Gefühl her engagiert sind, tun sie mit ganzer Kraft. Hat die Wissenschaft sie gepackt, leisten sie da Hervorragendes, hat das Okkulte es ihnen angetan, fühlen sie sich da wie zu Hause. Ihr Leben ist mit Sicherheit kein bequemes Leben, aber ein volles. Unter gewissen Voraussetzungen ergeben sie sich dem Alkohol; da muß von früh auf Selbstbeherrschung geübt werden.

Auch sind sie nicht ganz frei von Neid, besonders, wenn es um unverdiente Erfolge geht. Sie sind stets aufgeladen, immer etwas zu stark für ihre Gesundheit, so daß sie Zwangspausen brauchen, die meist von der Seele her durch psychosomatische Erkrankungen erzwungen werden.

Aszendent Krebs / Sonne Schütze
Geburtsherrscher Mond

Persönlichkeit: empfindsam
Lebenskern: sinnvoll
Diese Charaktere gehen die Umwelt zu gefühlsmäßig an, was ihrem geistigen, inneren Kern eigentlich nicht entspricht; so leben sie oft im Konflikt, entweder mit der Umwelt oder mit sich. Legen sie ein joviales Verhalten an den Tag, tut es ihnen hinterher leid, stellen sie Forderungen, stoßen sie auf Widerstand. Die Umwelt spürt diese inneren Konflikte und weicht Ansprüchen geschickt aus. Sie treten oft als Kavaliere auf, schützen die Schwachen, die Alten. Aber sie betonen diese Taten zu stark. Anders sieht es aus, wenn sie mit anpacken; da können sie mitreißen. Überhaupt stehen sie anerkannt an der Spitze, wenn sie erst einmal den richtigen Ton gefunden haben. Alles soll ein wenig untermauert werden, man läßt sich ungern treiben, man will immer das Beste aus einer Sache herausholen. Oft könnte man sich selbst ohrfeigen, weil man den Geist, den Verstand betont und dann doch spürt, wie sehr man selbst doch von den Seelengrundlagen abhängig ist. Das Unterbewußtsein meldet sich nämlich immer sehr stark und schnell mit Vorurteilen, die der Verstand dann abbauen muß, aber hinterher hatte das Unterbewußtsein leider doch meist recht. Diese Erfahrungen prägen, so werden diese Charaktere im Alter oft recht skeptisch, mißtrauisch oder herrisch!
Sie wollen sich über das Geschwätz der Leute erheben, wollen keinen seelischen Depressionen erliegen, die sich dann doch immer wieder melden. Sie kämpfen um die Zukunft und können die Umwelt kaum mitreißen, weil die Umwelt sie immer wieder verletzt.

Aszendent Krebs / Sonne Steinbock
Geburtsherrscher Mond

Persönlichkeit: empfindsam
Lebenskern: eigensinnig
Diese Charaktere gehen die Umwelt fast mit Sanftmut an, und man vermutet gar nicht die in ihnen gestaute Energie. Sie sind voller Ehrgeiz, geben sich in der Umwelt zwar unauffällig, doch wenn die anderen schlafen, dann arbeiten und studieren sie noch. Immer ist eine gewisse Spannung zum Partner vorhanden. Der wird sehr ernst genommen, aber möglichst auch lange versteckt gehalten: Man könnte ja mit seinem Juwel Neidgefühle erwecken. Sehr gegensätzlich zeigt sich oft das Gefühl, das Gesamtempfinden der Seele und der irdische Ernst, der im Leben an den Tag gelegt wird. Aufgaben müssen erfüllt, Prüfungen bestanden werden, so heißt es von der Vernunft, vom Lebenskern her, aber das Unterbewußtsein signalisiert Pausen und Freuden. Dieser Zwiespalt lebt sich auch im Umweltverhalten aus; um nicht aus der Rolle zu fallen, paßt man sich an und arbeitet heimlich, so daß man schnell auch in den Geruch eines Intriganten kommt. Das ist man gar nicht, man will die anderen nur nicht verschrecken, möchte in Ruhe lernen. Systematisch werden auch oft alle Gefühlsreaktionen unterdrückt, wenn es um eine Sache geht. Der Nachbar erkennt sie dann oft nicht wieder, und so werden sie fast unbewußt in die Rolle eines Sonderlings getrieben. Sie prüfen den anderen nach den eigenen Maßstäben, denen er nicht standhalten kann. Aber das sind auch die Charaktere, die sich unerkannt unter die Masse mischen, um die sogenannte wahre Meinung zu hören. Ihre Entwicklung ist langsam; die Umwelt zögert mit dem nötigen Respekt.

Aszendent Krebs / Sonne Wassermann
Geburtsherrscher Mond

Persönlichkeit: empfindsam
Lebenskern: geistig

Diese Charaktere sorgen immer für eine Überraschung in der Umwelt! Sie zeigen sich aufgeschlossen und empfindsam, aber im Kern sind sie doch so exzentrisch, daß sie als sprunghaft erscheinen. Sie gefallen einmal, weil sie sich anpassen können, dann, weil sie doch aus dem Rahmen fallen. Ihre Vorliebe für Technik hat etwas Geniales, das Interesse ist groß, aber auch die emotionale Bereitschaft! Hier bewegt sich immer etwas, immer fällt etwas auf, und die Massen fühlen sich angezogen.

Manche dieser Charaktere nutzen das kaltblütig aus, manche machen sich ernste Gedanken über die Verführbarkeit der Massen. Das Menschliche wird sehr betont, die Mütter wollen neue Wege der Kindererziehung einschlagen, die aber, wenn sie scheitern, völlig zurückgenommen werden. Hier kann auf Kosten der Kinder mancher Schaden angerichtet werden, weil alles zu sehr im Überschwang erfolgt.

Was sie nicht mögen, ist die Eintönigkeit. Abwechslung muß sein; wenn das Leben sie nicht bietet, dann bereitet man eben der Umwelt selbst die Überraschungen. Doch wenn der Spaß zu weit ging, können sie einlenken, auch das ist eine Stärke. Mit Bemühen erreichen sie etwas, finden aber meist ein hohes Amt nicht erstrebenswert. Wenn sie nur als Person auffallen, reicht es ihnen völlig; soziales Prestige muß nicht dabei im Spiel sein. Ihre Empfindlichkeit ist groß, aber sie haben ein ungeheures Gespür für die Zeitabläufe – dann kann man sich fast auf sie verlassen.

Aszendent Krebs / Sonne Fische
Geburtsherrscher Mond

Persönlichkeit: empfindsam
Lebenskern: hingebend

Diese Charaktere sind äußerst fantasievoll! Sie überraschen immer wieder mit den Variationen, die sie so anbieten. Sie wandeln ihr Heim in ein kleines verwunschenes Schloß, ihre Kleidung ist individuell und eigenartig, aber anziehend. Sie lieben die Kunst, das Ausschmücken; sie zaubern, fast etwas nixenhaft, ob Frau, ob Mann. Sie wollen stets ihre Fantasie verwirklichen – das treibt die nüchternde Alltagsarbeit an. Wenn in einer Werkhalle auf einer Maschine ein Blumenstrauß steht, und alle Kollegen lachen und die Blumen wegnehmen – am nächsten Morgen sind neue Blumen da! Das macht sie so liebenswert, und die Liebesbezeugung der anderen schützt diese Charaktere vor dem Fall ins Ungewisse, wozu sie auch fähig sind.

Sie sind die Taucher, die im Mittelmeer so tief wie möglich tauchen, um doch noch einen neuen Farbeindruck von unten zu empfangen. Sie sind die Charaktere, die einen Urlaub schlaflos verbringen, weil sie weder den Sonnenaufgang noch den Sonnenuntergang versäumen wollen, um ihn, den schönsten natürlich, dann auf einen Film zu bannen.

Auch ihr Verhältnis zu Freunden ist intensiv; die Freundschaft wird mit Fantasie angeregt, Herzlichkeit durch kleine originelle Geschenke erhalten. Und sie brauchen Freunde, brauchen Anklang; allein sind sie schnell verloren. Weil sie Hilfe benötigen, geben sie Hilfe; sie sind egoistisch aus Angst, allein zu sein, aber dieser Egoismus nimmt nicht, er gibt! So scheinen sie manchmal wie Engel, ohne welche zu sein.

Aszendent Löwe / Sonne Widder
Geburtsherrscher Sonne

Persönlichkeit: herrschend
Lebenskern: ungestüm

Diese Charaktere zeigen sich der Umwelt sehr selbstbewußt, sie stellen einen Führungsanspruch, um den sie kämpfen. Sie wollen zeigen, wer sie sind, daß sie da sind, und das ist weder zu übersehen noch zu überhören. Sie haben Mut und stürzen sich daher oft in den Kampf; dabei wollen sie beweisen, was ein Mensch leisten kann, wenn er für eine Sache eintritt. Sie sprechen viel vom friedlichen Beisammensein, aber dazu wollen sie die Umwelt erst nach ihren Wünschen einrichten, das heißt, sie wollen die Hackordnung genau klären, und obenan sitzen sie!

So wird manche Unruhe gestiftet, manch alte Bindung zerstört. Dabei geht es nicht um die Person an sich, nein, sie sehen schon alles im größeren Zusammenhang! Sie vertreten nur die Meinung, sie allein könnten das so lösen, daß es für alle günstig ist! Im Aufstellen eines Schlachtplans sind sie erste Klasse, alles, was zur Vorbereitung eines Eingriffs nötig ist, organisieren sie vorbildlich. Wenn dann die Fanfare ertönt, sind sie auch die ersten, die marschieren. Sie verstehen sich zwar nicht als Speerspitze, aber doch als Feldherr, sie wollen den Überblick behalten. Verantwortung muß man tragen!

Ihre Anziehung ist beachtlich, man akzeptiert sie als Führer und als Vorbild; anders hätte es auch keinen Zweck. Viel Energie allerdings verschwenden diese Charaktere leider sinnlos; sie meinen sie im Überfluß zu haben und vergeuden so Kraft. Doch sie bewegen ja etwas! Ohne Tränen geht es dabei nie ab, aber die sieht man im Siegeslärm nicht.

Aszendent Löwe / Sonne Stier
Geburtsherrscher Sonne

Persönlichkeit: herrschend
Lebenskern: beharrlich

Diese Charaktere treten selbstbewußt aber friedlich an ihre Umwelt heran. Sie setzen sich ein wenig von ihr ab, weil sie gern etwas abseits, dabei aber fürstlich residieren. Sie sind sehr für die guten Seiten des Lebens zu haben; von Askese halten sie nicht viel. So legen sie auch Wert auf eine gute Erziehung, auf gutes Benehmen, wollen nicht das Risiko einer unsicheren Zukunft auf sich nehmen; was man hat, hat man, und vor allem, man weiß, was man hat. Wichtig ist eine sichere soziale Position, die sie auch meist erringen. Da sitzen sie dann, geben sich halbwegs gerecht, aber kleine Ausnahmen für sich selbst nehmen sie schon in Anspruch. Sie gewinnen sofort die Herzen, wo sie auftreten – die Anziehung für das andere Geschlecht ist beachtlich, schnell zündet der Funke, der von einem zum anderen überspringt. Ihre Widerstandskraft ist groß; sie ist nur gefährdet, wenn im Genuß – und das jeder Art – zuviel gesündigt wird.

Was sie sich vornehmen, erreichen sie, zumal ihre Ziele nie zu hoch gesteckt sind. Ein Feldherrnhügel genügt ihnen, es muß nicht die Bergspitze sein. Und auf dem Feldherrnhügel geht es dann so pompös zu, als säße man auf dem höchsten Gipfel. Wer mitfeiern will, ist sehr willkommen, am Tisch im Haus gibt es alles. Nur außer Haus wird so schnell nichts abgegeben, da paßt man auf, daß die Werte – innere wie äußere – gesichert bleiben. So können sie ihre Kräfte gut einteilen. Sie laufen nur Amok, wenn sie sich in ihrer glänzenden Sicherheit bedroht fühlen.

Aszendent Löwe / Sonne Zwillinge
Geburtsherrscher Sonne

Persönlichkeit: herrschend
Lebenskern: beschwingt
Diese Charaktere beherrschen die Kommunikation vollkommen, sie sind die Diskussionsleiter, sie dominieren bei Streitgesprächen, sind die geborenen Museums- und Reiseführer, die eine Gruppe zusammenhalten und Bildung vermitteln. Die Sprache ist für sie ein Ausdruck der menschlichen Tätigkeit. Das verbindende Wort wird allerdings manchmal zu einem befehlenden, aber sie können auch zurücknehmen, wenn sie sich vergaloppiert haben. Ihr Horizont ist weit gespannt; sie sind offen gegen jedermann, wollen immer Neues aufnehmen und weitergeben. Ihre Aussprache hat Klang, ist präzis.

Gelegenheiten werden sofort wahrgenommen; so wirkt manches bei ihnen etwas ruhelos, aber sie beherrschen sich, so daß sie mit der inneren Nervosität recht gut fertigwerden. An die Decke können sie gehen, wenn man kleinkariert mit ihnen diskutiert, oder wenn jemand etwas behauptet und diese Behauptung nicht begründen kann. Dann hauen sie auf den Tisch oder sie verlassen den Saal. Sie sind in ständiger Aufnahmebereitschaft, man kann sich auch stets an sie wenden, denn sie verteilen großzügig Rat.

Allerdings erwarten sie auch, daß dieser angenommen wird. Ihre Meinungsäußerungen sind von einer gewissen Kühnheit getragen, doch stehen sie mit Mut zu ihnen. Sicheres Auftreten in der Öffentlichkeit erleichtert den Lebensstart und auch die Durchsetzung der eigenen Person, nur mangelt es manchmal an Beständigkeit.

Aszendent Löwe / Sonne Krebs
Geburtsherrscher Sonne

Persönlichkeit: herrschend
Lebenskern: einfühlend
Diese Charaktere schützen ihre innere Empfindlichkeit mit einem selbstsicheren Auftreten, das immer etwas aufgesetzt wirkt. Sie wollen im Leben etwas darstellen, wissen aber nie, ob es eigentlich dazu reicht. Sie sind zwar von sich überzeugt, aber werden im Lebenskampf das Gefühl nicht los, zu wenig behütet zu sein. Sie sind an und für sich völlig offen, es bereitet ihnen auch Freude, sich so zu zeigen, doch im Grunde haben sie genau davor Angst.
Die Spannung zwischen dem Lebenskern und der Einstellung zur Umwelt ist nicht zu übersehen; kaum jemand macht soviele »Freud'sche Fehler« wie dieser Charakter, ohne daß man deswegen auf eine seelische Krankheit schließen muß. Sie haben ein hervorragendes Gedächtnis, das sie auch immer im richtigen Moment ausspielen, eine gute Waffe im Daseinskampf! Dieses Gedächtnis verblüfft, weil es sich nicht an Zeiten oder Daten orientiert, sondern an Gesten, Wortfetzen, die für Personen oder eine Situation typisch sind. Darauf beruht auch ihr Erfahrungsschatz, der vor allem die zweite Lebenshälfte positiv beeinflußt, denn sie lernen nicht nur aus ihren Erfahrungen, sondern sie verwerten sie, setzen sie um und geben sie weiter. Sie sind ihr ganz eigenes Kapital.
Wenn ihre Launen überhandnehmen, ist ihr Auftreten in der Öffentlichkeit schlecht, ja, sie können sich dann sogar vorbeibenehmen, etwa einem Kellner gegenüber, den sie anbrüllen, weil sie sich übervorteilt fühlen. Doch sie entschuldigen sich schnell und zeigen darin eine Größe, die selten ist.

Aszendent Löwe / Sonne Löwe
Geburtsherrscher Sonne

Persönlichkeit: herrschend
Lebenskern: großzügig
Diese Charaktere geben sich selbstsicher, und sie sind es. Es geht von ihnen eine ungeheure Selbstverständlichkeit aus, die imponiert. Die Umwelt scheint im ersten Moment gar nicht mehr da zu sein, denn ihr Auftritt ist eine Galavorstellung; so schüchtern sie die anderen ein, und diesen Vorsprung nutzen sie. Wenn sie im Aufzug sagen: »Hier raucht man nicht«, stecken alle wortlos ihre Zigarette weg. Es scheint, als gälte nur ihre Meinung, dabei ist die oft gar nicht so sehr fundiert.

Sie strahlen eine große Lebensfreude aus – auch hierin sind sie vielen voraus – nur nehmen sie nicht gern für die Freude viel Leid auf sich. Sie fühlen sich als Auserwählte, die keine eigene Leistung bieten müssen; das erregt Widerspruch, den sie mit einer Handbewegung beiseite wischen. Sie sind auch großzügig, wenn dabei ihre eigene Person im richtigen Licht erscheint; manchmal protzen sie sogar. Auch in der Armut erkennt man ihre innere Größe. Man begegnet ihnen mit Respekt, selbst wenn sie an der Haustür betteln.
Sozial denken sie, sie begeistern sich für die Pläne der Umwelt, sind für Schnellstraßen, aber wehe, diese führen an ihrem Haus vorbei! In eine Ecke lassen sie sich nicht drücken, sie müssen repräsentieren, und sie sollten das auch tun; kaum einer kann es nämlich besser! Nur teile man ihnen einen guten Adjutanten zu, der dann die anfallende Arbeit erledigt, denn da sie alles großartig tun, faulenzen sie auch in größerem Maßstab als andere.

Aszendent Löwe / Sonne Jungfrau
Geburtsherrscher Sonne

Persönlichkeit: herrschend
Lebenskern: vernünftig
Diese Charaktere bringen Licht in den trostlosen Alltag der Arbeit und der Pflicht. Sie können hervorragend organisieren, ihre Untergebenen anspornen, aber auch als Untergebene vorbildlich wirken. Sie wollen, daß auch das Notwendige mit einer gewissen Größe erledigt wird. Wenn einer nur herummeckert, ist er schnell unten durch. Wer nur auf den Bürgersteig sieht und die Kopfsteine zählt, hat bei ihnen nichts verloren. Sie wollen, daß auch die geistigen Dinge mit in den Alltag hineingenommen werden, zumindest soll am Feierabend gute Lektüre vorzufinden sein. Sie tragen Verantwortung für Pflichten, die allerdings klar abgegrenzt sein müssen. So stehen sie mehr für ihre Abteilung, für ihre eigene Arbeit ein, als für den ganzen Betrieb. Sie haben nämlich die Fähigkeit, sich gute Mitarbeiter heranzuziehen, obwohl sie auch immer vom Echo abhängig sind. Werden diese Charaktere abgelehnt oder gar verspottet, dann allerdings kracht es, dann kann die Ablehnung doppelt zurückgegeben werden. Auch können sie sich schnell in eine Arbeitsklause zurückziehen, aus der sie dann eventuell Fäden spinnen – sie sind immer da, man meine nicht, daß diese Augen nichts sehen! Sie finden immer Zuträger!
Doch wenn es darauf ankommt, stellen sie sich, gehen sie mit gutem Beispiel voran, zwar nicht für lange, aber sie zeigen in zwei Stunden, wie einer sein Leben lang arbeiten sollte. Sich selbst nehmen sie von diesem Leistungsanspruch etwas aus, weil ja, wer den Überblick behalten soll, Ruhe braucht.

Aszendent Löwe / Sonne Waage
Geburtsherrscher Sonne

Persönlichkeit: herrschend
Lebenskern: verbindend
Diese Charaktere schaffen auf großzügige Weise Verbindungen; sie sind die Topdiplomaten, die auf Reisen gehen, wenn alles gut vorbereitet und ausgearbeitet ist, wenn nur noch Unterschriften zu leisten sind. Dabei gewinnen sie die Herzen sehr schnell, sie ziehen den anderen an, auch ihre erotische Kraft ist sehr beachtlich. Partnerschaften werden sehr fair behandelt, solange die Bindung etwas bedeutet. Sie selbst verlangen nicht nur unbedingte Treue, sondern auch etwas Anbetung, dann sind sie glücklich! Sie führen in der Bindung, wenigstens nach außen hin, und der Partner erlaube es sich nicht, diese Charaktere in der Öffentlichkeit bloßzustellen! Sie haben Freunde und noch mehr Verbindungen. Das Vitamin B, das wichtigste Lebensvitamin, wenn es auf die »Beziehung« ankommt, ist hier zu Hause. Freunde, die keine sind, aber sich wie solche benehmen, trifft man hier an. Auf Gesellschaften werden neue Bindungen geknüpft, und man selbst sitzt mitten drin im Knoten! Sie sind die Empfangschefs, die Organisatoren von Kongressen, diejenigen also, die die Glanzpunkte setzen. Geistig rege, kulturell interessiert, können sie Kulturinstitutionen hervorragend repräsentieren, und sie entdecken auch mit feiner Spürnase Talente. Für soziale Gerechtigkeit treten sie besonders dann ein, wenn sie sich hocharbeiten mußten. Höhere Steuern mögen sie nicht, jeder ist seines Glückes Schmied! Ihr Haus ist offen, ihr Auto mehr nach dem äußeren Anschein gekauft: Sie warten immer darauf, daß eine hübsche Person da einsteigt.

Aszendent Löwe / Sonne Skorpion
Geburtsherrscher Sonne

Persönlichkeit: herrschend
Lebenskern: leidenschaftlich
Diese Charaktere haben bei aller Betonung des individuellen Kerns etwas Großes im Auftreten. Sie kommen fordernd daher, sind also immer auf dem Sprung. Sehr von sich überzeugt, halten sie sich für unverwechselbar und meinen, kein zweites Exemplar ihrer Ausgabe existiere auf dieser Welt. Doch für diese Ansicht gehen sie auch ins Geschirr, sie wollen nichts geschenkt, sie nehmen viel Mühe auf sich, um sich selbst etwas zu bieten. Man soll nicht eines Tages sagen, was sie erreicht haben, wurde von anderen bewerkstelligt! Ihr Stolz ist groß und irgendwie auch berechtigt.
Sie kämpfen sehr gegen die eigenen Schwächen, laden mehr Mühe als der Durchschnitt auf sich, kämpfen auch gegen den inneren Schweinehund an, und wenn ihnen das gelingt, verlangen sie es allerdings auch von den anderen. Aber nur, wenn sie es selbst vorgemacht haben!

Sie drücken sich also nicht, sondern sind immer im Fronteinsatz zu finden. Und sie wollen sich ausleben, vor allem in der anregenden Leidenschaft, die erst das Leben ausschöpft. Auch in Liebesdingen muß etwas Großartiges zu finden sein. Liebeleien? Bitte! Aber es sollte niemanden wundern, wenn es wirklich nur Liebeleien bleiben. Der Partner wird voll angegangen, wird voll gestellt. Hier gibt es kein Ausweichen, lieber trennt man sich. Das Leben erscheint wie ein ewiger Krieg, den man stets neu gewinnen muß; daher ist die Einsatzbereitschaft immer groß und auch in die Tiefe gehend. Mit ihnen zischt es, das schreckt viele ab.

Aszendent Löwe / Sonne Schütze
Geburtsherrscher Sonne

Persönlichkeit: herrschend
Lebenskern: sinnvoll
Diese Charaktere sind, wenn sie das Niveau dafür mitbringen, die geistigen Führer; alle bemühen sich um Bildung, um eine innere Entwicklung. Hier sind die Lehrer anzutreffen, die aus Überzeugung in die Schule gehen und auch in den Ferien nicht vom Unterricht loskommen, hier sind die Glaubensprediger zu Hause, die eine Gemeinschaft vom Glauben her beseelen wollen. Manches wirkt etwas zu bestimmend, zu testamentarisch, aber es reißt mit, es gibt den anderen Sicherheit, sich diesen Charakteren anzuvertrauen! Die persönlichen Bindungen werden hier oft von einer gleichen Weltanschauung abhängig gemacht. Man predigt zwar Toleranz, aber wenn sich vor einer demokratischen Wahl die Gemüter erhitzen, sitzt man am Tisch doch nur mit denen, die die gleiche Meinung vertreten. Diese Charaktere wollen sich nämlich auf ihrem Weg nicht ablenken lassen. Sie haben auch einen ganz schönen Dickkopf; was sich da festgesetzt hat, wird auch durchgeführt! Ihre Überzeugung ist wirklich imponierend, sie treten mit Mut und wenn möglich immer mit einer Gefolgschaft auf. Wenn es gilt, sich für eine Moralauffassung einzusetzen, dann werden auch Strapazen auf sich genommen, die gesundheitlich Schaden bringen, doch der Glaube an die Sache und an sich läßt eine schnelle Regenerierung zu. Das Traditionelle ist hier in guten Händen, Erbschaften werden treu verwaltet, Überlieferung wird zwar modernisiert, aber nicht abgelehnt. Das Auftreten ist vornehm, bedächtig; man spürt die Beherrschung, wenn sie, obwohl erregt, ruhig bleiben.

Aszendent Löwe / Sonne Steinbock
Geburtsherrscher Sonne

Persönlichkeit: herrschend
Lebenskern: eigensinnig
Diese Charaktere ruhen gut in sich selbst. Ihr Kern ist voller Streben, und ihr äußeres Auftreten in der Umwelt scheint dem zu entsprechen. Ihrem Ernst setzen sie echte Größe auf. Sie wirken wie die Philosophen des Alltags, den sie auch meistern wollen. Ihr Streben sieht wie selbstverständlich aus, so können sie Neider einfach abwehren. Manchem mögen diese Charaktere zu ernst erscheinen, aber auch das ist irgendwie eindrucksvoll. Sie sind sparsam, fast nie verschwenderisch, es sei denn, sie haben einen Gipfel errungen; aber sie feiern nur diesen Tag, am Morgen wird geschaut, wo der nächste Gipfel steht. Ihre Kraft können sie also gut einteilen. Sie stellen die harten, aber die gerechten Prüfer. Als Schüler hat man es hier nicht leicht, aber wer von diesen Charakteren ein Diplom bekommen hat, kann sicher sein, daß er sich mit seiner Arbeit überall sehenlassen kann. Und wenn etwas schiefgehen sollte, dann zeugen die Prüfer, bis vor das höchste Gericht gehend, für ihren Schüler!

Auch sich selbst prüfen diese Charaktere immer sehr, werden oft sparsamer in Ausgaben wie in Gesten und Worten, denn jeder kann mit weniger auskommen. Und diese Einstellung leben sie vor! So sind sie zwar für soziale Gerechtigkeit, doch soll sie auf ein Minimum beschränkt sein, damit der Anreiz bleibt, selbst etwas zu schaffen. Sie sind in der Realität verhaftet, doch von einer höheren Warte aus, sie fliegen zwar nicht ins Blaue, aber ihre Ziele steuern sie mit Beharrlichkeit an.

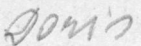

Aszendent Löwe / Sonne Wassermann
Geburtsherrscher Sonne

Persönlichkeit: herrschend
Lebenskern: geistig

Diese Charaktere sind etwas zwiespältig im Wesen, was ihnen sowohl Schwierigkeiten als auch Chancen bietet. Sie treten für das Neue ein, sind die Führer von Reformbewegungen, aber sie lassen sich zu leicht einspannen, oft lockt sie mehr die Repräsentation als die Aufgabe. Sie haben überhaupt Schwierigkeiten, für sich den richtigen Weg zu finden – zuviel stürmt auf sie ein und immer wieder werden sie von neuen Gedanken, Einfällen, Ideen fast überrollt. Haben sie ein gutes Gespür, sind sie obenauf, wenn das Gespür versagt, retten sie sich in scharlatanhaftes Auftreten; dann wollen sie, weil sie sich selbst vom Leben betrogen fühlen, andere betrügen.

Sie wissen um die Notwendigkeit des Wandels, sie spüren, daß die Technik die Lebensrettung der Menschheit ist, aber sie können dieses Wissen oft nicht beherrschen, sprühen ihre Ideen nur so heraus und lassen die Entwicklung zurück. Alles ist sprunghaft, so wechseln sie auch oft ihre Meinung.

Das Problem ist, daß sie jede Ansicht mit Größe vertreten; so sind sie auch Volksverführer. Sie treten mit Elan für eine Sache ein; haben sich die anderen Jahre später mit dem Gedanken befreundet, erklären sie ihn als Irrtum! Sie widerrufen unmerklich ihre Meinung und schwanken damit im Lebenskampf hin und her, so daß die praktische Seite des Daseins dabei oft zu kurz kommt. Sie sehen alles wie durch ein Fernglas, mal vergrößert, mal ganz weit weg und ganz klein. Sie sind stets im Aufbruch. So regen sie immer an, das ist ihr Plus.

Aszendent Löwe / Sonne Fische
Geburtsherrscher Sonne

Persönlichkeit: herrschend
Lebenskern: hingebend

Diese Charaktere können mit ihrem recht guten Auftreten oft die innere Weichheit überdecken. Ihr Kern, der sehr feinfühlig und damit anfällig ist, ist so geschützt. Wenn zu großer Widerspruch auftritt, reagieren sie bei allem Charme heftig und fallen oft aus der Rolle. Sie sagen immer wieder: Ich bin meiner ganz sicher, ich kann »beinhart« sein – aber sie sind es nicht, sie wollen nur so erscheinen, damit man sie nicht belästigt. Weich, voller Idealismus, wollen sie nicht zuviel Zeit für Kämpfe verwenden.

Sie träumen viel, ohne das zuzugeben; so führen sie fast zwei Leben: eins für sich, wenn sie allein wandern oder reiten, eins im Alltag, mit Kraft vollgepumpt, recht selbstbewußt, ja etwas herrisch auftretend. Doch die Energie verpufft enorm schnell, so daß wieder innere Ruhe gefunden werden muß. Geschieht dies in einer Streßsituation, soll der Griff zur Flasche Hilfe bringen.

Der Ehrgeiz ist dabei recht groß, da man aber spürt, daß man den harten Alltagskampf wegen der inneren Weichheit nicht so gut bestehen kann, zieht man sich gern auf seinen inneren Stolz zurück. Hier schützt also der Geburtsherrscher die innere Hingabefähigkeit davor, sich zu zerfließend zu zeigen, was aber auch in der Auswirkung einen gewissen Egoismus nach sich zieht, obwohl von Egoismus an und für sich nicht die Rede sein kann. Diese Charaktere strahlen einen geheimnisvollen Charme aus, dem man sich schwer entziehen kann; man ist gern mit ihnen zusammen.

Aszendent Jungfrau / Sonne Widder
Geburtsherrscher Merkur

Persönlichkeit: zupackend
Lebenskern: ungestüm

Diese Charaktere liegen fast immer im Clinch mit ihrer Umwelt, aber durch Vernunfteinsatz kann diese Auseinandersetzung meist im Rahmen gehalten werden. Ihre Kritik ist immer sehr stark und kann sich fast zur Kritiklust entwickeln; sie wird, wenn es geboten erscheint, auch zurückgehalten, aber nur unterdrückt, nicht vergessen! Zu überzeugen sind diese Charaktere nie mit Worten, nur durch eigene Lebenserfahrungen, denn eigentlich haben immer die anderen schuld. Selbstkritik ist schwach ausgebildet.

Dafür aber ist ein bemerkenswerter Grundeinsatz festzustellen; diese Charaktere drücken sich nicht, wenn es um die Notwendigkeiten geht. Feindschaften belasten sie sehr, aber die werden auch zu ernst genommen. Alles klingt so objektiv, ist aber völlig subjektiv! Diese Charaktere erscheinen etwas zu kopflastig angelegt, das Unterbewußtsein hat nicht viel zu sagen, wird auch nicht als existent angesehen. Man strebt der Vernunft nach, meint, der Verstand würde das Leben regeln – dafür setzt man sich dann emotional und feurig ein und bemerkt nicht, wie man selbst vom Unterbewußtsein aufgeladen ist.

Diese Charaktere nehmen viel Mühe auf sich, wollen keine Niederlagen erleiden, aber die Harmonie finden sie meist nur äußerlich; innerlich wirken sie immer etwas zu aufgerissen. Die Nerven werden überstrapaziert, Niederlagen kaum ertragen, schon gar nicht als Ausgangspunkt für einen neuen Weg gesehen. Sie reden etwas altklug, handeln fast kindlich störrisch.

Aszendent Jungfrau / Sonne Stier
Geburtsherrscher Merkur

Persönlichkeit: zupackend
Lebenskern: beharrlich

Diese Charaktere ruhen in sich recht fest. Sie haben die Erde unter den Füßen und nicht den Wunsch, dies zu verändern. Sie sind realitätsbezogen vom Verstand wie vom Gefühl, und so kann ihnen so leicht keiner etwas anhaben. Ihre Werte verkaufen sie gut und sicher, haben eine gewisse Ausdauer, denken bewußt, fühlen real. Das gibt ihnen viel Kraft für die Alltagsbewältigung. So können sie alles anpacken und gestalten auch den Feierabend dementsprechend. Für kulturelle Dinge setzen sie sich ein, solange die verständlich bleiben und ihren Überzeugungen nicht widersprechen. Sie legen eine Hartnäckigkeit an den Tag, die beachtlich ist, aber sie wollen niemanden überfahren; sie wollen nur in ihren Grundfesten verweilen und nicht aufgescheucht werden.

Das Haus richten sie sich gut ein, doppelte oder gar dreifache Vorsorgen für den Lebensabend werden stets getroffen. Große Zweifel an ihrem Wesen, an ihrem Leben wollen sie nicht hören. Sie lehnen es daher ab, mit Menschen in nähere Beziehungen zu treten, die das Leben völlig anders sehen; das erschreckt sie! Sie feiern gern nach dem strapaziösen Arbeitstag, und der ist immer strapaziös, schon weil es sich so vor sich selbst gut macht. Ihre geleistete Arbeit ist ihr Stolz, deswegen muß es sich um handfeste Dinge handeln. Nur Werbeideen ausbrüten, nur nachdenken, nur philosophieren ist nichts, die Leistung muß zählbar, vorführbar sein, etwa wie ein aufgestapelter Kistenberg. Eskapaden erleben sie gern kopfschüttelnd im Kino oder am Bildschirm.

Aszendent Jungfrau / Sonne Zwillinge
Geburtsherrscher Merkur

Persönlichkeit: zupackend
Lebenskern: beschwingt

Diese Charaktere sind sehr aufgeschlossen, sehr feinnervig, aber in sich auch gefestigt. Sie bewegen sich fast unscheinbar in der Umwelt, aber bei ihnen laufen viele Fäden zusammen. So wollen sie auch immer mehrere Aufgaben gleichzeitig erfüllen, sind fleißig und meist auch recht intelligent. Sie sprühen vor Ideen, setzen diese aber auch um und erringen sich so in der Umwelt wirklich Sympathien. Zwar gibt es gewisse Schwierigkeiten, weil sie meist schneller in der Auffassungsgabe sind als andere, aber sie versöhnen, wenn sie sich hilfsbereit zeigen. Das sind die Charaktere, die im Haus für andere die Post annehmen, die nach Spendenaufrufen Sammlungen organisieren, die Nachrichten vermitteln und stundenlang telefonieren. Eine Stunde ohne Ansprache wirkt tödlich. Auch beim Essen reden sie; entsteht beim Löffeln der Suppe für zwei Sekunden eine Stille, dann müssen sie diese Stille überbrücken und fragen, ob die Suppe denn auch schmecke. Mit Vorwürfen sind sie schnell bei der Hand, wenn etwas schief gegangen ist, aber sie sind auch leicht versöhnt. Sie verweilen überhaupt nie zu lange auf einem Standpunkt, es sei denn, sie geben sich dem wirklichen philosophischen Denken hin. Sie sind gute Kritiker und Zeitbeobachter. Ihr Gefühlsleben wird allerdings immer vom Verstand kontrolliert; darunter leiden sie, können aber nicht anders. Was sie fühlen, müssen sie aussprechen, damit machen sie das Gefühl oft kaputt. Liebe kann berechnend oder snobistisch-intellektuell gefärbt sein. Das sind die Liebes-Memoiren-Schreiber.

Aszendent Jungfrau / Sonne Krebs
Geburtsherrscher Merkur

Persönlichkeit: zupackend
Lebenskern: einfühlend

Diese Charaktere bemühen sich sehr, ihr Leben vernünftig zu gestalten; alles Emotionale wird nach Möglichkeit vor den anderen unterdrückt, und so rufen sie oft einen falschen Eindruck hervor. Die innere Bewegung kommt kaum zum Ausdruck, und wenn, bei Kleinigkeiten, die als nicht so wichtig angesehen werden; wenn die eigenen inneren Launen durchbrechen, dann ist die Umwelt überrascht. Aber man hat sich schnell in der Gewalt und auch ein gutes Gespür für den anderen; oft kann man seine Antworten erahnen, was immer wieder Verblüffung hervorruft.

Die Arbeit wird gewissenhaft erledigt, es empfiehlt sich aber, diese Charaktere entweder überwiegend zu Hause arbeiten zu lassen oder sie am Arbeitsplatz abseits zu setzen, wo sie unbeobachtet schaffen können. Sie sind auch im Lebensrhythmus recht unterschiedlich in der Reaktion, was den anderen stören kann. Sie reisen recht gern, nur sollte die Reise nicht zu weit sein, dann kommen sie noch lieber heim. Sie sind sehr neugierig und haben die Gabe, Ungewöhnliches zu entdecken, sind Spürhunde von Format. Sie riechen förmlich, wo die belastenden Akten zu finden sind. Auch prägen sich Details gut bei ihnen ein, so daß sie vieles zurückverfolgen können. Fremde Stadtpläne zu lesen bereitet ihnen Vergnügen, wobei sie weniger lernen, als daß sie sich die Pläne wie ein Fotobild optisch einprägen.

So finden sie sich also gut zurecht, wenn sie nur ab und zu ganz nach ihren Stimmungen leben können.

Aszendent Jungfrau / Sonne Löwe
Geburtsherrscher Merkur

Persönlichkeit: zupackend
Lebenskern: großzügig
Diese Charaktere versuchen die Umwelt nüchtern zu sehen, was ihnen so leicht nicht fällt. Sie schrauben zwar ihren inneren Großanspruch auf ein reales Maß herunter, aber wenn alles gar zu realistisch gehandhabt wird, dann platzt ihnen der Kragen. Sie legen viel Wert auf einen gehobenen Lebensstandard, da sie meinen, sie haben sich diesen längst verdient. So sammeln sie auch Vermögen an, das sie allerdings nach außen gern verschweigen.

Überhaupt täuschen sie die Umwelt ganz schön über ihre Absichten hinweg, aber nicht aus Boshaftigkeit, sondern weil sie einfach vorsichtig sein wollen; auch wünschen sie sich keine Neider und unterspielen daher ein wenig. Sie wollen sich ihren Lebensanteil ehrlich erarbeiten, lehnen Spekulanten ab, und nach ihrer Meinung bedarf es auch keiner Spielbanken. Die Arbeit ist für sie eine königliche Beschäftigung, wer sich drückt, wird schnell aus ihrer Gemeinschaft ausgeschlossen. Da sind sie dann sehr autoritär. Wer sich aber bemüht, der wird ernsthaft unterstützt, denn sie wollen eine Gleichheit des Gebens und Nehmens.

Übers Ohr hauen darf man diese Charaktere nicht. Solange sie können, jagen sie ihrem Recht nach, und ihre Argumente gehen dabei nicht aus. Manchmal schließen sie sich etwas von der Außenwelt ab: Willst du was gelten, so mach dich selten! Sie wissen, daß sie wieder gerufen werden. Die Lebensmitte ist für sie entscheidend, darauf arbeiten sie hin, wie sie auch gern die Mitte in sich finden.

Aszendent Jungfrau / Sonne Jungfrau
Geburtsherrscher Merkur

Persönlichkeit: zupackend
Lebenskern: vernünftig
Diese Charaktere begegnen der Umwelt vor allem erst einmal mit Vernunft. Sie sind fleißig, zuverlässig, wenn auch etwas spröde. Man benutzt sie gern, weil man sich auf sie verlassen kann; sie räumen auf, was liegengelassen wurde, und wo andere zu flüchtig handelten, arbeiten sie nach. Sie wissen um die Ordnung im Leben, so nehmen sie auch jede Arbeit an; was getan werden muß, muß eben getan werden, aber sie verlangen auch gerechten Lohn.

Diese Charaktere beobachten gut, wenn auch etwas oberflächlich, sie üben Kritik, die jedoch weniger in die Tiefe geht. Böse werden sie nur gegen Schmarotzer; da gehen sie energisch vor, ausnutzen lassen sie sich nicht. Sie sind nicht neidisch, lassen auch den gut leben, der mehr leistet, aber nicht auf ihre Kosten; das empfinden sie als Frechheit.

Diese Charaktere gehen auch nicht unter, weil sie keine Bedenken haben, sich die Hände schmutzig zu machen. Sie kapieren auch schnell, sehen immer eine Möglichkeit, noch dieses oder jenes anzupacken.

Selbst aus Abfalleimern fischen sie noch etwas Nützliches heraus.

Sie nehmen Kritik an, solange ihr Verstand sie akzeptiert; geht es um die Seele, stellen sie sich taub. Auch psychosomatische Krankheiten erkennen sie nicht an, alles muß ja einen realen Ursprung haben. Sie sind stets gut informiert, bilden sich weiter, lesen gute Literatur, achten auf die Gesundheit. Vorsorgeuntersuchungen werden von ihnen stets wahrgenommen, denn sicher ist sicher.

Aszendent Jungfrau / Sonne Waage
Geburtsherrscher Merkur

Persönlichkeit: zupackend
Lebenskern: verbindend

Diese Charaktere treten in der Umwelt sehr liebenswürdig auf, darauf bedacht, ihre innere Unsicherheit nicht erkennen zu lassen. So sind ihre Initiativen zwar immer etwas gehemmt, aber ihre anerzogene Höflichkeit läßt sie Schwachpunkte gut meistern. Im Leben soll es gerecht zugehen, dafür beackern sie die Umwelt mit guten Argumenten. Da sie im Kern für Verbindungen sind, versuchen sie auch im äußeren Auftreten zu binden, was zu binden ist. Gefühl und Denken halten sich die Waage, wobei beim öffentlichen Auftreten immer die Vernunft in den Vordergrund gestellt wird. Das Gerechtigkeitsbedürfnis ist groß; sie denken oft, was dem anderen geschehen kann, kann auch mir geschehen – so sind sie immer um Anerkennung und um Freunde bemüht. Sie zeigen sich sehr willig, helfen, wo Hilfe gefordert wird, allein überstrapazieren lassen sie sich nicht. Sie sind überhaupt sehr vorsichtig, was Reaktionen angeht, immer ein wenig in Angst, aus der Balance zu fallen. Aber im Ganzen sind diese Charaktere sehr gutmütig; dahinter verbirgt sich allerdings oft auch eine Willensschwäche. Ihre Arbeitsleistung ist sehr von ihrer Gemütsverfassung abhängig. Sie sind labil und können leicht aus den Pantinen kippen, besonders, wenn man ihnen einen angestrebten Luxus entzieht; gerade für den haben sie gearbeitet und Angstmomente überwunden, um durchzuhalten! Bei all dem sind sie viel beliebter, als sie meinen, ja, sie haben eine beachtenswerte Anziehungskraft auf andere, auch auf das eigene Geschlecht.

Aszendent Jungfrau / Sonne Skorpion
Geburtsherrscher Merkur

Persönlichkeit: zupackend
Lebenskern: leidenschaftlich

Diese Charaktere üben sich, sich in die Umwelt einzuordnen. Sie disziplinieren sich selbst, der Verstand erscheint immer etwas aufgesetzt, gegen ihr ursprüngliches Wesen gerichtet. Ihre Intelligenz ist zumindest begabt, strebt nach neuen Erkenntnissen, will trainiert sein, ist wißbegierig. Manche Reaktion gibt sich hier zu gewaltsam, zu explosiv. Das Abgrenzen zur Umwelt geht nicht so leicht vor sich. Ihre Leidenschaft ist gezügelt, droht aber immer wieder in Fanatismus auszuarten. Das Gefühlsleben wirkt eingesperrt, aber das verleiht diesen Charakteren ein großes Ansehen, denn der andere spürt die Kraft, die die Vernunft hier bändigt. Diese Charaktere verhalten sich immer so, als warteten sie darauf, sich zu bewähren, doch dazu bedarf es besonderer Vorkommnisse. So lassen sie auch nichts unversucht, um sich stellen zu können – manchmal beschwören sie fast die Krisen herbei. Wenn die Umwelt ihnen Unrecht tut, nehmen sie den Kampf mit allen auf und meinen, es ginge um eine gute Sache. Sie verstehen kaum, daß sie nicht »alle« sind, oder daß nicht alle wie sie sind. Diese Auseinandersetzungen können ein ganzes Leben lang anhalten, denn immer ist etwas da, wogegen sie anrennen.

Sie sind die Strafverteidiger, die überführte Mörder deswegen verteidigen, um zu sehen, was noch alles so möglich ist. Sie bringen trotz aller Beherrschung Unruhe in die Umwelt, werden mit Skepsis aufgenommen, da man etwas Unheimliches in ihnen spürt.

Aszendent Jungfrau / Sonne Schütze
Geburtsherrscher Merkur

Persönlichkeit: zupackend
Lebenskern: sinnvoll
Diese Charaktere fühlen sich auf die Umwelt gut vorbereitet; sie wissen, sie können niemanden überfallen oder belehren, sie suchen den Kompromiß, um wenigstens etwas zu retten. Das »Alles oder nichts« ist hier nicht gefragt, dazu steht grundsätzlich stets zuviel auf dem Spiel.

Man verlangt auch von den anderen, daß die Spielregeln eingehalten werden. Diese Menschen versuchen darüber hinaus durch beharrliche Überzeugungsarbeit ihre Grundsätze durchzusetzen; so leuchtet in ihren Augen oft ein Funke auf, der von der inneren Leidenschaft des Geistes spricht. Sehr viel Interesse gewinnt die Literatur, auch alle ernsthaften Bemühungen, anderen praktisch zu helfen. Da ist eine Missionshelferin zu nennen, der ehrenamtliche Katastropheneinsatz mancher Bürger, auch der Forscher, der ein medizinisches Präparat durchsetzen will, selbst wenn die herstellende Firma abwinkt, weil die Gewinnspanne zu klein ist – die praktischen Idealisten sind hier zu Hause. Das einmal geprägte Weltbild bestimmt das weitere Leben, so strahlen diese Charaktere eine Ruhe aus, die oft gar nicht vorhanden ist – Ruhe wird mit Festigkeit verwechselt. Aber der Festigkeit bedarf es ja oft mehr, weil man erst gefestigt Ruhe finden kann. Die geistige Regsamkeit ist beachtlich, so daß sich auch mehrere Aufstiegsmöglichkeiten bieten.

Sie sind die Vorbilder, nach denen jeder streben kann, weil die Erfüllung nicht in unendliche Ferne gerückt ist, alles bleibt menschlich.

Aszendent Jungfrau / Sonne Steinbock
Geburtsherrscher Merkur

Persönlichkeit: zupackend
Lebenskern: eigensinnig
Diese Charaktere kommen gut mit der Umwelt zurecht. Sie sind eifrig, haben aber auch Verständnis für die anderen, obwohl sie auf diese immer ein klein wenig herabgucken, denn – Hand aufs Herz – leistet der soviel wie ich? Ihr Vorbild ist ihr Ziel, das sie sich gesetzt haben. Ein fixer Verstand hilft bei der Verwirklichung. Wenn ein Acker gründlich umgegraben werden, aber doch letztlich ein Acker bleiben soll, dann lösen diese Charaktere die Aufgabe.
Was sie haben, geben sie nicht so schnell her, sie wissen mit allem etwas anzufangen. Viele halten sie für Idealisten, aber da irren sie. Das hier sind Realisten, die jedoch die Realität so bewußt in ihre Ziele einbeziehen, daß es den Anschein hat, als wären diese Ziele weit oben angesiedelt! Sie sehen nur, was ohne Wunder möglich ist, und das erreichen sie so konsequent, daß es manchem eben wie ein Wunder erscheint. Sie sind wahre Arbeitstiere, wenn die Arbeit einen Sinn hat und sie nach oben führt. Sie rationalisieren wo sie können, auch in sich: sie setzen ihre Kräfte ganz behutsam ein, machen keinen Schritt zuviel, stehen nicht, wenn sie sitzen können, und sitzen nicht, wenn sie liegen können.
Natürlich wirkt ihr klares Zielstreben oft ein wenig kalt und egoistisch, dabei kann jeder mit ihnen mitziehen, wenn er nur ernste Beständigkeit aufbringt! Diese Charaktere bleiben ihrem Vorsatz treu, aber sie jagen keinem Phantom nach, sondern sie wollen das Mögliche nur vollkommen machen. Das allerdings auch für die eigenen Bedürfnisse.

Aszendent Jungfrau / Sonne Wassermann
Geburtsherrscher Merkur

Persönlichkeit: zupackend
Lebenskern: geistig
Diese Charaktere suchen den Sinn des Lebens, sie wissen um die Veränderungsnotwendigkeit dieser Welt, müssen aber doch in traditioneller Art ihre Pflicht tun. Sie streben eine soziale Gerechtigkeit an, die nur theoretisch funktioniert, das bereitet ihnen Ärgernis. Sie wirken sehr geistig, sehr intellektuell, aber etwas kalt, um nicht zu sagen gefühllos. Ihre Gefühle haben sie übrigens gut in der Gewalt und meinen manchmal sogar, das müsse so sein, weil uns eben der Intellekt von den Tieren unterscheidet. So machen sie sich auch einen diebischen Spaß daraus, andere aufs Glatteis zu führen: Sie beginnen ganz vernünftige Gespräche, um dann plötzlich den Ernst ad absurdum zu führen.
Dabei bemühen sie sich sehr um Fortschritt. Hier sind die Emanzipierten zu finden, die meinen, alles und jedes müsse sich selbständig machen. Diese Charaktere wollen die Gemeinschaft in Solisten auflösen, um dann eine neue Gemeinschaft der Einzelgänger zu gründen. So jagen sie Illusionen nach, verzetteln sich, verdienen oft mühsam ihr täglich Brot, oder sie finden ihre Arbeit schlechthin furchtbar. Auch ist ihnen alles zu reglementiert; rote Ampeln in verkehrsruhiger Zeit können sie auf die Palme bringen. Aber vieles ist originell, mancher Geistesblitz sogar genial; so können sie die triste Wirklichkeit für Momente aufhellen, aber nie verändern. Dazu sind sie doch zu sprunghaft. Ihr Leben ist immer etwas aufregend und überraschend, weil sie zunächst sehr bürgerlich auftreten.

Aszendent Jungfrau / Sonne Fische
Geburtsherrscher Merkur

Persönlichkeit: zupackend
Lebenskern: hingebend
Diese Charaktere finden in der Umwelt den Halt, den sie selbst nicht haben. So klammern sie sich an die realen Möglichkeiten. Wenn etwas als gegeben angenommen werden muß, greift man hier zu. Der Halt wird also durch die Ordnung des Lebens gefunden; die notwendigen Pflichten werden mehr der Umwelt wegen erfüllt, als aus eigenem Bedürfnis. So sehr man kann, gibt man sich der Umwelt hin, da ist man dann wenigstens nicht verloren. Diese Charaktere entwickeln daher einen starken Sinn für die täglichen Gegebenheiten und passen sich jeder Umgebung an. Geht es luxuriös zu, bitte, heißt es auf Reisen in Vierbettzimmern zu übernachten, auch gut! Kommt man in Gegenden, wo wie in einem Bazar gehandelt wird, handelt man mit; man muß sich einfach anpassen, weil man sonst zerfließen würde. So sind diese Charaktere sehr tapfer, aber sie kennen keine Prinzipien, oft nicht einmal Eigenstolz, in der Meinung, solchen Luxus könne man sich nicht leisten. Alle preiswerten Gelegenheiten werden wahrgenommen, Treuebindungen gibt es da kaum, das Gesetz des Tages regiert. Was wirklich in ihnen vorgeht, geben sie auch noch auf, um ja als lebenstüchtig angesehen zu werden. Das Praktische überwiegt, vom Geistigen wird geredet, aber durchgearbeitet wird es nicht. So sind diese Charaktere recht lebenstüchtig, nur verraten sie fortwährend ihren Kern, was schade ist, denn gerade bei oft anzutreffendem künstlerischen Interesse scheint die oberflächliche Orientierung an die bestehende Welt ein großes Hemmnis zu sein.

Aszendent Waage / Sonne Widder
Geburtsherrscher Venus

Persönlichkeit: freundlich
Lebenskern: ungestüm

Diese Charaktere leben in einem großen Zwiespalt. Sie wollen einmal mit der Umwelt gut auskommen, dann sich aber auch persönlich durchsetzen. Sie wirken sehr freundlich, doch der Partner muß es büßen, wird beherrscht; hier setzt sich dann das Temperament durch. Die Umwelt wird also als recht angenehm aufgenommen, da macht man einen guten Eindruck. Nur in einem selbst tobt es; und wenn man Erfolge anstrebt, die die Öffentlichkeit ansprechen, ja schockieren sollen, dann kommt das Urtemperament zum Vorschein. So wird die eigene ungestüme Kraft sozusagen in Dosen abgegeben, doch wenn es um die Anerkennung geht, wird in alter Manier gekämpft.

Daher zeigen sich diese Charaktere in der Umwelt recht verschieden: Sie gleichen aus, wenn sie selbst nicht engagiert sind, sie gehen aufs Ganze, wenn man sie etwa einengen will. Ihr Charme ist zuerst meist beachtlich, aber wehe, man traut dem Frieden, dann fällt man von einer Überraschung in die andere. Auch sind sie recht feinfühlig, was ihre Person betrifft, hart jedoch, wenn es um Positionen geht, die besetzt werden sollen. Manche Gegnerschaft kann in Feindschaft ausarten. Diese Charaktere meinen oft, sie hätten den Gerechtigkeitssinn gepachtet, sie würden am besten Recht sprechen. Niederlagen kaschieren sie mit einem aufgesetzten, bohèmienhaften Gehabe, aber im Kern sind sie schwer getroffen.

Sie liegen mit vielen im Streit, während andere auf ihre Ausgeglichenheit schwören – so verschieden kann ihre Wirkung sein!

Aszendent Waage / Sonne Stier
Geburtsherrscher Venus

Persönlichkeit: freundlich
Lebenskern: beharrlich

Diese Charaktere sind die Lieblingskinder der Umwelt. Ihr Charme ist oft umwerfend, ihr Auftreten so taktvoll, so voller Liebreiz, daß sie fast immer gefallen. Früher hat man sich Glücksengel so vorgestellt, dabei sind sie gar keine Engel! Aber sie sind künstlerisch veranlagt, sie pflegen und schmücken sich, sie lieben Eleganz, Sauberkeit, aber ihr Innenleben ist gar nicht so harmonisch. Wenn ihre Gefühle engagiert, ihre Empfindungen gefesselt sind, an wen oder an was auch immer –, dann sind sie eingeengt, denn Gefühl und Empfinden sind stets vorherrschend.

So können sie sich, wenn auch mit Eleganz, gehenlassen, nur weil es dem Tagesgefühl so entspricht! Zwar haben sie meist vorgesorgt, etwa geheiratet und diese Heirat durch Verträge abgesichert. Sind sie allein, verkümmern sie, sie brauchen ein Gefühlsecho, sie benötigen einfach Wärme. So sehnen sie sich auch immer sehr nach dem Süden. Wenn ihr Innenleben unerfüllt ist, frieren sie, holen sich Wärme von außen, überheizen ihre Wohnung und trauen sich nicht, herauszuschauen, solange der Himmel grau ist.

Dabei ist das gar nicht nötig, denn sie bringen schon Glück, einfach durch ihre Erscheinung. Man wirbt um sie, nur geben sie oft zu schnell dem Werben nach, weil ihr Gefühl immer offen ist! Sie sind eigentlich verwöhnt, und das macht sie unsicher.

Sie wissen nicht: Geht es um ihren Wert an sich, oder sind sie die beliebten Spielpuppen, die man herzeigt? Das gilt für beide Geschlechter.

Aszendent Waage / Sonne Zwillinge
Geburtsherrscher Venus

Persönlichkeit: freundlich
Lebenskern: beschwingt

Diese Charaktere verbinden Gefühl und Geistigkeit! Alles ist auf sprechende Verbindung angelegt. Sie sind sehr geschickt, sehr anpassungsfähig, sie besitzen einen Charme, den man auch als Berufscharme bezeichnen könnte. In der Mode sind sie zu Hause, in Kunststätten, auch in Zeitungsverlagen. Das sind die Reporter, die man einfach nicht abweisen kann. Viele Ideen werden hier am laufenden Band geboren, da bieten sich viele Möglichkeiten, die auch immer letztlich die eigene Person rausstellen – das ist wichtig, denn so uneitel ist man nicht! Weil sie immer ablenkbar sind, haben diese Charaktere oft einfach nicht die Zeit, an einem Kunstwerk etwa konzentriert zu arbeiten. Wenn es um einen Gag geht, können sie eine Forschungsarbeit unterbrechen, wenn es um einen Flirt geht, hält sie sowieso nichts! So sind sie immer unterwegs und daher auch als Geschäftsvertreter gut einzusetzen. Sie öffnen die Türen, die anderen verschlossen bleiben, ihr Charme und ihr Witz erfreuen, auch wenn er oft auf Kosten anderer geht. Die Großorganisation liegt ihnen weniger, aber das stört sie nicht, denn sie können informieren. Zwar schaffen sie es kaum, beständig zu sein, doch ihre Unbeständigkeit bauen sie als Vorteil aus! Die Umwelt mag sie, sie verzeiht ihnen immer mehr als anderen, und mit der Zeit wird dieses Umweltverhalten dann auch etwas kühn ausgenützt. Sie sind trainiert in Ausreden und kalkulieren Verspätungen bei Verabredungen ein – sie verlassen sich darauf, daß man bei ihnen großzügig ist.

Aszendent Waage / Sonne Krebs
Geburtsherrscher Venus

Persönlichkeit: freundlich
Lebenskern: einfühlend

Diese Charaktere besitzen eigentlich alle irgendwie beachtliches künstlerisches Temperament und eine künstlerische Begabung, die einmal aus dem Innern kommt, dann aber auch gestaltet ist. Hier spielen Erbqualitäten eine große Rolle, aber auch das Grundaufnehmen von Stimmungen. Sie gebären fast unaufhörlich, sie sind oft in einem traumähnlichen Zustand ohne zu träumen; man kann richtig sehen, wie es in ihnen wächst. So sind sie immer in sich (nicht mit sich) beschäftigt, aber wehe, wenn die Realität sie da aufschreckt! Dann reagieren sie unbeherrscht, und man haßt ihre Launen; dabei leiden sie dauernd unter Geburtsschmerzen! Hier werden neue Formen geboren, neue Rollen erfunden, das Maskenspiel des Lebens kann eine Art Krönung finden. Diese Charaktere lieben das Schöne, weil sie den Sumpf der Häßlichkeit in sich wissen. So zeigen sie sich der Umwelt immer gepflegt, immer sauber, aber sie riechen stets das Dumpfe, das überwunden schien. Ist das Niveau gering, so findet man hier die Künstler, die keine sind, aber das ist nicht nur Angabe, sondern Sehnsucht.

Überhaupt ist die Sehnsucht stark ausgeprägt, man will immer woanders hin – nicht so sehr auf den Ort, als auf den inneren Zustand bezogen. Denn das Heim bleibt der Hort, stets festlich geschmückt, als erwarte man den wichtigsten Besuch. Gäste haben es hier gut; eigentlich können sie alles fordern, was sie wünschen, selbst den Gastgeber – meist erfüllt er auch diesen Wunsch.

Aszendent Waage / Sonne Löwe
Geburtsherrscher Venus

Persönlichkeit: freundlich
Lebenskern: großzügig
Diese Charaktere haben ein fast geschliffenes Auftreten, stellen sich selbstbewußt der Umwelt. Was sie miteinander verbinden wollen, das knoten sie zusammen; sie wirken derart vertrauenswürdig, daß sich fast alle dieser scheinbar weichen, verbindlichen Autorität beugen. Auch scheinen sie in sich ausgeglichen, und das springt über. Ihr persönlicher Charme ist außergewöhnlich, nur wissen das diese Charaktere und nützen es entsprechend aus. Sie wissen, was sie kleidet, welche Farben ihnen stehen, wie man den anderen mit festem aber doch fast intim wirkenden Händedruck begrüßt! Gegner werden schnell umgestimmt; sie sind gute Verhandlungspartner und Diplomaten. Aber auch das Künstlerische ist stark entwickelt, vor allem auf musikalischem Gebiet. Opernbesuche sind festliche Ereignisse. Diese Charaktere haben bei entsprechender Begabung Erfolg, setzen sich durch, aber verausgaben sich manchmal zu schnell; auch schalten sie im Lebenskampf zu früh ab, der Endspurt ist nicht ihre Stärke. Wenn so ein Marathonläufer nur noch zwei Kilometer vor sich hat, aber eine Schönheit an der Rennstrecke sieht, kann er so abgelenkt sein, daß er letzter wird! Sie lassen die Freuden des Lebens nicht aus, doch da sie Glück haben, gibt es immer neuen Ausgleich. Ihr Rahmen sollte groß bemessen sein; kleine Wohnungen sind nichts für sie. Schönheit muß zur Geltung kommen – so unterstreichen sie immer wirkungsvoll ihre eigene Person, und die anderen erfreuen sich daran.

Aszendent Waage / Sonne Jungfrau
Geburtsherrscher Venus

Persönlichkeit: freundlich
Lebenskern: vernünftig
Diese Charaktere haben etwas Besonderes: Sie können lange fast unverändert bleiben. Wenn man sie nach Jahrzehnten wiedertrifft, sind sie kaum älter geworden, als ginge die Zeit an ihnen fast spurlos vorbei. Sie sind so flink wie eh und je, so gescheit und auch so hübsch und so gepflegt. Sie scheinen sehr friedfertig zu sein; der Alltag wird zum Feiertag, mehr als bei anderen, und die Feste feiert man, ohne sich damit etwa dem Müßiggang hinzugeben. Nein, man erfüllt seine Pflicht, aber scheinbar so nebenbei, daß es eine Freude ist. Hier sind also die Sonntagskinder der Pflicht zu finden! Ihre Freundlichkeit steckt an; dabei passen sie sehr auf, daß alles schön im Gleichgewicht bleibt, daß nichts auseinanderläuft! Sie haben viele Freunde, und sie schätzen diese Verbindungen. Bei Fremden sind sie freundlich, doch zunächst sehr auf Distanz bedacht, denn wagemutig sind sie nicht.

Aber wenn sie zu jemandem oder zu etwas ja gesagt haben, dann kann man sich darauf verlassen. Sie wirken verführerisch, aber nur scheinbar, denn so gern sie kokettieren, so selten begeben sie sich in eine Gefahr, in der sie umkommen könnten! Wenn, muß es sich lohnen und einer Traumerfüllung gleichkommen, doch so ganz gibt man sich eigentlich nie hin.
Diese Charaktere halten etwas auf sich, bleiben aber nicht auf diesem Standpunkt stehen, sondern sind bereit, sich zu entwickeln. Sie schaffen den notwendigen Ausgleich, den sie selbst auch benötigen, um sich zu entfalten.

Aszendent Waage / Sonne Waage
Geburtsherrscher Venus

Persönlichkeit: freundlich
Lebenskern: verbindend

Diese Charaktere wirken seltsam auf die Umwelt: sehr anziehend, aber wenig aktiv. Etwas Verlockendes geht von ihnen aus, aber man muß auf sie zugehen. Dabei sind sie nicht etwa unbeweglich, doch sie haben ein stark engagiertes Gefühl, das sie in die Gefahr der Selbstaufgabe bringen könnte, und davor wollen sie sich hüten! Ihre Anpassungsfähigkeit geht oft so weit, daß sie als Persönlichkeit gar nicht mehr da sind. Geht dies gut, können sie die glücklichsten Menschen sein, geht es schief, dann ist die Gefahr des sich Verlierens groß. Ihre künstlerische Veranlagung ist besonders fein ausgeprägt, nur fehlt es ihnen oft an der notwendigen Durchsetzungskraft; das gilt auch für ihr Gerechtigkeitsempfinden. Sie möchten immer vor Gericht ziehen (und die Gerichte würden nicht ausreichen), aber sie lassen es dann, auch ein bißchen aus Bequemlichkeit. Nur in der Liebe sind sie nicht bequem, da können sie sich ganz hingeben, da wollen sie sich verwöhnen lassen, und sie verwöhnen auch selbst! Wer das Glück hat, in ihre Arme zu fallen, ob Mann oder Frau, der muß aufpassen, daß er von dieser Gefühlsströmung nicht angesteckt wird. Hier kann man nur hoffen, daß der Partner im Rausch der Zärtlichkeit nicht ganz vergißt, daß es noch so etwas wie einen Alltag gibt. Das Bestreben nach Harmonie ist sehr ausgebildet, und die Sehnsucht, das Leben könnte auch ohne Schwierigkeiten lebenswert sein! Ihre Anziehungskraft ist groß, aber sie wollen erobert werden. Erst dann sind sie sich im Gefühl ganz sicher und geben sich hin.

Aszendent Waage / Sonne Skorpion
Geburtsherrscher Venus

Persönlichkeit: freundlich
Lebenskern: leidenschaftlich

Diese Charaktere gefallen der Umwelt, sie bestechen durch ihre unverwechselbare Persönlichkeit. Man spürt den Wunsch nach Harmonie, aber auch das Verlangen, unvergeßlich zu sein. Hier will jemand Spuren hinterlassen, will wissen, wofür er gelebt hat. Diese Charaktere wollen sich also durchsetzen, etwas erreichen, an die Grenzen vorstoßen, ohne die Grenzen des Takts zu überschreiten. Dieser innere Zwang, mit der Umwelt gut auszukommen, gibt ihnen viele Möglichkeiten; sie wirken sogar etwas magnetisch auf die anderen, denn die Umwelt will diese Charaktere nun ergründen! So sind diese Menschen zwar in der ersten Wirkung harmonisch, aber doch auf Distanz gehend kühl. Nur wenn der Funke springt, gibt es kein Halten mehr; dann ist die Harmonie futsch, dann finden sich Gefühl und leidenschaftlicher Trieb, dann wird das Leben voll ausgelebt! Und das gilt auch für die Aufgaben des Lebens. Im Alltag wird alles mit Ausgleich versucht, man geht recht geduldig vor, man kann sogar warten, aber wenn es den Anschein hat, daß der letzte Dampfer ohne einen abfährt, dann springt man auf das Schiff, selbst auf die Gefahr hin, daß es kentert! Und da übernimmt man noch das Ruder auf hoher See und kämpft mit den Naturgewalten! Hier trügt also der Schein sehr über das wahre Wesen; manchmal wirkt die Maske perfekt, aber einmal im Leben entblößen sich diese Charaktere, denn Verstellung ist nicht ihre Sache. Dazu sind sie zu engagiert, dazu leben sie im Kern zu aufgewühlt.

Aszendent Waage / Sonne Schütze
Geburtsherrscher Venus

Persönlichkeit: freundlich
Lebenskern: sinnvoll

Diese Charaktere gefallen sehr, schon vom Aussehen, man springt auf sie an. Sie haben auch ein geschicktes Taktieren an sich, ihr Ehrgeiz wirkt kaum nach außen durch. Wenn es um eine Bewerbung geht, dann kommt es ihnen scheinbar auf den Posten gar nicht an, es geht nur um die Sache. Im Innern aber wollen sie nichts anderes als den Posten, eben weil es ihnen um die Sache geht, denn sie wissen sehr gut, daß man Macht braucht, um sich durchzusetzen. Und wenn sie dann auf dem Posten sitzen, bieten sie ihren Untergebenen alle Freundlichkeiten an, führen sie gut und stehen für sie ein, wenn sie Fehler gemacht haben. Darin sind sie verläßliche Chefs, sie halten zu denen, die sich ihnen anvertrauen oder die ihnen anvertraut sind. So ist auch das Lehren für sie eine Verantwortung, sie passen als Lehrer sehr auf, daß auch der schwächste Schüler mitkommt; für die Strebsamen richten sie dann Sonderkurse ein. Sie sind gerecht, nicht nur, um die Balance auf dieser Welt zu halten, sondern weil es für sie ohne Gerechtigkeit einfach nicht geht. Man kann sich nicht entwickeln, wenn man dauernd ungerecht behandelt worden ist – so werden bereits die Kinder erzogen.
Diese Charaktere besitzen eine angeborene Lebensklugheit, die sie weitergeben wollen. Natürlich gewinnen sie so Achtung vor sich selbst, und auf Beifall sind sie auch erpicht; dafür arbeiten sie, wenn es sein muß, umsonst, aber Anerkennung muß sein. Sie haben eine gewisse Größe, und ihr inneres Feuer glüht nach außen.

Aszendent Waage / Sonne Steinbock
Geburtsherrscher Venus

Persönlichkeit: freundlich
Lebenskern: eigensinnig

Diese Charaktere sind sehr vielseitig, geistig interessiert, haben eine künstlerische Note und bewältigen daneben hervorragend den Alltag. Die Voraussetzungen, sich gut durchzusetzen, sind also da, zumal auch ein gewisser Charme gewinnend wirkt. Und doch verbirgt sich hier die Überheblichkeit der Steinbockgeborenen etwas weniger als sonst, sie schimmert durch und bewirkt Gegenreaktionen. Auch lassen sich diese Charaktere etwas leichter gehen, manchmal tritt Schlamperei auf, die eigentlich unentschuldbar ist. Mitunter haben sie Entwicklungsschwierigkeiten. Die Anziehung auf den anderen ist gut, aber der kneift meist, wenn er den Ernst spürt. So kommt die Meinung auf, diese Charaktere seien längst nicht so gefühlvoll, wie sie sich geben; dabei wollen sie nicht nur für sich ihr hohes Ziel erreichen, sondern auch für den Partner. Das ist ja das Besondere: Der andere soll auch mitarbeiten! Man will Macht haben, um nicht abhängig zu sein, nutzt dies jedoch meist nicht aus, denn man hat auch so seinen Gipfel erklettert! Hier aber soll die Einsamkeit in eine Zweisamkeit gewandelt werden; wer will, kann sich anschließen, allerdings darf der Verein nicht zu groß werden. Reale Ideen werden etwas geistiger ausgelegt, und manchmal kann sogar die Kunst den Alltag beflügeln. Diese Charaktere erfahren oft beglückt, daß das Leben auch freundliche Seiten zeigt. Diese Freundlichkeiten werden dann genutzt, doch auch nach einer im Genuß verbrachten Nacht ist man fit, wenn der Wecker klingelt.

Aszendent Waage / Sonne Wassermann
Geburtsherrscher Venus

Persönlichkeit: freundlich
Lebenskern: geistig

Diese Charaktere sind geistig sehr aufgeschlossen. Sie sind begabt, die neuen Strömungen zu erkennen, und vermögen dies gefühlvoll weiterzugeben. Viele ihrer Sehnsüchte schießen über das Ziel hinaus, sind zu luftig – aber die Füße auf dem Boden der Tatsachen haben die anderen, einige müssen fliegen wollen, sonst bleibt ja alles haften! Und hier entwickeln sie dann auch einen gewissen Humor satirischer Art, der die Leute aufschreckt. Sie können so herrlich imitieren, daß sich ernste Philosophen als Narren enttarnt sehen. Ihre Lebensziele sind notgedrungen unklar, weil sie meinen, so, wie die Welt heute ist, kann sie nicht bleiben, sonst geht sie im nächsten Jahrzehnt unter! Und schon werden neue Illusionen geboren. Wenn sie drei Katzen im Urlaub in Afrika gut ernähren, sieht die Welt schon anders an, aber wenn sie abreisen, müssen sie die Katzen töten lassen, weil die sonst verhungern würden. Diese Charaktere sind zwar sehr auf Partnerschaft angelegt, aber sie binden sich nicht gern, weil Papiere für sie Aktenvorgänge sind, und Akten haben nichts mit Menschlichkeit zu tun. Sie suchen sich sozial gleichgesinnte Freunde, aber die sind immer etwas snobistisch. Das ist es überhaupt: Sie müssen sich absondern, um aufzufallen und so auf sich aufmerksam zu machen! Oder sie werden tiefsinnige Clowns, die durch Lachen verbinden wollen, ohne den Ernst auszulassen.

Letztlich fühlen sie sich immer ein wenig als Fremdkörper, aber das stilisieren sie so hoch, als wären sie mehr wert als ein Haufen Gold.

Aszendent Waage / Sonne Fische
Geburtsherrscher Venus

Persönlichkeit: freundlich
Lebenskern: hingebend

Diese Charaktere haben eine eigenartige Anziehungskraft, die anderen fühlen sich hin- und herabgezogen zugleich! Es ist nicht ungefährlich, sich mit diesen Menschen einzulassen. Ihr Wesen ist bestrickend, sie lassen sich so nonchalant gehen, wie man es im Grunde erträumt, aber in der realen Welt eigentlich nicht leisten kann. Sie sind außergewöhnlich in den Verlockungen, die von ihnen ausgehen, aber um diesen Verlockungen auf den Grund zu gehen, muß man sich hingeben. Hier trifft man oft vieles an, Gefühl und Verstand, Hingebung und Neigung zu Sektiererei. Immer ist etwas Geheimnisvolles um diese Geschöpfe, sie wirken überzüchtet und unterentwickelt zugleich. Sie reden viel vom Wunsch nach Harmonie, der bei ihnen aber darin besteht, alles vergessen zu wollen. Immer ist ein Neuanfang da, den die anderen mitgehen sollen, und dann reden sie logisch und handeln paradox. Sie können befruchtend wirken, aber auch zerstörerisch, denn so leicht ist man ihnen nicht gewachsen; sie können einen redlichen Bürger schon vom rechten Weg abbringen.

Die Seele spielt hier natürlich eine große Rolle, alles soll daher bis in die Tiefe ausgelotet werden, aber das heißt ja nur, die Grenzen in das Hinüberfließen völlig zu übersehen. Magische Kräfte können hier walten, die geistig verbrämt werden. Die Faszination dieser Charaktere ist ungeheuer, ob sie die Versprechungen auch halten, kann wohl nur der bestätigen, der sich ihnen völlig hingegeben hat, aber dann bleibt von ihm nicht mehr viel übrig.

Aszendent Skorpion / Sonne Widder
Geburtsherrscher Pluto und Mars

Persönlichkeit: exzentrisch
Lebenskern: ungestüm

Diese Charaktere stellen sich mit Elan und mit Verbissenheit der Umwelt, sie wollen da etwas durchsetzen, sie wollen sich da behaupten. So nehmen sie den Kampf mit jedem auf, der nicht ihrer Meinung ist. Sie sind so idealistisch, daß es schon fanatisch wirkt. Sie rufen bei der kleinsten Gelegenheit die Gerichte an und schreiben Dienstaufsichtsbeschwerden. Sie sind stets im Angriff, lassen den anderen kaum zu Wort kommen und meinen immer, es ginge ihnen um die Sache, doch Sache und Person verschmelzen. Ihr Einsatz ist ungeheuer; wenn sie zu Hause lange auf Handwerker warten müssen, packen sie an, und kommen dann die Handwerker, ist die Arbeit getan. Wenn diese Charaktere ihr Ziel erreicht haben, sind sie überglücklich und posaunen ihre Erfolge mit Fanfarenstößen hinaus. Alle Welt bewundert ihre Kraft, die schier unerschöpflich scheint. Immer wieder rappeln sie sich auf, und wenn etwas quer geht, das nach höherer Gewalt aussieht, nehmen sie es als schicksalsgegeben hin, aber wehe, ein Mensch verursacht Schwierigkeiten, dann legen sie los!

Diese Charaktere werden meist bewundert, weniger geliebt; das ist ihnen zunächst egal, aber mit der Zeit stört es sie doch, dann schaffen sie sich zum Kosen Tiere an, die sich nicht wehren können. Sie sind außergewöhnlich, aber schwierig, die Welt weiß mit dieser Kraft oft nichts anzufangen. Bis ins hohe Alter können sie sich nicht anpassen, so kommen sie sich oft verlassen vor. Doch sie meistern auch die Einsamkeit mit ihrem kämpferischen Willen.

Aszendent Skorpion / Sonne Stier
Geburtsherrscher Pluto und Mars

Persönlichkeit: exzentrisch
Lebenskern: beharrlich

Diese Charaktere zeigen der Umwelt eine starke Ausdauer in der Durchsetzung ihres Willens. Sie springen den anderen an. Zuckt der zurück, lächeln sie behutsam, als ob sie Mitleid hätten, um dann sanfter aber umso fester zuzupacken. Sie erreichen, was sie wollen, und können dabei auch liebenswerte Mittel anwenden. Auf die Umwelt, die sie an ihren Taten mißt, wirken sie oft skrupellos, doch das ist falsch gesehen; sie sichern sich nur, und weil sie ungeduldig sind, muß das ad hoc gehen! Sie handeln schnell, verlieren aber nie die Gegebenheit aus dem Auge. Sturm und Regen schrecken sie nicht; tobt draußen ein Unwetter, dann warten sie nicht im Häuschen ab, bis das Wetter weitergezogen ist. Das reicht immer für einen guten Vorsprung, und der spornt an, der soll stets vergrößert werden! Fühlen sich diese Charaktere so weit vorn, daß sie sich uneinholbar wähnen, dann allerdings steigen sie auf ein Podest und feiern sich selbst. Dabei übersehen sie, daß aus dem Hintergrund auch andere vorstoßen, und so beginnt der Kampf von vorn. Wenn es darum geht, einen Urwald zu roden, sind diese Charaktere am rechten Platz, wenn sie auch meistens Undank ernten, denn nach dem Einsatz will man seine Ruhe haben, und das Wort Ruhe kennen sie nicht; so schließt man sie – oft ungerechterweise – aus. Dies fassen sie als tiefe Demütigung auf und rächen sich bei passender Gelegenheit.

Denn sie sind nicht feige, sie nehmen den Kampf mit übermächtigen Gegnern auf, auch mit den Unbilden der Natur.

Aszendent Skorpion / Sonne Zwillinge
Geburtsherrscher Pluto und Mars

Persönlichkeit: exzentrisch
Lebenskern: beschwingt

Diese Charaktere überschwemmen die Umwelt mit ihren Absichten, Plänen und Meinungen. All dies hat etwas Besessenes, als wenn diese Verkündigung die Welt wirklich ändern könnte. Sie wollen kämpferisch zusammenführen, was von Natur aus nicht zusammenzuführen ist. Sie wollen die Rassen miteinander versöhnen, ohne die Zeit dafür reifen zu lassen. Das sind die Frauen, die Männer anderer Rassen heiraten, mit ihnen Kinder zeugen und sich bewußt und tapfer den Anfeindungen der Spießbürger aussetzen. Aber ihre Taten sind weniger Liebe, als Propaganda für eine Sache. Sie reißen zunächst die anderen mit, werden aber im Stich gelassen, wenn diese merken, daß der Weg ungangbar ist. Dann wenden sich diese Charaktere gegen alle, die nicht ihrer Meinung sind! In Streitgesprächen sind sie unüberhörbar, und manche Diskussion ist an ihrem Verhalten geplatzt. Ihr moralischer Anspruch ist groß, das eigene Verhalten wird dagegen mehr nach kämpferischen Schlagworten ausgerichtet; nagelt man sie darauf fest, vergessen sie sich.

Sie meinen erst mal alles gut, nur verbeißen sie sich zu sehr; keine Sackgasse, in die sie nicht rennen, weil es Sackgassen für sie nicht gibt. Gemeinschaftsaufgaben werden übernommen, die andere für undurchführbar halten, und, oh Wunder, sie kommen weiter als die meisten! Doch sie können auch geschickt Fallen stellen nach dem Motto: Der Zweck heiligt die Mittel. Die Unerfahrenen müssen erst mal auf die richtige Bahn gelenkt werden, sie werden dann schon einsehen, daß alles richtig war!

Aszendent Skorpion / Sonne Krebs
Geburtsherrscher Pluto und Mars

Persönlichkeit: exzentrisch
Lebenskern: einfühlend

Diese Charaktere können sehr schöpferisch begabt sein, und was sie gebären, vertreten sie in der Umwelt mit heißem Herzen. Sie wollen Bewegung bringen, wollen die Menge aufscheuchen, und sie haben die Kraft dazu. Ihre Fantasie ist ungemein groß, so können sie auch immer Neues anbieten; unerschöpflich scheint ihr innerer Reichtum. Aber alles, was sie tun, tun sie etwa im Rhythmus von Ebbe und Flut: Mal wächst sich die Flut zur Sturmflut aus, mal ebbt alles so ab, daß man denkt, es kommt nichts mehr.

Wenn es um die Selbstbehauptung geht, dann kämpfen sie. Ihr sehr individuell geprägtes Wesen verteidigen sie gegen jede Gleichmacherei. Dabei greifen sie auch zu Mitteln, die andere emotionell und rücksichtslos nennen. Doch wenn ihre Existenz bedroht ist, ist ihnen die Meinung der anderen egal. Nach dem Kampf, wenn man die Wunden leckt, legen sie sich gewissermaßen Rechenschaft ab; meinen sie, zu weit gegangen zu sein, was selten vorkommt, dann können sie auch die Versöhnungshand reichen. Sie haben eine seltsame, anziehende Ausstrahlungskraft; das mag daran liegen, daß sie sich für erotische Dinge sehr offen zeigen. Überhaupt stellt das Erotische einen wesentlichen Bestandteil ihres auszulebenden Daseins dar. Da gehen sie auch Wege, die manchen braven Bürger abschrecken. Sie wissen um die Gefährdung durch den animalischen Rausch, weichen aber diesen Begegnungen nicht aus. Sie schöpfen aus, was möglich ist; so machen sie Urerfahrungen, die andere nie erleben, das wiederum weckt ihre schöpferische Kraft.

Aszendent Skorpion / Sonne Löwe
Geburtsherrscher Pluto und Mars

Persönlichkeit: exzentrisch
Lebenskern: großzügig
Diese Charaktere zeigen sich der Umwelt in einem auffallenden Glanz. Sie sind überzeugt von ihrer einmaligen Persönlichkeit, mit der sie andere mühelos beiseite drücken können. Ihr innerer autoritärer Kern soll in der Umwelt durchgesetzt werden, da gibt es kein Abwarten, kein Zögern. Wer hier Stolpersteine legt, der stolpert selbst. Alles ist dabei recht einmalig, also nicht vorausberechenbar, das fängt bei der Kleidung an und setzt sich in ihren Handlungen fort. Für Überraschungen sind sie immer gut, nur eines ist gewiß, sie wollen siegen!
Innerlich geben sie sich abgeschlossen, sie reden nicht mit jedem – da ist ein Hochmut, der leider erst spät zu Fall kommt; dann wird das Erwachen bitter, aber an sowas denken diese Charaktere nicht. Als sehr weitschauend kann man sie nicht bezeichnen, zumal ihre impulsiven Handlungen alle Pläne, die sie sich gestellt haben mögen, über den Haufen werfen! Wenn bei einer Verkehrsstockung jemand bei Rot über die Straße fährt, dann kann es solch ein Charakter sein, der einfach nicht versteht, daß auch er sich einordnen muß! Aber wehe, jemand anderer schneidet ihn auf der Autobahn, der wird gejagt! Doch diese Charaktere bringen auch machtvolle Taten zustande; ihre Selbstbehauptung reißt die Umwelt mit, sie haben manche verlorenen Auseinandersetzungen doch noch gerettet. Sie treten imponierend auf, stellen sich außerhalb der Gesellschaft, verlieren aber ihre Umgebung nie aus den Augen, denn allein leben können sie am allerwenigsten.

Aszendent Skorpion / Sonne Jungfrau
Geburtsherrscher Pluto und Mars

Persönlichkeit: exzentrisch
Lebenskern: vernünftig
Diese Charaktere engagieren sich leidenschaftlich für die Aufgaben der Gegenwart, die sie mit Elan meistern wollen, sie schauen nicht zurück, aber auch nicht voraus. Im Jetzt liegt ihre Aufgabe. Sie können da sogar ihr Gefühl abschalten oder unterdrücken, um gute Arbeit zu leisten.

Ihre Pflichtbetonung geht mitarbeitenden Kollegen zwar auf die Nerven, aber letztlich reißen sie sie mit. Das wirkt wie Fanatismus, ist aber eher gespieltes Engagement, überlegt eingesetzte Leidenschaft. Natürlich explodieren sie mal jähzornig, aber sie beißen sich sofort auf die Lippen. Sie lassen nichts unversucht, um das Tages-, das Gegenwartsziel zu erreichen; sie wissen, es muß jetzt gehandelt werden, damit das Leben weitergeht. Wenn jemand sich nicht voll einsetzt wie sie, klettern sie auf die Palme, verfolgen ihn mit ihrem Haß, bis der andere mitzieht oder den Betrieb wechselt.
Schon in der Kindheit wollen sie alles am besten machen; sie essen, damit die Mutter mehr Zeit hat, am liebsten alles von einem Teller – und es muß schnell gehen; essen, was ist das schon! So wirken sie immer sehr angespannt und sind auch vom Seelischen her gesundheitlich gefährdet. Geht es nicht korrekt zu, explodieren sie schnell; die Abrechnungen des Hauswirts für die Umlagen müssen stimmen, sonst kann der was erleben! Auch Eifersucht kann sie plagen, denn natürlich wollen sie auch auf dem Gebiet der Liebe der erste und beste sein. So übernehmen sie sich ständig und nagen an ihrer Grundkraft.

Aszendent Skorpion / Sonne Waage
Geburtsherrscher Pluto und Mars

Persöhnlichkeit: exzentrisch
Lebenskern: verbindend
Diese Charaktere gehen ein wenig als Fremdkörper durch ihre Umwelt. Auf Gemeinschaft angelegt, sondern sie sich doch ab. Das mag daran liegen, daß sie sich immer irgendwie angegriffen fühlen; darauf reagieren sie heftig. Im Kern lieben sie die Ausgeglichenheit, die Balance, aber die Umwelt schreckt sie immer wieder aus ihren Träumen auf, dann wehren sie sich mit einer Heftigkeit, die nicht ihrer Überzeugung entspricht. Sie können sich dann sogar durch verzerrte Mienen entstellen oder dem Rausch hingeben. Dabei haben sie viel auf dem Kasten, wie der Volksmund sagt, sie können präzise für die Wissenschaft arbeiten, auch Aufgaben übernehmen, für die man sonst niemanden findet. Ihr moralischer Halt wird von der Umwelt kritisch beleuchtet, denn sie richten sich nicht nach der gängigen Meinung, sie brechen immer wieder aus, wenn es sie packt. Erotisch sind sie enorm ansprechbar, ihr ganzes Gehabe scheint darauf ausgerichtet zu sein. Ohne Erotik können sie nicht leben, so daß sie sich selbst zu helfen wissen, wenn sie allein sind. Irgendwelche obskuren Abenteuer erleben sie in der Folge natürlich auch. Oft sind sie hemmungslos, setzen alle Werte aufs Spiel, um dann ebenso hemmungslos den verlorenen Werten nachzujagen. Sie lieben scheinbar Konflikte, weil sie unbewußt auf das Fest der Versöhnung hinarbeiten. Den Streit lieben um den Frieden auszukosten, scheint ihre Devise zu sein, die der Durchschnittsbürger natürlich kaum versteht. Aber den Durchschnittsbürger sehen sie ja nicht.

Aszendent Skorpion / Sonne Skorpion
Geburtsherrscher Pluto und Mars

Persönlichkeit: exzentrisch
Lebenskern: leidenschaftlich
Diese Charaktere stellen sich leidenschaftlich der Umwelt, und diese ist von ihnen angezogen und abgestoßen zugleich. Hier kommt es immer auf die Pole an, welche zusammentreffen. So gibt es also große Sympathie und große Antipathie, meist überwiegt letztere. Sie haben viel Kraft, sie siegen oft, vor allem in der Jugend, sie haben einen Magnetismus an sich, der stark auf das andere Geschlecht wirkt – aber wer kann ihre Forderungen erfüllen! Und treffen zwei vom gleichen Kaliber zusammen, dann sollte man die Polizei holen. So kann es sein, daß am Ende nur Einsamkeit übrigbleibt.
Diese Charaktere nehmen fast alles verbissen ernst, es ist ihnen da kaum zu helfen; sie vertiefen sich in ihre Aufgaben, sind selbstvergessen bei der Sache, so daß dabei auch etwas herauskommt. Ihre Kleidung ist oft mit Raffinesse zusammengestellt, preiswert und doch ungeheuer effektvoll, oder schlicht, und nur Kenner merken den Wert.
Alles tun sie ganz, wenn sie essen, essen sie heißhungrig, wenn sie trinken, dann gierig, wenn sie lieben, dann bis zur letzten Sekunde – das alles kann als Funke überspringen, so daß sich gerade die an sie wagen, die ihnen nicht gewachsen sind. Der Wunsch, an ihrer Kraft zu partizipieren, ist weitverbreitet, doch mancher ist daran – im wörtlichen wie im übertragenen Sinn – verblutet. Ihre Beherrschung ist leider untrainiert, so schocken sie ihre Umwelt immer wieder. Frieden wird es in ihrer Umgebung kaum geben, doch das bemerken sie gar nicht!

Aszendent Skorpion / Sonne Schütze
Geburtsherrscher Pluto und Mars

Persönlichkeit: exzentrisch
Lebenskern: sinnvoll
Diese Charaktere setzen sich stets hohe Ziele, die mit Energie anvisiert werden! Man arbeitet unermüdlich für eine fundierte Weiterentwicklung. Der Kampf um die Interessen aller ist enorm, wenn auch manches etwas zu sehr von oben herab verkündet wird. Die Sprache der Programme ist meist zu hochgestochen, klingt zu elitär. Das Geltungsbedürfnis ist groß, wenn es auch mit einem Lächeln vorgetragen wird; Kränkungen verträgt man sehr schlecht.
Oft sind diese Charaktere zumindest einmal im Leben sehr verwöhnt worden, daran wollen sie nichts ändern lassen. Das gelingt nicht, aber sie arbeiten immer wieder darauf hin. Sie sind großzügig in ihren Ausgaben, oft verschwenderisch, sie hassen Leute, die jeden Pfennig umdrehen, überhaupt findet hier alles Kleinkarierte Widerspruch. Sie opfern also, und diese Bereitschaft wollen sie bei allen finden. Daher ist ihr Denken sehr subjektiv, so daß sie nicht sehr gerecht vermitteln können, ihre Vorurteile sind groß. Aber der Forschungsdrang ist unersättlich, sie schreiben auch mitunter mit Leidenschaft, stellen ernsthafte Thesen auf, die sie zu Glaubensbekenntnissen hochstilisieren. Sie schätzen das Alter sowie alle historischen Kulturgüter. Sie kümmern sich um Ruinen, um Ausgrabungen, sie meinen die Spuren der Entwicklung genau verfolgen zu müssen. Sie fordern ihre Umgebung beständig heraus, wenn es sein muß, kasteien sie sich, um ein Signal zu setzen, oder sie verbrennen sich – auch bildlich – in aller Öffentlichkeit! Sie sind unübersehbar.

Aszendent Skorpion / Sonne Steinbock
Geburtsherrscher Pluto und Mars

Persönlichkeit: exzentrisch
Lebenskern: eigensinnig
Diese Charaktere legen für die Umwelt einen kaum faßbaren persönlichen Ehrgeiz an den Tag, sind die von sich überzeugten Geschöpfe, die im Leben den einzigen Sinn sehen, stets vorn zu sein, und sei es nur eine Nasenlänge!

Ihre Ziele werden mit Ernst und Entschlossenheit verfolgt, so offensichtlich, daß die meisten Mitbewerber bereits beim Start aufgeben. Das Pflichtbewußtsein ist hier kein bloßes Wort, sondern fast heilige Verpflichtung, solange das Niveau dafür reicht; reicht es nicht, können diese Charaktere umkippen und alles ablehnen, was mit Pflicht auch nur im weitesten Sinn zu tun hat; dann sind sie die entschlossensten Zerstörer, destruktiv bis zum bitteren Ende. Egal wie der Start verläuft, am Ende steht immer das Ziel zum Großerfolg oder zur Katastrophe.
Diese Naturen können bittere Selbstkritik üben, sie gehen sehr scharf mit sich ins Gericht, da sie sich nichts vormachen; das ist ein Teil ihrer Kraft. So zögern sie manchmal, um dann umso stürmischer loszuschlagen. Sie wissen um das Ende, doch soll das Ende ein glorreicher Sturz sein, denn Kapitulation scheint ausgeschlossen.

Die Lebenserfahrungen sind hart, machen aber noch härter, die Nerven scheinen aus Stahl – kein Wunder, daß diese Charaktere nicht viele Freunde finden. Aber auch das nehmen sie als Schicksalserfahrung auf sich. Kompromisse kennen sie kaum. Ihre Reifezeit ist lang und eigentlich nie abgeschlossen.

Aszendent Skorpion / Sonne Wassermann
Geburtsherrscher Pluto und Mars

Persönlichkeit: exzentrisch
Lebenskern: geistig
Diese Charaktere sind von einem starken Tatendrang erfüllt, sie kommen nur in den Zwiespalt: sollen sie für sich allein arbeiten und kämpfen oder für eine Gemeinschaft? Sie ahnen, daß die Veränderungen dieser Welt von allen zu tragen sind, aber sie wollen sich nicht mit den anderen identifizieren. Das macht sie in der Grundeinstellung so wenig zuverlässig. Sie schwanken im Leben recht lange, ehe sie ihren Standpunkt gefunden haben, und wenn, kann er über Nacht umgestoßen werden. Ihre Ideale können sie ansteckend unterbreiten; sie sind gute Propagandachefs, aber sie versprechen zuviel, weil sie selbst zuviel erhoffen. Sie träumen von einer neuen Welt und kämpfen für sie, ehe sie da ist. Wenn ihre Träume aber nicht in Erfüllung gehen, steigen sie auf die Barrikaden und reißen alles herunter, weil sie sich nicht eingestehen können, daß ihre Träume nicht wahr werden. Altes regt sie auf, sie liegen dauernd im Clinch mit der Tradition. Theoretisch ist bei ihnen alles scheinbar richtig, die Praxis kümmert sie nicht, sie behaupten, und wohl nicht zu Unrecht, daß man, um weiterzukommen, alles in Frage stellen muß, was zu lange besteht. Sind sie der Ansicht, der Zukunftsverkehr ist nur per Untergrundbahn zu lösen, wirbeln sie die ganze Erde um, egal, ob dann noch etwas darauf wachsen kann. Man nennt sie auch die Weltverrückten, aber sie meinen es bitter ernst. Ihr Humor ist angriffsfreudig und keß, sie selbst allerdings vertragen Witz über sich nur sehr mager, diese Größe erringen sie erst im hohen Alter.

Aszendent Skorpion / Sonne Fische
Geburtsherrscher Pluto und Mars

Persönlichkeit: exzentrisch
Lebenskern: hingebend
Diese Charaktere schwimmen im Umweltwasser tapfer mit, wenn sie sich dabei auch anstrengen, dauernd unter Hochspannung stehen – es zischt immer wieder! Ihre innere Entwicklung gleicht einem ständigen Auf und Ab, himmelhochjauchend, zu Tode betrübt. Sie sind im Kern ganz auf Hingabe ausgerichtet, zeigen sich aber oft sarkastisch abweisend. Sie sind leicht angreifbar, so beißen sie zu, ehe man ihnen nahekommt – mit der Skepsis leben sie. Rettung und Hilfe finden sie in einer Glaubenssekte, das muß nichts mit Religion zu tun haben, es können auch Okkultismus, Magie oder andere Dinge sein, an die man sich verlieren kann. Diesen Glauben, diese Gemeinschaft verteidigen sie mit selbstmörderischem Lebensmut. Überhaupt kann sich die Neigung zum Selbstmord schneller als beim Durchschnitt herauskristallisieren; Kinder müssen sehr früh sehr liebevoll auf die Schönheit des Lebens aufmerksam gemacht werden. Fühlen sich diese Charaktere unverstanden, sehen sie leicht keinen Sinn mehr im Leben und wollen lieber Schluß machen. Das kann ein langsames Dahindämmern sein, oder sie gehen – im doppelten Sinn – in die Wüste in der Hoffnung, daß jemand sie da sucht. Wenn nicht, verdursten sie lieber in der quälenden Sonne als zurückzukehren. So nehmen sie auch eine Fata Morgana als Tatsache! Rettung und Halt fänden sie noch in der Kunst, der Musik oder wenn sie das Gefühl haben, an einer Sache mitarbeiten zu können, die sie überlebt. Scheinbare Leichtlebigkeit ist bei ihnen mehr rettender Strohhalm als Veranlagung.

Aszendent Schütze / Sonne Widder
Geburtsherrscher Jupiter

Persönlichkeit: führend
Lebenskern: ungestüm

Diese Charaktere zeigen sich der Umwelt als Ritter mit Auftrag. Sie sind innerlich engagierte Kavaliere, die Selbstbeherrschung, Selbstentäußerung aufs Panier geschrieben haben, aber an dieser Parole untergehen, denn das Durchhalten dieser Devise fällt ihnen schwer! Immer wieder müssen sie sich fragen: Was ist klüger – losschlagen, oder wartend den Dingen den richtigen Lauf geben. Sie gehen als Rennfahrer an den Start mit der Überzeugung, sofort die Führung übernehmen zu müssen, aber die Rennleitung hat ihnen eingebläut, von hinten nach vorn zu stoßen, abwartend und defensiv zu fahren. Das jedoch liegt ihnen nicht, so verursachen sie immer wieder Karambolagen und Unfälle. Sie wissen schon, daß man auch durch Erfahrung klug werden kann, aber sie haben für Erfahrungen ein zu kurzes Gedächtnis; nur wenn's mal wieder schiefging, erinnern sie sich. Ihre Gesinnung ist ehrbar, ja makellos, sie würden von sich aus keine krummen Dinge drehen, stets die Wahrheit sagen, wenn sie nicht auch erfahren hätten, daß Wahrheit wechselhaft ist. Wahrheit kommt nicht immer zur rechten Zeit, und wahr wäre es, immer spontan zu handeln und nicht die Erziehung zu sehr zu betonen!

Das sind die temperamentvollen Soldaten, die man aus der Front nehmen muß, damit nicht zu früh losgeschlagen wird. Doch die Grundeinstellung ist fast edel zu nennen, so werden diese Charaktere auch in unserer heutigen Zeit etwas mit Skepsis betrachtet – gibt es denn solche Typen noch? Dabei sind sie aufgeladene, engagierte Menschen.

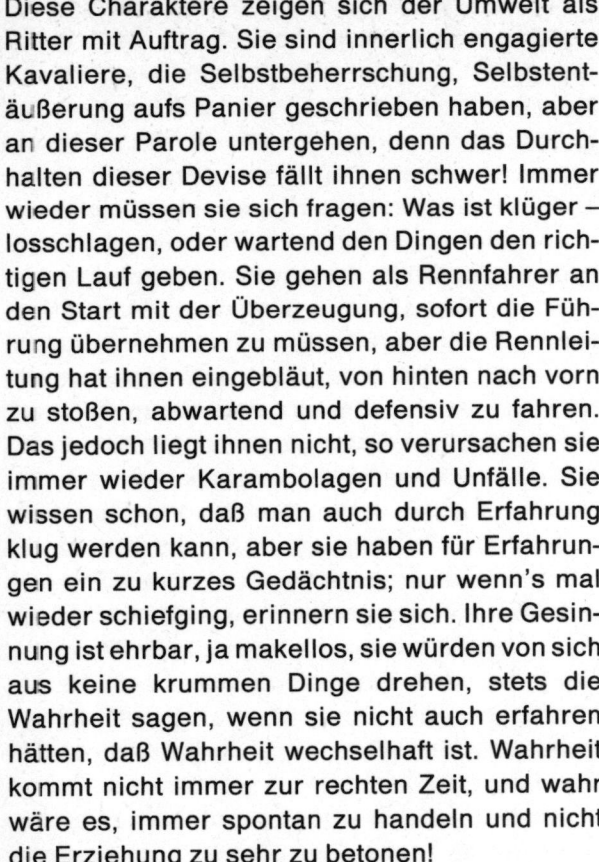

Aszendent Schütze / Sonne Stier
Geburtsherrscher Jupiter

Persönlichkeit: führend
Lebenskern: beharrlich

Diese Charaktere können sich in zweifacher Hinsicht entwickeln, einmal zu krassen Egoisten, oder aber zum hilfreichen Mitbürger; die Grundlage für die jeweilige Richtung wird meist in der Kindheit gelegt. Wie die Umwelt sich zeigt, das formt die Entwicklung. Diese Charaktere wissen, daß das menschliche Zusammenleben auch Pflichten bringt. Wollen aber alle um sie herum nur Vorteile, ohne Pflichten zu übernehmen, dann können auch sie umschalten und zeigen, was eine Harke ist, dann haben sie schnell die Nase vorn! Sie wirken oft sehr anziehend, wenn sie auch mehr versprechen als sie halten. Ihr Auftreten ist imponierend, aber der Kern ihres Wesens dann doch etwas zu klein geraten.

Dieser Widerspruch macht den Umgang mit ihnen nicht leicht, denn ihr Unterbewußtsein weiß darum. Immerhin, wenn sie sich entschließen, eine Burg zu bauen – unter einer Burg ist es meistens nicht getan – dann bauen sie eine mit allen Schikanen, und wenn nur, um sie dem Sohn unter den Weihnachtsbaum zu stellen. Sie sind sehr gute Erzieher, die auf das praktische Leben vorbereiten; sie lassen bei allen Plänen die Realität nie aus den Augen. Sie achten den Partner, sorgen für den Schwächeren, den sie, wenn er sich anständig benimmt, sogar ins Haus nehmen, aber nach dem ersten Bissen Brot muß er sich bewähren, muß mitarbeiten, sonst mag er weiterziehen – Hilfe ja, aber mit Verpflichtung, Nassauer gibt es genug. Und man kann sich immer hocharbeiten, das exerzieren diese Charaktere allen vor.

Aszendent Schütze / Sonne Zwillinge
Geburtsherrscher Jupiter

Persönlichkeit: führend
Lebenskern: beschwingt
Diese Charaktere leben frei und jovial inmitten der Umwelt, sie scheinen in sich stets zufrieden zu sein, mit sich und der Welt im Reinen, weil sie eine schöpferische Spannung in sich spüren, die zwar einiges von ihnen verlangt, aber auch sinntragend ist. Das innere Kommunikationsbedürfnis wird hier im literarischen Sinn erweitert. Man bemüht sich, hinter die Werbeslogans der Wirtschaft und Politik zu schauen, man versucht, den anderen klar zu machen, daß die Sprache zu wichtig ist, als daß man Schindluder mit ihr treiben darf. Hier sind die Lehrer zu finden, die einen Aufsatz immer wieder schreiben lassen, bis sich auch der des schlechtesten Schülers in einem Preisausschreiben sehen lassen könnte. Wettkampf wird im verbindenden Sinn gefördert; wenn man ein Spiel verliert, dann bricht nicht alles Unheil dieser Welt herein, sondern man nähert sich dem Gegner als Freund. Überhaupt strebt man dem Partner zu, mehr dem geistigen als dem geschlechtlichen; so findet man hier Freundschaften aller Art.
Das Auftreten ist selbstsicher, aber es erdrückt den anderen nicht. Jeder hat in der Nähe dieser Charaktere genug Luft, um zu atmen. Und in Bewegung ist auch die Welt um sie herum, denn ernste Neugier läßt hinter die Kulissen sehen, nicht der Theater-, sondern der Weltbühne. Für Politiker sind solche Charaktere unentbehrlich, sie haben das Ohr am Puls des Volkes! Und das Volk spricht zu ihnen, kann sich bei ihnen entfalten; so verbreiten sie letztlich auch einen menschlichen Optimismus.

Aszendent Schütze / Sonne Krebs
Geburtsherrscher Jupiter

Persönlichkeit: führend
Lebenskern: einfühlend
Diese Charaktere entfalten in der Umwelt eine beachtenswerte Schöpferkraft. Was sie gebären, hat Sinn und Verstand, wenn viele Schöpfungen auch aus dem Urgrund aufsteigen. Sie lieben und formen das Bewährte, das ist für sie echter Fortschritt; sie lassen das Traditionelle erst zur richtigen Entfaltung kommen und strahlen so oft schon in jungen Jahren eine Art Weisheit aus. Sie wollen sich immer weiter bewegen, aber der Radius ihrer Bewegung ist so abgesteckt, daß sie den Startpunkt nie aus den Augen verlieren. Sie sind sehr seelisch orientiert und haben in diesem Bereich eine große Hilfskraft anzubieten. Die Psychologen unter ihnen verstehen ihr Metier als Lebenshilfe, weniger, um sich zu profilieren. Viel Wert wird auf das Heim und auf die Kinder gelegt, die ganz im Sinn des Gewachsenen erzogen werden. Diese Charaktere können eine große Ruhe ausstrahlen, nur bei Trotz reagieren sie allergisch, bei Kleinlichkeit, oder wenn einer zu oft betont, was für ein Mordskerl er ist. Die großen Zusammenhänge werden hier erweitert, Kunstwerke auf ihren Bestand geprüft. Man denkt in Generationen, zeigt Interesse für die Umwelt. So können sie als Umweltanwälte von einem Gericht zum anderen ziehen, aber immer der Sache wegen. Beruflich werden manche Chancen aufs Spiel gesetzt, weil diese Charaktere in sich unbestechlich sind; macht ihnen etwas keine Freude, merkt man es ihnen an, und der Chef ist schon schlechter Laune. Sie können verunsichern, bloßstellen, büßen dann aber ziemlich hart dafür.

Aszendent Schütze / Sonne Löwe
Geburtsherrscher Jupiter

Persönlichkeit: führend
Lebenskern: großzügig

Diese Charaktere haben bereits gesiegt, wenn sie nur erscheinen, ihr Auftreten ist so beherrschend, daß die Umwelt sie als Autorität akzeptiert. »Da kommt wer«, heißt es schnell, und sie wissen um diese Ausstrahlung, ja, sie verlangen ein positives Echo! Dabei geben sie sich so herrlich jovial, grüßen jeden leutselig zurück – aber nur zurück, zuerst muß der andere grüßen. Sie sind in sich sicher, Zweifel kommen ihnen nicht, alles wird schon werden. Dabei tun sie nicht einmal viel; das tun andere für sie, denn sie sind im Grunde bequem. Zumindest stehen sie nicht sehr früh auf, frühstücken lange und gut, verbringen den Vormittag damit, sich warmzulaufen. Zu Terminen erscheinen sie meist zu spät; sie wollen eben lieber, daß andere auf sie, als daß sie auf jemanden warten. Sie nehmen in ihrem Leben viele Menschen in die Arme, vergessen aber die meisten davon. So sicher diese Charaktere im Alltag sind, im großen Zusammenhang greifen sie nach einem festen Glaubensstandpunkt, denn sie spüren, daß der Mensch noch lange nicht alles ist. So sind sie fast naiv gläubig, beten abends und finden da auch ihre Ruhe. In Gesellschaften sind sie der Mittelpunkt, auch wenn sie nur zufällig hineingeraten; das Gespräch dreht sich bald um die Themen, die sie in die Debatte werfen. Sie genießen gern und lassen auch für andere etwas auf dem Tisch. Ihren Willen wollen sie immer durchsetzen, das schaffen sie meist auch durch hinhaltenden Widerstand, oder weil sie die anderen nicht ganz ernst nehmen.

Aszendent Schütze / Sonne Jungfrau
Geburtsherrscher Jupiter

Persönlichkeit: führend
Lebenskern: vernünftig

Diese Charaktere haben ausgesprochene Führungsqualitäten, was den unteren Rahmen betrifft. Sie sind die Betriebsleiter, die Vertreter des Chefs, bei ihnen läuft alles wie geölt, besonders wenn der Chef nicht da ist. Sie sind die wahren Verantwortungsübernehmer, wenn auch die zündenden Ideen nicht von ihnen ausgehen. Sie sind auch die guten Lehrherren, die dem Lehrling nicht nur den Besen in die Hand drücken, und sie kümmern sich um die kleinste Schraube im Betrieb. Sie sind die ersten am Arbeitsplatz und die letzten, sie können nicht schlafen, wenn sie nicht alles überblicken. Aus dem Urlaub möchten sie am liebsten jeden Tag im Betrieb anrufen, ob es denn ohne sie geht. Geht es, ist ihnen der Urlaub schon halb verdorben, geht es nicht, brechen sie ihn sofort ab. So sind sie die Arbeitstiere, die leiden, wenn sie keine Verantwortung bekommen. Ihre Gewohnheiten sind berechenbar, sie bleiben sich treu, als Ehepartner kann man sich auf sie verlassen. Ihr Weltbild ist klar, alles muß überschaubar sein, alles seine Grenzen haben, dann klappt es auch. Die paar Mal, die sie aus der Ordnung ausbrechen, machen ihnen noch nicht einmal in der Erinnerung Spaß.

Diese Charaktere sind gewissenhaft und rechtschaffen, sie sind gute Anwälte, und wenn man ihnen etwas schmeichelt, sind sie auch auszunutzen, besonders die eigenen Kinder bekommen das schnell spitz! Auf die Nerven sollten sie aufpassen, denn sie überanstrengen sich leicht, weil sie eben alles allein machen wollen.

Aszendent Schütze / Sonne Waage
Geburtsherrscher Jupiter

Persönlichkeit: führend
Lebenskern: verbindend

Diese Charaktere strahlen ein beruhigendes Fluidum auf die Umwelt aus, wirken charmant und doch etwas hochmütig. Das ist eine Mischung, die sehr ankommt; man fliegt auf sie, geht ihnen auf den Leim. Schmarotzer bewegen sich stets um sie herum, weil viele sich ihnen anschließen wollen, und diese Charaktere haben meist nicht die Kraft, sich ihrer zu erwehren. Außerdem sind sie doch recht eitel; es schmeichelt ihnen, wenn sie ein Gefolge um sich haben.

Dadurch werden sie verführt, nicht genügend an sich zu arbeiten, sie trauen sich kaum, in Klausur zu gehen, weil sie das Alleinsein verlernt haben! Ihr Aussehen ist meist blendend, wenn auch mit einer gewissen Kühle, doch die wird durch gelernte, vorbildliche Höflichkeit wettgemacht. So kommen immer neue Freunde in ihren Kreis, immer neue Bekanntschaften werden geschlossen.

Sie selbst geben sich so leicht nicht her, bewahren stets etwas Distanz, denn auf die richtige Partnerwahl kommt es ihnen ja an; aber vor lauter Wahlmöglichkeiten finden sie keine Ergänzung. Sie sind die Heiratsvermittler, die eine gute Ehe nach der anderen stiften, selbst aber unglücklich verheiratet sind oder nie geheiratet haben. Darunter leiden sie. Und wenn sie jemanden finden, wollen sie führen, denn sie sind so voller Ideale, daß sie deren Verwirklichung nur sich selbst zutrauen! Ihr Geschmack kann bahnbrechend sein, auch als Modeschöpfer; sie haben echte Freude an lässiger Eleganz, können selbst salopp, doch sehr gepflegt auftreten.

Aszendent Schütze / Sonne Skorpion
Geburtsherrscher Jupiter

Persönlichkeit: führend
Lebenskern: leidenschaftlich

Diese Charaktere können ihr inneres Feuer nach außen ganz gut beherrschen; zwar spürt man auf Schritt und Tritt, daß man vor einem Pulverfaß steht, aber die Explosion ist unberechenbar. Nur wenn es um den eigenen Kern geht, ist die Beherrschung schnell hin. Sie sind auch immer wie ein Bogen gespannt, sie treffen genau, wenn sie den Pfeil abschießen, und auch ins andere Herz, wenn sie es wollen. Den Partner, den sie erobern möchten, erobern sie. Sie jagen so lange, bis das Wild völlig eingekreist ist, und das ergibt sich auch willig, als habe es nur auf diesen Moment gewartet. Dieser hinhaltende Widerstand, diese Verzögerungen werden gern gesehen, besonders wenn Erotik im Spiel ist; die Vorfreude auf den Abschuß vertieft den Genuß. Alles wird, was die eigene Person betrifft, ein bißchen ins Sportliche gelenkt, so ist manchen Dingen die harte Speerspitze abgebrochen, zumindest entschärft. Die Freude am Ausleben ist prägnant, aber auch das Einstehen dafür; diese Charaktere wollen nichts geschenkt haben, reagieren allergisch auf Schmeicheleien, lassen sich kaum bestechen. Dafür spüren sie Schwachstellen auf, wittern, wo sich Geheimnislücken befinden.

Und sie jagen gern, in der Natur wie im Leben überhaupt. Doch sie wollen dabei nicht töten, sondern das Wild nur stellen. Müdigkeit kennen sie kaum, aber ihr Leben läuft sehr unregelmäßig ab. Sie fallen etwas aus der Norm, meinen sie selbst von sich, doch was heißt Norm! Darüber machen sie sich keine Gedanken.

Aszendent Schütze / Sonne Schütze
Geburtsherrscher Jupiter

Persönlichkeit: führend
Lebenskern: sinnvoll
Diese Charaktere wollen den Sinn in die Umwelt bringen. Sie setzen sich für Gerechtigkeit ein, sie werden wegen ihrer Überzeugungsstärke geschätzt und respektiert. Mehr geschätzt als geliebt allerdings, denn sie sind zu distanziert, grenzen die Machtbereiche sehr genau ab. Sie verkehren zwar jovial mit den Mitbürgern, aber man spürt ein wenig, daß sie schon mit einem Bein im Himmel zu stehen meinen; sie fühlen sich als Stellvertreter mancher Götter, meinen Spötter, die damit so unrecht nicht haben. Aber man kann sich auf sie verlassen, sie hassen Bluff, vorschnelle Handlungen und sinnlose Diskussionsbeiträge und verurteilen undurchdachte Argumente. Sie sind ein Fels in der Umwelt, der nur für die meisten zu steinig ist; so lebt es sich neben ihnen nicht gar so gut. Ihre soziale Einstellung beruht auf der Forderung: erst selbst Opfer bringen, dann springen die anderen ein. Bei allem Gemeinschaftssinn halten sie die persönliche Forderung sehr hoch. Billige Ausreden verfangen nicht, ein Richter wird sich kaum durch lange Palaver ins Bockshorn jagen lassen. Diese Charaktere erreichen bei persönlichem Einsatz hohe Stellungen. Ein Arbeiter wird Vorarbeiter werden, ein Angestellter dem Chef helfen können, ein Chef Vorsitzender werden. Einen Witz über sich hören sie nicht so gern, es sei denn, er wäre sehr gut. Vorschußlorbeeren tragen sie mit provozierender Selbstverständlichkeit. Lügen bringen sie in Weißglut, das sollte man beachten. Sie tragen ernstes Denken und Glauben in ihre Umwelt.

Aszendent Schütze / Sonne Steinbock
Geburtsherrscher Jupiter

Persönlichkeit: führend
Lebenskern: eigensinnig
Diese Charaktere verbinden ideelle Ziele mit realen Möglichkeiten. Sie wissen, was sich machen läßt, bei allem Streben in den Himmel heben sie nie ganz von der Erde ab, zumindest die Zehen bleiben auf dem Boden. Sie sind für den Sprung in die Höhe, aber sie arbeiten nie ohne Netz. Der Sensation wegen machen sie nichts, das erschiene ihnen dumm und oberflächlich. Wer schnelle Erfolge verspricht, braucht bei diesen Charakteren gar nicht mehr weiterzureden, wer aber einen Plan vorlegt, der praxisbezogen ist, ist schon befördert. So sind sie mißtrauisch gegen Blendertum, aber offen für neue Ideen, wenn sie ihnen nützen. Sie lassen auch niemanden im Stich, dem sie mal Hilfe versprochen haben, aber diese unbedingte Treue beanspruchen sie auch für sich selbst. Der Ernst läßt sich nicht verleugnen, hier können allerdings auch Prüfungen erfolgen, ob jemand in aussichtsloser Lage seinen Humor behält.
Das sind die Chefs, die ihre Untergebenen im Suff prüfen, wie diese dann reagieren! Da machen sie zwar mit, aber sie wissen, wieviel sie vertragen; sie haben es vor dem Gelage gründlich erprobt. Was sie nicht mögen und völlig ablehnen, ist, daß man ihnen privat nachschnüffelt. Das Privatleben ist tabu und bleibt geheim, obwohl es kaum etwas zu verbergen gibt; sie können gar nicht soviel Kraft auch noch an Abenteuer wenden, denn sie wissen genau, daß nur durchkommt, wer einen langen Atem hat. Und den wollen sie sich bewahren. Das Kurzstreckenlaufen überlassen sie anderen.

Aszendent Schütze / Sonne Wassermann
Geburtsherrscher Jupiter

Persönlichkeit: führend
Lebenskern: geistig

Diese Charaktere wollen meist mehr, als sie leisten, das liegt daran, daß sie sich so schwer konzentrieren können. Sie sind ablenkbar, und zwar schnell und häufig. Dabei scheinen sie zunächst Lieblingskinder der Götter zu sein, denn vieles an ihnen ist genial! Die Umwelt belastet sie, indem sie ihnen mit zu hohen Erwartungen begegnet. Und sind sie nicht auch originell, ungewöhnlich, vielseitig begabt? Sie finden immer Lehrer, die sie fördern, doch es juckt sie der Hafer, gerade ihre Lieblingslehrer müssen sie immer frotzeln bis zum bösen Schabernack. Sie sind die Eulenspiegel unserer Gesellschaft, nur der letzte Streich ist selten durchdacht. Damit fliegen sie dann auf die Nase. Sie haben einen unheimlichen Blick für das Kommende, aber schon bei der Beschreibung wird eine Legende daraus, so daß sie sich selbst nicht wiedererkennen, wenn sie mit dem Neuen zusammengeführt werden. Sie sollten auch mehr auf sich achten, sich nicht gehenlassen, was Körperhaltung und Kleidung betrifft; das Siegel der Besonderheit verdirbt manchen sehr früh.

Diejenigen jedoch, die das Glück hatten, im Unglück aufzuwachsen, setzen dann Meilensteine. Sie strebten zwar Illusionen nach, doch im Streben vollbrachten sie Wunder und verwandelten manche Illusionen in wahre Meisterwerke. Das sind die Zauberer, die Magier, die wie eine Rakete starten, aber noch rechtzeitig aussteigen und im Hinabflug Erkenntnisse gewinnen, die allen von Nutzen sind! Diesen wenigen Genialen zu begegnen, kann eine Aufgabe und Lust sein.

Aszendent Schütze / Sonne Fische
Geburtsherrscher Jupiter

Persönlichkeit: führend
Lebenskern: hingebend

Diese Charaktere treten sicherer auf als sie sind. Aber es sind Menschen, die große Chancen haben. Es sind die Feingeister, die künstlerischen Charaktere, die auch von einem gewissen Zauber befallen zu sein scheinen. Mancher Aufstieg, der möglich ist, kommt ihnen selbst unheimlich vor. Hier sind die verständnisvollen Helfer zu suchen, aber auch die etwas sektenhaften Schwestern, denen man ihren Glauben nie so ganz abnimmt. Diese Charaktere sind leicht zu begeistern, sie streben fast alle ideale Ziele und Berufe an; sie wollen etwas Besonderes erreichen, denken auch an andere, sind allerdings fast von einer Zärtlichkeitssucht befallen, Zärtlichkeit für jeden, für sich und für den anderen. Sie schließen sich gern starken Charakteren an, aber letztlich bleiben sie eigentlich bei ihrem Spiegelbild hängen! Sie können notfalls allein sein, ihr Leben als Junggesellen verbringen, wenn nur Freunde und Freundinnen in der Nähe sind. Sie sind starke Trinker, genießen – wenn es nicht mehr um Ziele oder Bindungen geht – das Herkömmliche, schmausen und lassen sich auch äußerlich gehen. Immer wollen sie dann von vorn anfangen, weil sie an die Zukunft glauben, auch wenn die Zukunft in anderen Welten liegt. Ihre Tragik: Wenn sie Bilanz ziehen, müssen sie sich eingestehen, daß die Ziele der Jugend zu hoch gesteckt waren, daß alles im Ablauf stets bescheidener wurde. Das bedrückt sie, besonders so lange ihre Eltern leben, denn denen wollten sie ja beweisen, daß sie mit Recht die Lieblingskinder waren.

Aszendent Steinbock / Sonne Widder
Geburtsherrscher Saturn

Persönlichkeit: ehrgeizig
Lebenskern: ungestüm

Diese Charaktere treten der Umwelt mit großem Ernst entgegen; sie können ihr ungestümes Wesen in der Regel beherrschen und tatkräftig umsetzen. Der Umgang mit ihnen ist nicht leicht – sie wollen weiterkommen, doch versuchen sie es mit Konzentration und Geduld, wenn andere betroffen sind. Das innere Gleichgewicht wird verhältnismäßig leicht gefunden, über das methodische Denken kommt man da gut weiter.

Immer wieder versuchen diese Charaktere, sich selbst ein wenig zu analysieren, wollen mit sich und den anderen fertigwerden, wenn auch die Umwelt stets auf Schwachstellen abgetastet wird. Wird so eine Stelle entdeckt, stoßen sie fast unbarmherzig zu; die anderen dürfen sich also keine Blöße geben. Manchmal entsteht der Eindruck, man hätte es mit Intriganten zu tun, aber das ist doch zu weit gefolgert! Diese Menschen pendeln in sich zwischen den Polen Aufbruch und Abwarten, da wird viel verlangt, und wer sich hier nicht ein Niveau erkämpft, kann schnell ins Schleudern kommen. Das sind dann die Menschen, mit denen man jahrelang gut auskam, die einem aber plötzlich ins Gesicht schlagen, weil sie schon immer eine Wut auf sich und die Umwelt hatten, und die Freunde büßen es dann! Das ist das Unberechenbare, obwohl sie sich in der Regel zuverlässig erweisen. Es könnte sein, daß sie ihre Kräfte überschätzen, weil die innere hemmende Spannung doch zu sehr an der Substanz nagt. Am besten geht es, wenn man einem fernen Ziel nachjagt, wobei auch die innere Abenteuerlust befriedigt wird.

Aszendent Steinbock / Sonne Stier
Geburtsherrscher Saturn

Persönlichkeit: ehrgeizig
Lebenskern: beharrlich

Diese Charaktere haben in sich eine solide Festigkeit, die nicht zu untergraben ist. Sie wissen, was sie wollen, und was sie wollen, schaffen sie für sich. Sie sparen, wo sie können, woran sie können, und dem Streß gehen sie aus dem Weg, obwohl sie alles andere als faul sind. Aber sie lassen sich nicht jagen, sondern leben nach ihrem Rhythmus, das bringt sie vorwärts. Einpeitscher erreichen hier überhaupt nichts, dazu ist das Selbstbehauptungsbedürfnis dieser Charaktere viel zu groß. Und sie sichern ab, was sie sich erschaffen haben, selbst wenn sie sich einen Privatdetektiv zum Schutz halten müßten! Ihre Verträge, die sie aufsetzen, haben es in sich, und wer sich nicht nach den Bestimmungen richtet, wird unnachsichtig verfolgt. Man hat zu halten, was man verspricht. Verpflichtungen werden also immer in Gegenseitigkeit gesehen. Handelt es sich um Charaktere, die sich für geistige Dinge interessieren oder persönlich engagieren, dann ist ihre Wirkung stark. Denn sie können im Alter auf ein beachtliches Lebenswerk zurückschauen, wo es allein auf die Qualität ankommt – also die Menge ist es nicht. Die Menge ist es überhaupt nie; eine gewisse Kargheit herrscht grundsätzlich vor. Auch die Frauen geben sich eher gebremst hin, die Männer schonen sich, wenn es am nächsten Tag darauf ankommt. So sind viele Bindungen von der Vernunft mitgeprägt, Leidenschaft flackert kaum, aber daran gewöhnt man sich: Alles ist sanfter, sich aber ständig mehrender Schaum, der bald zu einem soliden Teppich wird, auf dem es sich leben läßt!

Aszendent Steinbock / Sonne Zwillinge
Geburtsherrscher Saturn

Persönlichkeit: ehrgeizig
Lebenskern: beschwingt
Diese Charaktere bringen die ernsten Kontakte in die Umwelt. Die Philosophen kann man hier finden; die Kommunikation gewinnt echte Bedeutung. Aber nichts geht schnell; wenn sich Freunde zu einem Verein zusammentun wollen, zieht sich die Gründung hin, aber wenn sie steht, ist sie vorbildlich. Mancher flotte Journalist wandelt sich in der Entwicklung zum ernsthaften Literaten, die Prüfungen sind ihm Entwicklungshelfer. Oberflächlichkeit wird abgelehnt, ein Wort kann tagelang auf seinen Sinngehalt auseinandergenommen werden.

Diese Charaktere wirken etwas zu düster und sind auch meist Pessimisten, die auf kommende Gefahren hinweisen. Hier sind auch die Gesellschaftswarner zu finden, auf die man kaum hört, deren Memoiren dann aber zeigen, daß sie leider recht hatten. Wenn es um Veränderungen im Betrieb oder Heim geht, wird oft solange überprüft, bis die Veränderung sinnlos ist, man übereilt also nichts. Aber diese Charaktere wissen auch um die lange Reifezeit, die Menschen brauchen, um miteinander zu leben ohne sich totzuschlagen. Der Spruch »Zahn um Zahn« wird hier vollends abgelehnt. Impulsiv könnte man schon zu so einem Schluß kommen, daher denkt man nach und lehnt dann den ewigen Kreislauf als sinnlos ab. In Abgeschlossenheit aber können diese Charaktere kaum leben, sie brauchen Kontakt, schon um sich zu ärgern, wie oberflächlich er bleibt. So versuchen sie, diese Verbindungen zu vertiefen – leider kommen sie dabei nur sehr zögernd und schrittweise vorwärts.

Aszendent Steinbock / Sonne Krebs
Geburtsherrscher Saturn

Persönlichkeit: ehrgeizig
Lebenskern: einfühlend
Diese Charaktere tragen schwer an ihrem Schicksal, doch auch dieses Ertragen lohnt sich, wenn man durchhält. Hier sind die emotionalen Spannungen dauernd in einer schweren Bestandsprüfung. Diese Menschen kommen nur in Liliputschritten weiter, aber ihre Spuren im Sand oder sogar auf Stein sind dann so tief wie keine anderen Spuren. Sie hängen sehr am Vergangenen, weil es sich bewährt hat; der Fortschritt wird so auf Herz und Nieren geprüft, daß manchem Reformer schlecht wird. Die Erinnerung ist sehr lebendig, das Gestrige alle Grundlage. Die Geschichte wird gepflegt, man liebt Baudenkmäler, möchte am liebsten in alten Fachwerkhäusern wohnen, die innen natürlich modern eingerichtet sind. Diese Menschen schaffen auch in der Nacht, wenn die anderen ruhen; der nächtliche Himmel inspiriert sie – sie spüren die Unvergänglichkeit des Kosmos, das Unwichtige ihres Erdenlebens. So haben ihre Partner es schwer, denn diese Charaktere haben zwar Einfühlung, prüfen dabei aber auch gleich den Kern des anderen. Ihre Augen schauen immer etwas mißtrauisch oder melancholisch, das verschreckt manchen. Zu leichtfertigen Handlungen lassen sie sich selten hinreißen, wenn, büßen sie es lange und quälen sich selbst. Ihr Konservatismus ist sehr starr und kann zu ewiger Rechthaberei führen. Ihre im Kern emotionalen Launen beherrschen sie, nur wenn sie allein hinter doppelten Vorhängen sind, dann weinen sie vielleicht mal, oder sie gießen sich einen Schluck mehr ein, als in der Öffentlichkeit.

Aszendent Steinbock / Sonne Löwe
Geburtsherrscher Saturn

Persönlichkeit: ehrgeizig
Lebenskern: großzügig
Diese Charaktere haben ein sehr herrisches Wesen, das sogar bis zur Tyrannei reichen kann. Sie wollen sich durchsetzen, sie trauen ihrer eigenen Kraft nicht, also wenden sie alle Mittel an. Sie sind die düsteren Chefs, die darunter leiden, daß ihnen alles so schwer gemacht wird. Das sind auch die Charaktere, die etwas darstellen wollen, aber den Schweiß nicht erwartet haben, der für die Auszeichnung verlangt wird. Wenn sie an der Macht sind, sind sie nicht mehr zu vertreiben, können jetzt wirklich etwas aufbauen, wofür andere keinen Atem haben. Sie errichten dann die Pyramiden, die in die Geschichte eingehen – das sind natürlich Ausnahmen –, aber sinnbildlich schaffen sie das auch im täglichen Leben, denn sie wachsen über sich hinaus. Sie haben gute Startchancen, werden verwöhnt und versagen dann oft. Nun aber wollen sie es wissen! Sie werden mehr kritisiert als anerkannt, haben keine Freunde, aber die Denkmäler gehören ihnen. Im kleinen Rahmen ist das ebenso: Man mag sie nicht, braucht aber ihre Leistung. Haben sie diese erbracht, haben sie zwar keine Anhänger, aber eine achtungsvolle Nachrede.
Auf ihre Gesundheit müssen sie aufpassen; schleichende Störungen können alles kaputtmachen. Sie sind zu Glückskindern geboren, die sie nicht sein dürfen, die für die vielen unverdienten Glückskinder dann büßen müssen. Manchmal haben sie etwas Finsteres, aber auch Majestätisches an sich. Sie sind Menschen, die man schließlich respektieren, die man aber nicht liebhaben kann.

Aszendent Steinbock / Sonne Jungfrau
Geburtsherrscher Saturn

Persönlichkeit: ehrgeizig
Lebenskern: vernünftig
Diese Charaktere schaffen die Mühsal aus der Welt oder nehmen sie auf sich. Sie sind sehr real und bleiben ihren Vorsätzen stets treu, sonst würden sie vom Trottoir in den Straßenverkehr stolpern und wären vernichtet. Sie folgen ihrer ererbten Spur, denn trauen kann man nur dem, der verläßlich ist. Sie sind die unermüdlichen Vasallen, die gebraucht werden. Ihre Überzeugung ist nie neu, wird aber immer wieder bestätigt! Sie meinen, mit guter Erziehung und Bildung kommt man weiter. Lotto oder Toto brauchen sie nicht, jedermann ist seines Glückes Schmied, und so warten sie auf das Glück. Das aber will erarbeitet werden, also arbeiten sie.

Und haben sie einmal gegen ihre Moralgesetze verstoßen, quälen sie sich mehr, als der strengste Richter je fordern könnte. Sie wollen den Teufel in sich austreiben und merken nicht, daß der darüber lacht. Im anderen Fall, wenn sie keine Fantasie besitzen, erfaßt sie eine innere Gleichgültigkeit, die sie fast mechanisch und stupide wie im Akkord arbeiten läßt. Die Hoffnung bleibt nur, solange man tätig ist. Und der Lohn kommt dann auch – aber jene, denen man eines Tages damit imponieren wollte, sind bereits aus dem Umkreis verschwunden. Sie schuften für gute Bildung und könnten vor Neid vergehen, daß es andere mit Schlagworten schaffen. Sie sind die düsteren Arbeiter, die anderen das Licht halten und als treue Paladine im Schatten bleiben. Eines Tages wird man sie sehr vermissen, doch dann haben sie nichts mehr davon.

Aszendent Steinbock / Sonne Waage
Geburtsherrscher Saturn

Persönlichkeit: ehrgeizig
Lebenskern: verbindend

Diese Charaktere treten ernst aber anmutig in ihre Umwelt, sie verkörpern einen ruhigen Charme, der um die Schwächen der Menschen weiß, der aber auch verzeihen kann. Hier fühlt sich jeder gut aufgehoben, der beichten will, und der Prüfer entwickelt Wärme, die ankommt. Die Tugend wird zwar hochgehalten, aber nicht jede Abweichung tragisch genommen. Man hat viel Geduld, übt sich im Warten auf den verlorenen Sohn, der auch die Bande nie lösen kann. Die Verbindungen sind sehr ernsthaft, sehr auf Dauer angelegt; hier findet man die verständnisvollen Kindergärtnerinnen, die manches Leid abhalten und den Kindern ein Ersatz-Zuhause geben. Auch wer sich der Kunst verschrieben hat, arbeitet Tag und Nacht: der Maler, wenn er das Licht nicht bezahlen kann, bei Kerzenschein, der Schriftsteller, der sich aus benutzten Briefumschlägen sein Schreibpapier zurechtschneidet. Kunst wird zur Aufgabe an sich; der besessene Schauspieler, der nichts erreicht, wird weiter am Theater dienen und in den Souffleurkasten kriechen, die abgesungene Sängerin Garderobiere werden. Sie unterdrücken ihre Tränen mühsam, sind aber dankbar, weiter in ihrem Milieu tätig sein zu dürfen. Und die, die es schaffen, vergessen ihren schwierigen Weg nicht und weisen mit Charme auf die Leistung ihres Agenten oder Förderers hin. Wenn es gilt, mit Zähigkeit Feindschaften in Freundschaften zu wandeln, sie bringen es fertig – doch ist die Freundschaft so weit, daß sie besiegelt werden kann, dann sind diese Charaktere schon abgereist.

Aszendent Steinbock / Sonne Skorpion
Geburtsherrscher Saturn

Persönlichkeit: ehrgeizig
Lebenskern: leidenschaftlich

Diese Charaktere sind die Individualisten, die wissen, daß sie gar nichts sind. Eine tiefe Traurigkeit ist immer um sie herum, sie kommen sich verloren vor und wollen sich doch nicht einfügen. Die harten Lebenskämpfe werden bestanden, aber daß man ihre Eigenarten in der Umwelt nicht anerkennt, macht sie krank. Ihre Ausdauer, ihr Einsatz sind bewundernswürdig, die Leidenschaftlichkeit, die in ihnen tobt, wird so auf Sparflamme gehalten, daß sie bis ins hohe Alter reicht. Irgendwann brechen sie alle mal aus, meist im mittleren aber auch im späten Alter, sie bringen Unruhe ins Altersheim, weil sie plötzlich merken, daß sie hier noch gar nicht hingehören!

Diese Charaktere müssen viele Anfeindungen überstehen; man weiß einfach nicht, was in ihnen vorgeht. Die Umwelt rätselt über sie, sie werden sofort verdächtigt, wenn in ihrer Umgebung ein Verbrechen geschah. Und an dieser Abwehr von außen sind sie mit schuld, denn sie schließen keine Kompromisse; dafür sind sie sich zu schade, das haben sie nicht nötig! Wenn sie nicht angenommen werden, wie sie sind, gehen sie ihre eigenen Wege, doch dann ist es besser, ihnen nicht zu begegnen. Sie vergessen nicht, solange sie leben. An den richtigen Platz gelangt, leisten sie Hervorragendes. Wenn man es ihnen sagt, winken sie ab, aber wenn man nichts sagt, tragen sie es einem nach! Doch böse meinen sie es eigentlich nie; sie sind traurig, so zu sein, wie sie sind – damit finden sie sich sehr schwer ab. Sie können das Schicksal nicht als Schicksal hinnehmen.

Aszendent Steinbock / Sonne Schütze
Geburtsherrscher Saturn

Persönlichkeit: ehrgeizig
Lebenskern: sinnvoll

Diese Charaktere zeichnen sich durch eine große Widerstandskraft aus, sie setzen Zeichen im Kleinen wie im Großen. Sie wollen wirklich langsam die Welt zu einem Paradies führen, auch wenn es Opfer kostet, aber keine blutigen Opfer, sondern Opfer, die durch eine Entwicklung bedingt sind. Sie wollen einfach überzeugen. Das sind die Stillen im Lande, die Vorbilder sind und es gar nicht zu merken scheinen. Das sind die Fernfahrer, die an der Autobahn halten, wenn einer nicht weiterkann, obwohl sie gerade an der Grenze drei Stunden lang warten mußten. Das sind die Charaktere, die gegen besseres Wissen Optimismus vermitteln und damit dann doch am Rande recht bekommen. Sie wissen um die Zweifel, die alle, auch sie selber plagen, aber sie sprechen diese Zweifel nicht aus, sondern wollen sie aktiv beseitigen.

Sie bewerben sich in einem Beruf, der überfüllt ist, aber sie bekommen doch eine Chance, weil jemand Angst vor der langen Vorschulung hatte. Sie bilden sich, wenn es sein muß, um ein lang verfolgtes Ziel zu erreichen. Alles wirkt ein wenig zu erfahren, die Kinder haben schon wissende, aber keine traurigen Augen. Es sind die Charaktere, die die Uhrzeit ablaufen lassen, die nicht der Sonnenuhr vertrauen, aber dem steten Zeitablauf, der alles irgendwann wieder einordnet. Die sogenannte Pünktlichkeit ist unwichtig, ist kleinkariert. Aber dem großen Ordnungsablauf, dem vertrauen sie, und sie können dieses Vertrauen auf andere übertragen – das zeichnet sie aus.

Aszendent Steinbock / Sonne Steinbock
Geburtsherrscher Saturn

Persönlichkeit: ehrgeizig
Lebenskern: eigensinnig

Diese Charaktere greifen mit Zähigkeit und großer Geduld in den Umweltsablauf ein, sie sind zielbewußt und wissen um den Wert der kleinen Schritte. Sie wirken karg, etwas unscheinbar, aber hart und ehrgeizig. Man geht an ihnen ziemlich achtlos vorbei; hatte man aber nur einmal mit ihnen zu tun, dann vergißt man sie nie, sie haben sich eingeprägt. Sie wahren eine prüfende Distanz und hassen es, aus sich herausgehen zu müssen. Sie wollen unabhängig sein, und das heißt im Endeffekt, daß sie nichts von sich abgeben wollen. Sie sind die Schatzbewacher, wie König Laurin! Sie schalten die Vernunft ein, wo sie können, um ja nicht vielleicht emotionell abhängig zu werden! Aber sie arbeiten mit Ausdauer und Konzentration. Wenn es unlösbare Rätsel gibt, sie lösen sie, nur darf es keine Spielerei sein, dann werden sie böse. Ostereiersuchen finden sie lächerlich; es gibt auf dieser Welt weitaus Wichtigeres zu entdecken. So sind sie natürlich nicht die Gesellschafter, die man für einen bunten Abend sucht, aber sie sind die verläßlichen Partner! Mancher nennt sie kalte Streber, aber sie wollen nur im Hintergrund wirken. Sie kennen Leichtsinn, aber lehnen ihn ab. Sie scheinen überhaupt alle Erfahrungen schon gemacht zu haben, und doch überraschen sie die Umwelt immer wieder, zum Beispiel mit einem über Nacht gebauten Haus auf einem Grund, der eigentlich Sumpf ist. Prestigedenken lehnen sie ab, aber sie selbst wollen schon anerkannt werden, und sei es als schwierige Menschen. Nur – sie fassen das als Lob auf!

Aszendent Steinbock / Sonne Wassermann
Geburtsherrscher Saturn

Persönlichkeit: ehrgeizig
Lebenskern: geistig

Das sind die Charaktere, die Reformen mit Ernst betreiben; sie führen sich in der Umwelt recht originell ein, aber man spürt die Tiefe, die manchem Witz unterliegt. Wenn sie einen Schutzmann anpflaumen, weil der schon wieder Parksünder notiert, dann meinen sie es bitter ernst und warten nur darauf, angezeigt zu werden, damit ihr Fall aktenkundig wird.

Diese Charaktere streben nach Gewinn, bleiben aber in sich vernünftig. Sie reden von sozialen Reformen, verbürokratisieren diese aber so, daß von der Reform nichts mehr übrigbleibt. Immer wieder engagieren sie sich, wenn es um Betriebsverbesserungen geht, und merken nicht, wie sie damit ihre Arbeitsplätze selbst wegrationalisieren. Alles im Leben läuft ungewöhnlich an, über Nacht verändert sich scheinbar alles, doch wenn man aufwacht, ist man wieder im gleichen Trott. Treten diese Charaktere selbstsicher auf, hält dieses Auftreten nicht lange an – nimmt man sie in die Pflicht, fällt die Narrenkappe. So sind sie recht zwiespältig in ihrem Ausdruck, sie halten die anderen für Narren und sind es doch selbst. Sie meinen, die Veranstalter zu sein und merken nicht, daß sie Puppen sind. Sie haben es nicht leicht, wehren sich aber mit einem Galgenhumor, der etwas menschlich Rührendes hat. So lieben sie Talismane und glauben an ihre Wirkung – oder tun wenigstens so. Und sie wissen nicht, ob man sie wegen ihrer genialen Einfälle anerkennt oder verspottet, weil sie an etwas denken, das frühestens morgen aktuell ist.

Aszendent Steinbock / Sonne Fische
Geburtsherrscher Saturn

Persönlichkeit: ehrgeizig
Lebenskern: hingebend

Diese Charaktere wirken auf die Umwelt etwas verkrampft und sind es auch, denn sie wissen nie so recht, wie sie sich verhalten sollen. Sind sie im Glauben sicher oder von einer Idee sehr angezogen, dann verfolgen sie diese Ziele mit einer realen Zähigkeit, die sie rettet. Schwimmen sie aber im Leben dahin, halten sie sich an Führer, die Verführer sind. Ihre angeborene Neigung zum Schlendrian versuchen sie abzulegen; sie geben sich so gewissenhaft wie nur möglich, und das geht über ihre Kräfte. Sie haben also Schwierigkeiten und können nur ihrem Instinkt vertrauen, aber genau das wagen sie nicht. Sie werden immer mit Leuten zusammenkommen, die über sie urteilen oder sie gar aburteilen. Und sie nehmen das willig hin, um nur überhaupt einen Halt zu finden. Demütigungen werden ertragen, man läßt sich verunsichern, wenn man nur nicht allein bleibt. In der Umwelt spürt man von diesen inneren Wechselbädern nicht so viel, aber man kann diesen Charakteren die Anspannung oft ansehen. Mal fühlen sie sich dem lieben Gott, mal dem Teufel ausgeliefert. Ihre Fantasie kann so stark angeregt werden, daß sich sogar die Gespenster von gestern melden. Erfahrungen mit falschen Freunden haben sie völlig verunsichert, so daß sie paradoxerweise noch stärker auf falsche Freunde ansprechen. Ihr Instinkt ist verhemmt. Rettung finden sie in der Disziplin künstlerischer Arbeit und in der Bewältigung von Glaubensfragen. Glückskinder sind sie nicht, aber sie haben die Möglichkeit, über sich hinauszuwachsen und strahlen das dann auf andere aus.

Aszendent Wassermann / Sonne Widder
Geburtsherrscher Uranus

Persönlichkeit: wechselnd
Lebenskern: ungestüm

Diese Charaktere kommen sprunghaft nach oben. Im Kern sind sie auf Vorwärtsstreben angelegt, aber in der Umwelt entfaltet sich die Kraft immer nur schubweise. So ist das Ungestüme manchmal sehr potenziert, und mancher mag vor diesen Menschen zurückschrecken. Ihre spontanen Explosionen lösen nämlich Kettenreaktionen aus, die dann auch andere mitreißen. Wenn sie das erreicht haben, sind sie obenauf! Später verschwinden sie wieder in der Versenkung, aber sie kommen wieder, fast immer dann, wenn es keiner erwartet! Auf lange Sicht wollen sie nicht planen, sie verlassen sich auf die Intuition, die plötzlich Kräfte freisetzt. Beständigkeit ist also nicht ihre Stärke. Das sind die Charaktere, die immer für einen Zwischenspurt gut sind; bei einer Rundfahrt gewinnen sie die schwersten Etappen, kommen aber selten als Sieger ans Ziel. Sie lieben den etwas snobistischen Aufwand, der sie von der Masse abhebt, sind geistig interessiert, sehen gern in die Ferne, fotografieren wohl auch aus Leidenschaft stets den Himmel in der Hoffnung, da mal ein Ufo oder Gäste aus dem Weltraum als erste zu sichten. In die Vergangenheit schauen sie kaum; die streifen sie früh ab und haben den Ort, in dem sie geboren sind, fast vergessen. Wenn es nach einem explosionsartigen Kraftakt nicht weitergeht, gehen sie resigniert in Lauerstellung, um später überfallartig wieder hervorzubrechen. Sehnsüchte haben sie viele, auch Träume, doch drehen sich diese zuviel um die eigene Person. So bleiben sie letztlich doch etwas egozentrisch orientiert.

Aszendent Wassermann / Sonne Stier
Geburtsherrscher Uranus

Persönlichkeit: wechselnd
Lebenskern: beharrlich

Diese Charaktere besitzen für die Umwelt eine anziehende Anmut, sind kapriziös und gehen sehr auf den anderen ein. Ihre Empfindungen erscheinen zwar manchmal wechselnd, aber immer lebhaft und im entscheidenden Moment richtig reagierend. Sie pflegen regen Gesellschaftsverkehr, bemühen sich um Bildung und wollen ihre Freunde immer überraschen; so genießen sie ein gutes Ansehen. Sie sind beliebt, weil sie Bewegung und Attraktionen in jede Party bringen. Aus dieser Beliebtheit ziehen sie großen Nutzen, schaffen sich manchmal über Nacht ein Vermögen, bauen sich plötzlich ein Haus oder kommen durch eine gute Gelegenheit, die sie aufspüren, zu einem Grundstück.

Bei aller Beweglichkeit sind sie doch meist an einen festen Ort gebunden, das praktische Denken überwiegt. Ihre Liebesbeziehungen sind originell, ihr Werben ist einfallsreich und immer überraschend; mitten in der Nacht stehen sie geschniegelt vor der Tür, können aber auch am Tag vor der Bahnhofsuhr in Hausschuhen warten, weil sie verschlafen haben und doch pünktlich sein wollen. Und ihnen steht diese Art recht gut, sie sind die liebenswerten Einzelgänger, die jeder einmal näher kennenlernen will. Ihre Wirkung ist also groß und sie verführen auf geschickte Weise. Manches gleitet zu sehr ins Sensationelle, doch nur für kurze Momente; sie wissen immer noch, wo es die Brötchen und wo es die Butter gibt – wenn sie auch mehr Butter als Brötchen einkaufen, weil es sich eben gerade so traf. Doch man ist ihnen selten böse!

Aszendent Wassermann / Sonne Zwillinge
Geburtsherrscher Uranus

Persönlichkeit: wechselnd
Lebenskern: beschwingt
Diese Charaktere bringen reichen Wirbel in die Umwelt – wo sie auftauchen, da ist was los, da geht es rund! Das Leben wird ein wenig zum Rummelplatz, wo sich alles trifft, was Rang und Namen hat, und immer tollere Attraktionen machen ja jeden Rummelplatz anziehend! Die Massen drängen sich um diese Charaktere, weil sie von ihnen blendend unterhalten werden. Das sind die Zauberer vom Zirkus, die verlockenden Propagandisten! Immer ist eine neue Überraschung fällig, und die Massen strömen. Wenn Motorräder in der Luft einen Salto machen, dann sitzt bestimmt einer dieser lebhaften Charaktere darauf. Es geht ihnen nicht so sehr um eine langwährende Weiterentwicklung als einfach um Abwechslung. Ihre Schlagzeilen in den Boulevardblättern darf man auch nicht ernst nehmen! Geistig sind sie sehr rege, sie diskutieren gern, aber kein Streitgespräch erreicht mit ihnen sein Ausgangsziel! Wenn es ursprünglich um den modernen Haarschnitt ging, hört das Gespräch mit Ratschlägen auf, was man macht, wenn einen ein Pferd tritt. Alles, was sie so anbieten, wirkt ein wenig chaotisch, aber es führt nie zum Chaos, dazu sind sie zu wenig besessen; einen Jux wollen sie sich machen, anregen, unterhalten, verblüffen. Und das können sie großartig. Sie laufen beim Spaziergang immer einen Schritt voraus, sehen sich kaum um und wundern sich, sich plötzlich allein zu finden. Wer ihnen zu lange folgt, gerät leicht aus der eigenen Bahn! Sie sind der gern gesehene Besuch, nicht der ständige Hausfreund.

Aszendent Wassermann / Sonne Krebs
Geburtsherrscher Uranus

Persönlichkeit: wechselnd
Lebenskern: einfühlend
Diese Charaktere zeigen sich in der Umwelt sehr wechselhaft, man nennt sie launisch und sprunghaft; in Wahrheit stehen sie einfach unter zuvielen Eindrücken, die ständig auf sie einstürmen und die sie aufnehmen. Sie ahnen, was kommt, sie haben eine gute Nase für Dinge, die sich entwickeln, und darauf wollen sie eingestellt sein. So sind sie ihrer Zeit oft einen Sprung voraus und müssen erleben, daß sie ausgelacht werden. Tritt aber die erahnte Zerstörung ein, sind sie vergessen, das heißt, sie sind dann schon wieder voraus. Dieses ständige Voraussein und doch im Abseits Stehen erscheint anderen widersprüchlich, ja etwas fremdartig.

Diese Menschen wirken auch geheimnisvoll, nicht sehr ansprechbar; sie wollen auch nicht aus sich herausgehen und sind immer etwas verschlossen. Plötzlich aber überraschen sie bei Analysen oder durch die Erkenntnis von Zusammenhängen! Sie haben ein psychologisch zu nennendes Denken; ihre Einfühlungsgabe ist so groß, daß sie oft wissen, was der andere antworten will und ihn gar nicht erst zu Wort kommen lassen. Hat der andere nur einen halben Satz gesagt, können sie ihn vollenden, das bringt Mißverständnisse bei Diskussionen. Zuhören langweilt sie; sie sind abgelenkt und bekommen dann wirklich nicht alles mit, obwohl sie intuitiv immer wieder den Zusammenhang finden. Sie sind sehr emotionell, für andere nicht leicht zu kapieren, das schafft oft einen zwiespältigen Eindruck. Doch in Notfällen braucht die Umwelt ihre emotionale Intuition.

Aszendent Wassermann / Sonne Löwe
Geburtsherrscher Uranus

Persönlichkeit: wechselnd
Lebenskern: großzügig
Diese Charaktere sind sehr spannungsvoll in ihrem Erscheinungsbild, immer auf Draht, und doch auch voller Autorität. Sie sind die Chefs, von denen man nicht genau weiß, was sie eigentlich wollen; sie selbst wissen es auch nicht, sie möchten nur glänzen und auffallen. Sie sind stark vom Echo der Umwelt abhängig, darauf reagieren sie urplötzlich und meist anders als erwartet. Geht man mit ihnen irgendwo hin, weiß man nie, wo man landet. Will man eigentlich nur ein Bier trinken, speist man statt dessen königlich, will man mit ihnen eine Fernreise machen, trifft man sich am Ende zu einem Waldspaziergang.

Aber diese Charaktere führen so in sich sicher, daß man ihren Launen folgt, und das ist gut so, denn sie haben im Allgemeinen ein sicheres Gespür. Es ist anstrengend mit ihnen, aber auch sie sind auf Grund der ewigen Spannung leicht ausgepumpt, so müssen sie auf ihre Gesundheit achten. Aber sie regenerieren sich sehr schnell, weil sie irgendwo einen Wunderarzt finden, der die für sie genau richtige Medizin hat. Und schon sind sie wieder oben! Auch fangen sie immer wieder neu an, das hängt mit ihren spontanen Eindrücken zusammen: sehen sie in einer Stadt nur ein baufälliges Viertel, propagieren sie die Stadtrenovierung; erfahren sie von sozialem Elend, engagieren sie sich für Gerechtigkeit und bringen da viel in Bewegung. Bis zum nächsten Eindruck! Der letzte ist immer am stärksten, konzentrieren können sie sich schwer; sie regen mehr führend an, als etwas auszuführen. Aber Anregung ist bei ihnen wirklich Tat.

Aszendent Wassermann / Sonne Jungfrau
Geburtsherrscher Uranus

Persönlichkeit: wechselnd
Lebenskern: vernünftig
Diese Charaktere basteln die praktischen Erfindungen, die in der Umwelt einschlagen, sind die Begabungen, die man auf Erfindermessen immer wieder antrifft. Sie sind dauernd auf der Suche nach dem Patentrezept, sie wollen die Arbeit vereinfachen und schuften dafür Tag und Nacht. Und Einfälle kommen ihnen, kleine wie große. Sie erfinden die Kartoffelschälgabel und den radiumgesteuerten Computer. Mit der Technik stehen sie auf Du, und sie rationalisieren auf Teufel komm raus. Und sie erreichen damit auch etwas. Die Arbeit wird leichter, kürzer, und dann wundern sie sich, wenn sie auch weniger wird, und die Leute plötzlich Arbeit suchen! So bringen sie Fortschritt aber auch Unsicherheit in ihre Umgebung. Sie wollen immer sozial unabhängig sein, wechseln also beständig ihre Stellung, um am Ende festzustellen, daß sie außer ihrem erfindungsreichen Verstand gar nichts auf der Pfanne haben, was die Sicherheit betrifft.

Zum Glück fällt ihnen stets etwas Verwertbares ein; sie spinnen nämlich nicht, sondern sie tüfteln mit überraschenden Ideen. Sie testen auch im Umgang mit Menschen – immer neue Fragen fallen ihnen ein, bis es nur noch um den Test an sich geht. Ihre Nerven sind sehr angespannt. Sie sind auch stets auf der Suche nach interessanten Begegnungen, weil sie nicht nur neugierig sind, sondern auch forschende Erfahrungen machen wollen. Letztlich sind sie genügsam, wenn es nur etwas turbulenter als anderswo zugeht, dann fühlen sie sich schon bestätigt.

Aszendent Wassermann / Sonne Waage
Geburtsherrscher Uranus

Persönlichkeit: wechselnd
Lebenskern: verbindend

Diese Charaktere sind, was den Grundtypus betrifft, die Bohèmiens der Umwelt. Natürlich sind nicht alle Künstler, aber sie haben meist ein künstlerisches Interesse und Gehabe. Ihre Kleidung ist auffallend und exzentrisch, aber mit Geschick zusammengestellt. Sie wirken exotisch anziehend, sind vielversprechend, was die erotische Ausstrahlung, aber auch was das geistige Niveau betrifft. Sie wollen ihr Leben sinnvoll gestalten, wenn sie nur wüßten, in welcher Richtung es sich bewegt! Ihre Partner wählen sie immer überraschend aus; wenn jemand auszieht, seine Frau zu suchen – das gilt natürlich auch umgekehrt – kommt er zurück und erschreckt mit Sicherheit seine Familie. Die Partner sind nämlich immer für eine Überraschung gut! Die Wirklichkeit wird von diesen Charakteren weitgehend ignoriert. Sie bauen sich eine Traumwelt, lassen sich auch ungern auf Verabredungen ein, denn sie wollen sich nicht einengen lassen. Ihr Kalender sieht wüst aus, weil alle Termine kreuz und quer geschrieben sind. Sie telefonieren stundenlang, und der Anruf kommt stets überraschend, meist wenn der andere schläft. Die Sehnsucht zur Ergänzung, zum Du ist sehr groß, das gemeinsame Gefühl ist lebenswichtig, allein sein macht sie fast hilflos. Um jemanden zu finden, schlagen sie die seltsamsten Wege ein. Sie könnten Handzettel drucken und am Bahnhof verteilen, oder sie verschenken Blumen in der Hoffnung, daß jemand ihre Sprache versteht. Vieles von ihrem Wesen muß man erraten, erfühlen, ohne Intuition geht es hier kaum.

Aszendent Wassermann / Sonne Skorpion
Geburtsherrscher Uranus

Persönlichkeit: wechselnd
Lebenskern: leidenschaftlich

Diese Charaktere haben ein eigenwilliges persönliches Auftreten. Sie sind in sich oft gespalten; sie fühlen einen starken Tatendrang, wissen aber meist nicht so recht, wo sie ihn ansetzen sollen. Sie sind etwas zu sehr auf ihre individuelle Person ausgerichtet, um Anregungen von außen aufzunehmen. Wenn jedoch bei ihnen der Funke zündet, marschieren sie unaufhaltsam ihrem Ziel zu. Dann behaupten sie sich stets überraschend, aber auch mit fundiertem Wissen. Einfälle allein reichen ihnen nicht, obwohl sie auf diese warten. Sie begründen die Ideen mit allem Ernst, verwerten das Intuitive systematisch und lassen sich auch kaum von einer Intuition zur anderen treiben. Wenn sie ein Ideal haben, dann bleiben sie dabei, suchen aber stets nach neuen Wegen, um zum Ziel zu gelangen. Wenn andere laufen, fahren sie Rad, wenn andere sich ein Rad nehmen, haben sie schon ein Moped, auf dem sie sitzen, so geht es weiter bis zum Rennwagen. Oft überstürzen sie sich, können auch in Unfälle verwickelt werden, weil sie gewisse Scheuklappen haben und nur ihr persönliches Ziel sehen! Die Wirklichkeit lehnen sie nicht ab, aber sie schränken sie für ihre Person ein, so verlieren sie das Ganze immer wieder aus den Augen. Das macht sie manchmal in der Sicht anderer viel kleiner als sie sind. Karriere reizt sie, wobei es ihnen weniger auf das Echo der Umwelt als auf die eigene Wertschätzung ankommt. Sie bestimmen, was richtig ist, zumindest für sich, so setzen sie neue Maßstäbe der Persönlichkeitsbewertung.

Aszendent Wassermann / Sonne Schütze
Geburtsherrscher Uranus

Persönlichkeit: wechselnd
Lebenskern: sinnvoll

Diese Charaktere wirken oft etwas paradox; Sie sind voller Ideale und doch von den Launen der Umwelt sehr abhängig, sie streben ihren ethischen und moralischen Zielen nach, aber ein Hund, der auf der Straße vor ihnen sein Geschäft verrichtet, ärgert sie maßlos. Dann werden erst einmal neue Straßenreinigungsverfahren überlegt oder eine Erhöhung der Hundesteuer beantragt. So reagieren sie zwar schnell, aber ihr hohes Ziel rückt leicht in weite Ferne. Auch haben sie bei aller Sprunghaftigkeit das Gefühl, sich tief loyal verhalten zu müssen. Da wird oft das Temperament vergewaltigt, um anders zu reagieren, als ihnen zumute ist. Sie haben jedoch die Courage, eigene Fehler einzusehen; sie sind auch zu Entschuldigungen bereit, doch die nächste Ablenkung bringt dann dieselbe Bescherung. Meist sind sie geistig sehr beweglich, stecken die anderen in die Tasche, wissen auch um die größeren Zusammenhänge. Leider wechselt ihr Kurs sehr. So engagieren sie sich für den Fortschritt, lassen dem Fortschritt aber keine Zeit, weil neue Eindrücke ihnen aufgeben, dies und jenes auch noch zu reformieren. Jene, die sich nicht mit großen Zielen identifizieren – und das sind die meisten – leben ein wenig im Strudel dahin; sie möchten, aber es kommt immer etwas dazwischen. Manche werfen über Nacht ihren Beruf hin, den sie einst als Berufung empfanden, und wollen nur noch leben. Hier den Sinn des Lebens zu finden und mit den einprägsamen Intuitionen zu füllen, fällt schwer; gelingt es, werden Meilensteine gesetzt.

Aszendent Wassermann / Sonne Steinbock
Geburtsherrscher Uranus

Persönlichkeit: wechselnd
Lebenskern: eigensinnig

Diese Charaktere handeln ganz ungewöhnlich, um zum Ziel zu kommen. Ihr systematischer Weg wird durch Intuition beflügelt. Sie sehen immer neue Pfade, aber sie schlagen sie nur sehr selten ein. Sie lassen sich Zeit zur Prüfung, und wenn der Weg eine Abkürzung verspricht, dann gehen sie ihn. So treffen hier neue Ideen und alte bewährte Rezepte zusammen, aber das Neue wird eingehend geprüft, und weil man dafür Muße hat und sich nicht jagen läßt, gewinnt man Zeit. Das ist das Geheimnis dieser Charaktere. Für die Umwelt rücken sie in Sprüngen nach vorn, aber die anderen sehen nicht das systematische Vorgehen. Nichts, was plötzlich auf sie zukommt, wird abgelehnt, aber nichts wird auch schnell und widerspruchslos angenommen. Neuheitsfanatiker beißen sich die Zähne aus, wahre Erfinder aber sind hier in besten Händen, ihre Patente werden nach Gütetest sehr gut verwertet. Diese Charaktere stellen sich also einer sich stets verändernden Umwelt. Kaufen sie sich einen Wagen, testen sie zwar die Neukonstruktionen, wählen dann aber sicher ein bewährtes Modell. Allerdings liebäugeln sie bereits beim Kauf damit, sich den neuen Typ in vier Jahren zu kaufen, wenn andere damit Erfahrungen gemacht haben. So verlassen sie nie den Boden, den sie kennen, und auf ihrem Balkon wachsen heimische Pflanzen, so schön sie auch die Exoten finden. Die Kinder werden nach bewährten Regeln erzogen, während man angeregt über neue Erziehungsmethoden diskutiert, die vielleicht für die Enkel passen.

Aszendent Wassermann / Sonne Wassermann
Geburtsherrscher Uranus

Persönlichkeit: wechselnd
Lebenskern: geistig
Diese Charaktere sind innerhalb der Umwelt die großen Ideenbringer und Reformer, aber auch die Gaukler und die Blender. Das Leben ist für sie ein Zirkus, es weiß nur niemand, ob die Manege noch nach alter Art unter der Kuppel liegt. Da kann man nie sicher sein bei diesen Menschen, die alles auf den Kopf stellen möchten, damit die Welt umgekrempelt wird! Mit dieser Forderung haben sie die Gabe, Optimismus zu verbreiten; sie lieben die Illusion, weil sie im Moment selbst daran glauben. Bekommen sie vom Finanzamt eine Aufforderung zur Nachzahlung und meinen, sie nicht bezahlen zu müssen, fällt ihnen auch vor sich selbst eine gute Begründung ein. Treibt aber dann das Finanzamt die Forderung ein, gründen sie einen Verein gegen Steuereintreibung. Das gefällt der Umwelt, die sich über diese Charaktere blendend amüsiert und gar nicht merkt, wie ernst es vielen mit Erneuerung und Reformen ist. Nur übertreiben sie immer und schießen dadurch ein Eigentor nach dem anderen. Diese Charaktere haben stets andere als die üblichen Ratschläge parat. Wenn ein Arzt ein allopathisches Mittel verschreibt, raten sie prompt zu einem Naturheilmittel, verordnet er ein Naturheilmittel, schwören sie auf die Chemie. Sie haben einfach Angst, reglementiert zu werden, fühlen sich in der Masse dem Ersticken nah; da müssen sie sich auflehnen. Visionen sind ihnen ein Lebenselixier, und sie haben recht, denn ohne Träume verändert sich nichts. Und um die Notwendigkeit der Veränderung wissen sie.

Aszendent Wassermann / Sonne Fische
Geburtsherrscher Uranus

Persönlichkeit: wechselnd
Lebenskern: hingebend
Diese Charaktere zeigen sich der Umwelt fast immer innerlich aufgewühlt und angesprochen.

Sie ziehen viel Interesse auf sich, weil sie ein starkes Ahnungsvermögen haben; sie schauen tiefer und weiter als der Durchschnitt. Früher hätte man solche Menschen mit Hexerei in Verbindung gebracht, und Hang zum Übersinnlichen haben sie wirklich. Sie sind oft telepathisch begabt, erinnern sich an frühere Leben; sie können träumen, was sie als Zukunftsvision erkennen wollen. Diese Träume malen sie dann, und es sind ganz moderne Bilder. Ihr Gemüt und Empfinden reagiert immer; viele haben Angst vor ihnen, weil sie nach einem Blick in die Augen Dinge aus der Vergangenheit sagen, die erschrecken. Andere dagegen fühlen sich magisch angezogen, sie wollen von Welten hören, die ihnen fremd sind. Seelisch ist hier auch ein fruchtbarer Acker, der Urerfahrungen gespeichert hat; der Instinkt ist meist sehr gut und bringt mit der Intuition oft überraschende Aussagen, die stets einen wahren Kern enthalten. Wer diese Gabe nicht hat, oder sie nicht bei sich ausgebildet hat (Niveaugrenze), der gibt sich fatal dem Lebensgenuß hin; er kann sich verlieren und sieht sein Ziel nur darin, nach seinem Wollen und Wünschen zu leben. Das sind dann die Clochards, denen alles egal ist, wenn sie sich nur eine Stunde am Tag beim Wermut glücklich fühlen können. Die andern sollen nur lächeln, vom Glück des Sichtreibenlassens haben sie keine Ahnung!
Sie sind dann hochmütig in ihrem Elend.

Aszendent Fische / Sonne Widder
Geburtsherrscher Neptun

Persönlichkeit: verletzbar
Lebenskern: ungestüm

Diese Charaktere stehen immer im Zwiespalt zwischen dem Zwang, handeln zu müssen und dem Instinkt, der ihnen den richtigen Zeitpunkt sagen möchte. Meist können sie jedoch nicht abwarten oder sie vergewaltigen ihren Instinkt, biegen alles ein wenig nach ihrer Vorstellung um, denn nach innen hören sie nicht so gern.

Sie fragen weder sich noch andere, und dabei hätten sie ein so gutes Gespür für die Umwelt.

Ihre Impulsivität zerstört oft, was feinnerviges Gespür zusammengefügt hat. Sie fühlen soviel vom Geschehen, können aber selten den entscheidenden Entwicklungssprung abwarten; manches erinnert an Siebenmonatskinder, die die Geburtsreife nicht abwarten konnten. Sie handeln immer zu früh, schlagen immer zu zeitig zu. Sie meinen, einen guten Instinkt zu haben, doch meist ist das Gegenteil der Fall, denn Instinkt heißt ja auf das Echo hören. Sie sind oft nicht sehr glücklich, schwanken zwischen Widerstand und Hingabe und fühlen den Anfang und das Ende in sich; damit ist schwer fertig zu werden. Ihre Zukunftsträume sind verlockend, aber das übliche Zurückstecken trifft hier ins Mark. So sind sie auch vom Animalischen sehr aufgebrochen, retten sich in Krankheiten, weil diese für sie Lebensentschuldigungen darstellen. Man erträgt es nicht, versagt zu haben und begreift nicht, daß man daraus mehr lernt als aus Gelungenem. Die Pole in ihnen sind zu weit und zu nah zugleich; ist da ein Verbindungsweg möglich, ist ein Genie geboren.

Aszendent Fische / Sonne Stier
Geburtsherrscher Neptun

Persönlichkeit: verletzbar
Lebenskern: beharrlich

Diese Charaktere haben einen guten Instinkt für ihr Leben, das in der Realität angesiedelt ist. Sie fühlen, wo sie sich niederlassen müssen, wem sie vertrauen dürfen, wem sie sich hingeben können. Ihr Instinkt hilft ihnen beim Erwerb, so wählen sie auch meist die richtigen Versicherungsvertreter für sich aus. Ihre äußere Weichheit verbirgt etwas den harten, wenn auch aufgeschlossenen Kern, was den Umgang mit der Umwelt erleichtert. Sie kommen an, sprechen an, ziehen an, sie können sich hervorragend Stimmungen überlassen, die andere bevorzugen!

Manches wirkt etwas zu verschwommen; den eigenen Stil finden sie schwer, aber sie können schweigen und verstehen schweigend. Sie fühlen sich ein und tragen so viel zur Partnerschaft der Geschlechter bei. In der Liebe träumen sie hingebungsvoll, ohne sich zu verlieren, das ist eine gute Mischung. Einsamkeit ist für sie schwer zu ertragen, sie machen das auch alle irgendwann einmal durch, aber dann wissen sie um den Wert der Gemeinsamkeit, des eigenen Hauses. Für die Natur haben sie einen guten Instinkt, sie fühlen Wetterveränderungen, können eine gute Verbindung zu Tieren herstellen und bringen eigentlich den Menschen mit der Natur wieder in Harmonie zusammen. Sie ahnen auch, wo der Punkt ist, an dem der Mensch es sich nicht mehr erlauben kann, ins Tierische zurückzufallen! Man muß über seine Urzustände hinausgewachsen sein, das wissen sie; so sind sie auch vom Innern her immer auf eine Zivilisationsentwicklung eingestellt.

Aszendent Fische / Sonne Zwillinge
Geburtsherrscher Neptun

Persönlichkeit: verletzbar
Lebenskern: beschwingt
Diese Charaktere haben einen recht guten Kommunikationsinstinkt, sie fühlen, was die Umwelt hören und sagen will, und bieten sich dann instinktiv als die rechten Vermittler an. Das Gespür für die Strömungen der Mode, der Schlagworte kommt ihnen bei vielen Gelegenheiten zu Hilfe, so als Nachrichtenvermittler, als Vertreter, als Geschäftemacher. Sie sprechen jeden geschickt an, finden den rechten Ton, und viele tanzen nach ihrer kleinen Pfeife. Auch in Bezug auf die Tagesmusik sind sie auf dem laufenden, sie wissen, welche Musikwelle jetzt anrollt, sind also in der Schlagerbranche als Hitmacher sehr geschätzt. Was sie verkaufen, verkaufen sie ein wenig romantisch; sie treffen den Nerv, haben auch ein feines Taktgefühl. Sie fallen selten mit der Tür ins Haus, aber sie wissen durchaus, was sich verwirklichen läßt. Ihre Fantasie scheint unerschöpflich, da schießen sie oft über das Ziel hinaus; hier fehlt die Selbstkontrolle.

Es ist mit der Selbstdisziplin nicht weit her, von daher kommen die Gefahren; alle Geschichten, die sie erzählen, sind etwas fantastisch ausgeschmückt. Die Sprache ist blumenreich, Wahrheit von Lüge nie ganz zu trennen – nicht, daß sie lügen wollten, es erzählt sich nur alles so schön. So können sie auch gut Spenden sammeln oder Wunschkonzerte veranstalten, damit die Verbindung auch über den Äther aufrechterhalten bleibt. In kleinen Dingen sind sie großzügig, an große läßt man sie jedoch nicht so leicht heran, weil die Genauigkeit fehlt. Doch das wäre erlernbar!

Aszendent Fische / Sonne Krebs
Geburtsherrscher Neptun

Persönlichkeit: verletzbar
Lebenskern: einfühlend
Diese Charaktere schöpfen aus dem Instinkt. Sie wissen um die Grunddinge, ohne sie belegen zu können. Ihre gebärende Fantasie ist sehr groß, ihr Instinkt fast untrüglich. So werden sie von Alpträumen geplagt, wenn ein Unheil aufzieht, und träumen gut, wenn sich der Himmel im Tagesleben von der schönsten Seite zeigt. Sie haben also oft eine Begabung, die tief ins Okkulte reicht. Diese Grenzgebiete interessieren sie auch sehr; Karten, die sie legen, sprechen zu ihnen, und mancher, der sich von ihnen Rat holt, ist gut gefahren. Das Echo bei der Masse ist sehr gut, Politiker haben sozusagen dem Volk aufs Maul geschaut. Instinktgefühl bestimmt die Handlungen dieser Charaktere, das Unterbewußtsein ist immer gegenwärtig. Dem Verstand mißtrauen sie, also auch neuen Überlegungen, neuen Rechnungsarten – das sind für sie Versuche, die nichts taugen, weil sie in sich keine Tradition haben. Ihr gesamtes Gefühlsleben ist auf Empfängnis angelegt, sie sind weich, hingebend und anschmiegsam, mögen keine Kraftakte, lassen sich treiben, wohl wissend, daß irgendwo für ihre Empfindsamkeit eine Insel ist, die sie aufnimmt. Sensibel und verletzbar, sind sie für den rauhen Alltag nicht gerade prädestiniert und greifen oft zu Finten. Aber sie können auch abwarten; ihre Geduld ist groß, und keiner kennt den Lauf der großen Strömung, die eine Gesellschaft vorantreibt, so wie sie! Ihre Stärke ist bewegende Passivität, das heißt, ihre Passivität ist wach und anpassend; wenn sie angesprochen werden, sind sie da. Sie warten darauf.

Aszendent Fische / Sonne Löwe
Geburtsherrscher Neptun

Persönlichkeit: verletzbar
Lebenskern: großzügig
Diese Charaktere haben ein gutes Gespür, wie man ankommt, wie man sich durchsetzt. Sie können ausgezeichnet Befehle als Bitten vortragen und sind sicher, daß diese Bitten befehlsgemäß ausgeführt werden. Hier findet man die Autoritäten, die andere scheinbar mit feinem Takt führen, dabei aber sehr hart zugreifen – eine Art sanfter Gewalt. Der andere meint, er dürfe noch, aber er darf nicht mehr. Diese Charaktere haben auch die Gabe, Gegenargumente frühzeitig zu erahnen; ist es dann so weit, sind sie ohne Gegenstimme in ihr Amt gewählt. Innerlich zischt es oft in ihnen, denn so leicht fällt ihnen die feine, scheinbare Rücksichtnahme nicht, doch sie lernen auf der Tastatur der Gefühlsklaviere zu spielen.
Flüchtlingen oder Ratsuchenden bieten sie ein Asyl, so machen sie sich beliebt. Ihre erotische Ausstrahlung ist auch beachtlich, sie hat etwas Geheimnisvolles, Exotisches. Sie können sich auch in schöner Aufmachung verkaufen, was leicht etwas marktschreierisch wirkt; das Bluffen liegt ihnen instinktiv. Sie leisten sich schon allerlei, ehe sie wirklich ausrutschen. Manche nutzen diese Gabe auch, um sich Vorteile zu erschleichen, was leider oft gut geht, so daß dann der leichte Weg des sich durchs Leben Mogelns gewählt wird. Ihr Lebensstil ist ungewöhnlich, meist aufwendig, ihr Heim kostbar ausgestattet, mit Kunstwerken, die dem Besitzer besonders gut zu Gesicht stehen. Auch für Schmuck haben sie Sinn, mit Gold und Edelsteinen können sie fabelhaft umgehen. Sie wissen, was ein Juwel ist!

Aszendent Fische / Sonne Jungfrau
Geburtsherrscher Neptun

Persönlichkeit: verletzbar
Lebenskern: vernünftig
Diese Charaktere haben einen sehr guten Instinkt für ihre Umwelt, aber sie können dem oft nicht nachgehen. Sie wissen im Kern um die Notwendigkeit, den Alltag pflichtbewußt zu meistern, aber zu gern lassen sie sich treiben, schieben notwendige Arbeiten hinaus, sie sind oft anfällig. Die Stärke suchen sie dann im Partner zu finden, den sie nach recht egoistischen Überlegungen aussuchen. Wenn es darauf ankommt, packen sie zu, doch danach brauchen sie Pausen, um sich aufzuladen. Ihre Umwelt sehen sie immer ein bißchen verklärt, nie so hart, wie sie wirklich ist; das bringt Schwierigkeiten, denn trotz guten Instinkts lassen sie sich zwar selten betrügen aber öfter verführen – sie geben sich gern hin, sie machen Versprechungen, die sie nicht halten können. Sie versuchen, sich schnell beliebt zu machen, um so besser im Alltag zu bestehen, aber dann müssen sie alles aufarbeiten. Am sichersten fühlen sie sich in einer Gemeinschaft, die ein hohes Ziel hat, das verbindet. Wenn sie sich treiben lassen, ohne selbst mitzubestimmen, sehnen sie sich umso stärker nach einem Partner, der ihnen den Halt gibt, den sie in der Bewährung des Alltag so schwer finden. Die Mystik kann in ihrem Leben eine große Rolle spielen, da versuchen sie sogar, den Erscheinungen auf den Grund zu gehen. Sie bauen sich fast alle eine geheime Welt auf, in der sie nach Feierabend Zuflucht suchen, da entfernen sie sich dann ohne Gefahr vom Alltag; das kann zu Absonderung oder zu missionarischer Besessenheit führen, je nach dem Ausgangsniveau.

Aszendent Fische / Sonne Waage
Geburtsherrscher Neptun

Persönlichkeit: verletzbar
Lebenskern: verbindend
Diese Charaktere haben die Gabe, mit der Umwelt, mit den Menschen unnachahmlich umzugehen. Der Volksmund nennt sie die Liebeskünstler. Nun, zaubern scheinen sie wirklich zu können, sie fangen den anderen geschickt ein, haben ein so feines Gespür für dessen Eigenarten, daß sie jeden an ihre Seite ziehen, jeden an sich binden können. Ihr Gefühl ist hellwach; instinktiv wissen sie, wo der andere seine liebenswerten und seine schwachen Seiten hat, da halten sie sich dann fest. Sie sind auch künstlerisch sehr begabt. Alles wird mit Takt ausgeübt, nur Härte macht sie unsicher; da weichen sie zurück. Das Leben betrachten sie als angenehmen Zwischenaufenthalt ihrer Existenz, denn sie glauben irgendwie an ein Weiterleben, oder sie meinen, schon einmal gelebt zu haben. Sie wissen es nicht genau, wollen es auch nicht wissen; sie versuchen nur, das hiesige Leben wie ein Paradies zu gestalten. Sie sind die idealen Partner, mit denen man sich gern schmückt, die Lebensbewältiger sind sie nicht. Dazu braucht es schon andere Kräfte, da fehlt ihnen das Eiserne; so spezialisieren sie sich auf das Eingehen und Mitgehen mit dem anderen. Finden sie kein Echo, können sie sich sehr gehenlassen. Dann träumen sie vor sich hin und greifen eventuell auch zu härteren Drogen, die sie in eine andere Welt entführen sollen. Je tiefer sie sinken, umso mehr brauchen sie Freunde und Du-Partner, aber sie haben ja die unnachahmliche Gabe, Freunde an Land zu ziehen. Und sie wirken auf die Umwelt befruchtend, schöpferisch!

Aszendent Fische / Sonne Skorpion
Geburtsherrscher Uranus

Persönlichkeit: verletzbar
Lebenskern: leidenschaftlich
Diese Charaktere können sich als individuelle Persönlichkeiten gut in die Umwelt einpassen und einfügen. Sie setzen sich fast unmerklich durch, erreichen schnell eine besondere Stellung, sind bald im Kreis der Nachbarschaft aufgenommen, obwohl sie Distanz halten. Sie sind leistungsstark, oft sehr religiös veranlagt, auf jeden Fall immer tiefgründig. Sie forschen mit viel Ehrgeiz, wollen den letzten Dingen auf den Grund gehen; und sie können das, sie lösen – natürlich je nach Niveau – die Geheimnisse dieser Welt, wenn sie begnadet sind. Aber auch die anderen Charaktere sind Geheimnisjäger; das können die Detektive sein, die jahrelang zurückliegende Fälle lösen; sie können Täter jagen, die sich schon längst in Sicherheit wiegen, sie warten instinktsicher auf den richtigen Zeitpunkt, und der Moment kommt. Allein wenn sie ungeduldig werden, weil sie zu persönlich engagiert sind, machen sie Fehler, aber das ist nicht die Regel. Normalerweise haben sie neben dem siebten Sinn auch ein listiges Gespür; sie können ihre Gegner sehr geschickt täuschen – in ihre Fallen stolpern fast alle. Ihre sehr individuelle Lebensführung ist mit bürgerlichen Maßstäben nicht zu messen; auf die Meinung anderer nehmen sie keinerlei Rücksicht. Manchmal wirken sie etwas überzüchtet, auch degeneriert oder snobistisch, aber dieser Anschein täuscht meist. Sie haben starke Kräfte in sich, so daß sie nach einer Erschöpfung sehr schnell wieder da sind. Viel zu oft schreibt man diese Charaktere zu früh ab.

Aszendent Fische / Sonne Schütze
Geburtsherrscher Neptun

Persönlichkeit: verletzbar
Lebenskern: sinnvoll

Diese Charaktere träumen nicht nur von einer besseren Welt, sie setzen sich aktiv dafür ein. Sie hängen zwar oft gewissen alten Sehnsüchten nach, aber sie wissen, daß nur auf Vergangenem nicht gut aufzubauen ist. Sie sind sehr engagiert, wenn es um Glaubensfragen geht, etwa um eine Missionsarbeit in unterentwickelten Ländern. Sie spüren, daß man die Welt im Zusammenhang sehen muß, sind gegen jede Isolierung; den Hunger in der Welt wollen sie besiegen, damit sie nicht selbst mit in den Strudel des Endkampfes hineingezogen werden. Vielleicht sind diese Charaktere gar nicht so edel, sondern sogar Egoisten, aber sie denken weiter als andere. Sie wissen, daß die einen nicht im Schlaraffenland leben können, während sich andererseits eine Familie von einer Handvoll Reis ernähren muß. Und das wirkt sich auch im praktischen Leben aus: Sie wollen keine Vorteile, weil dies nur Neid weckt – lieber vereinen sie die anderen mit eigenem Verzicht; das ist ihre große Lebensklugheit, die auf Urerfahrungen zurückgeht. So wirken sie oft wie große, einfühlsame Führer oder Vorbilder; dabei denken sie nur an sich, aber mit Gespür und Zukunftsblick. Sie ziehen sich auch rechtzeitig die Schüler heran, die in ihrem Sinn weiterarbeiten, und sie sind gute Lehrherren, denen man seine Kinder anvertrauen kann. Lebensgrundsätze sind vorhanden, aber sie werden mit dem richtigen Maß angewandt! Ihr Fernweh ist groß, auch ihr Bildungswunsch, daher ihre unkonventionelle Lebenseinstellung, die sie befähigt, das Ganze zu sehen.

Aszendent Fische / Sonne Steinbock
Geburtsherrscher Uranus

Persönlichkeit: verletzbar
Lebenskern: eigensinnig

Diese Charaktere scheinen in der Anvisierung ihres Ziels oft ablenkbar; manche Verführung, die sich auf dem Weg zum Gipfel bietet, stellt auch eine Gefahr dar. Sie haben oft das Gefühl, Belohnungen verdient zu haben, und geben diesem Verlangen nach. Das sind die Charaktere, die ausbrechen, weil sie zu streng erzogen oder zu hart rangenommen wurden. Man überschätzt nämlich ihre Kräfte. Sie sind sehr sensibel und lassen sich nicht ohne weiteres in eine Arbeitskolonne einspannen. Akkordarbeiter sind sie sowieso nicht, da geben sie bald auf; man muß sie also mit Feingefühl behandeln. Dann allerdings sind sie unersetzlich, weil sie Farbe in das Leben bringen können! Sie verschönen den Arbeitstag und vergolden das zu erreichende Ziel. Auch versuchen es diese Charaktere manchmal mit dem Spiel, es gelingen ihnen sogar manche Spekulationen mit Papieren; sie können zwar alles wieder verlieren, aber nun meinen sie, sie schaffen es noch einmal! Da sind also viele Versuchungen, denen sie ausgesetzt sind und die die Umwelt immer wieder an sie heranträgt.

Auch sehen sie die Notwendigkeit nicht ein, daß das Leben Arbeit ist und dann seinen Wert hat; sie möchten jeden machen lassen, was er will – aber wenn sie es selbst versuchen, kommen sie ins Schwimmen. Sie vergessen sich nie, auch lassen sie sich kaum treiben, aber sie warten zu lange auf das große Glück ohne zu verstehen, daß dieses meist aus viel kleinem Glück zusammengesetzt ist. Riskieren tun sie nicht viel, sie hoffen lieber.

Aszendent Fische / Sonne Wassermann
Geburtsherrscher Neptun

Persönlichkeit: verletzbar
Lebenskern: geistig

Diese Charaktere erscheinen als Exzentriker, sie sind ganz Instinkt, Inspiration und Intuition. Feinnervig und stets witternd beäugen sie ihre Umwelt. Hier entscheidet sich recht früh die Grundrichtung: Entweder wollen sie den Menschen zur wahren Humanität führen oder ihm nur zeigen, wie wenig er eigentlich wert ist. Sie können Sekten gründen oder nachweisen, daß der Mensch überwiegend aus Wasser besteht und sein chemischer Wert etwa bei 13 Mark liegt. Hier prallen die Extreme zusammen, hier werden Ideale hochgehalten oder in den Dreck gezogen, und das schwankt. Wer nicht durch Niveau und Umwelt in sich fest ist, taumelt verloren in dieser Welt hin und her. Überragende Begabungen findet man neben Möchtegern-Erfindern. Die Wirklichkeit wird eigentlich nie real gesehen, sondern entweder überhöht oder im Sumpf. Sie werten fast nie gerecht, ein Rechenschaftsbericht ist von ihnen nicht zu erwarten, und auch über sich selbst wollen sie keine Urteile hören. Schon in der Schule drücken sie sich vor Prüfungen; die Lebensprüfungen treffen sie dann unvorbereitet, doch intuitiv mogeln sie sich durch, wobei ihnen manche geheimnisvollen Kräfte zu Hilfe kommen. Sie träumen mit offenen Augen, aber dann zündet eine Idee, die mitreißt und sie nach oben spült. Oder sie treten für kühne Projekte ein, die keiner für verwirklichungsfähig hält; da können sie der Akkumulator und der zündende Funke zugleich sein. Manche dieser Charaktere sind Ausnahmen und gehen in die Geschichte ein.

Aszendent Fische / Sonne Fische
Geburtsherrscher Neptun

Persönlichkeit: verletzbar
Lebenskern: hingebend

Diese Charaktere stehen ihrer Umwelt sehr hilfreich gegenüber, oft viel zu gutmütig, dabei eher schutzlos, wenn sie gefordert werden. Mit naivem Lächeln retten sie sich über schwierige Situationen, ziehen sich dann zurück, wenn es zu laut, zu unkünstlerisch, zu oberflächlich zugeht. Sie haben eine gläubige Ausstrahlung, können diesen Glauben aber selten in Worte fassen. Sie sind immer sehr sentimental, feiern ihre kleinen Gedenktage als intime Feste, viel Kerzenlicht schirmt sie ab, Musik berieselt sie und ihre Freunde; der Alltag bleibt draußen.
Sie haben schnell begriffen, daß das Bestehen des Lebenskampfes nicht ihre Sache ist. So geben sie sich hilfloser als sie sind oder verstellen sich sogar, und das können sie hervorragend. Sie können als Mitleidhascher auftreten, als Märtyrer, und finden immer Leute, die sich bei ihnen ein gutes Gewissen für sich selbst holen wollen.
Die Romantik wird geliebt, die nüchterne Welt ist ihnen zu spröde, zu grau, zu bleiern, sie suchen Ruhe und Frieden. So leben sie zurückgezogen und fallen nicht auf. Oft merkt man erst dann, was für Kunstwerke sie geschaffen haben, was für eigentlich wertvolle Menschen sie waren, wenn sie nicht mehr da sind. Diese Charaktere bringen etwas Geheimnisvolles in ihre Umwelt, vor dem man aber in der Regel Angst empfindet! Sie sind zu jenseitig, sie träumen von einem Paradies, aus dem die Menschen doch längst vertrieben worden sind. Aber sie können träumen! Wer erlebt das noch so wie sie!

Tabelle zum Auffinden des Aszendent

Die Aszendent-Tabelle gilt für alle Jahrgänge. Man suche zunächst die Geburtszeit links am Rand, abgerundet auf die nächstgenaue halbe Stunde.
Man lege waagerecht ein Lineal an.
Nun suche man sein Geburtsdatum in der Kolonne des Monats nach den Tagesdaten 1–10–20.
Die Längskolonnen sind die Aszendent-Grade, natürlich nicht für jeden Ort gradgenau.

Ein Beispiel:
Geburt: 10. Juli, 7 Uhr 15.
7 Uhr 15 liegt zwischen 7 Uhr und 7 Uhr 30.
Nun verfolge man die Lineallinie nach rechts bis zum 10. Juli. Man findet für 7 Uhr angegeben 19 Grad Löwe, für 7 Uhr 30 findet man 24 Grad Löwe.
7 Uhr 15 liegt dazwischen, also muß der Aszendent bei 22 Grad Löwe liegen.

Nehmen wir ein weiteres Beispiel:
Geburt am 7. Mai um 10 Uhr 30.
Wieder geht man am Rand von der Uhrzeit aus, die immer auf eine Viertelstunde abgerundet sein darf.
Man findet im Monat Mai unter der Spalte 01 die Zahl 07 Löwe, unter der Spalte 10 jedoch 14 Löwe.
Da der 7. Mai nun näher am 10. Mai liegt, kann man sagen, der Aszendent für den am 7. Mai um 10 Uhr 30 Geborenen liegt bei 12 Grad Löwe.
Die Gradzahlen sind ja auch nur in etwa zu betrachten, zumal kaum jemand seine Uhrzeit genau kennt.
Zumal für den Anfänger ist es nicht wichtig, ob sein Aszendent in 7 oder 10 oder 15 Grad Löwe liegt.

Die Gradangaben sind abgerundet, sie können nach oben und unten differieren und zwar bis zu 1 oder 1½ Grad.
Für die Breitengrade 49 und 53 folgt hier eine Korrekturmöglichkeit, wobei die mittlere Spalte, die für 51°, der Ausgangswert ist; er entspricht den Angaben der Aszendentübersicht.

49°	51°	53°
00 ♈	01 ♈	00 ♈
14 ♈	15 ♈	17 ♈
27 ♈	01 ♉	03 ♉
11 ♉	15 ♉	18 ♉
28 ♉	01 ♊	05 ♊
12 ♊	15 ♊	19 ♊
28 ♊	01 ♋	04 ♋
13 ♋	15 ♋	18 ♋
29 ♋	01 ♌	03 ♌
14 ♌	15 ♌	17 ♌
30 ♌	01 ♍	02 ♍
14 ♍	15 ♍	15 ♍
01 ♎	01 ♎	01 ♎
16 ♎	15 ♎	15 ♎
02 ♏	01 ♏	00 ♏
16 ♏	15 ♏	13 ♏
03 ♐	01 ♐	29 ♏
18 ♐	15 ♐	13 ♐
04 ♑	01 ♑	28 ♐
18 ♑	15 ♑	11 ♑
04 ♒	01 ♒	26 ♑
19 ♒	15 ♒	12 ♒
03 ♓	01 ♓	27 ♒
16 ♓	15 ♓	13 ♓

Beispiel: Am ersten Mai finden wir in der Aszendent-Übersicht um 01 Uhr 30 den Aszendent 01 Wassermann für den 51. Breitengrad. Wer nun auf dem 49. Breitengrad geboren ist, hat laut obiger Tabelle den Aszendent 04 Grad Wassermann, wer auf dem 53. Breitengrad geboren ist, aber den Aszendent 26 Grad Steinbock. Entsprechend ist auch sonst zu- oder abzuziehen.

Uhrzt. St. Mi.	Januar 01	10	20	Februar 01	10	20	Uhrzt. St. Mi.	März 01	10	20	April 01	10	20
00 00	07 ♎	13 ♎	20 ♎	28 ♎	05 ♏	12 ♏	00 00	18 ♏	24 ♏	01 ♐	10 ♐	16 ♐	24 ♐
00 30	12	19	26	04 ♏	10	17	00 30	23	29	07	16	22	01 ♑
01 00	18	24	01 ♏	09	15	22	01 00	29	05 ♐	13	22	29	08
01 30	23	29	06	14	21	28	01 30	04 ♐	11	18	28	06 ♑	16
02 00	28	05 ♏	12	20	26	03 ♐	02 00	10	17	25	06 ♑	14	26
02 30	04 ♏	10	16	25	01 ♐	09	02 30	15	23	02 ♑	13	23	07 ♒
03 00	09	15	22	00 ♐	07	15	03 00	21	29	09	22	03 ♒	19
03 30	14	20	27	06	12	21	03 30	28	06 ♑	17	02 ♒	15	05 ♓
04 00	19	26	03 ♐	12	18	27	04 00	05 ♑	15	26	15	00 ♓	22
04 30	24	01 ♐	08	17	25	04 ♑	04 30	13	23	04 ♒	29	17	10 ♈
05 00	00 ♐	07	14	24	01 ♑	11	05 00	22	04 ♒	21	16 ♓	05 ♈	28
05 30	05	12	20	00 ♑	09	20	05 30	02 ♒	17	07 ♓	04 ♈	23	12 ♉
06 00	11	18	26	08	17	00 ♒	06 00	14	01 ♓	24	21	08 ♉	25
06 30	17	24	03 ♑	16	26	12	06 30	28	18	12 ♈	07 ♉	21	06 ♊
07 00	23	01 ♑	11	25	08 ♒	26	07 00	14 ♓	06 ♈	28	21	03 ♊	15
07 30	29	08	19	05 ♒	21	12 ♓	07 30	03 ♈	23	13 ♉	02 ♊	12	23
08 00	07 ♑	16	29	18	07 ♓	30	08 00	20	09 ♉	26	12	20	30
08 30	15	26	10 ♒	03 ♓	24	18 ♈	08 30	06 ♉	22	06 ♊	20	28	06 ♋
09 00	24	07 ♒	24	20	12 ♈	04 ♉	09 00	20	03 ♊	15	27	05 ♋	13
09 30	04 ♒	19	10 ♓	08 ♈	28	18	09 30	01 ♊	12	23	04 ♋	11	19
10 00	17	05 ♓	28	26	13 ♉	29	10 00	11	21	00 ♋	10	16	24
10 30	01 ♓	22	16 ♈	11 ♉	26	09 ♊	10 30	19	28	07	16	23	29
11 00	19	10 ♈	02 ♉	23	05 ♊	18	11 00	27	05 ♋	13	22	28	05 ♌
11 30	06 ♈	28	16	04 ♊	15	26	11 30	03 ♋	11	19	27	03 ♌	10
12 00	24	12 ♉	28	14	23	02 ♋	12 00	10	17	25	03 ♌	08	16
12 30	09 ♉	25	08 ♊	22	00 ♋	09	12 30	16	23	30	08	14	21
13 00	22	06 ♊	17	29	07	15	13 00	22	29	05 ♌	14	19	26
13 30	03 ♊	15	25	06 ♋	13	21	13 30	27	04 ♌	11	19	25	01 ♍
14 00	13	23	02 ♋	12	19	26	14 00	03 ♌	09	16	24	00 ♍	07
14 30	21	00 ♋	09	18	25	02 ♌	14 30	08	14	21	29	05	12
15 00	28	06	15	23	00 ♌	07	15 00	13	19	26	05 ♍	10	17
15 30	05 ♋	13	20	29	05	12	15 30	19	25	02 ♍	10	15	22
16 00	11	18	26	05 ♌	11	18	16 00	24	00 ♍	07	15	21	28
16 30	17	24	01 ♌	10	16	23	16 30	29	06	12	20	26	03 ♎
17 00	23	29	07	15	21	28	17 00	04 ♍	11 ♍	17 ♍	26 ♍	02 ♎	08 ♎
17 30	29 ♋	05 ♌	12 ♌	20 ♌	26 ♌	03 ♍	17 30	10	16	23	01 ♎	06	13
18 00	04 ♌	10	17	25	02 ♍	09	18 00	15	21	28	06	12	19
18 30	09	16	23	01 ♍	07	14	18 30	20	26	03 ♎	11	17	24
19 00	15	21	28	06	12	19	19 00	25	02 ♎	09	17	22	29
19 30	20	26	03 ♍	11	17	25	19 30	01 ♎	07	14	22	28	05 ♏
20 00	25	01 ♍	08	16	23	30	20 00	06	12	19	27	03 ♏	10
20 30	00 ♍	07	13	22	28	05 ♎	20 30	11	18	24	03 ♏	08	15
21 00	06	12	19	27	03 ♎	10	21 00	16	23	30	08	14	20
21 30	11	17	24	02 ♎	09	16	21 30	21	28	05 ♏	13	19	26
22 00	16	22	29	08	14	21	22 00	27	03 ♏	10	18	24	01 ♐
22 30	21	28	05 ♎	13	19	26	22 30	02 ♏	08	16	24	29	07
23 00	26	03 ♎	10	18	24	02 ♏	23 00	07	14	20	29	05 ♐	12
23 30	02 ♎	08	15	24	29	07	23 30	13	19	26	04 ♐	10	18
24 00	07	13	20	28	05 ♏	12	24 00	18	24	01 ♐	10	16	24

Uhrzt. St. Mi.	Mai 01	10	20	Juni 01	10	20	Uhrzt. St. Mi.	Juli 01	10	20	August 01	10	20
00 00	04 ♑	13 ♑	25 ♑	14 ♒	00 ♓	23 ♓	00 00	18 ♈	07 ♉	23 ♉	11 ♊	21 ♊	01 ♋
00 30	12	22	07 ♒	28	17	10 ♈	00 30	04 ♉	21	04 ♊	20	29	07
01 00	21	02 ♒	19	14 ♓	05 ♈	28	01 00	18	02 ♊	14	27	50 ♋	13
01 30	01 ♒	15	04 ♓	02 ♈	21	12 ♉	01 30	30	12	22	04 ♋	11	19
02 00	12	29	22	20	07 ♉	25	02 00	10 ♊	20	29	11	18	25
02 30	26	15 ♓	10 ♈	05 ♉	21	06 ♊	02 30	18	28	05 ♋	16	23	00 ♌
03 00	13 ♓	04 ♈	27	19	03 ♊	15	03 00	26	04 ♋	12	22	29	06
03 30	01 ♈	22	11 ♉	01 ♊	12	23	03 30	03 ♋	11	18	27	03 ♌	11
04 00	18	07 ♉	24	11	20	00 ♋	04 00	09	16	23	03 ♌	09	16
04 30	04 ♉	20	05 ♊	19	28	07	04 30	15	22	29	09	15	22
05 00	18	02 ♊	14	27	04 ♋	13	05 00	21	28	04 ♌	14	20	27
05 30	30	11	22	03 ♋	11	19	05 30	27	03 ♌	10	19	25	02 ♍
06 00	10 ♊	20	30	10	17	24	06 00	02 ♌	09	15	24	01 ♍	07
06 30	18	27	06 ♋	16	23	30	06 30	07	14	20	29	06	13
07 00	26	04 ♋	13	21	28	05 ♌	07 00	12	19	25	05 ♍	11	18
07 30	03 ♋	10	18	27	03 ♌	10	07 30	18	24	01 ♍	10	16	23
08 00	09	16	24	03 ♌	09	16	08 00	23	30	07	15	22	28
08 30	15	22	29	08	14	21	08 30	28	05 ♍	11	20	27	04 ♎
09 00	21	27	05 ♌	13	19	26	09 00	04 ♍	10	16	26	02 ♎	09
09 30	27	03 ♌	10	18	25	02 ♍	09 30	09	15	22	01 ♎	07	14
10 00	02 ♌	08	15	24	00 ♍	07	10 00	14	21	27	06	12	19
10 30	07	14	21	29	05	12	10 30	19	26	02 ♎	11	18	25
11 00	13	19	26	04 ♍	10	17	11 00	25	01 ♎	08	17	23	00 ♏
11 30	18	24	01 ♍	10	16	22	11 30	00 ♎	06	13	22	28	05
12 00	23	29	06	15	21	28	12 00	05	12	18	27	04 ♏	10
12 30	29	05 ♍	12	20	26	03 ♎	12 30	11	17	23	03 ♏	09	16
13 00	04 ♍	10	17	25	01 ♎	08	13 00	16	22	29	08	14	21
13 30	09	15	22	01 ♎	06	14	13 30	21	28	04 ♏	13	20	27
14 00	14	21	27	06	12	19	14 00	26	03 ♏	09	18	25	02 ♐
14 30	20	26	03 ♎	11	17	24	14 30	02 ♏	08	14	23	00 ♐	07
15 00	25	01 ♎	08	17	22	29	15 00	07	13	20	29	06	13
15 30	01 ♎	06	13	21	28	05 ♏	15 30	12	18	25	04 ♐	11	19
16 00	06	12	18	27	03 ♏	10	16 00	18	24	01 ♐	10	17	25
16 30	11	17	24	02 ♏	08	15	16 30	23	29	06	16	23	02 ♑
17 00	16 ♎	22 ♎	29 ♎	07 ♏	14 ♏	21 ♏	17 00	28 ♏	05 ♐	12 ♐	22 ♐	00 ♑	09 ♑
17 30	21	28	04 ♏	12	19	26	17 30	04 ♐	10	17	29	07	18
18 00	26	03 ♏	10	18	24	01 ♐	18 00	09	16	24	05 ♑	15	27
18 30	02 ♏	08	15	23	29	07	18 30	15	22	00 ♑	13	24	08 ♒
19 00	07	13	20	28	05 ♐	12	19 00	21	29	07	22	05 ♒	22
19 30	12	18	25	04 ♐	11	18	19 30	27	06 ♑	15	02 ♒	17	07 ♓
20 00	18	24	01 ♐	10	16	25	20 00	04 ♑	14	24	15	02 ♓	25
20 30	23	29	06	15	22	01 ♑	20 30	12	23	05 ♒	29	20	13 ♈
21 00	28	04 ♐	12	21	29	09	21 00	21	03 ♒	18	16 ♓	07 ♈	29
21 30	04 ♐	10	18	28	06 ♑	17	21 30	01 ♒	15	03 ♓	04 ♈	25	14 ♉
22 00	09	16	24	05 ♑	14	26	22 00	12	00 ♓	20	21	07 ♉	26
22 30	15	22	01 ♑	12	22	07 ♒	22 30	26	17	08 ♈	07 ♉	23	07 ♊
23 00	21	28	08	21	03 ♒	20	23 00	13 ♓	05 ♈	25	20	04 ♊	16
23 30	27	06 ♑	16	01 ♒	15	05 ♓	23 30	00 ♈	21	10 ♉	02 ♊	13	24
24 00	04 ♑	13	25	14	00 ♓	23	24 00	18	07 ♉	23	11	21	01 ♋

Uhrz. St. Mi.	September 01	10	20	Oktober 01	10	20	Uhrzt. St. Mi.	November 01	10	20	Dezember 01	10	20
00 00	10 ♋	18 ♋	25 ♋	04 ♌	09 ♌	16 ♌	00.00	24 ♌	01 ♍	07 ♍	15 ♍	21 ♍	28 ♍
00 30	16	23	01 ♌	09	14	21	00 30	29	06	13	20	26	04 ♎
01 00	22	29	06	14	19	26	01 00	05 ♍	11	18	25	02 ♎	09
01 30	28	05 ♌	11	19	25	02 ♍	01 30	10	16	23	01 ♎	07	14
02 00	03 ♌	10	17	25	30	07	02 00	15	21	28	06	12	19
02 30	09	15	22	30	05 ♍	12	02 30	20	26	04 ♎	11	19	24
03 00	14	20	27	05 ♍	10	17	03 00	26	02 ♎	09	16	23	30
03 30	19	25	03 ♍	10	16	23	03 30	01 ♎	07	14	22	28	05 ♏
04 00	24	01 ♍	08	16	21	28	04 00	06	12	19	27	03 ♏	10
04 30	29	06	13	21	26	03 ♎	04 30	11	18	25	02 ♏	08	15
05 00	05 ♍	11	19	26	02 ♎	09	05 00	17	23	30	07	14	21
05 30	10	16	24	01 ♎	07	14	05 30	22	28	05 ♏	13	19	26
06 00	16	22	29	07	12	19	06 00	27	03 ♏	10	18	24	01 ♐
06 30	21	27	04 ♎	12	18	24	06 30	03 ♏	09	16	23	00 ♐	07
07 00	26	02 ♎	09	17	23	30	07 00	08	14	21	29	05	13
07 30	01 ♎	08	15	22	28	05 ♏	07 30	13	19	27	04 ♐	11	18
08 00	06	13	20	28	03 ♏	10	08 00	19	25	02 ♐	10	17	24
08 30	12	18	25	03 ♏	08	15	08 30	24	00 ♐	07	15	23	01 ♑
09 00	17	23	01 ♏	08	14	21	09 00	29	05	13	21	30	09
09 30	22	29	06	14	19	26	09 30	04 ♐	11	19	28	06 ♑	17
10 00	28	04 ♏	11	19	24	01 ♐	10 00	10	17	25	05 ♑	15	26
10 30	03 ♏	09	16	24	30	07	10 30	16	23	02 ♑	13	24	08 ♒
11 00	08	14	22	29	05 ♐	11	11 00	22	30	09	22	04 ♒	21
11 30	13	20	27	05 ♐	11	19	11 30	28	07 ♑	17	02 ♒	16	07 ♓
12 00	18	25	02 ♐	10	16	25	12 00	06 ♑	15	27	14	01 ♓	24
12 30	24	01 ♐	08	16	23	01 ♑	12 30	13	24	08 ♒	28	18	11 ♈
13 00	29	06	14	22	29	09	13 00	22	04 ♒	21	14 ♓	06 ♈	28
13 30	05 ♐	12	20	29	06 ♑	17	13 30	02 ♒	17	07 ♓	03 ♈	23	13 ♉
14 00	10	17	26	06 ♑	14	26	14 00	14	01 ♓	25	20	09 ♉	26
14 30	16	24	03 ♑	14	23	07 ♒	14 30	29	19	13 ♈	05 ♉	22	06 ♊
15 00	22	00 ♑	10	22	03 ♒	21	15 00	16 ♓	06 ♈	29	20	03 ♊	15
15 30	29	07	18	03 ♒	16	06 ♓	15 30	03 ♈	24	14 ♉	01 ♊	12	23
16 00	06 ♑	16	28	15	00 ♓	23	16 00	21	10 ♉	26	11	21	00 ♋
16 30	14	25	09 ♒	00 ♓	18	12 ♈	16 30	07 ♉	22	07 ♊	19	28	07
17 00	22 ♑	05 ♒	23 ♒	17 ♓	05 ♈	28 ♈	17 00	20 ♉	03 ♊	16 ♊	27 ♊	05 ♋	13 ♋
17 30	03 ♒	18	09 ♓	05 ♈	23	13 ♉	17 30	02 ♊	13	24	03 ♋	11	19
18 00	15	03 ♓	27	21	08 ♉	26	18 00	11	21	01 ♋	10	17	25
18 30	30	21	14 ♈	08 ♉	22	06 ♊	18 30	20	29	07	16	23	30
19 00	16 ♓	08 ♈	01 ♉	21	03 ♊	15	19 00	27	05 ♋	14	22	29	05 ♌
19 30	04 ♈	26	15	03 ♊	12	23	19 30	04 ♋	11	19	27	04 ♌	10
20 00	21	11 ♉	27	12	21	00 ♋	20 00	10	17	25	03 ♌	09	16
20 30	07 ♉	23	07 ♊	21	28	07	20 30	16	23	00 ♌	08	14	21
21 00	21	05 ♊	17	28	05 ♋	11	21 00	22	29	06	13	20	26
21 30	02 ♊	13	24	04 ♋	11	19	21 30	28	04 ♌	11	19	25	02 ♍
22 00	12	22	01 ♋	11	17	23	22 00	03 ♌	09	16	24	00 ♍	07
22 30	20	29	08	17	23	30	22 30	08	15	21	29	05	12
23 00	28	06 ♋	14	23	28	05 ♌	23 00	14	20	27	04 ♍	10	17
23 30	04 ♋	12	20	28	03 ♌	10	23 30	19	25	02 ♍	10	16	23
24 00	10	18	25	04 ♌	09	16	24 00	24	01 ♍	07	15	21	28

Schlußbemerkungen zum Aszendent

144 Typen haben wir vorgestellt. Es sind zwar immer noch Charakter-Typen, wenn auch schon differenzierter. Die Beschreibungen sind nicht wörtlich zu nehmen. Sie bestehen aus Symbolbildern, die nur als Beispiele aufzufassen sind und in die man sich also etwas einarbeiten muß. Noch ist kein rundes Charakterbild zu ersehen, aber wenn man das Sonnenzeichen nimmt, dazu die jeweilige der 144 Aszendentbeschreibungen, und nachliest, was unter dem Stichwort Sonne in Stier steht, wenn der Aszendent Stier ist, kommt man schon überraschend zurecht! Man sieht, wie gut sich manches ergänzen kann; so gibt der Aszendent Löwe denen, die die Sonne im Abschnitt Fische haben, Kraft für die Umweltsbewältigung, oder der Aszendent Jungfrau hilft denjenigen, deren Sonne im Abschnitt Zwillinge steht, daß aus einem Luftikus ein ernstzunehmender Arbeiter werden kann.

Für die Eigenkombination die Aszendentauswirkung noch einmal in Kürze:

Aszendent im Abschnitt Widder
zeugt für Mut, mit dem man sich der Umwelt stellt. Voller Elan wird das Leben angepackt, der Geltungsdrang ist stark ausgeprägt. Energiegeladen wird auf dem Lebensweg auch Streit und Kampf gesucht, um seine Ideale durchzusetzen. Stockt der Aufstieg, setzt man rücksichtslos alle Kräfte ein, ja Fanatismus ist möglich. Ruhe wird als halber Tod empfunden, da man doch die Umwelt führen will. Die Umwelt wird in Bewegung gebracht.

Aszendent im Abschnitt Stier
zeugt für kulturelle Sicherheit, die in der Umwelt gesucht wird. Gute Beziehungen werden gepflegt, mit Liebenswürdigkeit werden harte Geschäftspraktiken durchgesetzt. Man geht bis hart an die Grenze, bleibt aber stets fair. Nachgeben gibt es nur, wenn das Eigene nicht davon berührt wird. Es kommt daher auch der Punkt, wo kein Millimeter mehr zurückgewichen wird, dann wehrt man sich mit ganzer Kraft! Die Umwelt wird in Ordnung gehalten.

Aszendent im Abschnitt Zwillinge
zeugt für kontaktfreudige Umwelteinstellung. Sprachgewandt und geschickt stellt man sich der Umgebung, den Menschen. Alles will erkundet sein. Dabei spielen eine gewisse Erfindungslust, ein intellektueller Humor eine große Rolle. Wege zum Kontakt werden immer gefunden. Pünktlichkeit, Ordnung und Zuverlässigkeit stellen ein Problem dar, auch die gründliche Erforschung aller Umstände. Die Umwelt wird beflügelt und stets einbezogen.

Aszendent im Abschnitt Krebs
zeugt für vorsichtiges, fast ängstlich scheues Ertasten der Umwelt. Der Außenwelt gegenüber ist man sehr empfindsam, obwohl man sie schöpferisch in das Leben einbeziehen will. Sehr abhängig von seelischen Stimmungen erscheint man oft launisch, doch im entscheidenden Moment reagiert man mit überraschendem Mut, um Schutz vor und in der Umwelt zu finden. Man hört mehr, als man sagt. Die Umwelt wird erfahren und erspürt.

Aszendent im Abschnitt Löwe
zeugt für ein kraftvolles, sicheres Auftreten in der Umwelt. Ein Führungsanspruch ist damit angemeldet. Man ist sozial denkend, doch persönlich dazu zu sehr von Schmeicheleien gefährdet. Platz und Raum werden beansprucht, die Masse

der Umwelt wird insgeheim ein wenig verachtet, zumindest gering eingeschätzt. Die Umwelt soll sich nach einem selbst ausrichten. Lebensfreude ist ausgeprägt. Der Umwelt wird Kraft und Lebensfülle gegeben.

Aszendent im Abschnitt Jungfrau
zeugt für eine vernunftsmäßige, fleißige, ordentliche Grundeinstellung zur Umwelt! Man ist zuverlässig, und was hier angepackt wird, hat Hand und Fuß. Die Pflicht wird auf sich genommen, die Moral wirkt dabei etwas zu pharisäerhaft. Auch wird scharf und spitzfindig Kritik geübt, ebenso jedoch Kritik angenommen. Was um einen geschieht, ist wichtig. Man trifft Vorsorge. Die Umwelt wird mit Umsicht bewältigt.

Aszendent im Abschnitt Waage
zeugt für ausgeglichene Einstellung zur Umwelt. Man will mit ihr in der Balance leben, man findet Gefallen an der Umwelt und erwartet ein ebenso gutes Echo. Diplomatisches Talent erleichtert vieles, Taktgefühl wird erhofft, echte Partnerfreundschaften werden gesucht. Gemeinsamer Kunstgenuß gehört zum Leben. Die Schönheiten des Daseins werden gesucht, so schmückt man sich auch gern. Kultur wird in der Umwelt gesucht und in sie hineingepumpt.

Aszendent im Abschnitt Skorpion
zeugt für leidenschaftliches Engagement in der Umwelt. Mit Mut will diese bewältigt werden, wobei auf die Erhaltung des individuellen Eigenkerns Wert gelegt wird. Sympathie wird ebenso kraß verteilt wie Ablehnung. An Erlebnissen wird der Umwelt alles abverlangt, man bohrt sich in die Umgebung hinein, sucht sie zu erforschen. Auf Widerstände wird dann sehr unbeherrscht, ja wild reagiert. Die Umwelt wird leidenschaftlich erlebt.

Aszendent im Abschnitt Schütze
zeugt für ein joviales Verhalten zur Umwelt, in der ein tieferer Sinn und Erfüllung der Entfaltungskräfte gesucht werden. Man gibt sich aufgeschlossen und wißbegierig, aber auch ein bißchen von oben herab, lehrend, erziehend aber auch hilfsbereit. Führende Positionen werden in der Umwelt angestrebt. Überzeugungen werden kämpferisch durchgesetzt! Ritterlichkeit ist Zeichen menschlicher Reife. In der Umwelt wird ein Sinn gesucht.

Aszendent im Abschnitt Steinbock
zeugt für ehrgeiziges Streben in der Umwelt. Man will die Gipfel ersteigen, sich über die Umwelt erheben. Und nicht durch Glück, sondern durch Leistung. Zähigkeit im Anvisieren der Ziele, die der Umwelt imponieren sollen. Viel Aufsehens wird nicht gemacht, plötzlich hat man mehr erworben, ist eine Stufe der Lebensleiter höher geklettert, so wird die Umwelt immer wieder in Erstaunen gesetzt. Die Umwelt wird gemeistert und überrascht.

Aszendent im Abschnitt Wassermann
zeugt für Reformwillen, mit dem die Umwelt schockiert wird. Die Umwelt ist zum Verändern da. Sie ist ein Tummelplatz für Experimente. Der Umwelt erscheint man etwas merkwürdig, mal als Wundermann, mal das Kobold oder Magier. Ein Trick, mit dem man die Umwelt verblüfft, ist immer zur Hand. Doch es geht auch um ernstere Dinge. Das Alte soll schon weg, wenn das Neue noch nicht mal da ist. Erneuerungsstreben soll die Umwelt weiterbringen. So wird Unruhe in die Umwelt gebracht.

Aszendent im Abschnitt Fische
zeugt für große Gefühlsbereitschaft und Aufopferungswillen für die Umwelt. Man will für die

Umwelt da sein, damit man sich nicht zu verlassen fühlt. Mit Glauben und künstlerischen Gefühlen wird sie aber nie so real gesehen, wie sie ist. Zusätzlich flüchtet man vor der Umwelt in eine Traumwelt, rettet sich in okkulten Zirkeln! Umweltstreß belastet einen sehr, romantische Sentiments geben Kraft. So wird die Umwelt schwieriger und geheimnisvoller gesehen, als sie ist.

Man präge sich außerdem ein:

Sonne am Aszendent macht sehr selbstbewußt, sehr selbstsicher. Das Leben wird subjektiv gesehen; die Partnerschaft kann ein Problem werden, ebenso das Reifen durch Lebenserfahrungen und Rückschläge.

Mond am Aszendent macht der Umwelt gegenüber sehr anpassungsfähig, aber auch emotionell und launisch reagierend. Man kann annehmen, daß das Leben sehr wechselhaft sein wird, aber das Gespür für die Nachbarschaft ist groß, die Seele weiß im Grunde, wo sie hinzugehen hat.

Merkur am Aszendent macht sehr aufgeweckt, schnell handelnd, gut mit der Umwelt redend; man findet immer einen Vermittlungsweg, alle Türen können einem offenstehen. Gefahr von vorlautem Handeln und Oberflächlichkeit.

Venus am Aszendent macht sehr empfindsam für die Umwelt; diese Charaktere haben ein gewinnendes, taktvolles Wesen, sie wissen sich einzufühlen, wirken durch ihr Auftreten; ihre Anziehungskraft ist groß.

Mars am Aszendent läßt meist auf eine gewisse Aggressivität schließen, die Umwelt wird kämpfend angegangen, man erprobt sich am anderen, will führen, kann sich schwere Verletzungen holen, ist ungeduldig, ungestüm, überehrgeizig.

Jupiter am Aszendent macht sich in der Umwelt sehr fördernd bemerkbar, man spricht vom Glückssymbol, das aber doch zu sehr auf sich ausgerichtet ist. Gute Entfaltungskraft, gewinnendes, joviales Auftreten.

Saturn am Aszendent gibt konzentrierte, karge Lebensauffassung, alles zusammengeballt voll Geduld und innerer Kraft. Man zieht das Unglück oft an, um es zu bewältigen. Ein Ernst wird hier in die Umwelt gebracht, der vieles ersticken kann.

Uranus am Aszendent verleiht die Gabe, die Umwelt intuitiv zu erfassen, Veränderungen anzuregen; das bringt Wirbel, alles Neue zieht an, Umwälzungen werden den Horoskopeigner begleiten.

Neptun am Aszendent gibt ein instinktives Verhalten zur Umwelt; man ahnt, was auf einen zukommt, man hört auch die Flöhe husten, kann sich im Grunde aber auf seine Inspiration, die zumindest das Umweltverhalten bestimmt, verlassen.

Pluto am Aszendent ist eigentlich zu wenig erforscht. Man kann wohl sagen, daß das Machtverhältnis in der Umwelt betont wird, daß hier die Masse einen gewissen Lebenseinfluß haben könnte, daß aber auch an Machtkämpfe gedacht werden muß.

Natürlich sind dann noch die Aspekte zu beachten, die Anblicke, die die Planeten empfangen, was erst später behandelt wird.

Noch einmal: Viele Astrologen meinen, Sonne und Aszendent seien die Hauptaussagequellen eines Horoskops, und in der Tat verraten diese beiden Punkte sehr viel. Manche bewerten den Aszendent sogar noch höher, was oft Verwirrung anrichtet. Da wird von einem »Krebsgeborenen« etwa gesprochen, dessen Sonne aber im Abschnitt Schütze steht, nur weil der Aszendent im Abschnitt Krebs liegt.

Es ist entscheidend, in welche Dekade der Aszendent, der aufsteigende Grad, fällt. Wie schon erwähnt, teilt man jeden Tierkreisabschnitt in drei Dekaden. Die erste Dekade von 0 bis 10 Grad ist die bewegende, die zweite von 10 bis 20 die feste, die dritte von 20 bis 30 die angleichende. Fällt der Aszendent also in die erste Dekade, dann ist immer eine überbetonte Eigenschaft festzustellen, in der zweiten Dekade eine normale Betonung, und in der dritten Dekade schon eine abschwächende Wirkung. Also: Aszendent erste Dekade Löwe ist anders zu bewerten als Aszendent in der 2. oder 3. Dekade – 1. Dekade doppelter Löwe, 2. Dekade typischer Löwe, 3. Dekade anpassungsfähiger Löwe.

Vielen Menschen ist dieses Ziel gar nicht mehr bewußt, die Lebenskämpfe und Entwicklungen haben es vernebelt. Eine Verbesserung des Lebenskonzepts läßt sich nur erreichen, wenn man sich über die Grundveranlagung, das Grundstreben wieder klargeworden ist. Die Seele führt ja ihr Eigenleben, das vom Bewußtsein nicht so leicht beeinflußt werden kann; das Unterbewußtsein läßt sich nicht durch Vernunft oder durch den Verstand vom ursprünglichen Weg ablenken. Natürlich ist auch das MC in seiner Aussage wie der Aszendent mit den Aspekten insgesamt zu erfassen; die hier angegebenen Richtungen sind also nur Kombinationsgrundlagen, die aber doch schon Wesentliches aussagen.

Die Himmelsmitte

Nach dem Aszendent ist im inneren Horoskop die Himmelsmitte der nächstwichtigste Punkt. Das Medium Coeli – oder abgekürzt MC – sagt Grundlegendes über das ureigene Ziel des Horoskopeigners aus, über seine Berufung, was nicht mit dem Beruf verwechselt werden darf. Das MC drückt den Zielpunkt aus, den jeder in der Außenwelt wahrnehmen will, sein ganz persönliches Streben, weswegen er lebt; im Grunde spiegelt das MC die Sehnsucht wider, für die man sich geboren fühlt.
Mit dem MC wird also die persönliche Zielrichtung markiert. Natürlich läuft das Leben oft anders, als man es sich vorgestellt hat, aber die ursprüngliche Vorstellung ist hier fixiert. Wie sich das Leben dann im Ganzen gestaltet, sagen die Planeten und ihre Aspekte aus.
Aber man muß ja sein ureigenes Ziel kennen, seine Berufung – daher ist das MC so wichtig.

MC in Widder
Ungestümes Zielstreben, Führungswille, fanatische Ideale, persönlicher Ehrgeiz.

MC in Stier
Interessiert an Lebenssicherung, Arbeitseinsatz, Freude am Genuß, am Feierabend, an der Ruhe.

MC in Zwillinge
Bedürfnis nach Kontakt, vielseitiges Interesse, Bewegungswille, Wunsch nach Überraschungen.

MC in Krebs
Schöpferische Ziele, Unabhängigkeitsstreben, Schutzbedürfnis, Vertrauenssehnsucht.

MC in Löwe
Führungsanspruch, Autoritätswille, Anerkennungsstreben, Wunsch nach glanzvollem Leben.

MC in Jungfrau
Kenntnistrieb, Pflichterwartung, Organisationstalent, Wille, das Leben praktisch und nützlich zu meistern.

MC in Waage
Wunsch nach Harmonie und Partnerschaftsbindung, Kunstbedürfnis, Du-Sehnsucht, Ausgleichstrieb.

MC in Skorpion
Durchsetzungswille, Betonung der eigenen Individualität, Leistungserprobung, engagiertes Lebensgefühl.

MC in Schütze
Durchsetzung von ideellen Zielen, Forschungstrieb, Lehranspruch, Literaturbedürfnis.

MC in Steinbock
Zielstrebigkeit, Leistungswille, Lebensmeisterung, Einsamkeitsbedürfnis, Strebertum.

MC in Wassermann
Reformwille, Veränderungssehnsucht, Streben nach sozialer Gerechtigkeit, Gauklerwesen.

MC in Fische
Hingabebedürfnis, Zärtlichkeitssehnsucht, Erlebnishunger, Interesse für Okkultismus.

Wichtig ist hier dann auch die Stellung des Planeten, der das MC beherrscht, also des Planeten, der seine verwandte Kraft in dem Abschnitt findet, in dem das MC steht. Bei MC in Stier muß man sich die Stellung der Venus anschauen.
Aszendent ist also der Ich-Punkt zur Umwelt gesehen. MC ist der Ich-Zielpunkt.
Dem Ich-Punkt gegenüberliegend ist der Du-Punkt, der Deszendent. In ihm ist die Aufgabe zu sehen, die der Partner einem aufgibt.
Dem MC gegenüber liegt das IC, der tiefste Punkt, den man auch den Herkunftspunkt nennt; hier liegt also der Startblock für das Leben, das Urmotiv für das Lebensziel, das wird bei der Besprechung der Felder oder Häuser noch deutlicher erläutert werden.

Titelbild einer Kometenschrift von Nikolaus Pruckner, 1532

Die Häuser oder Felder

Mit dem Aszendent, dem Deszendent, dem MC und dem IC haben wir die wichtigsten Punkte des inneren Horoskops gefunden und beschrieben.

Wir haben auch gesehen, daß man das Horoskop in eine obere und eine untere, in eine linke und eine rechte Hälfte teilt, wenn man die gegenüberliegenden Punkte verbindet.

Die obere Hälfte wird die Außenhälfte genannt,
die untere Hälfte die Innenhälfte,
die linke Hälfte die Ich-Hälfte,
die rechte Hälfte die Du-Hälfte.

Sieht man sich nun beide Horoskopteilungen in einem an, wie die Abbildung zeigt, bekommt man vier Quadranten. Das bedeutet:

Quadrant I = Innen-Ich
Quadrant II = Innen-Du
Quadrant III = Außen-Du
Quadrant IV = Außen-Ich

Es ist nun für die Deutung entscheidend, in welchem Quadrant welches Gestirn steht, dann in welchem Quadrant die meisten Gestirne stehen, oder welcher Quadrant unbesetzt ist.

Nun ist gleich darauf aufmerksam zu machen, daß die Quadranten, was die Praxis betrifft, nicht alle gleich groß sind; das verschiebt sich nach oder mit den Breitengraden. Meist liegen nämlich Aszendent und Himmelsmitte nicht rechteckig, sondern schief zueinander, was mit dem Lauf der Sonne und der Schiefe der Ekliptik zusammenhängt.

Jetzt können wir uns den Feldern oder Häusern zuwenden – moderne Astrologen sprechen auch vom Innenraum.

Diese Häuser sind in der Astrologie sehr umstritten, denn ihr Gebrauch hat die Horoskopdeutung wieder an den Jahrmarkt herangeführt. Namen wie Geldhaus oder Todeshaus, wie Arbeitshaus oder Ehehaus sprechen da Bände.

Das Häusersystem ist auch neueren Datums; es wurde von dem arabischen Mathematiker und Astronom Al Battani erfunden. Al Battani lebte von 850 bis 920. Er kam wohl zu den Häusern nach dem Motto »wie oben so unten«, und da der Weg der Sonne in 12 Abschnitte geteilt wurde, teilte er auch den Tagesweg der Erde um ihre Achse in 12 Räume. Diese 12 Räume vereinfachten durch ihre Namensbezeichnung die Astrologie sehr. Noch umstrittener ist, daß es für die Berechnung der Häuser viele Berechnungsarten und Systeme gibt, so daß manche Astrologen sich nur noch auf die Quadranten beschrän-

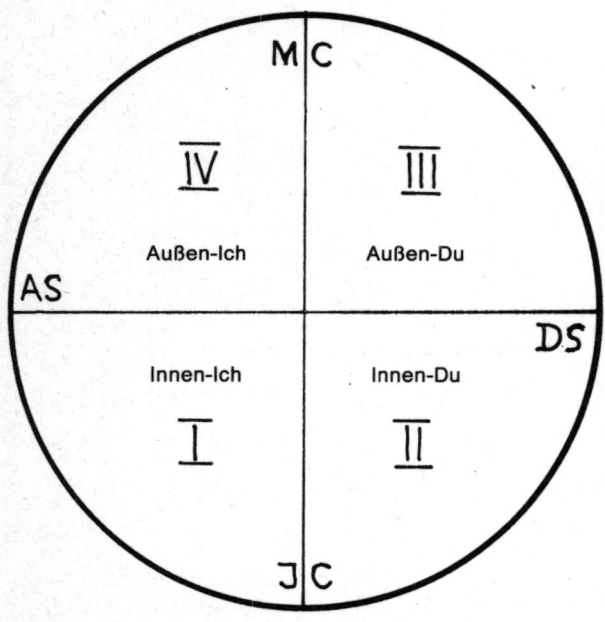

Die vier Quadranten

ken und die Häuser am liebsten zum Teufel wünschten. Und doch haben sich die Häuser gehalten, und man kann sagen, sie werden sich halten, weil sie, was die Deutung betrifft, die Astrologie recht individuell erscheinen lassen. Doch welches System verwendet man? Allein im deutschsprachigen Raum gibt es rund ein Dutzend Häusersysteme, die Eiferer und Überzeugte gefunden haben.

Am einfachsten und überzeugendsten ist das System, das im deutschsprachigen Raum wenig, aber international am häufigsten verwendet wird: das 30-Grad-Häusersystem. Es ist ganz einfach in der Anwendung. Als Spitze des 1. Hauses wird der Aszendent angesehen, von dort werden nun 30 Grad zugezählt, dann beginnt das 2. Haus. Beispiel: 1. Haus 15 Grad Krebs, 2. Haus 15 Grad Löwe, 3. Haus 15 Grad Jungfrau usw.

Viele Astrologen fragen nun, warum man bei dieser Zählweise beim Aszendent beginnt und nicht beim MC, also der Himmelsmitte.

Da die Himmelsmitte vom Längengrad abhängt, hätten alle auf demselben Längengrad Geborenen die gleichen Häusereinteilung und das wäre sicher falsch. Der Aszendent, der dagegen vom Längen- wie vom Breitengrad abhängig ist, lokalisiert den Häuseranfang viel besser, und als der aufsteigende Stern gilt er auch als wichtigster Punkt des Horoskops, so daß man von dort auch anfangen muß.

Damit allerdings fällt die Himmelsmitte meist nicht mehr mit der Spitze des 10. Hauses zusammen, wie oft in den anderen Systemen. Und das ist der Vorteil, denn da die Spitze des 10. Hauses meist die Außenstellung des Horoskopeigners symbolisiert, etwa den Beruf, braucht dies mit dem persönlichen Streben und Ziel ja nicht übereinzustimmen. Wieviele Menschen haben ein anderes Streben als der Beruf ihnen erlaubt, und wieviele Hausfrauen haben andere als Berufsziele!

Wenn man bedenkt, daß die deutschen Häusersysteme ganz auf den Raum zwischen dem Mittelmeer und dem 60. Breitengrad ausgerichtet sind, so erscheint es ein wenig vermessen, dies als allgemeingültig anzuerkennen, denn ein weltumfassendes System wie die Astrologie kann es sich nicht erlauben, nur für bestimmte Breitengrade zu funktionieren. Der entscheidende Einwand: Über dem 60. Breitengrad nördlich oder südlich funktionieren alle anderen Häusersysteme so gut wie gar nicht mehr.

Es ist dann sogar möglich, daß Aszendent und Himmelsmitte zusammenfallen, also aufsteigender Grad und Himmelshöhe. Dann gibt es keine Quadranten, erst recht keine Häuser mehr, und nur 4 Minuten später fallen dann Aszendent und Himmelstiefe zusammen.

Wer will, mag sich die anderen Häusersysteme ansehen; die Praxis zeigt, daß man mit dem 30-Grad-Häusersystem sehr gut zurechtkommt. Aber wie haben sich denn die Häuser nun so entwickelt, daß man sie vom Jahrmarkt weg in die psychologische Horoskopausdeutung einbeziehen kann? Wir haben gesehen, daß die vier wichtigsten Punkte sich gegenüberliegen, also eine Opposition bilden, das heißt, sich im 180-Grad-Abstand befinden. Über ihre Bedeutung wird bei den Aspekten gesprochen werden. Aber wir haben ja auch – um hier vorzugreifen – noch die 120-Grad-Abstände, die Trigone, und die 60-Grad-Abstände, die Sextile.

Diese Abstände setzen wir ein, wobei das Trigon den Vorzug hat. Da wir den Kreis durch vier geteilt haben, müssen wir jetzt die Drei benutzen, denn 4 mal 3 ist 12, und zwölf innere Einteilungen suchen wir. Der Gradteil des Kreises beträgt 360 Grad, geteilt durch 3 ergibt dies 120 Grad. So zeichnen wir also von jedem Eckpunkt des Horoskops ein Dreieck von 120 Grad und kommen zu folgendem Ergebnis:

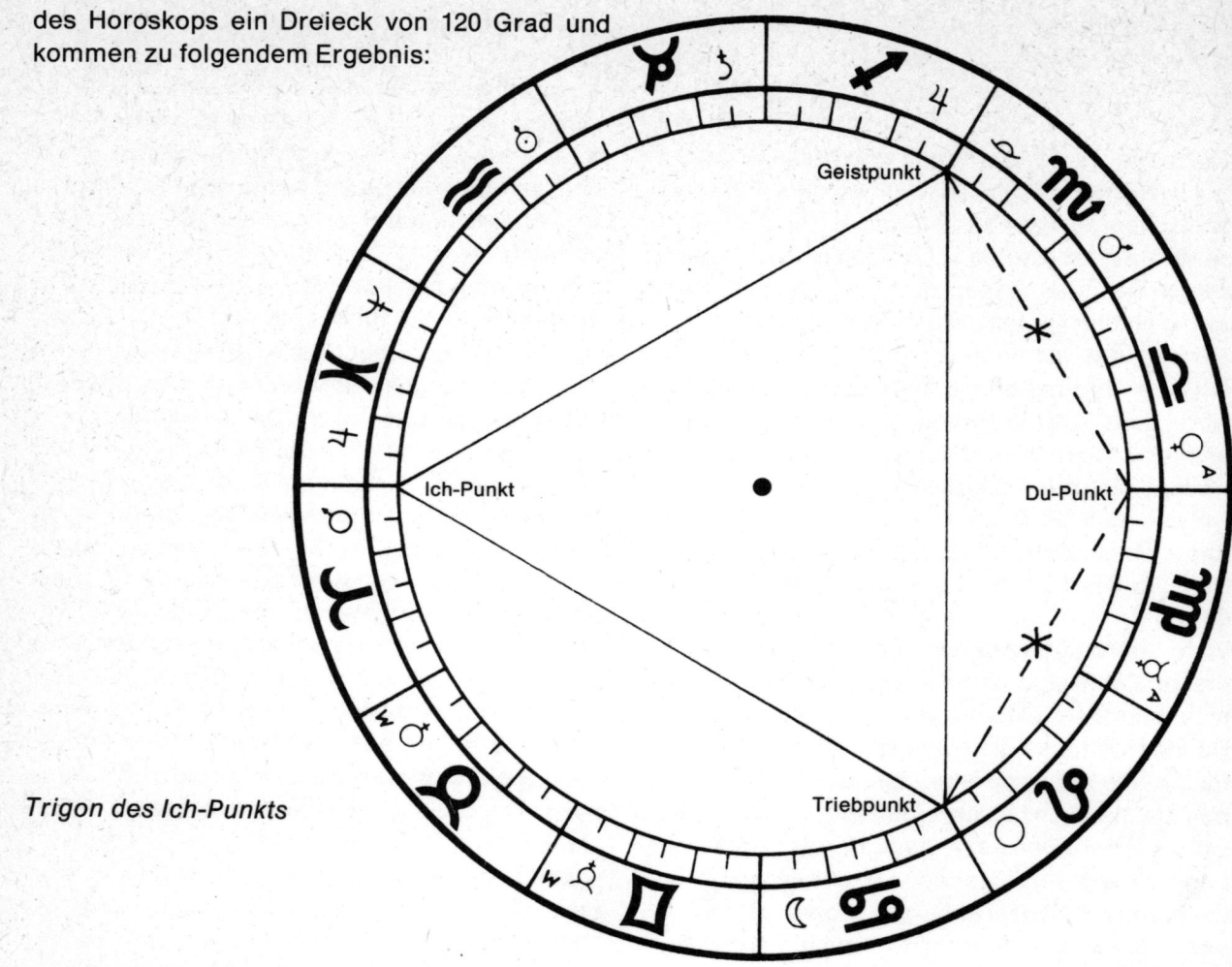

Trigon des Ich-Punkts

Wir beginnen beim Ich-Punkt, dem Aszendent, sagen wir, bei Null Grad Widder. Das heißt, die Trigon-Eckpunkte fallen auf Null Grad Löwe und Null Grad Schütze.
Vom Ich geht die Bewegung zum Du aus: zu allererst über den sinnlichen Kontakt; also können wir den Punkt Null Grad Löwe als *Triebpunkt* bezeichnen, dann über den geistigen Kontakt, so bezeichnen wir den Punkt bei Null Grad Schütze als *Geistpunkt*. (Die Zahl Null Grad Widder und Null Grad Schütze ist jeweils symbolisch; es ist klar, daß bei 12 Grad Stier als Aszendent der Triebpunkt bei 12 Grad Jungfrau und der *Geistpunkt* bei 12 Grad Steinbock läge.)
Und wir sehen auch, daß die neu gefundenen Punkte durch das Trigon zum Du-Punkt ein Sextil, das heißt, einen 60-Grad-Aspekt zeigen, so daß nun nach Opposition und Quadrat – also nach dem 180-Grad-Aspekt – der Trigon – und Sextil-Aspekt auch eingearbeitet ist.

Die nächste Abbildung zeigt das Trigon, das am Du-Punkt beginnt:

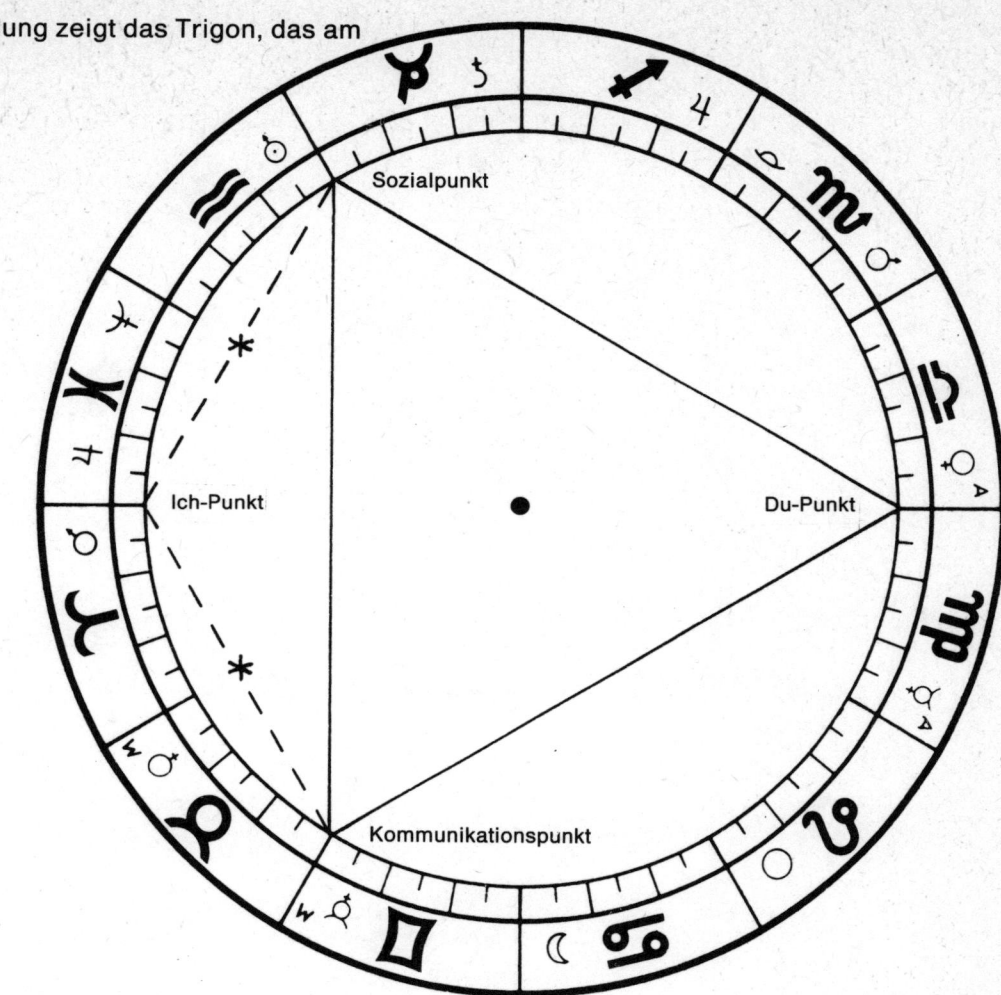

Du-Trigon

Dieses Trigon führt von Null Grad Waage zu Null Grad Wassermann und Null Grad Zwillinge. Hier heißt dies: Der erste Du-Kontakt, vom Du ausgehend, findet über die Kommunikation statt – das sind meist die Geschwister, verallgemeinernd gesagt. Damit hätten wir den *Kommunikationspunkt* gefunden. Der zweite Punkt symbolisiert die sozialen Belange, die ja in der Begegnung mit dem Du wesentlich sind; so ist also der *Sozialpunkt* gefunden. Und Kommunikations- wie Sozialpunkt haben ein Sextil zum Ich-Punkt; das zeigt, wie verkettet alles ist.

Nun zum nächsten Ausgangspunkt, dem Zielpunkt.

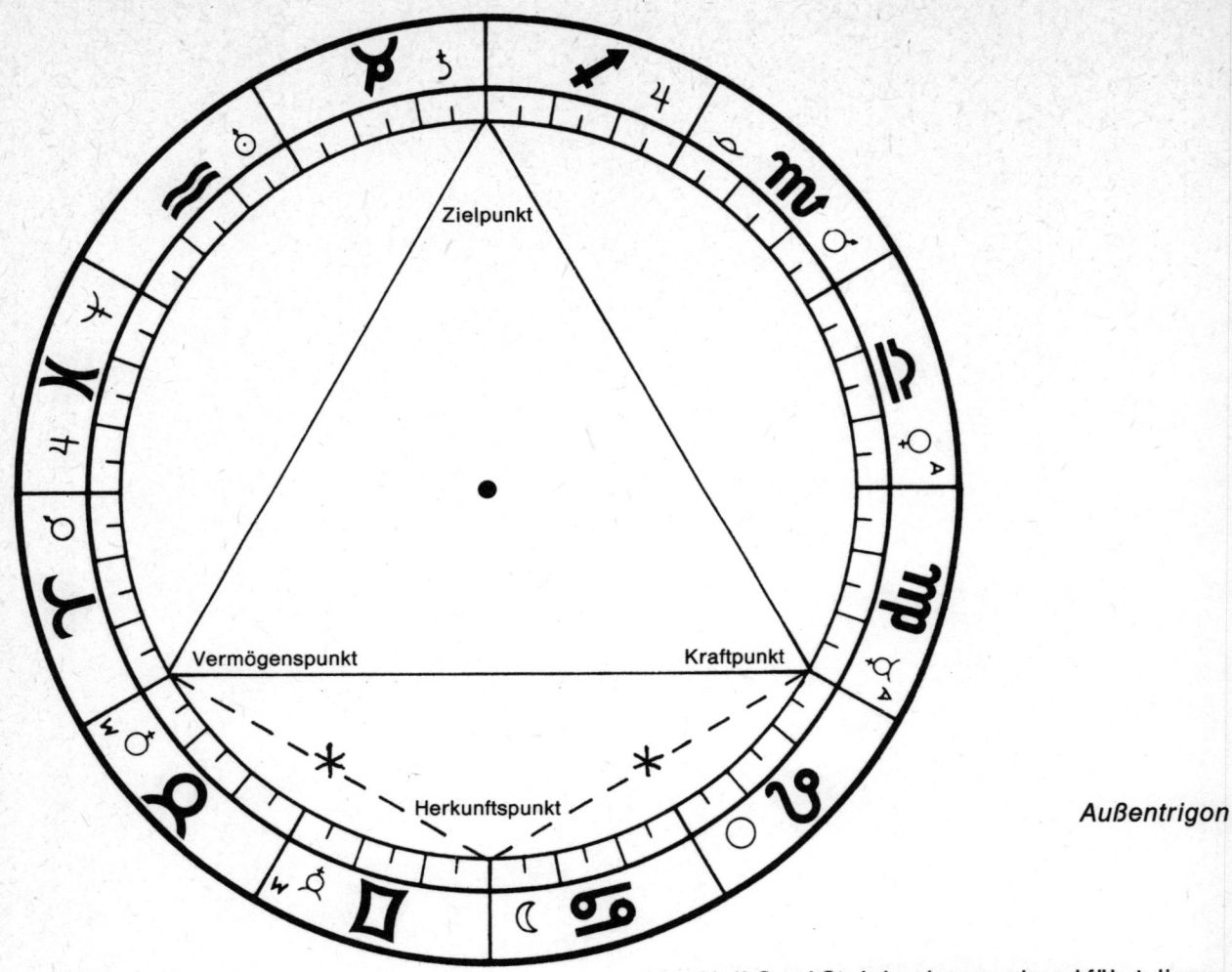

Außentrigon

Von Null Grad Steinbock ausgehend führt dieses Trigon zu Null Grad Stier und Null Grad Jungfrau. Sein Außenziel erreicht man über zwei Wege: über materielle Möglichkeiten, das heißt, über vorhandenes Vermögen, womit wir den *Vermögenspunkt* hätten. Und über den Kraft- oder Arbeitseinsatz, womit wir den *Kraftpunkt* hätten. Beide Punkte haben ein Sextil zum Herkunftspunkt.

Nun zum letzten Trigon, das vom Innen-Punkt ausgeht.

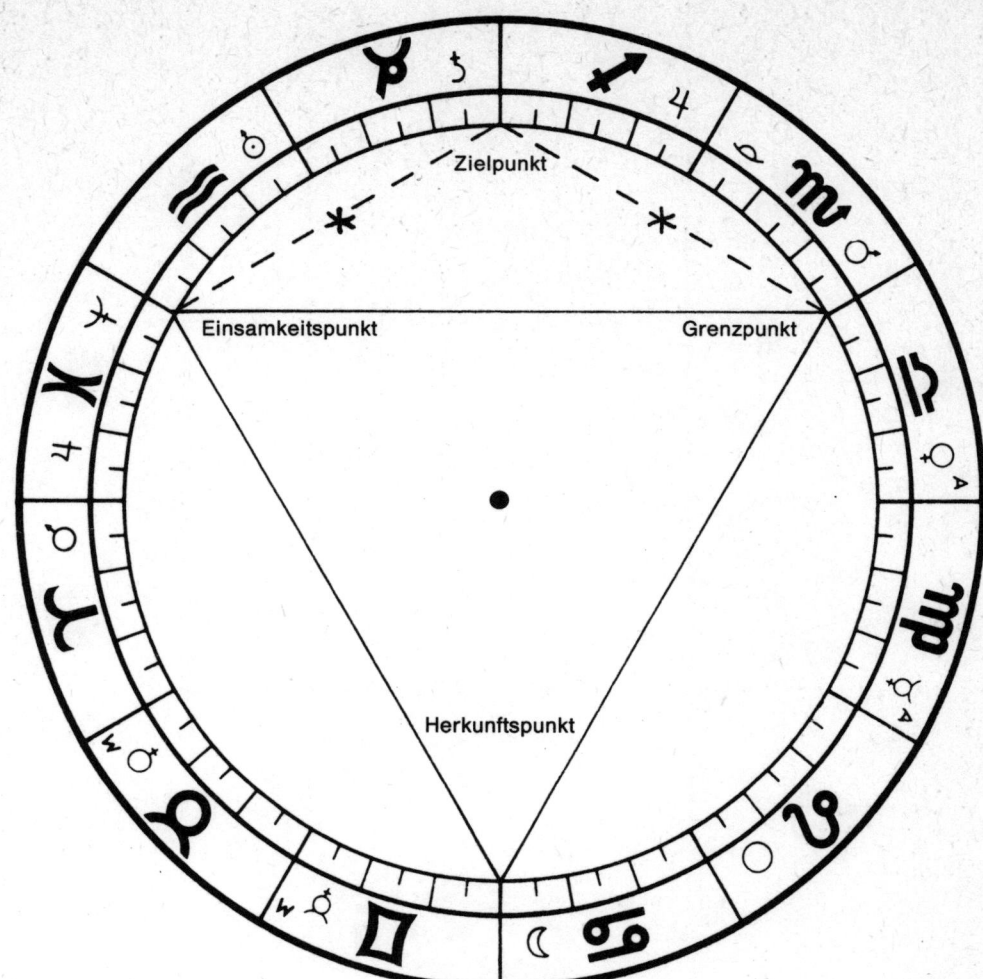

Innentrigon

Dieses Trigon führt von Null Grad Krebs über Null Grad Skorpion zu Null Grad Fische.
Vom Herkunftspunkt setzt man Kraft ein, die man verliert. So kommen wir zum *Verlustpunkt* oder Grenzpunkt, denn wenn Verluste untragbar werden, ist die Grenze erreicht, und man wird feststellen, daß man am Ende wie am Anfang allein ist, womit wir den *Einsamkeitspunkt* fixieren. Und beide Punkte bilden ein Sextil zum Außen- oder Zielpunkt.

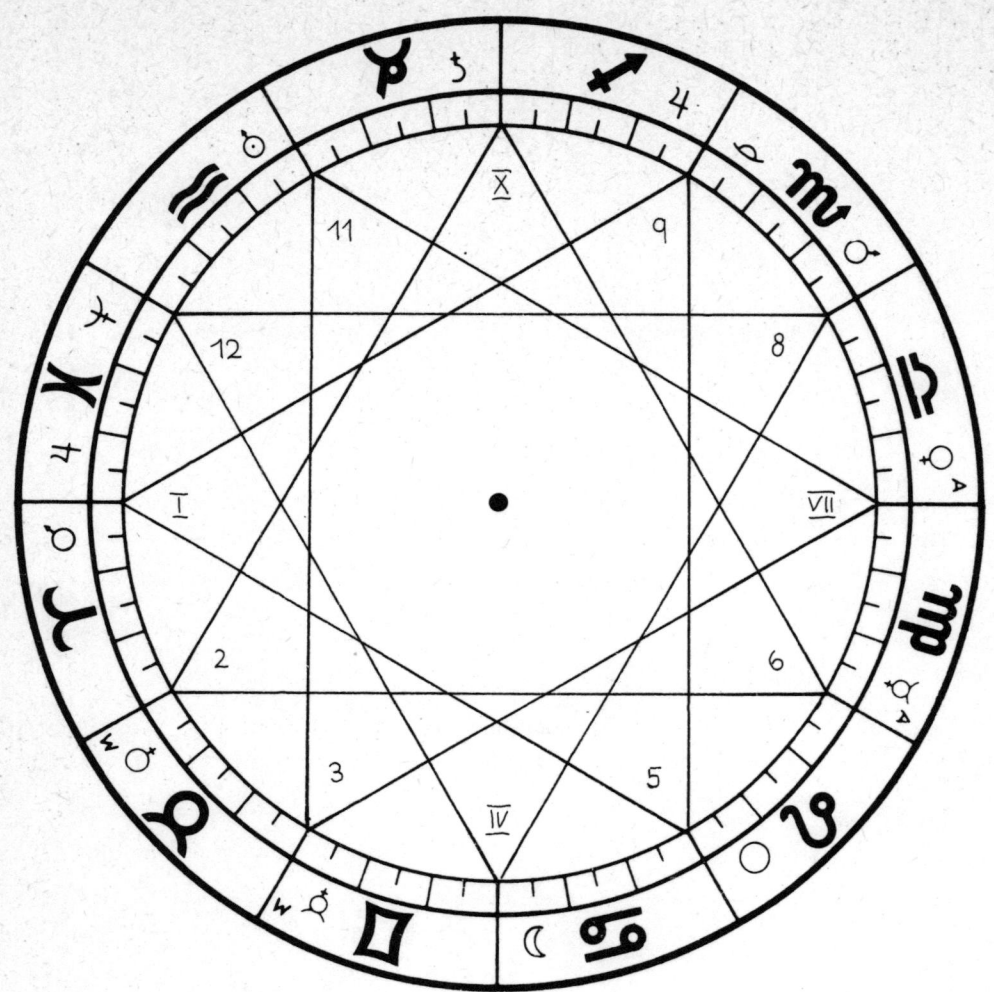

Alle 4 Trigone und die 12 Punkte

Nun alle vier Trigone in einem Bild, und die Nennung der Punkte.

Wir haben also vom Aszendent entgegen der Uhrzeigerrichtung betrachtet alle 30 Grad einen neuen Punkt, und zwar in folgender Reihenfolge:

Ich-Punkt	= Spitze	I.	Haus
Vermögenspunkt	= Spitze	2.	Haus
Kommunikationspunkt	= Spitze	3.	Haus
Herkunftspunkt	= Spitze	IV.	Haus
Triebpunkt	= Spitze	5.	Haus
Kraftpunkt	= Spitze	6.	Haus
Du-Punkt	= Spitze	VII.	Haus
Grenzpunkt	= Spitze	8.	Haus
Geistpunkt	= Spitze	9.	Haus
Zielpunkt	= Spitze	X.	Haus
Sozialpunkt	= Spitze	11.	Haus
Einsamkeitspunkt	= Spitze	12.	Haus

Hier sei herausgehoben, daß die Häuser I, IV, VII und X römisch beschriftet werden, weil sie sich auch als Quadranten-Spitze in der Wichtigkeit herausheben sollen. So entwickeln sich also die Häuser sehr einleuchtend.

Haus I zeigt das nackte Ich, die Person, die ursprünglich in eine Umwelt geboren wurde.
Haus 2 sucht sich zu stabilisieren, Vermögen (nicht nur materieller Art) zu schaffen, oder Ererbtes zu verwalten.
Haus 3 zeigt die ersten und späteren Kommunikationserfahrungen.
Haus IV tritt im Innenleben dem Du entgegen, also aus der Herkunftsveranlagung heraus.
Haus 5 zeigt den Trieb zum anderen.
Haus 6 symbolisiert den Krafteinsatz, die Tagesmühe.
Haus VII den Partnerkontakt im großen wie im kleinen Rahmen.
Haus 8 führt in der Deutung an die Grenzen des Eigners.
Haus 9 zeigt uns die geistigen Interessen.
Haus X das Streben in die Außenwelt.
Haus 11 die soziale Grundauffassung und Erlebnisse.
Haus 12 das Besinnen auf sich selbst, die Bilanz eines Lebens, das zum Ausgangspunkt führt.

Der Bogen ist also deutlich: Vom nackten Ich, das dem Du zustrebt, über die Vereinigung weiter dem Ziel entgegen, um sich dann selbstbesinnend der Lebensbilanz gegenüber zu sehen. Bei aller Umstrittenheit der Häuser, die nicht geleugnet werden soll, wollen wir jedoch über die einzelnen Häuser hier näher informieren, zumal die Umstrittenheit eigentlich mehr auf die unzureichende Aussagekunst vieler Astrologen zurückzuführen ist. Doch jeder sollte seine Erfahrung selbst machen!

Das erste Haus
beginnt mit dem aufsteigenden Grad, also dem Aszendent, ist aber diesem nicht gleichzusetzen, was oft geschieht. Das 1. Haus soll Auskunft geben über das Ich, wie es sich der Umwelt zeigt, also von seiner Gesamtkonstitution her. Hier sieht man, welche Beanspruchungen auszuhalten sind, wie die Umweltaufgabe programmiert ist.
Das I. Haus ist *persönlich* orientiert und untersteht Mars.

Das zweite Haus
soll Auskunft geben über die Einstellung zur Materie, über die Begegnung mit den materiellen Werten und Dingen, ist also bedeutsam für alle, die mit der Materie im weitesten Sinn zu tun haben, also etwa auch Bildhauer. Hier sind die realen Erwerbsmöglichkeiten angezeigt; das Haus ist aber mit dem Wort Geldhaus nicht ausgeschöpft.
Das 2. Haus ist *stofflich* orientiert und untersteht Venus.

Das dritte Haus
soll Auskunft geben über die Kommunikationsmöglichkeiten und Chancen. Es wurde früher das Geschwisterhaus genannt, weil hier die ersten Kontakte die Regel waren. Der Begriff ist zu eng; es geht um die sprachliche Gewandtheit, die schriftliche Aussagemöglichkeit, um den praktischen Intellekt, die geistigen Grundveranlagungen.
Das 3. Haus ist *geistig* orientiert und untersteht Merkur.

Das vierte Haus
soll Auskunft geben über die Heimat, die Herkunft, daher früher auch Elternhaus genannt; auch hier ist der Begriff weiter zu ziehen. Das Haus kann Umstände der Geburt anzeigen, oder wann die Abtrennung von der inneren Nabelschnur erfolgt; man sieht hier die Startblöcke, die Kräfte, die im Keim liegen, das Erbe, das man verwirklichen soll.
Das IV. Haus ist *seelisch* orientiert und untersteht dem Mond.

Das fünfte Haus
soll Auskunft geben über die Vitalität, die Erotik, die Lust, früher auch das Haus der Kinder genannt. Es offenbart die Lustwünsche, die Art des Lebensgenusses bis hin zur Kunstdarstellung. Aber es informiert auch über den eigenen Nachwuchs, die Fortpflanzungsmöglichkeiten.
Das 5. Haus ist *persönlich* orientiert und untersteht der Sonne.

Das sechste Haus
soll Auskunft geben über die Kraftreserven, die Gesundheit, die Lebensmühe, die Strapazen, die auf einen zukommen. Da sich dies oft in Krankheiten ausdrückt, nannte man es früher auch das Krankheitshaus, aber die eigene Konstitution zeigen das I. Haus und der Sonnenstand an. Das 6. Haus informiert auch über die Bereitschaft zum Dienen. Das 6. Haus ist *stofflich* orientiert und untersteht Merkur.

Das siebente Haus
soll Auskunft geben über die Du-Beziehungen, also über die Verbindungen zum Partner. Es wurde daher früher das Ehehaus genannt, was viel zu eng ausgelegt war, denn hier ist neben dem persönlichen auch das allgemeine Echo angezeigt; daher wichtig für Politiker und Künstler. Es geht um die Aufgaben, die der andere einem stellt, die man sich aufbürdet.
Das VII. Haus ist *geistig* orientiert und untersteht Venus.

Das achte Haus
soll Auskunft geben über die Grenzfragen des Lebens. Es ist am umstrittensten. Weil die Grenze oft der Tod ist, wurde es früher als Todeshaus angesprochen, sicher auch, weil es einst nur acht Häuser gab, so daß dieses Haus das letzte war. Hier sind die inneren Prüfungen zu sehen, die seelische Belastbarkeit über die innere Einstellung zum Tod, zum Leben danach.
Das 8. Haus ist *seelisch* orientiert und untersteht Pluto und Mars.

Das neunte Haus
soll Auskunft geben über die geistigen Interessen, die Glaubensrichtungen, über das innere Streben, über das Fernweh und wurde daher früher oft das Reisehaus genannt. Hier sind die Lerninteressen zu sehen, die geistigen Ziele, das dichterische, philosphische Vermögen, die Idealrichtung, der Forschungsdrang. Die Bereitschaft, sich für größere Ziele einzusetzen.
Das 9. Haus ist *persönlich* orientiert und untersteht Jupiter.

Das zehnte Haus
soll Auskunft geben über die Zielsetzung des Lebens, die durchführbar und erreichbar ist und wurde daher früher oft nur als Berufshaus bezeichnet. Dieses Haus ist nicht mit dem MC gleichzusetzen. Hier wird die Stellung im Außenleben symbolisiert, die Autorität, die man erreicht, der irdische Gipfel, die zu erlangende Ehre.
Das X. Haus ist *stofflich* orientiert und untersteht Saturn.

Das elfte Haus
soll Auskunft geben über die soziale Einstellung. Da die sich früher meist bei Freunden zeigte, wurde es einst auch das Freundeshaus genannt. Aber hier sind die Gemeinschaftsaufgaben des Einzelnen angezeigt. Es informiert über die Teambereitschaft, über die Zirkel, denen man beitritt, über die gemeinsame Sprache, die man spricht. Über die inneren Bindungen des Lebens soll hier Auskunft zu finden sein.
Das 11. Haus ist *geistig* orientiert und untersteht Uranus.

Das zwölfte Haus
soll Auskunft geben über die innere seelische Kraft, über die Eigenbesinnung, die erst in der Abgeschlossenheit erfolgt und wurde daher früher oft allzu banal das Gefängnishaus genannt. Es geht hier um die innere Arbeit an sich, die sogenannten einsamen Entschlüsse, die einen allein betreffen. Die Meditation ist hier zu sehen, der tiefe Glaube, das Okkulte, das eigene Geheimnis.
Das 12. Haus ist *seelisch* orientiert und untersteht Neptun.

Wichtig ist bei der Arbeit mit den Häusern, daß wir diese als Interessensphären erkennen, als die Orte, in denen sich das reale Geschehen des Lebens abspielt, während die Tierkreiszeichen die Grundveranlagungen widerspiegeln.
Entscheidend ist immer die Spitze des Hauses, und wie man die Tierkreiszeichen in Dekaden einteilt, so auch die Häuser. Die erste Dekade zeigt also die betonte Interessensphäre an, die zweite Dekade das fest in sich gefügte Interesse und die dritte Dekade schon das sich anpassende Interesse an neue Gebiete. Das ist sehr wichtig, wenn man die Gestirne in den Häusern betrachtet.

Man unterteilt die Häuser zusätzlich einmal in männliche und weibliche, was abwechselnd erfolgt. So sind die Häuser mit ungeraden Zahlen die männlichen Häuser, die mit geraden Zahlen die weiblichen Häuser.
Wichtiger, sogar sehr wichtig ist die Einteilung in persönliche, stoffliche und geistige sowie seelische Häuser.
Das heißt: man unterteilt die zwölf Häuser in je vier Gruppen zu je drei Häusern, wieder nach dem Verhältnis 4 zu 3. Diese Einteilung entspricht in etwa der Einteilung in die Elemente, also bei den Tierkreiszeichen in Feuer, Erde, Luft und Wasser.

So sind
persönliche Häuser: eins, fünf und neun,
stoffliche Häuser: zwei, sechs, zehn,
geistige Häuser: drei, sieben, elf,
seelische Häuser: vier, acht, zwölf.
Entscheidend ist, in welchen Häusern die Gestirne stehen.

Findet man etwa in den Häusern IV, 8 und 12 neun von zehn Gestirnen, dann kann man daraus schließen, daß der Horoskopeigner sehr seelisch orientiert ist. Oder findet man sieben

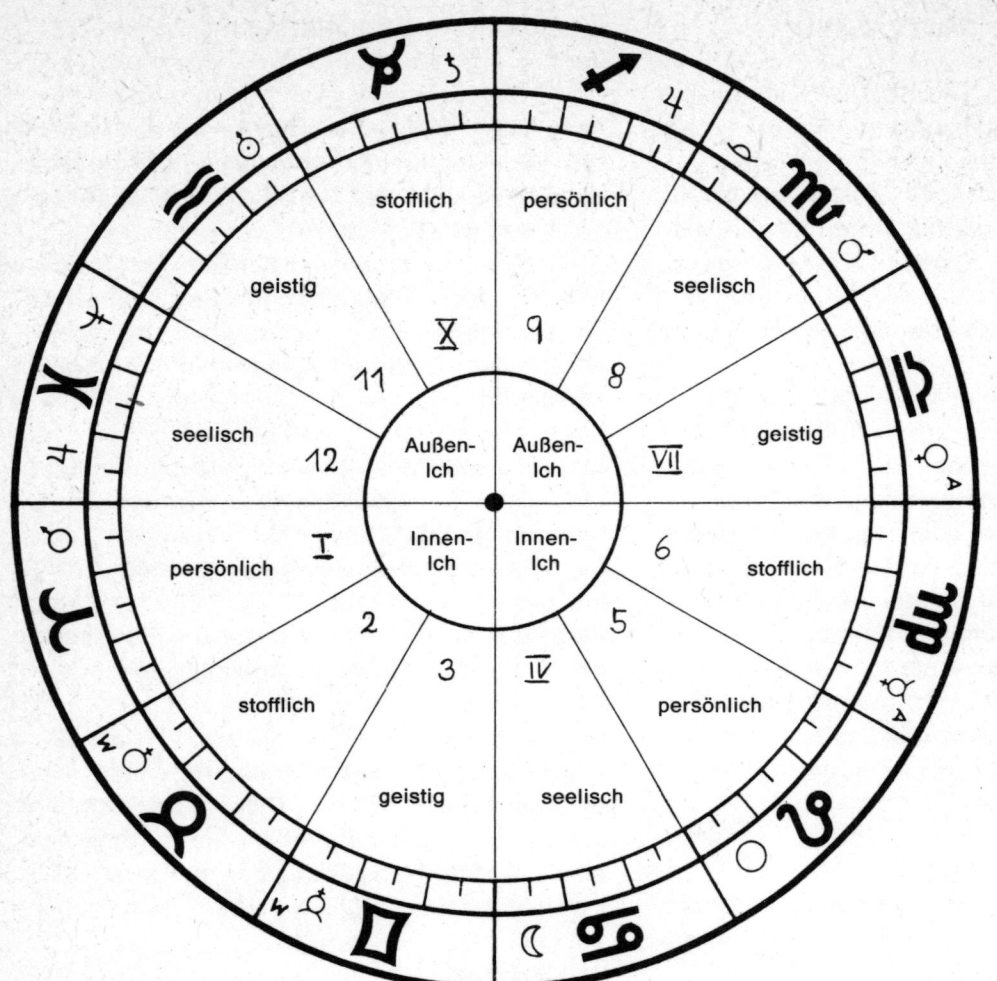

Die Häuser

von den zehn Gestirnen in den Häusern I, 5 und 9, dann kann man daraus folgern, daß der Horoskopeigner sich erstmal für sich persönlich interessiert.

Ist die überwiegende Gestirnzahl in den Häusern 2, 6 und X anzutreffen, dann dürfte das Stoffliche, das Praktische, das Materielle im Vordergrund stehen, und ist die Mehrzahl in den Häusern 3, VII und 11 zu entdecken, dann dürfte das Geistige im Interesse des Horoskopeigners den größten Raum einnehmen.

Wie gesagt: Die Stellung der Gestirne ist sehr wichtig, und so wollen wir diese Stellung in den Häusern oder Feldern im Folgenden stichwortartig darstellen.

Die Gestirne in den Häusern

Die Sonne in den Häusern

Im I. Haus: Ichbezogenheit, Selbstbewußtsein, starkes Auftreten, Autorität, Führungsinteresse, Umweltsegoismus.

Im 2. Haus: Materielles Interesse und stoffliche Überbewertungen, bildliche Schöpferkraft, Finanzbegabung.

Im 3. Haus: Kommunikationsbegabung, Lerneifer, intellektuelle Interessiertheit, Schreibbegabung, Ich-Neugierde.

Im IV. Haus: Heimatbezogenheit, Traditionsinteresse, Alterserfolg, starke Ich-Elternbeziehung, Heiminteresse.

Im 5. Haus: Vitalkraft, erotische Beziehungen, Komödiantentum, Spielfreude, egozentrisches Triebleben. Kinderbeziehung.

Im 6. Haus: Pflichterfüllung, Arbeitswille. Hilfsbereitschaft. Starkes Gesundheitsinteresse. Heilkraft.

Im VII. Haus: Partnerbeherrschung. Ausstrahlungskraft, Echobedürfnis, Public Relation-Sucht.

Im 8. Haus: Grenzfrageninteresse, Auseinandersetzung mit Tod und Leben. Opferbereitschaft. Erbverwaltung.

Im 9. Haus: Forscherdrang, Missionsaufgabe, Fernwehsehnsucht. Literarische Neigungen, Glaubensfreude.

Im X. Haus: Anerkennungstrieb. Autoritätsstreben, Machtbedürfnis, Chefbegabung, Stolz, Wertgeltung.

Im 11. Haus: Sozialbindung, Gemeinschaftspflichten. Teamführung, Freundesbindung, Lehrinteresse. Vereinsführung.

Im 12. Haus: Glaubensbereitschaft, Glaubensbedürfnis. Klausurdrang, Seelenforschung.

Der Mond in den Häusern

Im I. Haus: Seelisches Gespür für die Umwelt, Anpassungsgabe, Wandlungsfähigkeit. Echowunsch, Eindrucksfähigkeit. Unterbewußte Aufnahmefähigkeit.

Im 2. Haus: Unterbewußtes Sicherheitsstreben. Vermögnssehnsucht. Spekulationsgefährdung. Gemütlichkeit.

Im 3. Haus: Emotionales Denken und Sprechen. Unbewußte Kommunikationsfähigkeit. Gespür für Kontakte.

Im IV. Haus: Heimsehnsucht. Unbewußte Traditions- und Familienbindung, Geborgenheitsgefühl. Sentiments.

Im 5. Haus: Romantische Sehnsüchte, Kindersehnsucht, Triebabhängigkeit der Seele. Unbewußtes Komödiantentum.

Im 6. Haus: Unbewußte Pflichteinstellung. Arbeitsbelastung, innere Streßsituationen, psychosomatische Gefährdungen.

Im VII. Haus: Starke Partnerschaftsbindung auf seelischer Ebene. Popularität. Gutes Echoempfinden.

im 8. Haus: Unbewußte Todessehnsucht. Emotionales Verhältnis zu Grenzfragen, Geheimniswunsch, Sensibilität.

Im 9. Haus: Unbewußte Glaubenssehnsucht. Forschungsgefühl, starkes Fernweh, ideales Wunschdenken.

Im X. Haus: Anerkennung im Berufsleben. Emotionale Berufspflicht. Innere Lebensmeisterung. Empfänglichkeit.

Im 11. Haus: Starkes, unbewußtes Sozialgefühl, innere Gemeinschaftsbindung, Freundschaftsbindung.

Im 12. Haus: Interesse für Seelenvorgänge, unbewußtes Einsamkeitsgefühl. Psychologische Kräfte. Okkultinteresse.

Merkur in den Häusern

Im I. Haus: Kontaktfrohe Umwelteinstellung. Schnelle persönliche Auffassungsgabe, Lebensklugheit. Egoismus.

Im 2. Haus: Geschäftsbegabung, Sinn für materielle Erfolge, ökonomisches Denken, Erwerbsbegabung.

Im 3. Haus: Interesse für Kommunikation, starke Neugier. Schreibbegabung, Verhandlungsgeschick. Information.

Im IV. Haus: Elternkontakt, jugendliche Beweglichkeit, Jugendfleiß, geschichtliches Interesse. Erfahrungen.

Im 5. Haus: Intellektuelles Kinderinteresse, Kontaktbindung zu Generationen, Snobismus. Sprech-Erotik.

Im 6. Haus: Arbeitsfleiß. Hygienebedürfnis, Organisationstalent. Gesundbeterei. Arbeitsklugheit.

Im VII. Haus: Geistige Partnerschaftsbeziehung. Mit dem anderen sprechen können. Verbindungsbegabung.

Im 8. Haus: Okkultes Interesse für Grenzfragen. Sinn für Geheimwissenschaften. Neugierde für Todesvorgänge.

Im 9. Haus: Interesse für Literatur, für Philosophie. Missionspläne. Intellektuelle Lebensklugheit.

Im X. Haus: Redebegabung in der Außenwelt. Geschickte Lebensbewältigung, Einfallsreichtum. Redeerfolge.

Im 11. Haus: Soziales Gehabe. Interesse für Vereine und andere Verbindungen. Freundschaftspflege.

Im 12. Haus: Einsame Denküberlegungen. Schreiben in Klausuren. Interesse für Psychologie. Glaubensklugheit.

Venus in den Häusern

Im I. Haus: Umweltcharme, Harmoniewunsch insgesamt. Diplomatisches Geschick. Gefühlsbegabung.

Im 2. Haus: Kunstgefühl. Materielle Schaffenskraft. Schöpferbegabung im Stofflichen, Vergnügungssinn.

Im 3. Haus: Kommunikationsgefühl und Empfinden. Gefühl für Nachbarschaft, Kunstformulierungen.

Im IV. Haus: Gefühlsbindungen an Haus und Heim, an Eltern und Heimat. Traditionsempfinden. Alterssinn.

Im 5. Haus: Gefühlstrieb, erotische Begabung, Kinderempfinden, Verführungsgabe, Darstellungstrieb.

Im 6. Haus: Emotionelle Pflichtauffassung, Gefühl für Krankheitsgefährdungen, Opfersinn, Hilfsbereitschaft.

Im VII. Haus: Partnerbindung, Partnerverlangen. Gefühl für weitertragendes Echo, Anlehnungswunsch, Du-Gefühl.

Im 8. Haus: Glück im Leid durch emotionale Verarbeitungen. Schöpfen aus Erfahrungen. Inneres Wissen.

Im 9. Haus: Kunst- und Literaturgefühl, engagierter Gefühlsglaube, Missionsempfinden. Schöpfergabe.

Im X. Haus: Künstlerische Erfolge, starke Anziehung in der Außenwelt, Gefühlsautorität, Erfolgsausstrahlung.

Im 11. Haus: Freundschaftserleben, Gemeinschaftsgefühl, soziales Empfinden, auch weibliche Intrigen.

Im 12. Haus: Gefühlsverschlossenheit, Einsamkeitsempfinden, heimliche Abenteuer und Erlebnisse. Stille.

Mars in den Häusern

Im I. Haus: Kämpferisches Umweltbewußtsein. Führungsanspruch, aggressives Verhalten. Egozentrik, Egoismus.

Im 2. Haus: Eigenwilliges, aggressives Geschäftsgebahren, Kampf mit dem Materiellen, Kampf um Besitz, Verluste.

Im 3. Haus: Aggressive Kommunikation. Angreifendes Kontaktbedürfnis. Kampf für die Hackordnung, Spitzfindigkeit.

Im IV. Haus: Auseinandersetzung mit der Herkunft, Kampf mit Eltern und Tradition, Emporwollen. Starttrieb.

Im 5. Haus: Sportleidenschaft, Triebwunsch. Eroberungswünsche. Lustunruhe. Erziehungsstrenge.

Im 6. Haus: Arbeitswut. Kämpferische Pflichteinstellung. Chirurgische Begabung. Gesundheitsgefährdungen.

Im VII. Haus: Partnerdrang, das Du beherrschen wollen. Echoerzwingung, kämpferische Auseinandersetzung mit der Öffentlichkeit.

Im 8. Haus: Wagnis für die Daseinsbewältigung. Opferdrang, Todestrieb. Risikowille. Konflikterfahrungen.

Im 9. Haus: Fernsehnsucht, Aufbruchwille. Forscherdrang. Eroberungen, Entdeckungen, fantastischer Glaube.

Im X. Haus: Berufsstreben, Ehrgeiz, Anerkennungstrieb, Geltungswille. Nach außen gerichtetes Selbstbewußtsein.

Im 11. Haus: Freundschaftsenergie. Teamleitung. Einsatz für Reformen, für Gemeinschaftsaufgaben.

Im 12. Haus: Unbewußte Aggressivität, Umsturzwünsche, Ausbruchsenergie. Geheimnisintrigen. Unbewußte Heftigkeit. Eigengefährdung.

Jupiter in den Häusern

Im I. Haus: Joviales Umweltverhalten, Glückskindanspruch. Optimismus, gute Ausstrahlungskraft.

Im 2. Haus: Geschäftsglück, gute Übersicht für Finanzen. Aufbautüchtigkeit. Materie in Kunst umsetzen.

Im 3. Haus: Kultur und starkes Kontaktbedürfnis. Analytische Begabung. Ausstrahlung in die Nachbarschaft.

Im IV. Haus: Sinn für die Heimat, für Altertümer, für Archäologie, für Heimatforschung. Traditionsbewußtsein.

Im 5. Haus: Größe im Genuß. Joviales Liebeswerben, Kunstentfaltung, Komödiantentum, Kinderförderung.

Im 6. Haus: Arbeitsautorität, Chefbegabung. Heilkraft, Pflichtvorbild, Nächstenliebe.

Im VII. Haus: Partnerführung, Partnerbegabung, Ausstrahlungskraft. Echoanziehung, Popularität. Diplomatie.

Im 8. Haus: Suchen nach dem Lebenssinn, Tod als Aufgabe sehen. Sterbehilfe. Erbschaftsverwaltung.

Im 9. Haus: Kulturförderung, Glaubensmission. Lehre, Welterfahrung, Streben nach Größe, Weltverbesserung.

Im X. Haus: Berufserfolg, Lebensglück in der Außenwelt, allgemeines Ansehen. Aus dem Schatten treten.

Im 11. Haus: Gemeinschaftsaufgaben, soziale Gerechtigkeit. Freundschaft als Lebensaufgabe, Teamführung.

Im 12. Haus: Glück in der Einsamkeit, Wirken in der Stille, Märtyreraufgaben. Mitgefühl, Mitleiden. Den Sinn des Lebens erfassen und gläubig verarbeiten.

Saturn in den Häusern

Im I. Haus: Konzentriertes Umweltverhalten. Belastungen. Ernst im Umgang mit anderen. Ich-Konzentration.

Im 2. Haus: Materielle Aufgaben und Prüfungen. Kargheit, Geiz, Sparsamkeitswille, Geldbeschränkungen.

Im 3. Haus: Kontaktmühe. Kommunikationsschwierigkeiten. Ernst im Umgang mit Nachbarschaft. Disziplin.

Im IV. Haus: Schwerfälligkeit. Tradition als Lebensziel, Herkunftsbetonung. Erfahrungsprüfungen.

Im 5. Haus: Beschränkung in Spiel und Freude, karger Lebensgenuß, Erziehungsstrenge, erotische Gefühlsarmut.

Im 6. Haus: Alltagspflichterfüllung, Gesundheitsgefährdung, schwerfällige Arbeitsbewältigung.

Im VII. Haus: Partnerschaftsschwerfälligkeit. Konzentration auf den anderen. Echoprüfung. In sich verharren.

Im 8. Haus: Lebensgefährdende Einsamkeit. Prüfung von Todesfällen. Suche nach dem tieferen Lebenssinn.

Im 9. Haus: Missionspflicht. Forschungsmühe. Glaubenskonzentration, philosophisches Denken.

Im X. Haus: Mühsamer Aufstieg, Konzentration auf den Erfolg, stete Lebensprüfungen. Respektbewußtsein.

Im 11. Haus: Freundschaftskonzentration. Zirkelgemeinschaft. Geheimbündnisse. Soziale Prüfungen.

Im 12. Haus: Einsamkeitserfahrungen. Leben in karger Abgeschlossenheit, Alleinseinskomplex. Pessimismus.

Uranus in den Häusern

Im I. Haus: Persönliche, individuelle Note. Urplötzliche Reaktionen, Umweltintuition. Sprunghaftigkeit.

Im 2. Haus: Spekulationen mit Gewinn und Verlust. Sprunghafte, überraschende Geschäfte, unklare Finanzen.

Im 3. Haus: Kontaktüberraschungen, sprunghafte Bindungen. Literarische Einfälle, Gags.

Im IV. Haus: Ausbrechen aus der Heimat. Flucht aus der Tradition, sprunghaftes Loslösen. Individualismus.

Im 5. Haus: Spielfreude, Überraschungseffekte. Starkes Showbedürfnis, Verlockungen, Abwechslungen.

Im 6. Haus: Eigenwillige Arbeitsauffassungen, sprunghafte Gemütsbewegungen, psychosomatische Reaktionen.

Im VII. Haus: Sprunghaftes Partnerreagieren. Öffentlichkeit anspringend. Wechsel in den nahen Beziehungen.

Im 8. Haus: Spürsinn für okkulte Grenzfragen. Todesahnungen. Begabung für Telepathie und Hellsehen.

Im 9. Haus: Überraschende Wendung auf dem Gebiet der Literatur, Erfindungsgabe, Entdeckertalent.

Im X. Haus: Sprunghafter Aufstieg und Fall. Talent, das sich über Nacht durchsetzt. Schwierige Lebensbehauptung in der Außenwelt.

Im 11. Haus: Reformeifer, soziale Veränderungen propagieren. Schneller Wechsel der Gemeinschaften.

Im 12. Haus: Erahnen des Kommenden. Glaubensspekulationen, Scharlatanerie. Okkulter Betrug, Verführungen.

Neptun in den Häusern

Im I. Haus: Instinktives Umweltaufnehmen, Einfühlung in andere. Ahnungsvermögen für reale Entwicklungen.
Im 2. Haus: Spekulationen mit Vermögen, Instinkt bei materiellen Entwicklungen, Finanztäuschungen.
Im 3. Haus: Instinktives Kommunikationsbedürfnis. Animalisches Denken, Erfassen des Nachbarn.
Im IV. Haus: Starker Heimatinstinkt. Traditionserfahrungen in sich fühlend. Elternbindung. Heimattreue.
Im 5. Haus: Verführerisches Verhalten. Instinktive Lust. Erotischer, animalischer Trieb.
Im 6. Haus: Instinktives Gesundheitsverhalten, Erfassen der Alltagsmöglichkeiten, Wachträume.
Im VII. Haus: Ersehen der ergänzenden Partnerschaft. Echoinstinkt. Anbetungswunsch. Animalisches Verhalten.
Im 8. Haus: Okkulte Ahnungen. Todesinstinkt, Erahnen der Gefahren. Versinken in andere Welten. Hypnose.
Im 9. Haus: Zeitströmungen aufnehmend. Erkennen von Neuheiten, Erfindungsgespür. Talentspürsinn.
Im X. Haus: Geltungsinstinkt. Sich mit gutem Gespür in der Außenwelt bewegen, starke Täuschungsgefahren.
Im 11. Haus: Freundschaftsaufwallungen. Gemeinschaftssinn, Herdentrieb, Unsicherheit im Alleinsein.
Im 12. Haus: Animalische Grunderfahrungen. Inspiration für Entwicklungen. Sich in Trance versetzen können.

Pluto in den Häusern

Im I. Haus: Machtbewußtsein, Machtgespür
Im 2. Haus: Geldbewußtsein, materielles Gespür
Im 3. Haus: Kontaktbewußtsein, Kommunikationsgespür
Im IV. Haus: Traditionsbewußtsein, Heimatgespür
Im 5. Haus: Kunstbeherrschung, Kindergespür
Im 6. Haus: Produktionsherrschaft, Arbeitsgespür
Im VII. Haus: Partnermacht. Propagandagespür
Im 8. Haus: Todesbewußtsein, Vernichtungsgespür
Im 9. Haus: Kulturmacht, Religionsgespür
Im X. Haus: Autoritätsmacht, Geltungsgespür
Im 11. Haus: Sozialmacht, Freundschaftsgespür
Im 12. Haus: Geheimherrschaft und Macht, Magiegespür

Bei Pluto wird deutlich, wie wenig dieser Planet, was die Stellung in den Häusern betrifft, noch erforscht ist.

Signet Ratdolt, 1499; Wappen mit Merkur

Die Berechnung des Horoskops

Um ein Horoskop zu deuten, muß es gestellt, das heißt berechnet und aufgezeichnet werden.
Besondere mathematische Kenntnisse sind hierzu – Dank der vorhandenen Hilfstabellen – nicht notwendig, notwendig allerdings sind Ephemeriden. Das Wort Ephemeride kommt aus dem Griechischen und stammt von dem Wort »ephemer«, das ungefähr »einen Tag dauernd« heißt. Es sind also in einer Ephemeride die täglichen Positionen der Gestirne angegeben. Ephemeriden sind so notwendig, daß es hier auch nicht mit vereinfachten Ephemeriden oder mit Auszügen getan ist, die manchem Buch als Anlage beigefügt sind. Diese Auszüge reichen auf die Dauer nicht aus.
Weiter brauchen wir dann noch die Häusertabellen des Geburtsortes.

In der Abbildung sieht man einen Auszug aus einer Ephemeride, und zwar den Monat Juni des Jahres 1928.
Wir sehen oben Jahr und Monat angegeben. In der ersten Spalte, wir zählen von links nach rechts, sind die Tage notiert. Die zweite Spalte gibt die Sternzeit wieder, (abgekürzt St.Z.).
Die Sternzeit ist notiert in h gleich Stunden (vom englischen hour), in m gleich Minuten und in s gleich Sekunden. Die Sternzeit wird also in Stunden, Minuten und Sekunden gerechnet.
Die dritte Spalte zeigt nun die Länge der Sonne. Die Länge der Planeten wird in Graden, Bogenminuten und Bogensekunden wiedergegeben. Wir erinnern uns: der Kreis hat 360 Grade. 1 Grad entspricht 60 Bogenminuten, und eine Bogenminute entspricht 60 Bogensekunden. Das ist wichtig für den Rechnungsvorgang. Will man addieren oder subtrahieren, darf man nicht mit 100, sondern muß bei den Bogenminuten und -sekunden immer mit 60 hinter den Graden rechnen.
Oft ist auch die Deklination angegeben, allerdings nicht in jedem Ephemeridenwerk.
Deklination heißt Abweichung, was in der Astrologie den Winkelabstand vom Himmelsäquator bedeutet. Jedoch die Deklination braucht den Anfänger noch nicht so zu interessieren, er soll nur wissen, was das Wort Deklination bedeutet; als Fortgeschrittener muß er sich damit dann intensiver beschäftigen.
Oft findet man auch die Buchstaben Lat; das ist die Abkürzung von Latitude, was Breite heißt. Die Breite eines Gestirns ist der Winkelabstand eines Gestirns von der Ekliptik, auch das braucht den Anfänger noch nicht allzu sehr zu interessieren.

1928 **JUNI**

Tag	Sternzeit	☉	☽	☿	♀	♂	♃	♄	♅	♆	☊
	h m s	° ′ ″	° ′	° ′	° ′	° ′	° ′	° ′	° ′	° ′	°
1	04 38 53	10 ♊ 43 18	18 ♏ 52	04 ♋ 08	02 ♊ 31	11 ♈ 44	29 ♈ 27	16 ♐ 14	06 ♈ 43	26 ♌ 34	09 ♊ 34
2	04 42 49	11 40 45	00 ♐ 40	05 09	03 45	12 29	29 39	16R 09	06 45	26 35	
3	04 46 46	12 38 11	12 32	06 07	04 58	13 14	29 52	16 05	06 47	26 35	
4	04 50 43	13 35 36	24 29	07 02	06 12	13 58	00 ♉ 04	16 00	06 49	26 36	09 25
5	04 54 39	14 33 00	06 ♑ 33	07 52	07 25	14 43	00 16	15 56	06 51	26 37	
6	04 58 36	15 20 23	18 47	08 39	08 38	15 27	00 29	15 52	06 52	26 38	
7	05 02 32	16 27 46	01 ♒ 13	09 21	09 53	16 12	00 41	15 47	06 54	26 39	09 15
8	05 06 29	17 25 08	13 52	10 00	11 06	16 56	00 53	15 43	06 56	26 40	
9	05 10 25	18 22 29	26 47	10 34	12 20	17 41	01 05	15 38	06 57	26 41	
10	05 14 22	19 19 50	10 ♓ 00	11 04	13 33	18 25	01 17	15 34	06 59	26 42	09 06
11	05 18 18	20 17 10	23 33	11 29	14 47	19 09	01 28	15 29	07 00	26 43	
12	05 22 15	21 14 30	07 ♈ 27	11 51	16 01	19 54	01 40	15 25	07 02	26 44	
13	05 26 12	22 11 50	21 41	12 07	17 14	20 38	01 52	15 21	07 03	26 46	08 56
14	05 20 08	23 09 09	06 ♉ 14	12 19	18 28	21 22	02 03	15 16	07 04	26 47	
15	05 34 05	24 06 28	21 02	12 27	19 42	22 06	02 15	15 12	07 06	26 48	
16	05 38 01	25 03 46	05 ♊ 59	12 30	20 55	22 50	02 26	15 07	07 07	26 49	08 47
17	05 41 58	26 01 04	20 57	12R 29	22 09	23 34	02 38	15 03	07 08	26 50	
18	05 45 54	26 58 22	05 ♋ 49	12 23	23 23	24 18	02 49	14 59	07 09	26 52	
19	05 49 51	27 55 39	20 25	12 12	24 36	25 01	03 00	14 54	07 11	26 53	08 37
20	05 53 48	28 52 55	04 ♌ 41	11 58	25 50	25 45	03 11	14 50	07 12	26 54	
21	05 57 44	29 50 11	18 32	11 39	27 04	26 29	03 22	14 46	07 13	26 56	
22	06 01 41	00 ♋ 47 26	01 ♍ 57	11 17	28 17	27 12	03 33	14 42	07 15	26 57	08 28
23	06 05 37	01 44 40	14 57	10 52	29 31	27 56	03 43	14 38	07 15	26 59	
24	06 09 34	02 41 54	27 34	10 23	00 ♋ 45	28 39	03 54	14 34	07 16	27 00	
25	06 13 30	03 39 08	09 ♎ 52	09 52	01 58	29 22	04 04	14 29	07 16	27 02	08 18
26	06 17 27	04 36 20	21 55	09 19	03 12	00 ♉ 06	04 15	14 25	07 17	27 03	
27	06 21 23	05 33 32	03 ♏ 49	08 44	04 26	00 49	04 25	14 21	07 18	27 05	
28	06 25 20	06 30 44	15 37	08 09	05 29	01 32	04 35	14 17	07 19	27 06	08 09
29	06 29 17	07 27 56	27 26	07 33	06 53	02 15	04 45	14 14	07 19	27 08	
30	06 33 13	08 25 07	09 ♐ 17	06 57	08 07	02 58	04 55	14 10	07 20	27 09	
Pluto		1: 15 ♋ 46		9: 15 58		17: 16 10		25: 16 22			

Ephemeriden-Auszug Juni 1928

In den nächsten Spalten sind dann die Längen der anderen Planeten angegeben, und zwar für jeden Tag.
In der letzten Spalte findet man die Angaben über den Mondknoten, und zwar für den aufsteigenden Mondknoten, dem ja der absteigende Mondknoten stets gegenüberliegt.
In der unteren Querspalte sind die Daten des Pluto.
Wer sich die Spalten nun konzentriert ansieht, findet in den Spalten des Merkur und des Saturn ein R stehen, was rückläufig heißt. Dieses R wäre nicht notwendig, denn die Rückläufigkeit ist auch aus den Gradangaben leicht ablesbar: Wenn die Zahlen für den folgenden Tag kleiner sind als für den Ausgangstag, dann geht der Planet scheinbar zurück, so wie beim Mondknoten, der immer rückläufig ist.
Die Ephemeride gibt also den täglichen Gestirnstand an.

Die Berechnung der Gestirne

Nun wollen wir die Gestirne für unser Beispielhoroskop ausrechnen.
Datum: 16. Juni, um 16 Uhr 40 geboren in Wien.
Bei der Uhrzeit muß zweierlei bedacht werden: Die Planeten in den Ephemeriden sind für eine bestimmte Tageszeit angegeben, entweder für die Mittagszeit, also 12 Uhr mittags, oder für die Mitternachtszeit, also null Uhr.
Es muß also jeweils noch die Differenz zur Geburtszeit – hier 16 Uhr 40 – ausgerechnet werden.
Aber: Die Geburtszeit ist eine Zonenzeit.
Seit etwa 1890 haben wir (einst aufgrund der Eisenbahnfahrpläne eingeführte) Zonenzeiten auf der Erde.
In diesem Buch und beim Beispielhoroskop beschäftigen wir uns nur mit der Mitteleuropäischen Zonenzeit (für die anderen Zonenzeiten gibt es auch leicht zu lesende Tabellenangaben).
Die Mitteleuropäische Zonenzeit geht nun von der Greenwich-Zeit, der westeuropäischen Zeit, um eine Stunde vor. Aber die Planeten sind in allen Ephemeriden auf die Greenwichzeit berechnet, weil durch die Sternwarte Greenwich der sogenannte Null-Meridian durchgeht, also der Meridian, von dem man die Längengrade nach links und rechts zählt.
Da ein Längengrad zirka vier Minuten entspricht, ist jeder 15. Längengrad östlich oder westlich vom Greenwichgrad der Ausgangspunkt für eine neue Zonenzeit, denn man kam zu dem Ergebnis, daß je rund eine Stunde eine gute allgemeine Berechnung ermöglicht.
Der 15. Längengrad geht durch Görlitz; hier ist auch die Mittelachse unserer Zonenzeit zu finden.
Wir brauchen uns aber nur zu merken, welche Zonenzeit für jeden Ort gilt; auch hier gibt es preiswerte Bücher, die für jede größere Kleinstadt bereits genaue Angaben machen.
Fest steht: In Wien wird die Uhrzeit nach Mitteleuropäischer Zeit gleich MEZ angegeben. Da sich die Mitteleuropäische Zeit zirka nach dem 15. Längengrad östlich von Greenwich orientiert, geht die MEZ der Greenwichzeit (auch GZ abgekürzt) um eine Stunde vor.
Um den 15. Längengrad westlich von Greenwich würde also die MEZ gegenüber der GZ um eine Stunde nachgehen.

Da die Gestirne auf den Null-Längengrad oder auch Greenwichgrad berechnet sind, müssen wir also die MEZ in die GZ umwandeln.
Das ist leicht:
Geburtszeit   16 Uhr 40
oder   16 h 40 m 00 s
also 16 Stunden 40 Minuten 00 Sekunden
minus einer Stunde.
Das sieht dann so aus:

                             16 h 40 m 00 s MEZ
minus 1 Stunde   1 h 00 m 00 s

ergibt   15 h 40 m 00 s GZ

Greenwichzeit oder GZ gleich 15 h 40 m.

Nun haben wir leider zwei Arten von Ephemeriden.
Die einen sind auf den Mittagstand, die anderen auf die Mitternachtszeit berechnet. Bei den Ephemeriden, die auf die Mitternachtszeit berechnet sind, ist es leicht. Dann entsprechen
15 Stunden und 40 Minuten auch
15 Stunden und 40 Minuten!

Berechnungsformular I

Datum der Geburt	16	06	28	16	40
	Tag(T)	Monat(M)	Jahr(J)	Stunde(h)	Minute(m) Sekunde(s)
Geburtsort	Wien			Österreich	
	Ort		Kreis	Land	
	Breite		Länge	Länge in Zeit	

Datum der Geburt		T 16	M 06	J 28	h 16	m 40	s
Evtl. Korrektur der Sommerzeit	−						
ergibt		----	----	----	----	----	----
		T	M	J	h	m	s
Umwandlung bei Mittagsephemeriden (entfällt b. Mitternachtsephemeriden)							
ergibt		T 16	M 06	J 28	h 04	m 40	s
Berechnung auf Greenwichzeit (GZ)							
östlich von Greenwich	−				h 01		
westlich von Greenwich	+				h		
		----	----	----	----	----	----
ergibt					h 03	m 40	s
plus Sternzeitkorrektur für GZ						m	s
		----	----	----	----	----	----
ergibt		T	M	J	h	m	s
plus/minus Ortszeit in Länge							
östlich von Greenwich	+				h	m	s
westlich von Greenwich	−				h	m	s
		----	----	----	----	----	----
ergibt		T	M	J	h	m	s
plus SZ aus Ephemeride	+				h	m	s
		----	----	----	----	----	----
ergibt SZ der Geburt zum Auffinden des MC, des AZ und der Häuser					h	m	s

Bei Summen über 24 Stunden 24 abziehen!

Berechnungsformular I

Das klingt banal, aber es wird komplizierter, wenn wir uns eine Ephemeride vornehmen, die auf den Mittagsstand berechnet wurde. Mittag ist gleich 12 Uhr.
Von 12 Uhr bis 15 Uhr 40 besteht aber nur ein Zeitraum von 3 Stunden und 40 Minuten. So lautet hier die Greenwichzeit = 3 h 40 m 00 s GZ.
Noch einmal: Die Ausgangszeit in den Ephemeriden kann der Mitternachtszeitpunkt, also Null Uhr sein (das trifft meist auf die neueren Ephemeriden zu), oder 12 Uhr mittags (so wurden die alten überwiegend berechnet).
Die Rechnung mit der Mitternachtsephemeride ist klar. Die Geburtszeit – auf die Greenwichzeit umgerechnet – entspricht der täglichen Uhrzeitberechnung.

Bei einer Ephemeride jedoch, die auf Mittag berechnet ist, entspricht die Ausgangszeit 12 Uhr mittags.

Das heißt, unser Beispiel GZ 15 Uhr 40 muß hier abgewandelt werden in 3 h 40 m.

Was aber machen, wenn die Geburtszeit vor 12 Uhr Mittag liegt? Nun, dann ist der Ausgangszeitpunkt 12 Uhr Mittag des vorherigen Tages.

Beispiel:
Geboren am 10. Juli 1924 um 07 h 35 m 00 s MEZ.
Auf den Mittag des vorhergehenden Tages bezogen heißt dies:
Geboren am 09. Juli 1924
um   19 h 35 m 00 s MEZ
minus 1 Stunde   01 h 00 m 00 s
gleich 09. Juli 1924 und   18 h 35 m 00 s GZ.

Das ist also nicht schwer. Wie erkennt man nun, ob eine Ephemeride auf Mitternacht oder Mittag berechnet ist? Einmal ist es vorn meist angegeben, dann aber kann man dies an den Sternzeiten ablesen.

Denn bei einer auf den Mittag berechneten Ephemeride ist die Sternzeit um die Frühlings-Tag- und Nachtgleiche gleich null.

Deswegen hatte man die Ephemeriden auch auf die Mittagszeit berechnet.

Bei einer auf Mitternacht berechneten Ephemeride ist die Sternzeit um die Herbst-Tag- und Nachtgleiche gleich null.

Nun zu unserem Beispiel, und doch noch einmal im Zusammenhang der ganze kleine Rechnungsvorgang für eine auf Mittag berechnete Ephemeride.

Geburtsdatum:
16.06. 1928 um   16 h 40 m 00 s in Wien.
Gleich 16.06. 1928 um   04 h 40 m 00 s
(auf Mittagsephemeride umgestellt)
minus 1 Stunde   01 h 00 m 00 s
ergibt 16.06. 1928   03 h 40 m 00 s GZ.

Mit dieser Greenwichzeit könnten wir nun die Gestirnstände errechnen, wenn es nicht für bestimmte Zeiten in verschiedenen Ländern eine Sommerzeit gegeben hätte und gibt.

In Kriegs- oder Energiemangelzeiten wurde und wird die Uhrzeit, um die Tageshelligkeit auszunutzen, durch Gesetz oder Anordnung in den Sommermonaten oft um eine, aber auch um zwei Stunden vorgestellt. So kennen wir die einfache und die doppelte Sommerzeit. In diesem Fall müssen wir diese Uhrzeit erst umwandeln, um zur richtigen Zonenzeit zu kommen, das heißt, wir müssen bei Sommerzeit eine Stunde, bei doppelter Sommerzeit zwei Stunden abziehen.

Beispiel:
Geburt in Frankfurt am
30. Juni 1943,   12 h 20 m SZ
Da Sommerzeit
war (SZ),
ziehen wir eine
Stunde ab   01 h
ergibt 30. Juni 1943   11 h 20 m MEZ
Oder:
Geburt in Dresden am
20. Mai 1947 um   15 h 35 m DSZ
(DSZ heißt doppelte
Sommerzeit)
Also sind zwei Stunden
abzuziehen.
Daraus folgt:
20. Mai 1947   15 h 35 m DSZ
minus   02 h 00 m
ergibt   13 h 35 m MEZ.

Da es Listen über Sommerzeiten ausreichend gibt, ist die Ermittlung der Sommerzeiten nicht schwer, zumal auch immer angegeben wird, wieviele Stunden abzuziehen sind.

Und nun wenden wir uns der Gestirnberechnung zu.

Fangen wir bei der *Sonne* an:
In der Ephemeride steht unter Sonne angegeben am
16. Juni 1928   ☉ 25 0 03′ 46″ ♊
also Sonne steht auf 25 Grad Zwillinge, 03 Bogenminuten und 46 Bogensenkunden, und zwar gilt dies für den Stand am 16. Juni 1928 um 12 Uhr.
Das Tierkreiszeichen liest man jeweils in der Spalte des ersten Monatstages ab. Wechselt das Tierkreiszeichen innerhalb eines Monats, so ist das Symbol für den jeweiligen Planeten am Tag des Wechsels angegeben.
Die GZ liegt aber bei 3 h 40 m.
Wir müssen also die Differenz von 12 Uhr bis 03 Uhr 40 ausrechnen, oder die Entfernung, die die Sonne inzwischen weitergewandert ist.
Dazu müssen wir – wie bei jedem folgenden Planeten – das Tagestempo errechnen, also die Differenz zwischen dem 16. Juni 1928 und dem 17. Juni 1928.
Die Rechnung ist leicht: man bekommt die Differenz durch einfaches Abziehen. Das heißt, die kleinere Zahl wird von der größeren abgezogen.
Also:

17. *Juni 1928*	*Sonne gleich*	26 0 01′ 04″	♊
16. *Juni 1928*	*Sonne gleich*	25 0 03′ 46″	♊
ergibt		00 0 57′ 18″	♊

Die Sonne wandert vom 16. Juni 12 Uhr bis zum 17. Juni 12 Uhr um Null Grad und 57 Bogenminuten und 18 Bogensekunden weiter, kurz, um 57′ 18″.
Der Genauigkeit wegen wollen wir nun einen Rechnungsvorgang beschreiben, den in der Praxis keiner mehr machen muß, weil es übersichtliche Hilfstabellen gibt.
Die Sonne hat also eine Geschwindigkeit von 00 0 57′ 18″ in 24 Stunden.

Diese Summe muß daher, wollen wir sie verwerten, zunächst auf eine Stunde umgerechnet werden, also

$$\frac{57'\ 18''}{24} = 02'\ 23''\ \text{nach Umrechnung}$$

der Werte in Bogen – beziehungsweise Zeitminuten mittels Diurnal-Logarithmen.
Pro Stunde also bewegt sich die Sonne um 02′ 23″ weiter.
So brauchen wir also diese Angabe nur mit 3 zu multiplizieren und bekommen die Zeit, die die Sonne in 3 Stunden weitergewandelt ist.
Das heißt: 02′ 23″ mal 3 = 07′ 09″ (auch über Logarithmen).
Bleiben noch die 40 Minuten, die ⅔ Stunde entsprechen. ⅔ von 02′ 23″ ergeben 01′ 36″.

Diese beiden Summen addieren wir   07′ 09″
plus   01′ 36″
ergibt   08′ 45″

Also in 3 Stunden und 40 Minuten ist die Sonne um 00 0 08′ 45″ weitergewandert.

Diese Rechnung ist heute aber eigentlich Theorie geworden, da gute Hilfstabellen den ganzen Rechnungsvorgang erleichtern und vereinfachen.
Deswegen beschränken wir uns jetzt nur noch auf die Berechnung mit diesen Hilfstabellen, die in der von uns benutzten Ephemeride enthalten sind. Allein die Zeitdifferenz der 24-Stunden-Bewegung wäre zu errechnen, aber das ist ja leicht, und auch hier gibt es bereits Tabellen.
Also noch einmal:
Und nun nehmen wir statt der ausgeschriebenen Planeten und Tierkreiszeichen die Symbole dafür!

BEWEGUNG DER SONNE

h	57 09	57 12	57 15	57 18	57 21	57 24	57 27	57 30	57 33	57 36	57 39	57 42	57 45	57 48	57 51	h
24																24
23	54 46	54 50	54 52	54 55	54 57	55 01	55 03	55 06	55 09	55 12	55 15	55 18	55 21	55 23	55 26	23
22	52 23	52 27	52 29	52 32	52 34	52 37	52 40	52 43	52 45	52 48	52 51	52 53	52 56	52 59	53 09	22
21	50 00	50 04	50 06	50 08	50 10	50 13	50 16	50 19	50 21	50 24	50 27	50 29	50 32	50 35	50 37	21
20	47 38	47 41	47 42	47 45	47 47	47 50	47 52	47 55	47 57	48 00	48 02	48 05	48 07	48 10	48 12	20
19	45 15	45 18	45 19	45 22	45 24	45 27	45 29	45 31	45 34	45 36	45 38	45 41	45 43	45 46	45 48	19
18	42 52	42 55	42 56	42 59	43 01	43 03	43 05	43 08	43 10	43 12	43 14	43 16	43 18	43 21	43 23	18
17	40 29	40 32	40 33	40 35	40 37	40 39	40 41	40 44	40 46	40 48	40 50	40 52	40 54	40 57	40 58	17
16	38 06	38 09	38 10	38 12	38 14	38 16	38 18	38 20	38 22	38 24	38 26	38 29	38 30	38 32	38 38	16
15	35 43	35 46	35 47	35 49	35 51	35 53	35 54	35 56	35 58	36 00	36 02	36 04	36 06	36 08	36 09	15
14	33 20	33 23	33 24	33 26	33 27	33 29	33 31	33 33	33 35	33 37	33 38	33 39	33 41	33 43	33 44	14
13	30 57	31 00	31 01	31 02	31 03	31 05	31 07	31 09	31 10	31 12	31 14	31 15	31 17	31 19	31 20	13
12	28 34	28 36	28 37	28 39	28 40	28 42	28 43	28 45	28 46	28 48	28 49	28 51	28 52	28 54	28 55	12
11	26 12	26 13	26 14	26 16	26 17	26 18	26 20	26 21	26 23	26 25	26 27	26 28	26 30	26 31		11
10	23 49	23 50	23 51	23 53	23 54	23 55	23 56	23 58	23 59	24 00	24 01	24 02	24 04	24 05	24 06	10
9	21 26	21 27	21 28	21 29	21 30	21 31	21 33	21 34	21 35	21 36	21 37	21 38	21 39	21 41	21 42	9
8	19 03	19 04	19 05	19 06	19 07	19 08	19 09	19 10	19 11	19 12	19 13	19 14	19 15	19 16	19 17	8
7	16 40	16 41	16 42	16 43	16 44	16 45	16 45	16 46	16 47	16 48	16 49	16 50	16 51	16 52	16 52	7
6	14 17	14 18	14 19	14 20	14 20	14 21	14 22	14 23	14 23	14 24	14 25	14 25	14 26	14 27	14 28	6
5	11 54	11 55	11 56	11 56	11 57	11 58	11 58	11 59	11 59	12 00	12 01	12 01	12 02	12 03	12 03	5
4	09 31	09 32	09 32	09 33	09 33	09 34	09 34	09 35	09 35	09 36	09 36	09 37	09 37	09 38	09 38	4
3	07 09	07 09	07 09	07 10	07 10	07 11	07 11	07 12	07 12	07 12	07 13	07 13	07 14	07 14	07 14	3
2	04 46	04 46	04 46	04 47	04 47	04 47	04 47	04 48	04 48	04 48	04 48	04 49	04 49	04 49	04 49	2
1	02 23	02 23	02 23	02 23	02 23	02 23	02 24	02 24	02 24	02 24	02 24	02 24	02 24	02 24	02 24	1

m																m
55	02' 11					02' 12					02' 12					55
50	01 59					02 00					02 00					50
45	01 47					01 48					01 48					45
40	01 35					01 36					01 36					40
35	01 24					01 24					01 24					35
30	01 12					01 12					01 12					30
25	01 00					01 00					01 00					25
20	00 48					00 48					00 48					20
15	00 36					00 36					00 36					15
10	00 24					00 24					00 24					10
5	00 12					00 12					00 12					5

Hilfstabelle Sonne

Geburtszeit:
16. 06. 1928 in Wien um   16 h 40 m 00 s MEZ
gleich
16. 06. 1928 in Wien um   04 h 40 m 00 s MEZ
minus 1 Stunde   01 h 00 m 00 s
              03 h 40 m 00 s GZ

☉ am 16. 06. 1928 laut Ephemeride
         25 0 03′ 46″ ♊

☉ am 17. 06. 1928 laut Ephemeride
         26 0 01′ 04″ ♊

Da immer die kleinere Zahl von der größeren abgezogen wird, kommt folgender Rechnungsvorgang zustande:

         26 0 01′ 04″ ♊
minus   25 0 03′ 46″ ♊
ergibt die Bewegung
für 24 Stunden von   00 0 57′ 18″
Und nun schauen wir in den Hilfstabellen nach:

In Spalte 5 finden wir oben diese Zahl!
In Spalte 1 sind die Stunden angegeben. Wir suchen nun unter 3 h und fahren von dort ausgehend mit dem Finger zur Spalte unserer Geschwindigkeit und finden die Zahl 07′ 10″.
Das Rechteck darunter gibt Auskunft über die Minuten.

Berechnung der Gestirne
Sonne ☉

Datum der Geburt GZ	T 16	M 06	J 28	h 03	m 40
Stand am 17.06.28	26 0 01'04" in ♊	0 ' in			
– Stand am 16.06.28	25 0 03'46" in ♊	0 ' in			
Tageslauf	0 57'18" in	0 ' in			
Lauf in 3 h	0 07'10" in	0 ' in			
+ Lauf in 40 m	0 01'35" in	0 ' in			
= Lauf in 3 h 40 m	0 08'45" in	0 ' in			
+ Stand am 16.06.28	25 0 03'46" in ♊	0 ' in			
= Planetenstand	25 0 12'31" in ♊	0 ' in			
– Lauf in h m (bei rückläufigen)	0 '	0 ' in			
= Planetenstand rund	25 0 13' " in ♊	0 ' in			
Tageslauf	0 ' in	0 ' in	0 ' in		
Stand zur Geburtszeit	0 ' in	0 ' in	0 ' in		

Planeten Berechnung Sonne

Wir gehen genauso vor. Also:
Wir suchen die Zahl 40 auf, gehen von dort nach rechts und finden die Zahl 01′ 35″.
Beide Zahlen addieren wir
nun: 07′ 10″
plus 01′ 35″
ergibt 08′ 45″

☉ ist also in 3 Stunden 40 Minuten um 08′ 45″ weitergewandelt. Diese Zahl muß nun natürlich zum Mittagsstand der Ephemeride vom 16. Juni addiert werden.
Das ergibt: Mittagsstand
vom 16. 6. 28   25 0 03′ 46″ ♊
plus Summe
für 3 h und 40 m   00 0 08′ 45″
Der Stand der ☉ ist also 25 0 12′ 31″ ♊
oder aufgerundet   25 0 13′ ♊
So gehen wir nun mit allen Gestirnen vor, ab hier in Kurzfassung.

BEWEGUNG DES MONDES

h	14°42′	14°45′	14°48′	14°51′	14°54′	14°57′	15°00′	15°03′	15°06′	15°09′	15°12′	15°15′	15°18′	15°21′	15°24′	h
24																24
23	14 05	14 08	14 11	14 14	14 17	14 19	14 22	14 25	14 28	14 31	14 34	14 37	14 40	14 42	14 46	23
22	13 29	13 31	13 34	13 37	13 40	13 42	13 45	13 47	13 51	13 53	13 56	13 59	14 02	14 06	14 07	22
21	12 52	12 54	12 57	12 59	13 02	13 05	13 08	13 11	13 13	13 15	13 18	13 21	13 23	13 26	13 29	21
20	12 15	12 18	12 20	12 23	12 25	12 28	12 30	12 33	12 35	12 38	12 40	12 43	12 45	12 48	12 50	20
19	11 38	11 41	11 43	11 45	11 48	11 51	11 53	11 54	11 57	11 59	12 02	12 04	12 07	12 09	12 12	19
18	11 02	11 04	11 06	11 08	11 11	11 12	11 15	11 17	11 20	11 22	11 24	11 26	11 29	11 30	11 33	18
17	10 25	10 27	10 29	10 31	10 33	10 35	10 38	10 40	10 42	10 44	10 46	10 48	10 50	10 52	10 55	17
16	09 46	09 48	09 52	09 54	09 56	09 58	10 00	10 02	10 04	10 06	10 08	10 10	10 12	10 14	10 16	16
15	09 11	09 13	09 15	09 17	09 19	09 20	09 23	09 24	09 26	09 28	09 30	09 32	09 34	09 35	09 38	15
14	08 35	08 36	08 38	08 40	08 42	08 43	08 45	08 47	08 49	08 50	08 52	08 54	08 56	08 57	08 59	14
13	07 58	07 59	08 01	08 03	08 04	08 06	08 08	08 09	08 11	08 12	08 14	08 16	08 17	08 19	08 21	13
12	07 21	07 23	07 24	07 26	07 27	07 29	07 30	07 31	07 33	07 35	07 36	07 38	07 39	07 41	07 42	12
11	06 44	06 46	06 47	06 48	06 50	06 51	06 53	06 54	06 55	06 57	06 58	07 00	07 01	07 03	07 04	11
10	06 08	06 09	06 10	06 11	06 14	06 15	06 16	06 18	06 19	06 20	06 21	06 23	06 24	06 25	10	
9	05 31	05 32	05 33	05 34	05 35	05 37	05 38	05 39	05 40	05 41	05 42	05 43	05 44	05 45	05 47	9
8	04 54	05 55	04 56	04 57	04 58	04 59	05 00	05 01	05 02	05 03	05 04	05 05	05 06	05 07	05 08	8
7	04 17	04 18	04 19	04 20	04 21	04 23	04 23	04 24	04 25	04 26	04 27	04 28	04 29	04 30	7	
6	03 41	03 40	03 42	03 43	03 44	03 44	03 45	03 46	03 47	03 47	03 48	03 49	03 50	03 50	03 51	6
5	03 04	03 05	03 05	03 06	03 06	03 08	03 08	03 09	03 09	03 10	03 10	03 11	03 11	03 12	03 13	5
4	02 27	02 28	02 28	02 29	02 29	02 30	02 30	02 31	02 31	02 32	02 32	02 33	02 33	02 34	02 34	4
3	01 50	01 51	01 51	01 52	01 52	01 53	01 53	01 53	01 54	01 54	01 55	01 55	01 56	3		
2	01 14	01 14	01 14	01 15	01 15	01 15	01 16	01 16	01 16	01 16	01 17	01 17	01 17	01 17	2	
1	00 37	00 37	00 37	00 37	00 38	00 38	00 38	00 38	00 38	00 38	00 38	00 38	00 38	00 38	00 39	1

m																m
55	00°34′	00°34′	00°34′	00°34′	00°34′	00°34′	00°34′	00°35′	00°35′	00°35′	00°35′	00°35′	00°35′	00°35′	00°35′	55
50	00 31	00 31	00 31	00 31	00 31	00 31	00 31	00 31	00 31	00 32	00 32	00 32	00 32	00 32	00 32	50
45	00 28	00 28	00 28	00 28	00 28	00 28	00 28	00 28	00 28	00 29	00 29	00 29	00 29	00 29	00 29	45
40	00 25	00 25	00 25	00 25	00 25	00 25	00 25	00 25	00 25	00 25	00 25	00 25	00 26	00 26	00 26	40
35	00 21	00 22	00 22	00 22	00 22	00 22	00 22	00 22	00 22	00 22	00 22	00 22	00 22	00 22	00 22	35
30	00 18	00 18	00 19	00 19	00 19	00 19	00 19	00 19	00 19	00 19	00 19	00 19	00 19	00 19	00 19	30
25	00 15	00 15	00 15	00 15	00 16	00 16	00 16	00 16	00 16	00 16	00 16	00 16	00 16	00 16	00 16	25
20	00 12	00 12	00 12	00 12	00 12	00 12	00 13	00 13	00 13	00 13	00 13	00 13	00 13	00 13	00 13	20
15	00 09	00 09	00 09	00 09	00 09	00 09	00 09	00 09	00 09	00 09	00 10	00 10	00 10	00 10	00 10	15
10	00 06	00 06	00 06	00 06	00 06	00 06	00 06	00 06	00 06	00 06	00 06	00 06	00 06	00 06	00 06	10
5	00 03	00 03	00 03	00 03	00 03	00 03	00 03	00 03	00 03	00 03	00 03	00 03	00 03	00 03	00 03	5

Hilfstabelle Mond

Kommen wir zum *Mond*
☽ am 16. Juni 28
um 12 h auf   05 0 59′ ♊
☽ am 17. Juni 28
um 12 h auf   20 0 57′ ♊
Da die kleinere von der größeren Summe abgezogen wird, heißt das:

           20 0 57′ ♊
minus   05 0 59′ ♊
Bewegung des Mondes
in 24 h   14 0 58′
Nachschauen in Hilfstabelle.

Berechnung der Gestirne
Mond ☽

Datum der Geburt GZ	T 16	M 06	J 28	h 03	m 40
Stand am 17.06.28	0 °	'	" in	20 0 57'	in ♊
– Stand am 16.06.28	0 °	'	" in	05 0 59'	in ♊
Tageslauf	0 °	'	" in	14 0 58'	in
Lauf in 3 h	0 °	'	" in	01 0 53'	in
+ Lauf in 40 m	0 °	'	" in	00 0 25'	in
= Lauf in 3 h 40 m	0 °	'	" in	02 0 18'	in
+ Stand am 16.06.28	0 °	'	" in	05 0 59'	in ♊
= Planetenstand	0 °	'	" in	08 0 17'	in ♊
– Lauf in h m (bei rückläufigen)	0 °	'		0 '	in
= Planetenstand rund	0 °	'	" in	08 0 17'	in ♊

Tageslauf	0 °	' in	0 °	' in	0 ° ' in
Stand zur Geburtszeit	0 °	' in	0 °	' in	0 ° ' in

Planeten-Berechnung Mond

Die Zahl 14 0 58' finden wir nicht, so nehmen wir die Zahl, die dieser gesuchten Zahl am nächsten käme, also 14 0 57'.

Wir sehen bei 3 h	01 0 53'
und bei 40 m	00 0 25'
ergibt	02 0 18'
Diese Summe zur 12-Uhr-Mittagszeit des 16. Juni:	
	05 0 59'
plus	02 0 18'
☽ also =	08 0 17' ♊

Steht der Mond in einem folgenden Zeichen, wird die Zahl 30 zur Gradzahl des Mondes hinzugezählt.

Mondstand am
18. Juni 1928   05 0 49' ♋ (plus 30)
Mondstand am
17. Juni 1928   20 0 57' ♌
                  = 35 0 49'
                  – 20 0 57'

                    14 0 52' = Tagesbewegung

Berechnung der Gestirne

Merkur ☿R

Datum der Geburt	T 16 M 06 J 28 h 03 m 40 Greenwichzeit
Stand am 16.06.28	0 ' " in 0 ' in 12 0 30' in ♋ 0 ' in
Stand am 17.06.28	0 ' " in 0 ' in 12 0 29' in ♋ 0 ' in
Tageslauf	0 ' " in 0 ' in 0 01' in 0 ' in
Lauf in 3 h	0 ' " in 0 ' in 0 ' in 0 ' in
Lauf in 40 m	0 ' " in 0 ' in 0 ' in 0 ' in
Lauf in 3h 40m	0 ' " in 0 ' in 0 ' in 0 ' in
Stand am 16.06.28	0 ' " in 0 ' in 12 0 30' in ♋ 0 ' in
Planetenstand	0 ' " in 0 ' in 0 ' in 0 ' in
Lauf in h m (bei rückläufigen)	0 ' 0 ' in 0 ' in
Planetenstand rund	0 ' " in 0 ' in 12 0 30' in ♋ 0 ' in
Tageslauf	0 ' in 0 ' in 0 ' in 0 ' in 0 ' in
Stand zur Geburtszeit	0 ' in 0 ' in 0 ' in 0 ' in 0 ' in

BEWEGUNG D

h	00°04'	00°05'	00°06'	00°09'	00°12'	00°15'	00°18'	00°
24								
23	00 04	00 05	00 06	00 09	00 12	00 14	00 17	00
22	00 04	00 05	00 06	00 08	00 11	00 14	00 17	00
21	00 04	00 04	00 05	00 08	00 11	00 13	00 16	00
20	00 03	00 04	00 05	00 08	00 10	00 13	00 15	00
19	00 03	00 04	00 05	00 07	00 10	00 12	00 14	00
18	00 03	00 04	00 05	00 07	00 09	00 11	00 14	00
17	00 03	00 04	00 04	00 06	00 09	00 11	00 13	00
16	00 03	00 03	00 04	00 06	00 08	00 10	00 12	00
15	00 03	00 03	00 04	00 06	00 08	00 09	00 11	00
14	00 02	00 03	00 04	00 05	00 07	00 09	00 11	00
13	00 02	00 03	00 03	00 05	00 07	00 08	00 10	00
12	00 02	00 03	00 03	00 05	00 06	00 08	00 09	00
11	00 02	00 02	00 03	00 04	00 06	00 07	00 08	00
10	00 02	00 02	00 03	00 04	00 05	00 06	00 08	00
9	00 02	00 02	00 02	00 03	00 05	00 06	00 07	00
8	00 01	00 02	00 02	00 03	00 04	00 05	00 06	00
7	00 01	00 01	00 02	00 03	00 04	00 04	00 05	00
6	00 01	00 01	00 02	00 02	00 03	00 04	00 05	00
5	00 01	00 01	00 01	00 02	00 03	00 03	00 04	00
4	00 01	00 01	00 01	00 02	00 02	00 03	00 03	00
3	00 01	00 01	00 01	00 01	00 02	00 02	00 02	00
2	00 00	00 00	00 01	00 01	00 01	00 02	00 02	00
1	00 00	00 00	00 00	00 00	00 01	00 01	00 01	00
m								
55					00°01'	00°01'	00°
50					00 01	00 01	00
45						00 01	00
40						00 01	00
35							00
30							
25							
20							
15							
10							

Kommen wir zum *Merkur*.
☿ am 16. 06. 28 um 12 h   12 0 30' ♋
☿ am 17. 06. 28 um 12 h   12 0 29' ♋
Man sieht hier außerdem ein R, was rückläufig bedeutet.
Aber das erkennt man ja auch an der Gradzahl, die mit den zunehmenden Tagen abnimmt, wie man in der Ephemeride Spalte Merkur und Saturn deutlich ablesen kann.
Auch hier wird die kleinere Zahl von der größe-

Planeten-Berechnung Merkur

Planeten-Berechnung ☿R

Bewegung der Planeten I.

NETEN

00 27	00 29	00 32	00 35	00 37	00 40
00 25	00 28	00 30	00 33	00 36	00 39
00 24	00 26	00 29	00 32	00 34	00 37
00 23	00 25	00 28	00 30	00 33	00 35
00 21	00 24	00 26	00 29	00 31	00 33
00 20	00 23	00 25	00 27	00 29	00 32
00 19	00 21	00 23	00 26	00 28	00 30
00 18	00 20	00 22	00 24	00 26	00 28
00 17	00 19	00 21	00 23	00 24	00 26
00 16	00 18	00 19	00 21	00 23	00 25
00 15	00 16	00 18	00 20	00 21	00 23
00 14	00 15	00 17	00 18	00 20	00 21
00 12	00 14	00 15	00 17	00 18	00 19
00 11	00 13	00 14	00 15	00 16	00 18
00 10	00 11	00 12	00 14	00 15	00 16
00 09	00 10	00 11	00 12	00 13	00 14
00 08	00 09	00 10	00 11	00 11	00 12
00 07	00 08	00 08	00 09	00 10	00 11
00 06	00 06	00 07	00 08	00 08	00 09
00 05	00 05	00 06	00 06	00 07	00 07
00 03	00 04	00 04	00 05	00 05	00 05
00 02	00 03	00 03	00 03	00 03	00 04
00 01	00 01	00 01	00 02	00 02	00 02

00°01'	00°01'	00°01'	00°01'	00°01'	00°01'	00°02'
01 00 01	00 01	00 01	00 01	00 01	00 01	00 01
01 00 01	00 01	00 01	00 01	00 01	00 01	00 01
01 00 01	00 01	00 01	00 01	00 01	00 01	00 01
01 00 01	00 01	00 01	00 01	00 01	00 01	00 01
01 00 01	00 01	00 01	00 01	00 01	00 01	00 01
00 01	00 01	00 01	00 01	00 01	00 01
	00 01	00 01	00 01	00 01	00 01

Berechnung der Gestirne
Merkur rückläufig ☿R

Datum der Geburt   16.T   06 M   28 J   03 h   40 m   Greenwichzeit

```
Stand am 29.06.28      0 '  " in    0 ' in   07o33' in ♋ 0 ' in
Stand am 30.06         0 '  " in    0 ' in   06o57' in ♋ 0 ' in
Tageslauf              0 '  " in    0 ' in   00o36' in    0 ' in  R
Lauf in 03 h           0 '  " in    0 ' in   00o05' in    0 ' in
+
Lauf in 40 m           0 '  " in    0 ' in   00o01' in    0 ' in
=
Lauf in 03h40m         0 '  " in    0 ' in   00o06' in    0 ' in
+
Stand am 29.06         0 '  " in    0 ' in   07o33' in    0 ' in
=
Planetenstand          0 '  " in    0 ' in   0    ' in    0 ' in  R
Lauf in 03h40m         0 '                   0 ' in 00o06' in
(bei rückläufigen)
=
Planetenstand rund     0 '  " in    0 ' in   07o27' in ♋ 0 ' in
```

ren Zahl abgezogen. Nun, hier ist nicht viel abzuziehen, da sich der Merkur in 24 Stunden nur um 1 Bogenminute rückwärts bewegt.
Wir schreiben also:
☿R 12 30' ♎ aber hinter das Planetensymbol setzen wir das R.
Nun aber ein Beispiel für eine größere Rückläufigkeit, bei der mehr zu rechnen ist:
29. 06. 28   3 h 40 m GZ
☿R am 29. Juni 1928   07 0 33' ♋
☿R am 30. Juni 1928   06 0 57' ♋
Die Differenz beträgt   00 0 36'

Wir schauen in die Tabelle.
Bei 00 0 36' Bewegung in 3 h   00 0 05'
           Bewegung in 40 m   00 0 01'
Bewegung in 3 h 40 m also   00 0 06'
Diese Summe müssen wir jetzt
jedoch vom Stand des Merkur
am 29. Juni 28 abziehen.

Also   = 07 0 33' ♋
                               00 0 06'

Ergibt: Merkur am 29. Juni um
03 h 40 m ☿R 07 0 27' ♋

261

BEWEGUNG DER PLANETEN

h	00°45′	00°48′	00°51′	00°54′	00°57′	01°00′	01°03′	01°06′	01°09′	01°12′	01°15′	01°18′	01°21′	01°24′	01°27′	h
24																24
23	00 43	00 46	00 49	00 52	00 55	00 58	01 00	01 03	01 06	01 09	01 12	01 15	01 18	01 21	01 23	23
22	00 41	00 44	00 47	00 50	00 52	00 55	00 58	01 01	01 03	01 06	01 09	01 12	01 14	01 17	01 20	22
21	00 39	00 42	00 45	00 47	00 50	00 53	00 55	00 58	01 00	01 03	01 06	01 08	01 11	01 14	01 16	21
20	00 38	00 40	00 43	00 45	00 48	00 50	00 53	00 55	00 58	01 00	01 03	01 05	01 08	01 10	01 13	20
19	00 36	00 38	00 40	00 43	00 45	00 48	00 50	00 52	00 55	00 57	00 59	01 02	01 04	01 07	01 09	19
18	00 34	00 36	00 38	00 41	00 43	00 45	00 47	00 50	00 52	00 54	00 56	00 58	01 01	01 03	01 05	18
17	00 32	00 34	00 36	00 38	00 40	00 43	00 45	00 47	00 49	00 51	00 53	00 55	00 57	00 60	01 02	17
16	00 30	00 32	00 34	00 36	00 38	00 40	00 42	00 44	00 46	00 48	00 50	00 52	00 54	00 56	00 58	16
15	00 28	00 30	00 32	00 34	00 36	00 38	00 39	00 41	00 43	00 45	00 47	00 49	00 51	00 53	00 54	15
14	00 26	00 28	00 30	00 32	00 33	00 35	00 37	00 39	00 40	00 42	00 44	00 46	00 47	00 49	00 51	14
13	00 24	00 26	00 28	00 29	00 31	00 33	00 34	00 36	00 37	00 39	00 41	00 42	00 44	00 46	00 47	13
12	00 23	00 24	00 26	00 27	00 29	00 30	00 31	00 33	00 35	00 36	00 38	00 40	00 41	00 42	00 44	12
11	00 21	00 22	00 23	00 25	00 26	00 28	00 29	00 30	00 32	00 33	00 34	00 36	00 37	00 39	00 40	11
10	00 19	00 20	00 21	00 23	00 24	00 25	00 26	00 28	00 29	00 30	00 31	00 33	00 34	00 35	00 36	10
9	00 17	00 18	00 19	00 20	00 21	00 23	00 24	00 25	00 26	00 27	00 28	00 29	00 30	00 32	00 33	9
8	00 15	00 16	00 17	00 18	00 19	00 20	00 21	00 22	00 23	00 24	00 25	00 26	00 27	00 28	00 29	8
7	00 13	00 14	00 15	00 16	00 17	00 18	00 18	00 19	00 20	00 21	00 22	00 23	00 24	00 25	00 25	7
6	00 11	00 12	00 13	00 14	00 14	00 15	00 16	00 17	00 18	00 18	00 19	00 20	00 20	00 21	00 22	6
5	00 09	00 10	00 11	00 11	00 12	00 13	00 13	00 14	00 14	00 15	00 16	00 16	00 17	00 18	00 18	5
4	00 08	00 08	00 09	00 09	00 10	00 10	00 11	00 11	00 12	00 12	00 13	00 13	00 14	00 14	00 15	4
3	00 06	00 06	00 06	00 07	00 07	00 08	00 08	00 08	00 09	00 09	00 09	00 10	00 10	00 11	00 11	3
2	00 04	00 04	00 04	00 05	00 05	00 05	00 05	00 06	00 06	00 06	00 06	00 07	00 07	00 07	00 07	2
1	00 02	00 02	00 02	00 02	00 03	00 03	00 03	00 03	00 03	00 03	00 03	00 03	00 04	00 04	00 04	1
m																m
55	00°02′	00°02′	00°02′	00°02′	00°02′	00°02′	00°03′	00°03′	00°03′	00°03′	00°03′	00°03′	00°03′	00°03′	00°03′	55
50	00 02	00 02	00 02	00 02	00 02	00 02	00 02	00 02	00 02	00 03	00 03	00 03	00 03	00 03	00 03	50
45	00 01	00 01	00 02	00 02	00 02	00 02	00 02	00 02	00 02	00 02	00 02	00 03	00 03	00 03	00 03	45
40	00 01	00 01	00 01	00 01	00 02	00 02	00 02	00 02	00 02	00 02	00 02	00 02	00 02	00 02	00 02	40
35	00 01	00 01	00 01	00 01	00 01	00 02	00 02	00 02	00 02	00 02	00 02	00 02	00 02	00 02	00 02	35
30	00 01	00 01	00 01	00 01	00 01	00 01	00 01	00 02	00 02	00 02	00 02	00 02	00 02	00 02	00 02	30
25	00 01	00 01	00 01	00 01	00 01	00 01	00 01	00 01	00 01	00 01	00 01	00 01	00 01	00 01	00 02	25
20	00 01	00 01	00 01	00 01	00 01	00 01	00 01	00 01	00 01	00 01	00 01	00 01	00 01	00 01	00 01	20
15		00 01	00 01	00 01	00 01	00 01	00 01	00 01	00 01	00 01	00 01	00 01	00 01	00 01	00 01	15
10							00 01	00 01	00 01	00 01	00 01	00 01	00 01	00 01	00 01	10

Bewegung der Planeten II

Kommen wir zur *Venus*.

♀ am 16. Juni 28	20 0 55′ ♊
♀ am 17. Juni 28	22 0 09′ ♊
Rechnungsvorgang:	22 0 09′ ♊
minus	20 0 55′ ♊
♀ in 24 h	01 0 14′

01 0 14′ finden wir nicht, nächste Zahl wäre 01 0 15′.

Wir finden bei 3 h	00 0 09′
bei 40 m	00 0 02′
Venus in 3 h 40 m	00 0 11′
und addieren das zum	
Stand am 16. 06. 28	20 0 55′
♀ also	21 0 06′ ♊

Damit wären die sogenannten schnellen Gestirne berechnet, also die Lichter Sonne und Mond und die inneren Planeten Merkur und Venus.

Bevor wir nun zur Berechnung des ersten der äußeren Planeten kommen, des Mars, wäre eine Frage zu überlegen, die viele Astrologen immer wieder stellen.

Ist es nämlich nötig, ein Horoskop so genau zu berechnen?

Reicht es nicht aus, einfach die Mittags- oder die Mitternachtsstände der Gestirne aus den Ephemeriden herauszuschreiben, da mit Ausnahme des Mondes ja doch kein Gestirn sich täglich weiter als 1 bis 2 Grad bewegt, zumal wir ja

Berechnung der Gestirne

Venus ♀

Datum der Geburt	T 16. M 06. J 28 h 03 m 40 Greenwichzeit				
Stand am 17.06.28	0 ' " in 22°09' in ♊	0 ' in	0 ' in		
– Stand am 16.06.28	0 ' " in 20°55' in ♊	0 ' in	0 ' in		
Tageslauf	0 ' " in 01°14' in	0 ' in	0 ' in		
Lauf in 3 h	0 ' " in 0°09' in	0 ' in	0 ' in		
+ Lauf in 40 m	0 ' " in 0°02' in	0 ' in	0 ' in		
= Lauf in 3 h 40 m	0 ' " in 0°11' in	0 ' in	0 ' in		
+ Stand am 16.06.28	0 ' " in 20°55' in ♊	0 ' in	0 ' in		
= Planetenstand	0 ' " in 21°06' in ♊	0 ' in	0 ' in		
– Lauf in h m (bei rückläufigen)	0 '	0 ' in	0 ' in		
= Planetenstand rund	0 ' " in 21°06' in ♊	0 ' in	0 ' in		
Tageslauf	0 ' in	0 ' in	0 ' in	0 ' in	0 ' in
Stand zur Geburtszeit	0 ' in	0 ' in	0 ' in	0 ' in	0 ' in

Planeten-Berechnung Venus

gerade bei den sogenannten schnellen Planeten einen Orbis von bis zu 8 Grad einbeziehen.

Man braucht dann nur den Mond pauschal mit 30 Bogenminuten pro Stunde zu berechnen, und das Horoskop ist fertig.

Aber wer schon bei der Berechnung so großflächig denkt, das zeigt die Erfahrung, der geht dann auch bei der Ausdeutung recht großzügig, um nicht zu sagen recht »großartig« mit der Kombination um.

Schon beim Berechnen zwinge sich der Astrologe zu einer genauen Arbeit, zumal dabei bei einiger Übung bereits Intuitionsschlüsse unwillkürlich aufkommen, die das Ausdeuten erleichtern oder gar bestimmen.

Jeder zwinge sich daher zu einer Konzentration, die schon mit der genauen Berechnung einsetzen muß.

Venus aus einer Prognostik des Virdung von Haßfurt, 1521

Berechnung der Gestirne

Mars ♂ und Jupiter ♃

Datum der Geburt   T 16   M 06   J 28   h 03   m 40 Greenwichzeit

	♂		♃		
Stand am 17.06.28	0 ' " in	23o34' in ♈	02o38' in ♉	0 ' in
Stand am 16.06.28	0 ' " in	22o50' in ♈	02o26' in ♉	0 ' in
Tageslauf	0 ' " in	00o44' in	0 12' in	0 ' in
Lauf in 3 h	0 ' " in	0 06' in	0 ' in	0 ' in
Lauf in 40 m	0 ' " in	0 01' in	0 ' in	0 ' in
Lauf in 3 h 40m	0 ' " in	0 07' in	0 02' in	0 ' in
Stand am 16.06.28	0 ' " in	22o50' in ♈	02o26' in ♉	0 ' in
Planetenstand	0 ' " in	22o57' in ♈	02o28' in ♉	0 ' in
Lauf in h m (bei rückläufigen)	0 '	0 ' in	0 ' in	
Planetenstand rund	0 ' " in	22o57' in ♈	02o28' in ♉	0 ' in

Planeten-Berechnung Mars und Jupiter

Nun zum Mars	
♂ am 16. 06. 28 um 12 h	22 0 50' ♈
♂ am 17. 06. 28 um 12 h	23 0 34' ♈
Das heißt:	23 0 34' ♈
minus	22 0 50' ♈
♂ in 24 Stunden	00 0 44'
Wir schauen wieder in die Hilfstabelle.	
Da finden wir die Zahl und schauen.	00 0 45'
Wir finden bei 3 h	00 0 06'
bei 40 m	00 0 01'
♂ in 3 h 40 m	00 0 07'

zugezählt zum Stand	
16. 06. 28	22 0 50' ♈
plus	00 0 07'
♂ also:	22 0 57' ♈

So geht man nun also bei allen Planeten vor. Bei den langsamen Planeten kann man den Rechenvorgang natürlich meist abkürzen, indem man interpoliert.

Berechnung der Gestirne
Saturn ♄R

Datum der Geburt	T 16	M 06	J 28	h 03	m 40 Greenwichzeit				
Stand am 16.06.28	0	'	" in	0	' in	15 0 07' in ♐	0	' in	
Stand am 17.06.28 –	0	'	" in	0	' in	15 0 03' in ♐	0	' in	
Tageslauf	0	'	" in	0	' in	0 04' in	0	' in	R
Lauf in h +	0	'	" in	0	' in	0 ' in	0	' in	
Lauf in m =	0	'	" in	0	' in	0 ' in	0	' in	
Lauf in 3 h 40 m +	0	'	" in	0	' in	0 01' in	0	' in	
Stand am 16.06.28 =	0	'	" in	0	' in	15 0 07' in	0	' in	
Planetenstand	0	'	" in	0	' in	0 ' in	0	' in	R
Lauf in 3 h 40 m (bei rückläufigen) =	0	'		0	' in	0 01' in			
Planetenstand rund	0	'	" in	0	' in	15 0 06' in ♐	0	' in	

===

Schauen wir uns das bei *Jupiter* an.
♃ am 16. 06. 28   02 0 26' ♉
♃ am 17. 06. 28   02 0 38' ♉
Man sieht auf einen Blick: Jupiter bewegt sich an einem Tag oder in 24 Stunden um 00 0 12'.
Rund 4 Stunden oder 3 h 40 m sind von 24 h ein Sechstel (1/6).
Ein Sechstel von 00 0 12' ist   00 0 02'
So hat ♃ einen Stand von   02 0 28' ♉
Ab Jupiter braucht man im Grunde nur die letzten drei Zeilen der Berechnung der Gestirne auszufüllen.

Kommen wir zum *Saturn* ♄
Wir sehen:
♄ am 16. 06. 28 =   15 0 07' ♐
♄ am 17. 06. 28 =   15 0 03' ♐
Außer am R erkennen wir, daß Saturn rückläufig ist, daran, daß die Zahl am 17. 06. 28 kleiner ist als am 16. 06. 28.
00 0 04' ist der Weg in 24 Stunden, man kann also 00 0 01 – aufgepaßt, hier muß man subtrahieren! – vom Stand des Saturn am 16. 6. 28 abziehen, da Saturn rückläufig ist.
Also ♄ ist 15 0 06' ♐.

Berechnung der Gestirne
Uranus ♅ Neptun ♆ Pluto ♇

Datum der Geburt   T 16 M 06 J 28 h 03 m 40 Greenwichzeit

				♅	♆	♇
Stand am 17.06.28	0	'	" in	07 0 08' in ♈	26 0 50' in ♌	0 ' in
Stand am 16.06.28	0	'	" in	07 0 07' in ♈	26 0 49' in ♌	0 ' in
Tageslauf	0	'	" in	0 01' in	0 01' in	0 ' in
Lauf in h +	0	'	" in	0 ' in	0 ' in	0 ' in
Lauf in m =	0	'	" in	0 ' in	0 ' in	0 ' in
Lauf in h m +	0	'	" in	0 ' in	0 ' in	0 ' in
Stand am =	0	'	" in	0 ' in	0 ' in	0 ' in
Planetenstand	0	'	" in	0 ' in	0 ' in	0 ' in
Lauf in h m (bei rückläufigen) =	0	'		0 ' in	0 ' in	
Planetenstand rund	0	'	" in	0 ' in	0 ' in	0 ' in
Tageslauf	0 ' in	0 ' in	0 01' in	0 01' in	0 02' in	
Stand zur Geburtszeit	0 ' in	0 ' in	07 0 07' in ♈	26 0 49' in ♌	16 0 08' in ♋	

Planeten-Berechnung
Uranus, Neptun, Pluto

Nun kommen wir zu den Transsaturniern Uranus, Neptun und Pluto.
Uranus ♅ der sich in 24 Stunden nur um 00 0 01' bewegt, nämlich von 07 0 07' ♈ auf 07 0 08' ♈ hat den Stand von 07 0 07' ♈ (da die Bewegung in 3 h 40 m hier nicht in Bogenminuten erfaßbar ist).
Also ♅ ist 07 0 07' ♈.
Das gilt auch für den *Neptun* ♆.
♆ von 26 0 49' ♌ auf 26 0 50' ♌ in 24 h ist 00 0 01'
♆ also 26 0 49' ♌.
Schwieriger ist es beim *Pluto* ♇.
Hier müssen wir auf die untere Querspalte schauen.

Wir finden:
♇ am 9. Juni auf 15 0 58' ♋
♇ am 17. Juni auf 16 0 10' ♋
Pluto wandert also in 8 Tagen um 00 0 12', in einem Tag also um 00 0 01' 30", abgerundet 00 0 02'. Da Stand am 17. Juni 16 0 10' beträgt, müssen wir 00 0 02' von diesem Stand abziehen, um den Stand für den 16. 06. zu bekommen.

Also   16 0 10'
minus   00 0 02'
ergibt   16 0 08'
♇ also   16 0 08 ♋.

Berechnung der Gestirne

Mondknoten ☊(R)

Datum der Geburt	T 16 M 06 J 28 h 03 m 40 Greenwichzeit				
Stand am 13.06.28	0 ' " in	0 ' in	08°56' in ♊	0 ' in	
Stand am 16.06.28 −	0 ' " in	0 ' in	08°47' in ♊	0 ' in	
Tageslauf	0 ' " in	0 ' in	0 ' in	0 ' in	R
Lauf in h +	0 ' " in	0 ' in	0 ' in	0 ' in	
Lauf in m =	0 ' " in	0 ' in	0 ' in	0 ' in	
Lauf in h m +	0 ' " in	0 ' in	0 ' in	0 ' in	
Stand am =	0 ' " in	0 ' in	0 ' in	0 ' in	R
Planetenstand −	0 ' " in	0 ' in	0 ' in	0 ' in	
Lauf in h m (bei rückläufigen) =	0 '	0 ' in	0 ' in		
Planetenstand rund	0 ' " in	0 ' in	0 ' in	0 ' in	
Tageslauf	0 ' in	0 ' in	0 ' in	0 ' in	0 03' in
Stand zur Geburtszeit	0 ' in	0 ' in	0 ' in	0 ' in	08°47' in ♊

Mondknoten-Berechnung

Bleibt noch der *Mondknoten* ☊
Siehe Spalte Mondknoten,
wir finden ☊ am 16. Juni 28   08 0 47' ♊
Das wäre es also schon.
Die Gestirnstände für unser Horoskop sind also:

☉	=	25 0 13' ♊	♃	=	02 0 28' ♉
☽	=	08 0 17' ♊	♄R	=	15 0 06' ♐
☿R	=	12 0 30' ♋	♂	=	07 0 07' ♈
♀	=	21 0 06' ♊	♆	=	26 0 49' ♌
♂	=	22 0 57' ♈	⚷	=	16 0 08' ♋
			☊	=	08 0 47' ♊

Die Berechnung des Medium Coeli und des Aszendent

Um die Gestirne zu errechnen, mußten wir die Geburtszeit, die ja eine Zonenzeit ist, zur Greenwichzeit umwandeln.

Aus der MEZ (Wien = mitteleuropäische Zeit) oder einer eventuellen Sommerzeit errechneten wir die GZ, die auch Weltzeit oder WZ genannt wird (oder WT = World Time).

Auch bei der Berechnung des Medium Coeli (MC), des Aszendent (AS) und der Häuser (oder Felder) gehen wir von der Greenwichzeit aus.

Hier sei noch einmal daran erinnert, daß wir ja zwei Ephemeridenarten kennen: die auf Mitternacht berechnete sowie die auf den Mittagstand berechnete Ephemeride. Bei der auf Mitternacht berechneten Ephemeride ist die Rechnung klar, die Geburtszeit entspricht der täglichen Uhrzeitberechnung.

Anders ist es bei der für Mittag berechneten Ephemeride (das sind die älteren). Hier beginnt die Rechnung um 12 Uhr mittags, das heißt, wer nachmittags geboren ist, muß 12 Stunden *abziehen*. Also statt 17 Uhr geboren heißt es: um 5 Uhr geboren. Das gilt für alle, die zwischen 12 Uhr mittags und Mitternacht geboren wurden.

Für diejenigen, die jedoch zwischen 24 Uhr und 12 Uhr geboren sind, heißt es, dementsprechend 12 Stunden zu ihrer Geburtszeit hinzuzuzählen. Wer also um 7 Uhr geboren ist, muß mit der Uhrzeit von 19 Uhr rechnen, und sein entsprechender Berechnungstag beginnt zu Mittag des vorangegangenen Tages.

Beispiel: Wer am 10. August um 09 Uhr geboren ist, dessen Ausgangsdatum ist der 9. August 12 Uhr; sein Geburtsdatum heißt also für uns: 9. August 21 Uhr.

Diese Umwandlung ist wichtig, weil man nun nämlich nur noch addieren muß, abgesehen von der Berechnung der Greenwichzeit.

Halten wir fest: Für die Berechnung des MC und des AS wie der Häuser oder Felder gehen wir zunächst von der Greenwichzeit aus. Da wir unser Beispiel nach einer Mittagsephemeride berechnen, heißt dies:

Geburtsdatum: 16. 06. 1928 um 16h 40m in Wien, auf die Mittagsephemeride
umgestellt: 16. 06. 1928 um 04h 40m in Wien, minus 1 Stunde
für GZ: 16. 06. 1928 um 03h 40m in Wien.

Zur Berechnung des inneren Horoskops benötigen wir nun aber den Ausgangspunkt der Himmelsbetrachtung, in unserem Sinn also die Lage des Geburtsorts. Wir brauchen also die Ortszeit. Der Geburtsort wird ja durch Längen- und Breitengrade bestimmt. Wien, der Ort unseres Beispielhoroskops, liegt nun zwischen dem 16. und 17. Längengrad östlich von Greenwich. Wir wissen schon, daß jedem Längengrad 4 Minuten Zeitunterschied entspricht. So braucht man also nur diese 4 Minuten pro Längengrad mit den Längengraden des Geburtsorts zu multiplizieren, um von der Greenwichzeit = GZ die Ortszeit = OZ zu erhalten.

16 mal 4 ergibt 64 Minuten, und da nun Wien zwischen dem 16. und 17. Breitengrad liegt, halbwegs auf der Mitte, so rechnen wir noch einmal die Hälfte von 4, also 2 Minuten hinzu (64 + 2 = 66). Das heißt, wir zählen zur GZ 66 Minuten zu und erhalten die OZ von Wien.

Die Formel heißt im gesamten Rechnungsvorgang: Die Geburtszeit = Zonenzeit muß zur Greenwichzeit gewandelt werden, und von hier errechnen wir die Ortszeit. Also: Geburtszeit, in unserem Fall die MEZ, wird zur GZ, und von hier errechnen wir die OZ.

In der Praxis ist das leicht, denn die von uns benutzte Ephemeride enthält auch Tabellen über geographische Positionen.

Berechnungsformular II.

Datum der Geburt	16	06	28	16	40	00
	Tag(T)	Monat(M)	Jahr(J)	Stunde(h)	Minute(m)	Sekunde(s)

Geburtsort   Wien   Österreich
             Ort   Kreis   Land
             48° 12'   16° 22' 54"   01ʰ 05ᵐ 31ˢ
             Breite   Länge   Länge in Zeit

Datum der Geburt	T 16	M 06	J 28	h 16	m 40 s
Evtl. Korrektur der Sommerzeit	—				
ergibt	------	------	------	------	------
	T	M	J	h	m s
Umwandlung bei Mittagsephemeriden (entfällt b. Mitternachtsephemeriden)					
ergibt	T 16	M 06	J 28	h 04	m 40 s
Berechnung auf Greenwichzeit (GZ)					
östlich von Greenwich	—			h 01	
westlich von Greenwich	+			h	
	------	------	------	------	------
ergibt				h 03	m 40 s
plus Sternzeitkorrektur für GZ					m s 37
	------	------	------	------	------
ergibt	T 16	M 06	J 28	h 03	m 40 s 37
plus/minus Ortszeit in Länge					
östlich von Greenwich	+			h 01	m 05 s 31
westlich von Greenwich	—			h	m s
	------	------	------	------	------
ergibt	T 16	M 06	J 28	h 04	m 46 s 08
plus SZ aus Ephemeride	+			h 05	m 38 s 01
	------	------	------	------	------
ergibt SZ der Geburt zum Auffinden des MC, des AZ und der Häuser				h 10	m 24 s 09

Bei Summen über 24 Stunden 24 abziehen!

Berechnungsformular II

Ort Lieu Place	Breite Latitude φ		Länge Longitude de Greenwich			Korrekt. St. Z. S. T.		H. S.
	°	′	h	m	s	m	s	
Wettingen, Aargau	+ 47	28	ö 00	33	20	— 00	05	III
Wetzikon, Zürich	+ 47	20	ö 00	35	12	— 00	06	III
Wetzlar	+ 50	33	ö 00	34	00	— 00	06	II
Wien, Stephanskirche	+ 48	12,6	ö 01	05	31	— 00	10	IV
Wiesbaden	+ 50	05	ö 00	32	59	— 00	05	I
Wil, St. Gallen	+ 47	28	ö 00	36	12	— 00	06	III
Wilhelmshaven	+ 53	31,8	ö 00	32	35	— 00	05	V
Willisau	+ 47	07	ö 00	31	56	— 00	05	III

Geographische Positionen

In der ersten Spalte von links finden wir die Orte angegeben, in der zweiten Spalte unter dem Wort Breite = Latitude die Angabe des Breitengrades. Das + davor bedeutet nördliche Breite, das − südliche Breite.

In der dritten Spalte finden wir die Länge = Longitude de Greenwich als Zeitunterschied von Greenwich angegeben.

Der Buchstabe ö heißt östlich von Greenwich, der Buchstabe w westlich von Greenwich.

Die vierte Spalte Korrektur der Sternzeit (ST.Z. oder Star Time S.T.) brauchen wir nicht zu beachten.

Die letzte Spalte bezieht sich auf ein Feldergerät, das es nicht mehr gibt.

Wir notieren uns also:

Wien Breitengrad	48 0 12,6′
abgerundet	48 0 12′
Zeitunterschied von	
Greenwich ö = östlich	01 h 05 m 31 s

Da Wien östlich von Greenwich liegt, müssen wir diesen Zeitunterschied (siehe Berechnungsbogen) zur Greenwichzeit zuzählen.

Sonne, Planetenbuch, 1553

Also heißt unsere Rechnung nun:

Geboren am 16. 06. 1928 in	
Wien um	16 h 40 m 00 s
Umstellung auf	
Mittagsephemeride 16. 06. 28	04 h 40 m 00 s
Berechnung auf GZ minus	01 h
ergibt GZ	03 h 40 m 00 s
plus Zeitunterschied für Wien	01 h 05 m 31 s
ergibt Ortszeit Wien	
für 16. 06. 1928	04 h 45 m 31 s

Die Ortszeit ist gefunden, aber das reicht leider immer noch nicht, denn wir brauchen ja die Sternzeit. Warum?

Nun, wir rechnen im bürgerlichen Leben mit einer Zeit von 24 Stunden zu 60 Minuten zu 60 Sekunden pro Tag. Die Sternzeit jedoch ist um 3 m 56,6 s pro Tag kürzer.

Wir haben bei den verschiedenen Zeiten der Mondumläufe darauf hingewiesen, daß wir zwischen synodischem und siderischem Umlauf unterscheiden müssen. Der siderische Umlauf ist der Umlauf, der von einem Stern zum selben zurückgemessen wird. Das gilt auch für den Sterntag.

Der Sterntag erstreckt sich von einer Kulmination eines Fixsterns bis zur nächsten. Er hat also die Dauer zwischen zwei Kulminationen. Von einer Kulmination zur anderen dreht sich die Erde um 360 Grad, und zwar in 24 Stunden.

Da sich aber der Fixstern, an dem wir die Sternzeit messen, innerhalb eines Tages nicht bewegt, ist der Sterntag kürzer als der bürgerliche Tag, der sich an der Sonne orientiert.

Erinnern wir uns, daß sich die Sonne pro Tag um zirka 1 Grad auch auf der Ekliptik weiterbewegt. Da 1 Grad gleich vier Minuten sind, ist der Sterntag rund 4 Minuten kürzer als der Sonnen- oder der bürgerliche Tag. Das ist das ganze Problem.

OZ	Sternzeit		OZ	Sternzeit	OZ	Sternzeit
Stunden	Minuten	Sekunden	Minuten	Sekunden	Minuten	Sekunden
1	0	10	1	0	31	5
2	0	20	2	0	32	5
3	0	30	3	0	33	6
4	0	40	4	1	34	6
5	0	50	5	1	35	6
6	1	00	6	1	36	6
7	1	09	7	1	37	6
8	1	19	8	2	38	6
9	1	29	9	2	39	7
10	1	39	10	2	40	7
11	1	49	11	2	41	7
12	1	59	12	2	42	7
13	2	08	13	2	43	7
14	2	18	14	2	44	7
15	2	28	15	3	45	8
16	2	38	16	3	46	8
17	2	48	17	3	47	8
18	2	58	18	3	48	8
19	3	07	19	3	49	8
20	3	17	20	3	50	8
21	3	27	21	4	51	9
22	3	37	22	4	52	9
23	3	47	23	4	53	9
24	3	56,5554	24	4	54	9
			25	4	55	9
			26	4	56	9
			27	5	57	10
			28	5	58	10
			29	5	59	10
			30	5	60	10

Sternzeitkorrektur für Ortszeit

Und in der Praxis ist das ganz einfach, weil in der zweiten Spalte unserer Ephemeride ja die Sternzeit oder Siderial Time angegeben ist. Diese Sternzeit ist nun der Ortszeit zuzuzählen. Doch um dies tun zu können, müssen wir natürlich unsere Greenwichzeit auch erst in Sternzeit umwandeln, oder gemäß der Sternzeit korrigieren.

Dazu gibt es in der Ephemeride, die wir hier benutzen, die Tafel »Sternzeitkorrektur für Ortszeit (OZ)«.

Die Greenwichzeit beträgt 03 h 40 m 00 s.
Unter der Spalte für Stunden finden wir
für den Wert von 3 Stunden = Sternzeit   30 s
für 40 Minuten   = Sternzeit   07 s
Sternzeitkorrektur also   37 s

Jetzt haben wir also die Greenwichzeit-Korrektur auf Sternzeit.

Also noch einmal die Rechnung von vorn:
Geboren in Wien am
16. 06. 1928 um 16 Uhr 40   16 h 40 m 00 s
Umstellung auf Mittagsephe-
meride   04 h 40 m 00 s
Berechnung auf Greenwichzeit
minus   01 h
ergibt GZ   03 h 40 m 00 s
plus Sternzeitkorrektur für GZ   37 s
ergibt korrigierte GZ   03 h 40 m 37 s
plus Ortszeit Wien
(oder Zeitunterschied Wien-
Greenwich)   01 h 05 m 31 s
ergibt Ortssternzeit   04 h 46 m 08 s
Wir haben also den Wert von   04 h 46 m 08 s
gefunden.

Nun müssen wir die Ephemeride aufschlagen, und zwar für den Monat Juni 1928, siehe S. 251.

Hier finden wir die SZ
des 16. Juni 1928
auf 12 Uhr mittag berechnet.
Sie ist gleich   05 h 38 m 01 s
Beide Werte, der gefundene
wie der der SZ des 16. 06. 1928,
müssen nun zum Schluß
addiert werden. Also: 04 h 46 m 08 s
plus Sternzeit aus Ephemeride   05 h 38 m 01 s
ergibt den Endwert
zur Auffindung
des Medium Coeli (MC)   10 h 24 m 09 s

Da wir hier jeden Rechnungsgang ausführlich erklärt haben, nun noch einmal im Zusammenhang, weil man dann sieht, wie einfach eigentlich alles ist.

Rechnungsvorgänge:
Geburtsdatum:
16. 06. 28 Wien um   16 h 40 m 00 s
Umstellung auf Mittag   04 h 40 m 00 s
Berechnung auf GZ minus   01 h
                                   03 h 40 m 00 s
plus Sternzeitkorrektur für GZ   37 s
korrigierte GZ   03 h 40 m 37 s
plus Zeitunterschied Wien   01 h 05 m 31 s
                                   04 h 46 m 08 s
plus Sternzeit aus Ephemeride   05 h 38 m 01 s
ergibt Geburtssternzeit   10 h 24 m 09 s
Oder noch einfacher:
Greenwichzeit = GZ   03 h 40 m 00 s
plus Korrektur GZ   37 s
plus Zeitunterschied Wien   01 h 05 m 31 s
plus StZ aus Ephemeride   05 h 38 m 01 s
Geburtssternzeit   =   10 h 24 m 09 s

Häuser-Tabelle des Geburtsortes

| 10ʰ 23ᵐ 35ˢ | | 155° 53' 38" | | | |
| M 4° ♍ | | | | | |
XI	XII	A	II	III	N LAT
♎ 6 25	♏ 8 16	♐ 7°41	♑ 5 25	♒ 3 35	0°
5 34	6 42	5 50	3 41	2 25	5°
4 45	5 12	4 01	1 56	♒ 1 12	10°
3 59	3 45	2 12	♑ 0 07	♑ 29 53	15°
3 14	2 18	♐ 0 21	♐ 28 13	28 26	20°
3 05	2 01	♏ 29 59	27 49	28 07	21°
2 56	1 44	29 36	27 25	27 48	22°
2 47	1 26	29 14	27 00	27 29	23°
2 38	1 09	28 51	26 36	27 09	24°
2 29	0 52	28 28	26 11	26 48	25°
2 20	0 34	28 04	25 46	26 27	26°
2 11	♏ 0 17	27 41	25 19	26 06	27°
2 02	♎ 29 59	27 17	24 53	25 44	28°
1 53	29 42	26 53	24 26	25 21	29°
1 43	29 24	26 29	23 59	24 57	30°
1 34	29 06	26 05	23 31	24 33	31°
1 25	28 48	25 40	23 03	24 09	32°
1 16	28 30	25 15	22 34	23 42	33°
1 07	28 12	24 50	22 04	23 15	34°
0 57	27 53	24 24	21 34	22 48	35°
0 48	27 35	23 58	21 03	22 19	36°
0 38	27 16	23 32	20 31	21 49	37°
0 29	26 57	23 05	19 59	21 18	38°
0 19	26 38	22 38	19 26	20 46	39°
♎ 0 09	26 18	22 10	18 52	20 12	40°
♏ 29 59	25 59	21 42	18 17	19 36	41°
29 49	25 39	21 14	17 42	18 59	42°
29 39	25 19	20 45	17 05	18 21	43°
29 29	24 59	20 15	16 27	17 40	44°
29 19	24 38	19 45	15 48	16 58	45°
29 08	24 17	19 14	15 08	16 14	46°
28 57	23 55	18 43	14 27	15 26	47°
28 46	23 33	18 11	13 44	14 37	48°
28 35	23 11	17 38	13 00	13 44	49°
28 24	22 49	17 04	12 14	12 48	50°
28 12	22 26	16 30	11 28	11 49	51°
28 00	22 03	15 55	10 38	10 46	52°
27 48	21 39	15 19	9 48	9 39	53°
27 36	21 15	14 42	8 55	8 27	54°
27 23	20 49	14 04	8 01	7 11	55°
27 11	20 24	13 25	7 05	5 48	56°
26 57	19 58	12 45	6 05	4 19	57°
26 44	19 31	12 04	5 04	2 45	58°
26 30	19 03	11 22	4 00	♑ 1 02	59°
♍ 26 15	♎ 18 35	♏ 10 38	♐ 2 54	♐ 29 11	60°

Damit können wir das Medium Coeli finden. Hierzu schlagen wir die Häusertabellen des Geburtsortes (GOH) auf.

Wir suchen unter den oben links gedruckten Zeiten diejenige, die unserer Geburtssternzeit am nächsten kommt. Das ist die Zahl auf Seite 82 oben links   10 h 23 m 35 s
Darunter in der Mitte finden wir M 4 0 ♍
das heißt, die Himmelsmitte
oder das MC beziehungsweise
das M (abgekürzt) liegt bei   4 0 ♍
Da die Himmelstiefe (das
IC oder nur I geschrieben), dem
M genau gegenüberliegt,
finden wir es in   4 0 ♓

Zwei Punkte des inneren Horoskops sind gefunden.

Nun geht es noch um den Ostpunkt, den Aszendent und damit – da genau gegenüberliegend – um den Westpunkt, den Deszendent. Wir haben gesehen: Aszendent und Deszendent sind vom Breitengrad abhängig. Im Städteverzeichnis (Abb. S. 269) lesen wir Wien = 48 0 12′.

Wir suchen nun unter der Spalte N LAT = nördliche Breite diesen Grad.

Bei 48 Grad finden wir nach links uns wendend unter dem Buchstaben A die Zahl 18 0 11′ ♏

Das ist der Aszendent. Wir können diesen auf den Wert von 18 0 10′ abrunden. Dieser abgerundete Wert reicht in der Praxis völlig aus.

Wer aber genau auf die Bogenminute rechnen will, muß interpolieren. Unter Breite 48 Grad finden wir 18 0 11′, aber Wien liegt ja bei 48 0 12′ also zwischen dem 48. und dem 49. Grad. In unserer Tabelle sieht man, daß
die Zahl bei 49 0   ♏   17 0 38′ heißt,
die Zahl bei 48 0   ♏   18 0 11′
Die Differenz beträgt
also   18 0 11′
minus   17 0 38′
gleich   00 0 33′
Diese Differenz müssen wir durch 5 teilen, da Wien auf der Breite von 48 0 12′ liegt. 12′ aber sind 1/5 von einem Grad oder 60′. 33′:5 ergibt 06′ 36″, abgerundet 07′ 00″.
Diese 07′ 00″ müssen wir also von 18 0 11′ (was ja genau dem 48 Breitengrad entspricht) abziehen.
Also   ♏   18 0 11′
minus   07′
ergibt   ♏   18 0 04′
18 0 04′ ♏ wäre der genaue Aszendent. Aber wir können in der Praxis durchaus mit dem Aszendent von 18 0 10′ ♏ rechnen.

Die Berechnung der Häuser

1. Häuser-Methode
Vom Aszendent rechnet man 30 Grad entgegen dem Uhrzeigersinn, um die Spitze des 2. Hauses zu finden.
Die Spitze des 1. Hauses wird mit dem Aszendent gleichgesetzt.
Und so verfährt man weiter. Also in unserem Beispiel:

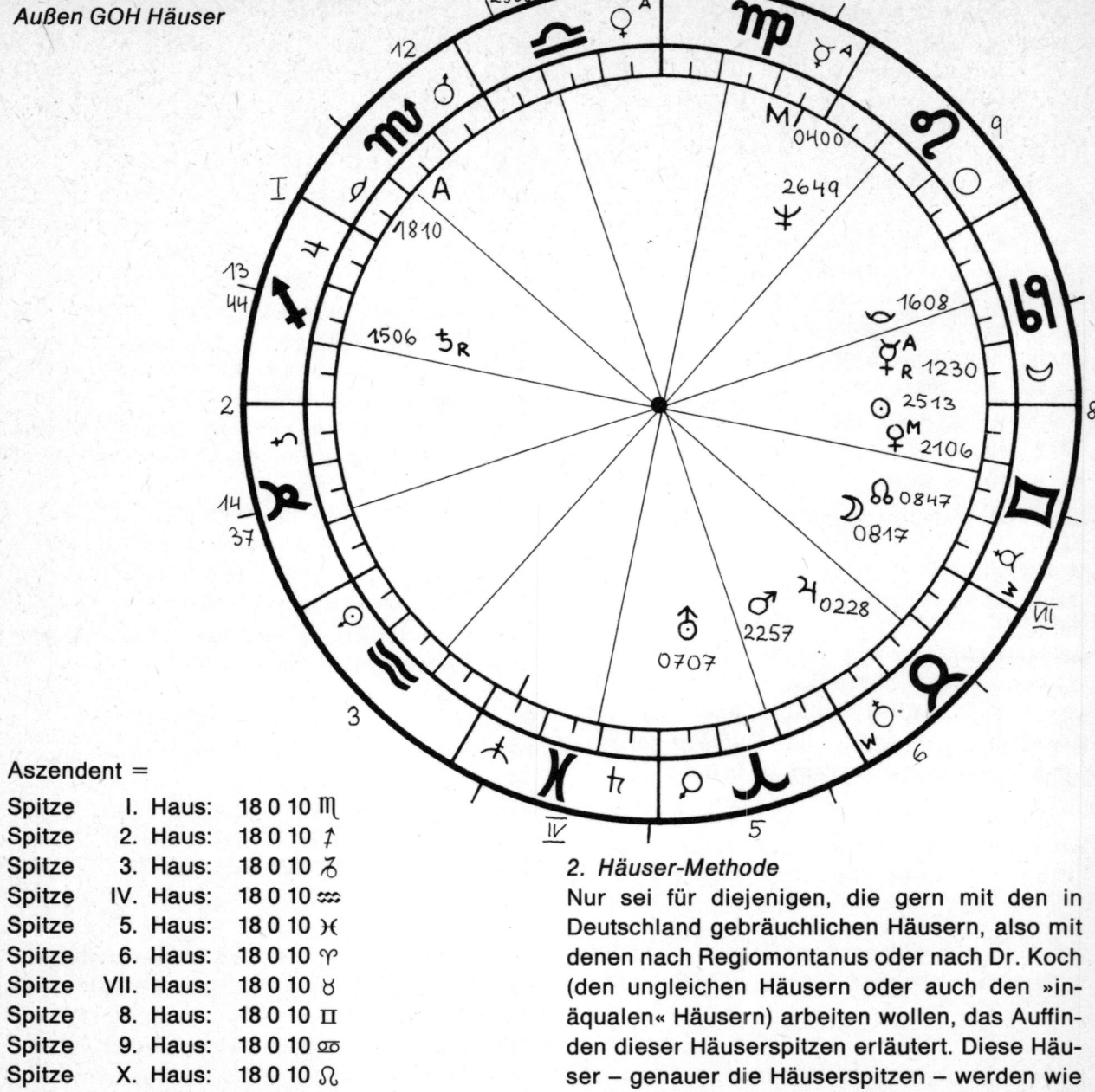

Beispielhoroskop: Innen 30° Häuser
Außen GOH Häuser

Aszendent =

Spitze	I. Haus:	18 0 10 ♏
Spitze	2. Haus:	18 0 10 ♐
Spitze	3. Haus:	18 0 10 ♑
Spitze	IV. Haus:	18 0 10 ♒
Spitze	5. Haus:	18 0 10 ♓
Spitze	6. Haus:	18 0 10 ♈
Spitze	VII. Haus:	18 0 10 ♉
Spitze	8. Haus:	18 0 10 ♊
Spitze	9. Haus:	18 0 10 ♋
Spitze	X. Haus:	18 0 10 ♌
Spitze	11. Haus:	18 0 10 ♍
Spitze	12. Haus:	18 0 10 ♎

2. Häuser-Methode

Nur sei für diejenigen, die gern mit den in Deutschland gebräuchlichen Häusern, also mit denen nach Regiomontanus oder nach Dr. Koch (den ungleichen Häusern oder auch den »inäqualen« Häusern) arbeiten wollen, das Auffinden dieser Häuserspitzen erläutert. Diese Häuser – genauer die Häuserspitzen – werden wie bei der Errechnung des Aszendenten auch auf die Schiefe der Ekliptik bezogen.

Die Häuser nach Placidus, Regiomontanus und Koch sind in sich rechnerisch alle richtig, am besten funktioniert nach Ansicht der modernen Astrologen das System von Dr. Koch und Elisabeth Schaeck, das auch das GOH-System genannt wird. Nun zu den Häusertabellen des Geburtsortes oder den GOH-Geburtshäusern. (Abb. auf Seite 272). Auch der Gebrauch dieser Tabellen ist einfach. Die gefundene Zeit für die Feststellung des kulminierenden Punktes, des Medium Coeli, war 10 h 24 m 09 s.
Wir finden für die Zeit von 10 h 23 m 35 s annähernd unseren Wert.
Das MC lautet 4° ♍.
Nun müssen wir den Breitengrad von Wien benutzen. Siehe GOH-Tabelle. Der lautet 48° 12'.
Wir suchen unter N LAT, also der dick umrandeten Spalte, die Zahl 48° auf. Und nun ersehen wir folgende Werte

XI   XII   A   II   III
♍ 2846 ♎ 2333 ♏ 1811 ♐ 1344 ♑ 1437

Damit haben wir die Häuserspitzen für die Häuser
I = Aszendent – II – III – XI – XII,
für 5 Häuser also.
Da die Spitze des X. Hauses jedoch beim GOH dem MC entspricht = M = X = 0400 ♍
haben wir insgesamt 6 Häuserspitzen. Also:

Aszendent =	Spitze	I. Haus:	18 0 11 ♏
	Spitze	2. Haus:	13 0 44 ♐
	Spitze	3. Haus:	14 0 37 ♑
	Spitze	IV. Haus:	04 0 00 ♓
	Spitze	5. Haus:	28 0 46 ♓
	Spitze	6. Haus:	23 0 33 ♈
	Spitze	VII. Haus:	18 0 11 ♉
	Spitze	8. Haus:	13 0 44 ♊
	Spitze	9. Haus:	14 0 37 ♋
	Spitze	X. Haus:	04 0 00 ♍
	Spitze	11. Haus:	28 0 46 ♍
	Spitze	12. Haus:	23 0 33 ♎

Nun kann jeder die Zeichnung anfertigen, nach der er arbeiten will.

Korrektur der Berechnung
Ob man nun richtig gerechnet hat, läßt sich einfach feststellen, und zwar am Stand der Sonne, sowie der Planeten Venus und Merkur. Venus und Merkur müssen nämlich immer in Nähe der Sonne stehen. Hat Merkur etwa eine Quadratur zu Sonne oder zu Venus, ist ein Rechenfehler unterlaufen!
Aber vor allem kommt es auf den Sonnenstand an. War die Geburt um die Mittagszeit, muß die Sonne am MC stehen. War die Geburt um Mitternacht, muß die Sonne am IC, also am tiefsten Punkt des Horoskops stehen.
War die Geburt morgens, muß die Sonne am Aszendent, war sie abends, muß sie am Deszendent stehen. Die anderen Zeiten lassen sich danach verhältnismäßig leicht fixieren.
Geburt in den Morgenstunden bis Mittag: Stellung der Sonne zwischen AS und MC:
Geburt zwischen Mittag und Sonnenuntergang: Stellung der Sonne zwischen MC und DS.
Geburt in den Abendstunden bis Mitternacht: Stellung der Sonne zwischen DS und IC.
Geburt zwischen Mitternacht und Sonnenaufgang: Stellung der Sonne zwischen IC und AS.
Da ferner in einer Stunde genau 15 Grad des Äquators und annähernd 15 Grad der Ekliptik (das heißt in vier Minuten etwa ein Grad der Ekliptik) durch den Meridian – also den MC und den IC – laufen, zeigt der Abstand der Sonne vormittags vom IC und nachmittags vom MC gemessen in Länge und dividiert durch 15 die Stunde, und der Rest mal 4 die Minute der OZ der Geburt annähernd genau an. Die maximale Abweichung beträgt etwa 20 Minuten.

Die Kombinationsvoraussetzungen

Die Dispositoren

Wie wir festgestellt haben, hat jedes Gestirn sein Zeichen, in dem es seine verwandte Kraft findet oder in dem es herrscht. So ist der Mond der Herrscher des Abschnitts Krebs, und damit herrscht der Mond über alle Planeten, die im Abschnitt Krebs stehen.
Steht dort nun etwa Jupiter, dann heißt dies: Der Dispositor von Jupiter ist der Mond. Um Jupiter nun richtig beurteilen zu können, müssen wir sehen, wie der Mond steht, in welchem Zeichen, unter welchen Aspekten.
Dispositor kommt vom Wort Disposition und heißt soviel wie »Anzeiger über die angeborene Anlage«. Der Mond zeigt also in unserem Beispiel die Anlage des Jupiter an.
Steht nun der Mond im Abschnitt Widder, müssen wir sehen, wo und wie der Mars steht, denn Mars als Herrscher über den Abschnitt Widder gibt ja die Anlage des Mondes an.

Nehmen wir an, Mars stünde im Abschnitt Stier, dann würde der Dispositor für Mars die Venus sein. Astrologen, besonders die amerikanischen, sagen nun, der Planet, der am Ende dieser Reihe stünde, hätte den größten Einfluß. Das geht sicher zu weit, denn jede Reihe verliert mit ihrer Länge an Wert und Wirkung.
Es genügt in der Praxis durchaus, wenn wir, von Jupiter in Krebs ausgehend, uns über die Stellung des Mondes orientieren und uns vielleicht noch – weil Mond in Widder steht – den Mars anschauen.
Der herrschende Planet hat eine gewisse Bedeutung, die schon im ersten Teil gegeben wurde, indem jeweils festgestellt worden ist, in welcher Färbung und mit welchem Einfluß die Planeten in den Zeichen auftreten. Der Herrscher hat jedoch dann eine viel stärkere Bedeutung, wenn er mit dem Planeten, der in seinem Zeichen steht, einen Aspekt bildet. Doch das ergibt sich meist aus den Aspekten selbst und kann diese verstärken. Davon später mehr.
Bei aller Achtung also, die man den Dispositoren erweisen sollte, dürfen sie nicht überschätzt werden. Das kann nämlich zu gefährlichen Kombinationsreihen führen, mit denen sich – wenn überhaupt – erst der Fortgeschrittene näher befassen sollte!
Man darf ja sowieso in ein Horoskop nicht zuviel hineinlesen wollen. Jede Ausdeutung wird dann unübersichtlich, und wenn man bedenkt, daß es Schulen gibt, die mit 24 Planeten, 48 Häusern und dann über 12 Aspekten arbeiten, dann ist

nicht nur der Ausdeutung, sondern auch der Fantasie kein Riegel mehr vorgeschoben.
Die Herrscher oder Dispositoren muß man also einbeziehen, aber nicht überschätzen. Sie runden das Bild ab und sind dann wichtig, wenn sie sich gegenseitig unterstützen.
Beispiel: Wenn Venus im Abschnitt Krebs steht, dann sieht man nach dem Herrscher, das ist der Mond. Wo steht er? Im Abschnitt Waage. Hier herrscht Venus, so herrscht der Mond über Venus, und Venus über den Mond.
Das nennt man eine gegenseitige Rezeption, und hier kann man dann von einem besonders guten Zusammenspiel beider Kräfte sprechen. Problematischer wird es, wenn das herrschende Gestirn im Oppositionsabschnitt seines Zeichens steht. Steht also der Mond im Abschnitt Steinbock, dann steht er in Opposition zu seinem Zeichen! Die alten Schulen sprachen dann davon, daß der Mond vernichtet stünde. In Wassermann stünde also die Sonne vernichtet, in Krebs Saturn. Nun können sogar fast alle Planeten vernichtet stehen, Merkur in Fische, Venus in Widder ... der arme Mensch! Nur gibt es zuviele Beispiele, die dagegen sprechen!
Der Anfänger soll also auf die Dispositoren achten, sie innerlich auch verarbeiten, aber das Wichtigste bei den Planeten sind die Aspekte, mit denen wir uns nun beschäftigen wollen.

Die Aspekte

Nachdem die Stellung der Gestirne in den Häusern und Tierkreiszeichen erläutert worden ist, müssen wir uns den Aspekten zuwenden, die für die Ausdeutung eines Horoskops eine große Bedeutung haben, weil hier die Gestirne erst ihren Wert für das individuelle Horoskop zeigen.

Das Wort Aspekt hat wohl jeder schon gehört, man kann auch vom gegenseitigen Anblick sprechen. Von der Erde aus gesehen sieht es manchmal aus, als ob zwei Gestirne zusammenstünden. Und auf die Ekliptik oder die Sonnenbahn gemessen stimmt das auch. Aber es stimmt nicht in der Wirklichkeit, denn wenn Saturn und Jupiter etwa auf dem gleichen Grad des Meßkreises stehen, den wir als Tierkreis bezeichnen, dann stehen sie doch nicht zusammen, sondern sind weit voneinander entfernt. Allein, die Anschauung erlaubt, von einem Zusammenstehen, von einer Konjunktion zu sprechen. Nun redet man oft in der Astrologie von guten und schlechten Aspekten, was völlig verfehlt ist. Man kann überhaupt nur von genauen und ungenauen Aspekten sprechen, weil jeder Aspekt seine ureigene Bedeutung hat, die sich in sich verschieden äußern kann, je nachdem, wie der Horoskopeigner darauf reagiert. Denn er allein hat – in Zusammenarbeit mit seinem astrologischen Berater – die Möglichkeit, die Aspekte zu nutzen oder sie zu ignorieren, so daß sie wirklich negative Auswirkungen nur signalisieren können.
Wir kennen in der klassischen, traditionellen Astrologie fünf Hauptaspekte, wie die nächste Abbildung zeigt.

Die Konjunktion	☌	00 Grad
Die Opposition	☍	180 Grad
Das Quadrat	□	90 Grad
Das Trigon	△	120 Grad
Das Sextil	✶	60 Grad

Es gibt noch viele andere Aspekte. Zu berücksichtigen wären vielleicht das Halbquadrat, das einen Winkel von 45 Grad bildet, oder das Anderthalb-Quadrat mit einem Winkel von 135

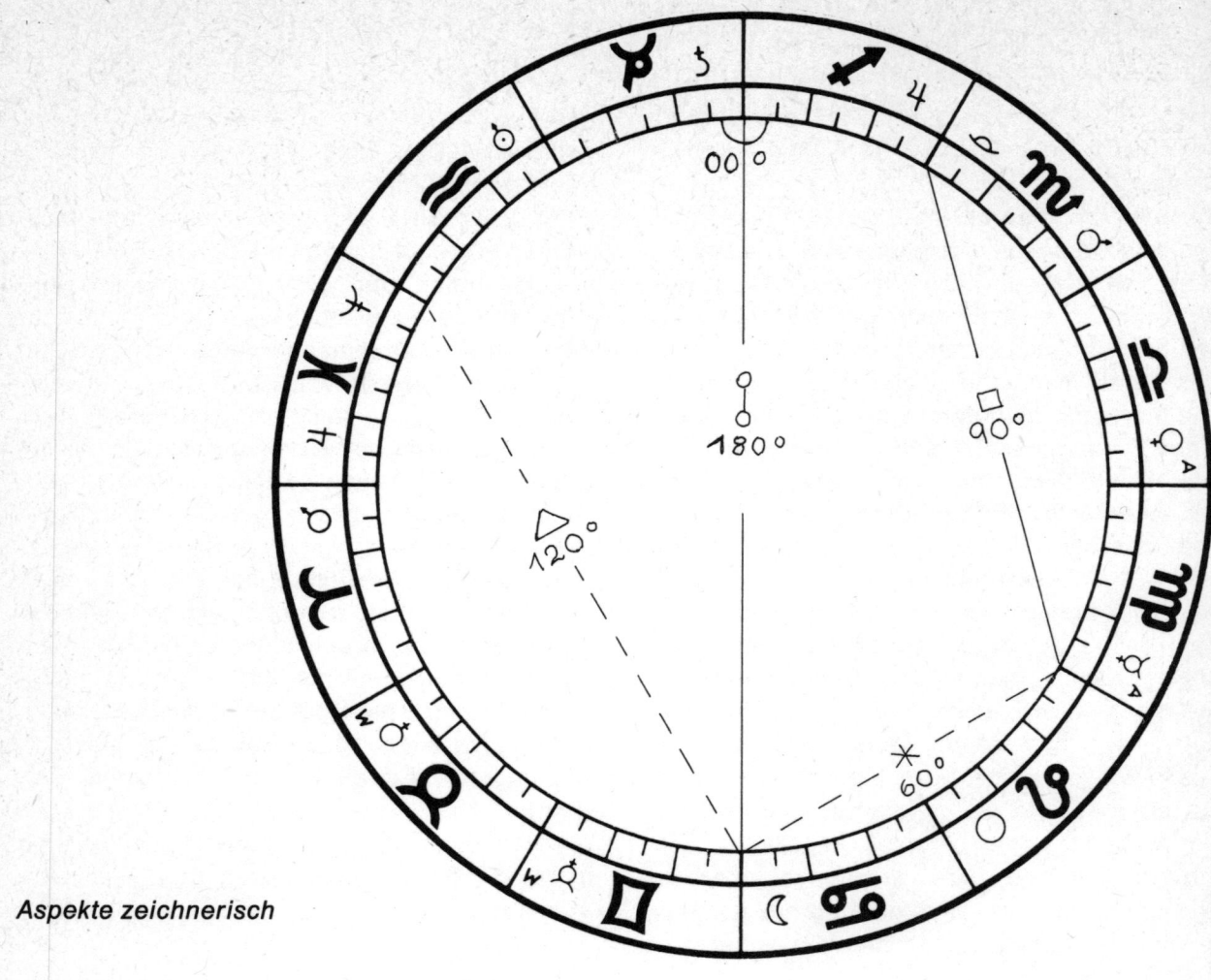

Aspekte zeichnerisch

Grad. Ferner gibt es Aspekte von 72, 108, 144, 150, 165 Grad. Da sich viele Aspekte bei einem Orbis, also einem Umkreis, von nur 5 Grad dann fast überlappen, schließen sich viele kleine Aspekte gegenseitig von allein aus.

Der Orbis
Orbis ist das lateinische Wort für Umkreis. In der Astrologie bezeichnet man damit den Umkreis, in dem die Planeten, wie man sagt, »wirksam« sind; besser sollte man sagen, in dem die Plane-

ten »etwas anzeigen.« So kann man auch, wenn die Uhr 5 Minuten vor 12 anzeigt, sagen, es ist Mittag, und ebenfalls bei 5 Minuten nach 12 auch noch. Genauso sind die Planetenstände in der astrologischen Praxis zu verstehen.

Auch hier ist die Genauigkeit einer Anzeige wichtig; wenn also bei der Angabe 12 Uhr Mittag der große und der kleine Uhrzeiger zusammenstehen, so daß der Umkreis Null Grad beträgt, dann ist die Anzeige völlig genau.

Mit wachsendem Umkreis nimmt die Genauigkeit ab, somit läßt die Wirkung nach. Es ist wie bei einem Lichtstrahl. In der Mitte eines Scheinwerferstrahls ist das Licht am gebündeltsten, am hellsten; dann nimmt die Kraft nach außen hin ab. So auch in der Astrologie: je exakter ein Aspekt, umso wichtiger in der Deutung.

Um die Größe des Orbis gab es immer viel Streit. Manche Astrologen sprachen den Lichtern Sonne und Mond einen besonders großen Orbis zu, den nahen Planeten einen halbgroßen, den fernen Planeten einen recht kleinen.

In der Regel kann man von einem Orbis von 10 Grad ausgehen, und zwar je 5 Grad nach der einen oder der anderen Seite. Und so zeigt es uns auch der Himmel.

Man denke nur an die Konjunktion von Sonne und Mond, bei der also der Mond völlig unsichtbar ist. Diese Unsichtbarkeit beträgt, wäre es auch am Tage dunkel, rund 20 Stunden. Solange also ist der Orbis korrekt, das heißt in der Praxis 10 Grad, da der Mond ja in einer Stunde zirka einen halben Grad weiterwandert, in 20 Stunden also um je 10 Grad gewandert ist.

Das ist noch deutlicher beim Vollmond auszumachen. Die korrekte Vollmondzeit, wenn der Mond in voller Gestalt am Himmel von der Sonne beschienen wird, beträgt auch rund 20 Stunden, also rund 10 Grad. Diese 10 Grad können wir für Sonne und Mond als Grundorbis nehmen. Für die anderen Planeten gilt der Orbis auf unserer Orbistafel.

☉
☽ } = 10°

☿
♀ } = 8°
♂

♃
♄ } = 6°

☊
♅ } = 4°
♆
☋

☉/♆ = 10+4 = 14:2 = 7°
♀/☋ = 8+4 = 12:2 = 6°
☽/♂ = 10+8 = 18:2 = 9°

Orbistafel

Wie wird nun der Orbis zwischen zwei Planeten gefunden? Da jeder Planet seinen Orbis hat, zählt man diese Orbes zusammen. Also Sonne = 10 Grad + 4 Grad ergibt 14 Grad. Da zwei Planeten einen Aspekt miteinander bilden, teile man den addierten Wert 14 durch 2. 14:2 = 7. Das heißt, ein Quadrat von Sonne und Neptun kann noch gewertet werden, wenn der Orbis bis 7 Grad aber nicht mehr als 7 Grad beträgt.

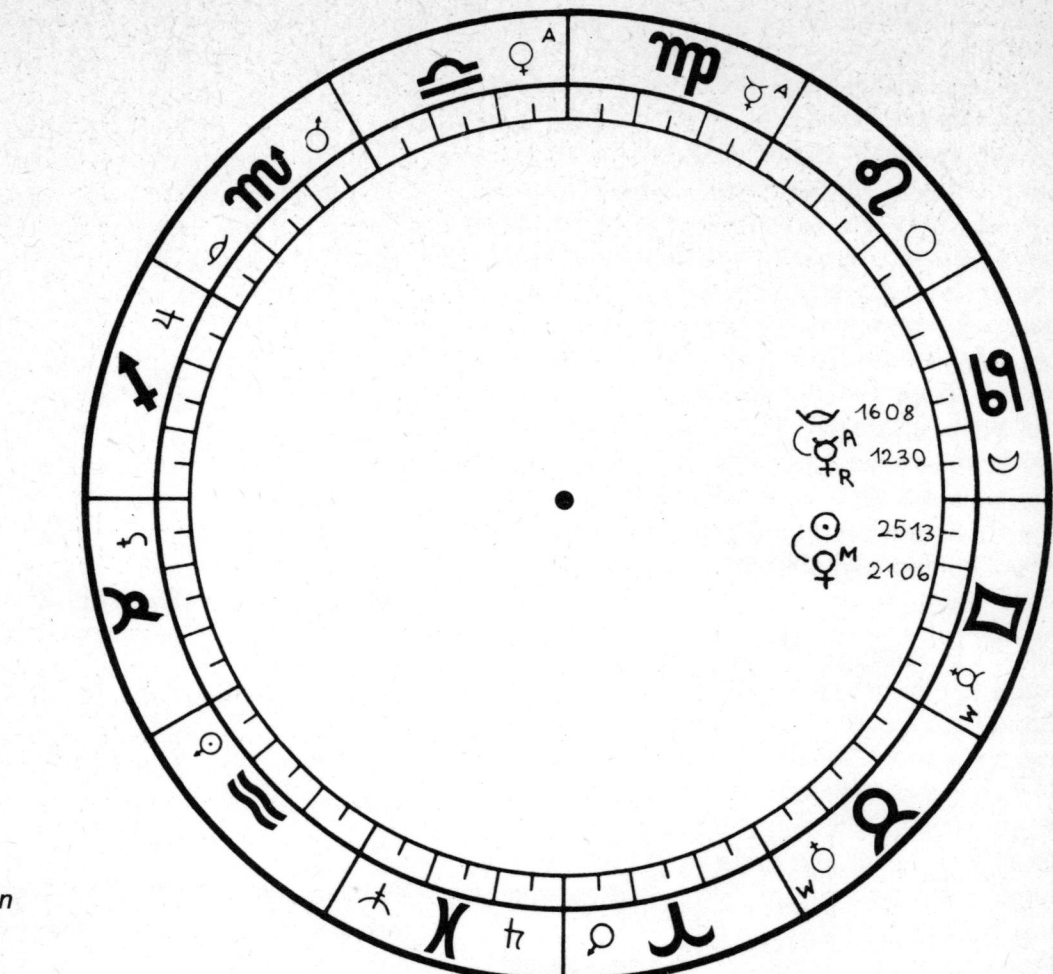

Die Konjunktion

Die Konjunktion ☌

Wie schon gesagt, ist die Konjunktion bei Sonne und Mond besonders deutlich sichtbar, weil der Mond vom Himmel verschwunden zu sein scheint. Das heißt, die Sonne verdeckt den Mond, sie hat ihn verschluckt. Man nannte dieses Ereignis am Himmel auch oft Dunkelmond. Beim Dunkelmond stehen also Sonne und Mond zusammen auf einem Ekliptik-Tierkreisgrad.

Konjunktion heißt also, daß zwei Planeten (immer nur auf den Tierkreis gemessen) zusammenstehen; sie bilden, wenn man so will, eine Basis. So nennt man die Konjunktion auch einen Basisaspekt.

Wie ist nun eine Konjunktion im Horoskop zu deuten? Wenn zwei Menschen im Leben zusammenstehen, so sind sie mehr als ein Einzelner, sie sind schon eine Basis, die – je nach Charakter der einzelnen Menschen – in sich ruht oder

sich neutral verhält, beziehungsweise sich aneinander aufreibt.
So bilden also zwei Planeten in einer Konjunktion in einem Horoskop schon einen wesentlichen Anhaltspunkt. Man kann grob sagen:
Verstehen sich die Grundcharaktere gut, dann ist eine Vertrauensbasis geschaffen.
Verhalten sich diese Kräfte neutral, dann ist die Basis lose, aber je nachdem wirkungsvoll.
Sind die Grundcharaktere unterschiedlich, so daß sich immer ein Kampf abspielt, dann ist die Basis nichts wert, sondern eher zerstörerisch, selbstzerstörerisch.
Zwei Ehepartner beispielsweise, die sich gut verstehen, stehen wie ein fester Fels im Leben und meistern den Alltag.
Zwei Ehepartner, die sich verhältnismäßig neutral verhalten, weil jeder seine Wege geht, verstehen sich weder gut noch schlecht, können aber bei Gefahren zusammenfinden.
Sind sich aber die Ehepartner feindlich gesinnt, dann zerstört dies die Basis, die Ehe, von innen heraus.

Hier also muß bereits die Kombination des Astrologen beginnen, wie wir es an Hand eines Beispielhoroskops noch aufzeigen wollen.
Die Konjunktion wird durch einen kleinen Bogen im Horoskopformular eingetragen, siehe Beispielhoroskop.

Grundsätzliches zur Kombination

Am Beispiel der Konjunktion lassen sich nun viele grundsätzliche Überlegungen für die Kombination anstellen. Grundsätzlich immer als erstes: Man orientiere sich über die Bedeutung der Planeten in den Zeichen, wie im 1. Teil beschrieben.

Beispiel: Sonne und Venus stehen im Abschnitt Zwillinge zusammen.

Nun vergegenwärtige man sich, was Sonne in Zwillinge und was Venus in Zwillinge besagt.
Dann stelle man sich die Fragen: Ergänzen sich diese planetarischen, symbolischen Kräfte, oder hemmen sie sich? Vereinen sie sich in ihrer Wirkung, oder verhalten sie sich mehr kämpfend und damit behindernd zueinander? Welches Ergebnis ist aus den Überlegungen zu erwarten?
Nun, beide Gestirne stehen im angleichenden 3. Frühlingszeichen, das als männlich anzusehen und dem Element Luft zugeordnet ist.
Hier herrscht Merkur, also haben Sonne wie Venus merkurischen Einschlag. Sonne wie Venus haben also kontaktsuchenden, vom Verstand her sehr beweglichen Charakter, und da diese Konjunktion – wie die Abbildung zeigt – in der dritten Dekade – also der angleichenden Dekade – steht, ahnen Sonne und Venus schon etwas von der Schöpferkraft des folgenden Krebsabschnittes.

Der Lebenskern steht also im Basisaspekt, in Konjunktion mit der Gefühlskraft, mit dem Kunstempfinden.
Lebenskern, Gefühl und Kunstempfinden ergänzen sich, sind beweglich, kontaktfreudig orientiert, ihr aufgeschlossener Verstand oder Geist hat einen schöpferischen Einschlag.
Ein anderes Beispiel: Konjunktion zwischen Merkur und Pluto in der zweiten Dekade Krebs.

Merkur gleich Verstandeskraft hat einen Basisaspekt mit dem Macht- und Massenplaneten Pluto im fest-schöpferischen Krebs (weil 2. Dekade).
Was besagt dieser Aspekt nun?

Ein schöpferischer Verstand bildet mit schöpferischem Machtempfinden eine Basis. Der Verstand wird also schöpferisch und auf die Massen ausgerichtet sein, oder der schöpferische Machtanspruch wird mit Verstand und bewegender Sommerkraft durchgesetzt; daher sicher mit Erfolg Durchsetzung eigener Verstandesarbeiten beim Massenpublikum.

So hat man schon durch die Betrachtung dieser vier Planeten ein Bild über den Horoskopeigner als Ausgangspunkt oder als Basisgrundlage gewonnen! Wenn natürlich auch aus dem Zusammenhang gerissen, sind nun schon vier Bausteine eines großen Mosaiks zusammengesetzt. Aus diesen beiden Beispielen geht wohl klar hervor, daß es nicht damit getan ist, irgendwo nachzulesen, was etwa eine Konjunktion zwischen Sonne und Venus bedeutet, weil ja Sonne und Venus auch bei einer Konjunktion in verschiedenen Abschnitten stehen können, zum Beispiel, wenn Sonne Ende Fische, Venus Anfang Widder steht, oder Sonne Anfang Löwe und Venus Ende Krebs! Jedes Zeichen beeinflußt ja den Planeten, so daß also diese Nachschlagebücher, um vollständig zu sein, einen unhandlichen Umfang annehmen würden.

Man untersuche also den Zustand der Gestirne und schaue, ob sich die Gestirne ergänzen, unterstützen, hemmen oder gar hindern.

Sonne und Venus, wie Merkur und Pluto, ergänzen sich in unserem Beispiel. Anders ist es, wenn etwa Uranus und Saturn zusammenstehen, doch hier handelt es sich ja um einen Generationsaspekt.

Nehmen wir also Saturn und Mars in einem Tierkreiszeichen an. Hier stünden – in einer Konjunktion – zwei sehr gegensätzliche Kräfte zusammen. Kampfeskraft, Wille und Vorwärtsdrang einerseits bilden eine Basis mit dem traditionell Bewahrenden.

Das läßt auf eine sehr unruhige Seele schließen, denn wo eine Kraft immer vorwärtsdrängt, eine andere aber bewahren will, gibt es Zwiespältigkeiten, als würde bei einem Gespann jedes Pferd in eine andere Richtung ziehen. Oder ein Pferd will schnell vorantraben, das andere aber beharren und stehenbleiben. Was das – auf einen Charakter übertragen – bedeutet, braucht nicht näher erläutert zu werden.

Man stelle sich nur vor: der schnelle und stürmische, ungestüme Mars zusammen mit dem bedächtigen, prüfenden und abwägenden Saturn. Das heißt ständiger Kampf, der nur durch Einsicht in die gegebenen Veranlagungen befriedigt gelöst werden kann, was im Grunde nur astrologische Kenntnisse einem Menschen plausibel machen können. Denn es gilt ja, die ungestüme Kraft gezähmt einzusetzen, um Erfolg zu haben, und das Beharrende beweglich zu machen, damit konzentriert vorangegangen wird.

Noch etwas komplizierter wird es, wenn nun vier oder fünf Gestirne zusammen in Konjunktion stehen und eine Basis bilden! Hier muß man dann langsam von einer Duokombination zur Dreierkombination usw. vorgehen.

Ein Beispiel: Jupiter, Merkur, Sonne, Uranus in Fische. Man notiere sich nun die Stichworte für jeden Planeten. Also etwa: Jupiter gleich Missions- oder Entfaltungskraft. Dazu Merkur gleich Verstandeskraft, die eng mit dem Lebenskern gleich Sonne verbunden ist, während die Sonne mit Uranus gleich Intuitionskraft auch im Basiskonjunktionsaspekt verbunden ist.

Alle vier Gestirne haben nun die gleiche Grundlage oder Einfärbung, da sie im gleichen Abschnitt, nämlich Fische, stehen.

Sie sind also neptunisch eingefärbt, bereit also zur Hingabe, bereit, in die Tiefe zu dringen, das Animalische in sich wirken zu lassen. Sonne und

Merkur, eine oft anzutreffende Verbindung, weist auf ein auf den eigenen Lebenskern bezogenes Denken hin, je näher die Konjunktion, umso egozentrischer das Denken. Man überlege nur, wie die Sonne bei einer Konjunktion mit dem Mond diesen sozusagen von der Anschauung her schluckt.

So auch hier den Merkur! Ich-Denken also zusammen mit dem Entfaltungs- und Missionstrieb sagt aus: Ich will was erreichen, will über den Alltag hinausstreben. Und da im künstlerischen Zeichen Fische stehend, kann man auch sagen: auf künstlerischem Gebiet. Oder zumindest da, wo Feinstempfinden oder Glaubens- oder okkulte Bereiche angesprochen werden.

Unterstützt wird diese innere Aufgabe durch die Intuitionskraft gleich Uranus, so daß man kombinieren kann: bewegter, innerer Kunstdrang, stets neue Wege suchend, voller Intuition und Ausdrucksfähigkeit, will eine Aufgabe (um nicht das hohe Wort Mission zu gebrauchen) erfüllen. Jedoch unter der Gefahr der völligen Hingabe (Abschnitt Fische) und der Neigung zu übersinnlichen Vorstellungen, die in Glaubens- oder okkulten Vorstellungen erwartet werden (auch hier der Neptun/Fische-Einschlag).

So kommt man also von einem Horoskopbild zu einer aussagefähigen Deutung.

Zulaufende und weglaufende Aspekte

Hier ist ein Einschnitt zu machen und der Begriff »zulaufend« und »weglaufend« zu erklären. Kehren wir zum Beispiel Mond und Sonne zurück.

Man sieht es hier ganz deutlich: Wenn der Mond auf die Sonne zuläuft, wird er immer kleiner, bis er von der Sonne ganz verschluckt wird, er unterwirft sich also der Sonne.

Ganz anders dagegen, wenn der Mond sich von der Sonne wegbewegt, er wird dann immer größer – man kann nun sagen, er gewinnt an Selbständigkeit. Weglaufend also heißt, man löst sich, zulaufend heißt, man unterwirft sich. Im Horoskop ist es deutlich zu sehen, ob Planeten zulaufend oder weglaufend im Aspekt sind. Entscheidend ist der schnellere Planet, der entweder zu- oder wegläuft!

Läuft er zu, unterwirft er sich, dann ist also der langsamere Planet der stärkere – ein unglücklicher Ausdruck, aber es gibt keinen besseren. Ist er weglaufend, ist er in sich betonter.

Es wird einleuchten, daß diese Überlegungen nun für alle Aspekte gelten. Sie brauchen also wie hier nur unter Berücksichtigung der jeweiligen Aspektbedeutungen angewandt zu werden. Und immer beachten: je näher ein Aspekt, umso stärker die Wirkung! Bei einer sehr engen Merkur/Sonne-Konjunktion gibt es den Ausdruck: verbrannter Merkur; von der Anschauung gar nicht mal so schlecht gewählt. Nur ist der Verstand eben nicht verbrannt, sondern eher egozentrisch ausgerichtet, da mit dem Lebenskern zu eng verbunden.

Immer also – bei jeder Kombination – die Anschauung vor Augen haben!

Denn die Anschauung ist auch der Ausgangspunkt für die unbedingt notwendige Intuition bei der Horoskopdeutung. Das latainische Wort »intueri« bedeutet dasselbe wie das griechische Wort »theastai«, nämlich anschauen.

Intuition ist jene reine Anschauung, der wir in der Philosophie seit ihren Anfängen stets begegnen, sie ist die primäre Erkenntnisart; erst nachträglich wird die so gewonnene Erkenntnis meist fundiert belegt. Etwas, das in der menschlichen Geschichte stets anzutreffen war, ist und sein wird!

Die Opposition ☍

Opposition bedeutet Gegenüberstellung. Der Abstand beträgt also auf dem Kreis gemessen 180 Grad – deutlich am Himmel durch den Vollmond bei Sonne/Mond-Opposition sichtbar.

Im Horoskop kann man die Oppositionslinie durch einen durchgehenden schwarzen Strich einzeichnen.

Eine Opposition kennt man aus dem Leben. Stehen sich zwei Menschen gegenüber, dann kann das sowohl Kampf wie auch magnetische Anziehung bedeuten, ebenso Gleichgültigkeit.

Gleichgültigkeit ist immer dann gegeben, wenn die Konstellation individuell uninteressant ist. Das ist bei Massenerscheinungen oft der Fall, also etwa, wenn Neptun und Pluto eine Opposition bilden würden.

Individuell gesehen jedoch ist bei einer Opposition immer eine Spannung zu finden, ob anziehend oder abstoßend, so daß man die Opposition auch als Spannungsaspekt bezeichen kann.

Mars und Saturn etwa werden sich stets kämpfend gegenüberstehen, aber an solchen Auseinandersetzungen in einem selbst zwischen dem Vorwärts und dem Bewahren wächst der Mensch, vollbringt er schöpferische Taten!

Ohne Spannung gibt es keine kreativen Leistungen und Kräfte, wobei das allerdings nicht die Opposition allein aussagen muß.

Zu einem Beispiel: Der rückläufige Saturn steht in Opposition zu Venus.

Hier handelt es sich allerdings um eine recht weite Opposition: also wird die Spannung zwischen dem Gefühl und dem Kunstempfinden zum bewahrenden, prüfenden Ernst des Horoskopeigners nicht zu belastend sein.

Immerhin, Saturn in Schütze, also mit einer Jupiterkraft versehen, unterstreicht das auch missionarische Anliegen für Kunst, Menschheitsentwicklung und Glauben, während Venus in Zwillinge für einen beredten, kontaktsuchenden Kunstsinn spricht. Diese Spannung schlägt in schöpferische Impulse für Literatur und gute Einfühlung in Zeitströme um.

Man kann also erwarten, daß der Horoskopeigner über ein auf Echo angelegtes Kunststreben vom Gefühl her verfügt, das sich in (ertragbaren) Spannungen zum missionarischen Ernst verhält.

Daneben hat nun Saturn in Schütze noch eine – auch weitläufige – Opposition, nämlich zum Mond. Der Mond, in der ersten, bewegten Zwillingsdekade stehend, ist also merkurisch gefärbt; das Unterbewußtsein zielt deutlich auf Echostreben ab. Die Schicksalsaufgabe wird auch in Spannung zu einem Einsamkeitsbedürfnis (Saturn) bewältigt werden müssen.

Immerhin wird der unbewußte Echodrang dauernd vom eigenen Ernst geprüft und auf seine Mission hin angesehen. Also kann man sagen: Mit dem unbewußten Drang nach Echo (und damit nach Erfolg) wird es stets auch eine selbstauferlegte Belastung geben, die zu Entscheidungen in der eigenen und künstlerischen Entwicklung führt.

An diesen – natürlich noch aus dem Zusammenhang gerissenen – und weiteren Mosaiksteinen sieht man wieder das Vorgehen in der astrologischen Ausdeutung, und wie sich ein Charakterbild langsam herausschält.

Der Widerstreit mehrerer Kräfte – und Opposition bedeutet auch immer Widerstreit – kann nun manchen aus dem seelischen Gleichgewicht und damit aus der Lebensbalance bringen. Und vorlautes, unterbewußtes Erfolgsstreben wird ja im Leben meist – hier aber mit Sicherheit – auf seine Ernsthaftigkeit geprüft. Tut man es selbst nicht, tun es die anderen; in unserem Beispiel tut es der Horoskopeigner selbst. Das wird angezeigt.

Saturn in Schütze Opposition zu Venus und Mond in Zwillinge

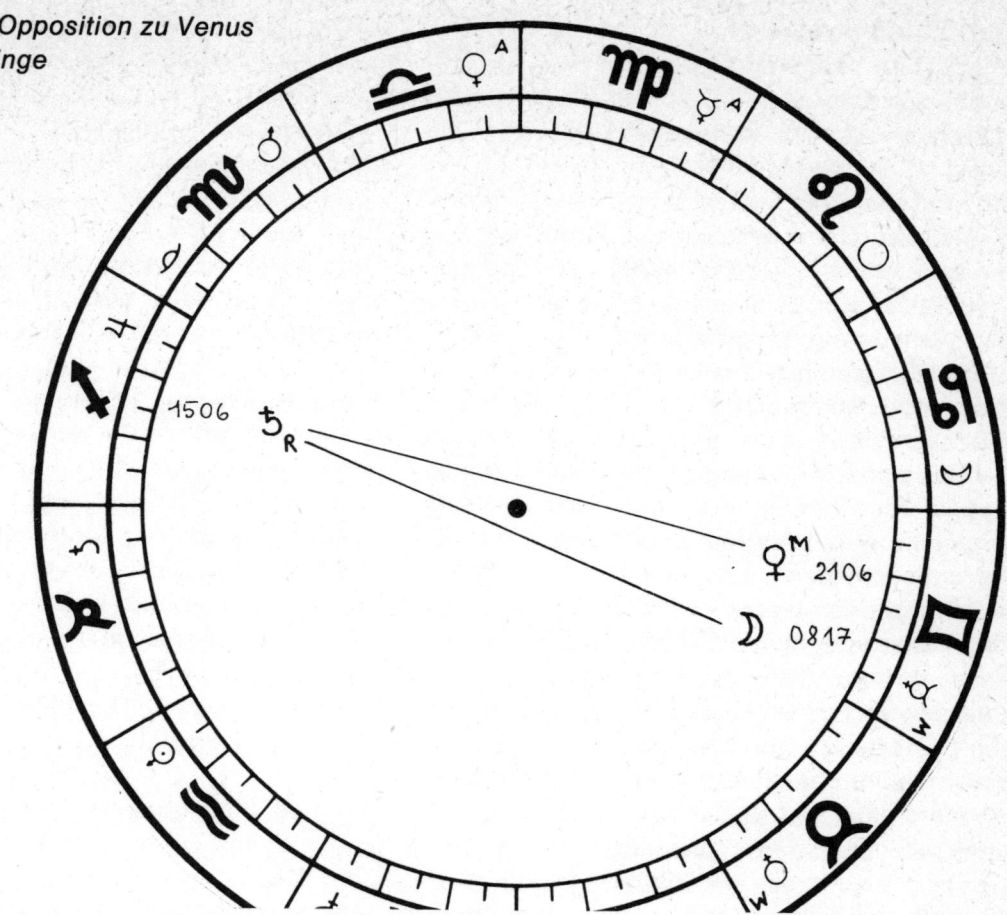

Nun lese man, was über Mond oder Venus in Zwillinge, und was über Saturn in Schütze im ersten Teil zu lesen stand, wobei die Rückläufigkeit des Saturn einbezogen werden sollte. Das heißt, Saturn ist besonders bewahrend, aber auch – da in Schütze stehend – ideell und wohl auch fortschrittlich eingestellt.

Wollen Lebenskern, Gefühl und Kunstdrang (Sonne und Venus) und dazu das Unterbewußte (Mond) sich kontaktsuchend verhalten (alle Gestirne in Zwillinge), dann muß das ernster Prüfung standhalten, oder man wird vom Echo der anderen abhängig.

Man übe nun nach diesem ausführlichen Muster einige Oppositionsaufgaben, die nicht einmal einem Horoskop entnommen sein müssen.

Was besagt eine Opposition von Mars/Mond in Jungfrau und Jupiter in Fische? Hier gibt ja die erdbezogene Jungfrau dem launischen Mond Halt, aber der Mond wird auch etwas von seiner Urschöpferkraft verlieren, während Jupiter in Fische ganz auf hingebende Glaubens- oder Kunstaussage angelegt erscheint, dazu etwas sich gehenlassend, verschwimmend, weil neptunisch gefärbt.

Nun wenden wir uns dem Trigon zu.

Das Trigon △

Das Trigon ist ein 120-Grad-Aspekt. Wir zeichnen es im Horoskop mit einer gestrichelten Linie ein.

Alle 120 Grad trifft man im Horoskop das gleiche Element an. Daher erscheint für viele das Trigon als sogenannter guter harmonischer Aspekt, da – durch das gleiche Element – eine gemeinsame Grundstimmung anzutreffen ist, ein Gleichklang. So kann man das Trigon auch als Gleichklangaspekt ansprechen.

Man kann das leicht aufs Leben übertragen. Treffen sich zwei Flieger – der eine ist Hobby-Segelflieger, der andere Pilot einer Verkehrsmaschine –, dann verlaufen zwar ihre Flüge völlig unterschiedlich, aber sie werden sich auf Anhieb gut verstehen, weil sie nach einer gemeinsamen Basis des Gesprächs nicht erst suchen müssen. Oder bei Wassersportlern: der eine segelt in einem südlichen Meer, der andere fährt auf einem Eisbrecher, und trotz dieser gravierenden Unterschiede verstehen sich beide im Normalfall auf den ersten Blick. Sie sprechen, wie man so sagt, dieselbe Sprache.

Nun gibt es Astrologen, die das Trigon ablehnen. Sie haben gute Gründe dafür. Sie meinen nämlich, es wäre Unsinn, auf ein Trigon zu hoffen; Erwartungen würden dann zu hoch geschraubt, und so hielte das Trigon in der astrologischen Praxis nicht, was Lehrbücher versprechen. So abwegig ist dieser Gedankengang nicht einmal, und man kann weiter gehen: Hat jemand viele Trigone im Grundhoroskop, dann heißt es, er sei ein glücklicher Mensch. Nun wollen wir hier nicht über die Arten des Glücks streiten, aber glücklich kann sehr verschieden ausgelegt werden.

Sicher sind viele glücklich, die im inneren Gleichklang leben, aber meist sind diese Menschen auch unproduktiv, sie dösen zufrieden vor sich hin, raffen sich zu keiner Leistung auf, sie verpassen ihre Lebenschancen zum Glück, ohne es zu merken! Denn wenn dann der Blitz doch mal einschlägt, und bei wem tut er es nicht, sind sie hilflos, weil ungeübt im Ertragen von Schlägen!

Um weiterzukommen, ein Ziel zu erreichen, etwas darzustellen, dazu können Trigone harmonische Grundlagen abgeben, aber der Antrieb kommt aus der Spannung, aus der Entwicklung. Also Vorsicht bei Trigonen!

Und noch etwas: Es wurde vom gleichen Element gesprochen, von der gleichen Sprache. Ins Leben übersetzt heißt das, daß man über das Gleiche spricht, so wie in den Liebhabervereinen. Endlose Diskussionen werden bei Anglern oder in der Schützengilde geführt. Alles dreht sich um das gleiche Thema, nur kommt kaum etwas dabei heraus! Diese Erfahrungen müssen auch bei Trigonen beachtet werden. Doch nun zu einem Beispiel:

Aus der Abbildung geht hervor, daß Saturn ein sehr weites Trigon zum Antriebsplaneten Mars hat. Das ist nun schon individueller zu werten. Der prüfende Saturn hat also schwachen Gleichklang (weil weites Trigon) zum vorwärtsstürmenden Trieb. Oder der Trieb hat viel schicksalhaften Schwung, was die schöpferische Kraft – gewonnen aus den vorhin erläuterten Oppositionen – nutzen wird.

Näher ist nun das Trigon, das der Willens-Planet Mars in Widder zum Instinkt-Planeten Neptun aufweist.

Mars im eigenen Zeichen Widder – stark gestellt, wenn auch schon in der 3. Dekade Widder – also sich dem weiblich-erdigen Zeichen Stier anpassend im harmonischen Aspekt zu Neptun,

Trigon Jupiter in Stier zu Neptun in Löwe – Trigon Mars in Widder zu Neptun in Löwe und Saturn in Schütze

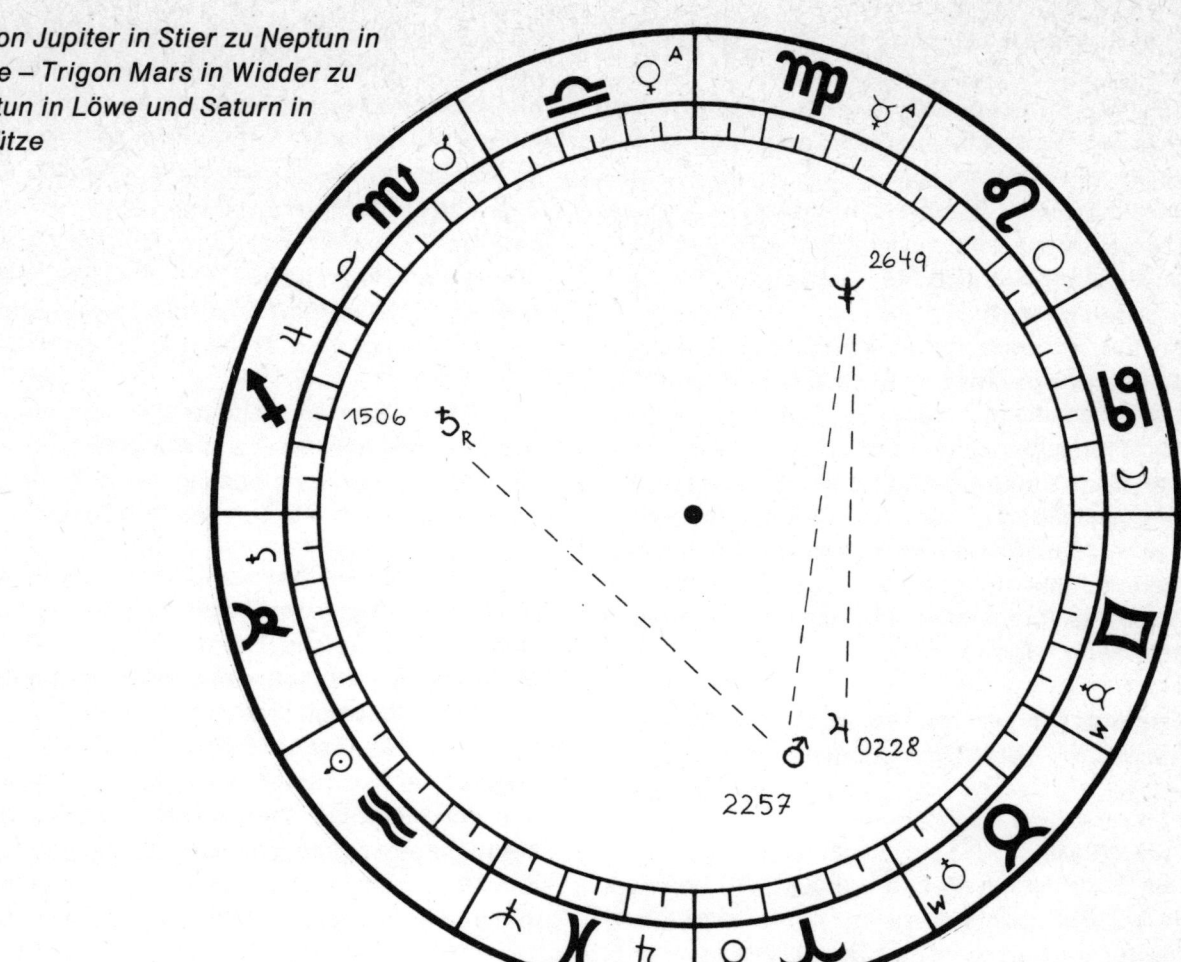

der auch in der dritten Dekade des Zeichens Löwe steht.

Neptun in Löwe ist nunmehr generationsmäßig zu werten. Aber der Trigonanblick zu Mars besagt doch, daß Trieb, Wille und Drang (Mars) im guten Einklang zum Instinkt, zur Inspiration (Neptun) stehen. Das wird dem Trieb den animalisch richtigen Instinktweg zeigen, wodurch Trieb und Wille an Durchschlagskraft gewinnen. Aber Neptun hat nun noch ein Trigon und zwar zu Jupiter. Jupiter steht in der ersten, bewegenden Dekade Stier, also stark venushaft gefärbt. Das Trigon ist recht weit, aber noch anzuerkennen.

Und hier tritt nun der Fall auf, daß das Trigon nicht ins selbe Element fällt, also ist der Gleichklang nicht so gegeben. Es treffen sich die Elemente Feuer und Erde, wobei allerdings Neptun – da dritte Dekade Löwe – auf das Erdzeichen Jungfrau zugeht und sich schon angleicht.

Man kann also folgern: Die Missionsentfaltung im Künstlerischen (Jupiter im Venuszeichen

Stier) steht in etwas zwiespältigem Gleichklang mit dem selbstherrlichen Feuerinstinkt Neptun, der jedoch schon etwas an die praktische Verwertung denkt. Die wird schwierig, denn der Instinkt ist recht selbstsicher, also nicht so leicht bereit, Einsicht zu üben. Die aber verlangt das Erdelement!

Und wieder hat sich ein Mosaiksteinchen zum anderen gesellt!

Auch hier sollten nun Kombinationsübungen eingeschoben werden. Etwa was bedeutet Neptun in Löwe im Trigon zu Venus in Widder? Kämpferisches Gefühl mit selbstsicherem, einbezogenen animalischen Instinkt, wie geht das im Gleichklang zusammen? Das könnte heißen, daß Kunstinteressen kämpferisch vom sicheren Eigeninstinkt durchgesetzt werden. Im Leben hieße das aber: man macht sich Feinde. Achtung also beim Trigon.!

Wenden wir uns nun dem Sextil zu, einem Aspekt, der dem Trigon ähnlich sein soll.

Das Sextil ✱

Das Sextil ist ein 60-Grad-Aspekt. Wir zeichnen es bei Bedarf im Horoskop durch eine gestrichelte Linie ein. Auch das Sextil ist bei manchen Astrologen umstritten; aus denselben Gründen wie beim Trigon lehnen sie diesen Aspekt ab.

Was soll nun das Sextil so harmonisch gestalten, da das gleiche Element ausscheidet?

Nun, da das Sextil ein 60-Grad-Aspekt ist, fällt es meist in zwei Abschnitte, die entweder beide männlich oder beide weiblich sind. Hier ist also eine Grundstimmung gegeben!

Aber das Sextil wird auch als Bewegungsaspekt angesehen. Warum?

Nach einer Konjunktion etwa ist der Mond ja nicht zu sehen. Hat er diese Konjunktion um 60 Grad verlassen, ist er zunächst einmal klar und eigenständig zu sehen, ohne gleich am Abendhimmel hinter der Sonne unterzugehen. Im Gegenteil, bei 60 Grad Abstand hat sich der Mond so weit von der Sonne wegbewegt, daß er seine Eigenständigkeit erreicht hat, oder im umgekehrten Fall, wenn der Mond 60 Grad vor der Sonne steht, dann bewegt er sich schnell auf die Sonne zu und verliert von der Anschauung her an Bedeutung, weil er bald vom Himmel verschwindet.

Das Sextil ist der kleinste der traditionellen Aspekte, der aber etwas über seine eigene, eigenwillige Bewegung aussagt, eine Bewegung, aus der sich etwas entwickelt. Ein Beispiel:

Uranus in Widder, Sextil zu Mond in Zwillinge
Uranus bildet ein Sextil zum Mond oder umgekehrt.

Beide Planeten haben wir schon untersucht. Der Mond nun bewegt sich von Uranus weg; das Unterbewußte löst sich also von der Intuitionskraft! Es wird selbständig, weniger von der Intuition abhängig. Da aber in der Grundstimmung beide Planeten gleich sind (beide in männlichen Zeichen), kann man folgern: Unterbewußtsein und Intuition bewegen sich auf gleicher Linie.

Mars Sextil zu Sonne und Venus. Mars in Widder – schon untersucht – bildet zu Sonne und Venus – auch schon erläutert – ein Sextil.

Antrieb und Wille haben mit dem künstlerischen Lebenskern also die gleiche Grundstimmung, das gleiche positive, handelnde Grundmoment. Der egoistische Trieb setzt sich mit dem künstlerischen Lebenskern gemeinsam ein.

Neptun Sextil zu Sonne und Venus. Der selbstsichere Instinkt (Neptun in Löwe) bildet eine bewegende Grundstimmung zum künstlerischen

Die Sextile

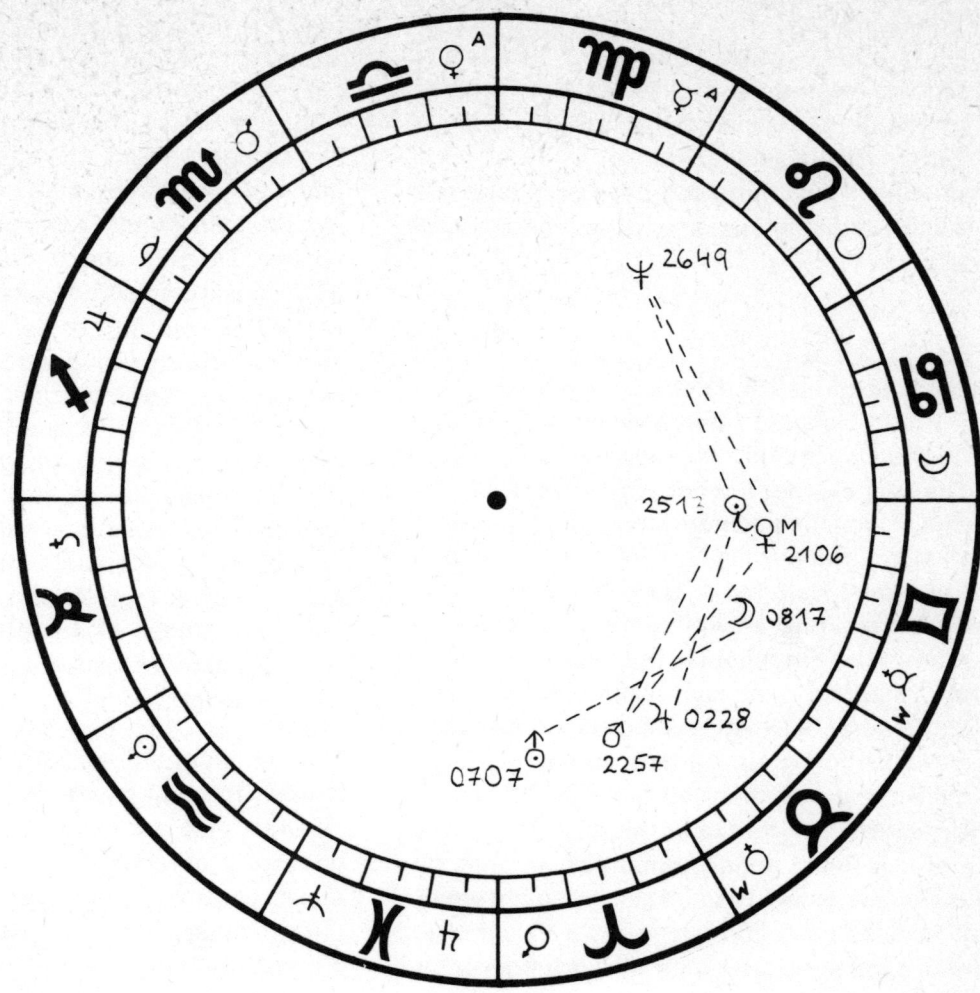

Kern (Sextil zu Sonne und Venus). Oder: Instinkt und Gefühlskern bewegen sich auf gleicher Bahn. Der Instinkt erfährt vom künstlerischen Ich mit Sicherheit einen bewegenden Ansporn, der sich im Charakter widerspiegeln muß.

Jupiter in Stier Sextil zu Sonne in Zwillinge. Jupiter und Sonne bilden ein Sextil. Auch diese Gestirne haben wir genügend untersucht. Die künstlerische Entfaltungsmission bewegt das bewußte, den Lebenskern, oder umgekehrt. Das Tun (männlich) bewegt beide Antriebskräfte.

Nun übe man in dieser Richtung weiter: Was besagt Sextil Pluto und Mond? Wie bewegt der Masseneindruck das unbewußte Gespür? Oder ist das Unbewußte von persönlicher Machtstreberei besessen?

Fragen, die man natürlich nur am ganzen Horoskop beurteilen kann, und lernen, wirklich lernen kann man ja nur aus der Praxis. Doch ehe man auf dieses Gleis kommt, müssen eben die Weichen richtig gestellt sein.

Wenden wir uns nun noch dem wohl allgemein als schwierigsten Aspekt angesehenen Quadrat zu.

Das Quadrat □

Das Quadrat ist ein 90-Grad-Aspekt. Man kann ihn in ein Horoskop durch einen dicken Strich (wie die Opposition) einzeichnen. Das Quadrat ist der Aspekt, der auf der Hälfte zwischen Konjunktion und Opposition steht. Denken wir an den Mond. Hat der ein Quadrat zur Sonne, dann ist er genau Halbmond, zunehmender oder abnehmender. Jetzt entscheidet sich sein weiterer Zustand. Die Frage taucht auf, ob sich der Mond zum Vollmond oder zum Neumond entwickelt. Das Quadrat ist also ein Entwicklungsaspekt! Entwicklungen aber werden immer nur durch Konflikte bewirkt, mehr noch durch Krisen.

Wer kennt nicht die Lebenssituationen, da man an einem Punkt angekommen ist, an dem sich alles entscheidet? Bis hierher und nicht weiter! Oft sind das Situationen, wo die Erfahrungen meist trübe sind, aber man wird wachgerüttelt. Und wie bei jedem neuen Weg müssen Hemmungen überwunden werden – so beinhalten Quadrate auch eine hemmende Aussage. Und wie ist das im Leben? Bei der Konjunktion steht man zusammen, bei der Opposition gegenüber. Beim Trigon spricht man die gleiche Sprache, beim Sextil hat man die gleiche bewegende Grundstimmung. Aber beim Quadrat, da wird man von der Seite angesehen, meist angegangen, wenn nicht angegriffen. Kennt man nur eine Seite, ist man unsicher, das ist meist eine unheimliche Situation, die sagt auch das Quadrat an, aber mit der Entwicklungschance, die es sonst nicht gäbe!

Ohne Quadrat also keine Entwicklung, und so ist das Quadrat sogar ein positiver Aspekt, wenn man das Quadrat erkennt und verwertet.

Pluto hat ein weites Quadrat zu Mars. Mars kennen wir. Der stürmische Trieb steht also in Entwicklungskrisen zum Massensymbol Pluto.

Pluto steht nun in der zweiten Dekade Krebs; diese Jahrgänge sind also stark empfindsam, dabei vom Unbewußten schöpferisch zur Masse eingestellt. Das heißt, das Massenproblem muß hier schöpferisch angegangen werden!

Da die Masse immer das Individuelle zu ersticken droht, lehnt sich hier die Marskraft, der Antrieb also, potenziert auf (Mars in Widder). Auflehnung bringt Krisen, Rückschläge, das heißt, die Masse akzeptiert den Ansturm nicht schnell, nicht leicht. Zähigkeit (Pluto in Krebs) wird verlangt.

Uranus bildet ein weites Quadrat zu Merkur in Krebs. Uranus kennen wir. Merkur steht in der zweiten, also der festen Dekade Krebs, ist also unbewußt fest schöpferisch, oder das Denken ist stark vom Unbewußten geprägt. Dieses Denken steht in einer Entwicklungskrise mit der kämpferischen Intuition, die immer wieder durchzugehen scheint. Der schöpferische Verstand kann das oft schwer abschätzen; so sind immer Hemmungen zur Intuition vom Verstand her zu überwinden, der zu unbewußt und empfindlich reagiert. Oder der Verstand, sehr auf das Unbewußte hörend, wird immer durch kämpferische Intuitionsimpulse aus einem schöpferischen Zustand aufgeschreckt.

Aber beide Quadrate sprechen von schöpferischen Prozessen. Und wenn Verstand und Intuition sich – wie man sagt – durch Reife zueinan-

*Pluto Quadrat Mars, Merkur in Krebs
Quadrat Uranus in Widder*

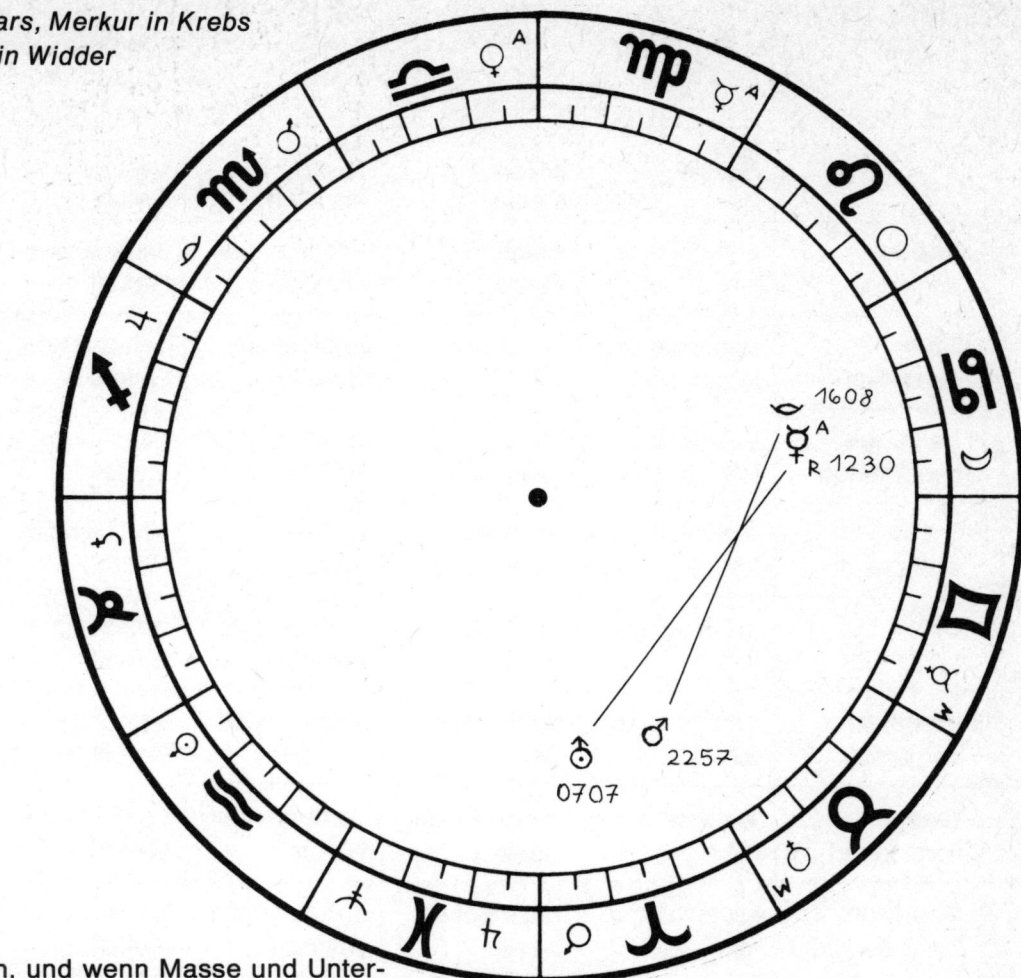

dergerauft haben, und wenn Masse und Unterbewußtsein sich aus dem Clinch begeben, wird der Massenerfolg groß sein!

Nun kombiniere man wieder für sich. Etwa Mond in erster Dekade Jungfrau bildet ein Quadrat zu Mars in zweiter Dekade Zwillinge. Also die Frage, wie Denk- und Tatkraft, die vielseitig orientiert ist (Mars in Zwillinge), die Krisenhemmungen zum sicherheitsbedürftigen Unterbewußtsein (Mond in Jungfrau) überwindet. Zieht den Horoskopeigner Betriebsamkeit in Bann oder will das Unbewußte seine Ruhe haben?

Aus allen diesen Beispielen geht wohl deutlich hervor, daß der Deuter den Horoskopeigner kennen muß! Denn ein Horoskop sagt zwar sehr viel, aber doch nicht alles aus! Es sagt nichts über das Geschlecht, nichts über die Rasse, nichts über das Grundniveau, nichts über das Milieu des Aufwachsens, nichts über die Herkunft aus. Vorsicht also vor leichtfertigen Aussagen!

Aspekttabelle

	☉ **Sonne** Ich	☾ **Mond** Seele	☿ **Merkur** Handeln	♀ **Venus** Gefühl	♂ **Mars** Trieb
♈ **Widder** ungestüm	ungestümes Ich	ungestüme Seele	ungestümes Handeln	ungestümes Gefühl	ungestümer Trieb
♉ **Stier** beharrlich	beharrliches Ich	beharrliche Seele	beharrliches Handeln	beharrliches Gefühl	beharrlicher Trieb
♊ **Zwillinge** beschwingt	beschwingtes Ich	beschwingte Seele	beschwingtes Handeln	beschwingtes Gefühl	beschwingter Trieb
♋ **Krebs** einfühlend	einfühlendes Ich	einfühlende Seele	einfühlendes Handeln	einfühlendes Gefühl	einfühlender Trieb
♌ **Löwe** großzügig	großzügiges Ich	großzügige Seele	großzügiges Handeln	großzügiges Gefühl	großzügiger Trieb
♍ **Jungfrau** vernünftig	vernünftiges Ich	vernünftige Seele	vernünftiges Handeln	vernünftiges Gefühl	vernünftiger Trieb
♎ **Waage** verbindend	verbindendes Ich	verbindende Seele	verbindendes Handeln	verbindendes Gefühl	verbindender Trieb
♏ **Skorpion** leidenschaftlich	leidenschaftl. Ich	leidenschaftl. Seele	leidenschaftl. Handeln	leidenschaftl. Gefühl	leidenschaftl. Trieb
♐ **Schütze** sinnvoll	sinnvolles Ich	sinnvolle Seele	sinnvolles Handeln	sinnvolles Gefühl	sinnvoller Trieb
♑ **Steinbock** eigensinnig	eigensinniges Ich	eigensinnige Seele	eigensinniges Handeln	eigensinniges Gefühl	eigensinniger Trieb
♒ **Wassermann** geistig	geistiges Ich	geistige Seele	geistiges Handeln	geistiges Gefühl	geistiger Trieb
♓ **Fische** hingebend	hingebendes Ich	hingebende Seele	hingebendes Handeln	hingebendes Gefühl	hingebender Trieb

	♃ **Jupiter** Entfaltung	♄ **Saturn** Beharrung	⛢ **Uranus** Eingebung	♆ **Neptun** Instinkt	♇ **Pluto** Machtkraft
♈ **Widder** ungestüm	ungestüme Entfaltung	ungestüme Beharrung	ungestüme Eingebung	ungestümer Instinkt	ungestüme Machtkraft
♉ **Stier** beharrlich	beharrliche Entfaltung	beharrliche Beharrung	beharrliche Eingebung	beharrlicher Instinkt	beharrliche Machtkraft
♊ **Zwillinge** beschwingt	beschwingte Entfaltung	beschwingte Beharrung	beschwingte Eingebung	beschwingter Instinkt	beschwingte Machtkraft
♋ **Krebs** einfühlend	einfühlende Entfaltung	einfühlende Beharrung	einfühlende Eingebung	einfühlender Instinkt	einfühlende Machtkraft
♌ **Löwe** großzügig	großzügige Entfaltung	großzügige Beharrung	großzügige Eingebung	großzügiger Instinkt	großzügige Machtkraft
♍ **Jungfrau** vernünftig	vernünftige Entfaltung	vernünftige Beharrung	vernünftige Eingebung	vernünftiger Instinkt	vernünftige Machtkraft
♎ **Waage** verbindend	verbindende Entfaltung	verbindende Beharrung	verbindende Eingebung	verbindender Instinkt	verbindende Machtkraft
♏ **Skorpion** leidenschaftlich	leidenschaftl. Entfaltung	leidenschaftl. Beharrung	leidenschaftl. Eingebung	leidenschaftl. Instinkt	leidenschaftl. Machtkraft
♐ **Schütze** sinnvoll	sinnvolle Entfaltung	sinnvolle Beharrung	sinnvolle Eingebung	sinnvoller Instinkt	sinnvolle Machtkraft
♑ **Steinbock** eigensinnig	eigensinnige Entfaltung	eigensinnige Beharrung	eigensinnige Eingebung	eigensinniger Instinkt	eigensinnige Machtkraft
♒ **Wassermann** geistig	geistige Entfaltung	geistige Beharrung	geistige Eingebung	geistiger Instinkt	geistige Machtkraft
♓ **Fische** hingebend	hingebende Entfaltung	hingebende Beharrung	hingebende Eingebung	hingebender Instinkt	hingebende Machtkraft

Die Aspekttabelle als Kombinationshilfe

Um die Deutung bestimmter Aspekte zu erleichtern, wurden die für die Gestirne und Tierkreiszeichen prägnanten Stichworte in einer Tabelle zusammengestellt. Die für einen Aspekt gefundenen Begriffe geben einen ersten Hinweis, ob es sich um ein förderndes, neutrales oder gar hemmendes Zusammenspiel handelt. Sie sollen zu eigener Kombination anregen – das Nachschlagen dagegen in Kombinationsbüchern ist eher dazu geeignet, die eigene Deutungsgabe zu ersticken. Die Bedeutung der Aspekte sei noch einmal wiederholt:
Die Konjunktion ist ein Basisaspekt. Steht man auf einer gemeinsamen Basis und ist sich sympathisch, dann hält man zusammen. Im anderen Fall bekämpft man sich.
Die Opposition ist spannungsgeladen – das kann sowohl anziehend wie abstoßend sein.
Die Quadratur ist ein Kreuzungsaspekt – dabei ist zu beachten, was die Vorfahrt hat, sonst gibt es eine Kollision.
Beim Trigon wird die gleiche Sprache gesprochen. Das kann fördernd, aber auch langweilig sein.
Das Sextil ist ein Bewegungsaspekt; er kann gemeinsam weiterführen, wobei es auf das jeweilige Tempo ankommt.
Als Beispiel nehmen wir Mond in Waage in Konjunktion mit Saturn in Schütze. Bei Mond in Waage steht »verbindende Seele«, bei Saturn in Schütze »sinnvolle Beharrung«. Die Konjunktion zeigt die gleiche Basis an, die hier als sympathisch gelten kann und also förderlich ist. Nicht sympathisch wären sich etwa Mars in Widder (ungestümer Trieb) und Jupiter in Wassermann (geistige Entfaltung); hier muß man von einem konträren Sextil sprechen.

Das Gesamthoroskop

Die errechneten Daten unseres Beispielhoroskops werden ins Horoskopformular eingetragen, und wie beim Errechnen und Stellen die Intuition aufgerufen wird, so auch beim Eintragen der Daten oder beim Zeichnen, wenn man dies ganz bewußt tut. Beim Eintragen des MC etwa sage man sich: Hier ist also der höchste Punkt des Himmels, das Gestirn, das ich jetzt in der Nähe einzeichne, steht am höchsten, schaut also auf die anderen herab, usw.
Man muß sich in ein Horoskop einleben. Es hat keinen Zweck, auch wenn die Erfahrung später in der Folge dazu verführt, beim Anblick eines Horoskops sofort etwas zu äußern.
In jedes Seelenbild, und was ist das Horoskop letztlich anderes, muß man sich einfühlen, einsehen!
Und vor allem eins: Man hüte sich vor Routine! Routine ist immer eine Erstarrung, damit entfernt man sich vom Lebendigen, vom Spontanen, von der Intuition.
In dieses Bild nun sehe man sich ein. Es ist vielleicht zu empfehlen, jetzt erst mal ganz systematisch vorzugehen.
Man stelle etwa fest, wieviele Planeten auf der Ich-, wieviele auf der Du-Seite stehen, wieviele unter dem Horizont, wieviele über dem Horizont. Die Folgerungen sind dann leicht zu ziehen. Die Mehrzahl auf der Ich-Seite zeigt einen Ichorientierten, die Mehrzahl auf der Du-Seite einen Du-fixierten Grundcharakter. Vorsicht mit Ausdrücken wie egozentrisch oder egoistisch!

Die Mehrzahl der Gestirne unter dem Horizont spricht zunächst für einen introvertierten Charakter, die Mehrzahl der Gestirne über dem Horizont für einen extrovertierten Charakter.

Beispielhoroskop

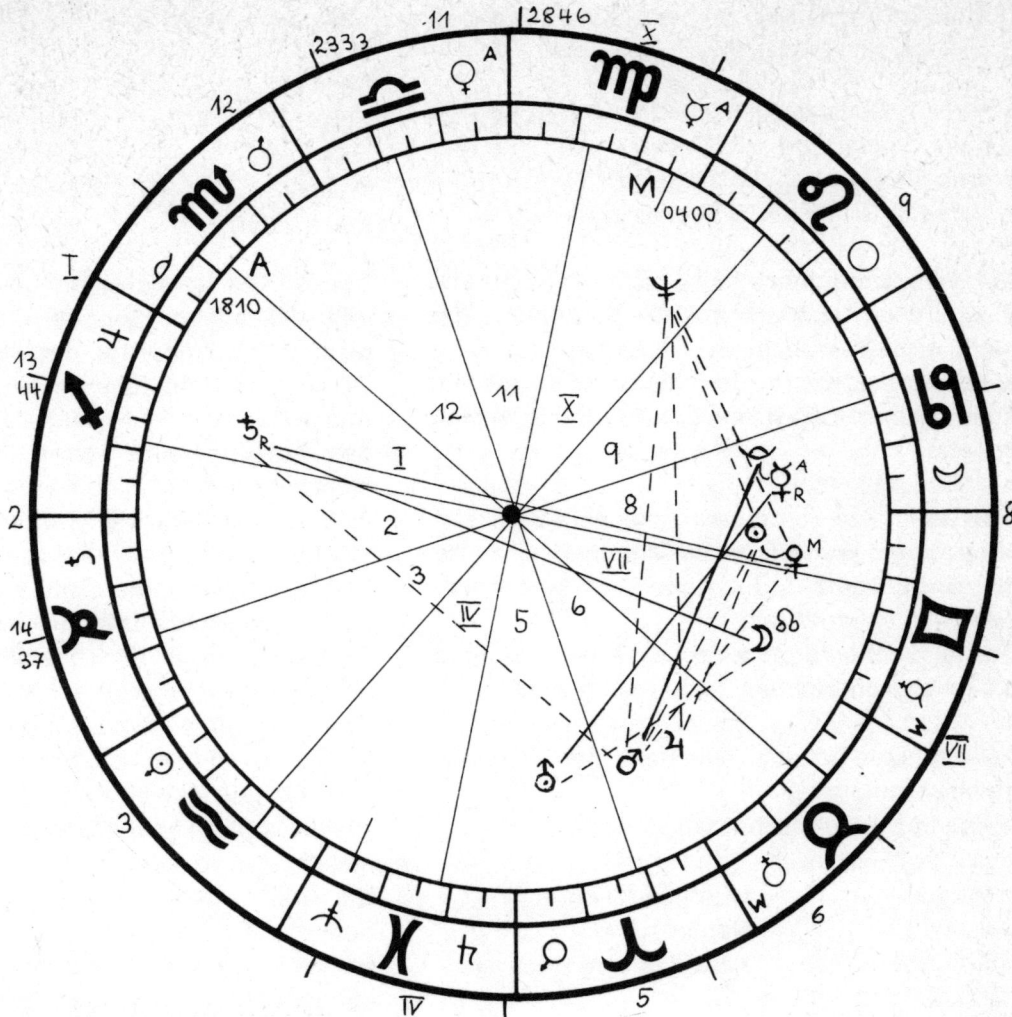

Aber da nicht alles aus einem Horoskop ablesbar ist, nicht einmal das Geschlecht, braucht man Angaben. Zumindest das Geschlecht! Hier ist das Geschlecht männlich. Und dieser Mann, das ist schon deutlich, ist stark auf das »Du« fixiert, wenn auch, da der prüfende, am Bewahren interessierte Planet Saturn im ersten, also im Ich-Haus, steht, eine Distanz zum Du angezeigt wird – zumindest bleibt dabei das Ich stets bewahrt.

Immerhin stehen 9 Gestirne auf der Du-Seite, eines auf der Ich-Seite.
Ferner lesen wir leicht ab, daß 4 Gestirne, nämlich Saturn, Uranus, Mars und Jupiter unter dem Horizont stehen, die anderen 6 über dem Horizont. Halbwegs ausgeglichen, könnte man also folgern. Zwar ist der Drang überwiegend nach außen gerichtet, aber das Innenerlebnis, die Innenbeschäftigung wird nicht vernachlässigt.

Deutlicher wird dies noch, wenn man die Quadranten anschaut. Da sieht man:

Innen-Ich-Quadrant	1 Gestirn
Innen-Du-Quadrant	3 Gestirne
Außen-Du-Quadrant	6 Gestirne
Außen-Ich-Quadrant	0 Gestirne

Der Horoskopeigner ist also nicht nur auf das Du ausgerichtet, sondern auf das Außen-Du, das heißt, er will sich in der Außenwelt bestätigt wissen, er strebt in die Öffentlichkeit, auf das Echo kommt es an. (Denn das Außen-Ich ist nicht besetzt.)

Man kann also von einem Erfolgsstreben sprechen, einem Wunsch, in die Öffentlichkeit zu treten, um Ehrgeiz in der Außenwelt zu befriedigen.
Das sind schon erste entscheidende Aussagen, die eine Grundrichtung anzudeuten scheinen.

Als nächstes schauen wir nach der Temperamentsveranlagung.
In den feurigen Abschnitten stehen:

in Widder	Uranus und Mars
in Löwe	Neptun
in Schütze	Saturn, also 4 Gestirne.

In den erdenen Abschnitten stehen:
In Stier	Jupiter, also 1 Gestirn.

In den luftigen Abschnitten stehen:
In Zwillinge	Mond, Venus, Sonne, also 3 Gestirne

In den wäßrigen Abschnitten stehen:
In Krebs	Pluto und Merkur, also 2 Gestirne

Also finden wir bei der Zusammenstellung:

Feuer	4 Gestirne,
Erde	1 Gestirn,
Luft	3 Gestirne,
Wasser	2 Gestirne.

Das feurige Temperament überwiegt also, dann folgt das luftige, geistige; die Erdhaftigkeit ist nicht sehr ausgeprägt, das Seelisch-Melancholische auch nicht, aber doch vorhanden.
Das bedeutet: Hier handelt es sich um ein feuriges, geistig interessiertes Temperament, das nicht sehr erdverbunden, also nicht zu stark realitätsbezogen erscheint, während sich das Melancholische nur hier und da bemerkbar macht. Nun ist natürlich auch sehr wichtig, welche Gestirne in welchem Element stehen.
Pluto und Merkur in Krebs ergibt schon auf die Masse ausgerichtetes, schöpferisches Denken. Jupiter in Stier zeigt, daß die Entfaltungs- und Missionskraft in puncto Sicherung auch persönlich bezogen ist (etwa eigener Besitz), aber besessen, vom ganzen Menschen her, wird darauf nicht hingearbeitet.
Die drei Luftzeichen, also Mond, Venus und Sonne in Zwillinge deuten an, daß das Unterbewußtsein wie der Kunstsinn, das Gefühl und der Lebenskern geistig, also beweglich orientiert sind und sich sehr aufgeschlossen zeigen, während Mars und Uranus in Widder von einer feurigen Trieb-Intuition zeugen, Neptun in Löwe auf einen feurig herrschenden Instinkt hinweist.
Saturn in Schütze macht dann klar, daß sich das prüfend Bewahrende doch auch feurig und missionsausgerichtet auswirkt.
Das sind schon recht einleuchtende Aussagen, mit denen der Horoskopeigner etwas für sich anfangen kann.

Hinzu kommt eine nächste Übersicht, nämlich die Aufgliederung in männliche und weibliche Zeichen.
4 Gestirne in Feuer- und 3 in Luftzeichen ergeben 7 männlich gefärbte Gestirne. 1 Gestirn im Erdzeichen und 2 in Wasserzeichen ergeben 3 weiblich gefärbte Gestirne.
Das männlich Aktive überwiegt also klar. Auch das ist eine Aussage.
Nun schauen wir nach den bewegenden, festen oder angleichenden Kräften.

Bewegend	Widder, Krebs, Waage, Steinbock	4 Gestirne
Fest	Stier, Löwe, Skorpion, Wassermann	2 Gestirne
Angleichend	Zwillinge, Jungfrau, Schütze, Fische	4 Gestirne

Bewegende und angleichende Kräfte gleichen sich also aus. Der Horoskopeigner will etwas bewegen, weiß aber um die Kompromißerfordernisse dieser Welt und kann sich, wenn auch selten, auf eine feste Haltung versteifen.
Die nächste Übersicht gewinnen wir, wenn wir uns nun den Interessensphären zuwenden. Damit analysieren wir die Häuser.
In den persönlich orientierten Häusern, also in den Häusern I, 5, 9 stehen Saturn und Uranus, also 2 Gestirne.
In den stofflich orientierten Häusern, also den Häusern 2, 6 und X, stehen Mars, Jupiter, Neptun, also 3 Gestirne.
In den geistig orientierten Häusern, also in den Häusern 3, VII und 11, steht der Mond, also 1 Gestirn.
In den seelisch orientierten Häusern, also den Häusern IV, 8 und 12, stehen Venus, Sonne, Merkur und Pluto, also 4 Gestirne.
Die seelischen Interessen überwiegen also; danach sind aber auch die stofflichen Interessen, also auch materielle Werte von Interesse. Weniger ist das persönliche und das rein geistige Interesse ausgeprägt.
Da die Geburtsherrscher Mars und Pluto sind (Herren von Skorpion), kann man ferner registrieren, daß hier eine stark individuelle Grundausrichtung zur Umwelt hin anzutreffen ist (Aszendent Skorpion), die sich der Masse gegenüber durchsetzen oder sich von ihr absetzen will! Da darüber hinaus Mars in seinem Zeichen (Widder), steht, wird dies auch gelingen, weil die Trieb- und Drangkraft ganz ursprünglich zu wirken vermag.
Der andere Geburtsherrscher, Pluto, steht in Krebs, sein Dispositor ist also der Mond, der in Zwillinge sehr aufgeschlossen und geistig anzutreffen ist.
Pluto also auf Mond und Merkur (Herrscher von Zwillinge) bezogen zeigt an, daß die Masse schöpferisch, aber geistig beweglich in der persönlichen Auseinandersetzung angegangen wird. Die Masse wird sowohl vom Seelischen wie vom Geistigen her gut erfaßt.
Diese Folgerungen oder Aussagen sind verhältnismäßig leicht zu treffen.
Differenzierter geht es dann bei den Aspekten zu; hier empfiehlt es sich, die Aspekte nicht nur einzuzeichnen, sondern sich auch eine Aspekttafel anzulegen.

Zu den Aspekten ist eigentlich schon alles in den Kapiteln über die Aspekte gesagt worden, man braucht nun nur das schon Erarbeitete durchzugehen.
Aszendent in der festen Dekade Skorpion. Also leidenschaftliche Bewältigung aller persönlichen Umweltprobleme, starker individueller Ichbehauptungswille mit ausgezeichneter Trieb- und Drangkraft. Voller Ehrgeiz, auf die Masse gerichtet, Machtpositionen anstrebend. Der Horoskopeigner wird in seiner Umwelt etwas dar-

```
A i.♍  △ ♎
M i.♍  △ ♃ ☌ ☽
☿ i.♊  8 ☌ ♀ * ♆ * ♂
☽ i.♊  Ⅶ * ☊ ☍ ♄
♀ᴬ_R i.♋  8 ☌ ♎ ☐ ☊
♀ᴹ i.♊  8 ☌ ☉ * ♂ * ♆ ☍ ♄
♂ i.♈  6 * ♀ᴹ * ☉ △ ♄ △ ♆ ☍ ♎
♃ i.♉  6 △ ♆
♄ i.♐  Ⅰ △ ♂ ☍ ♀ᴹ ☍ ☽
☊ i.♈  5 * ☽ ☐ ☿ᴬ_R
♆ i.♌  Ⅹ * ☉ * ♀ᴹ △ ♃ △ ♂
♎ i.♎  8 ☌ ☿ᴬ_R ☐ ♂
```

Feuer: 4   Bewegend: 4   Geburtsherrscher: ♎/♂
Erde: 1   Fest: 2   Höchststehender
Luft: 3   Angleichend: 4 Planet: ♆
Wasser: 2
             Persönlich: 2
Männlich: 7 Stofflich: 3   0 | 6
Weiblich: 3 Geistig: 1   1 | 3
             Seelisch: 4

Aspekttafel einschließlich MC und AS und oben errechnete Tabellenübersichten

stellen, sich leidenschaftlich engagieren und herausragen.
Zum Lebenskern: Sonne in Zwillinge verbunden mit Venus läßt auf eine starke, gefühlstragende, kunstnahe Grundausrichtung schließen, die dabei denkend und kontaktfreudig ausgerichtet ist (im Zeichen Zwillinge). Das wird Erfolg bringen, denn auch das Unbewußte (Mond in Zwillinge) strahlt stark auf das Du aus (zumal 2., also feste Dekade, und im VII., also dem Echo-, Partner- und Du-Haus stehend).

Zwar wird die Opposition Mond zu Saturn Prüfungen und harte Aufgaben, gerade für die innere, die unbewußte Kraft bringen, sich aber dann (bei Bestehen) doch als schöpferisch erweisen, zumal Saturn im Zeichen des Jupiter (Schütze) steht.
Da auch der Gefühls- und Kunstplanet Venus diese Opposition zu Saturn hat, kann man hier von einer doppelten Spannkraft sprechen, die sich (zumal der Saturn rückläufig ist) – wenn auch langsamer als erhofft – positiv auswirkt.
Sonne und Venus in Konjunktion haben ein Sextil zum Instinktplaneten Neptun, der in der Nähe der Himmelsmitte und im Außenbewährungshaus steht. Also geht der kunstempfindende und begabte Lebenskern in gleicher Grundrichtung mit dem Instinkt, der Inspiration; das wirkt sich sicher in der Berufswelt gut aus.
Außerdem haben ja Sonne und Venus noch ein Sextil zu Mars. Also geht auch der Wille, der Trieb hier in gleicher Richtung mit. Es kann konzentriert auf ein Ziel hingearbeitet werden, zumal Mars ein Trigon zu Neptun hat (und umgekehrt natürlich). Also Trieb und Instinkt sind im Gleichklang harmonisch verbunden, wenn dieser Drang auch bis zur eigenen Aufopferung durchgesetzt wird (Mars im Opferzeichen Widder).
Unterstützt wird das Ganze durch Jupiter aus dem dienenden 6. Haus, der mit Neptun auch im Trigon verbunden ist. Also Mars (der ja auch in 6 steht) und Jupiter – Trieb und Entfaltung – scheuen keine Mühe, um zum Erfolg zu kommen. Und Jupiter steht in einem Venuszeichen, womit auch sein Trend angezeigt ist. Das Sextil zur Sonne unterstreicht den Bewegungsrhythmus von Entfaltung und Lebenskern.
Verstärkt wird diese Konstellation noch durch das Trigon zwischen Mars und Saturn. Das bedeutet, daß ungestüme Mars-Widderkraft doch

durch eine innere Prüfungsgabe der Saturn-Schütze-Veranlagung gebremst und harmonisch geleitet werden kann. So bekommt der Drang auch eine Zähigkeit im Antrieb.

Nun findet man zum Ich-Punkt den Trigon-Aspekt vom Pluto! Das besagt gute Umwelteinstellung der Persönlichkeit zur Masse. Das ist der maßgebliche Aszendent – Aspekt.

Doch nun zu den Schwierigkeiten. Da wirkt auch die Opposition Mond und Saturn. Spannungen zwischen dem Unterbewußtsein und der Konzentrationskraft, die zwar schöpferisch anregen, aber ungeduldig, ja zerstreut machen, Unruhe und Nervosität zur Folge haben, dann ist das Launische in sich nur schwer unter Kontrolle zu bringen. Folge: eventuell gewisse Schlaflosigkeit.

Da Saturn auch Auskunft über die notwendigen Beschränkungen gibt, Venus sowohl Kunst wie Weib, Sinnlichkeit, Gefühl symbolisiert, kann man sagen, daß alles zusammen nicht zu erreichen sein wird. Die Beschränkung muß, auf welchem Gebiet auch immer, in Kauf genommen, verarbeitet und umgesetzt werden.

Das mag erst einmal reichen, alles weitere wäre zu persönlich, das gehört nicht in die Öffentlichkeit, und man soll auch – und besonders im privaten Bereich – stets weniger sagen, als man sieht.

Nun wären natürlich noch die Quadrate anzuschauen. Auch die sind im Grunde schon in den Kapiteln der Aspekte besprochen worden. Quadrate sind Krisen-Entwicklungsansätze. Da ist das Quadrat von Uranus, der Spielintuition (weil im 5. Haus stehend) zu Merkur, also dem schöpferischen Denken (weil Merkur in Krebs).

Sicher wird die spontane Intuition (Uranus in Widder) der etwas auf den Grund gehenden Denkkraft (Merkur in Krebs) Schwierigkeiten bereiten; Einfälle werden das stete Denken verdrängen, die Konzentration zur Ausarbeitung ist nicht so leicht zu finden.

Dann ist da noch das Quadrat zwischen Pluto in Krebs zu Mars in Widder. Mars in Widder ist klar, vordrängend, ehrgeizig, aber das Quadrat zum Massensymbol Pluto deutet doch auf Schwierigkeiten in der äußeren Durchsetzung. Man wird sich also der Masse oft anders zeigen, als man es wollte. Da gibt es Krisen zu überwinden, die jedoch ein zu frühes Fertigsein verhindern, so also die Entwicklung fördern.

Als auffallend wäre noch zu betrachten, daß 4 Gestirne im 8. Haus oder Feld, also im Bereich der Grenzfragen stehen. Das deutet auf Erschöpfung, aber auch auf den Willen, den Dingen auf den Grund zu gehen. Oberflächlichkeit wird nicht zu erwarten sein. Im Gegenteil, dieser philosophische Ernst wird manche normale Entwicklung stoppen, weil man (zu?) oft den Dingen auf den Grund gehen will.

Und auch noch merkwürdig: Das MC (Himmelsmitte) im Haus der Außenwelt stehend deutet natürlich auf bewußtes Streben in die Öffentlichkeit hin! Unterstützt vom Trigon Jupiter, also vom Entfaltungstrieb, aber mit Hemmungen vom Unterbewußtsein (Quadrat Mond), so als schämte man sich mancher Erfolge! Oder aber auch, als wolle man sich innerlich nicht wegen der Öffentlichkeit vergewaltigen lassen.

Zum Schluß ein Blick auf den Mondknoten. Der steht in unmittelbarer Konjunktion zum Mond. Also Verbindung zum Unterbewußtsein und zum allgemeinen Kontakt. Vielseitige, wechselhafte Verbindungen, die nicht immer lange halten, denn der absteigende Mondknoten steht ja genau gegenüber im Zeichen Schütze. Also ernsthafte Bindungen sind seltener.

Wunsch nach Echo ist erfüllbar (Mondknoten in Zwillinge und im VII. Haus), jedoch der Wunsch nach betonter Individualität in der Umwelt (ab-

Tierkreiszeichenmann, 1488

steigender Mondknoten im I. Haus, dem Umwelt-Ich-Haus) nur schwer. Aber der Mondknoten, ein nur errechneter Punkt, sollte nicht zu wichtig genommen werden.

Das Horoskop gehört Ernst Stankovski.
Man sieht also, wie man an ein Horoskop herangehen kann, wobei sicher ist, daß letztlich jeder seinen eigenen Weg bei der Ausdeutung gehen wird. Das soll er auch, nur müssen die Grundgesetze, die überlieferten Erfahrungen beachtet und dürfen nicht auf den Kopf gestellt werden.
Hier wurde nur eine Richtung, eine Möglichkeit angedeutet. Es sei aber betont: Ein Horoskop stellen und deuten heißt ungeahnte Verantwortung übernehmen! Mit dem Horoskop nähert man sich sehr intim und nah dem Menschen, dem das Horoskop gehört.
Hier sollte innere Verpflichtung nie aus den Augen und dem Sinn gelassen werden, das gilt besonders für vorschnelle, vorlaute, zu spekulative Aussagen, aber auch für Aussagen, die belasten und zerstören können! Wer sich mit Astrologie beschäftigt, muß wissen, daß er eine Verantwortung auf sich nimmt.

Partnerschaft im Horoskop

Viele, die sich mit Astrologie beschäftigen, suchen sich ihre Lebenspartner auch nach dem Horoskop aus. Für den Laien gibt es dafür leider nur Hinweise, die auf der Sonnenstandsastrologie beruhen.

Um aber wirklich einen passenden Partner zu finden, müßte man das Individual-Horoskop beider Partner kennen.

Moderne Astrologen allerdings meinen, daß weniger der Partner aus dem Horoskop zu ersehen ist, als die Aufgabe, die einem ein Partner stellt, die Aufgabe, die man für den anderen zu übernehmen hat.

Immer wieder werden Partnervergleiche angestellt. Es gibt Berufsastrologen, die sich auf den Partnervergleich spezialisiert haben und meinen, damit Ehen stiften oder retten, beziehungsweise bei Eheauseinandersetzungen beiden Partnern helfen zu können.

Das kann gelingen, weil das Horoskop die Grundveranlagung eines Menschen wiedergibt; wenn man sich durch das Horoskop verstehen lernt, dann hat man schon viel gelernt, und wenn einem zusätzlich durch ein Horoskop der geliebte Partner nähergebracht wird, kann das beiderseitige Wissen über den anderen sicher zu einem größeren Verstehen in der Liebe führen.

Aber das können eigentlich nur speziellere Untersuchungen erreichen.

Doch wie sollen sich die Partner per Horoskop auf einfachere Weise suchen? Dazu gibt es mehrere Wege, wenn man sich zunächst auf die Sonnenstandsastrologie beschränkt.

Manche Autoren behaupten, man würde am besten zu jemanden passen, der im gleichen Element geboren ist.

So soll sich jemand, dessen Sonne sich in einem Feuerzeichen befindet, harmonisch mit jemandem verstehen, der auch in einem Feuerzeichen geboren wurde, also Sonne in Löwe besonders gut mit Sonne im Widderzeichen oder im Schützeabschnitt. Hier ist neben dem Element das Trigon die große, angeblich gute, harmonische Verbindungsachse.

Nun sei aber nicht vergessen, was in den vorherigen Kapiteln über das Trigon gesagt wurde, nämlich daß es zwar eine gewisse Harmonie garantiert, daß es aber auch in die Langeweile führen kann, da hier oft eine gegenseitige Befruchtung von Kräften ausbleibt – man ringt nicht miteinander, man rauft sich nicht zusammen.

So können solche Ehen gutgehen, aber sie müssen nicht gutgehen – man kann nebeneinander herleben.

Ein anderer Aspekt, der als gut angesehen wird, ist der Aspekt des Sextils, also der 60-Grad-Aspekt. Hier heißt es, die Ehen gehen gut, wo die Beteiligten die Sonne in Zeichen haben, die untereinander mit einem Sextil verbunden sind: Zum Beispiel jemand, dessen Sonne im Zeichen Steinbock steht, braucht einen Partner, dessen Sonne sich im Zeichen Fische oder im Zeichen Skorpion befindet. Oder wer die Sonne im Zeichen Krebs stehen hat, dem wäre als Partner jemand mit der Sonne in den Zeichen Jungfrau oder Stier zu empfehlen.

Nach dieser Methode sieht man, daß hier jeder einen Partner aus einem bestimmten Element suchen müßte. Widdergeborene müßten sich also einen Luftpartner wählen, Stiergeborene einen Wasserpartner, Krebsgeborene einen Erdpartner, usw. Aber auch diese Methode geht nicht auf, denn das Oppositionszeichen ist demselben Element zugeordnet wie die Sextile.

Widder hat nämlich als Sextile Zwillinge und Wassermann, aber als Opposition die Waage! Und die Opposition erscheint bei der Partnerschaft den meisten Beratern als schwierig.

Man muß hier sehr vorsichtig sein, wenn man nicht in die Verallgemeinerung abrutschen will. Wäre nach der Methode Trigon und Sextil ein passender Partner zu finden, sähe die Übersicht so aus:

Günstige Partner

Widder-Geborene:	Löwe, Schütze, Wassermann, Zwillinge
Stier-Geborene:	Jungfrau, Steinbock, Krebs, Fische.
Zwillinge-Geborene:	Waage, Wassermann, Löwe, Widder
Krebs-Geborene:	Skorpion, Fische, Jungfrau, Stier.
Löwe-Geborene:	Schütze, Widder, Waage, Zwillinge.
Jungfrau-Geborene:	Steinbock, Stier, Skorpion, Krebs.
Waage-Geborene:	Wassermann, Zwillinge, Schütze, Löwe.
Skorpion-Geborene:	Fische, Krebs, Steinbock, Jungfrau.
Schütze-Geborene:	Widder, Löwe, Wassermann, Waage.
Steinbock-Geborene:	Stier, Jungfrau, Fische, Skorpion.
Wassermann-Geborene:	Zwillinge, Waage, Widder, Schütze.
Fische-Geborene:	Krebs, Skorpion, Stier, Steinbock.

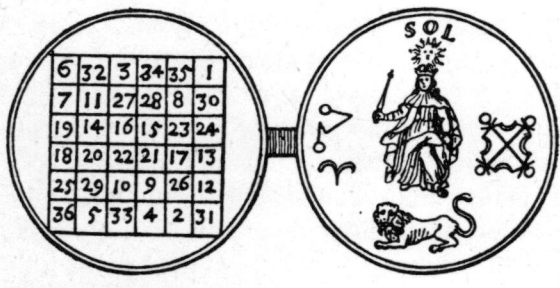

Sonnenamulett

Folgt man dieser Logik, muß man zu dem Ergebnis kommen, daß alle Zeichen, die sich in der Opposition gegenüberstehen, zu spannend für eine Partnerschaft wären, weil die Pole zu entgegengesetzt sind. Auch die Zeichen, die sich im Quadrat zueinander befinden, wären für die Partnerschaft schwierig, weil das einander hemmt, Krisen heraufbeschwört und erst nach langen Auseinandersetzungen – doch welche Ehe hält diese durch – zu glücklichen Verbindungen führen mag.

Hier sähe also eine Übersicht wie folgt aus:

Ungünstige Partner

Widder-Geborene:	Waage, Krebs, Steinbock
Stier-Geborene:	Skorpion, Löwe, Wassermann
Zwillinge-Geborene:	Schütze, Jungfrau, Fische
Krebs-Geborene:	Steinbock, Waage, Widder
Löwe-Geborene:	Wassermann, Skorpion, Stier
Jungfrau-Geborene:	Fische, Schütze, Zwillinge
Waage-Geborene:	Widder, Steinbock, Krebs
Skorpion-Geborene:	Stier, Wassermann, Löwe
Schütze-Geborene:	Zwillinge, Fische, Jungfrau
Steinbock-Geborene:	Krebs, Widder, Waage
Wassermann-Geborene:	Löwe, Stier, Skorpion
Fische-Geborene:	Jungfrau, Zwillinge, Schütze

Diese beiden Übersichten für günstige und ungünstige Partner sollte man nicht zu ernst nehmen, obwohl oder gerade weil sie sich im praktischen Leben oft zu bestätigen scheinen.

Als nicht günstig kann eher angesehen werden, wenn zwei Partner eine feste Bindung eingehen, deren Sonne im gleichen Zeichen steht. Hier kann man sagen, daß diese Partner im Grunde sich selbst heiraten; sie wollen keine wahre Partnerschaft eingehen, möchten sich nicht anpassen, sondern im Grunde in sich ruhen. Das sind dann, was den Sonnenstand betrifft, die sogenannten astrologischen Zwillingsehen, die meistens nicht überglücklich verlaufen sollen.

Die Praxis hat aber etwas Bemerkenswertes zutage gebracht, nämlich daß die Ehen meist sehr gut verlaufen, wo die Partner ihre Sonne in benachbarten Zeichen stehen haben. Hier verbindet diese Partner vom Sonnenstand her gesehen zwar höchstens ein Halbsextil, also ein 30-Grad-Aspekt, aber das ist nicht entscheidend.

Entscheidender ist der Grundaufbau des Tierkreises. Wie bereits mehrfach klargelegt, spiegeln Tierkreis und Häusersystem eine innere Entwicklung wieder. Ein Zeichen baut sich auf dem anderen auf, und zwar in mehrfacher Hinsicht.

Wie sich Tag und Nacht abwechseln, um dann wieder in voller Kraft da zu sein, so wechseln auch die positiven mit den negativen Polen, das Männliche mit dem Weiblichen, das Extrovertierte mit dem Introvertierten. Aber es steigert sich auch von Zeichen zu Zeichen die Entwicklung, die beim Aufbruchzeichen Widder beginnt und beim hingebenden, zerfließenden, auflösenden Zeichen Fische schließlich endet. So sind sich zwei Partner, die im benachbarten Zeichen ihre Sonne haben, in der Grundentwicklung nah, aber sie sind doch von den inneren Polen her gegensätzlich.

Das scheint bei längeren Bindungen festigend zu wirken; hier ist Ergänzung und Gegenspannung also in einer guten Entwicklungssynthese. Danach sähe diese Übersicht wie folgt aus:

Sehr günstige Partner

Widder-Geborene:	Stier und Fische
Stier-Geborene:	Zwillinge und Widder
Zwillinge-Geborene:	Krebs und Stier
Krebs-Geborene:	Löwe und Zwillinge
Löwe-Geborene:	Jungfrau und Krebs
Jungfrau-Geborene:	Waage und Löwe
Waage-Geborene:	Skorpion und Jungfrau
Skorpion-Geborene:	Schütze und Waage
Schütze-Geborene:	Steinbock und Skorpion
Steinbock-Geborene:	Wassermann und Schütze
Wassermann-Geborene:	Fische und Steinbock
Fische-Geborene:	Widder und Wassermann

Auch diese Übersicht ist, da sie sich nur nach dem Sonnenstand richtet, natürlich mit Distanz zu bewerten.

Wenn man sich nun den Partner nach dem inneren Horoskop aussucht und diese Bindung auch immer als Aufgabe betrachtet, dann zeigt das eigene VII. Haus die Grundtendenz eines günstigen Partners an.

Da das VII. Haus ja dem I. Haus, dem Ich-Haus, gegenüberliegt, verkörpert das VII. Haus die Ergänzung. Da der Aszendent immer identisch mit der Spitze des I. Hauses ist, ist die Spitze des VII. Hauses ja leicht festzustellen.

Aszendent Widder liegt dem Zeichen Waage gegenüber, also läge die Spitze des VII. Hauses im Zeichen Waage.

Bei Stier ist das gegenüberliegende Zeichen Skorpion, bei Zwillinge Schütze, bei Krebs Steinbock, bei Löwe Wassermann, bei Jungfrau Fische, bei Waage Widder, bei Skorpion Stier, bei Schütze Zwillinge, bei Steinbock Krebs, bei Wassermann Löwe und bei Fische Jungfrau.

Nun darf man hier nicht den Fehler machen, sich in der Aszendenttafel seinen Aszendent herauszusuchen und dann einfach nach dem gegenüberliegenden Zeichen sich den Partner zu suchen! Das geht nicht auf.

Es wird hier mehr die Grundrichtung angedeutet, und die sähe im Grunde grob umrissen so aus:

Wer sucht sich wen

Ein Aszendent Widder	einen ausgleichenden Partner,
Ein Aszendent Stier	einen leidenschaftlichen Partner,
Ein Aszendent Zwillinge	einen feurigen, strebsamen Partner,
Ein Aszendent Krebs	einen ehrgeizigen, soliden Partner,
Ein Aszendent Löwe	einen originellen, aufgeschlossenen Partner,
Ein Aszendent Jungfrau	einen weichen, hingebenden Partner,
Ein Aszendent Waage	einen feurigen, ungestümen Partner,
Ein Aszendent Skorpion	einen sicheren, handfesten Partner,
Ein Aszendent Schütze	einen wendigen, lernbegierigen Partner,
Ein Aszendent Steinbock	einen schöpferischen, weichen Partner,
Ein Aszendent Wassermann	einen strahlenden, sonnenhaften Partner,
Ein Aszendent Fische	einen realen, bewußt lebenden Partner.

Nun kommt es hierbei natürlich auch noch auf die Besetzung des VII. Hauses an. Denn die Planeten zeigen ja in den Häusern, wie schon beim Kapitel Häuser erläutert, die Interessensrichtungen an. So zeigt an:

Sonne im VII. Haus, daß man sich nach einem sonnenhaften, sieghaften Partner sehnt,

Mond im VII. Haus, daß man sich nach einem schöpferischen, seelisch orientierten Partner sehnt,

Merkur im VII. Haus, daß man sich nach einem wendigen, intellektuellen Partner sehnt,

Venus im VII. Haus, daß man sich nach einem gefühlvollen, künstlerischen Partner sehnt,

Mars im VII. Haus, daß man sich nach einem kämpferischen, temperamentvollen Partner sehnt,

Jupiter im VII. Haus, daß man sich nach einem jovialen, führungsstarken Partner sehnt,

Saturn im VII. Haus, daß man sich nach einem konzentrierten, traditionsbewußten Partner sehnt,

Uranus im VII. Haus, daß man sich nach einem intuitiven, einfallsreichen Partner sehnt,

Neptun im VII. Haus, daß man sich nach einem instinktsicheren, feinnervigen Partner sehnt,

Pluto im VII. Haus, daß man sich nach einem autoritären, die Menge beherrschenden Partner sehnt.

Steht nun kein Planet am oder im siebenten Haus, dann übernimmt der Planet die Aussage, der in dem Zeichen an der Spitze des siebenten Hauses seine verwandte Kraft findet. Also Mars für das Zeichen Widder. Venus für das Zeichen Stier. Merkur für das Zeichen Zwillinge, Mond für das Zeichen Krebs usw.

Diese Deutungshinweise gehen natürlich schon etwas in die Individualbeurteilung, wozu man sich ein Horoskop stellen lassen muß oder das Horoskopstellen selbst lernt, um da dann Näheres zu sehen. Aber die Grundkonzeption der Partnerschaft, die im Horoskop aufgezeigt wird, ist hier erläutert.

Natürlich kommt es nun noch darauf an, wie die einzelnen Planeten zueinander stehen.

So scheint eine Verbindung zwischen der Sonne des einen und dem Mond des anderen Partners günstig, auf erotischem Gebiet natürlich eine Verbindung zwischen dem Mars des einen und der Venus des anderen. Hier wird dann noch viel Spezielleres zu ersehen sein, was erst durch den Vergleich zweier Individualhoroskope möglich erscheint.

Die Sternbilder Cassiopeia und Herkules, 1544

Computer-Horoskop und Tarot

Immer häufiger wird bei einer Horoskoperstellung heute der Computer eingesetzt.

Das ist für die Berechnung sicher gut; der Computer rechnet auf die Zehntelsekunde genau und ohne Fehler. Auch kann ein Computer bereits Horoskopformulare erstellen. Preiswerter als durch einen Computerdienst kann man eigentlich kaum zu einem korrekten Horoskopbild kommen.

Doch gilt dies auch für die Deutung? Die Qualität eines Computerhoroskops hängt, was die Deutung angeht, davon ab, wie groß die Zahl der Angaben ist, mit denen der Computer gefüttert wurde. Je einfacher die Grundfütterung, desto einfacher die Aussage, möchte man sagen. Die meisten Computerhoroskope geben im Grunde genommen bisher nur Schubladenrezepte wieder.

Zwar werden meist alle Gestirnstände angegeben, die Ausdeutung beschränkt sich dann jedoch in der Regel auf den Aszendent, den Sonnen- und Mondstand und bei den Planeten auf Venus und Merkur.

Es werden also nur die Schnelläufer untersucht. Sicher würde sonst die Fütterung eines Computers zu kompliziert und damit zu teuer werden. Auch findet man beim Computerhoroskop keine zusammenfassende Synthese, sondern auf zwei Seiten DIN A4, was Sonnenstand und Aszendent zu bedeuten haben, etwa so wie in diesem Buch auf den vorderen Seiten. Dann wird die Stellung der Venus, die des Mondes und die des Merkur untersucht – und zwar jede für sich. Mehr wird in der Regel nicht geboten.

Man darf nicht vergessen, daß jedes Computerhoroskop natürlich ein Blindhoroskop ist, das heißt, der Befragende, sein Niveau und seine sozialen Voraussetzungen sind unbekannt. Es muß also verallgemeinert gehalten werden.

Aber da ein Horoskop ja nur dann wirklich für den Horoskopeigner von Bedeutung sein kann, wenn es im Zusammenhang mit seiner Persönlichkeit gesehen wird – also mit seinem Herkunftsmilieu, mit seinem Niveau, mit seiner Erbmasse –, kann das Computerhoroskop nicht auf den Horoskopeigner eingehen. Es fehlt, wenn man so will, das Intuitive, die Einfühlungsgabe des ausdeutenden Astrologen. Auch die Astrologen gehen immer mehr dazu über, keine Blindhoroskope mehr zu erstellen, sondern sie wollen bei einer Horoskopdeutung wissen, mit wem sie es zu tun haben.

Und dieses Wissen kann eben ein Computer

nicht haben, damit kann er nicht gefüttert werden.

So steht zum Beispiel in Paris auf den Champs Elysées ein Computer, der in acht Sprachen laufend persönliche Horoskope auswirft, am Tag mehr als 100. Touristen aus aller Welt lassen sich hier ihr Horoskop stellen, die Berechnung stimmt auch, aber bei der Ausdeutung des Charakters wird auf das innere Horoskop, also die Stellung der Planeten in den Häusern, nicht eingegangen. Diese Computerhoroskope beschreiben nur, was etwa Venus in Krebs bedeutet, sie sagen aber – was die Deutung betrifft – nichts darüber aus, ob Venus nun bei diesem Menschen im VII. oder bei jenem im 3. Haus steht. Das könnte theoretisch geschehen, aber dann würde das Horoskop teuer und immer noch nicht den Horoskopeignern auf den Leib geschrieben sein. Auch die Analyse zwischen den Planeten fehlt. Für einen kurzen Überblick ist also so ein Maschinenhoroskop interessant, vor allem was die Berechnung betrifft, für die Grundausdeutung oder aber die Prognose ist es im Grunde unbrauchbar, weil es nicht persönlich beraten kann.

Immerhin kann so ein ausgerechnetes und im Grundsätzlichen gehaltenes Horoskop das Interesse für die Astrologie wecken, und damit das Interesse, sich mit sich und anderen Menschen ernsthaft zu beschäftigen.

Und es hat noch einen anderen Vorteil: Da die Berechnung stimmt, läßt sie sich in ein Horoskopformular eintragen und nach den Angaben dieses Buchs ergänzen – und deuten.

Astrologie und Tarot

Astrologie ist das älteste Erfahrungswissen der Menschheit. Sie hat überall, so kann man sagen, ihre Spuren hinterlassen, so auch im Kartenspiel.

Das Tarot ist das älteste Kartenspiel, das die Menschheit kennt, der Ursprung ist nicht mehr genau festzustellen. Es gilt als das Spiel der Zigeuner, die damit die Zukunft voraussagen, aber auch den Menschen an sich erkennen. Es soll aber auch aus Indien oder China stammen, oder aus Ägypten. Danach muß es schon in uralten Zeiten auf der ganzen Welt verbreitet gewesen sein. Es gibt eine Legende, wonach dieses Spiel aller Spiele von dem Schriftgelehrten der ägyptischen Götter stamme, nämlich von Thot. Thot war der Berater des Osiris, Herrscher über die Zeit, Erfinder der Zahlen, und der Gott der Magie. Er wird oft mit einem Ibiskopf dargestellt. Dieser Gott Thot soll das große Arkanum oder das Arkana, das 22 Karten umfaßt, entworfen haben, damit die Priester mit diesen Karten die Einweihungszeremonien vornehmen konnten; denn diese 22 Bilder sollten die Grundlagen des Menschseins beinhalten.

Heute bringen Autoren – ob berechtigt oder nicht – diese 22 Karten mit den Urbildern oder Archetypen in Zusammenhang, die C. G. Jung auf dem Gebiet der analytischen Psychologie wiederentdeckt hat.

Diese 22 Karten also sollen die Gesamtheit aller urmenschlichen Erfahrung in Bildern festhalten. Dann müßten diese Bilder aber auch die Urerfahrungen, die der Himmel den Menschen durch die Astrologie offenbart, wiedergeben!

Und in der Tat scheint dies zu stimmen, denn fast alle Tarotspiele haben unverkennbar astrologische Einflüsse.

Das Tarot teilt man eigentlich in zwei Teile, einmal in eine Art Gebrauchskartenspiel von 56 Karten mit den vier Farben Kelch, Keule, Schwert und Münze. Diese nennt man das kleine Arkanum oder Arkana. Damit spielte man überall in der Welt, auch heute noch, Karten – also Gesellschaftsspiele.

Das große Arkanum jedoch diente zum Selbststudium, zur Meditation. Und diese 22 Karten gelten auch als das älteste Buch der Welt, wodurch der Mensch sich erkennen sollte. Denn der Mensch kann nicht von allein, so heißt es, sein eigenes, inneres Bild sehen, noch sein Schicksal erahnen, er sieht das Muster nicht, nach dem er gestrickt ist, und wenn er dieses Muster sieht, weiß er nicht, daß er es selbst ist. Das mag manchem etwas esoterisch, also zu eingeweiht klingen, aber es gab in der Kulturgeschichte immer die »Eingeweihten«, zu denen man ging; heute sind es die Psychologen, die sich jedoch auf alte Werte wiederbesinnen müssen, weil sie sonst bei den Seelenbildern, die sie ihren Patienten eröffnen wollen, nicht weiterkommen. So werden viele psychologische Tests auch mit Karten durchgeführt.

Wie man sich in die Bilder, die der Himmel uns bietet, versenken kann, um sich und andere und den Zeitablauf zu erkennen, kann man das auch in die 22 großen Arkana-Karten des Tarot.

Astrologisch gesehen stellen diese 22 Karten die 12 Tierkeiszeichen und die zehn Gestirne dar. Und die Entwicklung des Menschen, der Menschheit als Ganzes gesehen, kommt wie in der psychologischen Astrologie auch bei den 22 Karten des großen Arkanum zum Ausdruck.

Noch deutlicher wird dieser Zusammenhang beim Betrachten der Bilder, die nach alter Überlieferung bestimmte Symbole wiedergeben müssen.

So sieht man auf jeder Karte Nr. 18, die den Namen »Mond« trägt, auch den Krebs, also das Sternzeichen, das nach alter Tradition vom Mond beherrscht wird.

Die Karte »Kraft« ist immer mit einem Löwen versehen, die Karte »Gerechtigkeit« immer mit einer Waage. Bei vielen Darstellungen der Karte, die den Namen »Tod« trägt, ist auch das Symbol des 8. Zeichens des Tierkreises zu sehen, nämlich der Skorpion. Und die Karte mit dem Titel »Die Welt« zeigt die festen Zeichen Stier, Löwe, ferner Adler statt Skorpion und Engel statt Wassermann – was ja auch alter Tradition in der Astrologie entspricht. Manche astrologischen Symbole sind verborgener, aber sie sind vorhanden. Hier soll nur die Verbindung zwischen Astrologie und dem Tarot andeutungsweise dargestellt werden.

Lebensrhythmen, Planetenzeitgesetze, Vorausschau

Die meisten Menschen, die sich mit Astrologie beschäftigen, tun dies, um zu wissen, wie sich ihre Zukunft gestalten wird.
Sie begreifen oft gar nicht, daß sich dies je nach dem Verhalten in der Vergangenheit und Gegenwart ableiten läßt. Insofern kann ein guter Astrologe bereits aus dem Grundhoroskop in etwa sehen, wie sich das Schicksal des Horoskopeigners zukünftig gestalten wird, ähnlich wie einfühlsame Eltern oder Lehrer dies bei Kindern vermögen, wenn sie ihr Grundmuster erkennen. Aber natürlich ist alles immer in einer Entwicklung, und auch in einer kosmischen Entwicklung, denn die Astrologie beruht ja auf den Zeitgesetzen der Gestirne und ihrer Auswirkungen auf das Leben in der Natur und des Menschen – man denke nur an den Jahreslauf der Sonne! Ein Jahr braucht die Sonne für ihren Lauf, den scheinbaren Lauf um die Erde.
Es erscheint daher logisch, daß die Astrologen das sogenannte *Solar- gleich Sonnen-Horoskop* für jedes Jahr berechnen, um Voraussagen – jedoch nur in der Tendenz – für das kommende Lebensjahr zu machen. In der Praxis sieht das so aus: Steht die Sonne im Geburtshoroskop etwa bei 24 Grad 33 Zwillinge, dann kommt sie – meist am Geburtstag – genau wieder auf diese Stelle, jedoch nie – oder fast nie – zur gleichen Zeit wie in der Geburtsminute.
Von diesem gleichen Sonnenstand aus berechnet man das Jahreshoroskop, das heißt, die laufenden Planeten werden zu diesem Zeitpunkt festgehalten, ebenso der Aszendent, das MC und die Häuser.
Dieses Solar-Horoskop soll nun in Verbindung mit dem Grundhoroskop Auskunft über das kommende Lebensjahr geben. Sieht man einmal von dem MC und dem Aszendent und den damit zusammenhängenden Häusern ab, ist dieses Solar-Horoskop nichts anderes als das Festhalten der Transite der Planeten an diesem Tag. Transit heißt Übergang. In der Astrologie sprechen wir von Transiten, wenn die laufenden Planeten einen Übergang über Stellungen des Radix-Horoskops haben, also über die Radixstellungen der Planeten oder ihrer Aspekte.
Im Solar-Horoskop werden also nur diese Übergänge am oder um den Geburtstag festgehalten; verändert wird allein das innere Horoskop, also Häuser und Aszendent.
Das ist eine Möglichkeit der Voraussage.
Hier muß aber gesagt werden, daß alle seriösen Voraussagen nur Tendenzen sein können, etwa in der Art: »Es wird ein innerer Auftrieb kom-

men, den man nutzen muß«, oder »Man geht nun bis an die Grenzen seiner Kraft, ist von den Nerven her gefährdet, der Instinkt läßt nach.« Bestimmte reale Dinge sind nur zu sehen, wenn man die realen Umstände und Entwicklungen kennt.

Aber jeder Horoskopeigner sollte seine inneren Kräfte, die sich in Tendenzen voraussagen lassen, nutzen! Man kann dann viel für sein Leben tun, weil man eben die innere Uhr kennt. Wer um die äußere wie die innere Zeit weiß, der kann auf der Höhe sein, der ist auch immer in richtiger Einstellung zu der Gesamtentwicklung – das ist das Wesentliche einer Vorausschau auf psychologischer Basis.

Das Solar-Horoskop ist umstritten. Es ist bestenfalls nur eine Möglichkeit der Vorausschau, die aber nicht ausreicht.

Auch ist zweifelhaft, auf welchen Ort man das Solar stellen soll, auf den Geburtsort oder auf den Aufenthaltsort.

Ist jemand in Budapest geboren, lebt aber in Düsseldorf, dann stellt sich die Frage, ab wann er sich seiner neuen Umgebung so angepaßt hat, daß auch der Aszendent auf die neue Umgebung gerechnet werden muß. Oder umgekehrt: Geht jemand, der in Düsseldorf geboren ist, für ein Jahr als Diplomat nach Budapest, muß da das Solar auf den neuen, nur zeitweiligen Ort gestellt werden? Alles Fragen, die nicht schlüssig zu beantworten sind, die je nachdem bei verschiedenen Anwendungen funktionieren können oder auch nicht.

Das Solar-Horoskop erfreut sich solcher Beliebtheit, weil es verhältnismäßig leicht zu berechnen ist – aber ist die Zukunft leicht zu berechnen, oder auch nur die Tendenzen der Zukunft?

So suchten die Astrologen immer noch nach anderen Vorausberechnungsmöglichkeiten. In die Literatur sind da besonders die Direktionen eingegangen. Den Direktionen liegt allein das Grund-, das Radix-, also das Wurzelhoroskop zugrunde. Sie sollen den Lebensgang im Großen und Ganzen anzeigen. Sie beruhen darauf, daß man nach einem bestimmten Schlüssel die Planeten des Radix-Horoskops zu anderen Horoskopstellungen dirigiert, das heißt in der Praxis, daß ein räumlicher Abstand in Zeit umgesetzt werden muß. Es geht hier also um die Winkelgröße oder die Entfernungen zwischen den Planeten.

In der Literatur kennt man vor allem zwei Direktionen: die Primär-Direktionen und die Sekundär-Direktionen.

Unter *Primärdirektionen* versteht man die Berechnung einer scheinbaren Bewegung eines Punktes am Himmel, die durch die tägliche Rotation der Erde um ihre eigene Achse hervorgerufen wird.

Diese Berechnung ist sehr schwierig, daher wird diese Direktion wenig angewandt, oder man behilft sich mit dem sogenannten Naibod-Schlüssel. Dieser Schlüssel stammt von dem Mathematiker Johann Naiboda, der den Mittelwert, also einen Durchschnittsschlüssel, für die Primär-Direktionen errechnete.

Heutige Astrologen bevorzugen statt dessen den vorgeschobenen *Sonnenbogen,* das heißt den Weg, den die Sonne pro Tag für ein Lebensjahr zurückgelegt hat.

So entsprechen 20 Tagesbogen der Sonne nach der Geburt 20 Lebensjahren. Legt die Sonne in den ersten 20 Tagen nach der Geburt einen Weg von 19 Grad und 30 Minuten zurück, so hat man den Sonnenbogen, und um diese Differenz schiebt man nun alle Planeten vor. Dies ist im Grunde eine Abwandlung und eine Vereinfachung der Primär-Direktionen, die jedoch mit der Anzahl der Lebensjahre vom Naibodschlüssel abweicht.

Aber mit dem Sonnenbogen, mit dem Weg der Tagessonne für ein Lebensjahr, sind wir bereits bei den *Sekundär-Direktionen*. Diese Direktionen bauen auf der Entsprechung auf: ein Tag nach der Geburt ist einem Lebensjahr gleichzusetzen.

Die Berechnung erfolgt also auf der Grundlage der Tagesbewegung der Erde um die Sonne.

Wenn ein Tag nach der Geburt einem Lebensjahr entspricht, also der 25. Tag nach der Geburt dem 25. Lebensjahr, was halbwegs als gegeben hingenommen werden kann, dann werden also – will man die Tendenzen des 45. Lebensjahres berechnen – im Horoskop alle Planeten nach ihrem Stand am 45. Tag nach der Geburt in Beziehung zu dem Stand am Tage der Geburt gesetzt.

Das ist verhältnismäßig einfach. Man muß nur immer sehr genau von der Geburtsminute ausgehen!

Nun kennen wir also die Primär-Direktionen, die heute überwiegend von den vorgeschobenen Sonnenbogen ersetzt werden, die Sekundär-Direktionen und das Solar-Horoskop.

Dieses Horoskop beruht, wenn man von der Veränderung des inneren Horoskops absieht, auf dem Stand der *Transite*.

Mit den Transiten ist nun das Arbeiten am leichtesten, daher wird es am meisten angewandt. Es sei aber gleich gesagt: Transite allein sagen überhaupt nichts, wenn man nicht die Direktionen mitberücksichtigt.

Transite sind die Übergänge der laufenden Gestirne über die Positionen im Geburtsbild oder deren Aspektbeziehungen.

Um diese Aspektbeziehungen schnell zu erkennen ist es günstig, sich eine Aspekttafel anzufertigen, die beim Beispiel-Horoskop so aussähe:

Aspekttafel

311

An Hand dieser Tafel kann man schnell sehen, welche Übergänge wann stattfinden.

Wenn die Sonne in Widder läuft, dann sieht man, wann sie eine Aspektbeziehung hat. Also etwa bei 16 Grad Widder hat die Sonne ein Quadrat zu Pluto. Oder wenn sich Saturn in Waage befindet, kann man schnell ablesen, daß dieser Planet bei 8 Grad 17 ein Trigon zum Radix des Mondes bildet. Daraus kann der Astrologe Folgerungen ziehen.

Nun bewertet man Transite immer in Verbindung mit den Direktionen.

Sind die Direktionen, die die Gesamttendenz eines Jahres aufzeigen, schwierig oder hemmend, dann können harmonische Transite dies abmildern oder die Auslösung der Schwierigkeiten verhindern; das kann auch umgekehrt erfolgen.

Man sagt, die Direktionen zeigen die Tendenzen an, die Transite lösen sie aus. Es kommt hier sehr auf Intuition, Erfahrung und auch Fingerspitzengefühl an, die richtigen Aussagen in der richtigen Dosierung zu machen.

Wie wichtig jedoch die laufenden Übergänge der Planeten sind, kann jeder fast täglich für sich nachprüfen, ohne Ephemeriden, das heißt ohne Gestirnstandstabellen, und ohne viel von Astrologie zu verstehen.

Hier wollen wir einmal die Sonnenanbeter außer acht lassen, aber sicher ist der Sonnenstand für die tägliche Verfassung entscheidend, was jedoch im Norden und im mittleren Europa durch die teilweise lange vorhandenen grauen Wolken verfälscht wird. Entscheidender sind die Mondphasen.

Wieviele Menschen können bei Vollmond nicht schlafen, andere werden bei Neu- oder Dunkelmond von der Schlaflosigkeit befallen; geht man dem dann im Horoskop nach, kann man oft feststellen, daß hier Aspekte berührt werden. Aber man weiß auch so, daß der Mond sehr auf das Stimmungsbild des Menschen Einfluß nehmen kann.

Und daß der Mondrhythmus der gleiche ist, wie der Rhythmus der Frau, also zeitlich mit dem Menstruationsrhythmus identisch ist, dürfte auch allen bekannt sein.

Besser läßt sich jedoch der Rhythmus, oder die Zeitgesetze der Gestirne, die auf unser Leben einwirken, am Beispiel von langsamlaufenden Planeten aufzeigen.

Nehmen wir Uranus. Sein Umlauf beträgt rund 84 Jahre.

Sein Symbol ist das Neue, das Umstürzlerische, der intuitive Impuls, der Veränderungen mit sich bringt. Bei jedem Menschen läßt sich nun nachweisen – und jeder kann es selbst kontrollieren – daß dies bei Uranusaspekten eintrifft.

Besonders deutlich ist dies nämlich, wenn der laufende Uranus in Oppositionsstellung zum Radix-Uranus kommt, das heißt, wenn Uranus nach der Geburt um 180 Grad weitergewandelt ist.

Das ist, rund gesagt, nach 42 Jahren der Fall. Und nun ereignen sich im 43. Lebensjahr – mal etwas später, mal etwas früher, aber oft genau – wirklich bei jedem Menschen noch einmal umstürzlerische Dinge. Das bedeutet, daß in diesem Jahr das Leben eine verhältnismäßig neue Richtung bekommt.

Es geht diesem Neueinschlag im Leben auch immer eine Krise voraus, die sich so äußern kann: Man wird mit einem neuen Ereignis, Erlebnis, mit einer neuen Erfahrung berührt, oft erst unbewußt. Dann entwickelt sich aus dieser Erfahrung ein Prozeß der Gestaltung, und nach Abschluß befindet man sich auf einem neuen Weg.

Dies ist mit Uranus genau verfolgbar, weil Uranus nämlich immer dreimal über die laufenden Punkte des Horoskops kommt:

Einmal, wenn er seine Opposition zur Geburtsstellung erreicht hat, dann löst er das Ereignis in der Anzeige aus. Er wandelt meist weiter, wird dann jedoch rückläufig und berührt diesen Punkt ein zweites Mal. Nun dauert der Übergang sehr viel länger, hier entwickelt sich der neue Reifeprozeß. Dann läuft Uranus wieder direkt und geradeaus, überquert diesen Punkt (die Opposition zu seiner Geburtsstelle) ein drittes Mal, womit der Prozeß abgeschlossen ist, und der neue Weg, die entscheidende Änderung, ist Realität.

Das äußert sich im Leben natürlich jedesmal verschieden, es kann ein neuer Berufsweg sein, eine Versetzung, eine neue Verbindung, eine Scheidung, ein Kind, das das Leben einer Frau oder Familie völlig verändert. Man stellt aber auch einen entscheidenden Wechsel in seinen menschlichen und politischen Grundauffassungen fest, man sieht die Welt ganz anders, hat vielleicht die ersten gesundheitlichen Warnschüsse erhalten, oder man beginnt nun zu ernten, was man in zäher Berufsarbeit aufgebaut hat. Der Möglichkeiten sind so viele, jeder weiß dies, wenn er sein Leben einmal darauf untersucht.

Nicht ganz so entscheidend sind die Quadrate, die Uranus zu seiner Geburtsstellung erreicht, aber sie sind auch bemerkbar.

Das erste Quadrat erreicht Uranus nach ungefähr 21 Jahren (hier handelt es sich um das lösende Quadrat zur Geburtsstelle), also spielt sich das Lebensentscheidende im 22. Lebensjahr ab. Das hat nichts mit der älteren Zeit zu tun, da die Menschen mit 21 mündig wurden! Bürokratische Gesetze stehen nicht im Himmel, wie auch meist nicht der standesamtliche Termin aus dem Horoskop zu ersehen ist, sondern der Moment, wo sich bei beiden Partnern der Entschluß gefestigt hatte, zusammenzubleiben.

Aber im 22. Lebensjahr kommt meist – Uranus kann es anzeigen – der entscheidende, das Leben verändernde Durchbruch.

Der zweite Durchbruch erfolgt dann im 65. Lebensjahr, wenn Uranus wieder (diesmal im zulaufenden Quadrat zu seiner Geburtsstelle) zu finden ist. Auch hier ist immer ein entscheidender Umbruch zu verzeichnen, der mit plötzlichen Erfahrungen im Zusammenhang steht. Dieses Lebensjahr ist also nur äußerlich mit der beginnenden Rentenzeit gleichzusetzen. Der Termin, da man in den Lebensabend geht, ist ja verschiebbar und oft genug im Leben verschoben worden, also nicht mit den Uranusübergängen identisch – es kann sein, muß nicht sein. Und wenn eines Tages die Menschen sich mit 60 Jahren in den Ruhestand versetzen lassen können, wird ein entscheidender Umbruch weiter im 65. Lebensjahr stattfinden.

Entscheidender, bemerkbarer und wichtiger aber der Umbruch im 43. Lebensjahr.

Noch als Beispiel zu einem anderen Planeten: Saturn wurde immer als der Hüter der Schwelle angesehen, als der Hüter der Zeitschwelle. Man kann überhaupt sagen, daß die Astrologie im Grunde die Lehre von der Qualität der Zeit ist.

Sie lehrt, was die Zeit uns bringt, und zwar in Bezug auf die Grundveranlagung eines jeden Einzelnen.

Jeder Mensch ist ja für sein Schicksal allein verantwortlich, das beweist gerade die Astrologie, die eben nur die Möglichkeit gibt, sich im Leben besser zurechtzufinden.

So wie im praktischen Leben jedermann ohne Uhr seine besten Chancen versäumen würde, weil er keine Verabredung einhalten könnte, weil er nicht fähig wäre, sein Leben einzuteilen, so hat ein Mensch, der sich nach seiner inneren Uhr richtet, mehr Chancen als die anderen.

Die großen Schicksalsstunden nun zeigt Saturn an! Saturn braucht für seinen Umlauf über 29

Jahre. Das heißt, nach 29 ½ Jahren hat er seinen Radixpunkt im Horoskop erreicht. Also muß man annehmen, daß sich seine Wirkung, die keine äußerliche ist, im 30. Lebensjahr sehr verdeutlicht.

Das ist auch der Fall, genauso, wie dies im 15. Lebensjahr der Fall ist. Das ist nämlich der Zeitraum, da Saturn die Hälfte seines Weges zurückgelegt hat, also in Opposition zu seinem Geburtsort steht. Nur ist diese Stellung nicht ganz so deutlich wie die des Uranus, die wir erwähnt haben. Sie macht sich allerdings besonders bemerkbar, wenn man den Bereich des Saturn im Horoskop berücksichtigt.

Also steht Saturn etwa im IV. Haus, im Haus der Familie, dann ist anzunehmen – wenn man die anderen Aspekte einmal außer acht läßt – daß der Horoskopeigner sich im 15. Lebensjahr von seinem Haus lösen wird, innerlich oder äußerlich, und daß er im 30. Lebensjahr etwa sein eigenes Heim gründet.

Oder steht im Grundhoroskop Saturn im 6. Haus, dann kann man damit rechnen, daß im 15. Lebensjahr eine körperliche Krise naht, die sich durch Überanstrengung oder andere Beanspruchung, etwa Kargheit in der Ernährung, auslösen kann. Im 30. Lebensjahr kann dann eine weitere Krise die Stabilisierung oder einen Zusammenbruch bringen.

Natürlich darf man alle diese Aspekte nicht aus dem Gesamtzusammenhang reißen; hier sollte nur der aufgegliederte Wert gezeigt werden, den die Astrologie weist. Die oben erwähnte körperliche Krise kann natürlich durch günstige Jupiterstellungen abgefangen werden, etwa, weil jemand die Gefahr erkennt, ein guter Arzt, ein verständnisvoller Lehrherr oder eigene Einsicht dies alles mildern kann.

Der Uranuseinbruch jedoch, also die Oppositionsstellung des laufenden Uranus zu seinem Geburtsort, ist immer spürbar. Bei richtiger Einstellung ist sie stets zu nutzen, denn sie reißt ja den Menschen aus der langsam abtötenden Gewohnheit.

C. G. Jung hat einmal von der Krise des Alters geschrieben, die Anfang 40 beginnt, und er meinte, die Menschen werden nur auf die erste Hälfte des Lebens vorbereitet, sie lernen nur für den Berufsweg, nichts für das Alter. Das deckt sich mit den laufenden Uranusübergängen, denn die Psychologen sind der Ansicht, daß man spätestens mit Anfang 40 sich ein ernstzunehmendes Hobby aneignen sollte, um so den Lebensabend sinnvoll auszuleben, um nicht dem berüchtigten Pensionstod zum Opfer zu fallen. Hier liegt also der Übergang von Uranus, der das Neue, das Verändernde, die neue Prägung ankündigt. Und wenn diese Ankündigung der inneren Uhr da ist, dann zeigt dies ja auch, daß man innerlich dazu bereit ist, die Zeit also nutzen kann.

Soviel zu den Möglichkeiten der psychologischen Vorausschau mit Hilfe der Astrologie, die auf den Lebensrhythmen der Planeten und ihrer Zeitgesetze beruht; nun kennen wir ja neuerdings auch noch andere Lebensrhythmen, die sogenannten Bio-Rhythmen, denen wir uns der Abrundung wegen auch noch kurz zuwenden wollen.

Titelbild einer Kometenschrift Joh. Schöners, 1531

Bio-Rhythmen

Die Lehre von den Bio-Rhythmen wurde von Dr. Wilhelm Fließ, einem Berliner Biologen, Ende des vorigen Jahrhunderts begründet – vielleicht sollte man sagen wiederbegründet, denn daß es gewisse Rhythmen gibt, die sich auf das körperliche, geistige und seelische Befinden auswirken, ist sehr alte menschliche Erfahrung.

Die Lehre beruht auf der Erkenntnis, daß die Mikrozellen unseres Körpers sich in einer ständigen Bewegung befinden, mal im Aufbau, mal im Abbau. Man spricht auch von Gezeiten des menschlichen Körpers. Und diese Gezeiten sind eben auch vom Lauf der Sonne und von der Erdbewegung abhängig.

Das erkannte Dr. Wilhelm Fließ, der sich wohl wenig mit Astrologie beschäftigte, aber viel mit Astronomie.

Wir kennen drei Bio-Rhythmen, die verschieden lang sind. Die Dauer der Rhythmen beträgt einmal
23 Tage,
28 Tage, und
33 Tage.

Diese Bio-Rhythmen, die man auch als Lebensrhythmen übersetzen kann, weil das Wort »Bio« ja Leben bedeutet, erscheinen manchem zu willkürlich gewählt; allein der 28-Tage-Rhythmus kann auf die Mondbewegung zurückbezogen werden.

Man muß gleich festhalten, daß die Bio-Rhythmen mit der Astrologie nichts zu tun haben, obwohl sie sich auch schicksalhaft auswirken sollen.

Die ersten Rhythmen, die Dr. Wilhelm Fließ entdeckte, waren die Rhythmen von 23 und 28 Tagen, man bezeichnete diese Rhythmen auch als männliche und weibliche Rhythmen. Sie beginnen bei der ersten Atmung. Nach der Periodenlehre von Fließ, die dieser in seinem Buch »Der Ablauf des Lebens« niedergelegt hat, ist dieser doppelperiodische Kräfteablauf auf eine zweifache Welle im menschlichen Organismus zurückzuführen.

Er führt diesen Ablauf des Lebens auf die Verbindung mit astronomischen Kräften zurück, und er gebraucht auch das Wort vom Wirkungsfeld astronomischer Kräfte. Hier ist also nichts mehr von einer Schau vorhanden, die einst die Grundlage der Astrologie war, als man etwas sah, sondern hier wird von Kraftfeldern gesprochen, wie auch neuerdings für kosmische Einflüsse etwa von elektromagnetischen Feldern.

Man sucht eben immer noch aus einer Erfahrungs- und Geisteswissenschaft eine Naturwissenschaft zu machen.

Fließ hat auch einmal ausgeführt, daß Jahr und Tag in uns kreisen, daß beide in uns ablaufen, daß danach unsere Lebensuhr gestellt wäre. Der Tag ist die Zeit, so sagte er, in der die Erde sich einmal um die Achse dreht, und im Jahr läuft die Erde einmal um die Sonne. Danach müßte der eine Bio-Rhythmus eigentlich nicht 23 Tage, sondern 24 Tage zählen.

Nun, Fließ kam zu den beiden ablaufenden Perioden in uns auch aus der Überzeugung, daß der Mensch im Grunde ja doppelgeschlechtlich sei, also in ihm sowohl der weibliche Rhythmus wie der männliche vertreten sein müsse. Überwiegen die männlichen Substanzen, wird der Mensch ein Mann, überwiegen die weiblichen Substanzen, wird der Mensch eine Frau, aber beide Substanzen sind in jedem Körper vorhanden. Nun soll die Lebensdauer einer männlichen Substanz 23 Tage, die einer weiblichen Substanz 28 Tage dauern. Wie weit sich das in der Praxis bewährt, ist zum Teil noch sehr umstritten. In der Diskussion über die Bio-Rhythmen trennen sich die Geister genauso wie in der Anerkennung der Astrologie.

Der dritte Lebensrhythmus wurde erst Ende der Zwanzigerjahre dieses Jahrhunderts entdeckt. Dr. Ing. Friedrich Teltscher meinte einwandfrei einen geistigen Rhythmus erkannt zu haben. Er soll sich gefragt haben, wieso es in einer Welt, die dreidimensional ist, nicht auch drei Lebensrhythmen geben müsse.

Man kann dann nur folgern: Nimmt man die Zeit als vierte Dimension, was unbestritten ist, dann müßten wir noch einen vierten Bio-Rhythmus entdecken, was man wohl auch eines Tages erwarten kann. Das heißt, auch dieser Rhythmus ist eigentlich schon da, denn es gibt bereits Arbeiten mit den drei Bio-Rhythmen, die diese drei in einem Rhythmus, sozusagen als Synthese, zusammenfassen.

Die Zahl 33 wurde dabei recht einfach gefunden. Da der eine, der männliche Rhythmus 23 Tage beträgt, der weibliche aber 28 Tage, trennen diese Rhythmen 4 übersprungene Tage.

Überspringt man nun von der Zahl des weiblichen Rhythmus wieder 4 Tage, dann kommt man zur Zahl 33. Damit ist ein harmonisches Verhältnis zwischen den drei Rhythmen gefunden. Man hätte natürlich auch 8 Tage überspringen können und folgern, die Trennung der Tagesrhythmen potenziere sich, aber die Erfahrung soll den 3. Rhythmus bestätigt haben. Dieser Rhythmus von 33 Tagen soll nun unseren Geist, unseren Intellekt beeinflussen – nicht in dem Sinne, daß etwas von außen auf uns zukommt, sondern diese Bio-Rhythmen gelten als voraus feststellbare Kräftetendenzen im Organismus des Menschen. Sie verlaufen im Auf und Ab einer Sinuskurve folgend, sind also einmal im Hoch wie im Tief.

Sicher ist, daß jeder Mensch Schwankungen in seinem Leistungsvermögen täglich oder über längere Zeiträume beobachten kann; er muß nun sehen, ob er mit Hilfe dieser Rhythmen den männlichen, den weiblichen und den geistigen Substanzen auf die Spur kommen kann.

Die drei biologischen Perioden beginnen alle gleichzeitig mit dem ersten Atemzug der Geburt, sozusagen im Nullpunkt, also in einem Mittelwert. Zunächst steigen alle Kurven an, dann verlaufen sie immer unterschiedlicher, weil ja die Zeitperioden unterschiedlich sind. Im Lauf des Lebens können sie sich mal wieder treffen, aber die Unterschiedlichkeit bleibt stets das Hauptmerkmal.

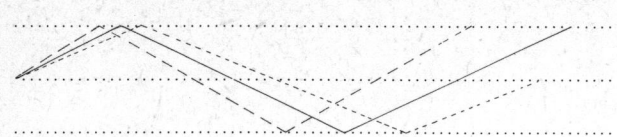

Bio-Rhythmen in schematischer Darstellung

Für die Erstellung dieser Bio-Rhythmen gibt es viele Hilfstabellen und Hilfskurven, wenn man sich nicht die Mühe machen will, diese Kurven selbst, ausgehend von seinem Geburtstag, zu errechnen. Mit einem guten Taschenrechner ist das gar nicht einmal so schwer. Darüber hinaus gibt es bereits sehr preiswerte Taschenrechner, denen diese Rhythmen einprogrammiert sind. Man braucht nur das jeweilige Tagesdatum einzugeben, dann Geburtstag, Monat und Jahr abzuziehen, und schon hat man die Werte für den jeweiligen Tag.

Und was noch wichtiger ist: Man kann auch die Rhythmen für bestimmte Tage vorausberechnen. Das wird sogar dringend empfohlen, weil viele Verfechter der Bio-Rhythmen die Meinung vertreten, so könne man sich auf bestimmte Verhandlungen, Reisetage usw. besser einrichten.

Es gibt Untersuchungen, nach denen am Todestag bei vielen Gestorbenen alle Bio-Rhythmen auf dem Nullpunkt, dem Wechselpunkt oder am Tiefstpunkt gestanden haben sollen – wie weit diese Untersuchungen statistischen Wert haben, ist nicht festzustellen.

Auch sollen Rennfahrer am Tag eines Unfalls etwa schlechte Rhythmen, also schlechte Kräftewellen gehabt haben.

Andererseits liegt seit dem Frühjahr 1978 eine Untersuchung der John Hopkins University School of Medicine in Baltimore/Maryland vor, die feststellen sollte, ob biorhythmische Einflüsse sich auf das Unfallgeschehen auswirken. Anhand von 205 Unfällen wurde dies untersucht. Das Ergebnis: Es konnte kein beweisbarer Zusammenhang zwischen den angeblichen Tagen der Indisposition und der Wahrscheinlichkeit eines Verkehrsunfalls gefunden werden.

Die Wissenschaftler meinten, daß man Bio-Rhythmen nicht zur Vorhersage der Unfallhäufigkeit verwenden sollte, ja dies auch nicht könne.

Nun sagt ja so eine Untersuchung noch nicht allzu viel aus, weder dagegen noch dafür; es sollten hier nur die beiden Hauptstandpunkte fixiert werden. Ob die Bio-Rhythmen für den Einzelnen wirksam und danach auch zu beachten sind, kann von jedem ja sehr leicht nachgeprüft werden.

Hier ist man weniger von einem guten oder schlechten Astrologen abhängig, weniger von zweideutigen Aussagen oder Auslegungen. Insofern wird der Streit um die Bio-Rhythmen nie diese Ausmaße annehmen wie der Streit um die Astrologie.

Die Lehre von den Bio-Rhythmen wird auch als Schwingungslehre bezeichnet, allein mit dem Startbeginn der Bio-Rhythmen gab es Auseinandersetzungen. Warum beginnen die Kurven im positiven Bereich, wurde etwa gefragt. Die Antwort: Ohne einen Plusbeginn kann kein Leben in den Körper kommen, was durch den ersten Atemzug erfolgt; danach ist ja erst die Abnabelung möglich. So geht man also davon aus, daß die erste Hälfte der Rhythmen im positiven, die zweite Hälfte dann im negativen Bereich abläuft. Das heißt, bei den männlichen Rhythmen sind die ersten 11 ½ Tage im positiven Bereich, bei den weiblichen Rhythmen die ersten 14 Tage und bei den intellektuellen Rhythmen die ersten 16 ½ Tage. Der zweite Teil liegt dann jeweils im negativen Bereich, wo also die Spannung nachläßt, die Kraftpotenz abgenommen hat, wo sich der Körper, so kann man auch sagen, wieder in einem bestimmten Rhythmus Kraft holt. Aber wie drückt man nun diese verschiedenen Rhythmusabläufe verständlich aus? Denn kaum jemand wird etwas mit weiblichem oder männlichem Rhythmus in sich anfangen können.

Nun, der männliche Rhythmus soll den Körperzustand beeinflussen. Er soll bestimmend für das körperliche Befinden sein, so also für die Körperenergie, für das Selbstvertrauen in seine Spannungskräfte. Das heißt, befindet sich diese Bio-Rhythmuskurve im Plusbereich, dann ist erhöhter körperlicher Einsatz möglich, dann ist man fit.

Befindet sich diese Bio-Rhythmuskurve im negativen Bereich, dann sind die Einsatzmöglichkeiten vermindert. Oder: 11 ½ Tage ist man fit, dann 11 ½ Tage bei verminderten Kräften, wobei die Übergänge vom Plus- zum Negativbereich immer als besonders krisenanfällig bezeichnet werden. Für Sportler, die sich bei Radrundfahrten etwa über vier Wochen im Leistungsstreß befinden, könnte das entscheidend sein. Man kann nur hoffen, daß diese Sportler beim Start ihren männlichen Rhythmus im positiven Bereich haben und beim Endspurt auch.

Der weibliche Rhythmus nun wird mehr vom Gefühlsbereich her gesehen, vom Seelischen her, von der Gemütsverfassung.

Hier soll abzulesen sein, ob man sich in einer guten Gemütsverfassung befindet, ob man etwa voller Optimismus ist, obwohl man sich vielleicht körperlich nicht so fit fühlt, oder umgekehrt.

Es geht hier ebenfalls darum, wie weit man aufnahmefähig ist, was Gefühlseindrücke oder Kunstgenüsse betrifft. Auch für die Meditation soll dieser weibliche Rhythmus zu beachten sein; hier werden die Übergänge von dem Plus- in den Minusbereich und umgekehrt als besonders kritisch angesehen. Der weibliche Rhythmus wirkt sich also mehr auf der psychischen Ebene aus, im Gegensatz zum männlichen Rhythmus, der mehr die physische Seite betont. Ähnlich ist der dritte, der geistige Lebensrhythmus zu bewerten, der 33-Tage-Rhythmus. Er gibt unsere intellektuellen Kräfte wieder, den Geisteszustand. Hier wird entschieden, ob man einen scharfen Verstand zur Verfügung hat oder eher Entscheidungen meiden soll, wie der Bio-Taschenrechner angibt. In den 16 ½ positiven Tagen – genauer sind es ja nur 14 ½ Tage, weil die Wechseltage zwischen den Bereichen auch hier als sehr kritisch gelten – also in den positiven Tagen kann man entscheidungsfreudig und urteilsfähig handeln, an den kritischen Wechseltagen droht Gefahr bei Entscheidungen, und verläuft die Kurve im negativen Bereich, soll man neue Projekte meiden.

Das heißt in die Praxis übersetzt: Man muß täglich mit einem Rechner in der Tasche rumlaufen, den vorher zu Rate ziehen und nachschauen, wie man geladen ist, positiv oder negativ.

Da meist eine Kurve auch immer im negativen Bereich zu finden ist, sind die Spitzentage oft sehr, sehr rar, oft so rar, daß man sich nie so richtig entscheiden könnte. Eine Gefahr droht immer.

Immerhin, wer so einen Leitfaden benötigt, der hat ihn, und wie gesagt, es gibt viele Anhänger der Bio-Rhythmen, die auf diese Schwingungskräfte im Körper schwören.

Manche, die mit den Bio-Rhythmen arbeiten, gehen sogar noch weiter. Sie teilen diese Kurven in vier Teile: in einen aufsteigenden positiven

Teil, in einen absteigenden positiven Teil, in einen absinkenden negativen Teil und in einen aufsteigenden negativen Teil; so ähnlich, wie man die Jahreszeiten betrachtet, aufsteigend positiv gleich Frühling, absteigend positiv gleich Sommer, absteigend negativ gleich Herbst, aufsteigend negativ gleich Winter.

Man darf diese drei Lebensrhythmen nicht getrennt, oder zu sehr getrennt betrachten, das würde zu Verwirrungen führen.

Entscheidend ist der Zusammenhang, und so arbeiten ja, wie erwähnt, manche Autoren dieser Rhythmen mit einer vierten Kurve, einer sogenannten Lebenslinie, die also den Gesamtlebensrhythmus wiedergibt.

Diese Linie wird als die Erfolgslinie bezeichnet, weil von der Auswertung der drei anderen Linien der Erfolg abhängig ist. Aber das ist noch nicht alles.

Inzwischen geht die Arbeit mit diesen Lebens-Bio-Rhythmen bereits so weit, daß man damit die Rhythmen von Partnern vergleicht.

So erfahren dann etwa Ehepaare an ihrem 25. Hochzeitstag, daß die körperliche Übereinstimmung nur 20 von 100% betragen habe, die geistige Übereinstimmung läge noch tiefer, nämlich nur bei 12%, obwohl beide nicht nur gut verheiratet waren, sondern auch erfolgreich im geistigen Beruf gemeinsam zusammenarbeiteten. Als Trost blieb dann, daß die seelische Einstellung wenigstens zu 50% gegeben war.

Hier muß also wirklich jeder seine eigene Erfahrung machen; manchem wird das Spiel mit den Bio-Rhythmen wie ein Lotteriespiel erscheinen, manche werden zu fanatischen Anhängern.

Es soll noch auf eine wesentliche Unterscheidung hingewiesen werden. Man muß auch hier auf den Gesamtzustand, auf die Gesamtkonstitution achten.

Die Rhythmen eines gesunden, von Natur aus kräftigen Menschen sind sicher anders zu bewerten als die eines schwachen, sehr kranken Menschen. Auch ist das Erbgut nicht unterzubewerten, die Rhythmen sind also nur individuell zu betrachten.

Vielleicht kann ein Arzt, der sich lange mit diesen Schwingungen beschäftigt, da präzisere Ratschläge geben, als man sie oft noch in Büchern findet.

Nur meinen die Autoren, daß sich gerade die gesunden Menschen mit ihren Substanzen und den damit verbundenen Schwingungen beschäftigen sollten, um eben gesund zu bleiben. Man könne vermeiden, sich an negativen Tagen zu übernehmen und Leistungen von sich zu verlangen, für die der Körper keine Grundbereitschaft zeigt. Und manches im Leben läßt sich ja in der Tat aufschieben, oft ist ein Überschlafen sicher gut. Es mag auch sein, daß der Mensch von heute seinen Instinkt für sich selbst weitgehend verlor, da er sich selbst aus dem Rhythmus der Natur gelöst hat. Hier kann der Bio-Rhythmus vielleicht wieder etwas helfen, auf sich, auf seine innere Veranlagung zu hören.

Da liegt das Positive dieser Bio-Rhythmen. Das Negative läge dann darin, daß man sich zu abhängig von diesen Tabellen und Taschenrechnern macht, zum Hypochonder wird und auf die negativen Rhythmen schiebt, wenn man versagte, wenn man vielleicht auch einfach mal gute Rhythmentage vergammelt hat.

Genauso wie sich niemand von der Astrologie abhängig machen sollte, sollte sich niemand zu sehr den Bio-Lebens-Rhythmen verschreiben.

Geben wir hier noch einmal einen Überblick.

Plusbereich im 23-Tage-Rhythmus heißt:
Aktivierte Körperkräfte, gute Kraftabgabe. Einsatzbereitschaft. Beste körperliche Reflexe. Leistungsstärke. Fitsein. Gesundheitlich auf der Höhe, geringste Ansteckungsgefahr. Gute innerliche körperliche Spannung.

Minusbereich im 23-Tage-Rhythmus heißt:
Passivere Körperkräfte. Geringe Kraftabgabe. Verminderte Einsatzbereitschaft. Nicht sehr gute körperliche Reflexe. Leistungsschwäche, Unwohlsein. Gesundheitlich anfällig. Ansteckungsgefahr. Schlechte innere körperliche Spannung.

Plusbereich im 28-Tage-Rhythmus heißt:
Bestes Lebensgefühl. Optimismus. Gute Gemütslage. Frohsinn, Eigenhumor. Glauben an sich. Innere Ausstrahlung und Anziehung auf andere. Schöpferische Kräfte können aus dem Unbewußten motiviert werden. Zärtlichkeitssehnsucht.

Minusbereich im 28-Tage-Rhythmus heißt:
Ungutes Lebensgefühl. Pessimismus. Schlechte Gemütslage. Trübsinn. Nicht lachen können. Man kann sich selbst nicht leiden. Geringe Eigen-Ausstrahlung, man möchte sich verkriechen. Unproduktiv. Gammelgefühl. Zärtlichkeit wird als Last empfunden. Inneres Ausgepumptsein.

Plusbereich im 33-Tage-Rhythmus heißt:
Klarer Verstand, schnelle Auffassungsgabe. Geistiger Spürsinn, Kombinationsgabe. Verhandlungsgeschick. Beste Wortwahl. Schnelle Logik. Redegewandtheit. Konzentrationsfähigkeit. Fixes Reagieren. Übersicht. Geistesblitze.

Minusbereich im 33-Tage-Rhythmus heißt:
Langsames Denken. Träge Geisteshaltung. Verlorengegangene klare Übersicht. Wortsucherei, Dinge aufschieben, man sucht nach guten Lösungen. Geistig sich im Kreis drehen. Unkonzentriertheit. Vergeßlichkeit. Hilflosigkeit bei Wortwechseln. Brett vor dem Kopf.

Diese Plus- und Minusbereiche muß man nun für sich kombinieren, um dann auf die Erfolgslage, auf die Lebenslinie des jeweiligen Tages zu kommen, denn manchmal – so an den Wechseltagen von Plus auf Minus und umgekehrt – wechselt das ja wirklich über Nacht.
Es können sogar alle drei Lebensrhythmen von einem Tag zum anderen vom negativen Bereich in den positiven Bereich springen.
Das ist dann wie ein neues Erwachen, man fühlt sich wie neugeboren. Daß dies vorkommt, hat wohl schon jeder an sich erfahren.
Die Bio-Rhythmen dürften noch recht lange umstritten sein. Ob sie allerdings je so ein altes Erfahrungsgut wie die Astrologie werden, darf man bezweifeln. Nur ist der Tag nicht fern, da man diese Rhythmen naturwissenschaftlich erklären können wird, und damit dürfte dann – so oder so – ein Urteil fallen, das bei der Astrologie nicht zu erwarten ist.

Die chinesische Astrologie

Unsere Astrologie stammt überwiegend aus dem weiteren Mittelmeerraum.
Andere Kulturen an anderen Enden der Welt mußten also, wenn sie sich mit der Sternenlogik befaßten, zu anderen und doch ähnlichen Ergebnissen kommen. Zu anderen Ergebnissen, weil sich natürlich, bedingt durch die Wanderung der Sonne in einem Jahr, die Naturerscheinungen überall anders zeigen; hier ist entscheidend, ob man südlicher oder nördlicher wohnt, auf der südlichen oder nördlichen Halbkugel unserer Erde. Und dann sind natürlich die grundklimatischen Voraussetzungen jeweils anders.

Die Kulturen entwickelten sich überall verschieden, was natürlich auf die Himmelskunde Einfluß nehmen mußte, da ja die Götter von den Menschen an den Himmel projiziert wurden.
Und Gottbilder in aller Welt zeigen, wie sehr die Götter im Grunde jeweils den Menscnen gleichen, die sie anbeten. Ähnlich müssen die Ergebnisse sein, weil ja die Planeten für den ganzen Erdball dieselben sind.
Bei uns ist nun in letzter Zeit die chinesische Horoskopie populär geworden. Es mag umstritten sein, ob man andere Kulturerfahrungen einfach auf unsere Grundlagen übertragen kann.
Doch läßt man dies einmal dahingestellt, muß man feststellen, daß die chinesische Astrologie ungefähr gleich alt ist wie die des Mittelmeerraums. Die Astrologie bemächtigte sich des chinesischen Geisteslebens wahrscheinlich auf dem Weg über Indien. Und in ganz Asien, in Indien wie in China, hat die Astrologie zu allen Zeiten hohes Ansehen genossen, gilt als Kunst und uralte Wissenschaft und wird als zuständig angesehen für den Staat, für jedes andere Gemeinwesen, für den Einzelnen und seine Familie.

Noch heute ist für den *Inder* das »Janmapatra«, sein Horoskop, oft das wichtigste Dokument seines Lebens. Eine Eheschließung in Indien ist ohne den Astrologen kaum möglich oder wahrscheinlich. Besonders wird zumindest bei einem Hindu das Horoskop befragt, und bei der Geburt eines Kindes auch gleich gestellt. Das Horoskop wird befragt beim Antritt einer Reise, bei Geschäftsverhandlungen, bei religiösen Handlungen und allen wichtigen Unternehmungen. Der klassische Astrologe der Inder war Varaha Mihira, der um 500 nach Christus gelebt hat und wie der Ägypter Ptolemäus auch Astronom war.
Das Besondere an der Hindu-Astrologie besteht darin, daß hier zwei Systeme miteinander ver-

bunden werden. Wir kennen in der Astrologie der westlichen Welt, also der des Mittelmeerraums, den Sonnenweg eingeteilt in zwölf Tierkreiszeichen des Meßabschnitts.

Die Hindu-Astrologie kennt darüber hinaus zusätzlich noch den »Monden-Weg.«

Der Mond braucht rund 27 Tage, um von einem Fixstern zum anderen zu kommen, und da der Mond am Tag im Durchschnitt 13 Grad und 20 Bogenminuten zurücklegt, teilte man die Zahl des Kreises durch 27 und bekam so 27 Abschnitte zu 13 Grad und 20 Bogenminuten, die man in der Hindu-Astrologie als Mondstationen bezeichnete und bezeichnet.

Den Anfang dieser Mondstationen orientierte man auch am Frühlingspunkt der Sonne, also ähnlich wie in der Mittelmeer-Astrologie. Ferner rechneten die Inder immer mit neun Planeten, denn sie zählten die Mondknoten – also den aufwie den absteigenden Mondknoten – dazu. Die Planeten – wir sagen heute »Gestirne« – sind also Sonne, Mond, Saturn, Jupiter, Mars, Venus, Merkur und »Rahu« und »Ketu«, so hießen die Mondknoten. Jeder dieser neun Planeten beherrschte Menschen, Tiere, Pflanzen, Länder. Der Tierkreis wurde auch in zwölf Himmelshäuser eingeteilt, ähnlich wie bei den alten Ägyptern; von der Bedeutung dieser Himmelshäuser zu unseren irdischen Häusern des inneren Horoskops führt ein direkter Weg.

Denn im ersten Himmelshaus wird über das Leben allgemein Auskunft gegeben, im zweiten über den Besitz, im dritten über Verwandte, im vierten über Freunde, im fünften über Kinder, im sechsten über Feinde, im siebten über den Ehegatten, im achten über den Tod, im neunten über religiöse Verhältnisse, im zehnten über die durch das Karma bestimmten Leistungen, im elften über Wohltaten und im zwölften über Verluste und Unglücksfälle.

Wichtig für die Inder ist noch die Zahl 40. Drei Mondstationen ergeben 40 Grad. Und die Zahl 40 war im Altertum sehr bedeutsam. 40 Tage regnete es bei der Sintflut, 40 Tage dauerte die Trauer um Jakob, 40 Tage blieben die Israeliter in der Wüste, 40 Tage weilte Moses auf dem Berg Sinai, 40 Tage sind es von Ostern bis Himmelfahrt, und eine Schwangerschaft dauert siebenmal 40 Tage, um hier nur einige wichtige alte Symbolzahlen zu nennen.

Die indische Astrologie kennt auch die Teilung von 12 Abschnitten der Zodiakzeichen zu je 30 Grad, beachtet sehr die Dekaden zu je 10 Grad und rechnet auch mit der Hora = Stunde zu 15 Grad. Wie wir wissen, wandert die Himmelsmitte in einer Stunde um 15 Längengrade weiter. Wie sehr die Inder von der Astrologie angetan waren, zeigen folgende Zitate:

»Ein Fürst ohne einen Astrologen ist wie die Nacht ohne Licht oder wie der Himmel ohne Sonne: wie ein Blinder irrt er umher. Der Staatsastrologe ist das Auge des Landes.« Oder: »Ein einziger Astrologe, der den rechten Zeitpunkt angeben kann, vermag einem Fürsten größere Dienste zu leisten als tausend Elefanten und vierhundert Rosse.«

In *China* traf die Astrologie auf den religiösen Glauben. Und zwar hieß der Glaube: Der Himmel ist die oberste Gottheit, und in der Ordnung der Welt ist auch das menschliche Dasein eingeschlossen. Auch in China war die Astrologie einst Staatsangelegenheit und wurde von den Kaisern gefördert. Die zwölf Bildertierkreise sind allerdings stets anders als unsere gewesen, nämlich Ratte, Stier oder Büffel, Tiger, Hase, Drache, Schlange, Pferd, Schaf oder Ziege, Affe, Hahn, Hund und Schwein.

Welches Bild in China dem unsrigen entspricht, darüber herrscht Unklarheit, manche Autoren sagen, die Ratte entspräche dem Wassermann, manche meinen, die Ratte entspräche dem Widderbild.

Besonders wichtig war in China darüberhinaus noch die Himmelsrichtung. Man kennt acht Himmelsrichtungen, aus denen auch die Winde kommen.

Altäre, Wege und Treppen mußten in heiligen Stätten genau den Himmelsrichtungen entsprechen, auch die kaiserlichen Schlösser und – wie in Peking – die Straßen wurden danach angelegt. Die Grundüberlegung war, der Mensch müsse sich so dem Himmel anpassen, daß die günstigsten Einflüsse der Weltordnung, des Tao, möglichst wirksam sind.

Und das galt für die Lebenden wie für die Toten; so wurden also auch die Toten genau nach Himmelsrichtungen begraben.

Vom Reich der Mitte strahlte die Astrologie nach überall in Asien aus, und selbst die Mongolen, die Europa bedrohten, führten Astrologen mit sich. Der genannte Begriff des Tao ist übrigens sehr verwandt mit unserem Begriff des Kosmos, obwohl Tao mehr beinhaltet; Tao umfaßt das Biologische, das Kosmische und das Persönliche, also das absolute Sein.

Man sagt, die chinesische Astrologie wäre zirka 5000 Jahre alt, wobei der wesentliche Unterschied darin besteht, daß der Ablauf nach Mondjahren gemessen wird. Ein Mondjahr umfaßt 12 Abschnitte zu 30 Tagen, und jedes zwölfte Jahr hat 13 Monate. Daran sieht man, wie sich die Mondrechnungen bereits unserer Sonnenrechnung angepaßt haben, und auch heute geben die chinesischen Horoskopkalender schon unterschiedliche Daten für den Beginn eines Mondjahres an, zumindest bei den Japanern, die sich unserer Zeitrechnung angeglichen haben.

Der asiatische Neujahrstag, der gefeiert wird, fällt nicht mit dem unsrigen zusammen. Er richtet sich nach den Mondphasen, den Schaltmonaten, den Jahreszeiten; das neue Jahr beginnt so im Januar oder Februar, also nie an einem festen, stets gleichen Tag.

Man sagt, was man an diesem Tag erlebt, das gelte für das ganze Jahr; so wird an diesem Tag besonders auf alles achtgegeben.

Aber die Chinesen unterteilen auch den Tag in zwölf Doppelstunden, die sie den Tierbildern unterstellen.

So gibt es Stunden, an denen die Ratte herrscht, das Pferd usw. Und es ist wichtig, unter welcher Stunde man geboren ist. Das sieht ungefähr so aus:

Die Ratte herrscht von	23 Uhr bis	00.59
Der Büffel	von	01 Uhr bis 02.59
Der Tiger	von	03 Uhr bis 04.59
Der Hase	von	05 Uhr bis 06.59
Der Drache	von	07 Uhr bis 08.59
Die Schlange	von	09 Uhr bis 10.59
Das Pferd	von	11 Uhr bis 12.59
Die Ziege	von	13 Uhr bis 14.59
Der Affe	von	15 Uhr bis 16.59
Der Hahn	von	17 Uhr bis 18.59
Der Hund	von	19 Uhr bis 20.59
Das Schwein	von	21 Uhr bis 22.59

Wer will, kann sich so seinen chinesischen Aszendent ausrechnen; man sieht daran, wie vieles, was da heute zu uns aus China kommt, mehr einem Gesellschaftsspiel gleicht, als ernsthafter Beschäftigung mit der Astrologie! Denn die chinesische Horoskopie arbeitet eigentlich viel ernsthafter, als manche Bücher uns das mitteilen. Die Astrologen haben dicke Bände in ihrer Bibliothek, aus denen sie mehr ersehen, als es uns Schlußfolgerungen aus dem Mondenjahr vermuten lassen.

Viele Autoren meinen: Warum sollen wir nicht ein Jahr als Grundlage eines Charakterbildes nehmen? Darauf kann man nur antworten: Weil sich ein Jahr sehr unterschiedlich zeigt, weil es eben auch entscheidende Jahreszeiten kennt. So stellen sich die Autoren zum Teil auch auf dieses Argument um und meinen, daß man eine Sommerratte anders beurteilen müsse als eine Winterratte, denn im Sommer fände die Ratte viel mehr Nahrung als im Winter. Das gelte dann für alle Tiere.

Dieses Gegenargument jedoch zeigt, wie sehr sich die Astrologie vom Archetypischen gelöst hat und ins Vordergründige ausgewichen ist, so als wären diese Tiere an sich die Götter. Die Legende berichtet, daß Buddha eines Tages alle Tiere der Schöpfung zu sich bat und ihnen eine Belohnung in Aussicht stellte, wenn sie seiner Bitte nachkommen würden.

Nur zwölf Tiere folgten seiner Einladung, am schnellsten kam die Ratte, dann der Büffel, der Tiger, der Hase, der Drache, die Schlange, das Pferd, die Ziege, der Affe, der Hahn, der Hund und schließlich das Schwein.

Die Belohnung bestand darin, daß Buddha ihnen jedes zwölfte Jahr schenkte, das heißt, diese zwölf Tiere waren nun die Regenten der Zeit und des Schicksalablaufs; denn nicht nur das Jahr gehörte ihnen, sondern alles, was in diesem Jahr passierte, sollte unter ihrem Einfluß stehen. Damit prägten diese zwölf Tiere jedem Jahr ihren eigenen Stempel auf, der sich auch auf die Geborenen dieses Jahres bezog. So wurden unter dem Jahr der Ratte die Neugeborenen mit Ratteneigenschaften versehen, die unter dem Büffel Geborenen mit Büffeleigenschaften usw. Hier ist nur davor zu warnen, die Tiere so zu sehen, wie wir es im westlichen Abendland gewohnt sind, wo wir die Ratten fürchten, uns vor ihnen ekeln und sie vernichten wollen.

Die Chinesen sehen hier eine tiefere Symbolik; sie erkannten die Kraft der Ratten an sich, ihre Widerstandsfähigkeit, ihren Überlebenswillen, ihr Lebensgespür, das sich noch in dem Sprichwort von den »Ratten, die rechtzeitig das sinkende Schiff verlassen« niederschlägt.

Im Lauf der Geschichte haben sicher auch einige Tiernamen gewechselt, so verwenden heute noch Autoren für das vierte Tier völlig verschiedene Arten. Bei einigen folgt auf den Tiger die Katze, bei anderen der Hase.

Sicher ist Hase richtiger, denn Tiger und Katze sind ja in sich gleich, auch ein Tiger ist eine Katze. Diese Tiereinteilung ist sehr typisch durchdacht, da sich die Grundart der Tierfolge immer sehr wechselnd verhält.

So folgt auf das Angriffstier Ratte der geduldige Büffel, auf den geduldigen Büffel das Raubtier Tiger, auf das Raubtier Tiger der furchtsame Hase, auf den furchtsamen Hasen der fürchterliche Drache, auf den fürchterlichen Drachen – der übrigens als königliches Wappentier gilt, aber auch abschrecken sollte – die kluge Schlange. Auf die kluge Schlange folgt das wilde Pferd – nicht mit unserem Haustier zu verwechseln –, auf das wilde Pferd die brave Ziege. Der braven Ziege folgt der bewegliche, tanzende Affe, danach regiert der stolze Hahn. Nach dem stolzen Hahn herrscht der unzufriedene Hund, nach diesem unzufriedenen Hund schließt das gutmütige Schwein den Reigen ab, der nun wieder mit der angriffsfreudigen Ratte neu beginnt. Man sieht hier also auch einen interessanten Wechsel von lebhaften und – wenn man so will – sanften Tieren. Dies drückt schon recht deutlich die verschiedenen Pole aus, die man im Wechsel der Zeit immer wieder erlebt.

Wenn wir jetzt jedes Mondjahrtierbild vorstellen, mag jeder für sich sehen, ob etwas von diesen Sinnbeschreibungen auf seinen Charak-

ter zutrifft; man wird weiter sehen, ob sich die verschiedenen Jahre der Tiere für einen positiv oder negativ auswirken, denn der Übersicht ist ja leicht zu entnehmen, in welchem Jahr man sich befindet, zumindest bis zum Jahr 1995.
Es ist auch ganz interessant, das eigene Geburtsjahrtier mit dem Tier der Geburtsstunde zu verbinden.
Wer also im Juli 1924 geboren ist, untersteht vom Jahr her gesehen der Ratte; ist er morgens gegen 8 Uhr geboren, untersteht seine Geburtsstunde dem Drachen, wie die vorherige Aufstellung zeigt. Der Geborene ist also ein Gemisch aus Ratte und Drache.
Oder wer im Juni 1927 geboren ist, untersteht dem Jahresherrscher Hase; ist er kurz vor Mittag geboren, dann untersteht seine Stunde dem Pferd. Hier kann man also von einem Gemisch Hase/Pferd sprechen; dieser Mensch muß also die nachstehenden Eigenschaften mischen. Vielleicht kann mancher hier interessante Aufschlüsse für sich finden.

Manche astrologischen Autoren heben noch das Jahr des Feuerpferdes heraus, hier wird das Pferd als Jahresregent besonders beachtet. Es sind die Jahre 1906 – 1966 – 2026. Das Feuerpferd gilt als königlich, aber auch als besonders eigenwillig und am wenigsten anpaßbar. Wer 1906 oder 1966 geboren ist, mag dies auf sich beziehen. Hier sind dann die positiven wie die negativen Eigenschaften besonders potenziert.
Und grundsätzlich noch eines: Die Chinesen sind der Ansicht, daß jedes Tier seine guten wie seine bösen Seiten hat. Was man jedoch daraus macht, das liegt bei einem selbst. Hier ist also die Grundauffassung gleich wie bei der westlichen Astrologie, die ja – zumindest was die moderne psychologische Astrologie betrifft – die Konstellationen als Wegweiser betrachtet, die Hinweise für den Lebensweg aufzeigen. Ob man diese Wegweiser und Hinweise benutzt, liegt im Ermessen jedes Einzelnen.

Grobzeittafel

(Nur nach Jahren, ohne genauen Beginn)

Ratte:	1888 – 1900 – 1912 – 1924 – 1936
	1948 – 1960 – 1972 – 1984 – 1996
Büffel:	1889 – 1901 – 1913 – 1925 – 1937
	1949 – 1961 – 1973 – 1985 – 1997
Tiger:	1890 – 1902 – 1914 – 1926 – 1938
	1950 – 1962 – 1974 – 1986 – 1998
Hase:	1891 – 1903 – 1915 – 1927 – 1939
	1951 – 1963 – 1975 – 1987 – 1999
Drache:	1892 – 1904 – 1916 – 1928 – 1940
	1952 – 1964 – 1976 – 1988 – 2000
Schlange:	1893 – 1905 – 1917 – 1929 – 1941
	1953 – 1965 – 1977 – 1989 – 2001
Pferd:	1894 – 1906 – 1918 – 1930 – 1942
	1954 – 1966 – 1978 – 1990 – 2002
Ziege:	1895 – 1907 – 1919 – 1931 – 1943
	1955 – 1967 – 1979 – 1991 – 2003
Affe:	1896 – 1908 – 1920 – 1932 – 1944
	1956 – 1968 – 1980 – 1992 – 2004
Hahn:	1897 – 1909 – 1921 – 1933 – 1945
	1957 – 1969 – 1981 – 1993 – 2005
Hund:	1898 – 1910 – 1922 – 1934 – 1946
	1958 – 1970 – 1982 – 1994 – 2006
Schwein:	1899 – 1911 – 1923 – 1935 – 1947
	1959 – 1971 – 1983 – 1995 – 2007

Die Ratte als Regent

12. 2. 1888 – 30. 1. 1889
31. 1. 1900 – 18. 2. 1901
18. 2. 1912 – 06. 2. 1913
05. 2. 1924 – 24. 1. 1925
24. 1. 1936 – 11. 2. 1937
10. 2. 1948 – 29. 1. 1949
28. 1. 1960 – 15. 2. 1961
19. 2. 1972 – 02. 2. 1973

Die unter dem Bild der Ratte Geborenen sollen klug, charmant und angriffslustig sein. Man sagt, sie hätten einen besonderen Überlebensinstinkt. Und sie können sich gut auf die Umwelt einstellen, ohne ihr Ziel aus den Augen zu verlieren. Sie haben viele Bekannte, weniger Freunde, die sich ihnen offenbaren. Von ihrem eigenen Innern verraten sie jedoch nicht viel. Ihr Lebenserfolg wird ihnen nicht leicht gemacht, aber sie kommen voran, denn sie wollen vorankommen, es zu etwas bringen. Sie sind die eigentlich Unscheinbaren, deren Ehrgeiz es ist, der Welt zu beweisen, daß es nicht gut ist, wenn man über sie lacht.

Diese Charaktere sind sehr einfallsreich, haben eine starke schöpferische Begabung und meistern so oft ungewöhnlich den grauen Alltag. Mit einer listigen Schlauheit nutzen sie die Schwächen der anderen aus und haben die Gabe, sehr geschickt andere für sich arbeiten zu lassen. Man sagt, Ratten-Charaktere nutzen andere aus, das ist so kraß sicher nicht richtig, denn sie lassen fast jeden von ihrem Gewinn profitieren, weil sie klug genug sind, den anderen nicht zum Bankrott zu treiben. Sie führen gern, wenn auch von einer scheinbar unwichtigen Position aus, vom Straßenbahnschaffner bis zum Staatssekretär.

Was sie gewinnen, setzen sie leichtfertig wieder aufs Spiel, denn die Überzeugung, stets zu gewinnen, ist bei ihnen tief verwurzelt; so lassen sie die anderen um sich herum gut mitleben.

Wenn so ein Charakter sich bindet und diese Bindung auf Liebe beruht, dann gehört der andere zu einem selbst. Dann wird für ihn gesorgt und alles für ihn geopfert; alleinsein mag so ein Charakter nicht, im Alleinsein wird sofort Verlorenheit vermutet. Hier ist man sehr sentimental. An persönlichen Enttäuschungen wird das Leben leider viel zu bieten haben, was zur Folge hat, daß diese Charaktere recht mißtrauisch sind. Man kann dann das Bild gebrauchen: Die Ratte zieht sich in ihr Kellerloch zurück. Sie liebt das Dunkle, wo sie sich sicherer als die anderen bewegt.

Im Dunklen regeneriert sich dieser Charakter auch, der den Mut hat, mal von der Bildfläche zu verschwinden, wenn er es für nötig hält. Willst du was gelten, mache dich selten – nur fort ist man nie ganz, und immer zum richtigen Zeitpunkt wieder zur Stelle. Diese Charaktere wittern immer Unglück und haben dabei leider recht. Aber sie wittern auch die wenigen Glücksmomente, die wenigen Siegeschancen, die ergreifen sie, um dann den Lohn wieder aufs Spiel zu setzen, denn sehr weitsichtig sind sie nicht.

Der Büffel als Regent

31. 1. 1889 – 20. 1. 1890
19. 2. 1901 – 26. 1. 1902
07. 2. 1913 – 25. 1. 1914
25. 1. 1925 – 12. 2. 1926
12. 2. 1937 – 31. 1. 1938
30. 1. 1949 – 17. 2. 1950
16. 2. 1961 – 04. 2. 1962
03. 2. 1973 – 23. 1. 1974

Die unter dem Bild des Büffels Geborenen sollen arbeitsam, geduldig und bescheiden sein. Sie sind beständig, stur, dem Land und der Natur verbunden, und haben etwas von einer ererbten Bauernschläue an sich. Man darf diese Charaktere ja nicht unterschätzen, wenn sie auch oft einfältig wirken; aber ihre Intelligenz ist höher, als man vermutet, wenn sie auch nicht blendet. Sie sind in sich originell. Sie vertrauen ihrer angeborenen Kraft, lassen sich Zeit, wenn sie starten und gehen direkt ohne Umwege auf ihr Ziel los. Und wenn es Widerstände gibt, dann werden die mit bedächtig angewandter Kraft eben beiseitegeräumt, nur wehe dem, der weiter Widerstand entgegensetzt! Aber wann kommt das schon vor – vor diesen kraftvollen Leuten weicht man zurück.

Wenn diese Charakter einmal etwas – und das liegt meist bereits in der Kindheit – für richtig erkannt haben, dann bleiben sie dieser Erkenntnis bis ins hohe Alter treu.

So gehen sie recht unbeschadet durchs Leben, was Mode angeht, was Reformen, was Veränderungen betrifft. Hier prallt alles ab, was nicht als erdverbunden erkannt wird. Der Aufstieg ist steil, hört eigentlich nie auf, so daß diese Charaktere wirklich die Ochsentour des Lebens mit Erfolg durchlaufen. Wenn möglich, erstreben sie den Aufstieg mit sanfter Gewalt, wohl wissend, daß einem nichts geschenkt wird; sie sind auch bereit zu arbeiten, aber nicht, sich in der Arbeit aufzureiben. Ruhepausen müssen also her, in denen genossen und geschwelgt wird.

Werden sie Chefs, dann haben es die Untergebenen leicht, wenn sie sich widerspruchslos ihren Anweisungen fügen. Denn diese Charaktere befehlen aus Erfahrung – ihre Anweisungen sind begründet; wer sich dagegen auflehnt, ist auf verlorenem Posten. Einmal wollen diese Büffel-Charaktere nicht, daß man sich ihnen widersetzt, zum anderen sind ihre Anordnungen vernünftig und gut.

Was sie erreicht haben, was ihr Eigentum geworden ist, verteidigen sie; sie können zwar hin und wieder großzügig sein, setzen aber nie alles aufs Spiel. Für den Notgroschen ist stets gesorgt; so kann man sich ihnen recht gut anvertrauen. Treue ist kein leeres Wort, wie überhaupt ihre Anschauungen recht konservativ sind; das Neue hat es schwer, es muß sich erst bewähren. Man kann mit diesen Charakteren gut zusammenleben, wenn man sie nimmt, wie sie sind, und sich selbst anpaßt. Es hat auch keinen Zweck, sich mit ihnen anzulegen, ihre Kraft ist groß. Und wer diese Charaktere geschickt führen kann, hat die besten Hilfskräfte.

Der Tiger als Regent

21. 1. 1890 – 08. 2. 1891
27. 1. 1902 – 29. 1. 1903
26. 1. 1914 – 14. 2. 1915
13. 2. 1926 – 01. 2. 1927
01. 2. 1938 – 18. 2. 1939
18. 2. 1950 – 06. 2. 1951
05. 2. 1962 – 25. 1. 1963
24. 1. 1974 – 10. 2. 1975

Die unter dem Bild des Tigers Geborenen sollen selbständig, selbstsicher, ungezähmt, verwegen und voller Feuer sein. Sie bitten nicht, sie fordern, sie kämpfen, wenn es sein muß. Diese Charaktere wollen heute erreichen, was morgen gefragt ist, sie stürmen nach vorn, fast etwas blindwütig; so laufen sie immer in Fallen, sind von der Seite, sind von hinten anzugreifen und verwundbar. Aber meist nur verwundbar, denn sie sind stets auf dem Sprung und können sich auch der rückwärtigen Feinde erwehren. Erwischen sie einen Gegner, der sich nicht im offenen Kampf stellt, schlagen sie unbarmherzig zu, bis er sich nicht mehr rührt.

Feinde, die ihnen offen begegnen, verschonen sie nach dem Sieg, da sind sie großmütig. Diese Charaktere legen Wert darauf, als Sieger gefeiert und anerkannt zu sein. Sie wollen glänzen, stellen ihr Licht nicht unter den Scheffel; so geraten sie in Gefahr, im eigenen übermütigen Siegesfeuer zu verbrennen.

Sie wirken auf die anderen sehr anziehend; wer vor ihnen keine Furcht hat, fühlt sich zu diesen feurigen Charakteren hingezogen, und dann stört auch das etwas herrische Gehabe nicht. Mutig sind sie, aber nicht vorsichtig genug; das Vertrauen auf die eigene sprunghafte Kraft wird oft überschätzt. So wagen sie sich an Langläufe, obwohl sie nur auf der Kurzstrecke Bestes leisten. Sie lieben das Tempo, und wenn sie es auf die Dauer aus eigener Kraft nicht durchhalten, benutzen sie Motoren oder andere technische Hilfsmittel. Von allem, was das Gegenwärtige überwindet, sind sie fasziniert! So kommen sie nie zur Ruhe, kommen nie zum Ziel, weil immer ein neues anvisiert wird. Sie lieben die großen Auftritte, wehe, sie werden nicht sofort in einer Gesellschaft als Mittelpunkt behandelt, wehe, jemand anders ist besser, ist auffälliger gekleidet – die Party ist hin und schlägt in ein Turnier um. Wo Tiger auftauchen, da ist was los, da lauert aber auch Gefahr, denn natürlich machen sich diese Charaktere Feinde, weil sie rücksichtslos sind. Sie nehmen ihrer besten Freundin den Freund, ihrem besten Freund die Ehefrau weg. Sie empfinden das als selbstverständlich, Papiergesetze verachten sie. Für Gerechtigkeit stehen sie ein, merken aber nicht, daß sie im Grunde Richter sein wollen. Ihr ganzes Wesen ist imponierend, aber sie bringen keine Ruhe in die Welt und keinen Frieden, doch Aufbruch und Bewegung. So kommt es auch in ihrem Leben immer anders, als sie es sich ausgemalt haben. Das Risiko ist ihr Abenteuer, daran können sie zugrunde gehen, es sei denn, sie finden einen Partner, der sie unmerklich zur Vernunft bringt.

Der Hase als Regent

09. 2. 1891 — 29. 1. 1892
30. 1. 1903 — 16. 2. 1904
15. 2. 1915 — 03. 2. 1916
02. 2. 1927 — 22. 1. 1928
19. 2. 1939 — 07. 2. 1940
07. 2. 1951 — 26. 1. 1952
26. 1. 1963 — 13. 2. 1964
11. 2. 1975 — 30. 1. 1976

Die unter dem Bild des Hasen Geborenen sind klug und weise, kann man sagen, zumindest ist bei ihnen immer guter Rat zu holen. Ihr Ehrgeiz ist ausgeprägt, aber nicht zügellos; sie wissen, daß nicht alles im Leben wünschbar, nicht einmal machbar ist. Trotzdem sind sie eigentlich recht optimistisch, beliebt und fast überall gern gesehen. Manchmal gehen sie anderen Menschen auf die Nerven, weil sie zu gern zu viel und zu lange Geschichten erzählen. Sie lieben die Gesellschaft und meinen, dort müßten sie sich offen und aufgeschlossen zeigen, was dann zu einer gewissen Oberflächlichkeit verführt.

Als Gastgeber sind die Charaktere unbezahlbar; da können sie sich auch hintanstellen, wenn man nur bewundert, was sie bieten – und sie bieten viel. Sie sind gutmütig, was wohl auf einer gewissen Ängstlichkeit beruht, daß man allein ja doch letztlich gefährdet ist, daß man sich schutzlos verfolgt fühlen muß. Aber vor den Gefahren des Lebens laufen sie nicht weg, und wenn es so aussieht, dann wollen sie sich nur auf eine sichere Position zurückziehen; sie sind die typischen Rückzugskämpfer, die dem Gegner gern eine Art Gummiwand aufbauen, gegen die er vergeblich anläuft und so ermüdet. Sie sind ferner sehr feinnervig, daher immer angespannt, um sich zu wehren. Ängstlich darf man sie nicht nennen, dazu sind sie zu klug.

Und diese Charaktere können nutzen, was anderen oft verwehrt ist, nämlich die realen Dinge des Lebens. Sie haben die Fähigkeit, gute Geschäfte abzuschließen, sie sind die kleinen Wirtschaftswunder, die immer etwas zum Leben haben werden. Das macht sie sicher; während bullige Typen sich vor Kraft kaum bücken können, um ein Brot aufzuheben, haben die Hasen dieses Brot längst aufgegessen.

Denn flink sind sie auch, und sie haben dazu Geschmack. Man sieht sie gern, nicht nur, weil sie freundlich sind, sondern auch, weil immer ein eleganter Lichteffekt ihr Erscheinen begleitet; sie kleiden sich modisch, mit den frischen Farben der Natur. Ihr Zärtlichkeitsbedürfnis ist auch sehr groß, sie kuscheln sich gern in ein Nest, sie wollen sich geborgen fühlen. Ein wenig blitzt immer der Schalk aus ihren Augen, obwohl sie oft die Flöhe husten hören, aber um etwas zu erreichen, können sie sich gut verstellen; dann setzen sie neben dem Lachen bedenkenlos ein paar Tränen ein. Wenn sie aber wirklich weinen müssen, scheint es den anderen, als bräche ihnen das Herz. Angst braucht man um diese Charaktere nicht zu haben; wird es sehr brenzlich, hilft ihnen ein Kobold, der in jedem von ihnen steckt. Und böse kann man ihnen kaum sein, auch wenn sie einem manchmal auf die Nerven gehen.

Der Drache als Regent

30. 1. 1892 – 16. 2. 1893
17. 2. 1904 – 04. 2. 1905
04. 2. 1916 – 23. 1. 1917
23. 1. 1928 – 10. 2. 1929
08. 2. 1940 – 26. 1. 1941
27. 1. 1952 – 14. 2. 1953
14. 2. 1964 – 02. 2. 1965
31. 1. 1976 – 17. 2. 1977

Die unter dem Bild des Drachen Geborenen sind voller Lebenskraft und Tatendrang, und doch scheinen sie nie mit den Füßen auf der Erde zu stehen. Sie wollen himmelwärts und möchten fliegen. So übersehen sie die Kleinigkeiten, die Stolpersteine, und wenn sie darüber fallen, sind sie ziemlich hilflos. Doch so schnell fallen sie nicht, denn diese Charaktere wissen sogar, daß einem der Flug in den Olymp nicht geschenkt wird.

Kleine Arbeiten wollen sie selbst nicht ausführen, dafür engagieren sie Leute, die sie antreiben, aber sie heimsen den Lohn ein. Der Drache wird Erfolg im Leben haben, den er braucht, um sein aufwendiges Leben zu finanzieren, denn verstecken kann er sich nicht; er will genießen, über Schätze herrschen und imponieren. Dieses Imponiergehabe stört die Mitmenschen meist nicht, weil es mit viel Liebenswürdigkeit verbunden ist. Auch ist die Intelligenz gut entwickelt; so werden Angriffe geistreich und auch etwas von oben herab pariert.

Diese Charaktere haben eine sehr kurze Schrecksekunde, so daß sie auf Angriffe mit einem Tempo reagieren, daß man meint, sie selbst griffen an. Man kann sie nicht abseits drängen; wenn es ein Pult gibt, an dem eine Rede zu halten ist, sind sie dran, wenn irgendwo etwas über die Grenzen hinaus zu berichten ist, übernehmen sie das. Sie sind die Verkünder von dem, was die anderen erhoffen.

Ihre Feinde finden diese Charaktere bei den Konservativen, die alles bewahren wollen, die kleinmütig sind; diese Leute versuchen dann mit vielen Nadelstichen, die Drachen zu Fall zu bringen. Angriffe aus dem Hinterhalt zehren oft an der Kraft; so werden diese Charaktere unwirsch, schlagen aus Wut, nicht weiterzukommen, um sich und treffen dabei auch Unschuldige. Das ist ihre Tragik. Sie können eigentlich selten einen klaren Kopf bewahren und sehen die Welt zu sehr aus ihrem Blickwinkel. Sie sind eben gewöhnt, zu siegen, wenn dies nicht auf Anhieb gelingt, dann fühlen sie sich tief getroffen, auch in der Liebe. Mit Eroberungsschritten gehen sie auf den anderen zu, und wenn der sich nicht sofort in die Arme schließen läßt, ist die Liebe hin.

So kommt es auch, daß diese Charaktere, was die Partnersuche betrifft, hin und her pendeln; so erhitzt sie oft sind, so schnell erkalten sie auch. Aber sie sind nun einmal die Glücksbringer, die im Glück ihre besten Seite offenbaren. Nehmen die Schatten überhand, dann allerdings verzagen sie recht schnell; im Dunkeln können sie nicht strahlen, nicht siegen, da sind sie zu leicht verletzbar.

Die Schlange als Regent

17. 2. 1893 – 05. 2. 1894
05. 2. 1905 – 24. 1. 1906
24. 1. 1917 – 11. 2. 1918
11. 2. 1929 – 30. 1. 1930
27. 1. 1941 – 15. 1. 1942
15. 2. 1953 – 03. 2. 1954
03. 2. 1965 – 21. 1. 1966
18. 2. 1977 – 07. 2. 1978

Die unter dem Bild der Schlange Geborenen sind von einer klugen Scharfsinnigkeit, was der Bewältigung des Lebens nützt. Man meint, sie hätten den sechsten Sinn, weil sie Entwicklungen spüren, von denen andere nicht einmal träumen. Sie können sich auf den Partner vorzüglich einstellen, egal, woher der kommt. Sie versetzen sich in seine Lage, damit sie dann wissen, was er tun wird, wie er handelt. Die anderen, die das Einfühlungsvermögen nicht haben, sind von diesen Ergebnissen immer wieder erstaunt, sie fühlen sich geblufft; und wenn ein Schlangen-Charakter ihnen etwas Negatives prophezeit, meinen sie, er habe ihnen das Schlechte angehext und Unglück gewünscht. Aber der Schlange-Mensch hat einfach gesehen, wie der andere in sein Unglück läuft.

Sie selbst sind sehr vorsichtig, bewegen sich langsam, zeigen sich nie zu früh, wenn es um etwas geht; beim Start eines Massenrennens etwa würde man sie gar nicht bemerken, so halten sie sich zurück; das ist ihre Stärke. Man übersieht sie zunächst einmal, das gibt ihnen einen Vorteil, sie sind also selten favorisiert.

Und so ist es ihr ganzes Leben über: Sie fallen nicht auf, gehen nie zu verschlampt herum, nie zu elegant, aber sie passen überall hinein. Sie sind gute Agenten und Vermittler, noch bessere Adjutanten, wobei sie allerdings ihr eigenes Ziel nie aus dem Auge verlieren. Sie denken weit voraus und verändern nicht – oberflächlich könnte man sie für Opportunisten halten, aber das stimmt nicht, sie passen sich nur scheinbar an. Sie gehen Umwege, wenn es nötig oder wenn die Straße zu hell bestrahlt ist.

Sie wissen um den langen Atem, den man haben muß, und so gelten sie als altklug und weise. Und sie haben Zeit; Ziele, die schnell erstürmt werden müssen, visieren sie nicht an.

Man sagt, diese Charaktere seien faul, dabei schonen sie nur ihre Kräfte, teilen sie ein; sie sind nämlich recht zäh, können sich schnell regenerieren, weil sie sich nicht übernehmen, und sie überraschen die Umwelt, weil man in ihnen diese Kraft nicht vermutet. Aber sie sind bemüht, nie Neid zu erwecken, sie wollen keine Feinde. Nur wenn jemand sich unversöhnlich zeigt, werden sie gefährlich; dann können sie sogar an einem Plan arbeiten, der sie von diesem Feind befreit.

Sie reden nicht viel; oft haben sie ein Pokergesicht und sind schwer zu fassen; daher wirken diese Charaktere oft unheimlich auf andere. Dabei sind sie im Grunde nur eine Idee klüger als der Durchschnitt.

Das Pferd als Regent

06. 2. 1894 – 25. 1. 1895
25. 1. 1906 – 13. 2. 1907
12. 2. 1918 – 31. 1. 1919
31. 1. 1930 – 17. 2. 1931
16. 2. 1942 – 04. 2. 1943
04. 2. 1954 – 23. 1. 1955
22. 1. 1966 – 08. 2. 1967
08. 2. 1978 – 27. 1. 1979

Die unter dem Bild des Pferdes Geborenen sind voller Lebenshunger. Sie sind ungestüm in ihrer Ungeduld. Sie scheinen unzähmbar, doch wenn es gilt, Hindernisse zu überspringen, gehen sie zwar schwungvoll aber sehr diszipliniert vor. Ihre innere Heißblütigkeit ist also im entscheidenden Moment in den Griff zu bekommen. Diese Charaktere lernen unheimlich schnell, am schnellsten aus ihren schlechten Erfahrungen, da sind sie Meister. Sie lernen auch gern über die Literatur, über Kunsterlebnisse, sie sind für jede Anregung dankbar. Und sie sind wagemutig, sie möchten etwas riskieren, denn sie sind auch ideell meist sehr stark engagiert. Sie wollen ihre Freiheit und die Freiheit der anderen, sie benötigen Auslauf, den man nicht beengen darf. Wehe, man sperrt sie ein, dann werden sie cholerisch, dann stürmen sie bei der Befreiung so los, daß sie den Retter dabei beiseitestoßen. Sie lieben das Leben, sie sind nicht zu überhören, sie freuen sich, aber sie weinen auch herzhaft, wenn sie Verluste erleiden. Man hält diese Charaktere oft für Egoisten, aber sie wollen eigentlich nur überall dabeisein, und zwar nicht auf Kosten anderer, aber auch nicht in zurückhaltender, abwartender Stellung, Gibt man diesen Charakteren Raum, dann finden sie immer wieder zu sich und zu ihren Freunden zurück. Wenn sie, die fast immer wach und brennend an allem interessiert sind, mal Feuer gefangen haben, sind sie nicht zu halten. In der Liebe nicht, nicht in der Arbeit. Sie sind begeisterte Sportler, sie glauben an den ritterlichen Kampf, sie sind für unbedingtes fair play. Sie brennen so, daß sie viel essen und trinken müssen, so können sie oft nicht sparen, und im Alter kann es bitter für sie werden, denn sie haben sich ausgelebt und kaum etwas in Reserve.

Ihr Handeln scheint sehr spontan, wenn sie einen alten Bekannten sehen, dann springen sie ihn an, wie sie ihn das letztemal verlassen haben, als Feind oder als Freund. Den Mittelweg wollen diese klugen Charaktere paradoxerweise nicht gehen, weil sie im Grunde noch unverbildet sind. Sie lieben die Natur und die Natürlichkeit, sie wollen sich nicht verstellen, sich aber auch nicht den Mund verbieten lassen! Wenn sie zu jemandem innerlich ja gesagt haben, dann bleibt es dabei, aber sie sagen selten unbedingt ja zu jemandem, weil sie immer auf der Suche sind.

So sind sie in sich einfach, aber für die anderen doch oft schwer verständlich. Doch mit ihrer Großzügigkeit versöhnen sie alle, die sie unbewußt vor den Kopf gestoßen haben.

Die Ziege als Regent

26. 1. 1895   –   13. 2. 1896
14. 2. 1907   –   01. 2. 1908
01. 2. 1919   –   20. 1. 1920
18. 2. 1931   –   06. 2. 1932
05. 2. 1943   –   25. 1. 1944
24. 1. 1955   –   11. 2. 1956
09. 2. 1967   –   29. 1. 1968
28. 1. 1979   –   15. 2. 1980

Die unter dem Bild der Ziege Geborenen sind liebenswürdig, künstlerisch veranlagt, aufmerksam, doch in allen Dingen recht abwägend, zögernd und alles mehrmals überlegend. Diese Charaktere werden immer ein wenig im Leben geduckt. Das führt dazu, daß sie sich oft durch eine vorlaute Art unbeliebt machen, zumal sie gerne Kritik üben. Sie mäkeln ein bißchen viel an den anderen herum, sehen immer alles ein wenig pessimistisch, trauen sich nicht so recht, das Leben in vollen Zügen zu genießen. So ergreift sie manchmal Unzufriedenheit, die aber dazu führen kann, daß sich diese Charaktere besinnen, zu denken anfangen und so Dinge entknoten, für die andere keine Zeit haben.

Sie basteln viel an komplizierten Kleinigkeiten herum. Wenn Radios und Fernsehapparate immer kleiner werden, weil die Transistoren nur noch stecknadelkopfgroß sind, dann haben sie ihre Hand im Spiel.

Sie sind eher schüchtern und ziehen sich gern in ihre eigenen kleinen Räume zurück, die sie sich sehr verzieren. Diese Charaktere sind fleißige Arbeiter, sie werden nicht die Welt verändern, aber die bestehende Welt verschönen und bewältigen. Wenn sie vor eine Entscheidung gestellt werden, überlegen sie lange, vielen zu lange; sie selbst wägen lieber zu gründlich als zu kurz ab. Dafür sind sie dann wirklich zuverlässig, egal, wo man sie einsetzt, als Parkwächter, als Beamte oder als zähe Verhandler. Ihre Grenzen überschreiten sie sehr selten, wenn, dann nur im besten Glauben. Sie helfen, sie machen sich überhaupt gern nützlich, suchen den Anschluß an andere, und diesen Anschluß erdienen sie sich. Wer sich einmal an sie gewöhnt hat, wird auf sie nicht mehr verzichten mögen.

Manchen kommen diese Charaktere etwas »zu spinnert« vor, wohl, weil sie auf jede Kleinigkeit achten. So gehen sie nicht gern über Kopfsteinpflaster, und bei den Asphaltstraßen vermeiden sie es, auf den Strichen zu laufen. Wenn sie mit dem falschen Fuß aus dem Bett steigen, mögen sie überhaupt nicht mehr aufstehen; sie nehmen die kleinen Vorzeichen als Warnungen, weil ja alles einen tieferen Sinn haben muß. Man nennt sie auch abergläubisch, aber sie hören nur auf alles, schauen auf alles und tasten sich nach allem hin. Ihre Ratschläge sind daher nicht zu verachten, die haben Hand und Fuß.

Da sich diese Charaktere stets nützlich machen können, werden sie immer existieren. Sie überleben sehr viel länger als der Durchschnitt, nur eben auch unscheinbarer.

Der Affe als Regent

29. 1. 1884 – 14. 2. 1885
14. 2. 1896 – 01. 2. 1897
02. 2. 1908 – 21. 1. 1909
21. 1. 1920 – 07. 2. 1921
07. 2. 1932 – 25. 1. 1933
26. 1. 1944 – 12. 2. 1945
12. 2. 1956 – 30. 1. 1957
30. 1. 1968 – 16. 2. 1969

Die unter dem Bild des Affen Geborenen tanzen oft auf zu vielen Hochzeiten. Sie sind sehr vielseitig veranlagt, strotzen von Ideen und Plänen; alles ist bei ihnen stets in Bewegung. Sie kennen keine Langeweile, weil sie tiefe Angst vor der Langeweile haben. Sie sind immer hörend und sehend bereit, irgendeine neue Sache anzufangen; der Abschluß selbst ist nicht ihre Stärke. Diese Charaktere haben Launen, gute wie schlechte – man muß sie nehmen wie sie sind, sonst zerbricht man an ihnen; sich ihnen anzupassen, wird kaum jemandem gelingen. Wenn es irgendwo etwas Neues gibt, dann sind die Affen zur Stelle. Diese Charaktere sind journalistisch begabt, sie suchen Sensationen, und wenn es keine gibt, erfinden sie welche; die Witze zum 1. April sind sicher von einem Affen erdacht worden. Dabei wollen sie natürlich auch immer ihren Vorteil, und weil sie flink sind, gelingt ihnen das auch. Und sie können reden wie kein anderer. Sie verkaufen einem Eisbären einen Eisschrank, und sie streiten um des Kaisers Bart, wenn sie damit eine Wette gewinnen können.
Sie beherrschen die spielerischen Tricks dieser Welt, auf allen Brettern, die ihnen die Welt bedeuten, fühlen sie sich wohl. Sie improvisieren, daß es eine Freude ist, aber etwas von Bestand schaffen sie allein kaum. Mit einem Handgriff reparieren sie ein kompliziertes Maschinenteil einer Druckerpresse, nur damit das Flugblatt noch rechtzeitig unter die Leute gebracht werden kann; dann ist die Maschine endgültig hin. Sie sammeln Erfahrungen wie andere Briefmarken, aber sie wissen eigentlich nicht, was sie dann gesammelt haben. Bindungen kennen sie viele, aber keine Freundschaften. Auch ist ihnen die Familie einerlei; nur bei Familienfeiern tauchen sie auf, wenn sie sich da produzieren können. Manche Leute meinen, sie würden es mit der Wahrheit nicht so genau nehmen, aber das ist mehr in dem Sinne richtig, daß es ihnen so genau nicht darauf ankommt, denn Wahrheit hat ja oft mit der Wirklichkeit des Augenblicks nichts zu tun. Sie feilschen gern, weil sie das Gespräch lieben – ein einfacher Geschäftsabschluß wäre langweilig; der Kontakt ist wichtig, der neue Eindruck, der weitergegeben und vergessen wird. Sie sind immer auf dem Laufenden, und von ihren Informationen leben die anderen. Sie haben ein starkes schauspielerisches, ja parodierendes Talent, das sie zur Freude anderer einsetzen, aber auch, um andere bloßzustellen, wenn ihnen das Vorteile bringt. Sie sind Lebenskünstler des Augenblicks, aber das Leben dauert für sie auch nicht viel länger als einen Augenblick. Das wissen sie wenigstens.

Der Hahn als Regent

15. 2. 1885 – 07. 1. 1886
02. 2. 1897 – 21. 1. 1898
22. 1. 1909 – 09. 2. 1910
08. 2. 1921 – 06. 2. 1922
26. 1. 1933 – 13. 2. 1934
13. 2. 1945 – 01. 2. 1946
31. 1. 1957 – 18. 2. 1958
17. 2. 1969 – 05. 2. 1970

Die unter dem Bild des Hahns Geborenen sind die Exzentriker des Lebens, die Ausnahmen; sie halten sich für etwas Besonderes, und diese Haltung färbt auf die Umwelt ab. Sie sind stolz, so zu sein, wie sie sind. Wenn jemand über sie lacht, empfinden sie das als Schmeichelei. Sie kleiden sich auffallend, im Verhältnis zu teuer. Aber auch ihr inneres Gehabe liegt oft außerhalb der Norm. So schockieren sie mit Verve und Freude die Umwelt.

Und sie sind eigentlich ganz anders; ihr ganzes Gehabe verbirgt, wie normal sie im Grunde sind: brave Bürger, die sich verstellen, um ihre Ruhe zu haben. Sie spielen sich als Faulenzer, als Lebenskünstler auf, dabei arbeiten sie hart. Sie geben sich supermodern, aber wenn es darauf ankommt, dann halten sie die Fahne der Tradition aufrecht; sie scheinen sich der Jugend anzubiedern, aber sie verachten sie, weil sie alle verachten, die noch nie etwas geleistet haben!

So streben sie auch nach Sicherheit oder sicheren Posten, schließen eine Versicherung nach der anderen ab, um nicht Not leiden zu müssen. Sie geben sich als Lebenskünstler aus, aber sie haben längst ihr Konto im Ausland sicher untergebracht. Denn eines wollen sie nicht: auf irgend jemanden angewiesen sein. Sie wollen nicht danke sagen – dieses Wort kommt ihnen schwer über die Lippen; sie gehen auch keine Verpflichtungen ein, verachten Abhängigkeit und haben es deshalb schwer, Freunde zu finden, denn auch hier möchten sie keine Bindungen übernehmen.

Sie geben, wenn sie können, aber sie nehmen stets weniger, oft sogar aus einem falschen Stolz heraus. Gelingt ihnen etwas nicht, dann wenden sie viel Zeit und Mühe darauf, dies zu verbergen. Sie kennen also Niederlagen, aber sie geben nicht eine einzige zu; wer im Leben abstürzt, wird dies immer auf andere schieben, und wenn man zum Landstreicher herabsinkt, wird man der Umwelt verkünden: Das war mein freier Entschluß.

Aber Landstreicher werden diese Charaktere nur durch hartes Mißgeschick, denn sie arbeiten. Und wenn ihnen eine Arbeit angeboten wird, die ihnen zunächst unter ihrer Würde vorkommt, nehmen sie sie trotzdem an, wenn sie nur in einer fremden Umgebung liegt, wo man sie nicht kennt. Das Gesicht wahren geht ihnen über alles.

Sie sind sehr lerneifrig, ja, wissensdurstig, schon, um überall zu zeigen, daß sie up to date sind. Ihre Komplexe gehen nur sie selbst etwas an; das meistern sie vorbildlich, und sie schädigen niemanden damit.

Der Hund als Regent

08. 1. 1886 – 23. 1. 1887
22. 1. 1898 – 09. 2. 1899
10. 2. 1910 – 29. 1. 1911
07. 2. 1922 – 14. 2. 1923
14. 2. 1934 – 04. 2. 1935
02. 2. 1946 – 21. 1. 1947
19. 2. 1958 – 07. 2. 1959
06. 2. 1970 – 26. 1. 1971

Die unter dem Bild des Hundes Geborenen sind die Unzufriedenen des Lebens, weil sie erkannt haben, daß man es keinem recht machen kann. Sie haben es schwer; sie nehmen voller Freude Verantwortung auf sich, aber es wird ihnen nicht gedankt: Geht etwas schief, bekommen sie die Prügel ab, geht etwas gut, raffen die anderen den Gewinn zusammen. Sie sind die Diener, die einfach da zu sein haben.

Sie wollen, daß jeder gut lebt, und damit begnügen sie sich. Sie verteidigen die anderen mehr als sich selbst, in der Hoffnung, daß man es ihnen einmal lohnt. Sie lernen voller Eifer, nehmen gut auf, aber sie kommen kaum dazu, dieses Wissen zu verwerten; immer schnappt ihnen ein anderer die Beute weg. Aber dann kommt der Tag, da man sie braucht; wenn nämlich Hilfe nötig ist, besinnt man sich auf sie. Man holt sie, um sich auszusprechen, oder sie müssen schnell für andere einspringen. Und diese Charaktere erfüllen dann ihre Pflicht.

Wenn es gilt, etwas zu vertreten, ob es um Ideale, um Ziele, um gute Vorsätze geht, dann sind sie die richtigen Verteidiger; sie brauchen eine Aufgabe, die sie erfüllt und andere glücklich macht. Undankbarkeit kennen sie von Kindheit an, aber sie wissen wohl etwas von großen Zusammenhängen – daß sich alles einmal umkehrt, daß man nicht auf den Tag schauen darf, sondern in Generationen seine Erfahrungen zu machen hat.

So dumm, wie sie manchmal scheinen, sind sie schon gar nicht, und wenn sie jemand zu sehr ausnutzt, weil sie immer geduldig sind, dann wehren sie sich im entscheidenden Moment so, als hätte die Tollwut sie gepackt! Diese Charaktere wissen also um eine große Ordnung im Alltag wie im Gesamtleben. Wenn ein Chef an seine Belegschaft eine unangenehme Mitteilung zu machen hat, dann sucht er sich einen »Hund«, der dies erledigt. So wird auf diese Charaktere auch viel Schuld abgeladen, für die sie nichts können.

Die realen Werte des Lebens wie Geld oder Ruhm interessieren verhältnismäßig wenig. Auch brauchen sie kein Haus mit Schwimmbad, aber sie verlangen eine standesgemäße Unterbringung entsprechend ihrer Leistung. Man kann sich auf diese Menschen verlassen, vor allem, weil sie eigentlich immer die Übersicht bewahren. So leicht lassen sie sich nicht reizen oder überrumpeln. Und wenn Gefahr droht, sind sie hellwach, wenn es darauf ankommt, auch zäh. Ihr Dasein kann sich zum sozialen Gewissen ausweiten, was dann die anderen unangenehm berührt.

Das Schwein als Regent

24. 1. 1887 – 11. 2. 1888
10. 2. 1899 – 30. 1. 1900
30. 1. 1911 – 17. 2. 1912
15. 2. 1923 – 04. 2. 1924
05. 2. 1935 – 23. 1. 1936
22. 1. 1947 – 09. 2. 1948
08. 2. 1959 – 27. 1. 1960
27. 1. 1971 – 18. 2. 1972

Die unter dem Bild des Schweins Geborenen sind frohe Lebensgenießer, was den äußeren Schein betrifft. Sie leben und lassen leben, aber sie wollen sich nichts vormachen. Sie wissen um die Unzulänglichkeit in dieser Welt und lehnen die Leute, die von einem Paradies auf Erden sprechen, einfach ab. Sie wollen die Welt sehen, wie sie ist, nicht schöner und nicht grauer, als sie sich in Wirklichkeit zeigt; deswegen meint man oft, sie würden die Wahrheit immer vorn auf ihrem Panier tragen. Für sie ist die Welt noch nicht so schön, wie sie sein könnte, aber da es keine andere gibt, wird eben diese Welt genossen. Und was sie bietet, nehmen diese Charaktere mit! Sie lesen viel, zwar durcheinander, aber sie vergessen so leicht nicht, was sie mal schwarz auf weiß gesehen haben.

Für andere gelten sie als Glückskinder, denn wenn es nicht zu dick kommt, sind sie eigentlich auch immer fröhlich, haben für jeden zumindest ermunternde Worte bereit.

Wo man sie hinstellt, füllen sie ihre Aufgaben aus; sie sind vielseitig, können hinter einer Maschine stehen oder als Artist auf dem Hochseil tanzen. Tief engagieren sie sich zum Glück nicht; so fallen sie, wenn sie fallen, nicht in seelische Abgründe.

Von der Seele her sind sie gesund, denn bei Streitigkeiten lassen sie ihre aufgestaute Wut ab, so daß sie sich innerlich nicht zerfressen. Ihre Nerven bleiben daher recht lange strapazierfähig. Das Schwein nimmt, was es bekommt, und es bekommt viel, weil es für alles auch bezahlen will.

Diese Charaktere haben eine lange innere Entwicklung hinter sich, die hat sie – vielleicht durch eine Schulung, die Generationen dauerte – zufrieden, nüchtern, aber auch genußfähig gemacht. Wunder erwarten sie keine, und so leben sie dahin – was andere für ein Wunder halten. Sie wissen auch meist, was sie wollen, und da sie fast stets nur das Mögliche wollen, setzen sie dies auch durch. So strahlen sie sogar Autorität aus. Sie sind fleißig bis zum Arbeitsschluß, aber Überstunden machen sie nur im Notfall. Sie können, wenn es sein muß, renitent werden; das wird ihnen dann nachgetragen. Aber sie selbst tragen nicht nach. Entschuldigt man sich bei ihnen, ist alles wieder in Ordnung; die Welt ist eben kein Bilderbuch mit nur hellen Farben – auch das Dunkle muß als Kontrast da sein. So haben sie manchmal sogar den Hauch der Weisheit an sich, ohne große Geister zu sein. Unterschätzen darf man sie nicht. Sie lachen über die Welt, über die anderen, aber vor allem auch über sich selbst.

Literaturverzeichnis

Louis S. Acker	Das große Lehrbuch der Astrologie, München 1976	Willi Bischoff	Wir und das Weltall, Berlin 1952
Oscar Adler	Das Testament der Astrologie, Wien 1950	Helmut M. Böttcher	Sterne, Schicksal und Propheten, München 1965
Hans J. Andersen	Astrogeographie und Geschichte, Aalen 1974	Franz Boll	Sternglaube und Sterndeutung (mit Carl Bezold und Wilhelm Gundel), Darmstadt 1966
Elsmarie Anrich	Unser Thema: Astrologie, Stuttgart 1949		
Walter A. Appel	Biorhythmik, Niedernhausen 1979	Robert Bossard	Psychologie des Traumbewußtseins, Zürich 1958
Dr. Wolfgang Aureus	Geheimnisvolles Wissen, Salzburg 1959	K. Brandler-Pracht	Astrologie als Synthese, Berlin
Franz Baur	Sternkunde – Sterndeutung, Frankfurt 1965	Dr. R. Burkhard	Kosmische Daten zur Geschichte Deutschlands, Wien 1967
Dr. Karl Th. Bayer	Die Grundprobleme der Astrologie, Leipzig 1927		
Erich von Beckerath	Städtehoroskope, Aalen 1968	Paula Delsol	Chinesische Horoskope, Genf 1972
Hans Beer	Neue Astrologie, München 1951	Reinhold Ebertin	Kosmopsychologie, Aalen 1966
Carl Bezold	Sternglaube und Sterndeutung (mit Franz Boll und Wilhelm Gundel), Darmstadt 1966	Reinhold Ebertin	Plutoentsprechungen zur Weltgeschichte und zum Menschenleben, Aalen 1965

Reinhold Ebertin	Kombination der Gestirneinflüsse, Aalen 1961	Joachim Herrmann	Falsches Weltbild, Stuttgart 1962
Reinhold Ebertin	Mensch im All, Aalen 1974	Bruno und Louise Huber	Das Horoskop, Zürich 1973
Reinhold Ebertin	Angewandte Kosmobiologie, Aalen 1974		
Reinhold Ebertin	Lebensdiagramme, Aalen 1977	Bruno und Louise Huber	Der Mensch und seine Welt, Zürich 1975
Dr. Baldur Ebertin	Kosmobiologische Diagnostik, Aalen 1978	C.G. Jung	Seelenprobleme der Gegenwart, Zürich 1932
A. Frankhauser	Das wahre Gesicht der Astrologie, Zürich 1952		
Heinz Fidelsberger	Astrologie 2000, Wien 1972	C.G. Jung	Synchronizität als ein Prinzip akausaler Zusammenhänge in »Naturerklärung und Psyche«, Zürich 1952
Heinz Fidelsberger	Beherrsche dein Schicksal, Aalen 1978		
Linda Goodman	Astrologie – sonnenklar, München 1969		
Hugo Max Gross	Biorhythmik, Freiburg 1975	C.G. Jung	Psychologie und Alchemie, Zürich 1952
Eugen Grupp	Astrologie und Theologie; Handbuch der Astrologie, Geislingen 1958	C.G. Jung	Psychologische Typen, Zürich 1960
Wilhelm Gundel	Sternglaube und Sterndeutung (mit Carl Bezold und Franz Boll) Darmstadt 1966	C.G. Jung	Ein moderner Mythos, Zürich 1964
		C.G. Jung	Von den Wurzeln des Bewußtseins, Zürich 1964
Georg Haddenbach	Die 12 Tierzeichen im Chinesischen Horoskop, Niedernhausen, 1977	C.G. Jung	Das Geheimnis der goldenen Blüte (mit Richard Wilhelm), Zürich 1965
Dr. K. Hagenbuchner	Psychiatrie und Kosmobiologie, Aalen 1956	C.G. Jung	Der Mensch und seine Symbole, Freiburg 1968
Elisabeth Haich	Tarot, München 1971	Dr. Otto Kellner	Charakterkunde und Astrologie, Leipzig 1927
Esther Harding	Frauenmysterien, Zürich 1948		
		Warren Kenton	Astrologie, Frankfurt 1976
Hans Hausmann	Astrologische Arbeiten, Stuttgart viele Jahrgänge	Johannes Kepler	Warnung an die Gegner der Astrologie, München 1971
Dr. Eckart Heidl	Wer ist mein Partner, München 1970		
		H. Freiherr von Klöckler	Kursus der Astrologie I–III, Leipzig 1927
Robert Henseling	Umstrittenes Weltbild, Leipzig 1939		

Wilhelm Knappich	Geschichte der Astrologie, Frankfurt 1967	Derek Parker	Astrologie ohne Geheimnis, Düsseldorf 1973
A. Köstler	Die Nachtwandler, Stuttgart 1959	Will-Erich Peukert	Astrologie, Stuttgart 1960
Erich Carl Kühr	Systematische Horoskopberechnung, Villach 1950	C.M. Pfefferkorn	Mensch und Tierkreis, München 1964
Erich Carl Kühr	Psychologische Horoskopdeutung, Wien 1951	Alexander von Pronay	Die Sterne haben doch recht, Düsseldorf 1976
Erich Carl Kühr	Berechnung der Ereigniszeiten, Wien 1951	Dio Raman	Der praktische Tarot, Freiburg 1978
Heinrich Kündig	Das Horoskop, 1955	Heinrich Reich	Das Geheimnis des Tierkreises, München 1949
Heinrich Kündig	Astrologische Prognose, Zürich 1955	Ludwig Reiners	Steht es in den Sternen?, München 1951
Dr. Otto Lankes	Das Weltbild der Astrologie, Dießen vor München 1956	Carroll Righter	Liebe, Ehe und die Sterne, München 1970
Alan Leo	Astrologische Werke I–VI	Thomas Ring	Tierkreis und menschlicher Organismus, Aalen 1958
Hugo Lindenberg	Sternbahnen – Menschenwege, Hamburg 1959	Thomas Ring	Astrologische Menschenkunde I–III, Zürich 1956, 1959, 1969
Herbert A. Löhlein	Die Gezeiten des Schicksals, Zürich	Thomas Ring	Astrologische Menschenkunde Band IV, Freiburg 1973
Herbert A. Löhlein	Handbuch der Astrologie, München 1968	Thomas Ring	Astrologie ohne Aberglauben, Düsseldorf 1972
B.A. Mertz	Die Archetypen in der Astrologie, Wuppertal 1977	Thomas Ring	Existenz und Wesen in kosmologischer Sicht, Freiburg 1975
B.A. Mertz	Psychologische Astrologie, Schwarzenburg 1979	Thomas Ring	Astrologie neu gesehen, Freiburg 1977
Louis Mac Neice	Astrologie, Berlin 1965	Alfons Rosenberg	Zeichen am Himmel, Zürich 1941
Al Mansor	Astrologie in zwölf Lehrbriefen	G.D. Roth	Taschenbuch für Planetenbeobachter, München 1966
Dr. Müller-Freywardt	Astrologische Gesundheits-Fibel	Otto Rumburg	Horoskop und Politik, Bietigheim 1973
Erich Neumann	Kulturentwicklung und Religion, Zürich 1953		
Edwin J. Nigg	Wahrsagen mit Tarot-Karten, Niedernhausen 1979		

Frances Saboian	Das große Lehrbuch der Astrologie, München 1976	Heinz A. Strauß	Die Astrologie des Johannes Kepler (mit Sigrid-Strauß-Kloebe), München 1926
Heinz Sandauer	Astrologie für Jedermann, Wien 1975	Heinz A. Strauß	Der astrologische Gedanke in der deutschen Vergangenheit, Solln 1926
Philipp Schmidt	Astrologische Plaudereien, Bonn	Sigrid Strauß-Kloebe	Kosmische Bedingtheit der 2 Psyche, Weilheim 1968
Oskar A.H. Schmitz	Der Geist der Astrologie, Büdingen 1953	Sigrid Strauß-Kloebe	Die Astrologie des Johannes Kepler (mit Heinz A. Strauß), München 1926
Dr. F. Schwab	Sternenmächte und Mensch, Zeulenroda 1923	Sigrid Strauß-Kloebe	Das kosmopsychische Phänomen, Olten 1977
Julius Schwabe	Archetyp und Tierkreis, Basel 1951	Ernst Tiede	Astrologisches Lexikon, Warpke-Billerbeck 1969
Nikolaus von Sementowsky-Kurilko	Synthetische Horoskopdeutung Zürich 1950	Olga von Ungern-Sternberg	Die innerseelische Erfahrungswelt am Bilde der Astrologie, Stuttgart 1975
Nikolaus von Sementowsky-Kurilko	Astrologische Gesetze, Zürich 1955	Olga von Ungern-Sternberg	Grundlagen kosmischen Bewußtseins, Freiburg 1977
Nikolaus von Sementowsky-Kurilko	Schicksal im Sternenspiel, Zürich 1966	v. Veltheim-Ostrau	Der Geist Asiens, Düsseldorf 1976
Nikolaus von Sementowsky-Kurilko	Der Mensch griff nach den Sternen, Zürich 1970	Lena Voss	Der Mensch und seine Götter, Berlin 1926
Sindbad-Weiß	Bausteine der Astrologie I–V, Leipzig 1925–1927	Edith Wangemann	Verschiedene Schriften, Wuppertal
M. Steffes	Mensch und Tierkreis, München 1964	Fritz Werle	Kosmos und Psyche, Weilheim 1962
Holger Stenson-Rache	Planetare Typenlehre, Memmingen 1950	Richard Wilhelm	Das Geheimnis der goldenen Blüte (mit C.G. Jung), Zürich 1965
Hans Sterneder	Tierkreisgeheimnis und Menschenleben, München	Ernst von Xylander	Psychologie und Kosmobiologie, Aalen 1958
Heinz A. Strauß	Psychologie und astrologische Symbolik, Zürich 1958	Ernst von Xylander	Lehrgang der Astrologie, Zürich 1953

Erich Zehren	Das Testament der Sterne, Berlin 1957	Ferner:	Ephemeriden, Metz Verlag, Zürich 1959
Erich Zehren	Der gehenkte Gott, Berlin 1959		Die Häusertabellen des Geburtsorts, Elisabeth Schaek-Verlag, Neunkirchen 1973
Erich Zehren	Die biblischen Hügel, Berlin 1961		
Ernst Zinner	Sternglaube – Sternforschung,		

Praktiken-Titelbild, 1596